임용 수험생을 위한 진심을 담은 강의

임수진
보건임용

02

합격이 보건 임용!

BTB Books

머리말

학습법 안내

효율적인 학습법에 대한 연구는 매년 급변하는 보건임용 출제경향에 대비하여 어떻게 하면 쉽게 무너지지 않고 탄탄한 시험 준비를 하게 할 수 있을까? 하는 진지한 고민에서부터 시작되었습니다.

결국 수많은 고민 끝에 다다른 결론은 "공부에는 왕도가 없다"라는 지극히 상식적인 귀결이었습니다. 공부란 무릇 노력한 만큼 결실을 맺는 것이 당연한 이치이고, 또 그렇게 되어야 공부하는 보람을 찾을 수 있겠지요!?

그런데 현실은 때론 왕왕 반대의 결론이 나오기도 하지요. 공부하는 시간과 양은 그 누구보다도 많았으나 거두어들이는 결실은 의외로 적은 경우 말이에요. 그것은 바로 공부하는 방법(학습법)이 잘못되었기 때문이라고 생각합니다.

우리가 자루에 물건을 넣을 때 이것저것 마구잡이로 집어넣다 보면 마구 섞이고 뒤엉켜 자루에 담을 수 있는 양이 적지요? 반면에 자루에 종류별로 분류하여 차곡차곡 집어넣으면 많은 양이 들어가고 다시 꺼내기도 쉽다는 것을 알게 됩니다.

보건임용 시험 준비도 마찬가지입니다.

종류별로 **체계적인 분류를 마이맵**으로 하였고, 차곡차곡 **구조화하는 것을 보건임용(이론서)**로 하였습니다. 그리고, **집어넣고 다시 꺼내고 하는 것을 암기노트**에 맡겼지요.

이 학습법은 너무도 상식적이고 정도를 걷는 학습법으로 이 방법에는 편법이 통할 수 없답니다. 즉, 이 학습법으로 하면 노력한 만큼의 정당한 결실을 맺을 수 있다는 뜻이죠.

마이맵 – 보건임용(이론서) – 암기노트 학습법을 한마디로 표현한다면, 어떤 상황에서도 대처 가능하도록, 수험생 여러분들의 **기초체력을 높이는 학습법**이라고 할 수 있겠습니다.

임수진 보건임용 연간 커리큘럼에서 사용되는 교재와 강의자료까지 총 5종이며, 각 교재와 자료는 체계적으로 분류하고 구조화하여 인출이 용이하게 하기 위한 학습법의 구현을 위해 가장 효율적인 형태 및 구성으로 보건이론을 표현하였습니다.

01 마이맵

마이맵 교재는 각 과목의 전반적인 체계(키워드 구조)의 습득을 목표로 하며, 나침반이자 지도(Map)의 역할을 담당합니다. 이에 따라 각 과목의 학습체계를 키워드 Tree로 연계한 마인드맵 형태로 구성하였으며, 해당 과목의 전체 영역을 한눈에 조망할 수 있도록 하였습니다.

마이맵 학습법이란 방대한 공부량을 지도를 만들듯이 표현해 내는 학습법입니다. 즉, **각 과목의 학습체계(키워드 구조)를 세우고, 그 체계를 사진을 찍듯이 머릿속에 각인하고 연상**하는 연습을 꾸준히 해나가는 학습법입니다.

연상을 할 수 있다는 것은 곧 쓸 수 있다는 것을 의미합니다. 이러한 학습법이다 보니 서술형 보건임용 시험에 최적합한 학습법이다 할 수 있겠습니다.

또한 마이맵 학습은 수험생활 후반기로 갈수록 정리와 인출하는 시간을 압축시키는 엄청난 힘을 발휘하게 됩니다. 그 이유는 수험 후반기로 갈수록 자신의 현재 상태를 빠르게 점검하는 것이 매우 중요한데, 마이맵 학습이 바로 자신의 현재 상태를 가장 빠르게 점검할 수 있게 하는 도구이기 때문입니다.

마이맵을 펴 놓고 연상하면서 선명하게 떠오르는 부분은 학습이 많이 된 부분이고 흐릿하거나 전혀 연상이 되지 않는 부분은 학습이 더 필요한 부분으로 바로 구분이 가능하기 때문입니다. 또한 마이맵 전체를 놓고 이러한 점검을 진행하기 때문에 학습범위가 중복되거나 벗어날 우려도 없고 반복할수록 익숙해지며 빠르게 인출 및 점검이 가능하기 때문입니다. 실제로 방대한 공부량을 요구하는 시험을 준비하는 고시생에게 필수불가결한 학습체계이며, 그 탁월한 효과는 현재까지 **16년간** 보건임용 수험생들에게 적용하면서 철저하게 입증되고 있습니다.

02 보건임용 (이론서)

보건임용(이론서) 교재는 시중의 각론서, 국시교재, 의학서적, 연수원 교재, 유관기관의 보도자료 등의 내용을 포괄하였고, 구조화된 표 형식으로 일목요연하게 요약정리를 하였습니다. 이론의 이해부터 단권화까지 망라한 임수진 보건임용 강의의 기준교재 역할을 맡고 있습니다.

마이맵으로 먼저 전체적인 키워드를 Tree 형태(줄기-세부가지)로 구조화한 후 그 세부 내용을 보건임용(이론서) 교재로 연결하여 그 효과를 극대화시킬 수 있도록 체계적으로 구성하였습니다.

> 🔗 교재 구성을 각 단원마다 「기출영역분석표 → 마이맵 → 기출문제 → 이론구조화」 순으로 구성하여 체계적인 학습이 가능토록 하였습니다.
> 🔗 보건임용 교재에 상위 마이맵과 기출문제를 수록하여, 전체 세부 마이맵까지 들어 있는 마이맵 교재 및 기출문제&응용문제가 수록된 기출분석완전학습 교재와의 연결고리를 마련하였습니다.

03 기출분석 완전학습

기출분석완전학습 교재는 1992~2025학년도까지의 전체 기출문제 수록과 해설은 물론, 기출문제를 면밀하게 분석 후 다각도로 변형된 문제들로 추가 확장하여 기출 응용의 적응력을 높이고, 기출영역의 완전학습 체계를 구현토록 하였습니다.

04 암기노트

암기노트는 기본이론반과 요약정리반 강의에서 제공되는 자료로서 마이맵, 보건임용(이론서)과 연결되어 **신속하고 효과적인 학습의 실행 및 암기의 역할을 담당**합니다. 암기노트는 각 과목별 핵심내용을 정리하여 매 강의에서 제공하여, 접근성과 휴대성을 높이고 학습효율을 극대화하도록 하였습니다.

05 복습노트

복습노트는 올해 신규로 출간되는 교재로서 기본이론반 강의를 듣고 체계적인 복습을 진행할 수 있도록 기획되었습니다. **마이맵-단답형 문제(개념정리학습)-서술형(개념인출학습)으로 구성**하여, 객관식 시험인 간호사 국가고시 준비에 익숙한 최근 졸업생뿐만 아니라 졸업하고 임상이나 양육 등 여러 가지 이유로 오랫동안 전공 공부를 하지 않으셨던 분들까지 서답형(단답형+사술형) 시험인 보건교사 임용시험 준비에 실질적인 도움이 되도록 하였습니다.

이 책의 구성과 활용법

Step 1
기출개념 파악하기

1992년부터 2025년까지의 기출문제를 분석하여 정리표로 제시했습니다.
이를 통해서 출제 빈도와 주요 기출내용을 한눈에 확인할 수 있습니다.
학습 시 우선순위를 두어 학습할 개념과 학습 범주를 확인 후 학습을 시작하세요.

📣 평가범주가 넓어서 모두 암기할 수 없습니다. 출제가능성이 있는 영역을 선택해서 암기하는 것이 단기합격의 전략입니다.

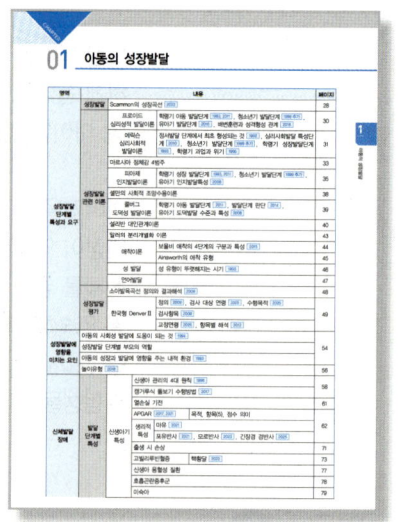

Step 2
영역을 한눈에 확인하기

영역의 내용 구성을 마이맵으로 작성하여 한눈에 볼 수 있도록 정리하였습니다.
학습 전·중·후에 마이맵을 통해 내용의 단순화와 체계화를 통해 효율적인 학습을 해보세요.

📣 전체 맥락과 구성, 흐름을 파악한 후에 다지기 학습, 정교화 학습을 해야 시험일이 가까워올수록 학습의 가속도가 붙습니다. 따라서 전체 구성을 파악하는 것은 단기합격의 전략입니다.

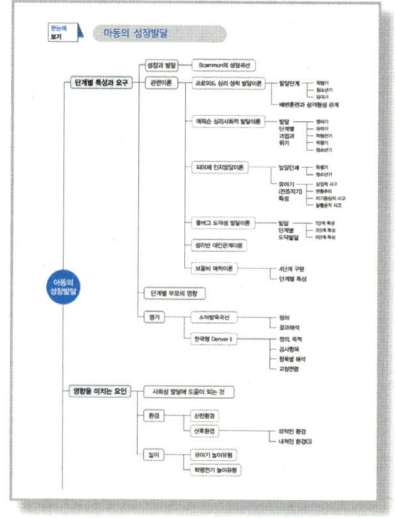

Step 3
기출문제를 통해서 확장학습 영역 확인하기

해당 영역에서 출제된 기출문제를 모두 모아서 정리해서 제시했습니다.
각 문항의 지문과 선지에 포함된 개념을 통해 확장학습을 해보세요.

📣 선택과 집중이 단기합격을 이루어줍니다. 선택은 출제가능성이 있는 영역을 의미합니다. 출제가능성이 가장 높은 내용은 기존 기출문제에 포함된 개념과 표현들입니다.

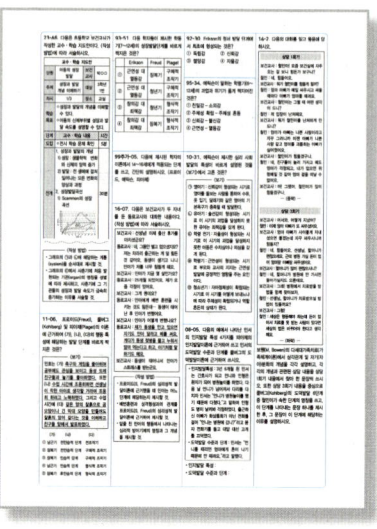

Step 4

기출기반 내용을 키워드 중심으로 학습하기

시험에 출제된 내용을 기반으로, 시중 각론서, 간호사 국가고시 교재, 의학서적, 보건교사 연수교재, 간호사 연수교재 등의 내용을 포괄하여 논리적으로 구성하였습니다. 또한 키워드는 색글씨로 표시하여 학습 시 키워드에 집중할 수 있게 했습니다.

📢 선택과 집중이 단기합격을 이루어줍니다. 집중은 선택된 영역에서 집중해서 기억해야 할 키워드를 의미합니다.

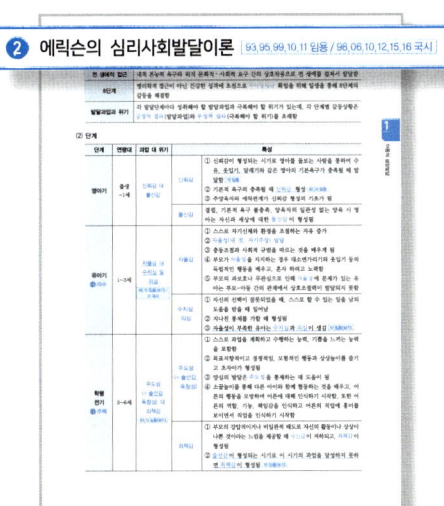

Step 5

보건교사 임용시험과 인접한
관련 시험의 기출표시로 확장 학습하기

보건교사 임용시험의 기출표시뿐 아니라, 8급 간호직 공무원 시험, 간호사 국가고시의 기출표시를 하였습니다.
이를 통해서 보건교사 임용시험 외 확장내용 중 출제가능성이 높은 개념을 학습해보세요.

📢 시험에서 고득점을 받기 위해서는 수험생이면 누구나 학습하는 영역에 대해서는 정확도를 높이고, 그 외 확장영역에 대한 학습을 추가하는 것입니다.

보건교사 임용시험 안내

1 시험과목·출제범위·출제형식·배점

[1차 시험]

시험 과목 및 유형				문항수	배점	출제 범위(비율) 및 내용
교육학		1교시	논술형	1문항	20점	- 응시시간(60분) : 09 : 00∼10 : 00 - 출제범위 : 교육학개론, 교육철학 및 교육사, 교육과정, 교육평가, 교육방법 및 교육공학, 교육심리, 교육사회, 교육행정 및 교육경영, 생활지도 및 상담
전공	A	2교시	단답형	4문항	8점	- 응시시간 • 2교시(90분) : 10 : 40∼12 : 10 • 3교시(90분) : 12 : 50∼14 : 20 - 출제범위 • 교과교육학(25∼35%) : 학교보건, 지역사회간호 • 교과내용학(75∼65%) : 아동간호, 응급간호, 성인간호, 모성간호, 정신간호
전공	A	2교시	서술형	8문항	32점	
전공	B	3교시	단답형	2문항	4점	
전공	B	3교시	서술형	9문항	36점	
소계				23문항	80점	
합계(배점)				24문항	100점	

[2차 시험]

시험과목	출제 범위 및 내용	배점
교직적성 심층면접	교원으로서의 적성, 교직관, 인격 및 소양, 시·도교육청 정책	100점

2 시험장 준비물

챙겨갈 것	가져가지 말 것
흑색필기구(번지지 않는 것) 동일한 것으로 3∼4자루	휴대폰
수험표(컬러프린터로 출력한 것, 이면지 사용 불가) ** 원서접수 시 출력한 접수증이 아니니 꼭 확인바람	태블릿 PC, 넷북, 스마트워치 등
신분증(주민등록증, 운전면허증, 여권 등)	귀마개, 무릎덮개, 모자
먹거리(초콜릿, 사탕, 꿀물, 호박죽, 물, 죽, 쿠키 등)	커피, 소화가 잘 안 되는 음식

임수진
보건임용

3 실전 Tip

(1) 실전 시험문제 푸는 요령

① **문제지 받을 때** : 눈을 감고 심호흡을 하세요. 마음이 진정되는 데 도움이 돼요.

② **문제 푸는 순서** : 평소 연습한 방식에 따라 자신만의 문제 풀이 방법을 적용하세요.

③ **시간 안배** : 우선 전체 문제 양을 확인하고 시간을 안배하세요.

④ **문제 풀기**
 - 낯선 개념이나 문제 유형에 절대로 당황하지 마세요. 당황스럽기는 모든 수험생들이 마찬가지이므로, 우선 넘기고 나중에 시간을 갖고 해결한다고 생각하세요.
 (매년 예상치 못한 낯선 문제가 적어도 2~3문항 출제되니 미리 마음의 준비를 하세요.)
 - 아리송하거나 애매하게 느껴지는 문제는 출제자 입장에서 정답을 생각해 보세요. 왜 출제했는지, 무엇을 묻고 싶었던 것인지, 문제를 통해서 강조하고 싶은 개념이 무엇인지⋯ 등을 생각해서 답을 작성하세요.

⑤ **답지 교환**
 - 가급적 이미 쓴 답을 바꾸지 말아요.
 - 논리적인 분석, 추론보다 직관이 더 우수할 때도 있답니다.

⑥ **시험 치른 후 마음가짐**
 - 이미 치른 시험을 망쳤다는 생각을 하지 마세요.
 - 미리 판단하여 나머지 영역까지 망치지 마세요.
 - 매 교시 최선을 다한다는 생각으로 임하세요.

(2) 시험을 실수 없이 잘 치르는 요령

① **쉬운 문제부터 순서대로 풀어나가세요.** 어려운 문제에 집착하면 쉬운 문제를 풀 수 있는 시간도 없어져요. 풀지 못한 문제는 나중에 다시 푼다고 생각하며 진행하세요.

② **문제의 함정에 조심하고 끝까지 읽도록 하세요.** 점차 종합적인 사고력과 분석력을 요하는 문제가 늘고 있기 때문에 급하게 풀다 보면 함정에 빠지기 쉬워요.
 또 **지문이 긴 문제일수록 의외로 쉬운 문제가 많아요.** 지문이 길다고 긴장 말아요.

③ **답안 작성 시 글씨를 또박또박 쓰고, 체계적으로 답안을 구성하세요.**
 - **두괄식**으로 묻는 개념을 **키워드**를 포함해서 답을 작성하고, 문제의 요구에 따라 정의, 근거, 이유 등을 부연하세요.
 - 마지막까지 최선을 다해서 작성하세요.
   (**척!척!척!** → 아는 척!, 노력한 척!, 모든 준비가 완료된 척! 하기)

보건교사 임용시험 안내

(3) 시험장에서의 대처방법

① 누구나 시험장에 들어서면 흥분하기 마련이고, 대개 가슴이 두근거리고 머리가 띵해진다고 호소하죠. 이런 현상은 우리가 너무 잘 알고 있는 교감신경이 항진되어 나타나는 자연스런 반응이에요. 시험 시작 전까지 맘껏 흥분하게끔 내버려두세요. 이렇게 하면 막상 시험이 시작될 때 안정을 되찾아져요. 따라서 **시험장에 도착하면 마음을 느긋하게 갖고 '마음대로 흥분해 봐라'라는 식으로 내버려두세요.** 어차피 시험이 시작되면 안정을 되찾게 될 테니까요.

'경고반응'의 지속시간은 짧다! 우리가 익히 알고 있는 바에요.

② **문제지가 배포되었을 때는 조용히 묵상하면서 마음을 가라앉히세요.**

허리를 반듯하게 편 다음, 두 손을 잡고 눈을 감은 채, 조용히 복식호흡을 하세요.

(감독관이 '저 사람은 잘 하는 사람인가보다.'라는 생각이 들게끔 연기를 섞어서~ ^^)

③ **어려운 문제에 부딪히면 속으로 주문을 외우세요.**

문제를 풀어나가다가 어려운 문제를 만나거나 잘 기억나지 않는 경우, 흥분이 다시 시작돼요. 이럴 때를 대비해서 흥분이 멈추는 자기 나름의 주문을 만들어 두세요. 주문의 예로 "걱정하지 말자.", "나는 이미 보건 선생님이다.", "내게 합격이 찾아오고 있다.", "나는 합격에 이르는 공부를 하고 있다.", "해가 뜨기 전에 가장 어둡다.", "반드시 이루어진다.", "나는 할 수 있다.", "이게 마지막 관문이다. 합격은 코 앞에 있다." 등등이 있어요.

④ **시간이 부족할 때는 기분을 바꾸세요.**

문제풀이에 몰입하다가 시계를 보면 시간은 얼마 남지 않았는데, 남아있는 문제는 많을 때가 있을 수 있어요. 이럴 때는 입이 마르며 가슴이 다시 두근거리기 시작하죠. 이것은 초조한 심리에서 나오는 흥분으로 시험 치기 전의 불안에서 나오는 흥분과는 다른 흥분이에요. 이럴 때는 허둥대기보다는 천장을 올려다보면서 판자조각의 수를 세어본다든지 시험 감독관의 나이, 배우자는 어떤 사람일까?, 무얼 가르치는 사람일까 등을 생각하면 빨리 안정을 되찾는 데 도움이 돼요.

⑤ **문제를 풀다가 생각이 얽히고설켜 정리가 안 될 때는 가볍게 몸을 푸세요.**

앉은 채로 손가락, 발가락을 가볍게 움직이게 되면 혈액순환이 좋아져서 흥분이 진정되는 데 도움이 돼요.

⑥ **앞선 시간의 시험을 잘 못 보았을 때도 일단 지난 것은 말끔히 잊으세요.**

1교시가 끝난 다음, 아리송했던 문제를 놓고 맞네, 틀리네 하고 짚어보게 되는데, 이렇게 되면 눈앞이 캄캄해지면서 흥분이 다시 고개를 들기 시작해서 2교시에는 정신없을 정도로 흥분이 높아지게 돼요. 이 같은 당황이 계기가 되어 시험이 망쳐지게 되므로 일단 끝난 것은 말끔히 잊어버려야 다음 교시 시험을 차질 없이 치를 수 있어요.

평가영역 및 평가내용요소

구분	기본이수 과목 및 분야	평가영역	평가내용요소
교과 교육학	학교보건 및 실습	학교 보건의 이해	학교보건의 의의와 기능, 역사와 정책의 변화, 학교보건법, 보건관리인력
		학교 간호과정	학교건강사정을 위한 자료수집과 우선순위 선정, 학교간호 목표설정 및 간호방법과 수단선택, 학교간호의 수행계획과 평가계획, 직·간접 학교간호활동, 학교간호평가
		학교 보건사업	학교 보건교육의 개념과 목표, 방법과 매체활용 및 평가, 학교건강상담의 특성과 기법, 학교건강평가, 환경관리 및 안전과 폭력사고 예방관리
		학교 건강증진	학교건강증진의 배경 및 원칙, 흡연·음주·영양·운동 건강증진, 구강·시력·청력 건강관리, 약물오남용 예방, 성교육, 학교스트레스 관리와 인터넷 중독관리 프로그램
		학교 보건실 운영	학교보건실의 시설, 설비 및 약품관리, 예산관리, 보건실 운영의 기록과 보고, 보건실 운영의 공문서 관리
	지역사회 간호학 및 실습	지역사회 간호학의 개요	지역사회 건강의 이해, 지역사회 간호 관련 이론, 지역사회간호사의 역할, 보건간호사업의 기획/수행 및 평가
		가족 및 가정간호	가족의 구조와 기능, 가족간호과정, 가정간호의 이해, 호스피스
		역학과 질병관리	역학의 이해, 질병의 자연사, 역학적 연구방법, 질병관리
		산업보건	산업보건관리, 근로자 건강진단, 작업환경, 산업재해 통계지표, 주요 직업성 질환
		환경보건	환경관리의 이해, 대기환경관리, 수질환경관리, 식품위생
교과 내용학	기초 건강과학	약리학	약물의 이해, 호흡기계 약물, 심혈관계 약물, 위장관계 약물, 중추신경계 약물 및 기타약물
		병태생리학	호흡기계 질환 병태생리, 심혈관계 질환 병태생리, 소화기계 질환 병태생리, 근골격계 질환 병태생리, 신경계 및 기타 기관 질환 병태생리
	건강사정 및 실습	신체사정	건강사정을 위한 자료수집, 신체검진 기구의 종류 및 사용법, 신체검진방법
		건강사정	피부검진, 호흡기계 검진, 심혈관계 검진, 근골격계 검진, 신경계 및 기타 기관 검진
	아동간호학 및 실습	아동의 성장발달	성장발달 단계별 특성과 요구, 발달 단계별 부모의 역할, 성장발달에 영향을 미치는 요인, 신체발달장애
		안전과 사고관리	아동기 안전사고의 원인 및 유형, 사고예방을 위한 안전한 방법, 아동의 사고에 따른 간호수행, 아동응급처치의 원칙 및 올바른 응급처치
		소아질환의 간호	통증관리가 필요한 아동사정, 진단 및 간호수행, 아동기 급성질환의 유형, 원인 및 간호수행, 전염성 질환의 유형, 원인 및 간호수행, 아동기 악성종양의 진단적 검사와 아동간호수행
		아동학대	아동학대의 현황, 아동학대의 유형과 원인, 아동학대의 징후와 후유증, 아동학대의 예방법, 아동간호수행

평가영역 및 평가내용요소

구분	기본이수 과목 및 분야	평가영역	평가내용요소
교과 내용학	성인간호학 및 실습	수분과 전해질	수분과 전해질의 생리기전, 수분과 전해질 균형/불균형, 산염기의 생리기전, 산염기의 균형/불균형
		성인병 간호와 관리	감염성 질환관리, 급성질환관리, 만성질환관리
		면역과 알레르기	면역에 대한 이해, 특이성 반응과 비특이성 반응, 장기이식에 대한 개념 및 간호중재, 후천성면역결핍 및 자가면역질환
		종양간호	종양에 대한 이해, 종양치료법, 암환자간호
		재활간호	재활간호의 원리, 이학적 요법의 종류
	정신간호학 및 실습	정신건강관리의 기초	인간행동/정신건강 및 정신질환의 이해, 정신건강사정, 심리검사 및 진단분류체계, 정신약물관리, 청소년정신보건정책, 사업 및 관련법규, 학교와 지역사회 정신보건사업의 이해
		아동기 정신건강간호	아동기 주요정신장애에 대한 이해, 아동기 정신장애의 특징과 중재전략
		청소년기 정신건강간호	청소년기 주요정신장애에 대한 이해, 청소년기 정신장애의 특징과 중재전략
	노인간호학 및 실습	노화와 건강문제	노화에 대한 이해, 노인의 건강관리, 노인의 생활환경 및 의사소통
		노인성 질환	노인성 질환의 특성과 간호중재(치매, 낙상, 요실금), 만성질환(고혈압, 당뇨, 골관절염), 노인성 장애의 재활간호
		노인 복지제도	노인인구의 현황과 특성, 노인보건복지 정책 및 제도, 노인보건복지사업
	모성간호학 및 실습	여성의 건강문제	여성생리와 관련된 문제, 여성의 통상적 건강문제, 성 접촉성 질환, 피임
		여성건강 윤리와 법률	모자보건법, 모성보건지표, 가정폭력 관련법
		임신, 출산	임신 및 산전관리, 출산 및 산후관리
		가정폭력	가정폭력의 실태, 가정폭력의 원인과 예방법
	응급간호학 및 실습	응급처치 기본원리	응급간호의 개념, 응급환자 사정, 응급환자의 분류, 긴급이송
		심폐소생술	심폐소생술에 대한 이해, 심폐소생술 방법
		폐색 및 쇼크	기도폐색에 대한 응급처치, 무의식장애에 대한 응급처치, 쇼크에 대한 응급처치
		내과적 응급처치	실신 및 현기증에 대한 응급처치, 저온 및 고온에 대한 응급처치, 중독 등의 응급처치
		외과적 응급처치	화상에 대한 응급처치, 출혈에 대한 응급처치, 두부손상에 대한 응급처치, 척추 및 흉부손상에 대한 응급처치, 근골격계 손상에 대한 응급처치, 기타 손상에 대한 응급처치

임수진
보건임용

이 책의 차례

- 머리말 ·· 2
- 이 책의 구성과 활용법 ··· 4
- 보건교사 임용시험 안내 ··· 6
- 평가영역 및 평가내용요소 ·· 9

PART 03 아동간호학

- 제1장 아동의 성장발달 ·· 17
- 제2장 안전과 사고관리 ·· 121
- 제3장 소아질환의 간호 ·· 124
- 제4장 아동학대 ··· 161

PART 04 응급간호학

- 제1장 응급처치 기본원리 ·· 181
- 제2장 심폐소생술(CPR) ··· 201

제3장 폐색과 쇼크 ········ 219

제4장 내과적 응급처치 ········ 237

제5장 외과적 응급처치 ········ 251

PART 05 성인간호학 총론

제1장 건강사정 ········ 319

제2장 수분과 전해질 ········ 340

제3장 면역과 알레르기 ········ 372

제4장 종양간호 ········ 403

제5장 재활간호 ········ 428

제6장 노인간호 ········ 440

임수진
보건임용
02

PART 03

아동간호학

CHAPTER 01 아동의 성장발달

CHAPTER 02 안전과 사고관리

CHAPTER 03 소아질환의 간호

CHAPTER 04 아동학대

PART 03 아동간호학

한눈에 보기 — 아동간호

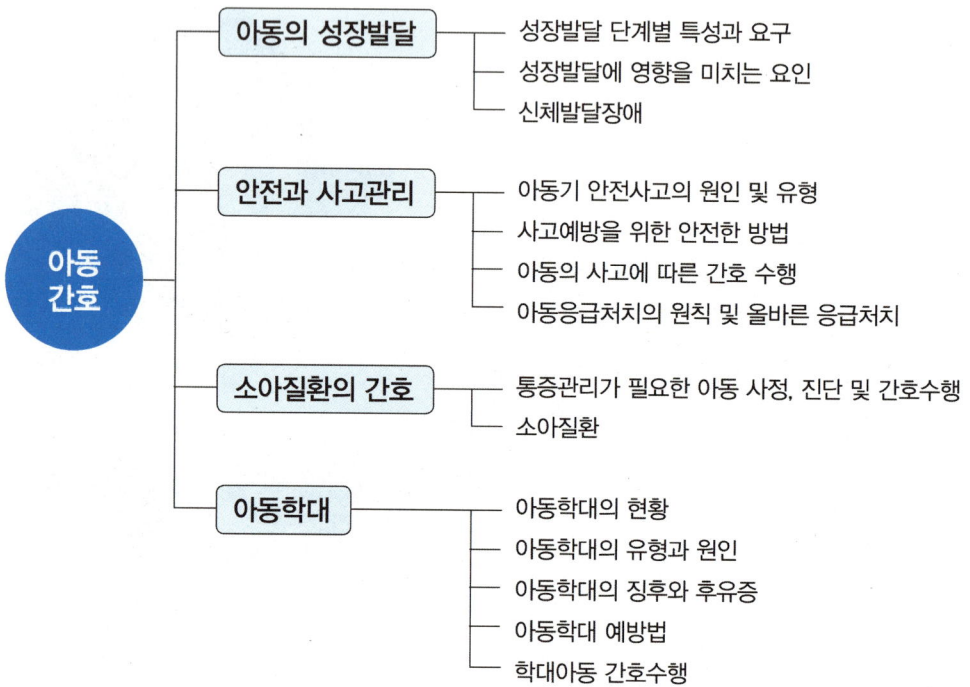

01 아동의 성장발달

영역			내용		페이지
성장발달 단계별 특성과 요구	성장발달 관련 이론	성장발달	Scammon의 성장곡선 [2023]		28
		프로이드 심리성적 발달이론	학령기 아동 발달단계 [1993, 2011], 청소년기 발달단계 [1999 추가], 유아기 발달단계 [2016], 배변훈련과 성격형성 관계 [2016]		30
		에릭슨 심리사회적 발달이론	정서발달 단계에서 최초 형성되는 것 [1992], 심리사회발달 특성단계 [2010], 청소년기 발달단계 [1999 추가], 학령기 성장발달단계 [1993], 학령기 과업과 위기 [1995]		31
		마르시아 정체감 4범주			33
		피아제 인지발달이론	학령기 성장 발달단계 [1993, 2011], 청소년기 발달단계 [1999 추가], 유아기 인지발달특성 [2008]		35
		셀만의 사회적 조망수용이론			38
		콜버그 도덕성 발달이론	학령기 아동 발달단계 [2011], 발달단계 판단 [2014], 유아기 도덕발달 수준과 특성 [2008]		39
		설리반 대인관계이론			40
		말러의 분리개별화 이론			43
		애착이론	보울비 애착의 4단계의 구분과 특성 [2015]		44
			Ainsworth의 애착 유형		45
		성 발달	성 유형이 뚜렷해지는 시기 [1993]		46
		언어발달			47
	성장발달 평가	소아발육곡선 정의와 결과해석 [2009]			48
		한국형 DenverⅡ	정의 [2009], 검사 대상 연령 [2025], 수행목적 [2025]		49
			검사항목 [2009]		
			교정연령 [2025], 항목별 해석 [2012]		
성장발달에 영향을 미치는 요인	아동의 사회성 발달에 도움이 되는 것 [1994]				54
	성장발달 단계별 부모의 역할				
	아동의 성장과 발달에 영향을 주는 내적 환경 [1993]				
	놀이유형 [2018]				56
신체발달 장애	발달 단계별 특성	신생아기 특성	신생아 관리의 4대 원칙 [1996]		58
			캥거루식 돌보기 수행방법 [2017]		
			열손실 기전		61
			APGAR [2017, 2021]	목적, 항목(5), 점수 의미	62
			생리적 특성	마유 [2021]	
				포유반사 [2021], 모로반사 [2023], 긴장성 경반사 [2025]	
			출생 시 손상		71
			고빌리루빈혈증	핵황달 [2023]	73
			신생아 용혈성 질환		77
			호흡곤란증후군		78
			미숙아		79

신체발달 장애	발달 단계별 특성	영아기 특성	건강한 1세 유아의 신체적 발달과업 1994		81
			양안시 발달완성시기 2009		
			철분결핍성 빈혈, 영아를 위한 간호중재 2009		
			성인보다 수분의 섭취와 배설이 많은 이유 1996		
		유아기 특성	척수의 유수화 2009		88
			젖병충치와 그 예방법 2017		
			대소변 훈련	즐거운 경험, 시작 가능 시기 1994	
			발달적 행동 특성	분노발작, 퇴행 2007, 2016 , 거부증 2022	
		학령 전기 특성	제1영구 대구치가 나오는 일반적 연령 1992		92
			성역할이나 성유형이 뚜렷해지는 시기 1993		
			5살에 흔히 나타날 수 있는 생리적 수면장애 2023		
		학령기 특성	림프조직 급성장기 2009		95
			골격의 광화작용으로 활발하게 일어나는 시기 2009		
		청소년기 특성	초등학교 고학년 학생의 신체・생리적 발달특징/심리적 발달특징 1998		97
			이차성징	남아의 이차성징 호르몬 1996 , 사춘기에 생식기관들의 성장과 발달속도가 급속히 증가하는 이유 2023	
			사춘기 남아의 여드름 관련 호르몬(2) 2020		
			아포크린 한선이 활발히 작용하는 시기 2009		
			성적 성숙변화단계 2013, 2019, 2023		
			골격의 광화작용 완성으로 근육과 골격 간의 균형이 이루어지는 시기 2009		
			청소년기 발달과업 5가지와 발달과업 성취를 위한 중재 3가지 2001		
			초기 자기중심적 사고를 반영하는 특성으로 나타나는 상상적 청중과 개인적 우화 설명 2006		
	성장발달 장애	신체성장장애 (저신장증)	성장호르몬 결핍으로 인한 저신장증 2014		102
			성장호르몬 분비기관과 성호르몬 요법 치료시기 2024		
		필수 아미노산을 함유한 단백질 섭취량의 부족 현상으로 나타나는 증상 1994			106
		성조숙증	가성 성조숙증의 원인, 증상, 관리방안 2013		107
		남아의 여성화 유방의 관리방안 1996			109
		선천성 대사장애	선천성 대사 이상 검사 명칭 2025		110
			페닐케톤뇨증 1993, 1994 – 보기언급		
			선천성 갑상선기능저하증 1993 – 보기언급 , 선천성 갑상선 기능저하증의 혈액검사 결과와 투약해야 하는 약물의 명칭과 투약기간 2025		111
			갈락토스혈증 1993 – 보기언급		112
			지질대사 결핍 : Tay-Sachs dz 1992, 1993		113
		염색체 이상	상염색체 이상	다운증후군 역학적 특성/원인/증상 1994	115
				Cri du Chat : 묘성증후군 1995 – 보기언급	
			성염색체 이상	클라인펠터 증후군 1994, 1995	118
				터너증후군 1994, 1995	

✅ 학습전략 Point

1st	에릭슨, 프로이드, 피아제, 콜버그 발달이론	발달이론과 관련하여 각 발달단계별 주요 특성이나 과업을 학습한다.
2nd	성장발달단계별 신체적·정신적·사회적 발달 특성	기출되었던 학령기와 청소년기의 신체적·정신적·사회적 발달특성을 학습한다. 또한, 최근에 계속 출제되고 있는 신생아기의 발달특성도 함께 학습한다.
3rd	성조숙증, 성장호르몬 투약 등 성장발달과 관련된 이슈	성조숙증, 성장호르몬 투약과 관련된 저신장증, 신생아의 선천성 대사이상 검사 등 성장발달과 관련된 이슈를 학습한다.

한눈에 보기 아동의 성장발달

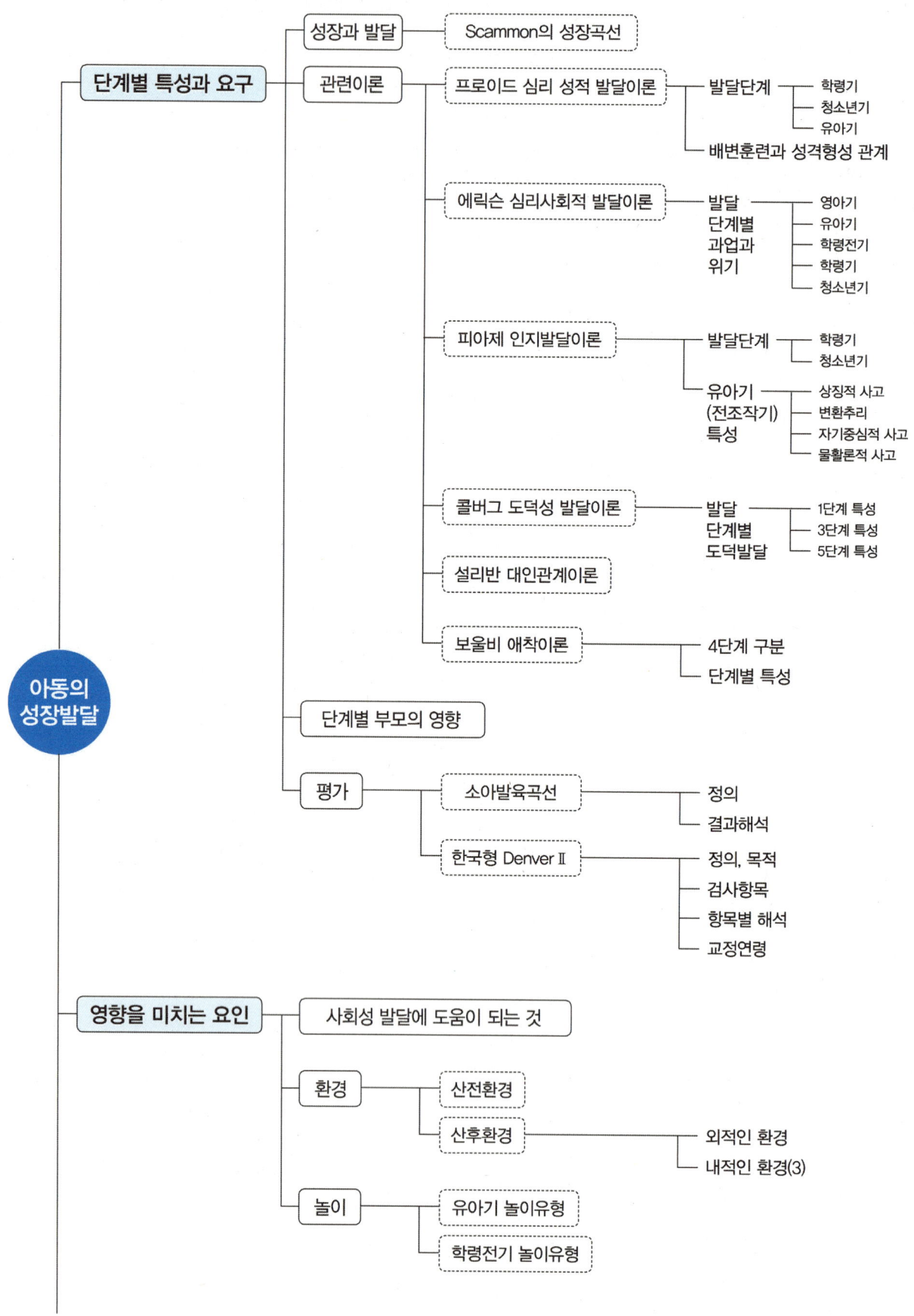

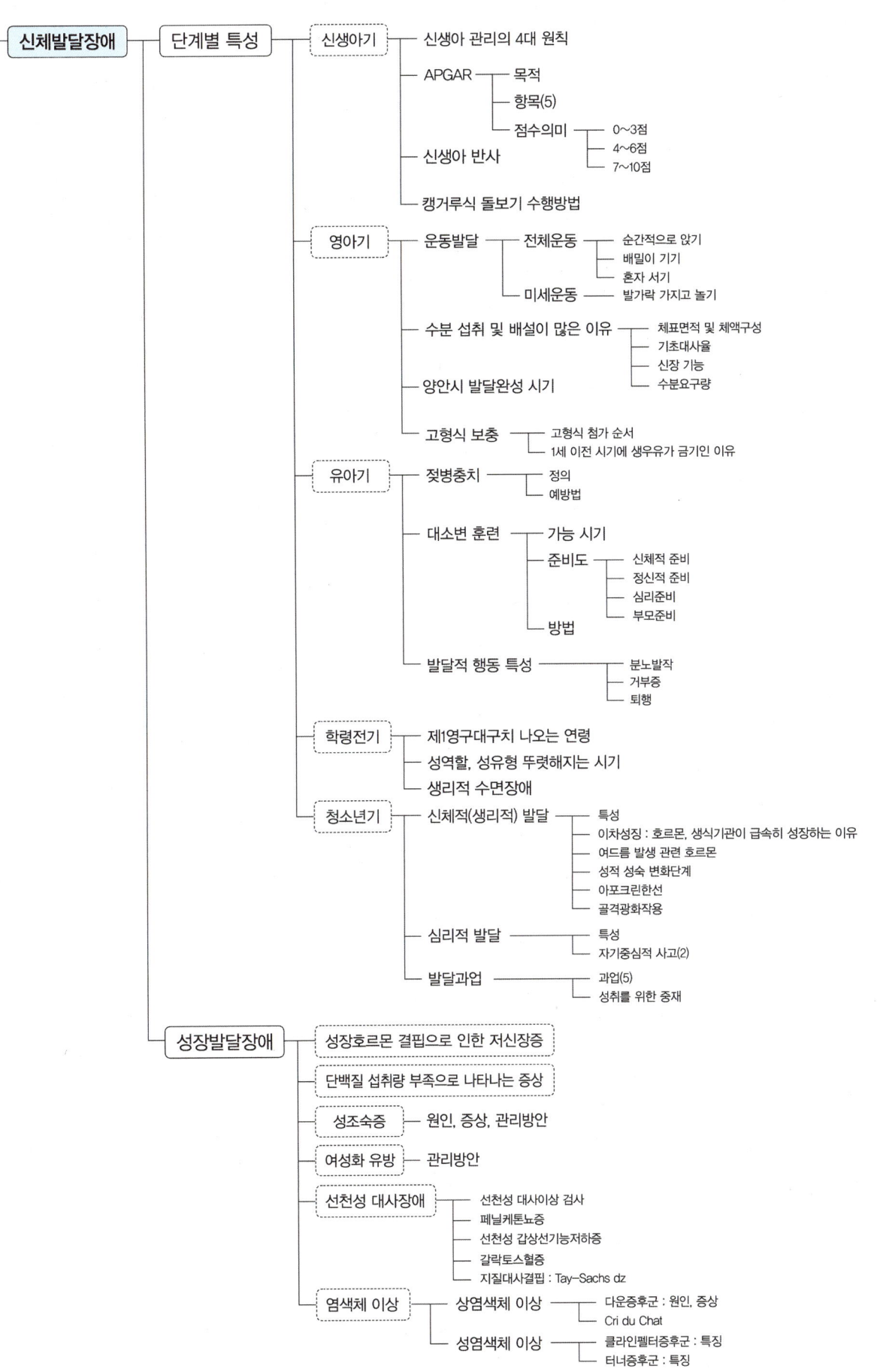

CHAPTER 01. 아동의 성장발달

23-A6. 다음은 초등학교 보건교사가 작성한 교수·학습 지도안이다. 〈작성 방법〉에 따라 서술하시오.

교수·학습 지도안			
단원	아동의 성장 발달	보건 교사	박○○
주제	성장과 발달 개념 이해하기	대상	3학년 1반
차시	1/3	장소	교실
학습 목표	○성장과 발달의 개념을 이해할 수 있다. ○아동의 신체부위별 성장과 발달 속도를 설명할 수 있다.		
단계	교수·학습 내용		시간
도입	○전시 학습 문제 확인		5분
전개	1. 성장과 발달의 개념 1) 성장: 생물학적 변화와 신체의 양적 증가 2) 발달: 전 생애에 걸쳐 일어나는 모든 변화의 양상과 과정 2. 성장발달곡선 1) Scammon의 성장 곡선		30분

〈작성 방법〉
- 그래프의 ㉠과 ㉡에 해당하는 계통(system)을 순서대로 제시할 것.
- 그래프의 ㉢에서 사춘기에 처음 발현되는 기관(organ)의 명칭을 성별에 따라 제시하고, 사춘기에 그 기관들의 성장과 발달 속도가 급속히 증가하는 이유를 서술할 것.

11-06. 프로이드(Freud), 콜버그(Kohlberg) 및 피아제(Piaget)의 이론에 근거하여 (가), (나), (다)의 행동 특성에 해당하는 발달 단계를 바르게 짝지은 것은?

〈보기〉
민호는 (가) 축구와 게임을 좋아하며 공부에도 관심을 보이고 동성 또래 친구들과 놀기를 좋아하였다. 또한 (나) 수업 시간에 조용히하면 선생님이 착한 아이로 생각할 거라며 조용히 하려고 노력하였다. 그리고 수업 시간에 (다) 같은 양의 찰흙으로 공 모양이나 긴 막대 모양을 만들어도 찰흙의 양이 같다는 것을 이해하고 친구들 앞에서 발표하였다.

	(가)	(나)	(다)
①	남근기	전인습적 단계	전조작기
②	잠복기	전인습적 단계	구체적 조작기
③	잠복기	인습적 단계	구체적 조작기
④	남근기	인습적 단계	형식적 조작기
⑤	잠복기	후인습적 단계	형식적 조작기

93-51. 다음 학자들이 제시한 학동기(7~12세)의 성장발달단계를 바르게 짝지은 것은?

	Erikson	Freud	Piaget
①	근면성 대 열등감	잠복기	구체적 조작기
②	근면성 대 열등감	청년기	구체적 조작기
③	창의감 대 죄책감	청년기	형식적 조작기
④	창의감 대 죄책감	잠복기	형식적 조작기

99추가-05. 다음에 제시된 학자의 이론에서 14~16세에게 적용되는 단계를 쓰고, 간단히 설명하시오. (프로이드, 에릭슨, 피아제)

16-07. 다음은 보건교사가 두 자녀를 둔 동료교사와 대화한 내용이다. 〈작성 방법〉에 따라 서술하시오.

보건교사: 선생님! 이제 출산 휴가를 마치셨군요?
동료교사: 네, 그동안 별고 없으셨지요? 저는 차라리 출근하는 게 덜 힘든 것 같아요. 동생이 생기고 나니 민아가 저를 너무 힘들게 해요.
보건교사: 민아가 지금 몇 살인가요?
동료교사: 25개월 되었어요. 제가 요즘 걱정이 있어요.
보건교사: 그게 뭔데요?
동료교사: 민아에게 배변 훈련을 시키는 것도 힘든데… 동생이 태어난 후 민아가 변했어요.
보건교사: 민아가 어떻게 변하나요?
동료교사: 제가 동생을 안고 있으면 자기도 안아 달라고 떼를 써요. 게다가 동생 젖병을 물고 누워서 맘마 먹는다고 하고, 아기처럼 말하기도 해요.
보건교사: 동생이 태어나서 민아가 스트레스를 받는군요.

〈작성 방법〉
- 프로이드(S. Freud)의 심리성적 발달이론에 근거했을 때 민아는 어느 단계에 해당하는지 제시할 것.
- 배변훈련과 성격형성과의 관계를 프로이드(S. Freud)의 심리성적 발달이론에 근거하여 제시할 것.
- 밑줄 친 민아의 행동에서 나타나는 심리적 방어기제의 명칭과 그 개념을 제시할 것.

92-30. Erikson의 정서 발달 단계에서 최초에 형성되는 것은?
① 독립감 ② 신뢰감
③ 절망감 ④ 자율감

95-34. 에릭슨이 말하는 학령기(6~12세)의 과업과 위기가 옳게 짝지어진 것은?
① 친밀감 – 소외감
② 주체성 확립 – 주체성 혼동
③ 신뢰감 – 불신감
④ 근면성 – 열등감

10-31. 에릭슨이 제시한 심리 사회 발달의 특성이 바르게 설명된 것을 〈보기〉에서 고른 것은?

〈보기〉
㉠ 영아기: 신뢰감이 형성되는 시기로 영아를 돌보는 사람을 통하여 수유, 옷 입기, 달래기와 같은 영아의 기본욕구가 충족될 때 발달한다.
㉡ 유아기: 솔선감이 형성되는 시기로 이 시기의 과업을 달성하지 못한 유아는 죄책감을 갖게 된다.
㉢ 학령 전기: 자율성이 형성되는 시기로 이 시기의 과업을 달성하지 못한 아동은 수치심이나 의심을 갖게 된다.
㉣ 학령기: 근면성이 형성되는 시기로 부모와 교사의 지지는 근면성 발달에 긍정적인 영향을 주는 요인이다.
㉤ 청소년기: 자아정체성이 확립되는 시기로 이 시기를 어떻게 보내느냐에 따라 주체성이 확립되거나 역할 혼돈의 상태가 된다.

08-05. 다음의 예에서 나타난 민서의 인지발달 특성 4가지를 피아제의 인지발달이론에 근거하여 쓰고 민서의 도덕발달 수준과 단계를 콜버그의 도덕발달이론에 근거하여 쓰시오.

- 인지발달특성: 3년 6개월 된 민서는 간호사가 되고 언니와 인형은 환자가 되어 병원놀이를 하였다. 다음 날 언니가 넘어져서 다리를 다치자 민서는 "언니가 병원놀이를 했기 때문에 다쳤다."라고 말하며 인형도 병이 날까봐 걱정하였다. 출근하신 아빠가 화상통화가 아닌 전화를 걸어 "언니는 병원에 갔니?"라고 묻자 전화기를 들고 대답 대신 고개를 끄덕였다.
- 도덕발달 수준과 단계: 민서는 "언니를 때리면 엄마에게 혼이 나기 때문에 안 때려요."라고 말했다.

• 인지발달 특성:
• 도덕발달 수준과 단계:

14-2. 다음의 대화를 읽고 물음에 답하시오.

상담 1회기
보건교사: 철민아! 요즘 보건실에 자주 오는 걸 보니 힘든가 보구나?
철민: 네, 힘들어요.
보건교사: 뭐가 철민이를 힘들게 할까?
철민: 엄마 아빠가 매일 싸우시고 싸울 때마다 아빠가 엄마를 때려요.
보건교사: 철민이는 그럴 때 어떤 생각이 드니?
철민: 제 입장이 난처해요.
보건교사: 뭐가 철민이를 난처하게 만드니?
철민: 엄마가 아빠는 나쁜 사람이라고 자꾸 그러니까 이젠 아빠가 나쁜 사람 같고 엄마를 괴롭히는 아빠가 싫어졌어요.
보건교사: 철민이가 힘들겠구나.
철민: 네, 친구들이 놀러 가자고 해도 엄마가 걱정되고, 내가 없으면 위험해질 것 같아 엄마 곁을 떠날 수 없어요.
보건교사: 아! 그랬어. 철민이가 많이 힘들겠구나.
… (중략) …

상담 3회기
보건교사: 어서와. 어떻게 지냈어?
철민: 어제 엄마 아빠가 또 싸우셨어요.
보건교사: 엄마 아빠가 사이좋게 지내셨으면 좋겠는데 자꾸 싸우시니까 힘들지?
철민: 네, 힘들어요. 선생님, 할머니가 편찮으세요. 근데 병원 가실 돈이 없어 엄마랑 아빠랑 싸우셨어요.
보건교사: 할머니가 많이 편찮으시니?
철민: 네, 할머니가 병원에 안 가시면 돌아가실지도 몰라요.
보건교사: 그래! 병원에서 치료받을 방법을 함께 찾아보자.
철민: 선생님, 할머니가 치료받으실 방법이 있을까요?
보건교사: 그럼!
철민: 세상은 평등해야 하는데 돈이 없어서 치료를 못 받는 사람이 있다면 세상의 법은 바뀌어야 한다고 생각해요.
… (하략) …

보웬(M. Bowen)의 다세대가족치료(가족체계이론)에서 삼각관계 및 자기(자아)분화의 개념을 각각 설명하고, 각각의 개념과 관련된 상담 내용을 상담 1회기 내용에서 찾아 한 문장씩 쓰시오. 또한 상담 3회기 내용을 중심으로 콜버그(Kohlberg)의 도덕발달 6단계 중 철민이가 속한 단계의 명칭을 쓰고, 이 단계를 나타내는 문장 하나를 제시한 후, 그 문장이 이 단계에 해당하는 이유를 설명하시오.

15-02. 다음은 보건교사가 고등학교 3학년 학생들을 대상으로 '미래에 성공적인 부모 되기'라는 주제로 교육을 실시하기 위한 자료이다. 괄호 안의 ㉠에 해당하는 단계의 명칭을 제시하고, ㉡, ㉢에 해당하는 특성을 각각 2가지씩 서술하시오.

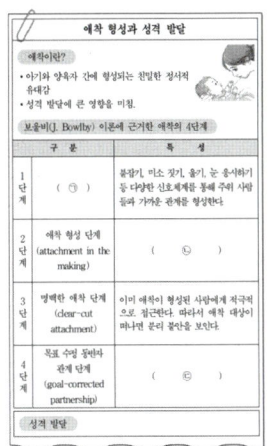

25-A10. 다음은 보건교사와 동료교사의 대화 내용의 일부이다. 〈작성 방법〉에 따라 순서대로 서술하시오.

동료교사: 선생님, 저희 승준이가 2023년 8월 10일에 태어나서 오늘(2024. 11.10.)로 15개월이 되었어요. 그 또래 다른 아이들은 "엄마"하고 부르던데 승준이는 아직 말을 못 해서 걱정이 돼요.
보건교사: 걱정되시면 한국형 Denver Ⅱ 검사를 받아 보시죠.
동료교사: 한국형 Denver Ⅱ가 뭐예요?
보건교사: 한국형 Denver Ⅱ는 (㉠)까지 아동을 대상으로 개인 사회, 미세 운동 및 적응, 언어 그리고 운동 영역을 검사하는 도구입니다.
동료교사: 그 검사를 하면 승준이의 지능도 알 수 있나요?
보건교사: ㉡ 한국형 Denver Ⅱ 검사는 IQ 검사, 즉 지적 능력을 알기 위한 검사는 아니에요.
동료교사: 아! 그렇군요. 그런데 승준이가 예정일보다 4주 일찍 태어나서 확실히 늦기 할 텐데….
보건교사: 승준이 상황에 맞추어 ㉢ 교정 연령으로 검사가 진행될 겁니다.

〈작성 방법〉
- 괄호 안의 ㉠에 해당하는 연령 범위를 쓸 것. (예: 0~○○세)
- 밑줄 친 ㉡의 수행 목적을 서술할 것. (단, 본문의 내용을 제외할 것.)
- 밑줄 친 ㉢을 적용해야 하는 조건을 쓰고, 오늘(2024. 11. 10.) 기준 승준이의 교정 연령을 서술할 것.

09-30. 아동의 정상 성장발달을 평가하는 방법과 해석에 대한 옳은 설명을 〈보기〉에서 고른 것은?

── 〈보기〉 ──
㉠ 한국형 Denver Ⅱ는 출생에서 3세까지 아동의 발달 지연을 선별하는 도구이다.
㉡ 한국형 Denver Ⅱ는 개인 사회성, 미세운동, 언어, 운동발달을 평가한다.
㉢ 소아발육곡선은 아동의 전반적인 신체 성장 양상을 감시하는데 사용한다.
㉣ 9세 남아의 체질량 지수가 19.8kg/m² (85percentile)이면 9세 남아의 84%는 이 아동보다 체질량 지수가 낮다는 것을 의미한다.
㉤ 키를 측정한 결과가 90백분위수(percentile)이면 동일 연령과 성별 집단의 89%는 이 아동보다 키가 크다는 것을 의미한다.

12-22. 김 군(17개월)의 한국형 덴버 Ⅱ 검사를 실시한 결과의 일부이다. (가)~(라)의 각 항목별 해석으로 옳은 것은?

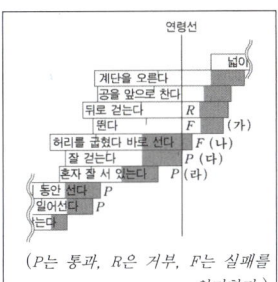

(P는 통과, R은 거부, F는 실패를 의미한다.)

18-05. 다음은 보건교사와 김 교사의 대화 내용이다. ㉠, ㉡에 해당하는 놀이 유형을 순서대로 쓰시오.

김 교사: 선생님, 아이들은 발달 단계별 놀이 유형이 있다고 들었는데요. 우리 아이가 노는 것을 보니 궁금한 점이 있어요.
보건교사: 무엇이 궁금하신가요?
김 교사: ㉠ 제 조카가 노는 것을 본 적이 있는데, 또래 친구들과 우르르 몰려다니면서 공놀이를 하기도 하고, 미끄럼틀을 타고 어울려 노는데, 특별히 놀이에 규칙은 없더라고요. 그런데 ㉡ 우리 아이는 또래와 한 장소에서 같은 종류의 장난감을 갖고 놀기는 하는데, 서로 어울려 놀지는 않더라고요. 우리 아이가 혹시 사회성에 문제가 있는 것은 아니겠지요?
보건교사: 애들 나이는 어떻게 되나요?
김 교사: 조카는 다섯 살이고, 우리 아이는 24개월이에요.
보건교사: 둘 다 정상적인 발달 과정에서 보이는 놀이를 하고 있는 것이니 걱정하지 마세요.

93-29. 다음 〈보기〉에서 아동의 성장과 발달에 영향을 주는 내적 환경으로만 짝지어진 것은?

── 〈보기〉 ──
㉠ 지능   ㉡ 기후
㉢ 호르몬 ㉣ 영양
㉤ 정서   ㉥ 문화

94-55. 아동의 사회성 발달에 도움이 되지 않는 것은?
① 성인의 가치관 주입
② 동료 집단과의 관계
③ 부모 형제와의 접촉
④ 자기 표현의 기회를 줄 수 있는 환경

96-11. 신생아 관리의 4대 원칙에서 제외되는 것은?
① 호흡유지   ② 체온유지
③ 감염예방   ④ 선천성 기형방지

17-10. 다음은 미숙아를 출산한 여교사가 보건교사와 전화 통화한 내용이다. 괄호 안의 ㉠에 해당하는 용어를 쓰고, 밑줄 친 ㉡을 수행하는 방법을 서술하시오.

여교사: 선생님, 그동안 잘 지내셨어요?
보건교사: 네, 선생님도 잘 회복하고 계시지요?
여교사: 저는 집에서 산후 조리를 하고 있고, 아기가 아직 병원에 있어서 면회를 다녀요.
보건교사: 아기 상태는 어떤가요?
여교사: 병원에서 아기가 태어난 직후 1분과 5분에 평가한 (㉠) 점수를 봐서는 자궁 밖의 생활에 적응이 조금 어려운 상태라고 했어요. 그런데 오늘은 아기를 보러 병원에 갔더니, 아기의 상태가 안정적이라면서 다음 면회 시에는 제가 원한다면 ㉡ 캥거루식 돌보기를 할 수 있다고 했어요. 이게 아기에게 어떤 점이 좋은가요?
보건교사: 캥거루식 돌보기는 아기의 체온이 유지되는 등 생리적 반응과 심리적 안정에 도움이 되어 성장 발달을 촉진해요. 어머니도 아기를 돌볼 기회를 가지게 되니 심리적으로 안정되고, 어머니와 아기간의 상호작용도 증진됩니다.

94-02. 건강한 1세 유아의 신체적 발달과업에 해당되는 것은?
① 서서히 기는 것처럼 움직인다.
② 혼자 서 있을 수 있다.
③ 발을 가지고 놀며 발을 입으로 가지고 간다.
④ 잠깐 동안 앉을 수 있다.

96-54. 영아가 성인보다 수분의 섭취와 배설이 많은 이유는?
① 신진대사가 어른보다 왕성하다.
② 신기능이 미숙하다.
③ 영아는 세포내 체액이 많다.
④ 어른에 비해 적은 체표면적이다.

21-A6. 다음은 출산 휴가 중인 국어교사와 보건교사의 SNS 대화 내용의 일부이다. 〈작성 방법〉에 따라 순서대로 서술하시오.

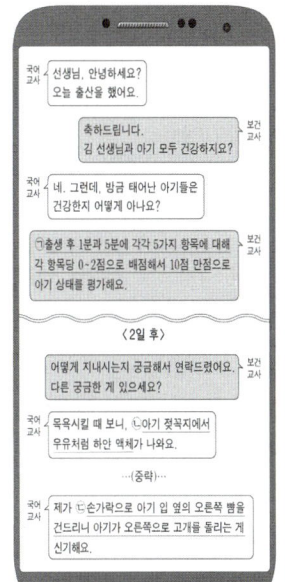

〈작성 방법〉
- 밑줄 친 ㉠에 해당하는 평가의 명칭을 쓸 것.
- 밑줄 친 ㉡의 명칭을 쓰고, 이것이 나타나는 이유를 서술할 것.
- 밑줄 친 ㉢을 나타내는 반사(reflex)의 명칭을 쓸 것.

25-A2. 다음은 보건교사와 동료교사의 상담 내용의 일부이다. 괄호 안의 ㉠에 해당하는 연령과 밑줄 친 ㉡에 해당하는 원시 반사를 순서대로 쓰시오. (단, ㉠은 「도로교통법」(법률 제20155호, 2024. 1. 30., 일부개정)에 근거하여 쓸 것.)

동료교사: 지난 주 아기 백일잔치 때 지인으로부터 카시트를 선물 받았어요. 4개월인데 카시트에 잘 앉아 있더라고요.
보건교사: 만 (㉠)세 미만까지 꼭 카시트를 사용해야 해요. 위반할 경우, 과태료가 부과되거든요.
동료교사: 아기를 카시트에 태워 이동할 때 무엇을 해 주면 좋을까요?
보건교사: 손에 쥘 수 있는 장난감을 주세요. 4개월 아기는 ㉡ 머리를 한쪽으로 돌리면 같은 방향의 팔다리는 펴지고 반대편 팔다리는 굽혀지는 반사가 사라져서 팔다리 움직임이 자유로워지거든요. 이때부터는 자기 손을 들여다보며 놀기도 하고, 물체에 손을 뻗어 잡기도 해서 손에 쥘 수 있는 장난감이 발달에 도움이 될 거예요

23-A11. 다음은 보건교사와 동료교사의 전화 통화 내용이다. 〈작성 방법〉에 따라 서술하시오.

> 동료교사 : 선생님, 안녕하세요?
> 보건교사 : 출산하느라 고생하셨어요.
> 동료교사 : 네, 아기가 ㉠ 미숙아로 태어났는데 빌리루빈 수치가 20mg/dL로 증가해서 뇌손상의 위험이 있다고 해요.
> 보건교사 : 걱정되시겠군요. 신생아는 성인과 달리 간기능이 미숙해서 ㉡글루쿠론산전이효소(glucuronyl-transferase)의 활성도가 떨어져요. 그로 인해 빌리루빈 수치가 증가하게 되지요.
> … (하략) …

〈작성 방법〉
- 밑줄 친 ㉠에 해당하는 질환명을 제시할 것.
- 밑줄 친 ㉠에 해당하는 질환의 초기에 소실되는 신경계 반사(reflex)의 명칭을 제시하고, 이 반사의 개념을 서술할 것.
- 밑줄 친 ㉡의 빌리루빈 대사 작용을 서술할 것.

09-07. 성장발달 단계별 신체적 발달 특성이 바르게 설명된 것을 〈보기〉에서 고른 것은?

〈보기〉
㉠ 영아기 : 양안시 발달이 완성되어 두 눈을 동시에 사물에 고정할 수 있다.
㉡ 유아기 : 척수의 완전한 유수화로 항문과 요도 조임근의 조절이 이루어진다.
㉢ 학령 전기 : 림프조직이 급격히 성장하여 최고조에 이른다.
㉣ 학령기 : 골격의 광화작용이 완성되어 근육과 골격간의 균형이 이루어진다.
㉤ 청소년기 : 호르몬의 영향으로 아포크린 한선이 활발하게 작용한다.

09-32. 현재 조제유만을 섭취하고 있는 7개월 된 영아가 소아과를 방문하여 혈액 검사를 받았다. 검사결과 혈청-철 농도가 정상보다 낮았고 총 철결합능이 정상보다 높게 나타났다. 이 영아를 위한 간호중재로 옳은 것을 〈보기〉에서 모두 고른 것은?

〈보기〉
㉠ 철분공급을 위해 철분강화 생우유를 첨가하여 준다.
㉡ 비타민 C는 철분흡수를 방해하므로 철분제와 같이 주어서는 안 된다.
㉢ 철분이 많이 함유된 곡분으로 고형식이를 시작한다.
㉣ 무증상 출혈이 있을 수 있으므로 대변의 잠혈을 관찰한다.

① ㉠   ② ㉡, ㉢
③ ㉡, ㉣   ④ ㉢, ㉣
⑤ ㉡, ㉢, ㉣

17-4. 다음은 여 교사가 보건교사와 상담한 내용이다. 괄호 안의 ㉠, ㉡에 해당하는 내용을 순서대로 쓰시오.

94-32. 유아(1∼3세)의 대소변 훈련과 관계없는 것은?
① 즐거운 경험이 되게 한다.
② 혼자 설 수 있을 때 해야 한다.
③ 새로운 기술을 배울 수 있을 때 시작한다.
④ 만약 훈련에 성공하면 어떤 외적 요소에도 변화가 없다.

92-61. 제1대구치가 나오는 일반적인 연령은?
① 6∼7세   ② 8∼9세
③ 10∼11세   ④ 12∼13세

22-B2. 다음은 보건교사와 A 교사의 전화 통화내용이다. 밑줄 친 ㉠과 ㉡에 해당하는 유아기 특성의 명칭을 순서대로 쓰시오.

> 보건교사 : 선생님, 둘째 아이 출산을 축하드려요.
> A 교사 : 네, 전화 주셔서 감사합니다.
> 보건교사 : 아기 돌보시느라 힘드시죠?
> A 교사 : 아기보다 3살 된 첫째 아이 때문에 무척 힘이 들어요. ㉠모든 질문에 대한 대답을 '싫어', '안돼'라고 해요. 어떻게 해야 좋을지 모르겠어요.
> 보건교사 : 선생님이 당황하셨겠네요. 그 시기의 정상적 반응이에요. 아이에게 '예', '아니요'라는 대답이 나오는 질문을 피하시고, 그 대신 아이가 선택할 수 있는 질문을 하시는 것이 좋겠어요.
> A 교사 : 그렇군요. 그런데 첫째 아이가 ㉡대소변 조절이 가능했는데, 옷에 소변을 보고 아기처럼 우유병을 빨려고 해요.
> 보건교사 : 첫째 아이가 스트레스를 받고 있는 것 같아요. 아이에게 더욱 관심과 사랑을 표현해 주고 아이의 행동에 대해서 일관성 있는 반응을 보여주세요.

23-B1. 다음은 보건교사와 교사 A, B의 대화 내용이다. 밑줄 친 ㉠과 ㉡에 해당하는 수면 장애의 명칭을 순서대로 쓰시오.

> 교사 A : 선생님, 우리 딸이 다섯 살인데요. 요즘 ㉠잠을 자다 울면서 "엄마, 귀신이 쫓아왔어, 창문 밖에 있는데 우리 집에 들어오려고 해,"라고 하면서 꿈과 현실을 구분하지 못하는데 제가 어떻게 해야 할까요?
> 보건교사 : 낮 시간 동안에 아이의 스트레스를 줄여 주는 게 도움이 될 거예요.
> 교사 B : 우리 아들도 같은 나이인데 ㉡잠들고 난 후 서너시간쯤 지나면 깊이 잠든 상태에서 갑자기 울거나 소리를 지르기도 하는데 잠에서 깨면 기억을 못해요.
> 보건교사 : 두 아이가 조금 다른 현상을 겪고 있지만 그 나이 또래에서 흔히 나타날 수 있는 생리적 수면 장애입니다.

93-10. 소아가 자신의 성 역할이나 성 유형이 뚜렷해지는 시기는?
① 유아기   ② 학령 전기
③ 학령기   ④ 사춘기

95-68. 〈보기〉와 같은 염색체 이상 질환은?

〈보기〉
- 키가 작고 목에 주름이 있으며 특유한 외모를 나타낸다.
- 난소는 미성숙 상태이고 불임이 된다.
- X염색체가 하나가 없는 45개의 염색체로 구성되어 있다.

① Down 증후군
② Cri du Chat 증후군
③ Klinefelter 증후군
④ Turner 증후군

96-51. 성장통에 대한 설명으로 옳은 것은?
① 대개 아침에 나타난다.
② 움직일 때 통증이 사라진다.
③ 아픈 곳을 만지면 싫어한다.
④ 어린이가 아픈 데를 정확하게 가리킨다.

13-11. 다음은 사춘기 남학생과 여학생의 성적 성숙 변화 단계(Tanner stage)를 나타낸 그림이다. 그림에 대한 설명으로 옳은 것은?

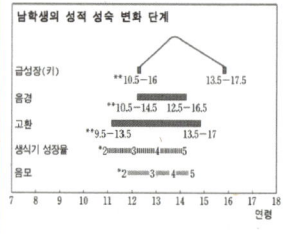

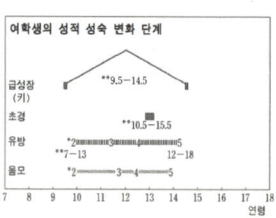

* 숫자는 Tanner의 발달 단계를 의미함
** 성장과 성적 성숙 변화가 나타나는 동안의 연령 범주임
※ 꼭짓점은 키 성장의 최고점을 나타냄

① 남학생은 음경이 커지면서, 여학생은 유방이 돌출되면서 성적 성숙이 시작된다.
② 키 성장의 최고점을 나타내는 꼭짓점은 여학생이 남학생보다 먼저 나타난다.
③ 남학생은 고환이 커진 후 약 1년 정도 지나면 음경과 음모가 발달하고, 여학생은 성장이 시작되는 시기에 초경이 나타난다.
④ 남학생은 음경의 변화와 음모의 발달로, 여학생은 월경의 변화와 음모의 발달로 성적 성숙 변화의 2∼5단계 계측을 한다.
⑤ 여학생이 남학생보다 먼저 이차 성징이 나타나고, 남학생과 여학생 모두 성적 성숙 변화의 3단계에 이른 후에 키의 성장이 일어난다.

07-10. 엄마가 둘째아이를 출산한 후 아기 돌보기에 집중하고 있어 큰아이에게 많은 관심을 보이지 못하자 2년 6개월 된 첫째아이가 젖병을 달라고 요구하며 드러누워 발을 구르고 소리를 지르고 있다. 유아에게 흔히 볼 수 있는 이러한 발달적 행동특성이 무엇인지 2가지를 쓰고 매슬로우의 욕구 단계이론 중 어떤 욕구에 해당되는지 쓰시오.

96-65. 남아의 이차성징 호르몬은?
① 에스트로겐
② 안드로겐
③ 성장호르몬
④ 갑상선 호르몬

19-02. 다음은 ○○고등학교의 보건교육 시간에 A학생이 발표한 남·여의 성적 성숙에 대한 내용이다. ㉠, ㉡에 해당하는 신체 부위를 순서대로 쓰시오.

남·여의 성적 성숙

• 남자와 여자의 성적 성숙 변화
 남성호르몬(테스토스테론)과 여성호르몬(에스트로겐)의 작용으로 성적 성숙의 변화가 발생한다.
• 태너(J. Tanner)의 성적 성숙 단계
 * 숫자는 발달 단계를 의미함
 ** 성장과 성적 성숙 변화가 나타나는 동안의 연령 범주임

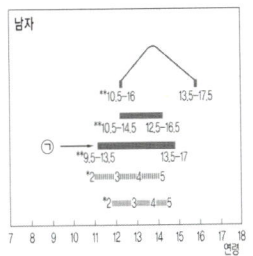

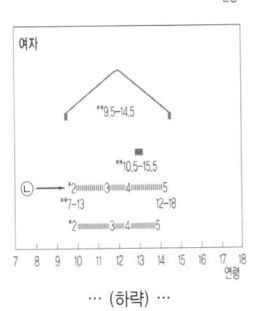

… (하략) …

20-B9. 다음은 고등학교 보건교사가 작성한 건강 게시판 자료이다. 〈작성 방법〉에 따라 순서대로 서술하시오.

[건강 게시판]
여드름 제대로 알아봅시다!
❖ 여드름이란?
 ○ ㉠사춘기와 젊은 연령층에 흔히 발생하는 피부 질환
❖ 분류
 ○ 면포의 수와 유형 및 영향을 받는 피부의 정도에 따라 구분
❖ 치료적 관리
 ○ 일반적 관리
  • 적당한 휴식, 알맞은 운동, 균형 잡힌 식사, 정서적 스트레스 감소
 ○ 청결
  • 자극적이지 않은 순한 비누로 하루에 1~2회 세안
 ○ 약물 관리
  • 국소용: tretinoin 연고 - ㉡감광성 주의
  • 전신용: 경구용 항생제

〈작성 방법〉
○ 밑줄 친 ㉠ 시기 남학생의 여드름 발생에 관련된 호르몬 2가지와 작용을 서술할 것.
○ 밑줄 친 ㉡의 특성을 고려하여 연고 도포 시 주의해야 할 내용 2가지를 서술할 것.

98-02. 초등학교 고학년 학생의 성장발달 과정에 나타나는 특징을 제시하시오.
2-1. 신체, 생리적
2-2. 심리적

01-10. 청소년기는 성장발달과 학습 과정에 많은 변화가 일어나는 시기이다. 청소년기에 성취해야 할 발달과업과 이 시기의 학생들에게 보건교사가 중재해야 할 내용을 설명하시오.
10-1. 청소년기 발달과업 5가지
10-2. 발달과업 성취를 위한 중재내용 3가지

14-06. 다음 김○○ 학생의 진료 기록지를 근거로 ( ) 안에 들어갈 진단명을 쓰시오.

진료 기록지		
이름	김○○	성별/연령 남/12세
구분	항목	결과
신체 검진	신장	130.0cm (3백분위수 미만)
	체중	33.5kg(10백분위수)
	머리 둘레	51.0cm(정상범위)
진단 검사	약물 자극 검사	성장호르몬 최고 반응치 4.2ng/mL
	방사선 검사	골격 발육 지연
병력 조사	• 전반적인 건강상태 : 양호 • 부모와 누나의 키 : 정상 • 키의 성장 속도 : 지연 • 학급에서 가장 키가 작고 친구들이 어린아이로 취급하는 경향이 있음	
진단명	( )	
판정 의사	면허번호	△△△△
	의사명	이□□

24-A2. 다음은 보건교사와 동료교사가 나눈 SNS 대화 내용이다. 괄호 안의 ㉠과 ㉡에 들어갈 용어를 순서대로 쓰시오.

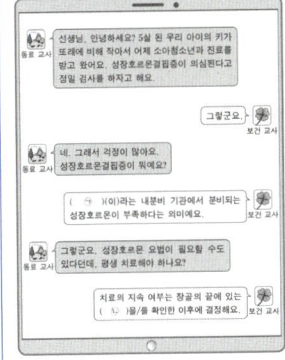

94-45. 〈보기〉의 내용 중 필수 아미노산을 함유한 단백질 섭취량의 부족 현상으로 나타나는 증상을 바르게 나열한 것은?

〈보기〉
㉠ 발육 장애
㉡ 콰시오카
㉢ 내장기관의 기능 저하
㉣ 산혈증

13-10. 유치원에 다니는 Y양(여, 7세)이 가성 성조숙증(말초성 성조숙증, Peripheral precocious puberty) 진단을 받았다. Y양의 부모 교육 내용으로 옳은 것만을 〈보기〉에서 있는 대로 고른 것은?

〈보기〉
ㄱ. 성선자극호르몬의 조기 분비로 인해서 유방 비대와 음모출현, 월경 등의 이차 성징이 나타난다.
ㄴ. 또래에 비해 골성숙이 일찍 나타나 빠르게 성장하지만, 성장판이 조기에 닫힐 수 있다.
ㄷ. 나이에 비해 신체적으로 성숙한 외모를 지녔지만, 실제 나이에 맞는 활동을 하게 해주어야 한다.
ㄹ. 성선의 발달로 성숙한 난자가 생산될 수 있어서 임신에 대한 성교육이 필요하다.

92-52. 지질대사 결핍(Defects in metabolism of lipid)으로 인한 질환은?
① 가와사키 병(Kawasaki's disease)
② 아나필락시스양 자반증(Anaphylactoid purpura)
③ 크론 병(Crohn's disease)
④ 영아성 뇌반점 퇴행(Tay-Sachs disease)

06-09. 청년 초기는 청년 후기에 비해 신체변화가 급격하여 자기중심적 성향이 강하게 나타나고 때로는 위험이 따르는 다양한 활동에 쉽게 가담하게 되기도 한다. 이와 같은 청년 초기의 자기중심적 사고를 반영하는 특성에는 상상적 청중과 개인적 우화가 있다. 이들에 대해 각각 2줄 이내로 설명하시오.

94-50. 다운증후군(Down's syndrome)에 관한 설명 중 옳지 않은 것은?
① 성별과 사회 경제적인 지위와는 무관하다.
② 원인은 염색체의 변형에서 온다.
③ 외모가 특징적이다.
④ 지능은 정상인 경우가 많다.

96-52. 남아가 여성화 유방에 대하여 상의하러 보건실에 방문했을 때 설명 중 옳은 것은?
① 수술한다.
② Androgen을 먹는다.
③ Progesterone을 먹는다.
④ 자연히 회복된다.

93-68. 선천성 대사 이상 증후군 중에서 유전성 지질대사 이상으로 발생되는 질환은?
① Tay-Sachs disease
② 페닐케톤뇨증(Phenylketonuria)
③ 갈락토스혈증(Galactosemia)
④ 선천성 갑상선 기능저하증 (Cretinism)

25-B6. 다음은 보건교사와 동료교사의 전화 상담 내용의 일부이다. 〈작성 방법〉에 따라 순서대로 서술하시오.

 선생님, 저는 지난주에 딸아이를 낳고 산후조리원에 있어요.

 산후조리 잘하고 계시죠?

 네, 저는 건강해요. 그런데 우리 아기는 신생아실에서 했던 검사에서 추가 검사가 필요하다고 연락을 받았어요. ㉠국가에서 지원하는 6종의 질병에 대한 필수 선별검사래요.

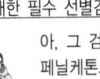 아, 그 검사는 갈락토즈혈증, 페닐케톤뇨증 등과 같은 조기 발견과 조기 치료가 중요한 질병에 대한 검사예요.

 네, 그렇게 들은 것 같아요. 그래서 아기 피검사를 했는데, ㉡선천성갑상선기능저하증이래요.

 걱정이 크시겠어요. 빨리 치료를 시작하는 것이 중요합니다. 약 처방은 받으셨죠?

 네, 병원에서 약을 처방해 주셨어요. 그런데 아기가 아파 보이지는 않는데, 약을 계속 먹일 필요가 있는지 모르겠어요. 우리 아기는 ㉢언제까지 약을 먹어야 할까요?

… (하략) …

〈작성 방법〉
○ 밑줄 친 ㉠의 명칭을 쓸 것.
○ 밑줄 친 ㉡의 혈액 검사 결과를 호르몬 2가지를 포함하여 서술할 것.
○ 밑줄 친 ㉢에 해당하는 약물의 명칭과 이 약물을 투여하는 기간을 쓸 것.

94-25. 성염색체가 XXY로 남아에게만 발생하는 증후군은?
① 터너 증후군
② 페닐케톤 증후군
③ 다운 증후군
④ 클라인펠터 증후군

1 성장발달

1 성장발달 관련 용어 98,02,10 국시

성장	① 생물학적 변화와 신체의 양적 증가 23 임용(지문) ② 쉽게 측정됨 예 키와 체중의 변화
발달	① 전 생애에 걸쳐 일어나는 모든 변화의 양상과 과정 23 임용(지문) ② 성장·성숙·학습을 통한 개인의 능력 확장 ③ 질적 변화 : 성장에 따르는 기능적인 발전과정으로 생리적·심리사회적·인지적 작용의 변화로 성장, 성숙, 학습을 통한 복합적 능력의 변화와 확장 예 언어 습득 연령별 변화
성숙	① 발달단계에 따른 지혜, 통찰력, 선험적 지식의 증가를 통해 신체적·지적·정신적 통합이 이루어지는 과정이며 발달과 상호교환적으로 사용됨 ② 학습이나 환경요인보다 유전요인인 내적 요인에 의한 변화로 구조와 기능이 정밀해짐 ③ 높은 수준으로 기능하도록 신체 구조에 일어나는 변화로 능력과 적응성 증가, 나은 쪽으로 질적인 변화를 가져옴 예 중추신경계의 성숙, 신경섬유의 수초화
분화	① 초기 세포와 조직 구조가 체계적으로 수정, 변화되는 과정의 생물학적인 특성 ② 단순한 행동과 기능에서 복잡한 행동과 기능으로 발달 ③ 전체에서 특정한 부분으로 경향, 일반적 발달에서 특정의 분화된 발달

2 발달의 변화양상과 시기

개념		변화의 차원	변화의 방향	시기	예
유전적 영향	성장	양적 변화	±	생애 초기에 집중	키의 성장, 몸무게 변화
	성숙	질적 변화	+	전 생애	1차 성징, 2차 성징
	쇠퇴	양적 변화	−	생애 후기에 집중	근력 저하, 노안
환경적 영향	학습	양적 변화, 질적 변화	±	전 생애	외국어 습득, 연산

3 성장발달의 기본원리 98,99,00,01,04,05,06,07,10,11,14,15,17,19 국시

방향성 15 국시		일정한 방향으로 질서정연하게 진행
	두미성	머리에서 아래 방향으로 진행(신경의 수초화)
	근원성	근위부에서 원위부로, 심장에서 먼 곳 말초부로, 몸통에서 사지로(중추신경계에서 말초신경계로 발달, 호흡기는 배아기에 기도가 제일 먼저 발달하고 이후 분지되며 태아기와 영아기에 바깥쪽으로 기관지-세기관지-폐포가 자람) 진행
	대칭성	양측성, 좌우대칭으로 발달
연속적 경향 (= 순서성)	연속적	① 명확하게 예측 가능한 발달순서가 있음 ② 연속적이며, 규칙적인 변화가 특징적인 점진적 형태를 가짐 예) 걷기 전에 기어 다니고, 서기 전에 기고, 걷기 전에 서게 됨 　　아동 후기의 성격은 인생 초반기 신뢰의 기반 위에서 이루어짐
	누적적	신체·지능·정서 등 모든 발달 영역에서 다음 단계의 발달은 이전 단계의 발달성과들이 누적되면서 이루어짐
발달속도	일정치 않음	① 발달은 같은 비율과 속도로 진행되지 않음 ② 가속된 발달기간(영아기, 사춘기), 감속된 발달기간으로 신체의 성장발달 속도가 다름
	정상범위 내 다양한 발달속도	정상 범위 내에 다양한 발달속도로 발달하며, 개인차가 있음 신경계 | 출생 후 영아기에 빠르게 성장함 림프조직 | 6세가 되면 성인에 달하는 정도로 빠르게 증가하고 성장하며 평균 10~12세에 어른 크기의 2배에 달함 생식기계 | 사춘기에 뇌하수체 성선자극 호르몬의 증가로 성숙이 일어남
개인차의 원리	독특한 양상	① 성장발달은 유전과 환경의 상호작용 과정으로 아동별로 성장발달 속도, 형태에 독특한 양상을 보임 ② 평균적 발달 표준에 맞추어 아동의 발달 상태를 정상, 비정상으로 판단하는 것은 위험함
분화와 통합의 원리	분화·통합	미분화된 일반적인 것에서 특수·세밀한 것으로 분화되면서 통합 상태로 진행 예) 전체운동에서 미세운동으로 진행
	상호 관련성	신체발달·지적발달·사회성 발달·성격발달·정서발달이 독립적이지 않고 상호 관련되어 통합된 전체로 발달
	구분 어려움	아동의 성장발달에 있어서 환경적 요인과 유전적 요인에 의한 영향을 엄밀하게 구분하기 어려움
결정적 시기의 원리	결정적 시기	특정한 시기에 특정 기능의 발달이 최적으로 진행되는 결정적 시기에 환경의 영향을 받음
	극대화되는 시기	환경의 영향 크게 받음. 학습이 이루어질 가능성이 극대화되는 시기 → 결정적 시기에 적절한 환경에 노출되지 못하면 돌이킬 수 없는 발달 결함 초래 예) 생후 1년간 신뢰감 형성이 되지 않으면 성장 후 타인과의 대인관계가 어려움

④ Scammon 성장(발달)곡선(= 신체기관별 성장곡선) [23 임용]

림프형	① 가슴샘, 림프절, 편도 등의 림프 조직의 성장유형 ② 10~12세경에 성인의 2배에 달했다가 이후 점차 퇴축하여 18세경에 성인수준이 됨
신경형	① 뇌, 척수, 시각기, 두위 등이 신경형에 속함 ② 출생초기부터 급성장하여 4세경에 이미 성인수준의 80%에 달함
일반형	① 키, 체중, 호흡기, 소화기, 신장, 심장, 비장, 근육 및 골 전체의 무게, 혈액량 등이 일반형에 속함 ② S자형 패턴을 보이며 영아기, 사춘기에 급성장함
생식형	① 생식기, 유방, 음모, 자궁, 전립샘 등이 생식형 성장을 함 ② 사춘기부터 급속히 성장하여 16~18세에 성인수준에 도달함

⑤ 성장지표

구분	출생 당시	4개월	1세		2세	4세	5세	10세
신장	50cm		75cm	1.5배		2배		
몸무게	3.3kg	2배	9.9kg	3배	4배		5~6배	10배
두위	34cm		46cm	= 흉위	두위 < 흉위 (4세경 두위는 50cm으로 모두 성장했을 때의 90% 수준으로 발달함) 예 12세 남아의 머리둘레 51cm [12 임용(지문)]			
흉위	33cm		46cm	= 두위				

⑥ 성장의 비례

성장은 머리에서 발쪽으로 진행함. 출생 시에는 상대적으로 머리가 크고 이후로 성장기 전반에 걸쳐 사지의 길이가 길어짐

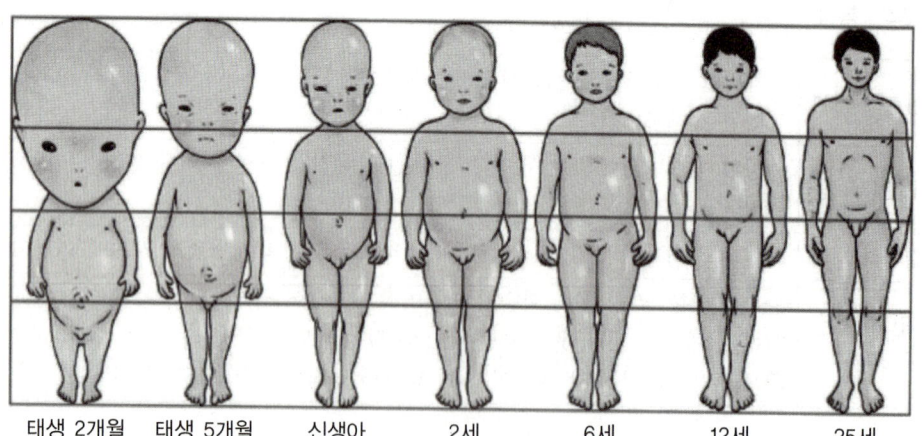

태생 2개월 태생 5개월 신생아 2세 6세 12세 25세

연령	출생 시	2년	12~15년	16년
몸의 중심점	배꼽 위 2cm	배꼽 약간 아래		치골결합부근
상절/하절 비	1.7	1.4	1.0	

2 성장발달 관련 이론
92,93,95,99,08,10,11,14,15 임용 / 98,99,00,02,06,08,12,13,14,15,16,17,18,24 국시

이론가 단계 (나이)	「프로이드」 심리성적 발달단계	「에릭슨」 심리사회 발달단계	「설리반」 대인관계 발달단계	「피아제」 인지적 발달단계	「콜버그」 도덕적 발달단계
영아기 (출생~1세)	구강기 (구강을 통한 자극에 만족을 얻어 불안감소, 불만족 시 고착)	신뢰감 대 불신감 (주양육자와의 애착관계가 신뢰감 형성의 기초가 됨, 기본욕구가 충족될 때 발달)	[0~18개월] 모성 (단극-양극)	감각운동기 (출생~2세)	
유아기 (1~3세)	항문기 (배설기능을 강조하여 독립과 통제 학습, 대소변 가리기 훈련, 강박적인 훈련은 결벽증적 성격 유발)	자율감 대 수치감/의심 (대소변 가리기와 옷 입기 등의 독립적인 행동을 배움, 혼자하려고 노력함)	[18개월~6세] 부모(삼극)	전조작적 사고기 • 개념이전 단계 (2~4세)	전도덕 수준 (전인습 도덕 수준) • 처벌과 복종
아동기 초기 (3~6세)	남근기 (성적 에너지가 항문 → 성기로 전환, 오이디푸스 콤플렉스 : 거세 불안 / 동성부모와 동일시, 성정체성 발달)	주도성(= 솔선감) 대 죄책감 (목표지향적이고, 경쟁적임, 모험적인 행동과 상상놀이 즐김, 초자아 형성)		전조작적 사고기 • 직관적 단계 (4~7세)	전도덕 수준 (전인습 도덕 수준) • 수단적인 목적과 교환
아동기 중기 (6~12세)	잠복기 (성적 욕구에 대한 흥미를 상실하고 이성에게 배타적이고 동성 친구와 어울림, 성적억제, 성교육하기에 좋은 시기)	근면감 대 열등감 (학교생활로 학업성취감 발달, 자아성장과 타인과의 사회관계 확대)	[6~9세] 또래집단 [9~12세] 단짝관계	구체적 조작기 (7~11세)	관습수준 (인습적 도덕 수준) • 대인관계 조화 • 법과 질서 지향
청소년기 (12~19세)	생식기 (성기가 성숙해지면서 리비도가 다시 깨어남 : 2차 성징과 함께 성적 관심 증가, 이성 관계와 구애/결혼 관심 증가)	자아정체감 대 역할혼란 (자아정체감으로 자신에 대한 물음이 생기고, 타인에 비친 나를 인정, 성역할 정체감과 집단 정체감 형성)	[12~15세] 성적욕구와 이성교제, 자아정체감 발달 [15~18세] 성적활동과 성적충동 표현 억제, 자아정체감 확립	형식적 조작기 (11~15세)	관습 후 또는 원칙수준 (후인습 도덕 수준) • 사회계약 지향 • 보편적 도덕 원리
초기 성인기 (= 청년기) (19~45세)		친밀감 대 고립감 (이성과 친밀한 관계 유지 욕구, 사회적 친밀감)	노동의 분화와 가사의 분담		
중년기 (45~64세)		생산성 대 자기침체 (자녀 낳고 사회적 활동을 통해서도 생산성 획득)	인간 '나의 사람'		
후기 성인기 (= 노년기) (65세 이후)		자아통합 대 절망 (오랜 삶 통한 지혜 획득, 통합감을 얻음, 은퇴 후 무력감과 함께 지나온 삶을 무의미하게 느껴 절망)			

1 프로이드의 심리성적 발달단계 [92,93,99,11,16 임용 / 15,24 국시]

(1) 특성

일련의 단계	초기 5년 동안 각 단계는 그 시기에 만족의 근원이 되는 성감대에 따라 명명하고 정의
초기 발달단계	초기 발달단계의 경험이 개인의 적응양상과 성인이 되었을 때 지니는 인격특성을 결정함
발달과업	심리성적 발달단계에 따라 각 시기를 원만하게 보낸 개인은 성숙·조화·주체성을 확립하지만 그렇지 못한 경우는 과거의 잘못된 하나의 발달단계에 고착되어 그 단계에 영향을 받는 성격의 소유자가 되기 쉽고 주체성에 혼돈이 옴

(2) 단계

단계	연령대	쾌감대	특성
구강기	출생~1세	구강	① 구강욕구 만족을 통한 불안 감소(쾌감의 근원은 입으로 빨고, 물고, 씹고 소리 내는 것임) ② 엄마는 보통 그런 영아의 욕구를 채워주기 때문에 엄마에 대한 애착이 중요함
		고착	욕구 충족이 안 되거나 과다욕구 충족 시 고착현상이 초래됨
			구강기적 성격 : 긴장되거나 불안한 상황에서 손가락을 깨물거나 빠는 습관, 지나친 흡연, 과식, 남을 비꼬는 것 등을 일삼는 성격
항문기 [16 임용]	1~3세	항문	① 쾌감의 근원이 항문주위를 중심으로 일어남 ② 배설과 배변훈련을 통해 통제감과 자율감 발달 : 대소변 가리기(억제와 배설)와 같은 몸의 기능을 다스리는 법을 배움
		고착	만족 충족이 안 되거나 과다욕구 충족 시 항문기 고착현상이 초래됨
			항문기적 성격 : 배설을 참아서 근육수축 쾌감에 고착된 경우 : 강박적, 결벽적임, 보유하려는 인색함
			배설 후 근육이완 쾌감에 고착된 경우 : 폭발적 항문성격으로 지저분하고 낭비벽이 심한 성격 [16 임용]
남근기	3~6세	성기	① 자신의 성기를 만지고 자극하는데서 쾌감을 얻음 ② 성별의 차이 인식, 차이에 대한 흥미 : 옷이나 헤어스타일 등으로 성이 바뀌지 않음을 깨닫게 됨 [93 임용] → 성정체감(성항상성), 성역할 고정관념의 형성 ③ 오이디푸스(거세불안)/엘렉트라(남근선망) 콤플렉스 시기이나 동성 부모와 동일시, 성역할 모방을 통해 적절한 성역할을 습득하면서 양심이나 자아상을 발달시켜 나감 ④ 초자아 작용 시작
		고착	동성연애자, 인격장애, 불안장애 등이 나타남
잠복기 [93,11 임용]	6~11세	성욕구 억압	① 리비도가 무의식 속으로 억압되어 성적 충동이 잠재되어 있는 시기 ② 성교육의 가장 좋은 시기
		승화	① 적절한 성역할 습득 ② 신체적이고 정신적인 에너지들은 지식과 활동적인 놀이의 습득으로 전환됨 ③ 또래를 통한 사회기술 습득, 지식획득, 기술습득에 영향 ④ 대처와 방어기제를 사용하기 시작하고, 성적 관심은 활기찬 운동이나 지적 활동을 통해 승화됨
생식기 (= 성기기) [97,99 추가 임용 / 24 국시]	12세 이상	성적 관심 증가	① 성기가 성숙해지면서 리비도가 다시 깨어남 : 2차 성징 + 이성에 대한 성적 관심 ② 생리적 격변의 시기이며, 초기에는 미성숙한 감정이 종종 일어남
		성숙한 사랑	① 사랑하는 관계를 형성하는 법과 사회적으로 납득될 만한 방법으로 성적 충동을 다루는 방법을 배움 ② 우정형성, 결혼준비

2 에릭슨의 심리사회발달이론 93,95,99,10,11 임용 / 98,06,10,12,15,16 국시

(1) 특성

전 생애적 접근	내적 본능적 욕구와 외적 문화적·사회적 요구 간의 상호작용으로 전 생애를 걸쳐서 발달함
8단계	병리학적 접근이 아닌 건강한 성격에 초점으로 자아정체감 확립을 위해 일생을 통해 8단계의 갈등을 해결함
발달과업과 위기	각 발달단계마다 성취해야 할 발달과업과 극복해야 할 위기가 있는데, 각 단계별 갈등상황은 긍정적 결과(발달과업)와 부정적 결과(극복해야 할 위기)를 초래함

(2) 단계

단계	연령대	과업 대 위기		특성
영아기	출생 ~1세	신뢰감 대 불신감	신뢰감	① 신뢰감이 형성되는 시기로 영아를 돌보는 사람을 통하여 수유, 옷입기, 달래기와 같은 영아의 기본욕구가 충족될 때 발달함 10 임용 ② 기본적 욕구의 충족될 때 신뢰감 형성 92,10 임용 ③ 주양육자와 애착관계가 신뢰감 형성의 기초가 됨
			불신감	결핍, 기본적 욕구 불충족, 양육자의 일관성 없는 양육 시 영아는 자신과 세상에 대한 불신감이 형성됨
유아기 🔑 자수	1~3세	자율감 대 수치심 및 의심 92,10 임용(보기) / 21 국시	자율감	① 스스로 자기신체와 환경을 조절하는 자유 증가 ② 자율성(내 것, 자기주장) 발달 ③ 충동조절과 사회적 규범을 따르는 것을 배우게 됨 ④ 부모가 자율성을 지지하는 경우 대소변가리기와 옷입기 등의 독립적인 행동을 배우고, 혼자 하려고 노력함 ⑤ 부모의 과보호나 무관심으로 인해 자율성에 문제가 있는 유아는 부모-아동 간의 관계에서 상호조절력이 발달되지 못함
			수치심, 의심	① 자신의 선택이 잘못되었을 때, 스스로 할 수 있는 일을 남의 도움을 받을 때 일어남 ② 지나친 통제를 가할 때 형성됨 ③ 자율성이 부족한 유아는 수치심과 의심이 생김 10 임용(보기)
학령 전기 🔑 주책	3~6세	주도성 (= 솔선감, 독창성) 대 죄책감 93,10 임용(보기)	주도성 (= 솔선감, 독창성)	① 스스로 과업을 계획하고 수행하는 능력, 기쁨을 느끼는 능력을 포함함 ② 목표지향적이고 경쟁적임, 모험적인 행동과 상상놀이를 즐기고 초자아가 형성됨 ③ 양심의 발달은 주도성을 통제하는 데 도움이 됨 ④ 소꿉놀이를 통해 다른 아이와 함께 협동하는 것을 배우고, 어른의 행동을 모방하며 어른에 대해 인식하기 시작함, 또한 어른의 역할, 기능, 책임감을 인식하고 어른의 직업에 흥미를 보이면서 직업을 인식하기 시작함
			죄책감	① 부모의 강압적이거나 비일관적 태도로 자신의 활동이나 상상이 나쁜 것이라는 느낌을 제공할 때 자신감이 저하되고, 죄책감이 형성됨 ② 솔선감이 형성되는 시기로 이 시기의 과업을 달성하지 못하면 죄책감이 형성됨 10 임용(보기)

학령기	6~12세	근면감 대 열등감 93,95,10,18 임용 / 23 국시	근면감	① 자아성장, 타인과 관계수립의 결정적 시기 ② 학교생활로 학업성취감 발달, 자아성장과 타인과의 사회관계 확대 ③ 부모와 교사의 지지는 근면성 발달에 긍정적 영향을 줌
			열등감	① 너무 많은 기대를 받거나, 학교생활에 부적응 시 형성되는 것으로 타인의 기대에 따라가지 못한다는 느낌 ② 학습과 사회적 수행능력을 습득하는 데 실패한 아동은 열등감과 부적당감이 생기고 새로운 활동에 대한 시도를 방해함
청소년기 🔊 정훈	12~18세	자아정체감 대 역할혼미 95,99,10 임용	자아 정체감	① 자아정체감 확립: 타인에 비친 자신의 모습을 자기개념과 일치되어짐에 따라 획득됨 ② 자아정체감으로 자신에 대한 물음이 생기고, 타인에 비친 나를 인정하고 성역할 정체감과 집단 정체감이 형성됨 ③ 또래에 의해 적응된 현재의 역할과 유행을 따르고자 함
			역할혼미	① 성역할 정체감 혼란, 집단정체감 혼란, 역할혼미 → 혼란스러워 방황하게 됨 ② 자아정체감이 형성되는 시기로 이 시기를 어떻게 보내느냐에 따라 주체성이 확립되거나 역할 혼돈의 상태가 됨 10 임용(보기)

(3) 에릭슨의 심리사회발달이론의 주요 개념 정리

발달시기	과업	위기	중요한 사람	중요한 지지경험
영아기(0~1세)	신뢰감	불신감	주 양육자	돌봄의 질과 일관성
유아기(1~3세)	자율감	수치심 및 의심	부모	자존감 > 공포
학령 전기(3~6세)	주도성 (= 솔선감)	죄책감	가족	상상적 모험과 제한 사이의 균형
학령기(6~12세)	근면감	열등감	이웃, 학교, 동성친구	책임, 협조
청소년기(12~18세)	자아정체감	역할혼미	동료, 타집단, 지도자	자존감, 나는 누구인가
청년기(18~45세)	친밀감 : 이성과 친밀한 관계 유지욕구	고립감(= 소외감)		
중년기(45~64세)	생산성 : 자녀를 낳고 사회적 활동을 통해서 획득	자기침체		
노년기(64세 이후)	자아통합 : 오랜 삶을 통한 지혜 획득, 통합감 얻음	절망 : 은퇴 후 무력감과 함께 지나온 삶을 무의미하게 느낌		

- **프로이드와 에릭슨 견해의 차이**
  ① 에릭슨은 자아의 역할과 성격의 이성적인 부분을 강조하였지만 프로이드는 성격, 특히 본능의 비합리적, 충동적인 부분에 관심을 둠
  ② 에릭슨은 개인을 부모자녀의 삼각관계에 국한하여 보기보다는 가족과 문화적인 유산과 같이 더 큰 사회적 환경 내에서 성장하는 존재로 봄
  ③ 인생 초기 5년 동안 기본성격이 형성된다고 한 프로이드와 달리, 에릭슨은 일생전체에 걸쳐 발달된다고 보았음
  ④ 에릭슨은 장점뿐만 아니라 단점도 강조한 건강한 성격에 대해 연구하였고, 한 단계의 실패는 그 이후 단계에서의 성공을 통해 교정될 수 있다는 점에서 프로이드의 견해와 다름

❸ Marcia의 정체감 4범주(마르시아의 정체성 지위 이론)

정체성 지위는 과업에 대한 몰입과 정체성 위기 경험여부의 기준에 따라 4가지로 구분함
정체성(자아정체감)은 자신은 누구인지, 자신의 존재의미, 인생에서 무엇을 성취하고자 하는지에 대한 생각임

정체성 확립	어떤 한 가지 직업이나 사상에 대해 비교적 강한 개인적인 과업을 달성함으로써 자신의 정체성 위기를 해결한 사람들의 경향
정체성 유예	어떤 확고한 과업을 달성한 상태는 아니지만, 안정된 정체성을 찾는 과정에서 여러 가지 가치, 흥미, 사상, 경험을 적극적으로 탐구하는 경우
정체성 유실 (= 상실) 혹은 미숙	정체감 위기를 고민하지 않고, 앞일을 시행해 나가는 사람들에게 나타남, 다른 사람들이 선택해준 삶을 살아가는 경우
정체감 혼미	삶의 목표나 가치를 탐색하려는 시도를 보이지 않음, 일정한 직업을 찾지 못하고 지속적으로 일을 하지 못하는 성인

예

구분		정체성 위기 : 정체성을 찾으려고 고민하고 노력하는 것	
		예	아니오
수행(= 참여) : 과업에 대해 몰입하는 것	예	확립	유실
	아니오	유예	혼미

정체성 확립	깊이 생각한 후에 선생님이 되기로 결심함, 선생님이 되면 학생들을 도울 수 있고 재능도 발휘할 수 있음
정체성 유예	자기발견을 희망하며 각종 직간접 경험을 해봤지만, 자기이해가 더 깊어졌다는 느낌이 없음
정체성 유실	자기에게 맞는 길인지 곰곰이 고민해보지 않고 단지 어머니의 뒤를 따라 선생님이 되고자 함
정체감 혼미	당장 좋게 여겨지는 것만 하면서 하루하루를 살아가며, 자기가 삶을 통해 얻고자 하는 것이 무엇인지 생각해본 적이 없음

- **긴즈버그(Ginzberg)의 청소년기 직업 선택과정 (긴즈버그의 진로발달단계이론)**

직업선택은 한 번에 끝나는 것이 아니라 여러 차례에 걸쳐 일어나는 발달과정임 🎧 환 시 현실

단계		특성
1단계: 환상의 단계	10세까지 아동	직업의 기회는 아동의 상상에 의해 제한되는 경향이 있음
	비현실적 선택 경향을 보임	'커서 어떤 일이 하고 싶니?'라는 질문을 받았을 때 이 단계의 아이들은 현재 가장 열렬히 원하며 강제적인 것이 전혀 없는 직업을 선택함
2단계: 시험적 단계	11~16세 아동	관심 있는 것과 어떤 직업이 적합한지에 대해 생각하게 됨 <table><tr><td>11~12세</td><td>그들은 처음에 어떤 것에 관심이 있는지를 생각함</td></tr><tr><td>13~14세</td><td>어떤 직업이 그들의 가능성에 어울리는지 평가함</td></tr><tr><td>15~16세</td><td>어떤 종류의 직업이 가장 그들의 가치관과 맞는지 결정함</td></tr></table>
	직업의 다양함 인식	① 흥미단계 → 능력단계 → 가치단계 → 전환단계로 자신의 흥미와 취미에 따라 선택, 자신의 능력을 시험하고 직업의 다양함을 인식함 ② 직업 선택 시 다양한 요인을 고려해야 함을 인식 ③ 주관적 요소에서 현실적인 외부요인으로 관심 전환
3단계: 현실적 단계	청년기 이행과정	후기 청소년기에서 초기 청년기로 가는 과정
	구체적 탐색	① 좀 더 광범위하게 직업에 대해 탐험하고 구체적으로 직업을 정함 ② 직업의 요구와 자신의 능력을 고려하여 현명한 선택 추구 ③ 탐색과정 → 구체화 단계 → 특수화 단계 <table><tr><td>탐색과정</td><td>직업을 탐색하고 취업기회와 경험을 얻으려 노력</td></tr><tr><td>구체화 단계</td><td>직업목표를 구체적으로 정하고 특정 직업 분야에 몰두함</td></tr><tr><td>특수화 단계</td><td>세밀한 계획을 세우고 세분화된 전문화된 의사결정을 함</td></tr></table>

4 피아제의 인지발달이론의 단계 93,99,08,11 임용 / 13,14,15,16,18 국시

감각운동기 **(출생~2세)** 반복, 모방 행위로 자아를 자각하고 인과관계, 영속성 발전	**영아기** (출생~1세) 🎧 반 1순 2순 협	⑴ 감각자극에 의한 반사적인 행동으로 사물을 이해함 ⑵ 점차 시행착오 실험으로 진행하며 학습함 ⑶ 분리, 대상영속성, 상징사용 ⑷ 6개의 하부 단계로 구성됨
		반사기 (~1m) ① 잡기, 빨기, 응시 등의 행위가 반사에 의해 나타남 ② 반사행동을 통해 생존하는 시기(외적자극에 대한 반사반응)
		1차 순환 반응기 (1~4m) ① 목적성이 없는 단순한 행동을 하는 것이 특징임 ② 자신이 우연히 경험한 즐거운 행위를 반복함 　예) 우연히 손가락을 빨다가 빠는 것이 즐겁다는 것을 배우게 되고 이후에 손가락을 계속 빨게 됨 ③ 대상영속성을 이해하지 못해 눈앞에 있는 물건을 치워버리면, 그 물건을 잊어버리고, 더 이상 찾지 않음
		2차 순환 반응기 (4~8m) ① 목적 있는 행동을 하는 시기로 외부에 있는 사건과 대상에 열중함 ② 인과성의 개념 출현 : 딸랑이나 봉제인형 같은 외부환경 물체를 가지고 놀기 시작 ③ 대상영속성 개념 발달 　㉠ 물건을 숨겼다가 찾아주거나 '까꿍 놀이'가 유용함 20 국시 　㉡ 6~8개월에 대상영속성 개념 발달로 낯가림 시작됨 13,14,17,20 국시
		2차 도식의 협응기 (8~12m) ① 행위에 대한 결과를 예상함 ② 간단한 문제해결이 가능하고 영아의 행동은 목표지향적임(= 과거에 성공했던 행동을 반복하며 문제에 접근) ③ 진보된 대상영속성의 개념을 가짐 : 장애물이 있을 경우 목표를 향해 장애물을 치울 수도 있음 ④ 자신의 모습을 볼 수 없어도 상대방의 얼굴 표정을 보고 따라할 수 있음
	유아기 (1~3세) 🎧 3순 정	**3차 순환 반응기** (12~18m) ① 새로운 원인과 결과 간의 관계를 가설화하므로, 행동전 생각을 반복하는 실험적 사고를 함 ② 새로운 것 / 반복하는 것에 흥미, 주변탐색 ③ 인과관계 이해 ④ 친숙한 행동으로 목표에 도달할 수 없으면 전략을 수정하여 능동적으로 새로운 수단을 발견함
		정신결합기 (= 사고의 시작) (18~24m) ① 대상영속성 완결 ② 상징과 단어사용 ③ 정신적으로 문제를 해결하기 시작함 ④ 시간 감각 시작됨 ⑤ 동성부모 모방, 지연모방이 가능함

	유아기 (1~3세)	(1) 개념 이전 단계(전 개념기) : 2~4세	
		조작적 사고가 거의 일어나지 않음 (조작이란, 과거에 일어났던 사고를 내면화시켜 실제 일어나지 않아도 구체적으로 어떤 일이 일어날 수 있는지 결과를 상상할 수 있음)	
	학령 전기 (3~6세)	(2) 직관적 사고기(조작적 사고) : 4~7세	
		객관적 사고 단계로 조작적 사고가 어느 정도 가능함	
전조작기 (2~7세) **자아중심주의** 사물이나 행위를 해석하면서 자신과의 관련성이나 자신에게 쓰이는 용도로 해석 08,11 임용(보기)		[전조작기의 사고 특성] 🔊 자 의 상 환 조 중 마 비	
		자기중심적 생각	모든 현상	모든 현상을 자기중심적으로 생각함 📝 화상통화가 아닌 전화통화를 하는 중에 고개를 끄덕임으로 대답함 08 임용
			타인 입장 파악 못함	타인도 자신과 동일한 방식으로 생각한다고 지각함(남이 처한 상황을 파악할 능력이 없음)
			물활론	무생물에도 생명이 있는 것으로 생각함 📝 바람에 흔들리는 나뭇가지를 보고 '나뭇가지가 춤추고 있다'고 생각한다. 21 국시 인형도 병이 날까봐 걱정하였다. 08 임용
			인공론적 사고	사물이나 자연현상이 아동 자신을 위해 만들어진 것이라고 생각함
		의식주의 23 국시	동일성 유지	① 취침시간, 식사시간과 같은 일상의 의식은 반복을 통해 편안함과 안전을 느낌 ② 같은 컵, 같은 수저를 사용하는 동일성 지속이 필요함
			퇴행	① 의식이 깨지게 되면, 스트레스를 받은 유아는 제멋대로 행동하며 퇴행하게 됨 ② 퇴행이 나타나면, 이를 무시하고 긍정적 특성인 행동을 칭찬해줌
		상징적 사고	언어습득	① 언어습득과 상상력 풍부 ② 인지과정에서 언어나 그림을 사용할 수 있음
			상징의 사용	상징의 사용으로 시행착오 감소
		변환 추리 (전환론적)		전반적인 상황의 고려 없이 특정한 상황에서 다른 특정한 상황으로 뛰어넘어서 생각하는 것 📝 병원놀이를 해서 언니가 다쳤다. 08 임용
		전체적 조직화		전체 중의 일부분이 변화되면 전체가 변한다고 생각함 📝 아동은 침대의 위치가 바뀌었기 때문에 방에서 잠자기를 거절한다. → 침대를 같은 위치에 놓아주거나 서서히 변화를 유도한다.
		중심화		사물의 중심적 특성에만 집중하고 다른 특성은 무시함. 가능한 모든 대안을 고려하기보다 한 측면에만 초점을 둠 📝 여러 가지 색깔, 여러 모양의 블록 중에서 '빨간색 세모 블록을 찾으세요.'라고 하면 찾지 못함 → '빨간 블록을 찾으세요.'라고 해야 함
		마술적 사고		생각은 전능하며, 생각한 것은 모두 이루어진다고 믿음 23 국시
		비가역성		물리적으로 시도한 행동의 반대나 역순을 생각할 능력이 없음 📝 '말하지 마.'와 같이 어떤 행동을 하지 못하도록 말하면 유아는 반대되는 행동을 생각할 수 없다. → 요구나 지시를 할 때 '긍정적'으로 말한다.
		보존 개념 결여		전체에서 빼거나 더하지 않더라도 크기, 모양, 혹은 길이가 변할 수 있다는 것을 이해하지 못함
구체적 조작기 (7~11세) 사고가 논리적이고 조리 있게 발전함 93 임용	학령기 (6~12세) 16,18,20 국시	탈중심화		자기중심적 사고의 탈피
		보존개념의 획득		모양의 변화가 양의 변화가 아님을 이해하는 능력으로, 다음 3가지 기본 추론에 대한 이해
			가역성	원래대로 하면 이전과 동일하게 된다는 개념 15 국시
			보상성	한 방향의 분명한 변화는 또 다른 변화에 의해 보상된다는 개념
			동일성	아무것도 더하거나 빼지 않는 한 그 물질은 동일한 상태로 남아 있다는 개념 📝 같은 양의 찰흙으로 공모양, 막대모양을 만들어도 찰흙의 양은 동일함 09,11 임용 / 20 국시

구체적 조작기 (7~11세) 사고가 논리적이고 조리있게 발전함 93 임용	학령기 (6~12세) 16,18,20 국시	인과성	인과성의 개념 획득		
		분류/ 유목화	분류/유목화 개념 획득		
			단순 유목화	물체를 한 가지 속성에 따라 분류	
			다중 유목화	물체를 두 개 이상의 속성에 따라 분류	
			유목 포함	상위 유목과 하위 유목 간의 관계 이해	
		서열화	사물을 영역별로 차례대로 배열할 수 있는 능력 획득		
		사고발전	귀납적 사고에서 연역적 사고로 발전		
		한계성	논리적 추리의 한계성은 관찰이 가능한 구체적 사건이나 사물에 한정		
형식적 조작기 (11~15세) 93(보기), 99,11 임용(보기)	청소년기 (12~19세)	사고능력 발달	① 체계적, 추상적인 생각의 능력 형성(논리성, 추상력, 상상력 등이 최고의 수준) ② 현실적인 것에서 가능한 것으로 발전시켜, 이상주의로 미래의 가능성을 상상하며, 이러한 이상주의적 사고로 부모나 권위적 계층에 반항함 ③ 현재의 상황에 관심두기보다는 미래의 가능성과 관련된 상상을 함 ④ 가설 연역적 사고, 이상주의적 사고 ⑤ 종합적 사고 가능		
		언어발달	함축된 개념, 비유, 풍자, 패러디의 이중의미를 이해함		

PLUS⊕

- 피아제 이론의 기본개념

이론	개념	
도식	① 환경에 효과적으로 적응해 나가는 방법 ② 사물이나 사건에 대한 전체적인 윤곽 ③ 인지구조의 기본단위, 지적구조, 지각의 틀, 반응의 틀 ④ 적응과정을 통해 새로운 도식개발 및 기존도식의 변화 초래	
적응	① 인지구조가 환경적 요구에 맞춰가는 것 ② 환경과의 직접적 상호작용을 통해 도식이 변화하는 과정 ③ 동화와 조절의 2가지 차원이 있음	
	동화	새로운 지식, 경험, 개념을 기존의 도식들로 '받아들이는' 통합과정으로 이미 가지고 있는 도식에 따라 새로운 정보를 이해하려는 것
	조절	새로운 정보나 경험에 맞추어 자신의 인지구조를 수정하는 것으로, 새로운 상황을 해결하기 위해 이미 갖고 있는 도식들을 변화시키고 새로 형성하는 것
조직	① 모든 지적과정을 체계화하여 결합하고 통합하는 것 ② 인지구조가 환경적 요구에 맞춰가는 것으로 도식 간의 적절한 상호관계	
평형	① 동화와 조절 사이의 인지적 균형유지 ② 효과적 도식을 만드는 것 ③ 발달은 인지체계와 외부세계 간에 안정된 평형을 추구하려는 것임	
발달기제	조직, 적응(동화·조절), 평형의 원리하에서 발달이 이루어짐	

- **발달시기별 자기중심성의 차이**

유아기, 학령 전기의 자기중심성	• 사물이나 행위를 해석하면서 자신과의 관련성이나 자신에게 쓰이는 용도로 해석하는 것 • 아동이 자기의 입장에서만 모든 사물을 보고, 다른 사람의 입장을 이해하지 못하는 것
청소년기 자기중심성	• 이기적인 의미가 아닌 세계와 세상을 보는 관점에서 자기중심적 성향을 보이는 것 • 상상적 청중, 개인적 우화 06 임용

5 셀만의 사회적 조망수용이론(사회인지발달이론)

사회적 조망 수용 능력: 사회적 관계를 인지하는 것으로 타인의 관점, 입장, 사고, 감정 등을 추론하는 능력
사회적 조망 수용 능력 발달은 사회인지의 발달로 타인과 잘 지낼 수 있는 성숙한 사회행동(공감능력, 동정심, 어려운 사회적 상황의 해결능력) 기능의 발달을 의미함

단계	설명
0단계: 자기중심적 관점 수용 (미분화된 조망 수용) 전조작기 / 3~6세	자기중심적으로 타인을 보기 때문에 자신과 다른 관점(생각, 느낌)이 있을 수 있다는 것을 전혀 이해하지 못함 예) 학교폭력의 가해자는 자신의 폭력으로 학급의 다른 아동이 괴로움을 당한다는 것을 전혀 인지하지 못함
1단계: 사회정보적 조망 수용 (주관적 조망 수용) 구체적 조작기 / 6~8세	타인의 조망이 자신의 조망과 다를 수 있다는 것까지는 이해하지만, 아직도 자신의 입장에서 이해하려고 함 → 자신의 행동을 타인의 조망을 통해 평가하기 어려움 예) 학교폭력의 가해자는 왜 폭력을 가했는가에 대한 질문에 대해 피해자가 잘못을 했으니까 때릴 수도 있다고 생각함
2단계: 자기반성적 조망 수용 구체적 조작기 / 8~10세	타인의 조망과 자신의 조망을 이해하고, 타인의 입장에서 자신의 생각과 행동을 조망할 수 있음. 그러나 자신의 관점과 타인의 관점을 동시 상호적으로 고려하지 못함 예) 학교폭력의 가해자는 피해자가 아프고 속상해한다는 것을 알고 피해자가 자신을 미워할 것임을 앎
3단계: 제3자적 조망 수용 (상호적 조망 수용) 형식적 조작기 / 10~12세	제3자의 입장에서 객관적으로 자신과 타인의 조망을 동시에 할 수 있음. 다른 사람과의 관계 혹은 상호작용 속에서 발생하는 문제에 대해 제3자의 입장에서 객관적으로 생각하게 됨 예) 학교폭력의 가해자는 교사나 부모가 학교폭력에 대해 부정적으로 생각하고 있음을 알고 있으며, 자신이 교사나 부모로부터 벌을 받을 수 있다는 것을 깨닫게 됨. 또한 자신의 폭력행위 때문에 부모가 경찰서에 불려가는 등 피해를 입을 수 있다는 것을 인지함
4단계: 사회적 조망 수용 형식적 조작기 / 12세~성인	사회적 가치체계(법, 질서 등)에 근거하여 자신과 타인의 조망을 이해하고 판단함. 사회관계를 이해하는 능력이 더욱 심층적으로 발달하게 된다는 것을 의미함 예) 학교폭력의 가해자는 자신의 폭력행위는 사회질서를 어지럽히는 일이므로 소년원이나 감옥에 갈 수 있는 위법행위를 인지함

6 콜버그의 도덕발달이론

(1) 단계 08,11,14 임용 / 17 국시   🎧 타 개 상 체 계 보

전도덕 단계	영아기 (출생~1세)	도덕개념 없음
전인습 단계 17국시	\[9세 이전의 아동의 도덕수준으로 이 시기는 벌을 피하기 위해 행동하거나 상을 받기 위해 행동하며, 모든 행위는 자신이 아닌 외부의 권위자에 의해 만들어진 규칙에 따름\]	
	유아기 (1~3세)	**1단계(2~3세) : 타율적 단계(= 처벌과 복종 지향 단계)** ① 상과 처벌에 의해서 행동하는 단계 　예 언니를 때리면 엄마에게 혼나기 때문에 안 때려요. 08임용 ② 규칙이 내면화되어 있지 않고 벌을 피하기 위해서나 보상을 받기 위해 규칙준수
	학령 전기 (3~6세)	**2단계(4~6세) : 개인주의적 단계(= 도구적 현실중심 단계, 상대적 쾌락주의 단계)** ① 옳고 그른 행동은 아동의 욕구 만족 여부로 판단(아동의 욕구가 만족되면 옳은 행위, 욕구가 충족되지 않으면 나쁜 행동) ② 정당함, 상호성, 평등한 나눔의 요소들이 분명 　예 '네가 나의 등을 긁어주면 나도 너의 등을 긁어주겠다.' 타인을 돕는 것은 다시 도움을 돌려받게 된다는 믿음이 있음
인습 단계	\[다른 사람을 기쁘게 하거나 돕는 착한 아동으로서 승인을 얻기 위해 규칙에 순응함 또한, 규칙이 질서를 유지하고 사람들을 보호하기 위해 존재한다고 생각함 청소년기와 성인 대부분이 이 수준에 있음\]	
	학령기 (6~12세)	**3단계(6~10세) : 상호관계도덕(= 착한 아이 지향 단계, 대인관계 조화를 위한 단계)** ① 타인의 인정을 받기 위해, 사회적 질서유지를 위해 규칙과 사회규범 준수 ② 사회적 칭찬과 비난 회피가 도덕적 행위의 동기 　예 조용히 하면 선생님이 착한 아이로 생각하실 거에요. 11임용(지문) ③ 착한 행동 지향과 사회적 규율이나 관습에 맞는 행동이 도덕적 행동
		4단계(10~12세) : 사회체계의 지향적 도덕(= 법과 질서 지향 단계) 21국시 ① 법을 인정, 준법 행동이 도덕적 행동 ② 규칙에 복종, 의무, 권위존중, 사회질서 유지 옳은 행동 　예 도벽에 대해 왜 나쁜지 묻는 질문에 대한 답으로, '만일 당신이 무언가를 얻기 위해서 노력하였고 누군가 지나가면서 그것을 훔쳐 가면 당신은 거의 미치게 될 것이다.'라고 반응함
후인습 단계	\[도덕적 행위란 개인의 가치 기준에 의해 결정되는 것이지 사회나 권위자에 의한 것이 아님 대부분 20세 이상의 성인들 중 일부분만 이 수준까지 이름\]	
	청소년기 (12~19세)	**5단계(12세 이상) : 사회계약 지향의 도덕(= 공리주의 단계)** ① 법과 질서가 가변적임을 인정하여 개인적인 권리를 존중하고 가치나 관점의 상대성을 판단의 근거로 함 ② 최대다수의 최대이익을 중시함 　예 세상은 평등해야 하는데, 돈이 없어서 치료를 못 받는 사람이 있다면, 세상의 법은 바뀌어야 한다고 생각해요. 14임용
		6단계 : 보편원리 지향의 도덕(= 도덕적 원리 지향 단계) ① 인간의 존엄성과 정의를 원칙으로 행동 ② 내면화된 신념에 따라 행동함(법이나 관습보다 개인의 권리와 가치 기준을 존중함) 　예 황금률(Golden Rule : 다른 사람이 해주었으면 하는 행위를 실천하라는 윤리원칙임), 칸트의 정언적 명령(도덕원리는 행동의 구체적인 규정이 아니라 합법적인 대안 사이에서 선택하는 이상적인 규칙임)

(2) 주요 개념 정리

수준/나이	발달단계	발달의 중점
전인습 단계 (1~7세 미만)	타율적 단계(=처벌과 복종 지향 단계)	공포나 처벌로 인해 행동이 동기화됨
	개인주의적 단계(=도구적 현실중심 단계, 상대적 쾌락주의 단계)	자아중심성과 자기에 대한 걱정으로 행동이 동기화됨
인습 단계 (7세 이상~ 12세 미만)	상호관계도덕(=착한 아이 지향 단계, 대인관계 조화를 위한 단계)	타인의 기대와 인정, 수용에 대한 강한 욕구에 의해 행동이 동기화됨
	사회체계의 지향적 도덕 (=법과 질서 지향 단계)	권위에 대한 존중이 행동의 동기임
후인습 단계 (12세 이상~ 19세 미만)	사회계약 지향의 도덕 (=공리주의 단계)	보편적인 법과 도덕적 원칙에 대한 존중이 행동의 동기임
	보편원리 지향의 도덕 (=도덕적 원리 지향 단계)	명예, 정의, 인간존엄에 대한 존중이 내면화된 규칙에 의해 행동이 동기화됨

7 설리반의 대인관계이론

프로이드는 발달을 처벌과 죄의식을 최소화하고 본능적인 요구충족이 최대화되는 개인의 내적 과정이라고 한 반면, 설리반은 개인의 발달이 불안정이 최소화되고 요구만족이 극대화된 대인관계를 통해 이루어진다고 보았다. 설리반은 프로이드가 성격형성에 영향을 미치는 사회적·문화적 요인을 간과했음을 비판하고 대인관계 정신분석을 발전시켰다.

(1) 영아기 (출생~18개월)	경험	① 영아는 특히 생물학적 생존의 욕구를 충족시키기 위해 타인에게 의존함: 아동에 대한 수유가 인간 최초의 대인관계의 경험임

원초적 경험 (= 원형적 경험)	외부세계로부터 자신을 구별할 수 없는 형태를 취함
병렬적 경험	• 영아는 자신과 타인의 차이를 배우게 되고 부모와의 관계를 통해 안정과 불안정을 경험함 • 사실상 비논리적이고 동시에 일어나든지 아주 근접하게 일어나는 사건들은 인과적인 연관이 있는 것으로 간주하는 경험

② 발달의 주요요인은 상황에 따른 불안수준 임, 영아는 양육자와의 관계에서 여러 가지 수준의 불안을 경험하고, 그 과정에서 좋은 나, 나쁜나, 내가 아닌 나로 구성된 자아상을 형성함

㉠ 영아는 부정적인 부모의 감정과 영아에게 불안이 동반되는 것을 피하는 반복적인 상호작용의 시행착오를 통해 훈련됨

  ⓔ 대소변훈련 동안 처음에는 잘 조절하지 못하지만 신체적 성숙과 옷을 벗고 입을 수 있는 운동기술의 발달로 점차 잘 적응하게 됨, 부모는 대소변 가리기를 설명하고 용변을 보고자 하는 것을 칭찬하게 됨, 대소변 가리기에 실패했을 때 대부분의 부모는 더러워진 옷을 갈아입히며 좌절감을 느낌, 이런 부모의 감정은 아이에게 불안을 야기시킴, 불안을 피하고 배설의 긴장을 완화시키기 위한 시도에서 어린이는 '어린이용 변기가 엄마와 나를 행복하게 한다'는 것을 배움, 이런 경증의 불안은 어린이가 훈련하는 데 도움이 됨, 반면 아이가 극심한 불승인과 부모의 좌절감 및 비현실적이고 지나친 징벌과 반응을 경험한다면 어린이는 설리반이 말하는 내가 아닌 나의 감정을 발달시킴

(1) 영아기 (출생~18개월)	경험	ⓒ 모성(단극-양극) | 좋은 나	어머니의 자애로움에서 얻어지는 자아상(모체의 긍정적 피드백으로 발달한 성격부분)
---	---
나쁜 나	어머니의 부정적 피드백으로 발달한 성격부분
내가 아니 나	극도의 불안과 긴장의 관계 속에서 얻어진 자아상으로 불안 감소를 위해서 불안이나 공포의 감정을 부정함으로 발달	 〈좋은 나〉와 〈나쁜 나〉는 생후 18개월경에 융합하며, 이러한 〈지배적인 나〉는 상황적, 성숙적 위기와 함께 변화함
	과업	다른 사람(특히, 엄마)에게 의지하는 것을 배우는 것
아동기	(2) 초기 아동기 (18개월~6세)	① 부모(삼극) ② 의사소통 능력이 발달하여 대인관계 형성이 용이해짐 ③ 언어발달로 인해 아동은 시행착오를 통한 훈련보다는 교육을 받게 됨, 언어는 의사소통의 기능을 대표함 ④ 찬성과 반대의 개념을 인식함 ⑤ 개인적 욕망을 통제하고 만족을 지연시키거나 다른 사람의 간섭을 받아들이는 법을 배우게 됨 ⑥ 성 개념을 발달시켜서 남성 및 여성에 따른 성역할을 동일시함
	(3) 후기 아동기 (6~9세)	① 또래 친구와 부모, 선생님과 이웃 등 많은 사람을 접하게 됨, 이러한 넓은 사회적 경험으로 자신을 객관적으로 볼 수 있게 되고, 양심이 발달되고 사회에서 기능할 수 있게 됨(= 가족 외 사회적 관계를 확장함) ② 또래집단과의 상호작용이 증가되면 경쟁심과 타협이 발달함 ③ 지적능력과 내적 통제력(스스로 자기행동을 통제하는 힘)이 발달함 ④ 나의 욕구와 타인의 욕구에 있어서 기준이 생기기 시작함 → 내적 통제력 발달 ⑤ 다른 사람의 소망에 주의를 기울이는 것을 배움
청소년기	(4) 청소년기 전기 (9~12세)	① 자신에 대한 역할과 이해에 직면하여 넓어진 세상에 참여 ② 자기중심적 사고에서 남을 사랑하게 되는 시기로 동성친구와의 관계를 발달시키고자 하는 요구에서 기인함(= 의존적인 관계에서 벗어나 집단구성원 간의 동료 관계를 형성함) ③ 동료그룹, 친구 관계 안에서 그들의 위치가 수행에 의해 정해짐을 깨달음 　- 타인과의 참된 관계형성 촉진(단짝 관계를 구성하는 시기) 　- 자아정체감 형성 촉진 　- 타인에 대한 배려심 촉진 ④ 이 시기의 청소년은 공동의 목표를 위해 또래 친구와 작업하고, 소속감을 발달시킬 수 있음
	(5) 초기 청소년기 (12~15세)	① 독립심 완성 : 부모로부터의 분리와 독립으로 자아정체감 발달 ② 생리적 변화와 성적 만족에 새로운 욕구가 나타남 ③ 이성 친구들과의 만족스러운 관계형성(= 이성 간의 관계 발달)
	(6) 후기 청소년기 (15~18세)	① 성욕 억제 방법을 배움 ② 책임감 있고 만족스러운 관계형성을 만들어감 ③ 상호작용에서의 대화기술을 사용함 → 이성에 대한 사랑의 감정을 최초로 표출 ④ 성숙한 개인으로 책임과 의무를 감당하는 자아를 형성하고 불안을 승화시킴 : 자아정체감 확립

- 설리반의 대인관계이론의 주요 개념

주요 개념			설명
불안			• 초조함, 죄책감, 수줍음, 두려움, 무가치함, 혐오감 등 고통스러운 감정들과 관련된 것 • 타인들과의 단기적 혹은 장기적으로 건강하지 못한 대인관계를 유지할 때 야기됨 • 불안은 자아존중감을 손상시키게 됨
방어기제			성장하면서 경험한 경험양식은 성인이 되어서도 대표적인 성격의 방어를 나타낼 수 있음
	해리		자신의 주요 성격특성과 부합되지 않는 행동, 태도, 욕망 등을 의식적 자각으로부터 배제시키는 것으로 불안을 야기하는 모든 현실적 측면을 배제함, '선택적 부주의' 등이 포함됨
	병렬적 왜곡		타인에 대한 개인의 반응이 자신이 과거에 경험해왔던 나쁜 관계에 의해 편향되거나 왜곡되는 것 예 아버지와 아들 간에 형성된 초기의 권위적인 대인관계로 인하여 고용주와 피고용인 간의 현재 대인관계가 왜곡되는 것
	승화		위협적인 충동이나 실패를 사회적으로 수용되는 방식으로 해소시키는 것
성격의 양상	역동성		• 개인의 성격을 기술하는 가장 작은 단위 • 개인의 대인관계와 정서적 기능을 특징짓는 비교적 지속적인 에너지 변형의 패턴(행동특성)으로 정의됨
	인격화		• 인격화는 개인이 자신 혹은 다른 사람에 대해 형성된 이미지를 말하는데, 이는 욕구의 만족 및 불안의 경험들에서 비롯되는 감정과 태도 및 개념의 복합체라고 할 수 있음 • 역동성과 마찬가지로 유아기부터 이루어지기 시작하며, 불안으로부터 자신을 보호하려는 것과 관련됨 • 자신에 대하여 형성하는 이미지가 포함됨 • 유아는 어머니의 양육에 따라 다른 수준의 불안을 경험하면서 세 가지 자아상인 '좋은 나'(good-me), '나쁜 나'(bad-me), '내가 아닌 나'(not-me)를 형성하게 됨
		좋은 나	– 자아상은 아이가 자신에 대하여 형성한 긍정적인 이미지를 의미함 – 어머니가 유아의 반응에 대하여 온화하게 대하고 칭찬을 해주고, 신체적인 안락함을 제공해 주게 될 때 형성
		나쁜 나	– 아이는 어머니의 이러한 긴장으로 인하여 불안을 경험하게 되는데, 이러한 경험이 누적되게 되면 유아는 자신에 대하여 나쁜 이미지를 형성하게 됨
		내가 아닌 나	– 일반적인 사람들에게서는 거의 나타나지 않음 – 이러한 자아상은 강렬한 불안을 경험하면서 형성되기 시작하는데, 불안이 크면 현실과의 접촉이 잘 이루어지지 않게 되고, 이에 따라 유아는 자신이 경험하는 것들을 제대로 조직화하지 못하게 됨 예 아이가 아버지를 권위적인 대상으로 지각을 반복하게 되면 아이는 아버지를 권위 있는 사람으로 형상화할 뿐만 아니라 힘을 행사하는 위치에 있는 모든 성인들을 같은 방식으로 지각하며, 그들에 대해 특정의 행동패턴을 취하게 됨
	경험양식 (= 인지과정)	원형적 (= 원시적) 경험	감각단계의 사고로 단순하고 직접적으로 지각하는 감각, 감정을 수반하며, 상호 간에 어떤 관련성을 끌어내거나 해석함이 없이 즉각적으로 일어남
		병렬적 (= 나열적) 경험	여러 대상들이나 사건들을 서로 연결시키려는 시도는 하지만, 논리적인 규칙에 따라 관련을 짓지는 못함
		통합적 경험	객관적인 준거나 원리에 의해 여러 현상이나 대상을 상호 관련시키고, 그에 대하여 평가를 할 수 있는 것으로 현실을 수용하고 통합해 나가는 성숙한 정서적 교육방식임

8 말러의 분리개별화 이론(= 대상관계이론)

(1) **주요 발달단계** : 말러(Mahler, 1975)는 인간이 최초로 사랑했던 대상인 어머니한테서 떨어져 나오는 심리과정을 세 가지 주요 발달단계로 나누었음

단계	시기	특성
1단계 : 정상자폐기	출생~1개월	• 절반은 잠자고 절반은 깨어있는 상태로 존재하며, 이 시기에 타인이나 환경의 존재를 인식하지 못함 • 생존을 위한 기본욕구 충족과 안위에 초점이 모아져있고 이러한 것들은 일어나는 그대로 수용되고 있음 • 이 시기에 고착이 일어나면 어린이 자폐장애의 원인이 됨
2단계 : 공생기	1~5개월	• 어머니와 아동의 '정신이 결합된 상태'로 있음 • 영아는 자신을 어머니의 연장으로 생각하면서도 어머니가 자신의 욕구를 충족시켜 준다는 인식이 발달함 • 이 시기에 어머니의 부재나 거절은 공생정신증을 야기할 수 있음
3단계 : 분리-개별화기 🔊 분실화통	\(1\) 영아가 '정신적으로 출생'하는 시기 \(2\) 분리는 어머니와 자신을 구별하는 것을 의미하며, 신체적·정신적으로 어머니와 자신을 구별할 수 있게 됨 \(3\) 개별화는 자아가 강해지고 자아감 수용, 자아영역이 독립될 때까지 일어남 \(4\) 이 시기는 4단계로 나뉨	

	① 분화 분기	5~10 개월	• 모자 공생의 알을 깨고 껍질 밖으로 나오는 시기 • 신체적으로 기어다니기 시작하면서 어머니로부터 신체적인 분리를 처음으로 인지함 • 영아는 어머니와의 유대에서 벗어나려는 행동을 시작하는데, 어머니 품에서 조금씩 벗어나려고 시도하지만, 곧 돌아오는 시기임
	② 실행 분기	10~16 개월	• 아동은 걷기 시작하는 등 운동기능이 발달함에 따라 주된 관심이 어머니에서 주위환경으로 옮겨짐 • 아동은 어머니와 실제로 분리되는 경험을 실습하는데, 처음에는 멀리 떨어지지 않고 어머니가 보이는 곳까지 갔다가 점차 어머니에게서 떨어지는 횟수와 거리가 늘어남 • 아동은 독립심이 증가함에 따라 전능감이 나타나기도 하고, 분리불안이 커짐을 경험함
	③ 화해 접근 분기	16~24 개월	• 유아가 어머니의 몸과 자기의 몸이 분리되어 있음을 보다 확실히 구분하는 시기 • 만능감은 감소하나 분리불안은 더욱 심해져서 어머니의 행방에 깊은 관심을 가짐
	④ 통합 분기	24~36 개월	• 아동은 어머니의 이미지를 인내하고 사랑해주는 사람으로 내면화시켜서 외부세계에서도 어머니를 분리된 사람으로 계속해서 지각하게 됨 • 대상항상성을 획득함(예 눈에 보이지 않아도 사랑하는 대상이나 사람의 일관된 이미지를 내면화할 수 있음) ※ 대상항상성 : 다른 사람이나 물체의 존재나 속성이 변하지 않는다는 믿음 cf) 대상영속성 : 다른 사람이나 문제가 시야에서 사라져도 그것이 존재하고 있다고 인식하는 능력 • 분리불안의 해결

(2) 분리불안의 단계 🎧 저 절 분리

단계	설명
저항기	① 후기 영아기에 나타나는 행동들 : 울음, 소리침, 부모 찾기, 부모에게 매달리기, 낯선 사람을 피하고 거부함 ② 유아기에 더 관찰되는 행동들 : 낯선 사람에게 말이나 신체로 공격, 부모를 찾으러 나섬, 부모에게 같이 있도록 신체적인 힘을 가함 ③ 행동은 수시간 또는 수일간 지속됨 ④ 울음으로 저항을 체력이 소진될 때까지 계속할 수 있음 ⑤ 낯선 사람의 접근은 저항을 가중시킬 수 있음
절망기	① 관찰되는 행동들 : 활발하지 않음, 다른 사람을 멀리함, 의기소침하거나 슬퍼함, 주위환경에 무관심함, 말이 없음, 어린 시절로 퇴행함 ② 행동이 지속되는 기간은 다양함 ③ 아동이 음식을 먹지 않고 움직이지 않아 신체상태가 악화될 수 있음
분리기	① 관찰되는 행동들 : 주변에 대한 흥미증가, 낯선 사람 또는 친숙한 보호자들과 상호작용을 함, 관계를 형성하나 표면적 관계에 그침, 행복해 보임 ② 분리는 보통 부모와 장기간 헤어져서 지낼 경우에 한해서 발생함 ③ 상실에 대한 표면적 적응행동을 나타냄

9 보울비의 애착발달 단계 15 임용 🎧 전시기상

애착이란 아기와 양육자 간에 형성되는 친밀한 유대감으로 성격발달에 큰 영향을 미침 15 임용(지문)
애착욕구는 선천적인 것으로 출생 후 2~3년은 정서나 성격형성에 중요한 시기임

단계	시기		특성
1단계 : 전애착기	출생~6주	애착형성×	• 애착형성이 되지 않은 단계 • 인간에 대한 비변별적 반응
		다양한 신호체계	• 붙잡기, 미소, 울음, 응시 등 다양한 신호체계를 통해 주위사람들과 관계유지
2단계 : 애착 형성 시작기	6주~8개월	낯가림	• 친숙한 사람과 낯선 사람에게 다르게 반응하기 시작 • 애착반응으로 6~8개월경에 낯가림이 나타남 • 낯익은 사람에게 초점 맞추기
		깨달음	• 영아는 자신의 행동이 다른 사람에게 영향을 미친다는 것을 깨달음
		신뢰감 발달	• 어머니에 대한 신뢰감이 발달하기 시작함
3단계 : 애착기 (명백한 애착단계)	8개월~18개월	능동적 접근	• 애착이 형성된 사람에게 적극적으로 접근함 • 기어서 다가가는 등의 능동적 접근 추구
		분리불안 나타남	• 애착반응으로 12개월경에 애착대상이 떠나면 분리불안이 나타남
4단계 : 상호관계 형성기(목표수정 동반자 관계 단계)	18개월~2세	분리불안 감소	• 분리불안이 대상영속성 개념획득의 증거임 • 2세 말이면 애착형성한 사람의 행동을 예측할 수 있어 분리불안 감소
		협상	• 아동은 어머니와 협상하고, 자신이 원하는 대로 행동을 수정하려고 함

⑩ Ainsworth의 애착 유형

구분		낯선 상황	엄마 특징		자녀 특징
안정적 애착		분리 시 울거나 안 울 수도 있으나 재결합 시 긍정적인 상호작용을 회복함	허용적 양육태도	자녀의 요구·신호에 일관되고 민감하게 반응하고 스스로 노는 것을 충분히 허용함	필요할 때 엄마가 위로해 줄 수 있다는 것을 기대(예견)함, 다시 탐색으로 돌아감
불안	회피적 애착	보호자가 떠나는 것에 저항하지 않고, 재결합 시 보호자에 관심을 보이지 않고 외부 환경에 집중		자녀의 요구에 무감각하며 신경질적이고 거부적임, 과자극인 경우 자녀가 쉬고 싶어 하는 반응에 민감하게 대응하지 못함	엄마의 거부와 화를 막기 위해 행동을 억제함, 내적 불안감을 표현하지 못하고 엄마에게 애착 행동을 표현하지 못함, 감정표현 및 타인의 감정에 대한 해석이 안 됨
	양가적 애착 (저항적 애착)	분리 시 심하게 울고, 재결합 시 보호자에게 접근하지만 위로받을 때 저항하고 쉽게 진정되지 않음, 안정을 찾고 놀이로 돌아가는 데 오랜 시간이 소요됨	비일관적 양육태도	비일관적 양육행동으로 아이의 욕구를 무시하다가 기분이 내키면 들어줌	애착 행동이 강화되어 있음, 언제 나타날지 모르는 보호자의 반응을 끌어내기 위해 과장된 애착 행동 보임, 화내지만 거부당하는 두려움에 아부하는 양가적 행동 보임
	혼란적 애착	보호자의 위로를 얻기 위한 전략이 획득되지 못하거나 중단되거나 혼란스러운 경우	방치·학대·위협적 양육태도	본인의 미해결된 상실·외상의 경험·정신장애(우울증, 중독증)로 아동에 대한 방치·학대·위협적 양육태도	접촉에 대한 욕구는 강하지만 학대와 유기로 인한 공포가 공존함(엄마를 두려워함)

> **PLUS⊕**
>
> • 기질유형(토마스와 체스)
>
> | 기질 정의 | | 개인이 행동하는 방법 또는 행동방식 |
> |---|---|---|
> | 기질 유형 | 순한 기질 | • 기분이 안정되어 예측가능하며 행동이 규칙적임
• 새로운 자극에 긍정적으로 반응함 |
> | | 까다로운 기질 | • 매우 활동적이고 신경질적이며, 변덕이 심하고 행동이 불규칙적임
• 새로운 자극에 천천히 적응하며, 과도하게 부정적인 반응을 보이는 경향이 있음 |
> | | 느린 기질 | • 활동적이지 않으나 변덕스럽고 행동이 약간 불규칙함
• 새로운 자극에 천천히 적응하며 약간 부정적인 반응을 보임 |

⑪ 성 발달

성과 관련된 용어 12,14 국시	섹슈얼리티	남녀 구별의 모든 것	신체적·감정적·생리적으로 표출하는 정도와 경험하는 정도 등 남녀를 구별하는 모든 것
		광범위한 개념	생식기적 측면뿐만 아니라 인간의 인성을 형성하는 데 많은 영향을 미치며, 일생동안 모든 행위에서 표현되는 광범위한 개념
	섹스	생물학적인 성	일반적으로 생물학적인 면에서 남녀를 구분할 경우
		선천적인 성	개인이 태어나면서부터 구분된 선천적인 성
	젠더	후천적인 성	개인이 태어난 이후에 사회적·문화적·심리적인 환경에 의하여 학습된 후천적인 성
	성정체감	남성과 여성 구분	생물학적 성과 사회문화적인 성에 기초하여 발달되는 것으로 남성과 여성으로 구분하게 됨
		남성다움과 여성다움	남성다움이나 여성다움의 내적이고 개인적인 감각을 소유하게 되는 것
	성역할		개인이 속해 있는 사회와 문화가 남성과 여성에게 각각 부여하는 역할

성 발달과정	시기	발달내용
	생후 15~18개월	성을 구분하게 됨(성의 개념을 지각하기 시작함)
	2세	남자와 여자, 2개의 범주가 있음을 이해함
	3세	자신이 어느 성에 속하는지 이해함
	4~6세	• 성항상성 확립(다른 성의 옷을 입거나 머리 길이에 변화를 주어도 같은 성이라는 것을 인식함) • 성역할 행동을 함(언어, 놀이형태, 색깔 등에서 남녀별 특징과 역할을 표현함) • 성정체감 확립 • 학령 전기는 성유형, 성역할이 뚜렷해지는 시기임 93 임용

성역할 고정관념의 발달	• 5~6세 이후 평생 자신의 성이 불변하다는 것을 이해한 후 남자나 여자가 어떻게 행동하느냐에 대한 규칙을 찾으려고 함 • 아동은 성인을 지켜보며 정보를 얻고, 이후에는 사회적인 인습으로 깨닫게 되고, 성역할 개념은 더욱 유연해지며, 성 고정관념은 다소 감소하게 됨

성역할에 영향을 주는 요인 06,08,11 국시	성장발달요인	성은 전 생애에 걸쳐 인간의 행동에 영향을 미침
	문화	모든 문화권에서는 성적 정체성과 행위에 관한 고유의 기준을 가짐
	종교	성적 표출에 대해 긍정적·부정적 영향을 미침
	윤리의식	죄책감과 근심으로부터의 해방감은 건강한 성을 좌우하며, 모든 개인들은 어떠한 성적 표출이 자신에게 안정적인가를 인지해야 함
	생활양식	현대의 생활양식은 성과 그 표출에 막대한 영향을 미침
	건강상태 (질병)	건강한 신체, 마음, 정서는 건강한 성의 필수요건(만성 통증, 당뇨병, 심혈관질환, 고혈압, 심장마비, 관절 질환 등 기동성 장애, 외과수술과 신체상, 성접촉으로 인해 전파되는 질병 등은 성생활에 영향을 미침)
	약물 (마취제, 진정제, 항고혈압제 등)	약물은 성적인 기능에 영향을 주는 부작용을 가지고 있음

- 발달단계별 성교육

구분	유아기	학령 전기	학령기	청소년기
내용	• 생식기 위생 • 사회적 성역할, 성정체감, 성폭력	• 태아의 수정과정 • 성별 차이	• 성기의 구조, 기능, 월경, 몽정 • 정자와 난자의 기능, 임신 과정	• 성생리, 성심리, 성별 • 이성에 대한 관심, 사랑과 결혼 문제, 부모 역할의 의미
방법 및 주의점	• 정확한 용어를 사용한 정직하고 사실적인 교육 • 유아에 적합한 시청각 자료 선정 • 집단활동 & 개인활동 통합 활용 • 학부모 참여 • 사실 내용을 간결하고 솔직하게 설명	• 학습자의 수준을 먼저 파악 • 단순, 솔직, 사실적인 대답 • 사실에 근거한 정확한 성지식 교육 14 국시 • 부모의 지도가 중요함 • 관심 & 흥미 고려한 적절한 교수매체 활용	• 성 발달정도는 개인/성별 차이가 있음을 자연스럽게 받아들이도록 교육 • 아동의 질문에 솔직하고 사실적인 대답 • 사춘기 변화 & 제2차 성징발현 교육 • 올바른 동료의식과 집단활동에 대해 교육	• 아동에서 성인으로의 급격한 변화 시기로 개인차가 큼 • 면담 시 비밀보장 • 잘못된 성인식 수정 • 대처전략 개발 • 자위문제에 대한 구체적 지도 • 건전한 이성관계 능력 형성 (이성에 대한 호기심 충족)

12 언어발달

언어의 특성과 구조	(1) 아동은 언어기술을 발달시키기 위한 기전과 능력을 가지고 태어나지만 자동적으로 말할 수 있는 것은 아님
	(2) 언어기술을 획득하기 위해서 환경이 어느 정도 준비되어야 함
	  ① 언어는 청각, 호흡, 뇌기능을 포함하여 완전한 생리적 구조와 기능을 요구함
	  ② 지능발달, 의사소통 욕구와 자극이 필요함(아동이 말을 못해도 말을 많이 걸어주어야 함)		

단계별 언어발달의 특성	영아기	울음	생후 3주부터 자신의 생리적, 정서적 요구나 상태를 알려주는 수단으로 울음을 사용
		미소	생후 1개월 미소 짓기 시작함 04,09 국시
		옹알이 — 생후 2개월	옹알이 시작됨
		옹알이 — 생후 3~4개월	혼잣소리로 옹알거림, 여러 가지 음성으로 표출되는데, 주로 모음임
		옹알이 — 생후 8개월	스스로 자신의 귀로 들으면서 옹알이, 절정단계
		언어 — 생후 12개월	• 2~3개의 단어를 말할 수 있음 12 국시 • 몇 개의 간단한 단어와 명령을 이해

	유아기, 학령 전기		• 2~6세까지 일생 중 언어발달이 가장 활발한 시기
			• 언어에 대한 수용 및 표현 능력 모두 급속히 발전함
			※ 유아기 언어발달을 촉진하기 위한 부모 역할
			  ① 은유적인 표현 말고, 직접적인 표현을 넣어서 대화하기
			  ② 유아에게 먼저 말을 걸고, 대화하기
			  ③ 유아가 말을 잘 못하더라도 많을 많이 걸어주기 19 국시
			  ④ 유아가 동영상을 하루 2시간 이상 시청하지 않도록 지도하기
			  ⑤ 유아가 사용하는 언어 이외에 다양한 표현을 넣어서 대화하기

	학령기		• 단어를 하나의 상징으로 볼 수 있는 인지능력 발달 • 자기중심적인 언어에서 사회중심적인 언어의 사용증가 • 언어를 활용한 놀이증가 예 끝말잇기
	청소년기		• 성인과 유사하게 인지적 발달하며 이전 아동기와 다른 특성 보임 • 자기정체감 확인, 또래문화의 동조 등으로 새로운 언어(은어)를 창출하고 즐기는 현상이 나타남

3 성장발달 평가 09,12 임용 / 17,18,20 국시

1 소아청소년 표준성장도표를 이용한 신체성장의 평가

소아청소년 표준성장도표 (=소아발육곡선)	목적		소아발육곡선은 아동의 전반적인 신체 성장 양상 감시하는 데 사용함 09 임용
	종류	신장, 체중	출생~3세 성장도표, 2~18세의 소아청소년에 대한 성장도표
		머리둘레	출생에서 3세까지의 성장도표
		체질량지수	2~18세의 성장도표

신체성장 평가	(1) 아동에게 신체계측을 실시하여 신장, 체중, 머리둘레 측정치를 확인
	(2) 아동의 연령과 성별에 해당하는 소아청소년 표준성장도표를 선택
	  ① 소아청소년 표준성장도표의 하단의 가로축에서 아동의 해당 연령을 찾아 수직으로 연령선을 긋기
	  ② 세로축에서 아동의 신체계측치를 확인하고 해당 신체계측치가 표기된 부분에서 수평으로 연장선 긋기
	(3) 아동의 해당 연령선과 신체계측치가 만나는 지점에 사인펜을 이용하여 표기
	(4) 표기된 위치에서 소아청소년 표준성장도표의 오른쪽 백분위수가 표기된 부분까지 가상의 연장선을 그어 백분위수를 확인하고 결과를 해석
	  📌 측정한 결과가 85백분위수이면 동일연령과 성별 집단의 84%는 해당 아동보다 작다는 것을 의미함 09 임용
	(5) 성장장애 : 성장도표에서 97백분위수 초과이거나 3백분위수 미만인 체중, 신장을 가진 경우
	
	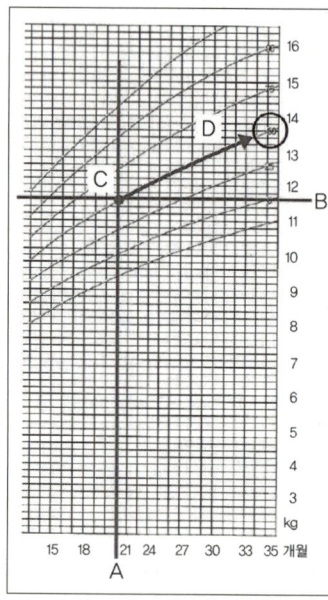 체중 측정치가 11.6kg인 생후 21개월 여아의 체중을 기록, 평가하는 방법은 다음과 같다.
	① 0~36개월 여아용 소아 발육곡선을 선택한다.
	② 가로축 연령에서 21개월로 표기된 지점에 연장선 A를 긋는다.
	③ 세로축에는 11.6kg 위치를 찾아 연장선 B를 긋는다.
	④ A와 B가 교차하는 지점을 기록지에 C와 같이 표기한다.
	⑤ C지점에서부터 가상의 연장선 D를 기록지의 우측 백분위수를 확인한다.
	⑥ 대상 여아의 체중 백분위수는 50백분위수에 해당한다.
	⑦ 50백분위수는 3~97백분위수 범위 내에 포함되므로 대상 여아의 체중은 정상 성장범위에 있는 것으로 평가한다.		

❷ 한국형 Denver II를 활용한 전반적 발달평가 09,12,25 임용 / 97,98,04,09,15 국시

정의	대상	출생~6세 건강한 아동으로 생후 24개월까지는 매월, 그 이후에는 6개월마다 실시 09,25 임용
	목적 25 임용	① 발달지연 또는 문제의 가능성이 있는 아동 선별 ② 발달상 고위험 아동 계속 관찰 → 장래능력에 대한 결정적 예측도구 또는 진단을 위해 사용하는 것이 아님. 잠재적 발달지연을 평가함

검사 항목	(1) 아동의 각 발달 영역별 발달 사정을 위한 110항목과 4개의 영역으로 구성 09임용 🎧 개사 미적 언 운

사정 영역	문항 수	설명
개인-사회성	22	일상생활에 필요한 상호작용 및 자가간호 수행능력
미세운동-적응	27	눈과 손의 협응, 물체조작 및 문제해결능력
언어	34	듣고 이해하고 사용하는 능력
전체운동	27	큰 근육 운동(앉고, 뛰는 등의 움직임)

(2) 검사행동 항목은 검사 도중 아동이 보이는 행동을 검사자가 주관적으로 사정하여 표기하도록 되어 있음
(3) 110개의 발달 사정 항목은 각각 막대로 이루어져 있고, 각각의 막대에는 숫자가 표기되어 있는데, 이는 각 항목에 대해 표준표본이 25%, 50%, 75%, 90%가 통과한 연령을 표시한 것

구조화

검사대상	① 출생~6세 ② 건강한 아동
검사시기	생후 24개월까지는 매월, 그 이후에는 6개월마다
검사목적	① 발달 지연 또는 문제의 가능성이 있는 아동선별 ② 발달상 고위험 아동의 계속 관찰

검사 실시	검사 전 준비	① 부모교육 : 발달문제의 조기사정임, 모두 통과해야 하는 것은 아님을 설명 ② 친숙한 환경 유도 ③ 교정연령 : 2주 이상 미리 태어난 2세 이하 아동은 연령의 교정이 필요 25 임용
		연령계산 • 연령은 아동의 발달수준의 표준을 정하는 기준이 됨 • 공식은 검사 연월일에서 아동의 생년월일을 뺄 것, 빌려올 경우 월은 30일로, 연은 12개월로 계산 예 생년월일이 2022년 12월 2일이고 검사일이 2024년 11월 2일인 경우 아동연령은 1년 11개월
		조산아 연령계산 • 2주 이상 미리 태어난 2세 이하 아동은 연령의 교정이 필요함 • 공식은 검사일에서 생년월일을 뺀 뒤, 조산한 기간을 산정하여 추가로 뺄 것 예 2024년 7월 27일에 클리닉 방문, 2023년 6월 6일 출생, 7주 조산 　　2024년 7월 27일 　　2023년 6월 6일(출생일) 　　1년 1월 21일 　　　　1월 21일(조산기간) 　　　　1년
		④ 검사 도구는 아동이 잡을 수 있는 위치에 배치

검사 실시	검사 순서	① 부모교육 실시 : 지능검사가 아님을 알려주고, 모든 항목을 다 통과해야 되는 것이 아님을 알려줌 ② 연령계산 ③ 연령선에 줄 긋고, 검사일자 표기 ④ 검사 실시 : 검사 시 연령선 왼쪽에서부터 수행, 완전히 수행 후 오른쪽으로 진행, 수행기회는 3회 제공 ⑤ 검사결과 기록 ⑥ 해석과 부모 면담	
항목별 검사 해석법 12 임용	\multicolumn{3}{l|}{어머니에게 물어서 검사 가능(report) / 25% / 50% / 75% / 90% / R 23 / 계단을 오른다. / 각주 번호 / 검사 항목 / 정상 어린이들의 75~90%가 통과하는 비율 ① 통과(Pass) : 아동이 지침대로 시행한 경우 P로 표시 ② 실패(Fail) : 아동이 지침대로 시행할 수 없었던 경우 F로 표시 ③ 지연(Delay) : 연령선 미만에 있는 항목에 F가 있는 경우 지연발달을 의미하며, 지연된 항목의 오른쪽에 짙게 칠하여 표시 ④ 주의(Caution) : 아동의 75~90% 사이에 연령선이 통과하는 항목을 실패하거나 거절했을 때 C로 표시 ⑤ 거절(Refusal) : 어린이가 할 수는 있는데 검사자 앞에서 하기를 거절하면 R로 표시}		
	월등	연령선 완전 오른쪽에 위치한 항목을 통과한 경우	
	정상	① 연령선 우측 항목을 실패나 거부한 경우 ② 25~75% 사이에 걸려있는 항목을 통과나 실패나 거부한 내용 ③ 75~90% 사이에 걸려있는 항목을 통과한 경우 12 임용	
	주의	① 연령선을 지나는 항목을 실패나 거부한 경우 ② 75~90% 사이에 걸려있는 항목의 실패나 거부한 경우 12 임용	
	지연	연령선 완전 왼쪽에 위치한 항목을 실패나 거부한 경우	
	기회 없음	① 시도할 기회가 없던 경우는 "NO"로 표기 ② 전체검사 해석 시 포함하지 않음	

영역별 검사 해석 20 국시	결과해석	해석 판단기준		후속 조치
		주의	지연	
	정상발달	최대 1개	없음	다음 정규 방문 시 검사 실시
	의심스러운 발달	2개 이상 또는	1개 이상	1~2주 이내에 재검사 실시 21 국시

검사 후 점검 내용	① 검사 후 아동의 행동양상 기록 ② 부모에게 아동의 행동이 평소와 유사한지의 여부 확인 ③ 검사 결과에 대해 부모와 토의 ④ 의심, 검사 불능 시 재검사, 진단검사 의뢰

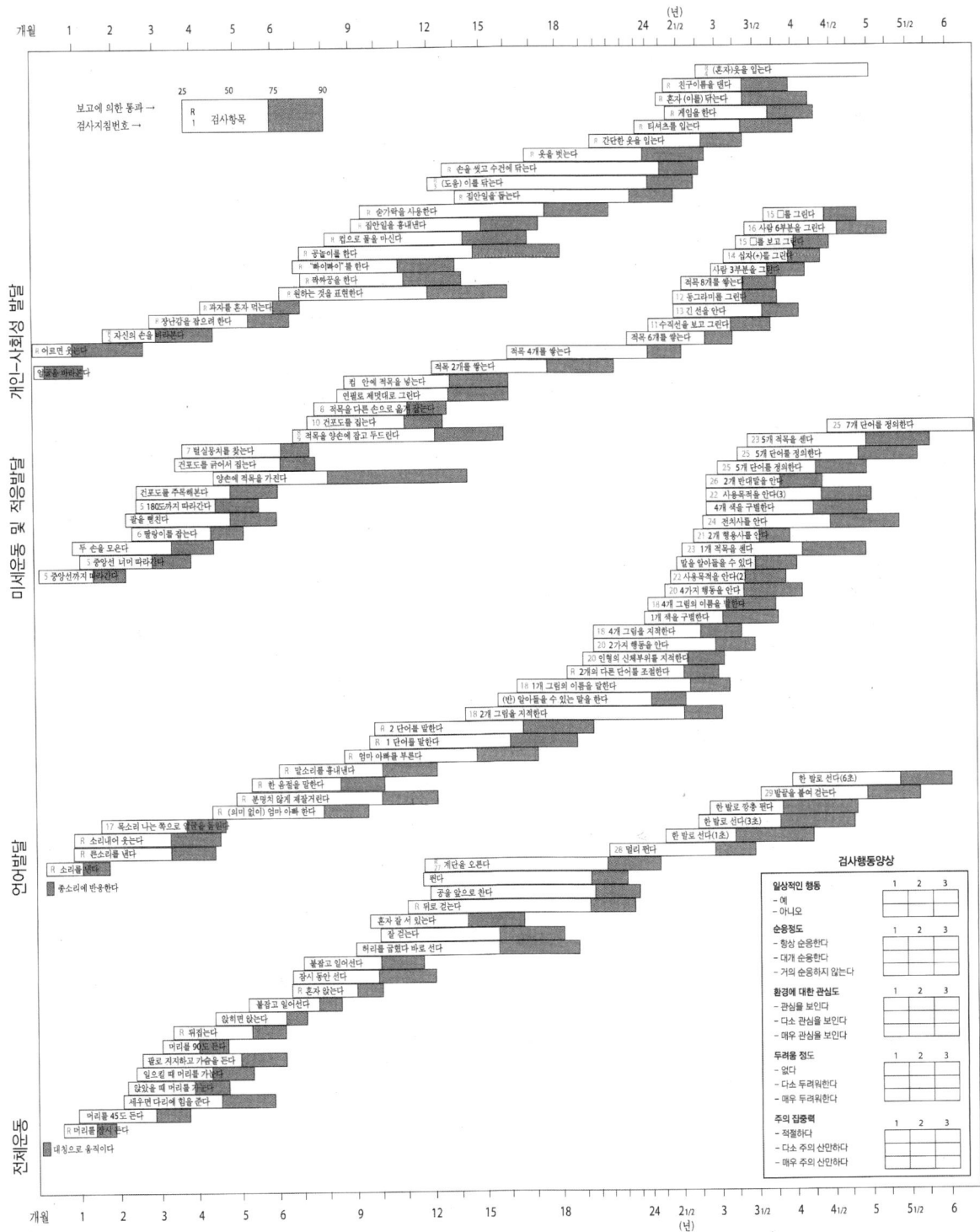

[한국형 Denver Ⅱ]

• 발달단계별 특성

	대근육 운동 (머리에서 발끝으로 발달, 순서 : 머리 가누기 → 뒤집기 → 앉기 → 기어다님 → 서기 → 걷기)	미세운동 (손과 눈의 움직임을 순서에 따라 차례로 통합하는 능력, 근위부에서 원위부로 발달)	언어	개인/사회적 행동	놀이
4주	• 몸이 굴곡된 상태 • 모든 반사 있음 • 턱을 듦	• 주먹 쥐고 있음 `99국시` • 2M : 잡기반사 소실	• 울음 • 3M : 옹알이 (모음부터 시작)	• 얼굴을 빤히 쳐다봄 • 소리에 반응 • 사회적 미소 `22국시`	
4M	• 머리 가눔(경추만곡) `20국시` • 누운 채로 좌우로 몸을 돌릴 수 있음 `16국시` • 4~5M : 몸을 뒤집음 (복부 → 등) `12국시` • 6M : 구를 수 있음, 엎드린 채 손으로 몸무게 지탱 가능함 `15국시` • 일으켜 세웠을 때 지탱 가능	• 손바닥으로 물체를 쥠 (딸랑이 쥠) `03국시`	• 4M : 자음 • 6M : 마, 무, 다, 디	• 낯선 환경을 알아차림 • 음식을 보면 좋아함 • 소리 내어 웃음	• 3~6M • 모빌, 딸랑이, 손에 쥘 수 있는 장난감
7M	• 6M : 도움으로 앉음 • 7M : 스스로 앉음 (요추만곡) `22국시` • 8M : 배밀이	• 물건을 다른 손으로 옮김 • 장난감 흔듦 • 손가락 잡기 시작	• 8M : ㄷ, ㅌ	• 낯가림, 분리불안(7M~1Y 가장 강함)	• 뮤직 박스, 까꿍 놀이 • 반복적으로 눌러 반응보이는 장난감
10M	• 9M : 기어 다님 • 붙잡고 일어섬 `17국시`	• 10M : 엄지와 검지를 사용하여 물건 잡음	• 꾸룩꾸룩 • 한 단어	• 까꿍, 짝짝꿍 놀이 모방	
12M `94임용`	• 혼자 섬(척추만곡) • 손잡고 걸을 수 있음	• 12M : 진정한 손가락잡기 • 크레용 쥐고 표시 • 책장 넘길 수 있음	• 엄마/아빠 • 동물소리 흉내 • 3가지 이상의 단어	• 컵으로 마심	
15M	• 혼자 걷기 • 계단 기어 올라감 • 계단 내려올 때는 뒤로 • 코너를 돌지 못하고, 갑자기 서면 균형 잃음	• 그리는 시늉 • 2개 블록 쌓기 • 컵을 잘 사용, 숟가락 이용은 미숙	• 3~5단어 • 신체부위 말함	• 손가락질	
18M	• 한쪽 손잡고 층계 올라감 • 공 던지기(미숙)	• 3개 블록 쌓기 • 스스로의 의지로 그림 그리기 • 2~3쪽 책장을 한 번에 넘기기 `02국시`	• 50개 이하 • 이야기하는 흉내 내기	• 혼자 음식 먹음 • 옷 벗기 가능 • 배변훈련 가능	• self-feeding • 밀고 당기는 장난감(근육협동력 길러줌) `22국시`
2년	• 잘 뜀, 공차기 가능 • 잡고 계단 오르내림	• 6개 블록 쌓기 • 수평선 그리기	• 300개 이상 • 두 개의 단어로 된 문장	• 옷 입기 가능 • 혼자 밥 먹기 가능(숟가락)	

	대근육 운동 (머리에서 발끝으로 발달, 순서 : 머리 가누기 → 뒤 집기 → 앉기 → 기어다님 → 서기 → 걷기)	미세운동 (손과 눈의 움직임을 순서에 따라 차례로 통합하는 능력, 근위부에서 원위부로 발달)	언어	개인/사회적 행동	놀이
3년	• 세발자전거 • 한 발씩 교대로 계단	• 8개 블록 쌓기 • 원 그리기 ○ • 연필을 손가락으로 잡기 • 가위사용	• 900개 단어 • 3~4개 단어로 된 문장 • 자신의 성별, 이름 • 셋까지 셈	• 양말·신발신기 • 손 씻기 • 단추풀기 • 도움 없이 옷 입기	
4년	• 가위질 – 오리기 • 한쪽 발로 뜀	• 사각형 그리기 □, 십자가 그리기 + • 몸을 세 부분으로 그림 • 기하학적 모형 • 사람 얼굴	• 4가지 이상 단어로 된 문장 • 전치사, 반대말을 앎	• 포크질, 시리얼을 타먹음 • 개인위생 활동 가능 • 신발끈 묶기 가능 – 나비모양×	• 연합놀이
5년	• 줄넘기, 스케이트 • 공 던지고 받기 • 한 발로 교대 뛰기	• 삼각형 △ • 몸을 여섯 부분 • 7~9개 조각 조합하여 형상 만듦	• 기본색 앎 • 단어 뜻에 관심이 많음 • 대부분 대화 가능	• 혼자 옷 입고/벗기 • 신발 끈 맴	• 경쟁적 놀이 • 공격과 퇴행반복 • 방어기전 사용

4 아동의 성장발달에 영향을 주는 요인

1 아동의 성장발달에 영향을 주는 요인

유전요인		성별, 인종과 민족, 기본적인 기질
환경	산전환경	태아의 발육과 장래의 성장발달에 큰 영향을 미침
	외적인 환경	문화적 영향, 가족의 사회경제적 상태, 영양, 기후와 계절, 운동, 가족 내에서의 순위 93 임용(보기)
	내적인 환경	지능, 정서, 호르몬 93 임용 ● 지정호 (신경내분비적 요인들 – 성장호르몬, 갑상선호르몬, 생식선자극호르몬, 인슐린, 부신피질호르몬, 부갑상선호르몬, 성호르몬 등)
기타		성, 질병과 상해, 대인관계, 아동기의 스트레스, 대중매체(영화, TV 등) 등

2 아동의 사회화

아동의 사회성 발달에 도움을 주는 것 94 임용	① 동료집단과의 관계 ② 부모형제와의 접촉 ③ 자기표현의 기회를 줄 수 있는 환경
사회학습이론 (벤듀라, 1925~)	아동이 태도, 신념, 관습, 가치관을 성인 및 다른 아동과 사회적으로 접촉하면서 배운다고 하였음(→ 긍정적 역할모델이 중요함)
	모방: 아동은 자신이 본 행동을 모방하는데, 그 행동이 긍정적으로 강화되면 이를 반복함 **자기효능감**: 자신이 원하는 결과를 만들어낼 수 있다는 기대감으로 이를 가진 아동은 자심감을 갖고, 행동변화가능성이 더 큼
사회화 과정에서 부모의 필수적인 역할 요소들	규칙, 일관성, 처벌과 보상, 강화, 역할모델, 아동의 상상력의 사용 등 예 학령기 아동의 긍정적인 자아개념과 자존감 발달을 위해 부모는 아동이 성취한 것을 인정해주어야 함 21 국시
사회성 발달 반응	영아의 사회성 발달로 먼저 나타나는 것은 어르면 웃는 반응임 22 국시

3 부모역할행위의 유형 ● 재주허무

유형	통제	온화함	부모의 행동	자녀의 결과
독재적인 부모	많음	적음	① 통제를 많이 함, 명령을 내리고 자녀가 명령에 복종하기를 기대함 ② 자녀와 거의 소통하지 않음	① 겁 많고, 소극적이고 내성적으로 자랄 수 있음 ② 여아는 청소년기에 수동적이고 의존적이 되는 경우가 많고, 남아는 반항적이고 공격적으로 되는 경우가 많음
민주적인 부모	다소 많음	많음	① 자녀의 자율성이 높아지는 것을 수용하고 격려함 ② 자녀와 개방적으로 소통함	① 가장 균형 잡히고, 자율적이고, 자신을 통제할 줄 알고, 사회에서 유능한 경향이 있음 ② 자존감이 높은 편임 ③ 성적이 좋은 편임
허용적인 부모	적음	많음	① 제한이 거의 또는 전혀 없음 ② 조건없는 사랑을 표현함	① 반항적이거나, 공격적이거나, 사회생활이 서툴거나, 방종하거나 충동적으로 자랄 수 있음 ② 창의적이고, 능동적이고, 외향적으로 자랄 수 있음
무관심한 부모	적음	적음	① 한계범위를 설정하지 않음 ② 자녀에 대한 사랑이 부족함	파괴적 충동이 많이 나타나며 비행을 저지를 수 있음

4 훈육

목적			훈육은 아동이 긍정적인 자존감을 유지하면서 자기통제감을 발달시키도록 돕는 것을 목적으로 함
한계 설정			① 아동이 할 수 있는 것과 할 수 없는 것을 알도록 하는 것 ② 행동의 규칙 또는 지침을 정하는 것 ③ 아동, 양육자 혹은 외부환경에 의해 만들어지며 양육자는 아동에게 한계를 분명하고 간결하게 알려줌으로써 자율성 발달을 촉진하고 질서, 통제력, 안정성을 기르게 함
방법 13 국시	행동 수정	보상	바람직한 행동을 긍정적인 보상을 하는 것(정적 강화)
		일관된 무시	바람직하지 못한 행위를 무시하여 이전에 주었던 긍정적 강화를 없애는 것으로 행동의 빈도를 줄이고자 하는 것(부적강화)
	방향수정		문제행동을 없애고 다른 활동이나 사물로 아동을 전환시킴
	논리적 설득		행동이 허용되지 않는 이유 설명
	타임아웃 23 국시		한정된 공간에 한정된 시간 동안 격리시켜 타임아웃 시간 동안 조용하게 잘못된 행동을 반성하게 하고 격리된 곳에 둠으로써 다시 어울리기 위해서 올바른 행동을 하는 것임 타임아웃 시에는 • 잘못된 행동을 했을 때 즉시 분명하게 잘못된 행동임을 말해주고 저지시키는 것을 우선하고, 행동을 지속할 때 적용 • 아동의 나이당 분을 적용(예 5세 아동은 5분을 초과하지 말 것) • 안전하나 조용하고 다른 자극요인이 없는 곳으로 타임아웃 적용
	결과의 체험		잘못된 행동의 결과를 체험하도록 내버려 두는 것
		자연적인 방법	특별한 중재 없이 식사를 늦게 주거나 굶기기 등을 사용하는 방법
		논리적인 방법	사용된 장난감을 정리할 때까지 다른 장난감을 가지고 놀 수 없도록 하는 규칙과 직접적으로 연관된 방법
		무관한 방법	숙제를 마칠 때까지 놀지 못하게 하거나 타임아웃을 부과하는 방법
	체벌		부모의 통제력이 상실되거나 자녀가 상해를 입을 수 있으므로 비효율적임
지침 05,07,17 국시	일관성		훈육은 때에 따라 달라지지 않게 미리 정한 방법에 따라 일정하게 적용할 것
	시의 적절성 (= 시기선택)		훈육은 아동이 잘못을 저지른 직후에 적용하여야 함
	합일성 (= 일치성)		부모 간에 또는 다른 가족 간에도 훈육에 대한 계획과 적용에 합의가 필요함
	계획성		아동의 바람직하지 않은 행동이 무엇인지, 그럴 경우 어떤 훈육이 적용될 것인가에 침착한 상황에서 미리 계획을 세우고 아동에게도 미리 알려줄 것
	행동 중심성		아동 자체를 비난하지 말고 잘못된 행동에 초점을 두어 훈육할 것
	사생활 존중		특히 연령이 높은 아동의 경우 아동을 존중하여 남이 보지 않는 곳에서 훈육할 것
	종결		훈육이 끝난 후 같은 일에 대하여 반복하여 야단치지 말 것
	전념		훈육이 필요한 시간에 전념으로 훈육하는 동안 다른 행위를 피할 것
	긍정적 언어		긍정적 언어사용으로 '하지 마'가 아니라 '할 수 있다'라고 할 것

5 성장발달에 영향을 미치는 요인 : 놀이유형

1 놀이의 분류(발달단계별 놀이유형) `18 임용 / 17 국시` 🔗 단행합동

단계	놀이유형	설명
영아기	단독놀이 `01,10 국시`	① 같은 장소, 다른 장난감, 독립 ② 자신만의 행위에 관심집중, 다른 아동의 행위나 장난감과는 상호관련이 없음 ③ 다른 아동들이 주위에 있건 없건 상관하지 않음 ④ 다른 아동에게 가까이 다가가거나 말을 걸려고 하지 않고 서로에게 관심을 주지 않음
	방관자 놀이	① 다른 아동이 하고 있는 것을 보고 있지만 참여는 시도하지 않음 ◎ 손위 형제가 그림을 그리는 것을 구경
유아기	평행놀이 `98,08,10,11, 14,16,21 국시`	① 같은 장소, 비슷한 장난감, 독립 ② 같은 공간에서 다른 아동들과 같은 장난감으로 놀지만 서로 간에 주고받는 일은 없음 ③ 각자 옆에서 놀고 있지만 다른 아동과 상호작용하거나 연합하여 노는 것이 아님 ④ 서로에게 관심이 있다 해도 각자 독립적으로 놀고 있음 ⑤ 유아기 적합한 놀이 : 바퀴달린 손수레 밀고 다니기 `22,23 국시` ◎ 트럭, 밀고 당기는 장난감, 블록, 공, 전화기, 동물인형, 책, 진흙, 나무퍼즐 등 또래와 한 장소에서, 같은 장난감을 가지고 놀고 있지만, 함께 어울려 놀지 않음 `18 임용`
학령 전기	연합놀이 `03 국시`	① 같은 장소, 동일행동 또는 비슷한 놀이 참여, 그러나 조직/역할/목표 없음 ② 함께 놀면서 동일한 행위를 하지만, 조직이나 업무 구분, 통솔자 설정, 상호 목표, 규칙 등 약속은 없음 ③ 아동들끼리 서로 놀이기구를 빌려줌 ④ 마차나 세발자전거를 타면서 서로 따라다니고 누구를 놀이그룹에 포함시킬지 의논함 ⑤ 단체목표가 없으므로 각자 자기가 원하는 대로 행동 ⑥ 두 아동이 함께 놀지만 상대의 행위를 지시하거나 놀이의 제한에 관하여 규칙을 설정하지 않음 ◎ 두 명의 아동이 인형을 가지고 노는 것, 공놀이(규칙 없음) 또래와 우르르 몰려다니면서 공놀이, 미끄럼틀 타기를 하며 함께 놀고 있지만, 놀이의 규칙은 없음 `18 임용`
학령기	협동놀이 `01,02,11 국시`	① 조직/역할/목표 있음 ② 단체 내에서 이루어지는 놀이 ③ 경쟁적인 목표달성, 형식적 게임 등 뭔가를 만들거나 완수하기 위하여 놀이행동을 계획하고 토론 ④ 목표달성을 완수하기 위한 활동, 행동조직, 업무분담, 각자의 역할을 정함 ⑤ 리더와 구성원들 간의 관계가 확실하게 규정되고, 한두 명의 리더에 의해서 활동이 통제됨 ◎ 게임, 퍼즐 등

2 놀이의 기능 06,10 국시 🎧 신사인어의정치

기능		설명
신체발달	근육발달	• 근육발달 촉진 • 소근육 발달, 물체조작 능력(퍼즐, 모래놀이, 가위사용, 그림그리기, 점토 공작 등)
	자세 등	바른 자세, 신체유연성, 민첩성 발달, 감각발달 23 국시
	협응 능력	눈과 손의 협응 능력 발달
사회성 발달	사회적 관계형성	1세 이하 : 다른 대상이나 환경 탐색 2~3세 : 가상놀이 참여(역할놀이) 학령 전기 : 또래집단 인식, 개인적 놀이 친구
	문제해결 방법 학습	사회적 관계 속 문제해결 방법 학습
	사회적 학습	• 타인의 입장, 역할이해, 동조, 협동, 질서, 규칙 지키기 • 협상, 협동 등 사회생활에 필요한 기본적 능력 개발 • 도덕적 기준이나 규칙, 성 역할 등 사회적 학습
인지발달		• 탐색과 조작, 대상의 모양, 색깔, 크기, 구조와 의미, 수의 중요성 발달 • 그림을 통해 개념을 학습, 다양한 필기도구 활용 • 추상적 개념, 공간적 관계 이해 • 퍼즐, 게임 : 문제해결의 기술발달 • 책, 이야기, 영화보기 : 지식을 넓혀 주는 동시에 즐거움 제공
언어발달	놀이진행	• 놀이와 상호강화의 관계 • 언어발달 수단, 놀이 진행에 매개체 역할
	소통능력 발달	• 다양한 어휘, 역할에 알맞은 적절한 언어 사용 • 자기중심적 언어에서 탈피, 의사소통 능력 발달
창의성 발달	창의성 증진	• 다각적인 탐색, 광범위한 기술과 반응을 습득 • 융통성 있는 사고, 창의성 증진
	추상적 사고력	• 구체적인 사고력을 추상적 사고력으로 전환 • 추상적 사고를 통해 새로운 연상의 창의성 발달
정서발달	표출	• 감정이나 부정적인 정서 표출 • 정화효과는 안전한 분위기에서 정서 표출, 불안감소
	건전한 정서	• 기쁨, 성취감, 만족감, 긍정적 자아개념, 자율성, 인내심 등 건전한 정서 형성
	의사소통	• 요구, 불안, 두려움 및 소망 등 의사소통 가능
치료적 기능	감정	• 아동의 내적 긴장, 불안, 공격성, 두려움, 좌절감 등을 표출 • 감정조절이나 불안, 좌절, 공격성 등 해소
	아동문제	• 아동의 문제를 사정하거나 중재할 수 있는 치료적 가치를 가짐 • 아동의 문제를 진단하고 평가하는 도구이며 치료수단임

신생아기 특성 : 신생아 관리의 4대 원칙, 신생아 간호 [96, 17 임용]

관리	내용
호흡유지	(1) 신생아 관리의 일차적인 목표 (2) 호흡의 시작 기전 : 폐포의 확장(액체 → 공기로), 폐 첨부가 먼저 확장되며 폐 전체가 공기로 채워지는 데 2~3일 걸림 [07 국시] | 혈액의 화학적 자극	낮은 산소분압	말초성 호흡중추(대동맥소체, 경동맥소체) 자극
	높은 CO_2 / 낮은 pH	중추성 호흡중추(연수) 자극
신생아의 체온저하	자궁 내 환경에 비해 자궁 밖의 차가운 공기(갑작스런 온도변화)	
촉각적 자극	출산 중 산도를 거치는 접촉도 포함됨 등과 사지 문지르기. 단, 호흡곤란과 뇌손상이 있는 경우에는 효과 없음	
계면활성제	폐포의 공기와 액체 경계면의 표면장력을 감소시켜 호기 말에 폐포가 쭈그러지는 것을 방지하여 폐포 팽창을 돕는 물질로 임신 36주경 생산되어 호흡을 용이하게 보조함	| (3) 폐의 특징 ① 폐 전체가 공기로 채워지는 데 2~3일가량 소요됨. 따라서 호흡사강(dead space)이 큼 ② 기도 내경이 적어 기도저항이 증가하여 기도폐쇄가 쉽게 발생함 ③ 기도 점액질 농도가 짙음 ④ 횡격막이 약해 호흡곤란이 쉽게 초래됨 (4) 신생아 호흡의 특징 [18,19,20,22 국시] ① 정상 호흡수 : 30~60회/분 ② 20초 이내 무호흡은 정상임. 울 때/잠잘 때/수유 시 불규칙한 호흡이 나타나기도 함 ③ 복식호흡(횡격막과 복벽근육 사용)을 함 (5) 간호 [12,17 국시] | 체위	구강, 후두, 코로부터 점액, 혈액, 삼킨 양수 등의 분비물이 중력에 의해 배액되도록 6~8시간 동안 머리를 15~30도 낮춘 측위로 눕힐 것
구상흡인	• 구상 흡인기를 침상 가까이 비치 • 사용 시 인두 먼저 흡인한 후 비강흡인
필요시, 흡인기 사용	• 미주신경 자극으로 발생하는 반사성 서맥, 후두경련, 심부정맥 방지 위해 부드럽게 시행 • 흡인은 5초 이내 끝낼 것	
체온유지 [17 국시]	(1) 호흡이 정상으로 돌아오면 열 조절이 신생아의 생존에 가장 중요 ① 신생아는 체온조절을 위해 열을 스스로 생산할 수 있음(비떨림성 열생산 기전으로 갈색지방을 분해하여 열을 생산함) ② 여러 요인에 의해 열손실 위험 높음 → 정상 체온을 유지하기가 상당히 불리함 (2) 열손실에 취약한 신생아 신체적 특징 [15,17,22 국시] 	큰 체표면적/ 높은 대사율	• 체중에 비해 체표면적이 크고 신진대사율이 높아 피부 표면으로 열이 더 많이 이동되어 열손실을 촉진함(신진대사율이 높아 열생성이 많고, 체중당 체표면적이 크므로 손실되는 열도 많음) • 큰 체표면적을 보완하기 위해 굴곡된 체위를 유지하여 공기 중에 노출되는 체표면적을 줄임
얇은 피하지방층	• 열 보유를 저해하는 신생아의 얇은 피하지방층 • 중심체온은 체표면 온도보다 0.5℃가량 높기 때문에 이러한 온도의 차이는 높은 온도에서 낮은 온도로 열의 이동을 가져옴
얇은 피부/ 많은 체액량	• 총 체액량이 많고 피부가 얇기 때문에 증발을 통해 열이 더 많이 손실됨 ** 미숙아는 갈색지방의 부족으로 열생산이 취약하고 총체액량이 많고, 피부가 얇기 때문에 증발을 통해서 열이 더 손실되므로 더욱 취약함	

(3) 열발생(열생성) : 떨림으로 열생산을 증가시키는 어린이나 성인과는 달리 신생아는 비떨림성으로 열생성

체온유지 [17 국시]	갈색지방 조직산화	① 갈색지방은 보통 지방조직보다 강화된 대사능력을 통해 대사율과 산소 소모를 증가시켜 큰 열 생산능력을 지님 ② 중성지방을 지방산으로 분해하여 열을 생산	
		갈색지방	• 신생아 체중의 2~6%로 견갑골 사이, 목덜미, 액와부, 흉골 위쪽에 위치 • 많은 양의 미토콘드리아의 시토크롬이 포함되어 있어 세포호흡을 자극 • 보통 지방조직보다 강화된 대사능력을 통해 대사율과 산소 소모를 증가시키므로 대사성 산증을 초래할 수 있음
		시토크롬	효소의 일종으로 산화와 환원 반응을 촉진함(강력한 대사반응을 발생시킴)
	자율신경계	말초수용체가 온도 변화에 자극을 받으면 중추신경계를 통하여 자율신경계를 자극하고 노에피네프린 분비 → 노에피네프린의 분비로 말초혈관 수축이 일어남 ◆ 지속되는 체온저하로 인한 신체 변화(부정적 결과) • 열생성을 위한 산소소비와 대사로 체중증가의 감소와 성장이 감소함 / 저혈당 초래 • 자율신경계 자극으로 노에피네프린 분비되면 폐혈관 수축되어 산혈증 초래, 계면활성제 생산저하로 무기폐 유발 • 산혈증으로 증가한 수소이온(H^+)이 알부민과 결합되어 알부민과 결합하지 못한 간접빌리루빈이 증가하여 고빌리루빈혈증 초래 • 한랭에 오래 노출 시 글리코겐 저장량이 부족해지고 산증에 걸릴 수 있음	

(4) 간호

	보온	출산 직후 체온 급격히 하강 → 복사온열기, 방사보온기, 보온등, 더운물 주머니, 보온침요 적용 [20 국시]
	열손실 막기	• 출생 후 체온 안정될 때까지 목욕을 시키지 말 것 • 차가운 곳에 두거나 접촉시키지 말 것 • 엄마와의 피부접촉(skin to skin) 예 캥거루식 돌보기
	체온유지	액와로 36.4~37.2℃ 사이로 유지

감염예방	(1) 교차감염 예방 : 가장 중요한 방법은 신생아를 간호하는 모든 사람이 철저한 손 씻기를 지키는 것 (2) 눈 감염 예방 : 신생아 안염(클라미디아 결막염, 임질성 결막염 등)을 예방 위해 0.5% 에리스로마이신 또는 1% 테트라사이클린 점안 → 임질성 결막염의 예방효과가 큼, 클라미디아 감염증으로 인한 결막염 예방에도 효과적임 (3) 제대감염 예방 [99,08,20 국시] ① 제대절단면은 세균이 성장하는 매개체 → 감염예방을 위해 다양한 방법의 제대간호가 수행됨 ② 제대 떨어지는 시기 : 5~15(6~10)일 정도이며, 그 후 몇 주가 지나야 제대의 기저부가 완전히 치유됨 ③ 제대감염 증상 : 발적, 나쁜 냄새, 농성 분비물(노란색 분비물) 등 [22 국시] ④ 탯줄이 건조되어 탈락할 때까지 깨끗하고 건조하게 유지시킨 후 매일 2~3회 혹은 오염된 즉시 70% 알코올, bacitracin 연고 혹은 gentian violet을 탯줄과 탯줄 기저부의 2.5cm 부위까지 바름 ◆ 최근 연구 결과 항균제(항생제), 소독제 등을 사용한 경우 제대건조와 탈락을 지연시킴. 저절로 마르도록 한 경우도 소독제와 유의한 차이가 없는 것으로 나타남. 「미국 여성건강·산과·신생아간호협회」에서는 멸균수나 중성 세정제로 제대를 닦은 후 물로 제대를 닦도록 권유하고 있음 ⑤ 기저귀는 섬유자극과 배설물이 묻는 것을 방지하기 위해 제대 아래쪽으로 채워야 함(습기와 자극을 피하도록 주의할 것) ⑥ 복대사용을 피할 것

감염예방	(4) B형간염예방 ① 아동의 B형간염 바이러스의 노출은 성인이 되어 간경변증이나 간암 등의 심각한 후유증을 발생시킴 ② 예방접종(백신) 및 면역글로불린 투여	
	산모가 B형간염 HBsAg이 음성 시(−)	• 첫 회 접종을 2개월 내에 실시할 것을 권장함 • 미숙아(2,500g 이하)에게는 임상적으로 안정되는 생후 1개월에 예방접종하거나 1개월 전 퇴원한다면 퇴원 시 예방접종 시행
	산모가 B형간염 HBsAg이 양성 시(+)	재태연령이나 출생 시 체중에 관계없이 출생 12시간 이내 HBV 백신과 B형간염 면역글로불린(HBIG)을 각각 다른 부위에 동시에 주사 ◆ 이 경우 출생 시 첫 용량은 B형 예방접종 3회(생후 0·1·6개월)에 포함됨
	산모가 B형간염 HBsAg의 유무를 모를 때	HBV 백신 12시간 내 투여하고, 즉시 모체의 감염상태를 확인 ◆ 이후 양성결과가 확인되면 가능한 출생 2일 이내 늦어도 7일 이내 B형 간염면역글로불린 투여
	(5) 결핵 감염예방 : 생후 1개월 이내 BCG 접종	
영양유지	(1) 수유는 영양과 에너지 요구를 충족시킬 뿐만 아니라 건강한 인격형성의 기초가 됨 (2) 하루 약 120kcal/kg가 필요 : 칼로리의 공급원은 단백질 6~12%, 지방 30~55%, 탄수화물로 나머지 구성	
	모유	• 모유와 인공유의 수분과 칼로리 함량은 거의 동일함 • 모유는 인공유에 비해서 탄수화물과 불포화지방산, 철의 흡수율이 높음 → 신생아의 위의 염산이 충분하여 단백질과 단당이나 이당의 단순 탄수화물을 조절하는 효소가 적절함, 그러나 췌장의 아밀라아제는 부족하므로 복합 탄수화물의 이용은 제한됨 • 출생 후 빠른 시간 내에 비타민 K 0.5~1mg을 외측광근이나 복측광근에 근육 주사하여 프로트롬빈 저하를 방지, 비타민 K는 정상적으로 장내 세균총에 의해 합성되나, 신생아의 위장관은 출생 시 무균상태이고 모유에도 비타민 함유량이 적어 첫 3~4일 동안은 부족함 07 국시 ◆ 비타민 K는 간에서 프로트롬빈 합성의 촉매 작용을 함
	인공유	• 모유에 비해 단백질과 포화지방산과 비타민 K 등을 더 포함하고 있음 • 신생아 젖병수유 시에는 아기의 뺨과 턱을 지지해줄 것
	초유	• 출산 후 2~4일까지 분비되는 것으로 성숙유보다 단백질, 칼슘, 인, 무기질, 비타민 A/E의 함유가 많음 • IgA와 감염에 저항하는 단백질 함유 • 자연적 설사작용을 유발하여 태변배출에 도움이 됨
	(3) 체위 : 수유 후 30분~1시간 동안 좌측위(∵역류방지)로 누이거나 머리를 약 15° 높여주기 (4) 수분요구량 ① 하루 140~160mL/kg ② 신생아의 체표면적이 넓고 소변농축능력이 미숙하여 성인보다 더 많이 필요 (5) 생리적 체중감소	
	인공영양아	출생 후 10일까지 생리적 체중감소 회복
	모유영양아	회복까지 14일 정도 소요
고위험 신생아 간호	캥거루식 돌보기(Kangaroo care) : 신경행동 발달의 촉진 및 부모-영아의 친밀감과 애착을 돕기 위해 사용되는 미숙아 발달지지법 17 임용	
	방법	부모가 앞가슴을 열 수 있는 옷을 입고, 신생아를 기저귀만(or 기저귀와 모자) 채운 채 부모의 가슴 위로 안는 방법으로 서로 눈 맞춤을 하고, 피부와 피부가 밀착되게 유지
	효과 — 애착	아동과 부모의 상호작용 증진
	효과 — 산모	• 조산으로 인한 심리적 어려움을 극복(심리안정) • 어머니 역할을 일찍 습득할 수 있음(= 아기를 돌볼 기회를 가지게 되어 심리적 안정을 얻음)
	효과 — 아동	• 체온유지 • 흡철반사 증진 • 조직적 행동상태 유지 • 불필요한 활동 감소에 도움이 되어 성장과 발달에 도움이 됨(→ 생리적 반응과 심리적 안정에 도움이 되어 성장과 발달을 촉진함)

신생아 목욕 15,20 국시	목욕 효과	피부청결, 혈액순환과 신진대사 촉진, 발육증진, 세균감염 예방 등
	최초의 목욕	신진대사(활력징후, 특히 체온)가 안정된 후 실시
	목욕시간	• 더운 날씨에는 매일, 겨울 동안 2~3일에 한 번 • 수유 전과 보채지 않을 때 • 씻기는 시간은 5~10분 넘기지 말 것
	목욕물 온도	37.7℃, 전박의 내측 혹은 팔꿈치에서 온도를 측정함
	목욕순서	머리에서 발쪽 방향, 눈과 얼굴부터 닦음
	제대간호	• 제대가 떨어질 때까지 건조하게 유지하며, 통목욕은 시키지 말 것 • 제대는 70% 알코올로 소독 후 빨리 건조시킴 • 기저귀가 제대에 닿지 않도록 접어 내림
	주의사항	• 준비물품을 목욕시작 전에 확인하고 목욕 중 절대 아기를 혼자 두지 않을 것 • 알칼리성 비누사용 시 신생아 피부보호막이 제거되어 피부자극 위험이 증가하므로 사용하지 말고 중성비누를 사용하거나 물로만 씻길 것 20 국시 • 아기분 사용 시 피부자극인자가 될 수 있고, 얼굴 근처 사용 시 흡인위험이 있으므로 사용하지 말 것

PLUS⊕

- **열손실 기전**

기전	설명
대류 24 국시	• 고체 표면과 기체 또는 액체 사이의 열 이동 • 목욕하는 동안 바람에 노출될 때 신생아와 수분 사이에서 발생함 예 선풍기로 불어주면 시원하게 느끼는데 이는 대류로, 열손실이 커지기 때문이고 옷을 입어 대류가 일어나는 것을 방해하면 열손실이 감소함
전도	• 서로 접촉하는 두 개의 고체 물건 사이에서 일어나는 것 예 신생아의 몸이 체중계의 차가운 표면과 만나면 열을 잃음, 찬 물수건으로 감싸면 열을 잃음
복사	• 고체물건과 접촉되지 않은 상태에서의 열 이동 • 신체와 그 주위에 있는 물체 사이에서 서로 적외선의 형태를 주고받는 현상 • 복사에 의하여 방출되는 열량은 전체 체열 손실의 50~60%를 차지함 예 차가운 창문 옆의 신생아는 방안이 따뜻함에도 불구하고 복사에 의해서 열을 잃음
증발 23 국시	• 몸속 또는 표면에 있는 수분이 액체에서 기체로 바뀔 때 일어나는 것 • 수분이 기화하는 것으로 물 1g이 증발할 때는 기화열로서 0.58kcal의 열이 방출됨 예 출생 직후 또는 목욕 후에 신생아를 완전히 건조시키지 않으면 체온이 증발에 의해 급격히 저하됨

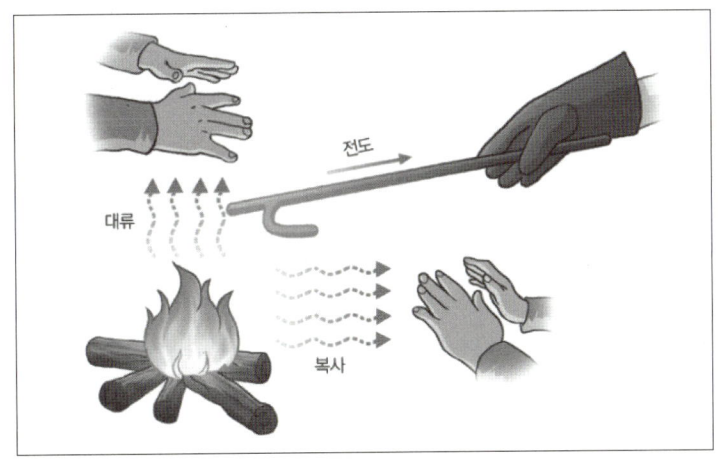

7 신생아기 특성

1 신생아의 초기사정

분만 후 사정 : ① APGAR scoring system 초기사정, ② 반응기 동안 전환기 사정, ③ 재태기간 사정, ④ 체계적 신체검진 순으로 진행한다.

◆ 출산 후 반응기
  (1) 제1반응기 : 출산 후 6~8시간까지로 기민하고 힘차게 움, 자신의 주먹을 빨며, 환경에 관심이 많음
  (2) 제2반응기 : 제1반응기 이후에 깊은 수면을 2~5시간 취한 후로 기민, 심박수 증가, 호흡수 증가, 구개반사(+), 태변배출(+)

(1) **APGAR score** 17,21 임용 / 97,98,04,12,14,16,19,21 국시 🎧 색동반장호

정의	출생 후 1분과 5분에 각각 5가지 항목(피부색, 심박동수, 자극에 대한 반응, 근긴장도, 호흡능력)에 대해 각 항목당 0~2점 배점으로 신생아의 즉각적인 자궁 외 생활 적응을 사정하는 방법임
목적	신생아의 즉각적인 자궁 외 생활 적응을 사정하는 방법으로 가장 많이 사용됨

특징	① 점수는 피부색, 심박동수, 자극에 대한 반응, 근긴장도, 호흡능력 등의 5가지 항목을 기본으로 함
	② 평가는 출생 후 1분과 5분에 시행하며 신생아의 상태가 안정될 때까지 반복됨
	③ 신생아의 최종적인 신경계나 신체적 상태와 연관된 과거사건 혹은 미래사건을 예측하지 못함
	   특히, 아프가 점수를 신생아 소생술 적용여부 결정의 지표로 사용하지 않음
	   (필요에 따라 1분 아프가 점수 평가 이전에 신생아 소생술을 시작해야 하는 경우가 있기 때문)

구분		0	1	2
항목 및 방법	피부색 (Appearance)	구강 점막, 입술, 사지, 손바닥의 말초조직 산화 정도로 피부색 사정		
		청색, 백색	몸체는 홍색/손발은 청색	전신 분홍색
	심박동수 (Pulse)	정확히 1분간 심장부위 청진		
		없음	< 100(분당 100회 미만)	≥ 100(분당 100회 이상)
	자극에 대한 반응 (Grimace)	비강 카테터로 자극		
		반응 없음	얼굴 찡그림	기침, 재채기함
	근긴장도 (Activity)	사지를 신전시킨 후 굴곡 상태로 빨리 돌아오는지 관찰		
		늘어져 있음	사지를 약간 굴곡	활발히 움직임
	호흡능력 (Respiration)	보조기 도움을 받지 않는 호흡수 측정 흡기수를 정확히 1분간 재어 흡기 능력 지연 평가		
		없음	느리고 불규칙	양호, 잘 움
채점 기준 (= 결과 해석)	0~3점	위험한 상태로 즉각적 소생술 요구		
	4~6점	중정도 곤란상태로 24시간 집중관리 필요		
	7~10점	양호한 상태		

(2) **제대절단 후 선천성 이상 여부 확인하기 위해 혈관 수 확인** : 2개의 동맥, 1개의 정맥

(3) Ballard 사정척도 〔15,17 국시〕

사정목적	재태기간 성숙도 평가
사정범위	20~44주, 정확도는 실제연령의 ±2주 이내
사정시기	출생 직후 42시간까지 어느 때나 가능, 신뢰도가 가장 높은 시기는 신생아가 충분히 안정되고 적응되는 생후 12시간 이내(48시간 이내 실시, 적어도 96시간 이내에 검사가 이루어져야 함)
사정항목	신경근육 증상 6개 항목 : 자세, 손목 굴곡, 팔 반동, 슬와 각도, 스카프 징후, 발뒤꿈치 귀 닿기 [신경근육계 성숙도] 🔊 자손팔슬프귀 (아래 표 참고) 신체성숙 증상 6개 항목 : 피부, 솜털, 발바닥, 유방, 눈/귀, 생식기(남/여) [신체성숙도] 🔊 유 생 피 털 눈/귀 발 (아래 표 참고)

[신경근육계 성숙도]

항목	-1	0	1	2	3	4	5
자세(Posture) : 앙와위에서 팔다리 굴곡 정도							
손목 굴곡[Square Win-dow (wrist)] : 전박전면과 손바닥 사이 각도	>90°	90°	60°	45°	30°	0°	
팔 반동(Arm Recoil) : 5초 동안 팔꿈치 굴곡 후 팔을 신전 후 놓으면 굴곡으로 돌아가는 속도와 강도		180°	140°-180°	110°-140°	90°-110°	<90°	
슬와 각도(Popliteal Angle) : 고관절 굴곡 후 무릎에서 슬와 각도	180°	160°	140°	120°	100°	90°	<90°
스카프 징후(Scarf Sign) : 신생아 손잡고 목을 지나 반대편 어깨까지 당기기							
발뒤꿈치에서 귀 닿기(Heel to Ear) : 발과 귀의 거리							

[신체성숙도]

항목	-1	0	1	2	3	4	5
피부	끈적끈적하다. 손상되기 쉽다. 투명하다.	끈적끈적하다. 붉은색 반투명하다.	부드러운 분홍빛 정맥이 보인다.	표피가 벗겨진다. 홍반 정맥이 약간 보인다.	갈라지고 부위가 창백하다. 정맥이 드물다.	벗겨지거나 깊게 갈라진다. 혈관이 보이지 않는다.	축 처진다. 피부가 갈라진다. 주름진다.
솜털	없음	드물게 산재한다.	많다.	가늘다.	벗겨진 부분이 있다.	주로 벗겨져 있다.	
발바닥 〔22 국시〕	발꿈치-발가락 40~50mm : -1 < 40mm : -2	>50mm에서 주름 없다.	창백한 붉은 점	전방에만 측면으로 주름	전방 2/3 주름	발바닥 전체에 주름	
유방	감지할 수 없다.	드물게 감지된다.	유륜이 편평하다. 돌출 없다.	점 같은 유륜 1~2mm	돌출된 유륜 3~4mm	완전히 발달되고 유륜 5~10mm	
눈/귀	눈꺼풀이 붙어 있다. 느슨하게 : -1 단단하게 : -2	눈꺼풀이 열려 있다. 이개 편평함. 주름잡혀 있다.	이개 : 약간 곡선 부드럽다. 서서히 반응	이개 : 곡선 부드럽지만 쉽게 반응	잘 형성되고 단단하며 즉시 반응	두꺼운 연골, 단단하다.	
생식기(남)	음낭이 편평하고 부드럽다.	음낭이 비어 있다. 주름이 없다.	고환 : 음낭의 상층에 있다. 드물게 주름	고환 : 하행성 몇 개의 주름	고환 : 음낭 밑에 있다. 주름이 많다.	고환 : 처져 있다. 주름이 깊다.	
생식기(여)	돌출된 음핵, 편평한 음순	돌출된 음핵, 작은 소음순	돌출된 음핵 비대한 소음순	소·대음순 동시에 돌출됨	대음순 - 크다. 소음순 - 작다.	대음순이 음핵과 소음순을 덮고 있다.	

점수	-10	-5	0	5	10	15	20	25	30	35	40	45	50
주수	20주	22	24	26	28	30	32	34	36	38	40	42	44

❷ 신생아의 생리적 특성

위장관계		신생아의 소화, 흡수, 대사능력은 적절하나 일부기능에서 제한이 있음
	식도	식도하부괄약근의 미성숙으로 인하여 위식도 역류가 흔히 일어나므로 눕혀서 수유하지 말 것 : 위식도 역류는 정상반응으로 1~4개월 신생아에게 가장 흔하고, 6~12개월 후 사라짐
	위	용적이 적어 소량씩 자주 수유해야 함
	간	미성숙으로 생리적 황달 유발, 알부민 합성 저하로 출생 시 부종 초래, 프로트롬빈 등 혈액응고 인자 낮음, 글리코겐 저장량 부족 [16 국시]
	췌장	리파아제, 소장의 아밀라아제를 제외하고는 정상적으로 존재함 **아밀라아제**: 생후 몇 주 후에 나타나므로 처음 몇 주는 다당류의 소화가 어려움 **리파아제**: 부족으로 생후 몇 주 동안 우유와 같은 고농도의 지방산은 소화가 어려움 (고지방임에도 불구하고 모유는 소화를 돕는 리파아제 같은 효소를 포함하여 쉽게 소화됨)
	장	신체 크기에 비하면, 성인보다 길고 흡수면적은 비교적 넓으나 근육이 약하여 장이 쉽게 팽창할 수 있음
	대변 양상	신생아의 대변 양상 : 태변(meconium) → 이행변 → 우유변 [18 국시]

		태변	이행변	우유변
	시기	생후 첫 24시간 이내에 배출	초기 수유 후 3~5일 후까지	보통 생후 4~5일 이후
	특성	신생아의 첫 대변 양상으로 양수, 장 분비물, 탈락 세포 등으로 구성, 끈끈한 짙은 녹색 변	수유를 시작하면 변의 양상이 녹색에서 황갈색을 띤 변으로 변함(녹황색변), 가늘고 태변보다 점성이 덜함	황갈색의 변

호흡기계	호흡지지	**질식 분만아동**: 정상 분만 시 태아가 산모의 산도를 통과하는 과정에서 흉부 압착이 일어나면서 폐로부터 수분이 배출됨
		제왕절개 분만아동: • 제왕절개 신생아의 경우 흉부 압착이 일어나지 않기 때문에 부가적인 호흡지지가 필요함 • 기능성 잔류액체가 흉부 팽만 시 가스교환을 방해함, 제왕절개 분만 아동은 폐의 잔류액체를 제거해야 함
	첫 호흡	정상 만삭아는 출생 후 30초 이내에 첫 호흡을 함
	정상 호흡수	정상 호흡수는 1분당 40~60회이며, 출생 24시간 후 30~50회로 감소됨 [19,22 국시]

순환기계
00,14,16
국시
	(1) 태아의 제대는 태반을 통해서 모체와 연결되어 순환기능을 유지하며 가스교환을 함
	(2) 제대는 2개의 제대동맥(정맥혈)과 1개의 제대정맥(동맥혈)으로 이루어졌으며 제대정맥을 통하여 산소화된 혈액을 모체로부터 공급받음
	(3) 태아 순환에서 출생 후 순환의 전환은 난원공(출생 시 또는 출생 후에), 동맥관(생후 4일까지 기능적으로 닫힘), 정맥관의 기능적 폐쇄가 일어났을 때 발생함
	(4) 한 번 폐가 확장되면 흡입된 산소는 폐혈관을 확장시켜 폐혈관 저항을 감소시키고, 폐혈류를 증가시킴(출생 전에는 폐혈관의 저항이 크고, 출생 후에는 폐혈관 저항이 감소되어 폐혈류가 증가함)
	(5) 폐가 혈액을 받아들이면 우심방, 우심실, 폐동맥의 압력이 낮아지며 제대결찰 시 체순환 혈관저항이 점진적으로 증가되어 좌심장의 압력을 높임
	◆ 단락폐쇄 중요요인
	  (1) 혈액의 산소농도 증가
	  (2) 내인성 프로스타글란딘, 산혈증 감소
	(6) 정상 심박동수 : 120~160회/분
	(7) 심첨부위 : 좌측 쇄골중앙선상과 제4늑간 부위(만 2세 이전까지 심첨맥박이 정확함)

혈액계	혈량		평균 300mL(약 80~85mL/kg)
	혈중 단백질		출생 시 정상이나 생후 2~4개월에 최하로 되었다가 그 이후로 점차 증가하여 성인 수준으로 증가함
	간의 미성숙으로 나타나는 혈액계 증상	생리적 빈혈	낮은 산소 분압을 보상하기 위해 적혈구 생산 요구 증가
			간의 미성숙으로 적혈구 조혈이 일시적으로 중단되며(∵소량의 조혈인자가 간에서 생성되므로), erythropoietin(적혈구 생성촉진인자) 생산량도 적어 (신기능 미숙) 적혈구가 희석되면서 일시적인 생리적 빈혈이 나타날 수 있음
		생리적 황달	간접 빌리루빈의 직접 빌리루빈으로의 전환 저하(glucuronyltransferase 활성 부족)와 짧은 신생아기의 적혈구 생존주기로 일시적인 생리적 황달이 나타날 수 있음
		PT 연장	혈액 응고인자 생성 부족으로 PT 연장(PT 정상치 : 11~14초), 생후 6~7일 정도에 정상으로 회복
		저혈당	출생 시 평균 혈당은 55~60mg/dL이나 별 임상 증상 없이 글리코겐 저장량의 부족으로 인해 낮은 혈당치(20mg/dL)를 나타낼 수 있음
비뇨기계	(1) 출생 시 네프론은 완전히 형성된 상태이나 기능적인 성숙은 출생 이후에 이루어짐 (2) 사구체 여과율 : 출생 시에는 낮아 만 2세경이 되어야 성인수준의 기능을 하게 됨 (3) 소변 농축능력 부족 : 자주 소변을 배출하게 됨(성인의 60~70% 수준), 사구체여과율이 낮아 소변량이 감소하지만, 소변농축능력 부족이 사구체 여과율 감소보다 우세하므로 소변량이 증가함 (4) 소변량 : 생후 첫날은 약 15mL, 생후 10일경까지 점차적으로 100~300mL 정도로 증가함 (5) 세포파괴로 인해 요산배설이 흔함 → 요산염 → 기저귀를 붉게 물들일 수 있음 12 국시		
감각계 19 국시	시각 13 국시		① 일정기간 물체에 집중, 협응하는 기능이 제한적임 : 물체를 45~90° 내에서 움직이면 눈을 물체의 움직임에 따라 고정하거나 물체를 따라서 봄 ② 시야의 중심선에서 20cm 이내에서는 움직이거나 밝은 물체에 집중할 수 있음 ③ 안구가 빛에 반사, 빛을 비추면 눈을 감는 눈깜박반사가 일어나며 각막을 자극하면 눈이 감겨지는 각막반사가 나타남, 생후 3주까지 눈깜박반사가 없으면 실명상태로 판단 ④ 눈물샘 : 2~4주까지는 기능하지 않음 ⑤ 시력 : 출생 후 4개월까지 급속히 발달하여 양안시가 어느 정도 확립됨 09 임용
	청각 98 국시		① 출생 시 청각은 잘 발달되어 있음 : 신생아는 갑작스럽고 예리한 소리에 놀람반사로 반응을 보임 ② 청력은 수일 이내에 예민해짐 : 고주파음에 민감, 사람의 목소리에 민감함 ③ 엄마 목소리와 낯선 사람의 목소리를 구분할 수 있음
	후각		① 식초와 같은 강한 냄새에 얼굴을 돌림 ② 모유 수유아는 모유냄새를 맡을 수 있고 자신의 어머니와 다른 여성의 모유냄새를 구별할 수 있음 20 국시 ③ 모체와의 애착형성과정과 성공적인 모유수유에 영향을 줌
	미각		① 맛을 구별하는 능력이 있음 : 단맛과 신맛, 쓴맛 구분 가능 ② 맛이 쓰거나 신 용액에는 찡그림으로 반응함
	촉각		① 출생 시 신체부위의 촉감을 지각할 수 있으며 입, 손, 발바닥이 가장 예민함 ② 고통스러운 자극에는 불쾌감을 나타냄 ③ 가장 예민한 감각

정상 신생아 특성	자세		(1) 자궁 내와 비슷한 자세를 취함. 좌우 균형이 잡혀있고, 굴곡된 사지(체표면적을 줄여 열손실을 감소), 주먹 쥔 손, 구부린 자세가 정상임 (2) 사지를 잡아당기는 검사 시 구부러진 자세로 즉각 되돌아와야 함
	피부 15,16,20 국시		장밋빛(핑크빛), 비교적 불투명, 정맥은 거의 보이지 않으며 매끄럽고 부은 듯하며 눈, 음낭에 부종이 있고 발바닥에 많은 주름이 있음 - 신생아는 출생 시 눈 주위에 부종이 생기는데, 임신기간 동안 어두운 자궁 안에서 근시안으로 있다가 출생 후 빛으로부터 보호받기 위해 자연스럽게 부종이 생김
		말단 청색증 20 국시	① 손과 발의 부분적인 청색증으로 일반적으로 나타남 ② 기전 : 혈관운동 불안정, 느린 말초순환으로 모세혈관 정체 및 높은 헤모글로빈으로 인한 증상, 찬 공기에 노출되면 악화됨
		입 주위 청색증	우유를 먹거나 울 때 생기는 것은 비정상적이며 심장기형을 의심할 수 있음
		대리석양 피부	피부가 냉기에 노출되면 전신에 일시적으로 얼룩덜룩하게 반점이 생김
		하르레킨 (harlequin) 증상 16 국시	① 체위변화에 따른 일시적 현상으로 신생아를 옆으로 뉘이면 몸의 중앙선을 경계로 하여 바닥에 닿은 부분은 붉고 윗부분은 창백한 채 있는 것 ② 기전 : 혈관을 조절하는 자율신경계의 부조화 때문임
		태지	① 회백색의 치즈 같은 물질 ② 자궁 내에서 피부를 보호하기 위해 덮여있음 ③ 2~3일 후 건조되어 자연 소실되므로 목욕 시 무리하게 닦아낼 필요는 없음 ④ 팔의 접혀진 부분과 액와, 서혜부에서 발견
		솜털	① 전신의 섬세하고 가늘고 부드러운 털 ② 어깨, 등, 발 윗부분에서만 발견 ③ 태아 16주경 나타나 32주경에 없어짐
		몽고반점 15 국시	① 동양인의 90%, 서양인의 1~5%에서 보임 ② 불규칙한 짙은 푸른색을 띠며, 하요부, 둔부에 나타남 ③ 학령기까지 저절로 없어짐
		중독성 홍반 16,20 국시	① 1~3mm 크기의 분홍색의 반점과 구진 형태의 발진 ② 생후 1~2일에 가슴, 등, 둔부, 복부에 나타나다가 수일 후 자연소실됨
		패립종 (= 좁쌀종) (milia) 21,22 국시	① 코와 뺨과 턱의 지방선에 의해 만들어진 작고 하얀 구진으로 피지선이 막혀서 발생함 ② 피지선이 성숙해서 피지가 배출됨에 따라 몇 주 이내에 자연 소실됨
		혈관종 (= 딸기혈관종) 99 국시	① 모세혈관의 이완과 혈관내피 세포 증식으로 딸기송이처럼 피부표면에 솟아 있음 ② 출생 시 몇 주 내에 발생하여 생후 1년까지 커지고 7~10년이면 소실됨 cf) 포도주색 반점 : 모세혈관에 생기는 선천성 모세혈관기형으로 단일 또는 다수의 적색 반점이 주로 얼굴과 목의 편측에 발생함, 모세혈관기형으로 혈관이 확장되어 표피와 진피로 자라서 대부분 평생 지속됨
		생리적 황달	① 간의 미성숙으로 인해 피부나 공막이 노란색으로 보이는 것 ② 생후 2일경에 시작하여 1주째에 최고에 달하며 2주째에 사라짐 ③ 처음 얼굴 또는 상체에 나타난 후 혈청 빌리루빈 수치가 높아질수록 복부로, 다리 쪽으로 퍼져감

정상 신생아 특성	활력 징후 10,20 국시	호흡		① 30~60회/분, 산후 2~3일까지는 호흡중추 미숙으로 간헐적으로 호흡멈춤이 나타날 수 있는데 20초를 초과하지 않으면 정상반응임 ② 신생아는 복식호흡을 하므로 1분 동안 복부를 관찰하여 측정해야 함
		심박동수		① 120~160회/분, 잠자는 동안 100회/분으로 떨어지며, 울 때는 180회/분까지 올라감 ② 1분 동안 측정
		체온		① 36.5~37℃ ② 직장 측정은 천공의 우려가 있으므로 액와 측정
		혈압		① 출생 시 평균혈압 : 80/46mmHg ② 출생 후 1일에서 3일까지 : 65/41mmHg으로 저하될 수 있음
	신체 계측	머리둘레	정상치	33~35cm(가슴둘레보다 1~2cm 큼) 15국시
			측정법	줄자로 눈썹 위부터 후두를 지나는 최대 둘레를 측정함
			결과해석	머리둘레가 가슴둘레보다 2cm 초과하는 경우 / 미숙아, 자궁 내 성장지연
				머리둘레가 가슴둘레보다 4cm 초과하는 경우 / 뇌수종
		가슴둘레		평균 30.5~33cm, 줄자로 견갑골 아래쪽에서 유두 위로 둘러 측정
		체중	정상치	2,700~4,000g
			측정법	수유 전 매일 같은 시간에 기저귀만 채우고 측정
			생리적 체중감소	① 생후 첫 7일 이내에 10% 정도의 체중감소가 있을 수 있음 : 배뇨, 배변, 불감성 수분손실 때문임 23국시 ② 이후 거의 매일 30g씩 증가
		신장	정상치	평균 48~53cm
			측정법	평평한 면에서 눕힌 자세로 앞쪽 대천문에서 발꿈치까지의 길이 측정
	신체 사정 내용	머리	분만 시 압력으로 인한 손상 00,03,07, 11,15,18 국시	주형 (molding) / • 질식 분만 시의 압력으로 인해 봉합이 좁아지거나 겹쳐지는 것 • 며칠 지나면 자연 소실됨
				산류 / • 분만 시 압력으로 인한 두개 선진부 연조직의 부종, 봉합선을 넘어서 분포함 • 생후 24시간 이내 나타남 • 수일 내에 서서히 흡수되어 자연 소실됨
				두혈종 / • 골막과 두개골 사이에 파열된 혈관으로부터 혈액이 고인 상태, 봉합선을 넘지 않음 • 생후 24~48시간 후에 나타남 • 몇 주 이내 소실됨

정상 신생아 특성	신체 사정 내용	머리	천문 97,05 국시	대천문	• 전두골과 두정골의 결합부분에 마름모꼴로 열려진 부분 • 박동이 느껴짐 • 세로 3~4cm, 가로 2~3cm • 12~18개월에 닫힘
				소천문	• 0.5~1cm 길이의 삼각형 모양 • 2개월에 닫힘
				사정결과	함몰: 탈수 의미 팽창: 두개내압 상승 의미
			마퀴인 징후 18 임용		두부를 타진 시 깨진 항아리 소리가 나는 것으로 수두증 의심 증상임
		눈	미성숙	안구조절	안구진탕이나 사시가 흔히 있음
				눈물샘	출생 후 수일~수개월까지 눈물이 나오지 않을 수 있음
			적색반사	정상반응	검안경의 빛을 비추었을 때 동공이 정상적으로 적색, 오렌지색으로 비치는 것
				부재 시	백내장을 의심할 수 있음
			각막반사	정상반응	접촉 시 각막반사가 나타남
				부재 시	뇌, 눈 손상 시 나타나지 않음
			시야	시선고정	대상물에 시선을 고정할 수 있음
				추적가능	시야 중심선은 20cm 이내임
			일몰징후		움푹한 눈, 아래로 전위된 눈으로 인해 공막이 동공 위로 보이는 것, 계속되면 수두증을 의심해야 함 18 임용
			인형 눈 현상		일시적 부적절한 안구운동으로 머리를 좌우로 천천히 움직이면 눈이 뒤로 처져 머리의 위치에 맞춰 즉각적으로 적응하지 못함, 인형 눈 현상은 6주~3개월 이내 없어짐
		코	비강통로 개방성 사정		신생아는 코로 숨을 쉬기 때문에 비강폐쇄를 사정하기 위해 입을 다물게 하고 한쪽씩 비공을 막으면서 비강통로의 개방성 확인
			분비물 사정		분비물의 양상이 희고 묽은 점액은 흔하나 혈성 분비물은 자세히 평가해야 함
		입	타액		타액 분비가 불충분함
			미각		맛을 구분할 수 있음 : 쓴맛과 단맛 구분
			엡스타인 진주		① 경구개의 작은 흰색 상피세포 덩어리로 상피세포의 일시적인 축적으로 인해 발생 ② 수주 내 자연 소실됨
			흡철반사		물체를 입술에 대거나 입안에 대면 빨려고 하는 것
			포유반사		뺨을 톡톡 두드렸을 때 자극받은 쪽으로 고개를 돌리는 것 21 임용
		귀	시진		① 위치, 구조, 청각 능력 등을 관찰함 ② 귓바퀴의 맨 위쪽이 외측 눈구석에 수평으로 만나야 함 23 국시 ③ 귓바퀴는 유연하고 연골로 구성
			검사법		① 후하방으로 당겨서 관찰 ② 강한 소리에 놀람반사가 나타나거나 눈꺼풀을 꿈틀거리는 행동을 보이는 것 등을 관찰 ** 놀람반사 : 갑작스럽고 강한 소리에 팔이 외전되고, 팔꿈치를 굽힌 채 손은 쥐고 있음
			검사 시 주의점		신생아의 외이도는 양수로 가득 차 있으므로 이경을 사용하지 않도록 주의해야 함

정상 신생아 특성	신체 사정 내용	목	과도신전	짧으며 여러 겹의 두꺼운 피부주름이 있어 사정 시 과도신전시킬 것
			모로반사 확인	쇄골은 가장 쉽게 부러지므로 촉진 시 조심해야 하며 모로반사를 확인해야 함 → 쇄골골절 시 손상받은 쪽의 모로반사가 소실됨
			반궁긴장 지속 시	파상풍, 뇌전증, 뇌척수막염 등을 의심해야 함
			주의점	목을 조절하거나 지지하기 어려움 → 생후 4개월경이 되어야 목 가누기 완성
		가슴	원통형 흉곽	전후경과 좌우경이 거의 같은 원통형으로 대칭적임
			늑간 함몰	늑골은 매우 유연하며 흡기 시 약간의 늑간 함몰이 나타남
			마유 21 임용 / 99,14,17 국시	① 모체로부터 받은 성호르몬(에스트로겐, 프로게스테론) 영향으로 정상적으로 생후 2~3일경에 유방울혈, 유우처럼 하얀 액체의 마유(witch's milk) 분비 가능 ② 감염될 수 있으므로 짜지 않기 ③ 자연소실됨
		복부	윤곽	① 원통같이 둥글고 불룩함 ② 피부는 정맥이 보이고 부드러움 ③ 횡격막 탈장으로 배가 오그라들거나 서양배 모양일 수 있음
			제대	① 동맥 2개와 정맥 1개 ② 출생 시 푸르스름한 회색으로 젖어 있음. 점차 건조되면서 크기가 줄어들고 노란색 띤 갈색에서 녹색 띤 검은색으로 변함 ③ 6~10(5~15)일 후 자연 탈락
			사정법	① 복부사정 시 장음 청진 후 촉진함 ② 정상적으로 부드럽게 느껴짐, 단단할 경우 장폐색 의심
		생식기	여아	① 모체로부터 받은 에스트로겐의 영향으로 대음순이 크고 부종이 있고, 소음순을 완전히 덮고 있음 ② 가성월경 : 모체로부터 받은 성호르몬(에스트로겐, 프로게스테론)이 갑자기 줄어들어서 나타날 수 있는 정상적인 현상이며 혈액성, 점액성 질 분비물이 보일 수 있음 06,17,21 국시 ③ 태지가 음순의 주름에서 발견될 수 있는데 목욕하면서 부드럽게 씻어내도록 함
			남아	① 선의 끝에 위치해 있는 요도구멍을 확인해야 함(요도상열, 요도하열) ② 요관협착 확인 위해 소변줄기 관찰 ③ 음낭은 크고 음경과 피부는 주름이 많은데 둔위였다면 음낭부종이 있을 수 있음 : 음낭부종은 태아 발달 중 고환이 음낭으로 내려가는 통로인 초상돌기(고환집돌기)의 불완전한 폐쇄로 인해 체액이 축적될 수 있음, 이는 신생아에서 흔히 발생될 수 있음 22 국시 ④ 고환이 내려왔는지 확인하기 위해 음낭을 촉진 (정상적으로 임신 8개월경 복강에서 음낭으로 내려옴, 잠복고환의 사정을 할 때는 아래쪽에서 위쪽으로 올라가면 고환거근반사가 고환이 복강쪽으로 올라가 버릴 수 있으므로 위에서 아래 발생으로 훑어서 사정해야 함) ※ 표재반사는 추체로 손상 시 감소 또는 소실되고, 추체외로 손상 시 정상이거나 약간 증가됨
		둔부	형태	① 양쪽으로 나뉘어 있고, 항문의 개방성 및 균열 확인 ② 피부 주름도 대칭적임(비대칭은 선천성 대퇴탈구를 의미함)
			태변	① 태변은 양수, 장 분비물, 세포, 태지, 솜털 등으로 구성되며, 색깔은 암녹색으로 끈적끈적함 ② 태변 배출은 항문 개방을 의미함(24시간 이내) ③ 태변이 없을 때는 윤활제를 바른 손가락을 삽입하여 항문의 폐쇄여부를 확인
			주의점	점막천공의 우려 때문에 직장체온계는 사용하지 말 것

CHAPTER 01. 아동의 성장발달

				신체부위	반사	유도방법	정상반응	소실 시기
정상 신생아 특성	신체 사정 내용	신경계 97,03,04, 11,13,14, 16,21,23 국시		눈	각막반사	각막 쪽으로 물체를 가까이 가져가거나 밝은 빛을 갑자기 비춘다.	눈을 깜빡한다.	일생 동안 지속
				입과 인후	밀어내기 (= 압출반사)	혀를 누르거나 접촉한다.	혀를 앞으로 밀어낸다.	4개월
					구역반사	인두후부를 자극하도록 음식, 흡인, 튜브를 통과시킨다.	구역질을 한다.	일생 동안 지속
					포유반사 (= 먹이찾기 반사) 21 임용 / 23 국시	뺨을 톡톡치거나 접촉한다.	머리를 자극방향으로 돌린다.	3개월
					흡철반사 (= 빨기반사)	물체를 입술에 대거나 입안에 놓는다.	빨기를 시도한다.	4~6개월
				사지	파악반사	손바닥을 손가락이나 작은 물체로 건드린다.	무의식중에 꽉 쥐는 반응을 보인다.	3개월
					바빈스키 반사	발바닥 외측을 발꿈치에서 발가락쪽으로 가볍게 긁는다.	엄지발가락은 배굴되고, 나머지 발가락으로 옆으로 펼친다.	1년 (2세 이후에도 지속되면 신경질환 의심)
				전신	모로반사 23 임용	손으로 아기 어깨를 받치고 몸을 지탱하면서 머리를 갑자기 떨어뜨리거나 자세를 갑자기 변경시킨다.	등과 팔다리를 쭉 펴면서 외전하고, 손가락은 따로따로 펴서 엄지와 검지가 'C'모양을 보이며, 팔은 포옹하려는 듯이 움직인다. cf) 쇄골골절, 상지신경 손상 시 모로반사의 비대칭이 발생하고, 중추신경계 장애 시 모로반사 소실	3~4개월
					긴장성 경반사 (= 펜싱반사) 25 임용 / 21 국시	아기를 반듯이 눕히고 머리를 한쪽으로 돌린다.	펜싱선수의 자세처럼, 머리를 돌린 쪽의 팔과 다리를 뻗고 반대쪽의 사지는 굴곡된다.	3~4개월
					보행반사	아기를 세워 편평한 곳에 발을 닿도록 한다.	발을 번갈아 내려놓으며 마치 걷듯이 두 발을 교대로 움직인다.	3~4개월

※ 비정상 반사 : 스카프 징후 12 국시
- 눕힌 아동의 얼굴을 정면으로 향하게 하고, 한쪽 손목을 잡아 상지를 목에 감을 때, 정상아의 팔꿈치는 가슴의 중앙부까지 닿고 중앙선을 넘어 가려면 저항이 있는 데 비해 미숙아의 팔꿈치는 별 저항 없이 쉽게 가슴을 가로질러 닿음
- 팔꿈치가 별 저항 없이 쉽게 가슴을 가로질러 닿는 미숙아의 경우 스카프 징후 양성으로 해석됨

3 출생 시 손상

두개 외 출혈	(1) 산류와 두혈종 비교		
		산류 07,15 국시	두혈종 11,14 국시
		두피 연조직의 경계가 불명확한 출혈성 부종	난산으로 인한 두개골막 사이의 혈관파열로 발생한 출혈
		부드럽고, 오목함	단단하고 팽팽함
		크기 증가 없음	크기 증가 있음
		봉합선 내에 한정되지 않고 퍼짐	봉합선을 통과하지 않음
		두정위에서 두개 선진부에 잘 생김	선상골절을 동반할 수 있음(함몰골절처럼 보이기도 함) 두정골에 잘 생김
		골막과 두피 사이	골막과 두개골 사이
		대량 출혈 없음, 자연 흡수됨	
	(2) 산류와 두혈종은 치료하지 않아도 됨 : 산류는 수일 이내, 두혈종은 2주~3개월 정도에 자연소실됨 (3) 두혈종 천자와 절개는 감염의 위험성 때문에 시행하지 않음 (4) 산류와 두혈종 모두 황달이 생길 수 있으나 대량 출혈은 없음		
상지마비	원인		상완 신경총이 과도하게 신전 또는 압박되어서 초래되거나 신생아가 커서 난산 시, 분만 시 과도한 견인에 의해 발생
	종류	에르브-뒤시엔느 마비 (Erb-Duchenne type)(흔함) 12 국시	• C_5~C_6 손상으로 위팔이 주로 마비되고, 아래쪽 팔과 손은 마비가 생기지 않음 • 어깨는 내전, 내회전, 팔꿈치는 신전, 상박은 회내 상태에서 움직이지 않음 • 침범된 팔의 모로반사는 소실되고 파악반사(손바닥을 부드러운 압력으로 누르면 움켜쥠)는 보존됨 • Erb형 마비는 비교적 흔하며, 예후가 좋음
		클룸프제 마비 (Klumpke type) (드묾)	• C_8~T_1 손상으로 그쪽 아래팔만 마비될 수 있고, 또는 위·아래팔 모두에 마비가 발생키도 함 • 주먹을 쥐지 못하고 모로반사와 파악반사 모두 소실됨 • T_1 교감신경섬유 손상 시 호너증후군(눈의 교감신경장애로 동공의 축동, 안구함몰, 상안검 하수 및 하안검 긴장력 감소 등의 증상) 초래
	치료 및 간호	목적	마비된 근육의 경축을 예방하고 올바른 선열을 유지하는 것이 목적 (대부분의 상지마비는 수개월 내에 자연 회복됨)
		수술 고려	3~6개월 후에도 호전 없을 시 수술적 치료 고려
쇄골 골절	원인 및 특성		분만 시 가장 잘 발생하는 골절 유형(흔히 생목골절 발생)으로 출산과정에서 흔히 신생아가 크거나 둔위분만이거나 인위적 만출을 시도한 경우 98,05 국시
	증상		① 골절된 쪽의 팔을 움직이지 않음 ② 모로반사 소실(골절된 쪽) ③ 골절 부위에 통각, 마찰음이 있거나 불규칙한 뼈가 만져짐 ④ 사지를 적절히 고정하여 치료하면 예후가 좋음

안면신경 마비	원인	분만 시 산모의 천골에 의하여 압박을 받거나 감자(forceps)에 의한 말초 안면신경 손상이 원인으로 신경초 내의 출혈이나 부종에 의해 발생함
	증상	① 비대칭적인 안면의 모습 : 손상된 쪽의 운동이 소실, 손상된 쪽 이마에 주름이 잡히지 않으며 눈이 꼭 감기지 않고 입은 처짐(정상 부분의 방향으로 입이 돌아감) ② 대부분 수주 내 회복하며 치료를 필요로 하지 않음
사경	정의	선천적 혹은 후천적으로 목이 침범받은 쪽으로 돌아가고 기울어져 목의 움직임에 제한이 있는 것
	원인	흉쇄유돌근의 분만 시 손상 - 흉쇄유돌근 안에 섬유성 종괴를 형성하여 단축됨
	증상	① 머리는 침범된 근육 쪽으로, 턱은 반대쪽으로 기운 채 목의 운동이 제한됨 ② 침범근육 내 덩어리가 2~4주경에 가장 잘 만져지며 수개월 후에 소실
	치료	감별 : 분만력 상 분만손상의 가능성이 없고 근육 내 종괴가 만져지지 않을 시 경추의 방사선 촬영을 통한 선천성 기형에 의한 사경과 감별 필요함 운동 : 침범된 근육을 신장시키면서 머리를 반대방향으로 돌리는 운동을 함 수술 : 1년 이상 지속 시 수술치료

8 고빌리루빈혈증

원인	(1) 정상 신생아의 적혈구 수명이 60~80일로 짧음 (2) 간의 글루크로닉산의 부족 (3) 모유수유(프레그난디올) (4) 패혈증 등			
진단	(1) 혈청 빌리루빈, 경피 빌리루빈 측정기(비침습적) (2) 신생아 빌리루빈 5mg/dL 이상일 때 황달이 관찰됨 (3) 생리적 황달 → 생후 24시간 이후에 나타나서 1주(만삭아) 혹은 2주(미숙아) 이상 황달 지속 (4) 병리적 황달 → 출생 후 24시간 이내 발생, 혈청 빌리루빈의 농도가 12mg/dL 이상 (5) 황달은 공막, 손톱, 피부에 나타남			
유형	생리적 황달 (혈청 빌리루빈 5mg/dL 이상 시) 99,06,13 국시	발생 시기		출생 24시간(2일) 이후 발생하여 3일에 최고조, 7~14일(만삭아는 1주, 미숙아는 2주 이상 지속됨) 감소
		기전	빌리루빈 증가	• 성인보다 농축된 적혈구가 많음 : 순환하는 적혈구의 농도가 높음 • 적혈구 파괴 : 적혈구의 생존기간이 짧아, 적혈구의 빠른 파괴로 혈액의 빌리루빈치 증가(성인 120일, 태아 80일)
			간 기능 미숙	간접 빌리루빈을 직접 빌리루빈으로 전환하는 효소인 글루크로닉산 부족, 알부민 부족 ◆ 신생아기 간의 미성숙으로 나타나는 증상 : 저혈당, PT 지연, 생리적 빈혈, 생리적 황달
			비효과적인 배설	• 무균적 장 : 장내 세균이 적어 유로빌리노겐으로 변형되지 못함 • 연동운동 미숙 : 장 폐색, 태변의 배출 지연
		치료	사정	• 환경으로 인해 조기발견이 어려울 수 있으므로 황달이 의심되면 이마, 코, 손 등의 피부를 눌러서 창백하게 한 후 피부색 사정 • 빌리루빈은 대변을 통해 배설되므로 대변의 양과 특성 사정
			보온	• 한랭 스트레스는 산증을 유발하고, 수소이온이 알부민과 결합하므로 혈중 비결합빌리루빈(=비포합빌리루빈, 간접빌리루빈)을 증가시킴 • 신생아의 피부온도를 36.5℃ 이상 따뜻하게 유지
			모유수유 빈도↑	모유수유 빈도를 높여서 비포합빌리루빈을 유로빌리노겐으로 환원하여 대변배설을 돕고, 결합 단백질의 생성에 필요한 단백질과 칼로리 제공
	조기 모유 황달	발생 시기		생후 24시간 이후(대개 2~4일)에 시작, 3~5일에 최고조, 지속기간은 다양함
		기전		불충분한 모유수유로 인해 칼로리가 부족한 경우 간의 빌리루빈 청소능력 감소(장순환 또는 단락 저하, 배변횟수 저하)
		치료	사정	• 변 양상 관찰 • 광선요법이 실시되면 일시적인 모유수유 중단에 대한 반응을 사정
			모유수유	• 모유수유 횟수 증가(모유수유 10~12회/일, 포도당과 물 공급을 최소화하여 모유수유량을 늘릴 것) • 모유수유를 유지하도록 지지
			광선치료	빌리루빈이 상승(빌리루빈치가 17~22mg/dL 이상 시 적용)하거나 용혈이 있다면 광선요법 실시

유형			
후기 모유 황달	발생 시기	생후 1주 이후에 발생, 10~15일에 최고조, 3~12주 혹은 그 이상 황달이 남아있을 수 있음	
	기전	모유의 요인(프레그난디올, 지방산 등)에 의해 빌리루빈의 결합을 방해하거나 배설을 감소시켜서 발생함	
	치료	사정	위험요소 사정
		광선요법	일시적으로 모유수유 중단(10~12시간)하고 광선요법을 실시
		모유수유	• 모유수유를 자주 실시 : 포도당 같은 보충음식 제공하지 말 것 • 모유수유를 유지하도록 지지
		인공영양	반드시 전문가가 확인 후 인공영양 실시
병리적 황달 08,09 국시	① 발생시기 : 생후 24시간 이내에 발생 ② 혈청 간접 빌리루빈 5mg/dL 이상 상승, 직접 빌리루빈 2mg/dL 이상 상승, 만삭아에서 총 혈청 빌리루빈의 수치가 12.9mg/dL 이상, 미숙아 15mg/dL ③ 분유 먹는 만삭아에서 2주 이상 황달이 지속되는 경우 ④ 원인 : 패혈증, 모체의 당뇨(태아의 적혈구 증가증으로 고빌리루빈혈증 초래), 미숙아, 간세포 손상, 태변성 장폐색 등 ⑤ 의료노모그램(환자에 대한 임상정보를 축적하고 분석하여 만든 수식적인 임상 의료예측 지식을 그래픽으로 표현한 것)에서 시간당 총 혈청 빌리루빈 수치가 95백분위수 이상일 때 → 합병증 : 핵황달(빌리루빈 뇌증) 23 임용		
		정의	혈중에 간접 빌리루빈이 증가하여 알부민과의 결합 능력 이상으로 많아지면, 불포화 빌리루빈 중 유리 빌리루빈(free bilirubin)의 양이 증가하고 이 유리 빌리루빈이 뇌혈관 장벽을 통과하여 뇌세포에 침착하여 발생하는 신경학적 증후군으로 빌리루빈이 20mg/dL 이상 시 나타남
		증상	• 수의 근육의 경련을 동반하는 양측성 무도병, 지적기능장애, 난청, 경직성 사지마비 등이 나타날 수 있음 • 초기에 모로반사가 소실될 수 있음 23 임용
		치료	교환수혈(아기혈액을 사혈시키고 제대정맥으로 Rh⁻O형 혈액주입)과 광선치료의 병행

용혈성 질환으로 인한 병리적 황달	① 제2형 세포 용해성-세포 독성 과민 반응 : 빌리루빈의 과도한 형성
	② Rh 부적합 : Rh⁻ 산모와 Rh⁺의 둘째 아기
	→ 첫 번째 임신에서 형성된 IgG 항체가 태아 적혈구 파괴, 이를 예방하기 위해서 임신 28주에 1번, 분만 72시간 이내 1번 로감(Rho GAM, 항Rh 면역글로불린) 주사 투여
	③ ABO 부적합 : O형 산모, A/B형의 신생아 98 국시
	→ O형 산모의 항체(IgG, 항A항체, 항B항체)가 태반을 통해 태아에게 전달되어 초래됨
	④ Coombs test(적혈구 항글로불린 검사, 신생아 순환적혈구에 부착된 항체를 발견하는 검사) : 양성
	⑤ 치료
	  ㉠ 빌리루빈 수치를 모니터
	  ㉡ 위험요소 사정
	  ㉢ 출생 후 : 광선요법, IVIG 투여, 심하면 교환수혈
	  ㉣ 출생 전 : 교환수혈(태아) 시행
	  ㉤ Rh항체(RhIg)으로 Rh음성 산모의 감작을 예방
	  ㉥ 모유수유를 하는 경우라면 젖을 짜서 보관하고 적절한 시기에 우유병에 담아 먹일 수 있음
	  ㉦ 모아 분리기간을 최소화하고 자주 접촉하게 할 것		

생리적 황달과 병리적 황달의 차이	구분	생리적 황달	병리적 황달
	혈청 빌리루빈 수치	5mg/dL 이상	12mg/dL 이상
	황달증상 발현시기	24시간 이후	24시간 이내
	예후	5~6일경 증상이 자연 소실됨	뇌저 신경절에 빌리루빈이 축적되면 핵황달이 발생
	치료	필요치 않음	교환수혈, 알부민 투여, 광선치료

치료			
	치료목표		핵황달 위험이 있는 혈중 간접 빌리루빈 농도에 도달하지 못하도록 하는 것으로 광선요법이 실패하면 교환수혈 실시
	광선치료 05,10,15,20,21 국시	기전	① 빌리루빈 15mg/dL 이상 시, 피부의 간접 빌리루빈을 체외로 배설시키기 위해서 420~470nm 파장의 청색 광선을 적용함 ② 광선을 피부에 적용함으로써 피부 내 독성이 있는 불포합(간접) 빌리루빈이 광이성화(photoisomerization) 작용을 통해 포합을 거치지 않고 담즙을 통하여 배설되고, 불포합 상태로 신장으로 배설됨
		방법	① 환아의 45cm 위에 특수 청색 형광등을 위치시킴 ② 자외선, 적외선을 차단하고 전구가 깨질 것을 대비해서 플렉시 비닐을 씌우는 것이 좋음 ③ 매 2시간마다 체위 변경 ④ 눈이 빛에 노출되지 않게 안대를 해줄 것 ⑤ 체온 유지를 위해 매 2시간마다 체온을 측정함, 체온 저하 시 대사증가로 산혈증이 초래되고, 산증으로 인해 산과 알부민이 결합하여 비결합빌리루빈과 알부민의 결합능력이 저하되어 비결합빌리루빈이 상승함 ⑥ 피부를 통한 불감성 수분 손실이 증가하기 때문에 수분 공급을 10~20% 늘림 ⑦ 6~12시간마다 혈청 빌리루빈 수준 측정
		부작용	① 묽은 변(비포합빌리루빈의 배설) ② 발열과 탈수(불감성 수분손실의 증가) ③ 피부발진(담즙의 파괴와 자외선 영향) ④ 각막 찰상, 망막 손상 → 4~6시간마다 각막 자극 검사 실시 ⑤ 체온 변화 ⑥ 무호흡 발작 ⑦ 청동아 증후군 : 광선요법으로 빌리루빈이 파괴되면서 그 부산물인 쿠퍼포르피린이 정체되어 발생하는 것으로, 광선요법 몇 시간 후에 신생아 혈청, 소변, 피부가 회색빛의 갈색으로 변화하는 현상임
	phenobarbital		① 뇌전증 치료제이나, 고빌리루빈혈증의 치료약물로도 사용됨 ② 주로 용혈성 질환을 가진 영아에게 사용되며, 분만 전 며칠 동안 산모에게 투여함 ③ 작용 : 간의 글루크론산 전이효소의 합성 촉진, 단백질 합성을 촉진시켜 빌리루빈과 결합하는 알부민을 증가시킴

간호중재 20 국시	(1) 모유 수유로 인한 황달은 24~48시간 동안 모유 대신 조제유를 먹임 (2) 광선요법 시 옷을 벗기고, 생식기 보호를 위해서 기저귀만 착용시킴, 잦은 체위변경 제공으로 피부보호 (3) 남아의 고환을 가려줌, 안구손상을 예방하기 위해 안대 착용(수유 시에는 벗김) (4) 체온 감시(고체온, 저체온) (5) 묽은 초록색 대변 (6) 불감성 수분소실로 인한 탈수 주의 : 수분 보충 (7) 화상예방을 위해 로션이나 기름을 피부에 도포하지 말아야 함

PLUS⊕

• 빌리루빈 생성과 배설 08 국시

4. 간세포에서 글루쿠론산 전이효소에 의해 불포합빌리루빈이 포합빌리루빈으로 바뀜(불포합빌리루빈은 글루쿠론산과 결합하여 포합빌리루빈으로 전환) 23 임용

1. 비장/골수/간 등에서 적혈구가 파괴되어 헴이 흘러나옴
2. 헴이 불포합빌리루빈으로 대사됨(헴은 철과 포르피린으로 나누어짐)

5. 포합빌리루빈은 물에 녹는 성질이 있어 담도를 통해 배출됨

3. 불포합빌리루빈이 혈관을 따라 간으로 이동

6. 포합빌리루빈이 소화관을 따라 대변으로 배출됨(장내 세균에 의해 유로빌리노겐으로 전환되어 90%는 대변으로 배설되고, 나머지는 간문맥으로 다시 흡수되어 대사되면서 일부는 신장을 통해 소변으로 배설됨) 96 임용

신생아의 생리적 황달은 (1) 미성숙한 간기능과 (2) 적혈구 용혈로 인한 빌리루빈의 증가이다.
① 비포합빌리루빈을 포합빌리루빈으로 전환하는 효소의 부족
② 자궁 내에서의 태반을 통한 혈액 산소분압 유지를 위해 태아는 성인보다 훨씬 많은 적혈구와 헤모글로빈 비율을 유지하고, 태아의 적혈구 생존주기는 80~100일로 성인의 주기에 비해 짧음

9 신생아 용혈성 질환

유형			
	Rh 부적합 용혈성 질환 (태아적아구증)	원인	① 어머니 Rh(-), 아버지 Rh(+) 상태로 임신 시 태아 Rh(+)일 때 부적합이 나타남 ② 두 번째 아기일 때 발생됨 ③ 첫 임신에서 태아의 혈액이 모체로 유입(태반혈관의 미세한 손상 등으로 인함)되면 모체에서 항Rh항체를 형성함, 이후 두 번째 임신에서 모체 내에 있던 항Rh항체가 태아에게 들어가서 태아의 혈액을 공격함
		임상증상	① 신생아 출생 시 빈혈(혈색소 5gm/dL 이하) ② 핵황달(혈중 빌리루빈 18~20mg/dL) 심함
	ABO 부적합 용혈성 질환	원인	① 산모 O형, 태아가 A형 또는 B형 시 IgG 항체 존재 : A형(anti-B 항체), B형(anti-A 항체) 산모는 분자가 큰 IgM으로 태반을 통과하지 못함, O형 산모는 anti-A, anti-B 중 많은 부분이 IgG로 형성되므로 태반을 통과함 ② 산모의 항체가 태반을 통과하여 태아의 적혈구를 공격하여 용혈이 나타남 ③ 첫 아기에게 더 자주 발생됨
		임상증상	매우 경한 상태
치료	광선요법		혈중 빌리루빈 수치가 10(15)mg/dL일 때 시작
	교환수혈	적응증	① 직접 쿰스검사(신생아 순환적혈구에 부착된 항체를 발견하는 검사) 양성 ② 제대혈액 Hgb 12g/mL 이하 ③ 간접 빌리루빈치가 생후 24시간 이내에 만삭아에서 20mg/dL 이상 시(질병이 있는 미숙아에서 10~15mg/dL) ④ 태아수종 또는 심부전증을 가지고 태어난 신생아 cf) 간접 쿰스검사 : 모체 순환에서 항Rh항체 역가 상승을 평가하는 검사
		방법	신생아 혈액량의 85% 교환, 제대정맥을 이용, Packed O Rh(-) cell로서 AB plasma가 혼합된 것이 좋음
용혈성 질환 예방	(1) 로감(RhoGAM, Rho-immune globulin, 항Rh 면역글로불린) 300mg 투여 　① 첫 번째 임신 28~32주 사이에 첫 번째 주사 19 국시 　② 출산 후 72시간 이내 두 번째 주사 실시 (2) 투여된 anti-Rh 항체가 모체 내로 유입된 태아적혈구의 면역반응을 막음, 모체의 혈액에서 항체가 발견되면 효과 없음		

10 호흡곤란증후군

정의			폐 표면활성제(계면활성제) 부족으로 무기폐를 초래하는 대표적인 진행성 급성 호흡기 장애로 미숙아에게 흔함
원인			미숙아, 제왕절개술, 신생아 가사, 당뇨병 산모의 아기, 산모출혈, 저체온증, 저혈당증, 동맥관개존증, 저혈압 등 ◆ 임신성 당뇨 임부에서 태어난 신생아 [20,24 임용] (1) 거대아 : 인슐린이 성장호르몬처럼 작용하여 발생됨 (2) 호흡곤란증후군 : 고인슐린혈증이 계면활성제를 만드는 인지질 생산을 방해함 (3) 선천성 기형 : 기형발생빈도 증가 (4) 저혈당 : 모체로부터 온 과도한 포도당을 대사하기 위해 자궁에 있는 동안 태아의 인슐린 생산속도가 빨라져 있기 때문에 태반 배출 후 포도당 공급이 중지되지만, 진행되는 고인슐린혈증으로 인해 초래됨(인슐린은 태반을 통과하지 못함) (5) 저칼슘혈증 등
병태생리	폐 표면활성제의 생성과 작용	생성	① 제1형 폐포세포는 가스교환을 하고, 제2형 폐포세포는 표면활성제를 생산하고 분비하는데, 보통 재태기간 24~26주경부터 시작하여 34~36주에 왕성히 분비함 ② 표면활성제 중 인지질인 레시틴이 표면활성의 물리적 작용에 주된 작용을 함
		작용	① 폐포의 공기-액체 경계면의 표면장력의 저하와 폐포의 안정성 유지를 통해 폐포가 쭈그러드는 것을 방지 ② 감염방어작용 : 폐의 표면에 존재하는 화학물질이나 단백질 등이 감염에 대한 방어기능을 조절하고 염증조절, 바이러스 저항성 증가, 세균증식 억제 작용 등을 함 ③ 면역반응 조절 : 염증반응을 조절하고, 사이토카인 방출을 감소시키며 폐 치유를 촉진함
	불충분한 폐 표면활성제		미숙아, 제왕절개술, 신생아 가사 등 다양한 원인으로 폐 표면활성제의 생성이 불충분한 경우에 발생됨
증상 [11,22 국시]	신체검진	시진	코의 벌렁거림, 호흡 시 흉곽근육의 사용, 빈호흡, 청색증, 무호흡, 낮은 산소포화도
		청진	공기유입 감소
	임상검사	출생 후	저혈당증, 저나트륨혈증, 고칼륨혈증, 저칼슘혈증, 급성 신부전증
			대사성 산증 : 표면활성제 부족 시 무기폐 초래 → 무기폐 → 저산소증, 고탄산혈증 → 대사성 산증 → 산혈증
			폐유연성 감소와 폐저항 증가 및 기능적 잔류용량의 감소 → 저환기, 저산소증, 산증 증가
		흉부 X-선에서 폐울혈 소견 관찰	저산소증과 산증이 초래되면 폐혈관 수축으로 폐고혈압과 폐혈액 순환이 감소되며, 동맥관이나 난원공에 의한 우-좌단락(심방)으로 폐혈류량을 증가시켜 폐부종(폐울혈)의 원인이 됨
		출생 전	레시틴과 스핑고마이엘린 비율(폐성숙시 2:1), 쉐이크 테스트, 마이크로 버블 테스트 [24 임용]
	합병증		기관지 폐 이형성증과 같은 만성 폐질환으로 이행키도 함
치료 및 간호중재 [11,22 국시]	대증요법		① 급성기 : 산소공급, 호흡수/심박동수/동맥 내 이산화탄소 농도/중탄산염의 규칙적 사정 ② 체온유지 ③ 산증치료 ④ 적절한 가스교환과 조직관류를 유지하기 위해 기계적 호흡 필요 ⑤ 인공 폐 표면활성제의 보충요법은 부족한 폐 표면활성제를 인공적으로 만들어 찌그러진 폐포를 펴게 하여 아동의 호흡을 쉽게 해주는 방법
	보존 및 지지요법		① 효과적인 환기요법 ② 산소요법

11 미숙아 [10,15,16,21 국시]

정의		임신 37주 미만의 출생아 또는 출생 시 체중이 2천 500그램 미만인 영유아(모자보건법 시행령 제1조의2)
원인	태아이상	다태임신이나 태아적아구증, 비면역성 태아수종, 선천성 기형 등
	태반이상	태반기능부전, 전치태반, 태반조기박리, 양막파열 등
	모체측 요인	자궁경관무력증, 자궁기형, 임신중독증, 청색증형 심장병, 신장병, 감염증 등의 중증질환, 약물 남용 등
	사회경제적 요인	나쁜 영양상태, 부적절한 산전간호, 스트레스 과다 등
생리적 특징	외형	눈은 돌출되어 있고 귀는 연골발달이 미약하여 부드러움, 신체에 비해 머리가 큼 [21 국시]
	자세	미숙아의 자세는 신전되어 있고 만삭아는 굴곡되어 있음
	호흡성 산증	호흡근의 취약, 과소 환기, 이산화탄소의 축적으로 산증이 옴
	대사성 산증	중탄산 이온의 보유능력 저하로 대사성 산증이 나타나기 쉬움
	저혈당	글리코겐과 지방보유율이 적기 때문에 저혈당이 발생할 수 있음
	솜털	솜털이 많음 [21 국시]
호흡기계 발달과 기능	발달 제한	① 임신 26주나 28주 전에는 폐포나 폐포의 모세혈관의 발달이 제한 ② 계면활성제 생산 부족 시 호흡곤란증후군 혹은 초자양막증(폐성숙 부전상태) 발생
	취약성	① 주기호흡과 무호흡 상태가 있고 호흡이 만삭아보다 불규칙함 ② 호흡근의 상대적인 취약성과 흉곽의 강직성 저하는 과소환기 상태로 만들고, 이는 이산화탄소의 축적과 함께 결과적으로 산증 발생
	호흡기 합병증	약한 기침반사와 구역질 반사로 호흡기 합병증이 발생
심혈관계 기능	사정	① 잡음이나 비정상 심음 ② 피부색, 모세혈관 충전시간 ③ 체온, 말초맥박 강도와 동등성, 혈압
	동맥관개존증	미숙아는 동맥관개존증이 자주 발견됨
위장관 발달과 기능	위관영양, 정맥영양 요구	제태기간 34주 이전의 미숙아는 흡철반사와 연하반사가 불충분하여 위관영양이나 정맥영양의 공급이 필요함
	위식도 역류 흔함	하부식도 괄약근의 발달은 교정연령과 비례하며, 이 때문에 위-식도 역류가 많이 나타남
	소화효소 부족	**담즙산과 리파아제가 부족**: 담즙산과 리파아제가 부족하여 상대적으로 림프관을 통한 지방질의 흡수가 적음 **췌장의 아밀라제의 분비**: 췌장의 아밀라제의 분비가 제한되어 있어 복잡한 구조의 탄수화물과 유당의 소화가 제한됨
	요구 증가	**칼로리**: 호흡곤란 증후군이 있는 미숙아는 호흡수의 증가와 이에 따른 대사율의 증가 때문에 높은 칼로리가 필요함 **단백질**: 뇌 발달을 위해서는 단백질 공급이 중요하나 호흡곤란으로 부족함 **칼슘**: 칼슘부족은 골격의 무기질화 결핍을 일으킴 **철분**: 태아는 임신 마지막 3기에 철분을 저장하기 때문에 미숙아는 철분저장이 매우 적음
간 기능	고빌리루빈혈증	미성숙한 간은 고빌리루빈혈증과 약물의 독성을 증가시킴
	핵황달 유발	간이 미성숙하여 빌리루빈을 포화시킬 수 있는 능력감소, 핵황달 유발

신장 기능	사구체 여과율↓		사구체 여과율이 저하되어 있어서 수분이 정체되고 약물배출이 잘 안됨
	HCO_3^- 보유능력↓		중탄산이온의 보유능력저하 때문에 대사성 산증이 나타나기 쉬움
	탈수		체액이 감소되면 수분 보유를 위해 신장이 소변을 농축시키는 능력이 없음, 따라서 미숙아는 쉽게 탈수에 빠짐
	세뇨관 배출능력↓		세뇨관의 배출저하는 약물의 청소율을 제한하기 때문에 미숙아에게 투약 시 미량이어도 체내에 축적되고 독성을 유발함
면역력	백혈구 기능 미숙		IgG는 임신 3기에 태반을 통과하기 때문에 부족함. 28주 이전에 출생한 경우에는 항체가 태아에게 넘어오지 않은 상태이고, 또한 백혈구 기능이 미숙하기 때문에 감염가능성이 높음
	초유 먹지 못한 경우		초유에 들어있는 IgA는 모유를 먹지 않는 아기에게는 공급될 수가 없음
미숙아의 취약성	호흡곤란증후군		임신 26주나 28주 전에는 폐포나 폐포의 모세혈관의 발달제한(계면활성제 부족, 폐탄성 조직발달 미약) → 계면활성제 생산 부족 시 호흡곤란증후군 혹은 초자양막증(폐성숙 부전상태)이 발생됨
	미숙아 망막증		• 망막혈관은 태생기 4개월경에 시신경유두로부터 발생하기 시작하여 출생 즈음에 완성되므로 따라서 미숙아의 경우, 망막혈관이 완전히 형성되지 않은 상태에서 모체 밖으로 나와 외부 환경에 노출됨 • 미숙아는 망막의 혈관이 미숙한 상태에서 태어나므로 혈관 성장에 필요한 성장인자가 부족하여 망막혈관의 성장이 원활하지 않음, 부족한 혈관과 이로 인한 조직산소 결핍을 보상하기 위해 혈관 형성부위와 혈관 무형성부위의 경계에서 비정상적인 섬유 및 혈관의 증식이 일어나 망막이 끌어당겨져 망막박리, 망막 및 유리체 출혈이 일어날 수 있음
	체온보호취약	열생산↓	갈색지방의 부족에 의한 열생산 부족
		열소실↑	• 상대적으로 큰 체표면적 • 피하지방의 부족으로 인한 열복사의 증가
	영양부족		불충분한 영양공급으로 인한 영양부족
	산소부족		폐질환에 의한 산소공급 부족
	감염취약		임신 28주 이후에 태반을 통한 IgG가 통과하므로 미숙아에서 면역능력 미숙, 백혈구 작용이 효과적이지 못함
간호 중재	증진		① 적절한 말초혈액 유지로 세포의 영양과 산소공급 증진 ② 혈관, 세포, 세포내 수화의 증진 ③ 대사요구 충족을 위한 충분한 영양섭취 증진 (포도당공급을 출생 시부터 잘 공급해주지 않으면 중추신경계 손상이 나타날 수 있음) ④ 에너지 보존을 위해서 가능한 한 아기를 적게 만져야 함 [20 국시]
	보호		① 병원균 침입으로부터 신생아 보호 ② 피부 손상을 가져오는 내외적 요인으로부터 피부보호
	유지		① 적절한 양과 유형의 자극유지 ② 심부체온의 정상범위 유지 ③ 폐포와 혈관계 간의 산소와 이산화탄소의 적절한 유지

PLUS⊕

• 과숙아

정의		재태연령 42주 이상 신생아
생리적 특징	외형	쇠약해 보임, 키가 크고 야윈 모습임, 머리카락이 많고 손·발톱이 긺
	피부	솜털이 없음, 태지 감소, 창백한 피부
위험성		태변흡입의 위험이 높음

12 영아기 특성

영역			특성
생리적 특성	체중		• 영양상태의 유용한 지표, 신장증가와 정적 상관관계 • 영아가 5개월이 되면 출생 시 2배, 생후 1년이 되면 출생 시 3배(생후 2년에는 4배가 됨) • 체중증가는 모유수유아보다 인공수유아에서 조금 더 큼
	신장		생후 1년이 되면 출생 시 신장의 거의 50%가 증가함 cf) 신장의 성장이 가장 빠른 시기는 태아기임
	두위		• 12개월까지 영아의 뇌는 성인 뇌의 2/3(생후 1년에 두위 = 흉위, 약 46cm) 15 국시 • 머리가 성장함에 따라 천문이 점차 닫히게 됨(소천문은 2개월 / 대천문은 14~18개월) • 약 4~5세까지는 뇌의 성장정도를 추정하는 데 유용함
	신경계	성장	두뇌성장은 생후 1년간 가장 빠름, 생후 1년에 출생 무게의 2배
		수초화	시냅스 수의 증가와 신경수초화의 확대로 성숙됨
	호흡기계	성장	생후 1년에 폐의 무게가 3배 증가, 부피는 6배로 증가
		감염↑	기도가 작고 협착되어 감염이 쉽고
		중이염 위험↑	유스타키오관이 짧고 수평이어서 중이염 위험이 높음 14 국시
	심혈관계	폐순환	태아기 단락이 닫히고 폐순환이 급격히 증가함
		성장	생후 1년 동안 심장의 크기와 무게가 2배로 증가
		PR, BP	심박동수 저하, 혈압 상승
	면역계		• 모체로부터 전달된 항체로 감염 반응 • 면역글로불린이 부족하여 감염에 취약함 • 모유수유로 IgA 공급
	위장관계	역류와 뱉어 내기 - 원인	하부식도 괄약근의 압력저하와 부적절한 이완, 위 용적이 작고 모양이 수평적임
		역류와 뱉어 내기 - 간호	• 트림시키기 • 앉힌 자세 • 우측위를 취해주면 위가 빨리 비워짐
		위	• 신생아의 위의 용적은 10~20mL, 생후 1년에 200mL로 증가 • 위의 모양이 수평적이었다가 점차 둥글어지면서 2세부터 길어짐
		소화	• 단백질과 유당 : 소화가능 • 지방의 소화와 흡수 : 생후 6~9개월에 가능함 • 아밀라아제 : 생후 4개월 이상부터 분비됨 • 타액샘 : 2세 말에 타액샘 크기가 성인수준에 도달함
		간	• 간기능 미숙 • 담즙 분비는 성인의 50% 수준
	근골격계		지방조직의 세포수가 가장 많이 증가하며 골격성장이 가장 빠르게 일어나는 시기
		화골화	생후 1년간 빠르게 진행
		급성장	생후 1년경 체중은 출생 시 3배, 신장은 1.5배, 두위와 흉위는 동일해짐 (흉위는 2세 이후 급격히 증가함)

생리적 특성	감각계	시각·청각	양안시 09 임용	완성	시기	양안의 조절로 시각을 통해 들어온 상을 뇌에 융합하는 것은 생후 6주부터 발달하기 시작해서 4(3)개월경에 완성됨 09 임용 / 08 국시
					기능	양안시가 완성되면, 두 눈을 동시에 사물에 고정함 09 임용
				doll's eye 반사 소실		생후 6주경 doll's eye 반사(머리를 좌우로 천천히 움직이면 눈이 뒤로 처져 머리의 위치에 맞춰 즉각적으로 적응하지 못하는 반사)가 소실되고 눈과 머리가 따로 움직이기 시작함
			입체시	안전기전		깊이에 대한 지각이 가능하게 되는 것으로 7~9개월경에 시작되나, 그 전에도 선천적으로 타고난 안전기전이 있음
				낙하산 반사		생후 약 7개월경에 나타나는(유아반사) 낙하산 반사는 추락에 대한 보호반응으로 입체시가 발달해서 가능한 것으로 엎드린 자세로 손을 받쳐 바닥을 향해 머리를 천천히 내림
			시각적 선호	선호		사람을 볼 때 시각적인 선호를 가짐
				낯가림		5~6개월경이 되면 얼굴표정에 반응할 수 있고 친숙한 얼굴과 낯선 얼굴을 구분하며 낯가림이 나타남
			출생 시	민감		비교적 민감함
				분화		청각 신경로가 수초화하면서 소리에 대한 반응이 점점 분화됨 (출생 1개월 내 청력상실에 대한 선별검사, 이상 시에는 3개월에 청력검사 실시 생후 6개월 이전에 중재가 필요함)
			4개월			뒤에서 나는 소리에 눈과 머리를 돌려야 함
			10개월			자신의 이름을 부르는 소리에 반응해야 함
	치아	유치	유치 수			개월 수 − 6
			첫 출현			아랫니 앞니부터 98 국시
			유치발생이 늦어지는 원인			칼슘 흡수부족, 구루병(Vit D 부족), 영양장애
			유치 출현 시 중재			치아가 날 때 많이 보채고 잇몸을 문지르며 식욕부진과 수면장애 동반 시 면이 거친 수건을 차갑게 해서 잇몸을 문질러줄 수 있음 또는 얼린 토스트 조각 등의 음식을 씹게 하거나 치아발육기를 사용하면 부종감소와 항염 작용으로 불편감을 줄여줌 19,23 국시
		구강 관리	치아 나기 전			수유 후 잇몸을 젖은 면으로 닦아줌
			치아가 난 후			물에 적신 부드러운 거즈나 아동용 부드러운 칫솔로 수유 후와 취침 전에 닦음
			불소공급			불소 공급은 출생 후 2주부터, 치약을 너무 많이 삼키면 불소 침착증(치아에 갈색반점)이 생기므로 주의할 수 있도록 교육할 것 → 가장 중요한 시기는 생후 6개월~12세 불소의 기능 • 치아법랑질을 강하게 함(수산화인회석＋불소이온＝불화인회석) • 무기질이 치아에 결합하는 과정을 강화시킴 • 세균이 산을 만드는 과정을 억제함
			면역억제 아동			잇몸 출혈의 위험이 있으므로 부드러운 칫솔이나 스펀지로 덮힌 칫솔, 젖은 거즈 등을 사용하여 부드럽게 닦아줌
			치과 첫 방문			첫 치아 봉출과 만 1세 사이 첫 방문, 이후에는 1년에 2회씩 방문 15,18 국시
		노리개 젖꼭지				• 빠는 욕구가 가장 강한 생후 4~6개월까지는 충분히 사용할 수 있게 함 • 12개월 이후까지 사용하면 부정교합 발생 등 치아발달에 부정적인 영향을 줄 수 있으므로 자제해야 함

(1) 일생 중 가장 빠른 변화를 볼 수 있는 시기
(2) 대근육운동과 미세운동이 머리에서 발끝으로, 중심부에서 말초부로 발달하고, 대근육운동이 미세운동보다 먼저 발달함
(3) 운동발달

	연령	전체운동발달(대근육운동) 94 임용	미세운동발달
운동 발달 10,12,15, 21,22 국시	1개월	• 엎드렸을 때 구부린 자세 취함(몸이 굴곡된 상태) • 엎드렸을 때 머리를 옆으로 돌리고, 순간 머리를 듦	• 주먹을 쥐고 있음
	2개월	• 엎드렸을 때 등이 덜 구부러짐 • 앉은 자세에서 잠깐 머리를 똑바로 함	• 잡는 반사가 사라짐
	3개월	• 엎드린 자세에서 팔을 뻗어 몸을 받쳐 머리와 가슴을 듦	• 눈앞의 물체를 잡으려고 손을 움직이고, 손에 쥐어주면 잠시 잡음
	4개월	• 엎드린 자세에서 전박으로 지탱하면서 머리를 듦 (경추만곡) • 끌어당길 때 머리 처짐이 거의 없음 • 앉은 자세에서 머리를 가눔 • 대칭적인 자세가 현저함 • 받쳐주면 앉음	• 물체에 손을 뻗어 잡을 수 있음 • 딸랑이를 흔들고 놀지만, 떨어지면 줍지 못함 • 손을 들여다보면서 놀 수 있음
	5개월 15 국시	• 엎드린 자세에서 팔로 몸무게를 지탱하면서 머리와 가슴 및 복부를 듦 • 엎드린 자세에서 누운 자세로 뒤집음(복부 → 등)	• 물건을 손 전체로 움켜잡 • 발가락을 가지고 놀며, 입으로 가져감 94 임용 • 물체를 입으로 가져감 • 나무토막 하나를 손에 쥐고, 다른 하나 주시
	6개월	• 엎드린 자세에서 손으로 몸무게를 지지하고 가슴과 상복부를 들어 올림 • 누운 자세에서 엎드린 자세로 뒤집기(등 → 복부)	• 젖병을 잡음 • 발을 잡아 입으로 가져감 • 잠시 양손에 하나씩 물건을 쥘 수 있음
	7개월	• 똑바로 누웠을 때 머리를 듦 • 엎드린 자세에서 한 손으로 몸무게를 지탱 • 두 손을 앞으로 뻗쳐 기대고 앉음 • 잠깐씩 똑바로 앉을 수 있음 94 임용	• 물체를 한 손에서 다른 손으로 옮겨 쥠 • 작은 물체들을 찾아 모음
	8개월 22 국시	• 기대지 않고 지지하지 않아도 혼자 잘 앉음 • 받쳐주면 섬 • 배를 바닥에 대고 몸을 앞으로 끌면서 기어다님 (배밀이로, 서서히 기는 것처럼 움직임) 94 임용 • 처음에는 뒤로 길 수도 있음	• 두 개의 나무토막을 쥐고, 세 번째 나무토막을 바라봄 • 눈과 손의 조절이 이루어져 팔을 뻗치면 곧 물체에 닿음 • 여러 손가락을 사용하여 미숙하게 잡음
	9개월	• 붙잡고 설 수 있음 • 배를 바닥에서 떼고 손과 무릎으로 기어다님 • 몸을 끌어당겨 가구를 붙잡고 설 수 있음	• 엄지와 검지를 사용하여 미숙하게 잡음 15 국시 • 주로 사용하는 손을 즐겨 사용함
	10개월 10 국시	• 엎드린 자세에서 앉음 • 가구를 잡고 일어서다가 넘어지면서 앉음 • 앉아서 쉽게 균형 잡음	• 서 있을 때 한쪽 발을 앞으로 내딛을 수 있음 • 물건을 일부러 떨어뜨림
	11개월	• 바닥에서 배를 떼고 기어감 • 손을 잡거나 가구를 잡고 걸어다님	• 일부러 물체를 떨어뜨리고 잡음 • 미세잡기를 잘함 • 크레용을 쥐고 종이에 그릴 수 있음
	12개월	• 혼자 설 수 있음 94 임용 • 한 손을 잡고 걸을 수 있음 21 국시 • 선 자세에서 앉음	• 엄지와 검지로 정확히 잡음 • 컵으로 마실 수 있음 • 한 번에 여러 장씩 책장을 넘김 • 블록 두 개를 쌓으려 하나 실패함 • 컵에 주사위를 넣음

영양	전반기 6개월		① 영아에게 가장 바람직하고 완전한 식품은 모유임 ② 건강한 어머니의 모유로 자란 정상적인 영아는 6개월에 철분공급 외에 특별히 보충하지 않아도 됨(모유대용품은 제품화된 철분강화 조제유가 적합함)	
	후반기 6개월	주된 영양공급원	모유나 조제유가 주된 영양공급원이므로 고형식이를 먼저 제공한 후 모유나 조제유 제공	
		이유식 시작시기	모유나 인공유만으로 영양을 공급받던 영아가 생후 4~6개월 정도가 되면 모유의 분비량이 줄고, 성장속도가 빨라져서 영양부족이 발생되기 쉬움 [98,11,21 국시]	
		고형식이 가능한 요인 (신체·생리적 조건)	① 위장관이 복합적인 영양소를 소화할 수 있도록 발달됨 ② 식품알러지에 덜 민감해짐 ③ 젖니가 나면서 음식을 물고 뜯고 씹는 것이 쉬워짐 ④ 압출반사(= 혀를 내미는 반사)가 사라지고 삼키는 기술이 잘 조정됨 ⑤ 전체운동과 미세운동의 발달 : 머리를 가누고 수의적 손잡기가 가능해짐	
		고형식 보충	첨가 순서	처음에는 주로 곡분(철분함량이 높음, 과즙과 같은 Vit C를 함께 주면 철분 흡수율을 높임)을 제공하며 → 이후 채소, 과일, 고기 순으로 첨가할 것 [09 임용 / 98,08,13,14,16,17,21,22 국시]
				곡분 : 4~6개월경에 쌀미음으로 시작할 것, 쌀은 철분 함유량이 많고 소화가 잘되고, 알레르기 유발이 가장 적으므로 이유식 시작 음식으로 적절함, 과즙과 함께 주면 철분 흡수율을 높임
				야채 : 6~7개월에 생으로 된 또는 조리된 야채 제공(과일은 야채보다 철 함량이 적으므로 야채를 먼저 시작하는 것이 좋으며 당근과 같은 황색야채에서 녹색야채 순으로 시작할 것)
				살코기, 달걀 : 8~9개월에 고기 간 것 및 노른자 제공 (달걀은 끓는 물에 완전히 익혀서 노른자만 먹이고 흰자는 알레르기를 유발하므로 12개월 이후에 제공할 것)
				단백질, 지방 : 단백질을 늘리고 지방은 늦게 사용(4~6개월 리파아제 부족)
				모유 : 모유량을 줄일 필요 없음
			식이 형태	6개월 : 크래커처럼 손으로 집어 먹거나 이로 뜯어 먹을 수 있는 음식 제공
				8~9개월 : 익힌 야채, 포도를 제외한 과일, 치즈 등 핑거푸드, 손잡이 컵 사용가능
				생후 1년 : 완전히 조리된 식탁요리를 즐길 수 있음
			섭취 방법	숟가락 사용 : • 폭이 좁고 손잡이가 긴 것을 사용 • 음식을 혀 뒤쪽으로 소량씩 제공하여 저작기능발달을 도모해야 함
				간격 : • 새로운 음식 추가 시 4~7일 정도 간격 두고 시도, 하나씩 제공 • 처음부터 섞어서 제공하지 말 것 [22 국시]
				즐거운 경험 : • 숟가락으로 먹는 것이 즐겁고 만족스러운 경험이 될 수 있도록 함 • 모유나 조제유 섭취 전후에 소량씩 시도

영양	1세 이전 금기 식품	생우유, 꿀, 견과류, 새우, 조개, 콩, 생선, 밀, 초콜릿 등		
		생우유 09 임용	신장 부담↑	모유에 비해 단백질과 무기질 함량이 높아 영아 신장에 부담을 높일 수 있음
			흡수↓	• 모유에 비해 카제인 함량이 높아 소화 및 체내 이용의 어려움 • 지방흡수가 모유에 비해 어려우며, 필수 지방산 함량이 부족함
			철분결핍성 빈혈	우유 단백질입자가 거칠고 소화가 느려 위장관 출혈가능성 → 철 결핍성 빈혈 유발
			알러지 반응	모유에 비해 알러지 반응 유발 가능성이 높음
		꿀	보툴리즘 일으킴	
	영아의 영양문제: 철분 결핍성 빈혈	임상문제	• 철 결핍증은 세계적으로 가장 흔한 영양결핍증 • 특히 영아와 아동에서 지속됨 • 생후 6~9개월 아동에서 높은 유병률: 출생 시 저장된 철분이 생후 첫 6개월 동안 성장과 발달을 지속하기에 불충분 • 출생 시 태아에게 저장된 철 형성 기여: 모체의 철 영양상태, 영아의 출생 시 체중, 임신 나이와 출생 시 태아 제대결찰시기 등 • 무증상 출혈이 있을 수 있으므로 대변의 잠혈을 관찰할 것 09 임용	
		간호에서의 적용	• 영유아기 동안 철이 많이 함유된 식이를 제공하는 것의 중요성과 고형식 보충방법에 관해서 부모에게 교육실시 • 다량의 우유섭취가 철분 흡수를 방해할 수 있음을 부모에게 교육 • 철분제 처방에 관하여 일차보건의료제공자의 권고에 따르는 것의 중요성에 대해 부모에게 교육 • 가임기 고위험 여성에게 임신하기 전에 철이 함유된 비타민을 복용하는 것에 대한 중요성 교육 • 의료인들에게 태반과 신생아 사이에서 혈액의 재분배를 허용하기 위해서 제대 결찰을 2~3분 지연시키는 것의 이점을 교육	
수분 & 전해질	(1) 영아기에는 성인보다 수분의 섭취와 배설이 많음 96 임용			
		체표면적 및 체액구성	• 성인에 비해 체표면적의 비율이 크므로 피부를 통한 불감성 수분상실(insensible loss)이 많음 96 임용 • 신체에서 체액이 차지하는 비율이 높아 수분상실에 더욱 민감 • 수분상실의 60%는 세포외액에서, 40%는 세포내액에서 이루어짐(= 영아는 세포외액이 차지하는 비율이 높아 수분상실이 용이함) • 영아는 위장관 길이가 길어서 상대적으로 수분상실이 많음	
		기초대사율	• 아동은 기초대사율이 성인보다 높으므로 열 생산 증가(성장에 따른 대사요구도 상승) → 100칼로리 대사에 100~130cc 수분요구량이 발생(성인보다 심부체온이 0.5℃ 높음) 96 임용 • 대사율 증대로 인해 신장의 대사 노폐물 배출 증가 • 불감성 수분상실과 수분배설 증가	
		신장기능 및 항상성	• 신장기능의 미숙으로 영아의 소변농축능력이 성인의 절반수준임 → 일정한 용질을 배설하기 위해서는 성인보다 더 많은 수분 필요 96 임용 • 사구체 여과율은 성인의 1/4에 해당 • 수분의 대사전환율이 높아 손실량이 신속하게 대치되지 않으면 쉽게 불균형 초래	
		수분 요구량	• 영아 세포외액의 1일 교환량은 큰 아동보다 증가되어 있음 • 수분요구량은 탈수의 정도, 아동의 신체크기, 환경적 요인 및 질병에 따라 달라짐	
	(2) 탈수가 심한 영아에게서 관찰할 수 있는 증상: 천문함몰, 피부 긴장도 저하, 핍뇨, 점막건조, 움푹 들어간 눈, V/S 변화(빠르고 약한 맥박, 저혈압), 체중감소			

성장 발달상 문제	엄지빨기	특성	① 욕구를 충족하는 방법으로 영아의 즐거움이며 행동조절을 돕고 울음을 줄이는 이점이 있음 ② 4세 이후까지 계속 엄지빨기를 한다면 부정교합이 생길 수 있음
	낯가림 15,16,17 국시	특성	① 양육자와 낯선 사람을 구분하는 것, 건강한 애착의 신호임, 대상영속성으로 생김 ② 생후 6~8개월에 시작되어 9~10개월에 심함 ③ 울기, 꼭 붙어있기, 낯선 사람을 멀리하려는 행동이 나타남
		낯가림 줄이기 위한 전략	① 친구와 친척의 잦은 방문 격려 ② 낯선 사람이 접근할 때 양육자의 표현을 보게 함 ③ 양육자가 낯선 사람에게 먼저 이야기하기 ④ 낯선 사람에게 강제적인 움직임이나 표현을 하지 않도록 격려 ⑤ 낯선 사람과 안전거리 유지 ⑥ 영아가 낯선 사람과 사전 시간을 갖도록 허락 　(영아가 낯선 사람을 충분히 관찰할 수 있는 시간을 제공해야 함) ⑦ 낯선 사람이 영아의 수준에서, 부드러운 톤의 목소리로 접근하도록 격려
	분리 불안 10,12,13, 17,18, 22 국시	특성	① 8개월에서 30개월 아동의 가장 큰 스트레스 요인, 낯가림과 분리불안은 동시에 나타나는 경향이 있음 　(대개 8개월에 시작하고, 15~18개월에 최고수준, 24~30개월에 사라짐) ② 특히, 8개월 미만의 영아는 부모로부터의 분리에 의한 영향을 더 크게 받음 　(부모가 다시 돌아올 것이라는 것을 이해하지 못해 발생됨) ③ 저항기 → 절망기 → 분리기(= 부정기, 무관심기)
		분리불안을 줄이기 위한 전략	① 아동을 친숙한 사람과 친숙한 장소에 두기 ② 양육자가 떠나기 전에 미리 아동에게 이야기하도록 격려 ③ 인사 없이 떠나지 말 것 ④ 떠날 때 아동에게 안전한 물건을 제공(친숙한 장난감 또는 보호자의 물건) ⑤ 아동이 자신의 속도로 탐구하도록 격려
	영아 산통 10,20 국시	특성	① 신생아나 생후 2~3개월 된 영아가 기질적 병변이 없는데도 다리를 배에 붙여서 오그리고 자지러지게 우는 발작적 또는 경련성 복통 발생 　㉠ 하루 3시간 이상 심하게 울고, 일주일에 3일 이상 발생 　㉡ 잘 먹고, 체중도 늘며 정상 성장발달 ② 생후 3~4개월에 자연적 소실
		관련요인	분유에 함유된 유단백 또는 유당 등, 수유 중 공기삼키기, 너무 빨리 먹는 것 등
		중재법	수유관련: 소량 자주 먹이기, 수유 후 반드시 트림시키기 완화법: 복부마사지, 더운물주머니, 영아의 몸이 아래로 향하도록 부모의 팔에 안고 복부를 부드럽게 압박하여 앉기, 차를 태우거나 바깥으로 데리고 나가기 등
	기저귀 발진 05,09,18 국시	정의	기저귀를 채우는 부위의 접촉성 피부염
		중재법	① 2~3시간마다 물로 씻고 건조시키기 ② 기저귀를 채우지 말고 노출해서 말리기 ③ 기저귀가 젖으면 즉시 교환해 주기 ④ 1회용 기저귀 사용으로 피부를 건조하게 유지 ⑤ 필요한 경우 연고 도포

영아 돌연사 증후군	정의	1년 미만의 건강한 영아의 갑작스러운 사망, 대개 수면 중에 발생함
	관련요인 10 국시	① 정확한 원인이 알려져 있지 않음, 대개 미숙아, 뇌간결함, 유전요인의 영향이 있다고 알려져 있음 ② 낮은 사회경제적 상태, 임신 중 약물 사용, 문화적 영향, 부족한 산전치료, 간접흡연 노출 시 발생가능성이 높음 ③ 2~4개월 된 영아, 남아, 겨울철에 빈발함
	예방법 12,16 국시	① 무호흡 모니터 사용 ② 엎드려서 재우지 말 것 ③ 수면 중 인공젖꼭지를 물려주기 ④ 부드러운 침구를 사용하지 말 것 ⑤ 모유 수유 권장

PLUS⊕

- 아동들의 건강증진

구분	지침
영양식이 지침	• 모유수유를 하는 4개월 미만의 영아는 4~6개월이 될 때까지 고형식이의 섭취를 금지함 • 전곡물(현미) 식사를 자주 해야 함 • 1~8세 아동은 하루에 2컵의 우유를 섭취해야 함 • 9세 이상의 아동은 하루에 3컵의 무지방, 저지방 우유를 섭취해야 함 • 매일 다양한 종류의 과일과 채소를 섭취함, 주스는 설탕이 첨가되지 않은 100% 과일주스로 섭취해야 함 • 2세 이하의 아동에게 지방을 제한하지 않음, 생선과 견과류, 식물성 기름과 같은 불포화 지방산으로 섭취하게 함
영양상태 사정	• 신체측정자료 : 신장, 두위, 체중, 피부 두께, 팔 중간 둘레, 체질량지수 16,18 국시 • 임상평가 : 피부, 머리카락, 치아, 잇몸, 입술, 혀, 눈 등에서 영양결핍 징후 확인 • 식이력 : 24시간 식이 회상, 식품섭취 빈도, 식사일기 • 자료를 통해 영양불량인지, 영양불량의 위험, 양호, 체중과다 혹은 비만인지를 사정함
신체활동 지침	• 아동과 청소년은 적어도 매일 1시간 적극적인 신체활동을 해야 함 • 유산소 운동이 아동의 매일 운동의 주요 구성요인이 되어야 하며, 신체활동에는 근력강화나 골격강화 운동이 포함되어야 함 • 재미있는 운동을 하고, 습관적으로 해야 함 • 학생들이 체육시간을 적극 참여하도록 함 • 부모가 함께 운동하면 참여율이 높아짐

13 유아기 특성

영역			특성
신체기관의 성숙	체중 & 신장	성장지체	유아기에는 성장지체로 성장이 갑작스럽게 느려져 생리적 식욕감퇴
		체중	2.5세가 되면 출생 시 체중의 4배
		신장	2세에 성인 키의 50%
	감각의 변화	양안시 완전히 발달	깊이 인식, 운동조정능력 부족, 낙상위험
		통합된 감각 기능 변화	미각 선호
		하체의 감각 증가	발바닥 간지럼 등
	신경계	뇌세포	생후 1년쯤이면 모든 뇌세포가 발생, 크기는 이후에도 지속적으로 증가함 14 국시
			2세 말경에 뇌의 75% 완성, 전체 운동기술의 대부분이 완성됨, 항문과 요도조임근의 조절이 이루어짐
		척수의 유수화(= 수초화) 09 임용 / 15 국시	유수화(수초화)는 신경세포의 축삭을 수초라는 덮개에 의해 마디를 이루면서 둘러싸이는 과정으로 수초화가 진행되어 수초가 형성되면 이를 통해 정보 전달속도가 보다 빨라짐
		신경운동의 수의적 기능	2~3세 사이에 신경운동의 수의적 기능에 대한 협응과 통합이 이루어져 집중시간이 길어짐
	호흡 기계	감염의 빈도와 심각성 감소	호흡기의 용적과 관련 구조의 성장으로 감염의 빈도와 심각성 감소
		급성호흡기계에 문제가 쉽게 발생하는 요인 (중이염, 편도선염, 상기도 감염, 흔히 발생)	① 짧고 곧은 유스타키오관 ② 면역글로불린 A를 생산하는 면역체계 미숙 ③ 편도와 아데노이드의 림프조직이 커짐
	소화 기계	조임근	척수의 완전한 유수화와 함께 항문과 요도 조임근의 조절이 점진적으로 완성됨
			조임근의 생리적 조절능력은 18~24개월에 생김
		방광용적	방광용적도 증가(2시간 이상 소변보유 가능)
	면역계	방어기전 : 영아 후기 성인수준의 면역능력 소유	
		IgG	2세 말이 되면 성인수준에 도달함
		IgM	능동면역에 의해 생성, 심각한 감염에 대응이 가능함
		IgA/D/E	점차 증가되나 아동 후기까지 성인수준에 도달하지 못함
	피부	저항력↑	감염과 자극에 대한 저항력 증가
		수분소실방어	수분소실을 효과적으로 방어하는 역할
	치아	유치	발생순서	아랫니 앞니부터 나오기 시작함
			계산방법	개월수 − 6
			유치발생이 늦어지는 원인	칼슘흡수 부족, 영양장애, 구루병(Vit D 부족)
			구강위생관리	처음 젖니가 나면 바로 구강위생 시작 : 잇몸이 약하므로 칫솔보다는 젖은 헝겊으로 닦아주기

신체기관의 성숙	치아	젖병충치	정의	18개월~3세 어린이의 특별한 형태의 충치로 어린 시절의 전염성 질환으로 간주함 – 위쪽 앞니와 어금니에 호발함, 아래쪽 앞니는 혀와 침으로 보호
			유발균	Streptococcus mutans(뮤탄스 연쇄상구균)
			원인	① 낮잠 또는 취침 시 우유나 주스를 젖병에 넣어 계속 먹임 (충분한 수유 후에도 계속 분유가 든 젖병을 빨면서 잘 때 발생함) 17 임용(지문) ② 깨어 있는 동안 인공젖꼭지 대신 젖병을 사용 ③ 오랫동안 잦은 모유 수유 ④ 꿀을 바른 인공젖꼭지의 사용
			예방방법 17 임용 / 15,18 국시	① 영아가 자는 동안에는 젖병수유를 금함 ② 잠자기 전, 우유를 먹인 후 치아를 물로 헹구기 ③ 식사시간에 단맛이 나는 음료를 마시는 것을 제한할 것 → 젖병충치는 치아 에나멜질 위의 당분이 영아의 입속에서 박테리아와 만나 충치로 발생함 ④ 젖병에 분유 대신 물을 넣어 줌 ⑤ 생후 14개월 이내에 젖병을 떼야 함(젖병을 계속 빨면서 자면, 치아가 후방으로 밀릴 수 있어서 1세 전후에 젖병을 떼야 함) ⑥ 불소 함유 치약사용, 다만 과도한 양을 삼키지 않도록 주의할 것 ⑦ 정기적인 치과검진(6개월에 1번씩)
영양	철분 결핍성 빈혈			① 출생 후 2년 동안과 청소년기의 급성장기 → 철분 요구량 급격히 증가하는 시기 → 충분한 철분이 공급되지 않으면 철분결핍성 빈혈이 발생 ② 철분결핍성 빈혈 : 부적절한 식이, 급격한 성장 등 ③ 하루 우유의 섭취량은 500~700cc(최대 1L) 이상 섭취하면 안 됨 → 철이 풍부한 고형식이의 섭취량을 늘려야 함 (∵우유의 섭취량이 많으면 다른 고형식이 섭취량이 감소되므로) ④ 철을 많이 포함한 식이 : 동물의 간, 콩팥, 육류, 난황, 생선, 조개류, 강낭콩, 말린 과일(건포도, 대추), 견과류, 녹황색채소, 당밀, 흑설탕 등 ⑤ 체내에서 철분 흡수를 돕는 비타민류 섭취를 위해 신선한 채소, 과일 등 충분히 제공
운동 발달 02,03,11,15 국시	15개월			• 블록은 2개까지 쌓을 수 있음 • 계단을 기어오를 수 있으나, 도움 없이는 내려올 수 없
	18개월			• 블록 3~4개를 쌓을 수 있음 • 제자리 점프를 할 수 있으며, 의자에 앉을 수 있음 • 도움 없이 두 발로 계단을 오를 수 있음 • 공 던지고 놀 수 있음 • 18~24개월 사이에 스스로 옷을 벗을 수 있는데, 이를 통해 배변훈련이 가능함
	24개월			• 6~7개 블록을 쌓을 수 있음 • 두 발로 계단을 내려올 수 있음(여전히 한 계단에 양쪽 발을 모두 올림) • 공을 발로 차고 놀며 뛸 수 있음 • 24~36개월 사이에 최소한의 도움으로 스스로 옷을 입을 수 있음
	30개월			• 연필로 간단한 교차선을 그을 수 있음 • 동그라미와 직선을 흉내내어 그릴 수 있음 • 한 계단을 두 발로 오를 수 있음 • 한 발로 잠시 서 있을 수 있으며 멀리 점프할 수 있음 • 의자에서 뛰어 내릴 수 있음

운동 발달 02,03,11,15 국시	3세			• 동그라미를 보고 그리거나 가위로 그림을 따라 오릴 수 있음 • 오를 때는 교대로 발 바꿔 오르고, 내려올 때는 한 계단에 두 발로 내려올 수 있음 • 한 발로 몇 초간 서 있으며 계단 몇 개씩 점프할 수 있음 • 세발자전거를 탈 수 있음 • 까치발로 걸을 수 있음
사회 발달	독립			• 15개월 : 무릎 위에 앉아있는 것을 싫어함, 독립적으로 움직이길 원함
	모방			• 18개월~2년 6개월 : 부모의 행동을 모방함 • 꾸물거리며 종교적인 행동을 모방함
	소유욕			• 옛 물건에 애착을 보임(좋아하는 담요, 애착인형 등) • 자신의 물건(장난감과 신체 등)에 강한 소유욕을 보임("내꺼야.")
	분노 발작			• 좌절에 대처하거나, 특히 자신의 욕구가 이뤄지지 않을 때 짜증냄 • 독립심을 주장하거나, 통제력을 얻고자 할 때 짜증냄
성장발달상 문제	대소변 가리기 00,01,08,11, 14,17,22 국시	대소변 훈련 시작시기		• 대소변 가리기 훈련은 걷기 시작한 후로 대략 18~24개월경에 이루어짐 22 국시 • 척수의 유수화 → 항문괄약근과 요도괄약근의 발달로 괄약근의 조절하는 능력으로 방광과 장을 수의적으로 조절할 수 있는 능력이 생김
		대소변 훈련법		• 대소변 훈련은 1회 5~10분 정도로 제한, 부모는 아동이 용무를 볼 때마다 곁에 있어주는 것이 좋음 • 즐거운 경험이 되게 해야 함 94 임용
		대소변 훈련 준비도 사정 94,09 임용/ 00,01,08 국시	신체 준비	장 준비: • 규칙적인 장운동 • 항문 조임근의 생리적 조절능력(척수의 완전한 유수화로 항문과 요도 조임근의 조절가능) 09 임용
				방광 준비: • 방광용적 증가 및 요도 조임근 수의적 조절이 가능한 때 – 2시간 정도 보유 – 기저귀 젖는 횟수가 감소하거나 낮잠을 자다가 배뇨하지 않을 때
				운동기능 준비: • 앉기, 걷기, 쪼그려 앉기 등의 전체운동 기술습득 23 국시 • 혼자 설 수 있을 때 시작 94 임용 • 옷 벗기 등 미세운동기술 습득 • 쉽게 벗을 수 있는 기저귀나 팬티 입히기 • 유아 발이 닿는 유아용 변기를 사용할 것
				시작시기: 새로운 기술을 배울 수 있을 때 시작 94 임용
			정신적 준비	① 요의나 변의를 느끼고 표현할 수 있는지 여부 ② 행위를 모방하고 지시를 따를 수 있는 인지능력 발달 ③ 의사소통 가능 : 기저귀가 젖었을 때나 대소변이 마렵다는 것을 말이나 행동으로 알리는 기술이 있음 → 변의를 확인한 후 변기에 앉히기
			심리 준비	① 자기주장과 거부증이 줄어들고, 부모를 기쁘게 하려는 마음이 있음 ② 변기에서 안정 상태로 5~10분간 앉아 있을 수 있음 ③ 어른이나 형의 배변행동에 호기심을 갖음 ④ 기저귀가 젖으면 불편감을 느끼고 즉시 교환해 주기를 바람
			부모 준비	① 유아의 발달 상태를 인식할 수 있어야 함 ② 유아의 배뇨훈련을 위해서 시간을 할애할 수 있어야 함 ③ 부모의 이혼, 이사, 동생의 탄생, 외부로 여행 중이거나 이동 중일 때는 아동에게 스트레스가 되므로 배뇨훈련을 미루거나 피하는 것이 바람직함
		대소변 가리기 순서		야간 대변 → 주간 대변 → 주간 소변 → 야간 소변 19 국시 🔑 야주대 주소야

	유뇨증	정의	일반적으로 5세의 아동이 방광조절이 예상됨에도 불구하고 불수의적인 배뇨가 되풀이 되는 것
		진단	1주일에 2회 이상, 적어도 3개월 동안 옷이나 침대에 반복적으로 소변을 보는 행동이 나타나면, 5세 이후에 진단함
		종류	일차성: 아동은 밤중에 소변을 가린 적이 없음, 이는 성숙이 지연되고 기능적 방광이 작기 때문이며, 스트레스나 정신적인 원인과는 관련이 없음
			이차성: 아동은 최소한 6개월 동안 확실히 소변을 가렸지만 소아야뇨증을 보이기 시작함. 이는 스트레스와 감염, 수면장애와 관련되어 있음
	유분증	정의	의도적이든 비의도적이든 반복적으로 옷이나 바닥 등에 대변을 보는 것
		진단	한 달에 한번 이상, 적어도 3개월 동안 반복적으로 적절치 못한 장소나 옷에 대변을 보거나 지리는 경우, 4세 이후에 진단함
성장발달상 문제	자율성과 독립심 획득과 관련된 행동특성으로 분노발작, 거부증, 의식주의가 나타남		
	분노발작 07 임용 / 98,99, 00, 02,07,10,11, 13,14,15,22 국시	특성	① 훈육에 대해 격렬하게 저항하면서 독립심을 주장함 ② 내재된 스트레스 또는 좌절되는 상황에서 외부로 폭발 ③ 자율성에 대한 탐구, 새로운 경험이 긴장도 높임
		대처	일관성이 있고 발달적으로 적절한 기대와 보상을 줘야 함
	거부증 22 임용 / 22 국시	특성	의존성에서 자율성과 독립심으로 나아가 자율성 획득과 자아통제를 주장함
		대처	'아니야'라고 대답할 기회 줄이기: 예) 밥 먹을까라고 하면, '아니', 씻을까라고 하면 '아니'라고 답하므로 '지금 밥먹을 시간이야.', '씻을 시간이야.'라고 말하기
			선택의 기회 제공: 예) '밥 먹고 씻을까? 아니면 씻고 나서 밥먹을까?'라고 하여 선택의 기회를 주기
	퇴행 07,16,22 임용 / 05,20 국시	퇴행 발생 원인	① 의식주의(일상생활의 안정된 반복은 통제감과 자신감을 느끼게 함) 때문에 발생하며 안전하고 친근했던 과거로 돌아감 17국시 ② 스트레스인 질병, 입원, 분리, 동생에 대한 대처처럼 자율성이 위협받아 → 현재의 발달과업을 방해하여 → 성공적이었던 과거의 발달단계의 행동양상으로 되돌아가 → 정신에너지를 보존하는 것을 말함 예) 동생을 출산한 이후 2년 6개월 된 첫째가 젖병을 달라고 요구하며 드러누워 발구르고 소리지르는 행동반응을 보임 07,16 임용
		대처	① 퇴행은 정상적인 표현이며 오랫동안 지속되지 않음을 부모에게 설명함 ② 스트레스 요인을 파악하기 위해 다양한 방향으로 고려 ③ 환경의 동일성 유지 ④ 새로운 곳에서는 친근한 사람이 주위에 있다는 것을 알려주기 ⑤ 보호자가 더욱 관심을 갖고 상호작용하며 유아의 행동안정성이 발달되도록 돕기

14 학령 전기 특성

영역		특성	
영구치 발달 11,15 국시	영구치 완성	① 첫 번째 영구치는 6세쯤 젖니의 제2대구치 안쪽에 나는데, 이는 제1대구치임 92 임용 ② 6~12세 사이에 28개의 영구치를 갖게 됨	**윗니** 중앙문치 6~8세 측절치 7~9세 송곳니 11~8세 제1 소구치 10~11세 제2 소구치 10~12세 제1 대구치 6~7세 제2 대구치 12~13세 제3 대구치 (지치) 18~21세 제2 대구치 11~13세 제1 대구치 6~7세 제2 소구치 11~12세 제1 소구치 10~12세 송곳니 9~10세 측절치 7~8세 중앙문치 6~7세 **아랫니**
	제1대구치 중요성	치주모양의 기본이 되는 중요한 치아이므로 잘 보존해야 함	
	효과적 양치법	① 부모가 닦아주는 것 ② 불소함유 치약은 완두콩 크기로 사용(치약을 너무 많이 삼키게 되면, 치아에 갈색반점이 나타나는 불소침착증이 초래됨)	
	치과검진	20개의 유치가 완성된 이후에는 치과검진 시작하고 6개월마다 검진받기	
성 발달 93 임용		(1) 성정체감과 신념을 형성하는 매우 중요한 시기 : 성역할이나 성유형이 뚜렷해지는 시기 (2) 동성의 부모를 동일시하는 동안 이성의 부모에게 애착 형성 (3) 성(gender)이 다름을 인식하는 것에서 벗어나 성정체성을 발달시키는 단계에 도달하게 됨	
학령 전기 생리적 특성 10 국시	체중 & 신장	체중	평균체중은 1년에 2~3kg 정도씩 증가
		신장	1년에 6.5~9cm의 증가를 보여 안정된 상태 유지 (일반적으로 몸통보다 다리가 길어짐)
	감각		① 모든 감각기능 성숙 ② 시력 성인수준(5~6세) → 이전에 사시 검사
	운동		① 눈과 손의 조정, 근육조정 발달, 미세운동기술 발달(DDST test) ② 사람을 좀 더 세분화해서 그림(4세에는 3부분, 5세에는 6~7부분)
	영양	요구되는 열량	느린 성장단계로 평균 1,700kcal/일 필요
		생리적 식욕부진	식욕은 감소되며, 음식의 좋고 싫음에 덜 까다로움
		스스로 먹기	4세에 포크 사용 가능, 시리얼을 타먹을 수 있음
		식습관 형성	식사예절을 배우며, 식습관이 형성됨

학령 전기 성장 발달상 문제 10 국시	수면 04,18 국시	수면관리		① 어둠 또는 악몽에 대한 두려움으로 밤에 잘 이루지 못함 ② 9~12시간의 수면이 필요함 ③ 밤 동안 미등을 켜두거나 취침시간 동안 소음이 없도록 함
		수면장애		① 유아와 아동은 자율성, 분리, 대상영속성이 발달하는 시기이기 때문에 수면장애가 많이 발생하나 대부분 커가면서 수면장애는 없어짐 ② 부모와의 분리에 대한 인식, 스트레스인 이사/동생 탄생/상실경험으로 생길 수 있음
			악몽 / 특성	• 무서운 꿈으로 인해 잠에서 깨는 것으로 REM 수면 시에 발생함, REM 수면 동안 자율신경계의 기능항진 증상이 나타남 • 꿈이 가장 강한 한밤중에 나타남 • 무서운 꿈을 꾼 후 완전히 잠에서 깨어나 울고, 겁에 질림 • 잠에서 깨어서도 꿈을 실제의 공포로 받아들여서 행동이 지속됨 예) 잠을 자다 울면서 "엄마, 귀신이 쫓아왔어. 창문 밖에 있는데 우리 집에 들어오려고 해."라고 하면서 꿈과 현실을 구분하지 못함 23 임용
			악몽 / 중재	• 아동 곁에 앉아서 안심시키고 편안하게 해줌 18,21 국시 • 낮 동안 아동의 스트레스를 줄여주는 게 도움 됨 23 임용
			야경증 / 특성	• 잠자는 도중에 갑자기 큰 소리나 동작을 보이면서 심한 공포를 나타내는 증상으로, 매우 깊은 수면(NREM)에서 부분적으로 각성함 • 잠든 지 1~4시간 이내에 발생됨 • 잠이 깨면 행동이 사라짐 예) 잠들고 난 후 서너시간쯤 지나면 깊이 잠든 상태에서 갑자기 울거나 소리를 지르기도 하는데 잠에서 깨면 기억을 못해요. 23 임용
			야경증 / 중재	• 아동이 잠잠해지거나 완전히 깰 때까지 방해하지 말고 지켜봄 • 아동이 침대로 돌아가도록 유도함

[악몽과 야경증의 비교]

	악몽	야경증
발생시기	• 수면의 후반부(REM 수면)에 발생 • 꿈이 가장 많은 새벽녘에 발생	• 수면의 전반부에서 발생(NREM 수면), 깊은 수면에서 발생됨 • 잠이 든 후 1~4시간 후 발생
수면장애 양상	• 안전이나 생존 관련 무서운 꿈으로 잠을 깸 • 꿈에서 깨어나면 꿈에 대해 기억함	• 수면 중에 갑자기 비명을 지르고 몸 동작이 커지나 아동은 기억하지 못함 • 땀을 흘리거나 신음소리를 낼 수 있음
다시 잠들기	• 다시 잠들기 어려움	• 대개 빨리 잠이 듬
주변 사람에 대한 반응	• 주변에 사람이 있으면 인식하고 안심함	• 주변 사람에 대한 반응이 없음 • 주변 사람이 잡으면 밀치거나 몸부림이 더 심해짐
부모교육	• 꿈을 실재하는 공포로 받아들임 • 아동 곁에서 안심시켜줄 것 • 무서운 장면을 보지 않게 해줄 것 • 반복되면 치료권장	• 자연소실되는 경우가 많으나 일부는 성인기까지 지속됨 • 손상위험이 있으면 보호함 • 학령 전기에 흔한 정상적인 현상

말 더듬	자신의 의지와 상관없이 말을 하는 중에 리듬이 끊기거나 반복하고 갑자기 말문이 막히는 상태로, 학령 전기의 언어발달 중 정상적으로 나타날 수 있음
치아 건강	① 학령 전기 초기에 모든 유치가 남 ② 주요 치아문제는 치아의 손실, 치아교정기의 변질, 영구치 발달을 손상시키는 충치임 ③ 6개월마다 치과에 가도록 해야 함

- **악몽장애의 DSM-5-TR 진단기준(APA, 2022)**
  A. 대개 생존, 안전, 신체적 온전함에 대한 위협을 피하고자 노력하는 광범위하고 극도로 불쾌하며 생생하게 기억나는 꿈들의 반복적 발생이 일반적으로 주요 수면 삽화의 1/2 동안 일어난다.
  B. 불쾌한 꿈으로부터 깨어나면 빠르게 지남력을 회복하고 각성한다.
  C. 수면교란이 사회적, 직업적 또는 다른 중요한 기능 영역에서 임상적으로 현저한 고통이나 손상을 초래한다.
  D. 악몽증상이 물질(예 물질남용, 치료약물)의 생리적 효과로 인한 것이 아니다.
  E. 공존하는 정신질환과 의학적 상태가 불쾌한 꿈에 대한 호소를 충분히 설명할 수 있다.

- **DSM-5-TR 진단기준에 포함된 수면각성장애**

DSM-5-TR	특징
불안장애	수면의 시작이나 유지가 어려움
과잉 수면장애 • 과잉 수면장애 • 기면증	지나친 졸리움
호흡 관련 수면장애 • 폐쇄성 수면 무호흡 저호흡 • 중추성 수면 무호흡 • 수면 연관성 호흡 저하	수면 동안 호흡의 이상
일주기 리듬 수면각성장애 • 지연 수면 위상형 • 전진 수면 위상형 • 불규칙 수면 – 각성형 • 비 24시간 수면 – 각성형 • 교대근무형	수면 각성 일정의 장애
하지불안증후군	수면 동안 비정상적인 움직임

사건 수면
• 비급속안구운동 수면각성장애
  – 몽유병형
  – 야경증형
• 악몽장애
• 급속안구운동 수면행동장애
	입면, 수면 중 혹은 깨어날 때 행동이나 생리학적 사건의 문제

15 학령기 특성

키	골격의 광화작용	골격의 광화작용이 활발하게 일어나는 시기 → 1년 평균 6cm 증가 09 임용		
		성장통	학령기 동안 장골이 성장하고 길어지며 얇아짐 : 장골의 급성장으로 성장통이 발생할 수 있음(장골의 급성장으로 인해 골막이 늘어나서 주위 신경을 자극하여 성장통 발생) 09 임용	
		골성장	뼈의 길이가 길어지는 부위는 골단연골임, 연골의 성장이 멈추고 골단판은 완전한 뼈가 되는데 이때의 뼈 끝선, 즉 성인이 되면 뼈의 성장이 완전히 정지되고 더 이상 성장하지 않음	
			척추는 곧게 펴지고 다리도 똑바르게 됨	
			8세	출생 시 2.5배, 약 125cm
			12세	출생 시의 3배, 약 150cm
			10세 전후	남아 > 여아 → 5, 6학년 남아 < 여아
	성숙증가를 나타내는 3가지 생리적 변화	머리둘레 감소	신장에 비해 상대적으로 머리둘레 감소	
		허리둘레 감소	신장에 비해 상대적으로 허리둘레 감소	
		다리가 길어짐	신장에 비해 상대적으로 다리가 길어짐	
체중	(1) 7세 - 출생 시 약 6배, 12세 - 출생 시 약 11배 (2) 골격이 자라고 지방이 줄어들면서 몸무게에서 근육이 차지하는 비율 증가			
신경계	(1) 초기 아동기까지 머리 크기가 신체비율에 비해 점점 작아짐 (2) 6세경에 뇌 중량 성인의 60%, 12세경에 뇌 중량 성인의 95% (학령기 후반에 언어, 정신기능이 증가, 지능 거의 발달)			
감각계	눈	6세경 양안시, 망막이 완전히 발달(색깔 구분 완성)되고 시력은 20/20이 됨		
	귀	아동기까지 유스타키오관이 좀 더 길어지고, 좁아지며 경사지게 됨		
	코	① 미발달된 부비동 : 상부 호흡기 감염, 부비동 자극, 부비동성 두통에 취약함 ② 비강부위의 부비동이 성장함에 따라 안면골격이 많이 변함		
치아 17,22 국시	첫 번째 영구치	6세, 제1대구치 - 치주모양의 기본이 되는 중요한 치아		
	치아발달	① 6세 후 약 4개의 영구치가 나며, 상악과 하악이 번갈아가며 이가 남 　→ 6~12세 사이에 28개의 영구치를 갖게 됨(제2, 3대구치는 추후 발생함) ② 얼굴 모양, 턱 모양 달라짐		
	충치 예방교육	잇솔질을 스스로 하도록 교육, 중간정도의 칫솔모 선택, 정기 치과검진 등		
피부	피지선 분비가 좀 더 왕성해지고 불안정한 혈관운동성으로 얼굴이 붉어지기도 함			
호흡기계	폐포 발달	8세까지 폐포 발달 완성, 10세까지 완만하게, 그 후 급격히 발달 → 중기 아동기 동안 폐활량 증가 : 정상 성인 호흡수에 다다름		
	저항력 증가	폐의 점액과 섬모에서 대식세포 작용의 성숙도가 증가됨에 따라 아동은 호흡기 감염에 대한 저항력이 증가됨		
심장계	심장 발달	① 5세까지 심장은 출생 시 크기의 4배가 됨 ② 7세까지 좌심실이 두꺼워지고, 오른쪽보다 2~3배 커짐 ③ 혈압은 90~108/60mmHg으로 증가, 심박출량 증가, 심박수는 60~100회/분으로 감소 ④ 심장 성장속도가 떨어져 다른 기관에 비해 크기가 작음		
	무해성 잡음	심장을 통해서 혈액이 순환하는 소리로, 아동의 흉벽이 얇기 때문에 들을 수 있음 → 심장질환으로 이어지는 것이 아니라 청소년기에 이르면 없어지게 됨		

소화기계		중기 아동기까지 소화기계는 성인의 크기와 기능을 갖춤	
비뇨기계	대소변 조절	6세까지 배설패턴이 안정됨 : 아동의 90%에서 대소변 조절가능	
	방광용적	계속 증가	
근골격계	광화작용 09 임용	학령기 동안 장골이 성장하고 길어지며 얇아짐 : 광화작용이 활발하게 일어나는 시기 cf) 광화작용이 완성되어 근육과 골격 간의 균형이 이루어지는 시기 → 청소년기	
	골격변화	① 척추는 곧게 펴지고 다리도 똑바르게 됨 ② 비강부위의 부비동이 성장함에 따라 안면 골격이 많이 변함	
면역계 09 임용	성숙	① 편도 아데노이드도 7세까지 성장, 성인의 크기와 같아짐 ② 중기 아동기 동안 면역계가 빠르게 성장하여 최고조에 이름 ③ 면역체계 성숙 : 감염이 국소화됨	
	알레르기	알레르기 반응이 나타남	
사회성 발달 99,02,10,11 국시	자존감 향상	학령기에는 사람 사이의 차이점을 깨닫고, 사회적 압력에 민감해지며 자기비판과 자기 평가에 골몰함, 긍정적 피드백은 아동의 자존감을 높여줌	
	또래집단	① 또래집단이 사회화의 주요 요인 : 친구와 학교 중심의 생활을 함 ② 아동은 성인과는 다른 집단 결속감을 증진시키는 윤리적 규범과 비밀, 사회적 습관 을 지닌 그들 자신의 문화를 가짐 ③ 또래관계를 통해 우월감과 적개심을 다루고 지도력과 권위를 지닌 사람들과 관계 하는 방법을 습득함	
	가족	아동의 성격을 형성하는 행동 기준을 세우고 가치체계를 확립하는 데 일차적으로 영향 을 줌	
	언어	언어 구사 능력 향상, 작위적인 단어뿐 아니라 문법적으로 정확한 문장 구사, 은유법 과 비유법 이해	
	놀이	신체적, 지적 기술과 공상을 포함할 뿐만 아니라 집단을 형성함으로써 소속감 형성, 집 단 놀이	
학령기 성장 발달상 문제	학교공포증	① 학교생활에 학문적·사회적·정서적으로 적응하기 힘든 결과로 정신적 혹은 신체적 증상이 나타나 학교 출석을 거부하는 것 ② 복통호소가 흔하며 집에 있으면 바로 증상이 사라짐 ③ 부모와의 해결되지 않는 분리불안의 표현 ④ 학교 출석행위에 초점을 두고 보상, 등교거부에 관심이나 처벌하지 말 것 ⑤ 점차적으로 부모에 대한 의존성을 줄여나가고 가급적 빨리 학교에 복귀시키도록 함	
	반복성 복통 (= 만성재발성 복통) 96 임용	일반적으로 3개월에 3회 이상 반복적으로 발생하며, 일상생활에 지장을 초래하는 정도 의 복통	
	성장통 96 임용	근육보다 골격의 성장이 빨라 뼈를 둘러싸고 있는 골막이 늘어나 주위 신경을 자극하기 때문에 발생함	
	몽유증 (Sleep walking disorder)	① 수면 중에 발작적으로 일어나서 무의식적으로 걸어 다니다가 다시 잠에 빠지는 것 으로 학령기에는 건강한 아동에게도 흔히 볼 수 있음 ② 원인은 성장과정에서 수면생리의 미성숙 또는 지연으로 알려져 있고 간혹 가족적 경향이 있음 ③ 대부분 나이 들면서 없어지나 지속되는 경우에는 적절한 약물 치료를 해야 함	

16 청소년기 특성

영역	특성		
신체성장 98 임용	호르몬 변화	사춘기의 시작	시상하부-뇌하수체-성선체계가 완전히 제 기능을 하게 되면서 뇌하수체와 성선은 긍정적인 호르몬 자극에 대하여 민감성이 증가 23 임용
		성선호르몬의 가속화	뇌하수체 전엽에서 FSH, LH 분비 ・FSH 여: 난포 성숙과 에스트로겐 생산 자극 ・FSH 남: 정자 생성과 정세관 성숙 ・LH 여: 배란, 황체형성 ・LH 남: 고환성숙과 테스토스테론 생성 정자생성, 난자의 성숙과 배란 같은 생식체 생성과 배출 난소에서 에스트로겐, 고환에서 테스토스테론 분비 작용으로 성적성숙의 변화가 발생함 19 임용(지문)
		성호르몬 - 에스트로겐	① 유방발달 ② 색소침착 : 유두, 음부, 겨드랑이 ③ 체모, 음모 발달 ④ 생식기관 성장 : 질, 자궁, 난소 ⑤ 골단 성숙 : 장골성장 억제 → 초경 후 2~3년 뒤 키 멈춤
		성호르몬 - 프로게스테론 19 임용	① 모성호르몬 ② 황체에서 생성 ③ 태아 착상 : 임신 지속
		성호르몬 - 테스토스테론 19 임용	① 남성호르몬 ② 생식기계 성장과 발달촉진 : 신장, 체중 증가 ③ 골단 성숙 자극 : 장골의 성장 억제 ④ 남성 고유의 체격형성
		성호르몬 - 안드로젠 96 임용	여: 액와의 체모발달과 음모발달 남: 고환에서 테스토스테론으로 전환(남아 2차 성징 호르몬) 피지선 발달 : 여드름 발생
		성장호르몬 96(보기), 24 임용	뇌하수체 전엽에서 분비되며, 신체의 크기와 사지의 성장에 관여
		갑상선호르몬 96 임용(보기)	시상하부에서 갑상선자극호르몬 분비인자가 뇌하수체에서 갑상선자극호르몬을 분비하게 하고, 갑상선에서 갑상선호르몬이 분비되어 신체의 구조적 성장에 관여
	성적 성숙 96,98,01, 19 임용 / 02,11,12,13, 17,18,22 국시		성적 성숙은 순서적으로 이루어지며, 외적인 성숙징후를 근거로 성숙상태를 추정가능함 ※ 여 : 유방-음모-키-초경-몸무게 🎧 방음기초(몸) 남 : 고환-음모-사정-키-몸무게(순서 중요!) 🎧 고음사기(몸) Tanner stage 13,14,19 임용 / 11,12,13,17,18 국시 ※ Tanner stage : 유방, 생식기, 음모 등의 발달과정을 통해 아동, 사춘기, 성인의 성성숙 발달을 보는 척도로 숫자는 발달단계를 의미함 19 임용(지문) ・1단계 : 사춘기 전 ・2단계 : 사춘기 초기 ・3단계 : 남자의 사정, 여자의 PHV(Peak Height Velocity) ・4단계 : 여자의 PWV(Peak Weight Velocity)와 초경, 남자 PHV & PWV ・5단계 : 어른 상태

① 여아 Tanner stage

유방	• 8~13세경 유방이 돌출되면서 사춘기 시작 13,19,23 임용 • 유방의 변화로 구분, 1년 반~6년 소요
난소와 자궁성장	• 유방의 돌출이나 음모의 발달보다 먼저 커지기 시작 • 초경 후까지 계속 성장
성적 성숙	• 유두와 유륜의 변화, 유방조직의 발달 • 음모 발달, 질 분비물, 월경 • 사춘기 중기에 키 성장률과 체중 증가율이 최고조

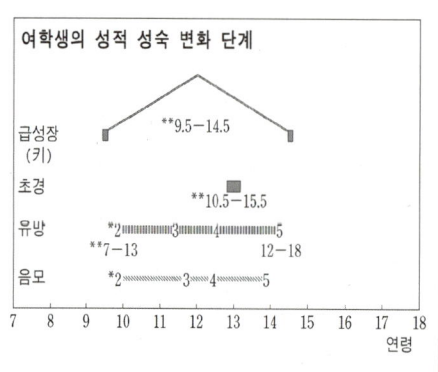
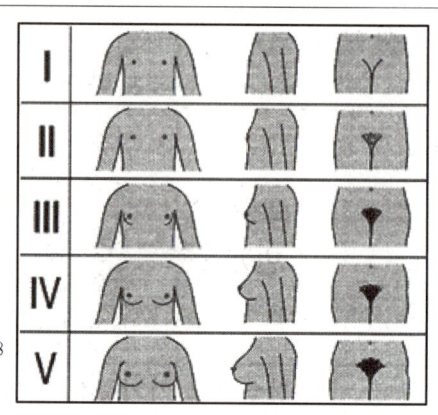

Tanner Stage 1 (학령 전기)	키	성장 속도 5~6cm/년
	유방	유두만 돌출되어 있음
	음모	실털만 보일 듯 말 듯, 굽거나 색이 진한 것은 없음
Tanner Stage 2 (학령 초기)	키	성장 속도 7~8cm/년
	유방	• 유방이 분화되어서 조직학적으로 작은 방이 만져지고, 유륜이 커짐 • 대개 8.9~12.9세 정도이며 평균 나이는 10.9세(나이이므로, 초등 5학년 정도)
	음모	• 음순에만 약간의 굽어지고 색깔있는 음모발생 • 대개 9.0~13.4세 정도이며 평균 나이는 11.2세(초등 6)
Tanner Stage 3 (청소년기)	키	• 최고조의 성장 속도를 보임(나이 12.5세 : 중 1) • 남아보다 18~24개월 먼저 키의 최고조(꼭짓점)가 나타남 13 임용
	유방	• 유방 형태가 볼록해지고, 유륜이 커짐 • 나이 평균 11.9세(9.9~13.9세 사이)
	회음부	• 대음순 전체적으로 굵고, 진하고 굽은 털로 덮힘 • 평균 11.9세(9.6~14.1세)
	다른 변화들	• 13.1세경에 겨드랑이에 털 발생 • 13.2세경에 여드름 발생
Tanner Stage 4 (청소년 후기)	키	성장 속도 7cm/년
	유방	• 유륜이 두드러지게 변해서 유방 모양보다 약간 더 튀어나옴 • 평균 12.9세(10.5~15.3세 사이에서)
	음모	어른 형태의 털, 안쪽을 넘어서 자라지는 않음
	나이 평균	12.6세(중 1)(10.4~14.8세 사이)
Tanner Stage 5 (성인기)	키	16세 이후에는 키가 자라지 않음
	유방	어른 형태, 유륜이 유방 전체 모양과 일치됨
	회음부	• 어른과 비슷한 분포 • 허벅지 바깥쪽으로 나옴, 배꼽 정중앙선까지 털이 자라지는 않음

신체성장 98 임용

성적 성숙 96,98,01, 19 임용 / 02,11,12,13, 17,18,22 국시

② 남아 Tanner stage

고환	• 2차 성징 전에 고환부피가 커지는 것으로 시작(2~5년 소요) 19,23 임용 / 22 국시 • 고환의 변화로 구분
성적 성숙	• 수면 시 몽정 시작, 음낭이 얇아지고 고환 발달, 음모 발달 • 근육 비대 • 변성기 • 키와 몸무게의 급성장은 사춘기 중기 말까지 지속 • 남녀의 키 성장 차이는 여자가 남자보다 18~24개월 정도 PHV가 조기에 일어남

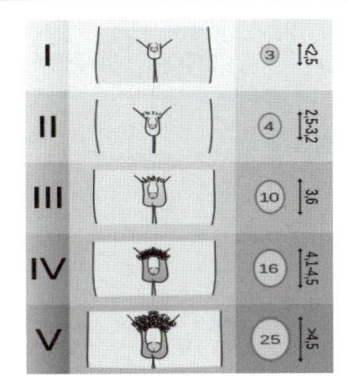

Tanner Stage 1 (학령 전기)	치모	치모가 없음, 미세한 체모만 있음
	음경	아동의 크기와 비율임
	고환	아동기 크기와 비율임
Tanner Stage 2 (학령 초기)	치모	길고 가늘고 검은 직선의 치모가 드물게 남
	음경	경미하거나 커지지 않음
	고환	고환과 음낭이 커짐, 음낭이 붉어지고 피부결이 바뀜
Tanner Stage 3 (청소년기)	치모	검고 거칠어지기 시작함, 약간 구부러지고 치골결합 위로 퍼지기 시작함
	음경	특별히 길이가 길어짐(고환이 커지고 난 뒤 1년 후에 음경과 음모 발달) 13 임용
	고환	더욱 커짐
Tanner Stage 4 (청소년 후기)	치모	성인과 비슷하지만 대퇴부까지 분포되지 않음
	음경	길이가 더욱 길어지고 지름도 커짐, 귀두 발달
	고환	더욱 커짐, 음낭이 검게 됨
Tanner Stage 5 (성인기)	치모	치모의 질과 양이 성인과 같고, 대퇴부 표면까지 분포
	음경	성인의 크기와 모양임
	고환	성인의 크기와 모양임

신체성장 98 임용

성적 성숙 96,98,01, 19 임용 / 02,11,12,13, 17,18,22 국시

신체적 변화 98,09 임용

키, 체중	남	급성장, 평균적으로 키가 10~30cm, 몸무게는 7~20(30)kg이 늘어남
	여	키가 5~20cm, 몸무게는 7~25kg 증가함
둔위와 흉위		수개월 내에 증가되며, 몇 달 후에 어깨가 넓어짐, 이후 몸통이 길어지며 가슴두께 증가 → 청소년기 초기 특징적인 외모인 긴 다리와 어색한 모습이 만들어짐
목소리 변화		후두점막이 비대해지고 후두와 성대가 증대되어 남아, 여아 모두 목소리 변화
광화작용		광화작용의 완성으로 근육과 골격 간의 균형이 이루어짐

신체성장 [98 임용]	신체적 변화 [98,09 임용]	피부변화	피지선	활동증가와 구조적 특성으로 여드름 발생 [20 임용]
				◆ 여드름
					요인	과도한 피지생산, 면포형성, 상재균(P. acnes)의 과성장, 면역반응과 감염동반
					여드름 발생기전	① 사춘기에 남성호르몬(안드로겐)의 기능항진으로 피지선 분비가 왕성해지면 모낭의 상피가 이상각화를 일으켜 모낭이 막히고, 면포가 형성됨 ② 면포는 피질, 각질 및 이상각화세포와 미생물로 구성되어 모낭 개구부를 메우고 있는데 색소침착을 보이는 열린 면포와 닫힌 면포가 있음 ③ 모낭 내 상주균 중 propionibacterium acnes는 중성지방을 분해하여 유리지방산을 형성하는데 이 지방산은 피지를 싸고 있는 모낭벽을 깨뜨리고 염증반응을 일으켜 호중구 등의 염증세포를 불러 모으게 하고, 그 결과 면포가 구진, 농포, 결절, 낭종 등으로 변화하게 함
			아포크린한선	• 분포가 한정되어 겨드랑이, 제와부위, 생식기와 항문 주위 모낭에 주로 있음 • 감정자극으로 물질을 분비함 • 피부 표면 박테리아와 작용하면 아주 고약한 냄새가 남 • 사춘기에 활발히 작용함
	생리적 변화 [98 임용]	① 심장의 크기와 힘, 혈액량, 수축기 혈압이 증가하는 반면 맥박수와 기초체온은 연령이 증가하면서 서서히 감소함 ② 지속적으로 두뇌가 성장하는 시기, 신경세포수는 더 이상 증가하지 않지만 신경세포를 연결시켜주고 영양분을 제공하는 지지세포가 증식하고 신경세포 주위를 둘러싸고 있는 수초의 성장은 사춘기가 끝날 때까지 지속됨		
청소년기 자기중심성 [06 임용]	정의	① 청소년의 자기중심성은 이기적인 의미가 아닌 세계와 세상을 보는 관점에서 자기중심적인 성향을 보이는 것을 말하는 것으로 자신의 사고와 감정에 대해 생각할 수 있음 ② 청년 초기에는 청년 후기에 비해 신체변화가 급격하게 자기중심적 성향이 강하게 나타나고, 때로는 위험이 따르는 다양한 활동에 쉽게 가담하기도 함		
	Elkind 자기중심주의 유형	상상의 청중 (= 가상의 청중)	모든 사람이 자신의 행동에 관심을 갖고 주목하고 있다고 상상하는 것 ⑩ 코에 뾰루지가 난 여학생이 다른 친구들이 자기를 볼 때 가장 먼저 콧등에 뾰루지를 볼 것이라고 생각함	
		개인적 우화	자신의 감정과 경험이 완벽하게 독특하고 특별하다고 생각하는 것으로 위험한 행동을 할 가능성이 높음 ⑩ 자신은 절대 늙지 않을 것이며, 임신도 하지 않을 것이라고 생각함	
		과민적 사고	단순한 것을 좀 더 복잡하게 만드는 것 ⑩ 자신이 집안 가사일을 좀 더 도왔다면 자신의 부모가 이혼하지 않았을 거라고 생각함	
		겉치레적 위선	자신에게는 다른 사람과 다른 규칙을 적용하는 것 ⑩ 청소년기에 자신은 부모의 옷을 허락 없이 입어도 되지만, 부모는 절대 자신의 방에 들어와 개인적 물품에 손 대서는 안 된다고 생각함	
심리 사회성 발달 [98 임용 / 13,14 국시]	성격발달	성호르몬이 분비, 생식기관이 성숙해지는 사춘기로 생식기관이 성적흥분과 쾌락의 주요 원천이 되기는 하지만, 친구와의 관계 형성이나 결혼에 대한 준비에도 노력을 기울임		
	인지발달	자신의 지각이나 경험보다는 과학적 추리와 형식적 논리에 근거하여 생각함		
	도덕발달	도덕성에 있어서 타율적인 것보다 자율적인 도덕 원칙을 지향하는 수준에 도달		
	영적발달	부모보다 동료집단의 영향을 더 많이 받게 되고 동년배로부터 획득된 가치기준은 대개 계속 유지됨. 대개 이상을 추구하며 논리적 진술과 이념적 갈등에 관해 심사숙고함		

청소년기 발달과업 (Havighurst의 발달과업) 01 임용 / 06 국시	① 자신의 체격에 대해 순응하고, 효과적인 활동력 습득 ② 남녀 동년배와 좀 더 성숙한 관계를 형성 ③ 사회성 획득 ④ 사회적으로 책임 있는 행동 ⑤ 부모나 기타 성인으로부터 독립준비 ⑥ 경제적인 독립 준비 ⑦ 결혼과 가정생활 준비 ⑧ 직업준비, 선택 ⑨ 국민으로서 필요한 지식 습득 ⑩ 행동지침으로 도덕적인 가치관 기름	
청소년기 발달단계에 발생할 수 있는 문제	청소년 비행	탈선행동
	인터넷 중독 (인터넷 게임장애)	인터넷 사용이 지나쳐서 이용자의 일상생활에 심각한 신체적, 정신적, 경제적, 직업적, 사회적응적 기능손상을 초래하는 상태
	자살	한 개인이 스스로 죽기 위해 행하는 자발적인 행동
청소년 발달과업 성취를 위한 중재 01 임용	자유의 폭 넓혀주기	통제의 수준을 낮추고 자유의 폭을 넓혀주어 청소년들이 자율성을 획득하고 독립적으로 성장할 수 있도록 도울 수 있음
	신체상 인정	청소년들이 변화하는 신체상에 대한 느낌을 표현할 수 있도록 하고, 자신의 신체변화나 신체상을 그대로 인정할 수 있도록 지지
	영양상태	성장이 가속되는 시기이므로, 이때는 지나치게 경쟁적인 활동을 하지 말도록 하고, 좋은 영양 상태를 유지할 수 있게 함
	다양한 환경에서 습득	다양한 특성을 지닌 동년배 그룹에 참여하고 정규교과 교육과정을 통해서 복합적이고 다양한 환경에서 많은 것을 습득할 수 있게 함

17 신체성장장애(저신장증)

1 신체성장장애 분류

성장장애 (저신장증)	평가방법	연령별·성별 표준성장도표 (= 소아발육곡선)	3백분위수 미만, -2 표준편차 미만인 경우에 해당됨
		성장속도	1년간 4cm 미만
		골연령(골격발육)	손과 손목의 방사선 검사 : 골화 상태 파악(cf. 3세 이하는 골격검사)
	변별	연령별·성별 표준성장도표 (= 소아발육곡선)	3백분위수 미만, -2 표준편차 미만(2표준편차 이상)인 경우에 해당됨
			성장장애의 공통 사항
		성장속도	1년간 4cm 미만 • 유전성 저신장, 체질성 성장지연 : 정상 • 성장호르몬 결핍 : 감소
		골연령(골격발육)	손과 손목의 방사선 검사 : 골화상태 파악(cf. 3세 이하는 골격검사) • 유전성 저신장 : 정상 • 체질성 성장지연, 성장호르몬 결핍증 : 감소

	1차성 성장장애	2차성 성장장애	
	유전성 저신장	체질성(특발성) 성장지연(성장지연형) 14 국시	성장호르몬 결핍증 (성장속도 감소형)
골/역연령	골연령 = 실제연령(역연령) (정상 골연령)	골연령 < 실제연령 (골연령 지연)	골연령 < 실제연령 (골연령 지연)
출생 시	일반적으로 키가 작음	키와 체중 정상	정상
성장곡선	• 자신의 고유한 성장곡선에 따라 성장 • 정상범위 바로 아래 수준에서 정상곡선에 따라 평행	• 영아기 말 성장곡선 하향 • 표준성장곡선 정상범위 하단 • 사춘기 성장곡선이 상향이동 • 최종적으로 정상 키와 체중이 됨	• 성장지연 • 성장속도 저하
호르몬	정상	정상	결핍
성장속도	정상	정상	저하
가족력	있음(부모의 키가 작음)	있음(체질성 성장지연의 가족력)	없음
사춘기 발현	정상 또는 빠름	늦음	늦음
증상	• 성장지연 • 최종 작은 성인키 ** 최종 성인 키 남: (아버지키+어머니키+13) ÷ 2 여: (아버지키+어머니키-13) ÷ 2	• 유치는 예상된 연령에 발생하나 영구치 지연 • 턱 미발육	
치료	성장호르몬 투여 • 1년간은 성장속도 증가 • 2년 후부터는 감소 • 논란의 여지 있음	특별한 치료를 하지 않아도 됨	성장호르몬 투여 : 일주일에 6회, 성장판 닫힐 때까지 24 임용

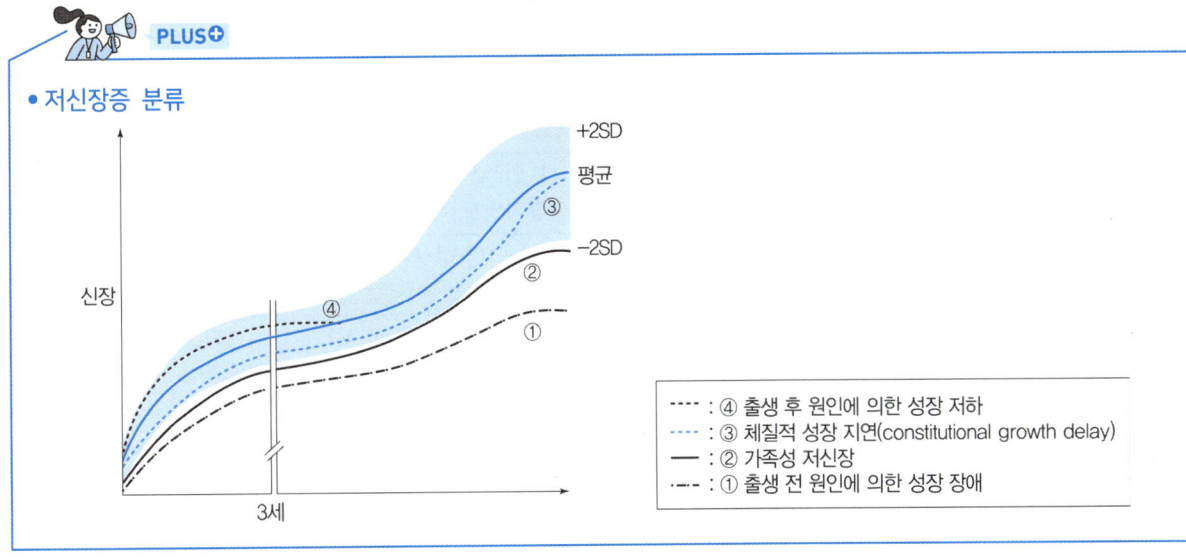

- 저신장증 분류

(1) 성장호르몬 결핍으로 인한 저신장증 14,24 임용 / 14 국시

정의	성장호르몬의 분비저하로 성장 및 대사 작용에 영향을 주어 왜소증을 유발하는 질병
	** 성장호르몬 : 뇌하수체 전엽에서 분비되는 호르몬으로 뼈, 근육 등의 성장뿐만 아니라 혈중의 당 농도를 증가시키고 지방 분해와 단백질 합성을 활성화시켜 조직과 기관의 성장에 중요한 작용을 함 24 임용

원인	성장호르몬 결핍증의 원인은 선천성, 후천성, 특발성이 있는데 대부분 특발성이며 그 다음이 뇌종양임		
	선천성 성장호르몬 결핍	대부분 출생 전후의 손상으로 인한 뇌하수체나 시상하부 손상 기인	
	후천성 성장호르몬 결핍	종양, 감염, 방사선 조사, 화학요법에 의한 독성반응에 의하나 대부분은 뇌하수체와 시상하부에 발생하는 종양이 원인	
	특발성 성장호르몬 결핍	원인을 알 수 없음. 성장호르몬 합성을 조절하는 유전자 결함으로 보고 있음	

병태 생리	(1) 시상하부는 뇌하수체를 자극하여 성장호르몬을 방출하도록 하는 성장호르몬 방출인자를 분비 (2) 성장호르몬은 인슐린과 길항작용을 하기 위해 분비되며 혈당수치를 높임		

증상 및 징후	작은 키	성장지연	성장곡선상에서 2% 이하, 3백분위 미만, -2 표준편차 미만
		성장속도 감소	성장속도가 1년에 4cm 미만
	골발달 지연		골연령 지연, 골단폐쇄 지연, 천문폐쇄 지연, 치아발육 지연
	특징적인 외모	안면	전두부 돌출, 둥근 얼굴
		치아	발치 지연
		비만	몸통부분에 지방이 많으며 신장 대비 체중이 많이 나감, 복부비만
		손과 발	작고 짧음
		조로현상	눈가나 입주위의 주름 등
		남아	작은 음경과 고환
	혈당	저혈당	인슐린 민감성 증가로 발생
		뇌손상	저혈당이 지속되면 경련이나 혼수상태가 되어 뇌손상을 유발함
	성적발달		대부분 지연되지만 성장호르몬을 공급하지 않아도 성인이 되면 정상적인 자녀를 출산할 수 있음
	지능		심한 저혈당으로 뇌손상이 초래되지 않았다면 대부분 정상임
	기타		고음의 목소리 등

진단	성장양상	성장속도	• 출생 시 아동의 키와 체중을 재태기간과 비교하고 성장속도와 성장지연 여부를 사정 • 3세 이후 2백분위수 이하의 작은 키(3세 이상에서 1년에 4cm 미만의 성장속도)
		조로징후	조로징후인 눈가나 입주위의 주름과 유아 얼굴이 동시에 볼 수 있는 독특한 인상과 성장지연도 특징적인 증상
		성장호르몬	성장호르몬 결핍으로 인한 성장지연과 가족력과 관계있는 체질성 성장지연을 구별해야 하는데, 체질성 성장지연의 경우 성장속도는 정상임
		성장곡선	영아기부터 점진적으로 키와 체중의 증가가 지연되는 것은 기질적인 뇌하수체 기능저하로 인한 것이고, 정상 성장곡선을 보이다가 갑자기 지연되는 것은 종양에 의한 경우가 흔함
	성장호르몬 결핍원인 파악		성장호르몬 저하, 갑상선 기능저하, 코티솔의 과다분비, 영양결핍 등과 관련이 있으므로 다각적인 검사가 요구됨
	성장호르몬 자극검사		① 성장호르몬 결핍증의 확진을 위한 검사로 성장호르몬은 혈중 농도가 낮아 분비를 자극하고 난 다음에 측정하는 것이 더 정확함 ② 운동이나 수면이 성장호르몬의 분비를 자극 → 기본 혈중 성장호르몬 수준을 확인한 뒤에 운동 20분 후나, 잠들고 난 45~90분 후 성장호르몬 수치가 증가한 다음 측정 or 야간 소변 중의 성장호르몬 유발검사로 인슐린, 클로니딘(중추성 알파2 교감신경효능제로 교감신경활성 억제) 등의 약물을 주입한 후 성장호르몬 수치를 측정(일반적 방법)
	손과 손목의 방사선 검사		골연령 측정 : 골연령은 역연령보다 현저하게 감소(3세 이하의 아동은 골격검사/3세 이후의 아동은 골화 상태를 파악)
	성장호르몬 결핍증의 진단소견 ① 성장호르몬 유발검사 결과 7~10ng/mL 미만인 경우 　－ 성장호르몬 정상치 : 100ng/mL 이상이며, 급성장기 시기에는 180ng/mL 이상임 　－ 성장호르몬 반응치 : 10ng/mL 이상 ② 역연령에 비해 3백분위수 미만 ③ 골격발육 지연 : 역연령에 비해 평균보다 2표준편차 이상 지연 시		
치료 및 간호	원인 제거		기질적 병변은 종양에 대한 근본적인 치료로 수술이나 방사선 요법 실시
	대증 요법		성장호르몬 보충, 성장호르몬은 매일 투여하지만 방사선 사진상 장골의 끝에 있는 성장판을 확인하고, 골단 폐쇄가 나타나면 중단해야 함 → 일주일 6회(1회/하루) 성장호르몬 투여 : 생리적으로 밤 10시~새벽 2시에 분비가 많으므로 잠들기 전 투여함 24임용
		적응증	① 성장호르몬 결핍, 터너증후군, 자궁 내 성장지연에 의한 저신장 ② 성인 키가 남아 160cm 이하, 여자 150cm 이하로 예측되는 저신장
		방법 - 주사방법	가루로 된 합성 성장호르몬을 희석하여 매일 피하주사(냉장보관)
		방법 - 주사시기	• 취침 시에 투여하면 효과가 가장 큼(취침 후 45~90분에 성장호르몬의 분비가 시작되며, NREM 3, 4단계에 분비율 최고) • 방사선 촬영에서 성장판의 융합을 보일 때까지 계속 투여, 이를 확인하기 위하여 적어도 6개월에 한번씩 방사선 촬영 실시
		방법 - 갑상선 기능 검사 필요	갑상선 기능 저하가 올 수 있음(성장호르몬 치료 전과 치료 후 3개월 동안 갑상선 기능검사가 필요함) : 성장호르몬 투여시 somatostatin 분비가 증가하고, 이 호르몬이 갑상선자극호르몬 분비인자에 대한 갑상선자극호르몬의 반응을 감소시킬 수 있음
	보존 지지	가족교육	매일 피하주사로 성장호르몬을 투여해야 하므로 아동과 가족에게 교육을 지속해서 제공
		정서적 지지	아동은 작은 키 때문에 놀림을 당할 수 있고 소외감이나 우울감 등의 문제가 나타날 수 있으므로 아동의 신체상과 자존감 발달을 위해 협조하고 지지해주어야 함

- 골격 발달과 골연령

골화	• 태생 2개월에 뼈의 형성 시작 : 첫 골화점 • 골간과 골단 사이에는 골단연골판이 있고 이것은 키의 성장작용을 도움, 이 성장부위가 손상되거나 감염되면 기형이 될 수 있음 • 출생 시 골화점의 수 : 약 400개 • 5~6개월이면 손목에 화골핵 출현 • 긴 뼈는 골간에서 시작하여 골단에서 골화가 계속됨
골연령	• 성별, 영양상태, 질병에 따라 차이가 있음 • 여자가 남자에 비해 골 성숙과정이 2년 정도 빠름 • 사춘기가 빨리 시작된 아동은 골연령이 앞서 있음 • 골연령이 늦은 경우 : 체질적 성장지연, 정서적 박탈, 만성질병, 영양부족, 성장호르몬 결핍, 갑상샘 호르몬 결핍

골연령 측정부위	• 가장 일반적인 발달 측정법의 하나로 X-ray 촬영을 통해 측정함
	• 골연령은 골화점의 광화작용과 연령에 따른 골 형태의 표준을 비교하여 결정하며, 화골핵의 수, 크기, 모양, 농도, 윤곽의 예리함, 골단 융합 정도 등으로 평가함
	• 아동이 성인이 되었을 때 키가 어느 정도 클 것인가를 예측하는 데 도움이 됨
	• 측정부위
	  - 6개월~10세 이전 : 손, 손목
	  - 10세 이후 : 팔꿈치, 어깨

18 필수아미노산을 함유한 단백질 섭취량의 부족현상으로 나타나는 증상(단백질과 에너지 영양실조)

원인	① 병의 진행에 따른 합병증 ② 채식주의와 같은 까다로운 식습관 ③ 영아 영양섭취에 관한 부모의 교육 부족 ④ 무지, 경제적 빈곤, 과도한 영양섭취에 대한 지나친 걱정으로 인해 영아용 유동식을 너무 묽게 조리하는 것 ⑤ 우유 대용으로 사용되는 식품의 알레르기 반응에 대한 부적절한 처리

단백질 결핍증
(= 콰시오커)
94 임용
	① '둘째 아이가 태어날 때 첫째 아이가 걸리는 병'이라는 가나어에서 유래 : 동생이 태어나면 형은 젖을 떼고 주로 곡류나 감자 등으로 식사를 하게 되므로, 동생을 둔 1~4세 사이의 아동에게 흔히 발생되는 장애로 열량섭취는 충분하되, 단백질이 결핍된 상태임
	② 영아의 단백질 권장량은 1일 20~25mg, 아동기는 1일 25~70mg
	③ 단백질은 인체의 구성성분으로 세포 내 각종 화학반응의 촉매역할을 담당하는 물질로 매우 중요
	④ 단백질은 항체를 형성함으로써 면역기능에도 중요하게 관여
	⑤ 관련 건강문제
	  ㉠ 발육장애, 내장기관의 기능저하, 또래에 비해 마르고 허약
	  ㉡ 복수, 부종, 피부가 건조하고 비늘처럼 벗겨지며 탈색, 모발 탈색 및 부분 탈모증
	  ㉢ 비타민 A 결핍으로 영구적 실명위기, 철분/칼슘/인과 같은 무기질 결핍 수반
	  ㉣ 감염에 대한 저항력 저하로 설사나 감염 빈발
	  ㉤ 간의 지방 침윤, 췌장의 포도상선세포의 위축으로 인슐린 분비기능 저하 유발
	  ㉥ 자극에 대한 과민증, 위축/무감각/행동 변화 등 초래

소모증	① 일반적으로 칼로리와 단백질 모두 결핍된 영양실조 ② 소모증성 콰시오커는 콰시오커와 소모 등의 임상증상이 모두 뚜렷이 발생하는 경우 → 부종, 심한 소진, 성장저하가 발생, 저체온증, 저혈당증, 수분전해질 불균형 등으로 인해 예후가 나쁨 ③ 아동은 무감각하고, 위축되며 무기력하여 허탈상태에 빠짐. 결핵, 기생충, 이질 등 감염이 흔히 발병됨
펠라그라병 95 임용(보기)	① 니아신(Vit B_3) 결핍증은 조직 내 니아신이나 그 전구체인 트립토판이 부족하여 여러 기관에 병변을 나타내는 영양 장애에 의한 질환 ② 피부염(Dermatitis), 설사(Diarrhea), 치매(Dementia)와 치료하지 않는 경우에는 사망(Death)을 초래하는 4D를 특징으로 함

19 성조숙증(= 사춘기 조발증)

정의	여아의 경우 7~8세 이전에 유방발달을 보이는 것(남아는 9세 이전에 고환의 크기가 커지는 것)
	cf) 사춘기 지발증 : 사춘기 지연으로 15세까지도 사춘기의 2차 성징이 나타나지 않는 것
	• 특성 : 출생 당시에는 정상 발달 양상이지만, 10대 초기에 대부분의 사춘기 단계에 나타나는 급격한 성장과 발육이 없으며 골단 발육도 2~4년 정도 늦음
	• 양상 : 특별히 내분비샘 결함이 발견되지 않은 경우, 16~17세가 되면 결국 정상적인 발현이 나타남
	• 치료 : 특별한 치료는 없으나 사춘기 발달과 2차 성징이 늦게 나타나기 때문에 심리적 상담과 지지가 필요함

	가성 성조숙증(= 말초 성조숙증) 13 임용 / 14 국시	진성 성조숙증
정의	① 성선자극호르몬 비의존성 → 성선과 2차 성징이 불완전 성숙 ② 뇌하수체 전엽에서 성선자극호르몬(FSH, LH)의 조기분비가 없다는 점에서 진성 성조숙증과 다름	시상하부 - 뇌하수체 - 생식샘 축이 조기 성숙되는 경우 → 성숙한 난자와 정자의 생산, 2차 성징이 나타남

[가성 성조숙증과 진성 성조숙증 비교]

	가성 성조숙증	진성 성조숙증
시상하부-뇌하수체 축 기능의 의존도	비의존적	의존적
발현형태(성조숙증 증상)	동성 또는 이성	항상 동성
성장형태 (골연령, 성장속도 등)	비전형적임 (2차 성징만 조기에 나타남)	전형적인 사춘기, 빠른 성장속도, 골성숙 → 조기 골단 융합 → 성인기 저신장
제2차 성징발달	불완전	완전
혈중 생식샘 자극 호르몬 농도	낮음(사춘기 전 상태)	높음(사춘기 형태)
배란, 정자 형성	없음 - 무배란성 월경	있음
생식샘 발육	불완전	완전 : 배란형성 → 임신가능

원인	① 뇌, 고환, 난소, 성선 등에 종양 → 성호르몬이 과잉분비 ② 스테로이드와 같은 호르몬제를 많이 사용한 경우 2차적으로 발생함	특발성, 종양, 선천성 기형, 감염 후에 발생 ① 특발성 : 여아, 기질성 병변이 없음 ② 뇌 기질적 병변 : 남아, 성조숙증 + 간질(경련) + 지능저하가 흔히 동반됨 ③ 방사선 조사 : 시상하부나 뇌의 저용량 방사선 조사 또는 백혈병, 뇌종양에 대한 고용량 방사선 조사 ④ 치료받지 않은 심한 갑상샘 기능저하증

		가성 성조숙증(= 말초 성조숙증) 13 임용/14 국시	진성 성조숙증
증상	여아	① McCune-Albright 증후군 (여아 여성화 가성 성조숙증) ㉠ 일측성 피부 색소 침착, 다골성 섬유성 이형성 및 성조숙증을 나타내는 것이 주요 특징 ㉡ 갑상샘항진증, 쿠싱증후군, 거인증, 말단비대증, 자율성 난포낭 등 동반 ㉢ 어린 연령에서는 가성 성조숙증을 보이다가 골연령이 사춘기가 되고 생식샘자극호르몬이 분비되면 진성 성조숙증으로 이행됨 ② 난소낭이 큰 경우, 여성화 부신 종양, 에스트로겐 과량 투여 등	① 남아/여아 모두 사춘기가 일찍 나타남 ② 항상 동성 성조숙증을 나타냄 ③ 조기에 골단 융합을 일으켜 결국 성인에서 저신장을 나타냄 ④ 정신발육 및 감정은 자기 나이에 해당
증상	여아 (계속)		여아: • 유방비대가 첫 증상 • 에스트로겐 : 유방발달, 생식기의 성숙, 월경의 시작 • 안드로겐 : 액와의 체모, 음모, 여드름 나타남
증상	남아	① 남성화(동성) 가성 성조숙증 ㉠ 선천부신과다형성증이 흔함 ㉡ 부신피질 종양, 외인성 안드로겐, HCG 분비종양(뇌종양, 간모세포종 등) 등에 의해 발생 ② 여성화(이성) 가성 성조숙증 : 여성화부신피질 종양 또는 외인성 에스트로겐 등에 의해 발생	남아: • 테스토스테론 : 고환크기 증가, 액모와 음모, 여드름이 나타남

진단			
호르몬검사	목적		GnRH 검사(시상하부와 황체화호르몬 방출인자 자극) → 뇌하수체의 성선자극호르몬의 성숙도 평가(= 시상하부-뇌하수체 축의 활성을 알아보기 위한 것)
호르몬검사	방법		GnRH(100μg)를 정주 → 90~120분까지 15~30분 간격으로 연속적으로 LH와 FSH를 측정
호르몬검사	판정	진성 성조숙증 - 조기성숙	황체화호르몬, 난포자극호르몬, 성호르몬 상승
호르몬검사	판정	진성 성조숙증 - 특발성	LH 최고치 > FSH 최고치(사춘기 이전 FSH 최고치 > LH 최고치) (LH의 최대치가 5IU/L 이상이면 진성 성조숙증 진단, LH 반응이 FSH에 비해 더 우세하면 사춘기 반응임)
골격계의 방사선 검사	목적		골격의 성숙평가
골격계의 방사선 검사	판정		또래에 비해 골 성숙이 일찍 일어남 → 골연령 > 실제연령 13 임용
초음파/CT/MRI	목적		종양, 기형 여부 확인
초음파/CT/MRI	판정		여아 골반초음파 → 난소와 자궁이 사춘기 때와 같음

치료		
원인제거		기질적 원인이 존재하면 원인제거
대증요법		진성 성조숙증 : GnRH agonist(leuprolide acetate, zoladex) 투여 - 근육 또는 피하로 매일 혹은 매달 투여 → 이로 인해 뇌하수체에서 LH, FSH 분비가 억제되고 2차적으로 성호르몬의 분비가 억제됨 → 치료를 끝내면 사춘기가 시작됨
지지요법		① 올바른 신체상을 확립할 수 있도록 심리적 지지를 제공 ② 나이에 비해 외모가 성숙하여 우울 및 사회·정서적 문제나 학습 관련 문제가 나타날 수 있음 ㉠ 가족에게 적절한 정보제공 및 상담실시 ㉡ 성숙한 외모를 지녔다 할지라도 아동의 연령에 맞는 의복과 활동 제공할 것 13 임용 ㉢ 진성 성조숙증의 경우 임신이 가능하므로 이와 관련된 성교육과 부모의 보호가 필요함을 교육 13 임용
지지요법	진성 성조숙증 치료의 주요 목적	① 사춘기 발달을 또래와 맞추는 것 ② 최종 키의 손실을 최소화하는 것 ② 정신 사회적인 문제를 줄이는 것

20 남아의 여성화 유방의 관리방안

특성	① 사춘기 남아에게 양쪽 혹은 한쪽의 유방증대가 발생할 수 있음(60%에서 경험) : 사춘기 동안 남아에게 남성 호르몬만 분비되는 것이 아니라 여성 호르몬인 에스트로겐이 함께 분비되므로 발생함 ② 사춘기 동안 분비되는 여성 호르몬과 안드로겐의 증가로 일시적으로 유방이 커짐	
원인	불균형한 호르몬의 변화	사춘기 동안 분비되는 여성 호르몬과 안드로겐의 증가로 불균형한 호르몬 변화 → 유방이 커지고 통증
	병적인 경우	클라인펠터 증후군, 라이펜스타인 증후군(가족성 남성 반음양 증후군), 고환암, 고환여성화증후군, 케토코나졸(항진균제, 항안드로겐 약제) 복용 시, 간경변증
증상	① 일시적 유방확대 경험 ② 유두가 커지고 유두 주위 검은 부분 확대 ③ 양측성, 일측성, 대칭, 비대칭으로 발생	
관리 방안 96 임용 / 23 국시	① 남성적 발달이 이루어지면서 없어지는 생리적 현상으로 자연히 회복되므로 걱정하지 않아도 됨을 알려야 함 ② 때로, 클라인펠터 증후군이나 내분비 기능장애로 일어날 수 있으므로 의심스러운 경우에는 진단검사를 받아보도록 함 ③ 심한 당혹감을 느끼거나 성적 정체감에 대한 어려움이 있으면 성형수술을 적용키도 함	

21 선천성 대사장애

- 선천성 대사장애는 효소 등 세포대사에 필요한 필수적인 물질의 결핍에 의해 발생되는 수많은 유전질환
- 신체적·인지적 장애를 예방하기 위해 조기진단과 신속한 치료가 매우 중요하므로 국가에서 지원하는 6종 질병에 대한 필수선별검사인 선천성 대사이상 검사를 실시해야 함 25 임용

1 페닐케톤뇨증 93,94 임용(보기) / 01,02,08,12,15 국시

정의		페닐알라닌(조직 성장을 위한 필수아미노산)을 티로신으로 전환하는 효소인 페닐알라닌 수산화효소의 활성이 선천적으로 저하되어 혈류에 페닐알라닌이 축적되는 상염색체 열성 유전성 질환
병태 생리		① 간에서 Phenylalanine을 Tyrosine으로 전환시키는 것을 활성화시키는 Phenylalanine Hydroxylase(페닐알라닌 수산화효소)의 결핍 ② 지능발육부전은 뇌 조직에 축적된 Phenylalanine의 독성에 기인 ③ 환아의 소변에는 Phenylacetic acid 때문에 특징적인 곰팡이 냄새(쥐 오줌 냄새) ④ Tyrosinase의 작용억제로 피부, 모발 및 홍채의 색소가 감소 ※ 티로신은 멜라닌 색소, 갑상선호르몬, 에피네프린 합성에 필요한 필수인자임
증상 및 징후 🎧 고알 페뇨 티	고페닐알라닌 혈증	① 심한 페닐알라닌 혈증(15mg/dL 이상)은 뇌손상을 야기하고 수초화 결핍, 백질과 회백질의 낭포성 변성 피질의 장애를 초래함. 대사사물이 소변에서 발견되기 전에 인지장애가 일어나며, 페닐알라닌의 섭취수준이 낮아지지 않으면 인지장애는 계속 진행됨(혈중 페닐알라닌 정상 농도 0.5~1mg/dL) ② 뇌조직 페닐알라닌의 축적과 신경전달물질(에피네프린, 트립토판, 세로토닌, 도파민 등) 감소 ③ 지적장애(IQ 50 이하)/경련 발작/자폐증, 과다활동, 공격적 행동
	페닐케톤뇨증	비정상 대사산물(페닐아닉 산) → 소변에서 곰팡이 냄새(쥐 오줌 냄새, 퀴퀴한 냄새)
	티로신 감소	멜라닌 색소형성 안 됨 → 흰 피부, 담갈색 모발, 홍채색소 감소(푸른 눈) 트립토판, 에피네프린, 세로토닌, 도파민 등 만들어지지 않음
	기타	구토, 습진, 성장장애
진단 검사	Guthrie 검사 (신생아 선별검사)	① 첫 수유 24~72시간 후 신선한 발뒤꿈치 혈액 채취(이상적인 검사시기는 생후 3~7일 사이) ② 혈중 페닐알라닌 농도 측정 → 고페닐알라닌 혈증 : 4~20mg/dL(정상치 : 0.4~1mg/dL) ③ 수유 시작한지 3일째 되는 날 시행
	소변검사	① 페닐파이루빅산(phenylpyruvic acid) 양성 시 녹색으로 나타남 ② 혈중 페닐알라닌 증가로 페닐케톤뇨

치료 간호	조기 진단	신생아 선별검사로 조기 진단 : 생후 1개월 이내에 조기치료/조기치료 시 정상 성장 가능
	평생 치료	평생 치료 필요 → 혈중 페닐알라닌 농도 check : 2~8mg/dL 유지
	식이	① 모유수유 금지 → 생후 3주 이내 저페닐알라닌 식이 시작(PKU 조제분유) ② 저페닐알라닌 식품 : 과일주스, 일부 곡류, 빵, 전분 등 ③ 고단백 음식 제한, 아스파탐(청량음료의 감미료, 체내에서 페닐알라닌을 형성) 제한 ④ Lofenalac식이(저페닐알라닌 식이) 최소 6년까지 ⑤ 여아인 경우 임신 시 Lofenalac식이 다시 시작 : 저페닐알라닌 식이를 섭취하지 않을 경우, 태아 혈액의 페닐알라닌이 상승하여 태아의 발육에 장애를 줌으로써 유산되기 쉽고, 임신 유지 시 저체중 출산, 소두증, 심장기형, 지적장애 등이 자주 발생함
	효소보충	조효소의 결핍 → BH4(tetrahydrobiopterin, 페닐알라닌 수산화효소의 조효소)와 신경전달 물질의 전구물질 L-dopa & 5-하이드록시트립토판 보충

❷ 선천성 갑상선 기능저하증(= 크레티니즘) 93 임용(보기), 25 임용 / 99,06,08,09 국시

정의	선천적 갑상선 기능저하로 발생하는 유전질환 / 상염색체 열성유전(여아가 남아보다 3배 더 발생)	
원인 특성	① 영구적 크레티니즘	갑상선 발달장애, 갑상선호르몬 합성에 필요한 효소 결핍
	② 일시적 크레티니즘	• 모체에서 antithyroid 약제(propylthiouracil)나 진해제 투여 시에 많은 미숙아에서 뇌하수체 미성숙으로 인해 출생 시 나타날 수 있음 • 일과성이므로 치료가 필요 없음
	※ 다운증후군에서 빈도가 높고, 여아에게 호발함. 다른 선천성 기형동반 비율 높음	

	출생 시	생후 6~9주	아동기
증상 및 징후	① 불충분한 수유(수유저하) ② 기면 ③ 2주 이상 황달 지속(생리적 황달 지속) ④ 호흡부전 ⑤ 청색증(말단 청색증) ⑥ 변비 ⑦ 서맥 ⑧ 쉰 목소리의 울음 ⑨ 확장된 대천문과 소천문 ⑩ 태변배출 지연 ⑪ 저체온증	① 낮은 콧대 ② 좁은 이마 ③ 부어 있는 눈꺼풀 ④ 커다란 혀 ⑤ 얼룩덜룩하고 두껍고 마른 피부 ⑥ 거칠고 마르고 광택 없는 머리카락 ⑦ 복부팽만 ⑧ 제대탈장 ⑨ 반사 저하 ⑩ 서맥 ⑪ 저체온증 ⑫ 빈혈 ⑬ 명백하게 넓은 두개골 봉합 ⑭ 저혈압, 차고 건조한 두꺼운 피부	① 골격계 발육지연 : 치아발달 지연, 짧은 손가락, 짧고 굵은 목, 근긴장 저하로 복부 팽만과 변비 등 ② 정신신경증상 : 반사작용 지연, 비정상적인 건 반사, 느리고 이상한 움직임, 운동발달 지연, 지능 저하 등 ③ 기타 : 비만 등

진단	① 신생아 선별검사 ㉠ 생후 2~6일 사이에 발꿈치의 혈액을 이용하는 것이 가장 좋음 ㉡ T_4(Thyroxine)를 검사하고, T_4가 낮으면 갑상선자극호르몬(TSH) 검사 ② 진단검사 : 혈청 TSH는 높고(> 50μIU), T_4는 낮을 때(< 6mg/dL) 진단내림 25 임용 ③ 갑상선 기능검사(갑상선 스캔과 흡수 검사) ④ 골연령 평가(X-ray) : 골발육 지연, 척추전만 ⑤ Alkaline phosphate(간과 뼈에서 생성되는 효소로, 세포막을 통한 대사물 운송에 관여함) 하강 ⑥ 공복 시 혈당량 낮음 ⑦ 기초대사량/단백결합 요오드 저하

치료간호	약물치료	평생 치료 [25 임용]	출생 후 바로 진단하여 치료를 시작하면 정상적 성장발달 가능
		갑상선호르몬 제제 (L-thyroxine) 복용 [25 임용]	과량 투여시 증상관찰 : 흥분, 빈맥, 경련, 설사, 발열, 구토 → 맥박 150회/분 이상시 약물 중단
		호르몬 수준 점검	치료 적절성 여부를 확인하기 위해 규칙적으로
	식이		균형 잡힌 영양식이
	놀이와 자극		지적발달을 돕기 위해 환아의 연령에 맞게 적절한 놀이와 자극을 계속 주도록 함

3 갈락토스혈증 93 임용(보기) / 04, 07 국시

정의	① 선천성 탄수화물 대사장애로 상염색체 열성 유전질환 ② 간의 갈락토스 전이효소가 결핍되어 갈락토스가 글루코스로 전환되지 못함 ③ 갈락토스-1-인산유리딜 전이효소(galactose 1 phosphate uridyltransferase), 갈락토키나아제(Galactokinase) 또는 UDP-galactose4-epimerase 결핍 시 진단함(이들 3가지 효소는 갈락토스를 글루코스로 전환시키는 데 관여하는 효소임)
병태 생리	① 우유나 유제품에 포함되어 있는 젖당은 젖당분해효소에 의해 갈락토스로 분해되고, 갈락토스는 다시 갈락토카이네이스에 의해 갈락토스-1-인산염(Galactose-1-phosphate)으로 분해됨 ② 모유, 우유 속의 유당대사과정 중 갈락토스 전이효소(갈락토카이네이스) 결핍 시 → 갈락토스 대사가 이루어지지 않게 됨(갈락토스가 글루코스로 전환되지 않음) → 체내에 갈락토스와 그의 대사산물인 Galactose-1-phosphate(Gal-1-P) 축적됨(특히 뇌, 간, 눈에 축적) 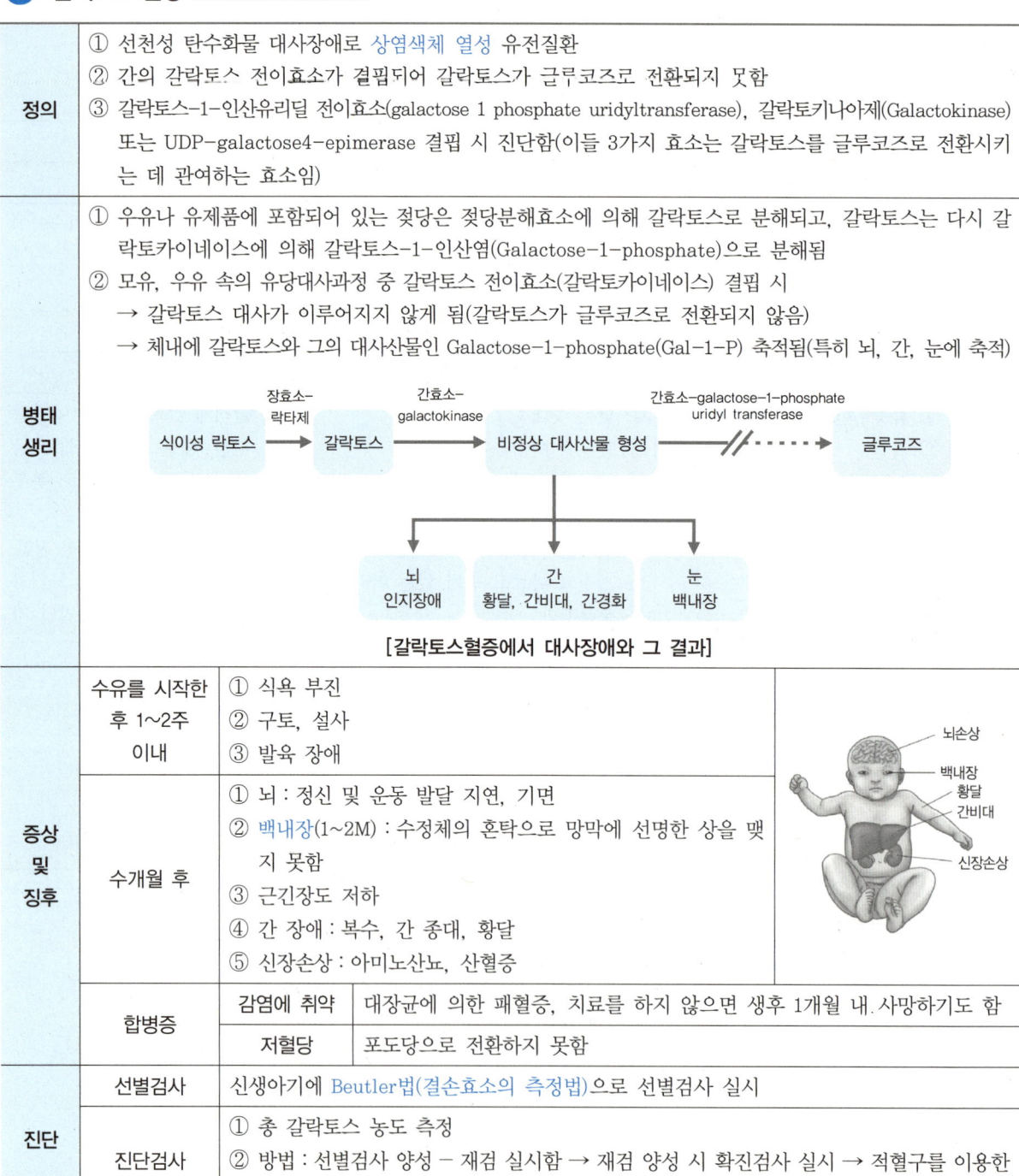 [갈락토스혈증에서 대사장애와 그 결과]
증상 및 징후	수유를 시작한 후 1~2주 이내	① 식욕 부진 ② 구토, 설사 ③ 발육 장애
	수개월 후	① 뇌 : 정신 및 운동 발달 지연, 기면 ② 백내장(1~2M) : 수정체의 혼탁으로 망막에 선명한 상을 맺지 못함 ③ 근긴장도 저하 ④ 간 장애 : 복수, 간 종대, 황달 ⑤ 신장손상 : 아미노산뇨, 산혈증
	합병증	감염에 취약	대장균에 의한 패혈증, 치료를 하지 않으면 생후 1개월 내 사망하기도 함
		저혈당	포도당으로 전환하지 못함
진단	선별검사	신생아기에 Beutler법(결손효소의 측정법)으로 선별검사 실시
	진단검사	① 총 갈락토스 농도 측정 ② 방법 : 선별검사 양성 – 재검 실시함 → 재검 양성 시 확진검사 실시 → 적혈구를 이용한 galalctose-1-phosphate uridyl transferase 및 간 효소활성도 검사 실시

치료 간호	식이요법	① 모유나 일반 분유 수유 중지 → 무유당 분유, 무유당 대두분유 수유 제공, 콩단백 조제식, 고기제제 제공 ② 유당함유 식이는 금기(모유, 우유, 치즈, 버터 등) ③ 페니실린 약제는 유당을 쓰므로 사용하지 말 것
	Gal-1-P 정량검사	① 생후 1년까지는 매 3개월마다, 매 1/2~1년마다 측정 ② 0.5~2mg/dL : 유당제한 식이 ③ 2mg/dL 이상 : 유당제거 식이

❹ 지질대사 결핍 : 영아성 뇌반점 퇴행(Tay-sachs dz) 92,93 임용

정의	지질대사 결핍으로 지질 침착을 유발하는 상염색체 열성 유전 질환
병태 생리	Hexosaminidase A 효소 결핍으로 → Glycolipid인 Ganglioside가 뇌의 회백질에 축적 → 뇌는 위축되어 단단하고 신경세포에 지질 축적 상태
증상 및 징후	① 강글리오시드가 뇌의 회백질에 축적 → 근긴장도를 감소시키고 뇌는 위축되고 단단하고, 신경세포에서 지질축적 확인 ② 출생 후 4~6개월부터 퇴행 진행, 4세경 사망 ③ 대두증(대뇌 백질 부위에 강글리오시드 축적으로 생후 2년 동안 발생), 지능발달 정지, 시신경 위축 (황반 앵두반점) ④ 초기에는 청각이 예민하고, 후기에는 청각이 상실됨 ⑤ 경련발작, 운동능력 부족, 정신황폐, 무도병
치료 간호	완치가 되지 않음
	대증요법	① 조용한 환경 유지 ② 영양공급 : Gavage feeding ③ 부모지지 : 유전 상담하여 예방 ④ 보통 3~4세 전에 사망

PLUS⊕

● 선천성 대사이상 검사 25 임용

검사 시기	① 생후 48시간 이후부터 7일 이내에 모유나 조제유를 충분히 먹고 난 다음 실시(권장 채혈시기는 생후 3~7일 사이, 수유 후 대사산물이 형성된 뒤 채혈해야 정확한 검사결과를 얻을 수 있기 때문임) ② 수유 2시간 후에 채혈 실시 ③ 섭취량이 적은 미숙아는 7일 이후라도 충분히 섭취한 후에 실시함
검사방법	① 제대 소독 시 베타딘을 사용하지 않음. 요오드 흡수로 인해 일시적으로 갑상선자극호르몬이 상승하여 갑상선 기능저하증으로 오진할 수 있음 ② 채혈 후 채혈지를 깨끗한 종이 위에 놓고 직사광선을 피하고 습도가 낮은 시원한 곳에 약 1~2시간 충분히 자연건조시킨 후 비닐봉투에 넣어 검사기관에 당일 발송함. 발송이 늦어지는 경우에는 비닐봉투에 넣어 냉장보관해야 하며 다음 날에는 발송해야 함 ③ 검사결과는 17일 이내에 보호자에게 통보하고, 1차 검사결과 이상이 발견되는 경우에는 즉시 정밀검사(2차 검사)를 실시하며, 환자로 확인되면 보호자와 해당 시·도 보건소에 통보
주의점	① 채혈지에 기재사항을 정확하게 기재하고, 오염되지 않도록 주의해야 함 ② 채혈 전 24시간 내에 항생제를 사용한 경우 검사방법이 달라지므로 이를 표시해야 함

• 우리나라에서 발생빈도가 높은 6가지 선천성 대사이상 질환 15 국시

다음의 6종 검사를 생후 7일 이전에 시행하고 있다.

질병	특성

페닐케톤뇨증	페닐알라닌을 티로신으로 대사시키는 효소인 페닐알라닌수산화 효소에 이상이 있어서 페닐알라닌이 축적되는 질환
	• 빈도 : 우리나라에서의 빈도는 53,000명 중 1명
	• 유전 양상 : 상염색체 열성 유전
	• 증상
	   - 페닐알라닌의 축적으로 인한 증상 : 정신·운동 발달 지연, 경련 발작, 땀과 소변에서 쥐 오줌 냄새가 남
	   - 티로신 감소로 인한 증상 : 저색소증으로 인한 담갈색 피부와 머리카락
	   - 그 외의 증상 : 구토, 습진, 자폐증, 과다활동, 공격적 행동
	• 진단 : 혈액에서 페닐알라닌 농도 측정
	• 치료 : 혈중 페닐알라닌 농도를 2~6(8)mg/dL로 유지하도록 식이요법으로 조절, 신생아 시기부터 저페닐알라닌 특수 분유와 일반 분유를 알맞게 섞어 먹이며, 이후 아이의 나이가 증가함에 따라 식사 제한을 약간 느슨하게 할 수는 있으나 완전히 중단해서는 안 됨, 생후 1개월 이내에 치료하면 뇌 손상을 예방할 수 있음

갈락토스혈증	갈락토스혈증은 탄수화물 대사장애로, 뇌의 구성 성분으로서 중요한 역할을 하는 갈락토스가 대사되지 못하고 체내에 축적되어 독성 증상을 나타내는 질환 • 빈도 : 60,000명 중 1명 정도 발생 • 유전 : 상염색체 열성 유전 • 증상 : 수유를 시작한 후 1~2주 이내에 식욕 부진, 구토, 황달, 간이나 비장의 종대, 발육 부전이 생길 수 있음, 이후에는 점차 진행하여 정신운동발육의 지연, 백내장, 간경변이 나타날 수 있음 • 진단 : 선별검사에서 총 갈락토스 농도를 측정 • 치료 : 갈락토스혈증이 의심되면 즉시 모유나 일반 분유 수유를 중지, 락토스를 다른 당질로 치환한 특수 우유(무유당 분유, 무유당 대두분유)를 수유
단풍 당뇨증	탈탄산효소의 결핍으로 인한 아미노산 대사장애에 의해 발생하는 질환 • 빈도 : 220,000명 중 1명 정도 발생 • 유전 : 상염색체 열성 유전 • 증상 : 출생 직후에는 이상이 없지만 생후 3~5일부터 갑자기 젖을 먹지 않고 토하고 경련이나 호흡 장애를 일으킴, 소변/타액/땀/눈물 등에서 단풍나무 수액과 비슷한 달콤한 냄새가 남 • 치료 : 분지형 아미노산의 섭취를 제한하는 특수 분유를 먹임, 중증인 경우 복막 투석이 필요함
선천성 갑상선 기능 저하증 (크레틴병)	갑상선호르몬은 태아기부터 태아의 두뇌 발달에 필수적인 호르몬이며, 출생 후에는 소아의 전신 성장 발달을 촉진시킴, 선천성 갑상선 기능저하증은 갑상선의 형성 부전이나 갑상선호르몬의 합성 장애 등 다양한 원인에 의해 갑상선 기능이 저하되는 상태 • 빈도 : 4,000명 중 1명 정도 발생 • 증상 : 대부분 출생 시 체중 및 신장은 정상이며, 생후 2~3개월까지도 증상이 나타나지 않을 수 있음. 영아기에 들어서면 열린 입, 멍청한 표정, 황달, 변비, 수유 장애, 처짐, 두꺼운 혀, 복부팽만, 제대탈장, 성장 장애, 정신운동발달의 지연이 나타남, 나이가 들면 지능 저하, 행동 및 언어 장애 등 신경학적 증상이 나타남 • 진단 : 갑상선 기능 검사 이상 소견과 특징적인 증상으로 진단할 수 있음. 조기발견하여 치료하면 비가역적인 신경학적 후유증을 예방할 수 있으므로 생후 5~7일에 선별검사 시행 • 치료 : 갑상선호르몬제제 복용, 6주 이내 치료를 시작하면 대부분 예후는 좋음
호모시스틴뇨증	아미노산 대사 이상에 의해 호모시스틴이 시스타디오닌으로 대사되는 과정에서 이상이 생겨 호모시스틴이 소변으로 다량 배설되는 질환 • 증상 : 지적장애, 경련, 보행장애, 수정체 탈구, 백내장, 시력장애, 긴사지, 골다공증, 혈전 형성 • 치료 : 호모시스틴을 만드는 메티오닌의 함량이 적은 특수분유를 먹임
선천성 부신 과형성증	코티졸과 알도스테론 호르몬의 생성에 관여하는 효소의 결함으로 발생 • 증상 : 염분의 과다 배설로 인한 반복적 구토, 탈수, 성장장애, 남성 호르몬의 과다 생산으로 여성의 경우에는 모호한 성기를 보임 • 치료 : 부족한 호르몬 제제를 복용하면 됨

22 염색체 이상 : 상염색체 이상

증후군	염색체 이상	발생비율	주요 임상증상
Cri-du-chat (묘성증후군) 95 임용(보기)	5번 염색체 단완결손	1:50,000	① 고음의 고양이 울음과 같은 소리를 냄 (∵ 후두 결함 : 후두위축) ② 양안격리증, 소두증, 턱이 작은 소하악증 ③ 심한 지적장애(나이가 들면 더 악화)
Trisomy 13 (Patau) (파타우증후군)	13번 염색체 3개	1:4,000 ~15,000	① 구순(= 토순), 구개열(양측성) ② 귀의 기형, 소안구증, 눈의 결손 ③ 다지증 ④ 심장결손 : 심방중격결손, 심실중격결손, 동맥관개존증 ⑤ 지적장애, 조기사망
Trisomy 18 (Edward) (에드워드증후군)	18번 염색체 3개	1:3,500 ~8,000	① 귀의 기형, 소하악증, rock-bottom feet(발뒤꿈치뼈와 볼록한 둥근 발바닥), 2~3번째 손가락 겹침(집게손가락이 가운뎃손가락 위에, 새끼손가락이 넷째 손가락 위에 겹쳐 있고, 엄지손가락은 굴곡되어 있음) ② 후두돌출, 양안격리증 ③ 심장결손 : 심실중격결손, 동맥관개존증 ④ 지적장애, 성장지연, 조기사망

1 다운증후군 94,95,96 임용(보기) / 97,09,11,13,14 국시

정의	염색체 이상으로 발생, 95%가 21번 삼체성으로 총 염색체수가 47개임[47, XX(XY), +21] ** 핵형은 처음에 총 염색체 개수를 표기하고 성염색체, 염색체 구조적 변형순으로 표기 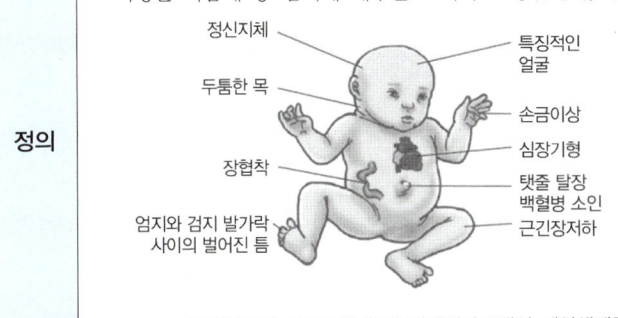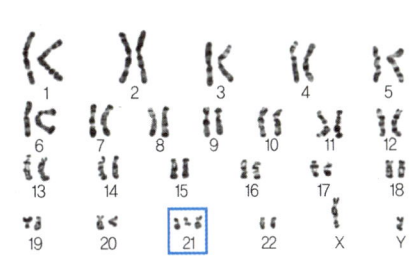 다운증후군의 대다수가 21번 염색체가 3개인 세염색체증후군이지만 소수에서는 21번 염색체가 전좌되어 발생한다.		
특징	① 신생아 : 인종과 남녀 차이 없이 800~1,000명에 1명 정도 발생 ② 사회경제적 지위와 무관함		
원인	21번 세염색체 : 92~95%	여성	35세 이후 초임부/40세 이상 고령산모일수록 발생률 높음
		남성	55세 이상인 경우
	염색체의 전위(15, 21, 22번째 염색체) : 4~6%	부모의 연령과 관련 없음 → 유전에 의함	

증상 및 징후 11,14 국시	(1) 신체 특징	① 머리 : 편평한 후두, 천문이 크고 늦게 닫힘 ② 얼굴 : 편평한 얼굴, 하악의 형성 부전	
			눈	눈 끝이 올라감, 사시나 백내장이 흔함
			코	납작한 콧대와 작은 코
			귀	작고 위축, 이륜이 접힘, 귓불이 변형되어 있거나 낮게 위치함
			입	입은 벌리고 혀는 내밀고 있음, 입안은 작고 입천장은 좁고 높음, 갈라진 혀
			치아	치아발육 지연, 불규칙한 치아모양
			목	주름이 잡힌 짧은 목, 목 피부가 과도하게 늘어져 있음
		③ 목소리 : 저음, 불명확한 발음 ④ 가슴 : 푹 꺼져 있거나 튀어나온 새가슴 ⑤ 복부 : 근육의 긴장저하로 복부돌출, 제대탈장 ⑥ 생식기	
			남아	생식기의 미발달/잠복고환/불임
			여아	사춘기 지연/불규칙한 월경
		⑦ 손과 발 : 짧고 뭉툭함	
			손	한 손 또는 양손의 단일 주름, 5번째 손가락의 만곡
			발	첫째와 둘째 발가락 사이가 벌어져 있음
		⑧ 피부 : 대리석양 피부, 피부가 건조하여 겨울에 잘 틈, 잦은 열상 ⑨ 근골격계 : 작은 키, 관절의 과도굴곡이나 신전, 이분척추 또는 늑골의 비정상, 근긴장 저하, 환추측성 기형(척추변형으로 인해 후두와 제1, 2 경추가 불안정한 것) ⑩ 면역체계 : 잦은 호흡기계 감염(좁고 짧은 유스타키오관), 백혈병이나 당뇨병 흔함	
	(2) 지능	① 중증 지능저하에서 정상 지능까지 다양 ② 대체로 경증이나 중등도의 지연	
	(3) 사회성	초기 아동기 동안 정신 연령은 대략 2~3세 수준	
	(4) 선천성 기형	① 선천성 심장질환이 가장 흔함 - 심실중격 결손, 방실관 결손이 흔함 ② 기타 : 신장발육부전, 십이지장폐색, 선천성 거대결장, 기관식도누공, 대퇴관절탈구, 제1/2 경추의 불안정	
	(5) 감각	청력상실, 사시, 근시, 안구진탕증, 백내장, 결막염	
	(6) 성장, 성발달	키와 몸무게	키와 몸무게는 성장이 느리며 일반적으로 비만함
		수명	빨리 나이 먹으며 수명이 짧음
		성의 발달	성의 발달은 연장되거나 불안정 → 남성은 불임, 여성은 임신 가능

진단 검사	검사 시기	임신 16~18주경
	검사 항목	alpha fetoprotein(AFP), 융모성선자극호르몬(hCG), 비포합 에스트리올, 인히빈A → 다운증후군 의심 시 : AFP와 에스트리올은 감소(↓), hCG와 인히빈A 증가(↑)
	주기적 검사	① 환추측 불안정은 정기적으로 검사해야 함(머리와 목에 긴장을 줄 수 있는 운동을 할 경우에는 사전에 경추 X-ray로 제1, 2 경추의 불안정 여부를 평가한 후 구르기, 트램플린 등을 해야 함) ② 대변완화제 사용 후에도 변비가 지속되는 경우에는 거대결장의 가능성 재평가
	신생아기	① 심장구조에 대한 검사 ② 갑상선 기능검사 ③ 백내장 사정, 시력과 청력의 선별검사가 필수적임
	아동, 청소년	매년 갑상선 기능검사 실시
치료 간호	호흡기 감염 예방	① 부모에게 체위배액과 타진법을 가르침 ② 아동의 체위변경(특히, 앉은 자세의 중요성을 강조) ③ 찬 습기 흡입요법 장려 ④ 비강흡인 교육 ⑤ 구강간호의 중요성 강조
	피부손상 방지	① 크림이나 로션을 사용 ② 비누사용 삼가 ③ 밖에 나갈 때는 입술에 윤활제
	자가간호 증진	① 자가간호활동 강화 ② 혀를 밀어내는 것은 음식을 거부하는 것이 아닌 것을 가족에게 설명 ③ 에너지 요구량에 따른 필요량 계산 ④ 일정한 간격으로 신장과 체중 측정 ⑤ 변비 예방
	최적의 발달 증진	① 아동과 가족을 조기 영아 자극 프로그램에 참여하게 함 ② 일정한 간격으로 아동의 발달과정 사정 : 기능상의 변화를 알아내기 위해서 자세히 기록할 것 ③ 아동을 위한 현실적인 계획 수립 도움 ④ 가능하면 빠른 시일 내에 가족이 낮 동안의 간호계획과 교육에 참여하도록 격려 ⑤ 아동이 놀이, 훈련, 사회적 상호작용에 대해 다른 아동과 같은 요구를 가지고 있다는 것 강조 ⑥ 사춘기에 들어가기 전에 아동과 부모에게 신체적 성숙과 성행위, 결혼, 가족 등에 대해 상담제공 ⑦ 최적의 직업교육 격려
	가족지지	① 지지모임, 관심과 느낌을 표현하도록 격려 ② 아이의 정상적 특징 강조

23 염색체 이상 : 성염색체 이상

1 클라인펠터 증후군 94,95 임용(보기)

정의		성염색체 이상, 정상 남아보다 X염색체가 한 개 더 많은 염색체 이상 질환(47, XXY)
특성		남아의 일차성 고환기능 부전증/남아 1,000명 중 1명 빈도
증상 및 징후	사춘기 이전 증상 : 출생 시 비정상 소견은 없음	① 하지길이 > 상지길이(양팔이 긺) ② 작은 고환 ③ 인지장애 : 잉여 X염색체(XXY)와 관련되어 다양한 정도의 인지장애 ④ 반사회적 성격장애, 정신사회 적응의 부진
	사춘기 이후 : 사춘기 이후 진단되는 경우가 많음	① 키가 큼 ② 작고 단단한 고환 ③ 여성형 유방 50~80% ④ 무정자증, 요도하열, 잠복고환 → 불임, 성욕감퇴 ⑤ 액와, 성모는 정상 또는 정상보다 감소 ⑥ 이차성징 발달 정도 다양 ⑦ 환관증형, 당뇨병, 하시모토갑상선염, 유방암, 폐질환, 정맥류 등 발생빈도 높음 ⑧ 대부분 정상정신 발달, IQ 85~90 정도로 발달함
	동반되는 기형	① 외반주, 요측골 유합증, 외반고, 함몰흉, 만지증, 짧은 4번째 중수골 ② 양안 격리증, 고딕식 구개증, 구개열, 소하악증 ③ 잠복고환, 요도하열, 이열음낭 ④ 선천성 심질환(TOF, Ebstein기형, 심실중격결손 등)
진단		① 사춘기 이후 혈중 및 소변 중 성선자극 호르몬 증가 ② 소변 중 17-Ketosteroid 배설 중등도 감소 ③ 고환 생검에서 섬유화, sertoli 세포의 소실 및 세정관의 초자화 ④ 염색체 검사 : X염색체가 많을수록 지능 박약 및 성발달 지연이 더 심함
치료 관리		① 완치되지 않음 ② 사춘기 발현 촉진을 위해 테스토스테론 투여로 남성화 치료를 시도함 ③ 여성형 유방이 문제가 될 때, 성형수술을 적용함

- **성염색체 이상의 일반적 특징**
① 여성이나 남성의 신체 유형과 Y염색체의 출현과 유무는 직접적인 관련이 있음. Y염색체는 남성적 특성을 발전시킴
② 결함의 심각성은 여분의 X염색체와는 관계가 없으나 정신적 지연은 각 X염색체 수에 따라 비례적으로 증가함
③ 1개 이상의 Y염색체는 다양한 결과를 나타낼 수 있음

2 터너증후군 94(보기), 95 임용

정의	• 여자의 일차성 난소 기능 부전증 • 성염색체 수가 1개 결손되어 XO 형태를 나타냄(45, XO)	
특성	• 여아 2,500~3,500명당 1명 발생 • 염색체 이상에 의한 저신장증 중 가장 흔한 원인	
증상 및 징후	생리적 소견	① 이차성징의 결핍 ② 유방발달이 없음 → 낮은 가슴, 넓은 유두 간격 ③ 원발성 무월경, 불임증, 난소는 없거나 흔적만 있음(난소 미성숙 상태)
	신체상 소견	① 신생아 : 손발의 부종, 목의 덧살(주름)과 저체중 ② 저신장증 : 평균 성인 신장이 140cm(뼈의 성장과정에 이상) → 3세까지는 정상 성장하나, 이후에는 성장곡선이 감소함 ③ 외반주 : 팔꿈치 밑부분의 팔이 윗부분에 비하여 바깥쪽으로 휘어져 있음 ④ 짧은 목, 두꺼워 보이는 목, 익상경(Webbed neck) 관찰 → 목 뒷부분의 낮은 두발선, 목에 주름이 많음 ⑤ 부정교합 : 어릴 적에 턱이 작고, 크고 나면 윗니와 아랫니가 고르게 맞지 않은 부정교합 발생 ⑥ 높은 구개궁(입천장이 높음)
	특징적인 3대 임상증상	① 저신장증 ② 성적발육부진 ③ 무월경
	지능	지능은 대개 정상일 수도 있으나 약간의 학습장애 동반
	동반질환	① 심장 및 신장에 선천성 기형 ② 비만, 당뇨병 및 갑상선질환 ③ 잦은 중이염으로 청력감퇴
진단	① 8세 이후 및 사춘기 연령에서 성선자극호르몬 혈중, 소변농도가 뚜렷하게 상승 ② 골연령은 대개 정상임, 드물게 지연되기도 함 ③ 염색체 검사 : 성염색체 이상 확인	
치료 관리	목적	성장장애 및 성적발달장애를 교정하는 것으로, 완치되지 않음
	에스트로겐 투여	2차 성징 발현시기(12~14세)에 투여하여 성장발달과 월경촉진, 그러나 불임은 지속됨
	성장호르몬 투여	① 저신장에 대한 치료로 매일 피하로 투여 ② Oxandrolone(Anabolic steroid) 동시 투여 시 더 효과적임 ③ 성장호르몬 부작용 관찰 : 갑상선 기능검사와 당화혈색소 검사 ④ 주기적 호르몬 투여, 정상적인 삶 영위가능
	성교육, 심리상담	매우 중요함

유전질환의 특성

구분	특성
상염색체 우성 유전 특성 │ │ + │ − │ │ + │++ │+− │ │ + │++ │+− │ 부모 1 : +−(질병 가진 이형접합체) 부모 2 : ++(정상배우자) ➡ 자녀 50% 질병(+−), 　　 50% 정상(++)	• 남성, 여성 모두에서 같은 빈도로 나타남 • 돌연변이 대립유전자의 외가닥으로도 증상발현을 일으키는 데 충분하기 때문에 보인자는 존재하지 않음 • 대립유전자의 동형접합체는 이형접합체보다 더 심각하게 영향을 받음 • 새로운 우성 돌연변이가 아닐 경우, 다음 세대에 연속해서 형질이 나타남 • 돌연변이 유전자를 자손에게 전달할 확률은 50%임 • 돌연변이 대립유전자의 침투성이 100%라면 가계 내에 정상 형질을 가지고 있는 사람은 돌연변이 대립유전자로부터 자유롭고 자손에게 형질을 유전하지 않음 　예 연골 무형성증, 신경섬유종증, 마르판증후군 등
상염색체 열성 유전 특성 │ │ + │ − │ │ + │++ │+− │ │ − │−+ │−− │ 부모 1, 부모 2 : +−(두 이형접합체 보인자) ➡ 자녀 25% 정상(++), 　　 50% 보인자(+−), 　　 25% 환자(−−)	• 남성, 여성 모두에서 같은 빈도로 나타남 • 보인자 상태가 있으며, 남녀 모두 보인자가 될 수 있음 • 여러 세대에서 질병 발생이 드묾. 이환된 자녀를 가진 세대의 구성원들은 보통 증상이 없는 (이형접합체) 보인자임 • 부모가 보인자일 때 자녀가 이환될 확률은 25%이고, 50%는 자녀가 보인자임 • 자녀가 드문 열성 질병에 이환되었을 때 부모 혈연이 요인일 것임 　예 지중해 빈혈, 선천성 부신과형성증, 겸상적혈구 빈혈, 갈락토스혈증 등
반성 열성유전 특성 │ │ X │ X │ │X⁻│X⁻X│X⁻X│ │ Y │ XY │ XY │ 부 : X⁻Y(환자), 모 : XX(정상) ➡ 모든 딸 : X⁻X(보인자) 　 모든 아들 : XY(정상)	• 발생은 대부분 남성에서 나타남. 여성은 매우 드묾 • 남성이 자신의 Y 염색체를 아들에게 전달함. 따라서 아버지로부터 아들로의 X연관성 특성의 전달은 몇 가지 드문 경우를 제외하고는 불가능함 • 모든 딸들은 보인자(이형접합체)가 됨 • 어머니가 보인자인 경우 아들의 50%가 발병하고, 딸의 50%가 보인자가 됨 　예 X연관성 열성질병에는 혈우병 A와 B, 뒤시엔느 근이영양증 등
반성 우성유전 특성 │ │ X │ X │ │X⁻│X⁻X│X⁻X│ │ Y │ XY │ XY │ 부 : X⁻Y(환자), 모 : XX(정상) ➡ 모든 딸 : X⁻X(환자) 　 모든 아들 : XY(정상)	• 남녀 모두 이환될 수 있으며, 보통 여성은 남성에 비해 증상이 경미함 • 이환된 남성은 아들에게 결실된 대립형질을 전달하지 않음 • 이환된 남성의 모든 딸들은 이환되고, 이환된 딸은 그녀의 아들과 딸에게 결실된 대립형질을 전달할 확률이 50% 　예 X연관성 우성질병에는 저인성 비타민 D 불응성 구루병과 색조 실조증 등

02 안전과 사고관리

영역	기출영역 분석
아동기 안전사고의 원인 및 유형	학령기 아동에게 사고위험이 높은 이유를 발달특성과 관련하여 설명 2005 ※ 학교보건 : 환경관리, 안전과 폭력사고 예방관리(임수진 보건임용 1권, 269쪽 참고)
사고예방을 위한 안전한 방법	초등학생 발달특성과 관련하여 학교복도와 계단에서의 낙상예방 방안 2010 ※ 학교보건 : 환경관리, 안전과 폭력사고 예방관리(임수진 보건임용 1권, 270쪽 참고) 가정에서의 전기사고 예방을 위한 전기기구 취급 시 주의사항 2005 ※ 학교보건 : 환경관리, 안전과 폭력사고 예방관리(임수진 보건임용 1권, 272쪽 참고)
아동의 사고에 따른 간호수행	
아동응급처치의 원칙 및 올바른 응급처치	학교 응급환자 발생 시 가장 먼저 취해야 할 지침 : 교직원 행동강령 2011 ※ 응급간호 : 응급처치기본원리 – 응급환자의 분류 및 긴급이송(임수진 보건임용 2권, 190쪽 참고)

✓ 학습전략 Point

1st	학령기 아동에게 사고위험이 높은 이유	학령기 아동의 발달특성과 관련하여 사고위험이 높은 이유를 학습한다.
2nd	안전사고 예방법	사고를 예방하기 위한 전기기구 사용법, 안전한 자전거 타기 등의 구체적인 방법을 학습한다.

한눈에 보기 — 안전과 사고관리

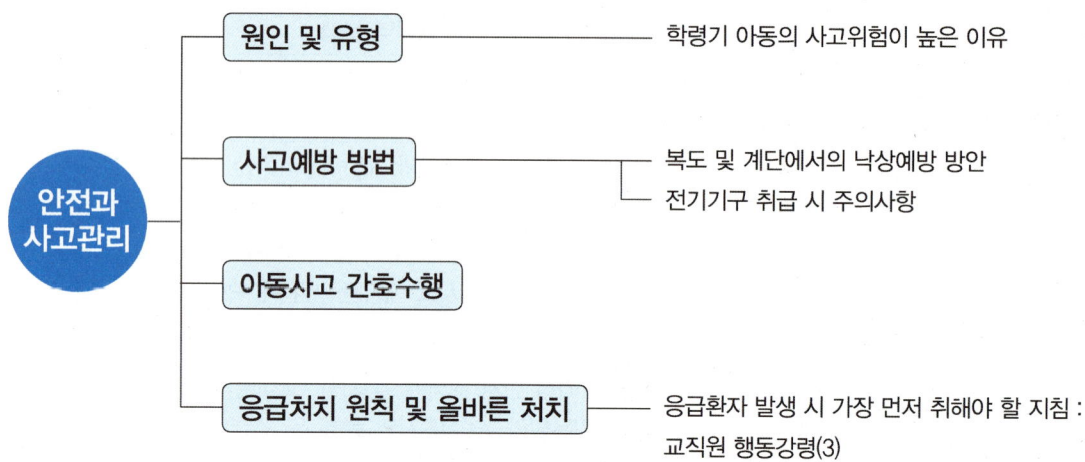

05-10. 초등학교 보건교사가 안전사고 예방교육을 계획하고 있다. 효과적인 교육을 위해서는 발달특성에 대해 이해가 필요하다. 학령기 아동에게 사고위험이 높은 이유를 발달특성과 관련하여 5가지만 쓰시오.

05-18. 보건교사가 가정에서의 전기사고에 대한 안전교육을 위해 교육자료를 만들고자 한다. 교육자료에 포함되어야 할 전기기구 취급에 관한 주의사항을 8가지만 쓰시오.

10-주관식 01. 다음 사례를 읽고 물음에 답하시오.

> 다음은 **초등학교에서 발생한 상황이다. 신장과 체중이 정상발달 상태에 있는 5학년 남학생 철수는 평소 건강하게 지내며 학교생활에 잘 적응하고 있다. 오늘 2교시를 마치고 쉬는 시간에 과학실을 가기 위해 계단을 한번에 2~3칸씩 내려가다가 미끄러져 넘어지면서 계단 아래 바닥에 떨어지게 되었다. 철수는 혼자 일어나려고 애썼으나 도저히 일어날 수 없었고 이를 발견한 친구들이 도와서 교실까지 오게 되었다. 교실에 도착한 철수의 상태를 담임교사가 알게 되어 즉시 보건교사에게 보내졌다. 철수는 제대로 걷지 못하고 한쪽 다리에 의지해 양쪽에서 보건교사와 친구들의 부축을 받으면서 보건실에 도착했다.
> 보건교사가 철수의 신체검진을 일부분 실시하였고 그 결과는 다음과 같다.
>
> * 의식상태 : 명료하다.
> * 지남력 : 시간, 장소, 사람에 대하여 분명하게 인식한다.
> * 활력증후 : 맥박은 90회/분, 호흡은 22회/분, 혈압은 105/60mmHg이다.
> * 두경부 : 두피에 병변이 없으며 두개골이 정상이다.
> * 팔과 어깨 : 양팔을 올릴 수 있고 어깨는 대칭적이다.
> * 복부 : 부드럽고 압통은 없다.
> * 기타 : 외관상 골조직이 외부에 노출되어 있지 않다.

보건교사가 철수의 다리 부위가 골절되었음을 의심한다면 더 확인해야 할 신체사정내용과 철수에게 시행해야 할 응급처치를 기술하고 초등학생의 발달특성과 관련하여 학교복도와 계단에서의 낙상예방을 위한 방안을 제시하시오.

11-주관식 04. 다음의 사례를 읽고 학생에 대한 간호사정 7가지와 간호중재 6가지를 서술하고, 학교 응급환자 발생에 대한 교직원 행동강령에 비추어 보건교사가 학생에 대해 가장 우선적으로 취해야 할 지침 3가지를 서술하시오.

> 한국고등학교 2학년에 재학 중인 학생은 올해 18세로 건강 상태가 양호하고 성격이 활달하며 교우들과 학교생활도 원만하게 잘 지내고 있었다. 그런데 11월 27일 오전 11시 조리 실습 시간에 실습 도중 학생이 끓는 물에 화상을 입는 사고가 발생하였다. 담당 교사는 즉시 보건실로 응급 상황을 알리고 연락을 받은 보건교사가 조리 실습실로 왔다.
> A 학생은 겁에 질린 표정으로 담당 교사와 친구들의 도움을 받아 화상을 입은 왼쪽 손과 팔은 찬물에 담그고, 허벅지는 찬 물수건으로 덮고 있었다. A 학생은 심한 통증을 호소하였고 왼쪽 손등에는 물집이 여러 개 있었으며, 상의는 남방셔츠, 하의는 교복 치마에 긴 양말을 신고 있었다.
> 보건교사가 확인한 화상 부위는 왼쪽 손을 포함한 팔 전체의 2/3, 왼쪽 다리 앞면 1/2로 그림과 같다.

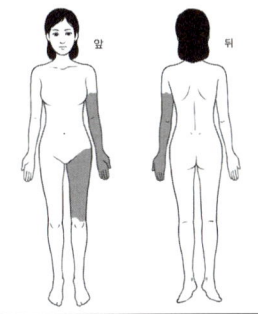

03 소아질환의 간호

영역			기출영역 분석		페이지
통증관리가 필요한 아동 사정, 진단 및 간호수행	통증이해		관문통제이론 2013		129
		통증의 유형	체강성 동통의 특성 1994		133
			수술 후 환상통을 가장 많이 호소하는 환자 1995		
	통증사정 도구		PQRST 통증사정 2013		135
			Eland 색상 척도(Color Tool) 2012		
			CRIES 통증 척도(CRIES Pain Scale) 2012		
			포커칩 척도(Poker Chip Tool) 2012		
			소아청소년 통증 척도(Adolescent Pediatric Pain Tool, APPT) 2012		
	통증관리		기초적 통증관리		139
			비약물적 관리		
		약물적 관리	마약성 진통제		142
			아세트아미노펜 2021		
			NSAIDs	diclofenac의 작용기전과 이와 관련된 주요 부작용 2013	
				Ibuprofen의 약리 작용과 식후 30분에 복용하도록 한 이유 2017	
				비선택적 COX 억제제와 비교 시, 선택적 COX-2 억제제 장점 (위장관계 관련) 2021	
	두통	일차성 두통	긴장성 두통, 열성 두통, 편두통 1992		146
		이차성 두통	고혈압성 두통의 특성 – 부위, 호발시기 등 1992		
		두통 발생 시 보건교사가 제공할 수 있는 간호중재 5가지 2005			
	복통	복통의 신체사정 방법	5가지 방법에 따른 구체적인 내용 2000		151
			대상자 자세, 검진순서, 촉진순서, 타진방향 2009		
		복통완화를 위한 간호중재 6가지 2000			
		만성재발성 복통의 특성 1996			
	요통		요통예방법 2022		156
	성장통		특성 – 움직이면 통증 사라짐 1996		158
소아질환 개론	아동간호의 발전		성인의 질병과 아동의 질병을 구분하여 치료하도록 권장한 사람 – 셀서스 1994		159
			영아 후기 사망의 주원인 – 감염증, 사고 1992		160

✓ 학습전략 Point

1st	관문통제이론	관문통제이론의 주요개념을 이해하고, 이에 근거한 구체적인 통증관리법을 학습한다.
2nd	통증사정도구	대상자의 특성에 따라 적용 가능한 통증사정도구를 학습하고, 각 사정도구별로 사정방법과 사정내용을 학습한다.
3rd	통증관리법	두통, 복통, 요통, 성장통 등에 적용 가능한 구체적인 통증관리법을 학습하고, 진통제의 약리기전을 학습한다.

한눈에 보기: 소아질환 간호

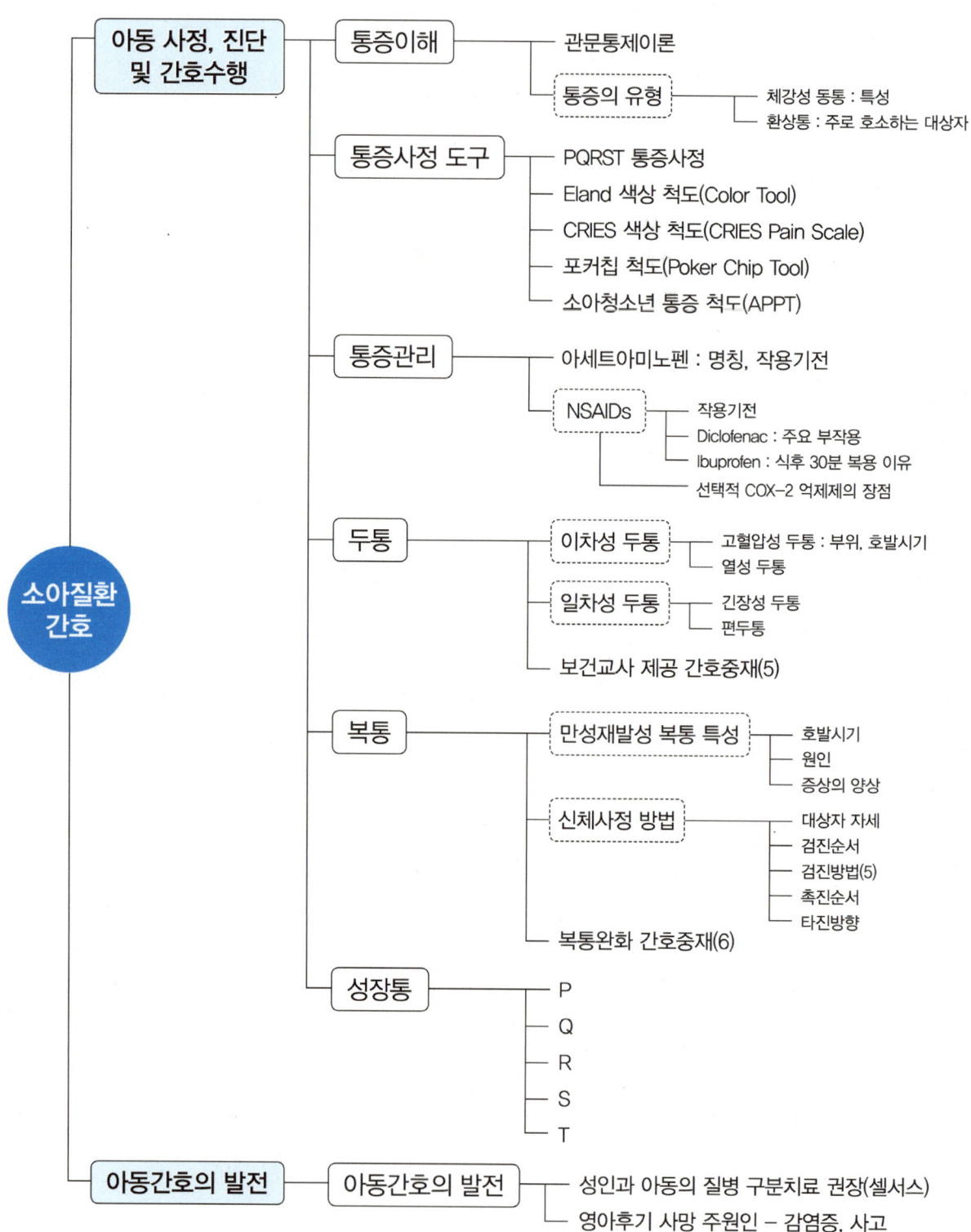

13-주관식 01.
보건교사가 아래 김○○ 학생의 통증을 사정하고자 할 때 포함해야 할 항목을 5가지 제시하시오. 그리고 진동 마사지기 적용이유를 관문통제 이론(gate control theory)에 근거하여 설명하시오. 또한 학생이 처방받은 비스테로이드 소염제(non-steroidal antiinflammatory drug, NSAID)인 diclofenac의 작용기전을 기술하고, 이 기전과 관련된 주요 부작용 1가지를 설명하시오.

보건상담 기록부

학년/반	2학년 7반	성명	김○○
성별	여	나이	15세
상담일	2012. 10. ○○. 오전 10시 30분		
주 호소	오른쪽 허리 통증		
처치 내용	1) 진동 마사지기를 적용함. 2) 처방받은 diclofenac을 투여함.		

94-70.
체강성 동통에 대한 설명으로 가장 알맞은 것은?
① 염증성 질환의 대부분에서 나타난다.
② 내장의 경련이나 가스로 인한 동통이다.
③ 동통은 복부의 중앙을 중심으로 발생한다.
④ 복벽의 긴장과 복부 압통이 증가된다.

95-70.
수술 후 환상통을 가장 많이 호소하는 환자는?
① 뇌수술을 한 환자
② 척추수술을 한 환자
③ 위장관 수술을 한 환자
④ 사지절단 수술을 한 환자

12-26.
통증을 호소하고 있는 민 군(4세)의 통증사정도구로 적합한 것만을 〈보기〉에서 있는 대로 고른 것은?

〈보기〉
ㄱ. Eland 색상 척도(Color Tool)
ㄴ. CRIES 통증 척도(CRIES Pain Scale)
ㄷ. 포커칩 척도(Poker Chip Tool)
ㄹ. 소아청소년 통증 척도 (Adolescent Pediatric Pain Tool, APPT)

17-A1.
다음은 보건일지의 일부이다. 보건교사가 이○○ 학생에게 아세트아미노펜(acetaminophen)이 아닌 이부프로펜(ibuprofen)을 투여한 것은 이부프로펜(ibuprofen)의 어떤 약리 작용 때문이며, 식후 30분에 복용하도록 한 이유는 무엇인지 순서대로 쓰시오.

〈보건일지〉
2016년 ○○월 ○○일   ○○중학교

번호	학년-반	성명	건강 문제	조치 사항
1	3-3	박○○	머리가 지끈거리고 아픔.	아세트아미노펜 500mg을 복용하도록 함.
2	3-5	이○○	편도가 부어 있고, 음식물을 삼킬 때 통증이 있으며, 체온이 37.7℃임.	이부프로펜 200mg을 식후 30분에 복용하도록 함.

… (하략) …

22-B7.
다음은 보건교사와 동료교사와의 대화 내용이다. 〈작성 방법〉에 따라 서술하시오.

동료교사 : 안녕하세요? 선생님. 제 남동생이 무거운 것을 옮기는 일을 하면서 허리가 아프다고 하더니 최근, ㉠건강진단 결과 C_2를 받았다고 해요. 그것이 무슨 의미인가요?
보건교사 : 그러시군요. C_2는 근로자 건강관리구분에 의하면 (㉡)을/를 의미합니다. 동생분은 이에 대한 사후 관리를 받으시겠네요.
동료교사 : 그런데 남동생이 일하는 사업장은 규모가 작아서 회사에서 사후 관리를 받는 것은 어렵다고 하네요.
보건교사 : (㉢) 미만 소규모 사업장의 경우, 근로자 건강센터 등을 통해 전문 건강 상담 등 다양한 직업건강 서비스를 받을 수 있습니다.
동료교사 : 그렇군요. 동생이 직장을 그만 둘 수도 없고…… 작업 시 주의사항이 있을까요?
보건교사 : 네. ㉣항상 신체 선열이 유지되도록 노력해야 해요. 작업 자세를 자주 바꿔서 같은 자세를 오래 유지하지 않는 것이 좋습니다. 그리고 허리를 굽힌 상태에서 회전 동작을 금합니다. 물건을 옮길 때에는 무릎 관절의 힘보다 허리 관절의 힘을 이용해야 해요.
동료교사 : 좋은 정보 감사합니다.

〈작성 방법〉
○ 동료교사 남동생의 밑줄 친 ㉠의 주기를 제시하고, 괄호 안 ㉡의 의미를 고용노동부고시 제2021-33호(2021. 4. 14., 개정)에 근거하여 서술할 것.
○ 괄호 안 ㉢의 내용을 제시할 것.
○ 밑줄 친 ㉣에서 잘못된 문장을 찾아 바르게 고쳐 쓸 것.

21-B8.
다음은 고등학교 보건교사가 약물요법 교육을 위해 준비한 지도안의 일부이다. 〈작성 방법〉에 따라 서술하시오.

교육 지도안

일시	○월 ○일 ○시
대상	1학년 5반 20명
수업단원	Ⅲ. 통증관리를 위한 약물요법
수업목표	통증관리를 위한 약물요법에 관하여 설명할 수 있다.
교육 내용	1. 약물-수용체 상호작용 　○ ㉠ 작용제(agonist) 　○ ㉡ 대항제(antagonist) 　　… (중략) … 2. 통증관리를 위한 약물요법의 종류 　○ 비마약성 진통제 　• (㉢): 안전한 비마약성 진통제로서 프로스타글란딘의 합성을 억제하여 진통 효과를 나타내고, 체온조절 중추에 직접 작용해 해열 작용을 나타내지만 항염증 효과는 거의 없음. 　• 비스테로이드 소염제: 시클로옥시게나아제(cyclooxygenase, COX)라는 효소의 작용을 억제함으로써 프로스타글란딘의 생성을 방해하여 진통작용을 나타냄. 　　- 비선택적 COX 억제제 　　　예) ibuprofen 　　- ㉣ 선택적 COX-2 억제제 예) celecoxib 　○ 마약성 진통제 　　… (하략) …

〈작성 방법〉
- 밑줄 친 ㉠, ㉡의 약리작용 기전을 순서대로 서술할 것.
- 괄호 안의 ㉢에 들어갈 약물의 명칭을 일반명으로 쓸 것.
- 비선택적 COX 억제제와 비교할 때, 밑줄 친 ㉣의 장점을 위장관계(gastrointestinal system)와 관련하여 제시할 것.

92-25.
〈보기〉의 특징이 있는 두통은?

〈보기〉
- 후두부에 강한 두통이 생긴다.
- 아침잠에서 깨어날 때 심하다.
- 낮에는 점점 사라지는 경향이 있다.

① 고혈압성 두통
② 긴장성 두통
③ 열성 두통
④ 편두통

05-11.
주위에서 흔히 볼 수 있는 증상 중 하나인 두통의 원인은 매우 다양한 것으로 알려져 있다. 가끔 두통 때문에 보건실을 방문한 적이 있는 한 여학생이 두통을 호소하며 보건교사를 찾아왔다. 두통 발생 시 보건교사가 제공할 수 있는 간호중재를 5가지만 쓰시오.

96-51.
성장통에 대한 설명으로 옳은 것은?
① 대개 아침에 나타난다.
② 움직일 때 통증이 사라진다.
③ 아픈 곳을 만지면 싫어한다.
④ 어린이가 아픈 데를 정확하게 가리킨다.

00-06.
복통을 호소하는 학생이 보건실을 방문하였다. 다음의 질문에 답하시오.
6-1. 복통의 신체사정(assessment) 방법 5가지를 제시하고 각 방법에 따른 구체적인 내용을 설명하시오.
6-2. 보건교사가 복통 완화를 위해 실시할 수 있는 간호중재에는 어떠한 것들이 있는지 6가지 이상 제시하시오.

09-02.
복부의 신체검진 방법으로 옳은 것을 〈보기〉에서 고른 것은?

〈보기〉
㉠ 통증 부위를 가장 나중에 촉진한다.
㉡ 대상자의 팔을 옆으로 붙이게 한다.
㉢ 시진, 청진, 촉진, 타진의 순서로 검진한다.
㉣ 대상자는 무릎을 편 자세로 앙와위를 취하게 한다.
㉤ 타진은 우상복부부터 시작하여 시계방향으로 진행한다.

92-46.
영아 후기 사망의 주 원인은?
① 출생 시 손상
② 선천성 기형
③ 감염증과 사고
④ 호흡장애

96-29.
만성재발성 복통의 설명 중 옳지 않은 것은?
① 복통의 방사는 없다.
② 사춘기에서 흔히 볼 수 있다.
③ 학동기 아동의 10% 정도가 경험한다.
④ 대부분은 기질적 원인에 의한다.

94-46.
성인의 질병과 아동의 질병을 구분하여 치료하도록 권장한 사람은?
① 소크라테스(Socrates)
② 루소(Rousseau)
③ 셀서스(Celsus)
④ 하베이(Harvey)

1 관문통제이론

1 통증의 이해

통증의 정의	제5번째 활력징후로, 실제적이거나 잠재적인 조직 손상과 관련된 불쾌한 감각적 정서적 경험
통증완화에 대한 표준 (JCAHO)	미국의 Joint Commission on Accreditation of Healthcare Organization(미국, JCAHO)의 통증완화에 대한 표준에서는 환자는 가능한 한 최선의 통증완화에 대한 권리를 가지며, 급성통증을 예방하거나 감소하기 위한 평가는 가장 우선순위가 높음을 강조하고 있음 ① 통증완화는 환자 간호의 중요한 부분이며, 의료인은 환자의 통증호소에 신속하게 반응할 필요가 있음을 초기 평가 시에 환자에게 알려준다. ② 초기 평가와 정기적 사정 시 환자에게 통증의 유무, 통증의 질과 강도에 대해 질문하고 환자의 자가보고를 통증의 일차적인 지침으로 활용한다. ③ 통증완화를 위한 목표의 정렬, 계획의 수정과 수행을 위해 환자 및 타의료인과 협력한다. ④ 통증이 완화되지 않는 환자의 간호계획을 검토하고 수정한다.
통증역치	통증을 느끼게 하는 최소한의 자극(통증의 시작점)
통증내성	통증완화를 위한 중재없이 통증을 견디는 수준(참을 수 있는 최대통증수준)

2 통증의 생리(수용/변환 → 전달 → 지각 → 조절 → 감작) 🔑 용변 전 지 절 감

병태생리 그림 – 통증지각

① 통각수용기(조직 손상 부위의 자유신경 말단) : 특화된 신경섬유를 통해 척수로 정보를 전달함
② 신경섬유

C-신경섬유	• 무수초 신경섬유 • 만성 통증뿐만 아니라 둔한, 타는 듯한, 광범위 통증도 천천히 전달함
A-delta 신경섬유	• 작고 유수초인 신경섬유 • 날카로운, 국소적인 통증을 빠르게 전달함 • 통각수용기는 물리적, 열적, 화학적 손상으로부터 자극을 받음
생화학적 매개물질	• 브라디키닌, 프로스타글란딘, 류코트리엔, 히스타민, 카테콜아민, 서브스탠스 P 등은 조직 손상에 대한 반응으로 생성됨 • 통증 자극이 신경 말단에서부터 척수까지 이동하도록 도와줌

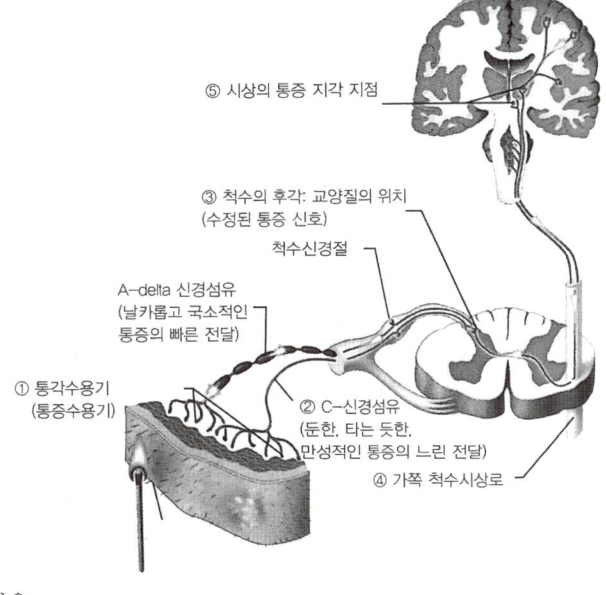

③ 척수 후각의 교양질 : 감각 정보가 척수 후각의 교양질에 도달한 후에, 통증 신호는 뇌 혹은 말초신경계에서 오는 다른 자극의 존재에 따라 바뀔 수 있음
④ 척수시상로 : 통증 신호는 가쪽 척수시상로를 따라 지각이 일어나는 뇌의 시상으로 전달됨
⑤ 통증지각 및 조절 : 감각이 뇌에 도달하면 대뇌피질의 체성감각 영역에서 통증을 해석하며, 감정과 동기 등을 담당하는 대뇌변연계가 관장한 정서적 반응은 인지된 통증의 강도를 높이거나 낮출 수 있음

변환 (수용)	통증수용기 (= 통각수용기)	정의	무수 혹은 약간의 유수 구심신경원들의 자유신경 말단
		분포	• 통증수용기는 피부와 점막에 광범위하게 위치 • 내장, 관절, 동맥벽, 심부조직 구조에는 덜 분포함
		기능	• 통증수용기는 일련의 분자수용기를 가지며, 그 분자수용기들을 넓은 범위의 유해한 혹은 잠정적으로 유해한 자극에 반응할 수 있게 함 • 통증수용기 활성화는 말초에서 유해자극이 활동전위로 바뀌어 신경섬유를 활성화하여 그 자극을 중추신경계로 보냄
	통각수용기 활성화	① 손상된 조직에서 bradykinin, prostaglandin, histamine, substance P, cytokine 유리	
		Bradykinin	• 모세혈관의 확장과 투과성을 증가시킴 • 통증정보가 뇌에 도달되기 전에 손상된 부위에서 통증의 화학적 작용에 중요한 역할을 함 • 히스타민의 방출을 유도하고, 히스타민과 결합하여 발적, 부종, 통증을 유발함
		Prostaglandins	• 중추신경계에 통증자극을 보내는 호르몬과 비슷한 물질
		Substance P	• 국소조직에 직접적으로 영향을 주어 염증반응 및 증상과 관련됨 • 통증수용기 부위에서 자극제로 작용함 • 통각의 전달물질로 척수후각의 통증 뉴런에서 상위의 뇌로 통증흥분을 전달함
		② 무산소 조직은 통증을 유발하는 화학물질 유리 ③ 통각수용기를 활성화시키거나 감작시킴(물질이 유해자극 수용기를 민감하게 함 → 수용기 활성화 → 활동전위 일으킴) ④ 조직의 부종은 인접조직에 있는 통각수용기에서 기계적 자극인 압력을 유발함으로써 통증을 일으킴	
전달	신경섬유	통증자극은 다음 두 신경섬유에 의해 척수에 전달됨	
		A-delta 섬유	• 빠르게 전도되는 얇은 수초를 가진 섬유 • 통증은 '날카로운', '찌르는 듯한'과 같이 기술되는 국소적 통증을 전달함
		C 섬유	• 느리게 전도되는 무수초 섬유 • 통증은 '타는 듯한', '둔한', '쑤시는 듯한'으로 기술되는 더 광범위한 통증을 전달함
	원발성 구심 신경섬유	① 후근을 통해 척수로 들어가서 후각, 특히 후각의 아교질(SG, 교양질)에서 6개의 상호 연결된 수준 혹은 판(laminae)내에서 제2신경원으로 연접함 ② 척수후각의 아교질(substancia gelatinosa, SG)은 통각의 투입을 조절하기 위한 주요 부분임 ③ Substance P는 원발성 구심섬유에 의해 척수후각의 아교질 내 시냅스에서 유리됨, 이는 척수후각에서 제2신경원을 활성화시키는 통증자극의 중요 신경전달물질임	
	제2신경원	제2신경원은 척수의 후각에서 투사신경원과 시냅스를 이룸. 이후 통증자극은 척수를 개재뉴런 위로 교차해서 상행척수로와 연결됨	
	상행로	① 통증자극을 위한 가장 중요한 상행로는 척수의 전각에 위치하고 있는 척수시상로와 척수망상체로임	
		척수시상로	특이적 체계로 자극의 특성과 위치에 대한 정보를 해석하기 위해 시상과 대뇌피질(체성감각부위)까지 운반함
		척수망상체로	뇌간과 시상일부까지 가는 척수망상체로로 전달된 자극은 자율신경반사와 변연계(동기적-감정적) 반응을 활성화시킴
		② 통증의 최종지각은 하행억제체계의 활성화에 관련해 상행로에서 신경세포 자극의 조절에 의존함	

지각	대뇌피질	① 대뇌피질의 4가지 주요영역(도피질, 전대상피질, 원발성 및 이차성 체성감각피질)은 상행로에서의 통증신호에 의해 활성화되는 곳으로 알려져 있음 ② 4가지 주요영역들은 전뇌의 다른 영역과 더불어 상호작용하여 통증자극과 통증기억의 근육운동성 통합뿐만 아니라 통증의 감각적-차별적, 동기적-감각적, 그리고 인지적 측면을 생성함 ③ 특히 도피질(측두엽 안쪽)은 통증뇌증의 감각적, 감정적, 인지적 요소들의 통합을 위한 주요소임
조절	아편수용기	① 자연발생의 내인성 모르핀형 펜타펩티드(met-enkephalin, leu-enkephalin)는 엔도르핀(endorphins)으로 분류됨 ② 엔도르핀은 신경전달물질인 물질P의 유리를 억제하기 위해 시냅스하기 전에 작용함으로써 또는 통증자극의 전도를 억제하도록 시냅스한 후에 작용함으로써 통증을 억제함 ③ 엔도르핀은 뇌의 기저핵, 시상, 중뇌, 척수후각 등에서 고농도로 발견됨
	하행척수로	① 시상에서 중뇌와 연수를 거쳐 척수후각까지의 하행척수로는 통증억제자극을 수행함 ② serotonin, norepinephrine, endorphins : 하행섬유에 의해 유리되어 시냅스전에 신경전달물질의 유리를 억제하여 제2신경원에 전달되지 않게 됨 ③ gamma-aminobutyric acid, glycine : 척수에서 발견되는 억제 아미노산으로 시냅스 전에 작용하여 신경전달물질 유리를 억제함 🔸 TENS나 침술과 같은 치료방법은 내인성 아편유사제 진통을 활성화시킬 수 있음

③ 통증 전달 이론

감성이론	개요	통증은 감정이고 그 강도는 포함된 부분의 의미에 따라 다름
	제한점	생리적 측면을 포함하지 않음
특수성 이론	개요	특수한 통증수용기는 자극을 신경통증경로를 통해 뇌로 방출함
	제한점	통증인지와 반응 다양성의 심리적 측면을 설명하지 못함
양상이론	개요	통증은 자극강도의 혼합된 효과와 척수후각에서 자극의 합산으로부터 생김
	제한점	심리적 측면을 설명하지 못함
관문통제 이론	① 통증자극은 전달을 허용하거나 방해하는 척수후각의 아교질에서의 관문기전에 의해 조절될 수 있음 ② 관문요인은 빠르게 혹은 느리게 전도하는 신경섬유 위로 전달되는 자극의 효과(상행전도조절)와 뇌간과 피질로부터 하행하는 자극의 효과(하행전도조절)를 포함함 |||

		상행전도 조절	대섬유 자극	마사지나 경피적전기신경자극(TENS)으로 생성되는 것과 같은 큰 비침해수용성 원발성 구심신경원(A-베타)의 증가된 활동성이, 작은 침해수용성 구심신경원(A-델타와 C)에 의해 척수후각의 아교질 세포로 운반되는 통증메시지를 감소시킬 수 있음
		하행전도 조절	신경전달물질	통증전달은 엔케파린, 세로토닌, 노르에피네프린 등의 신경전달물질을 포함한 하행억제에 의해 차단될 수 있음
			동기적-감정적 및 감각적-차별적 작용	동기적-감정적 및 감각적-차별적 작용을 위한 중추인 뇌간에 보내진 자극은 피질에서 인지 또는 평가에 영향을 줄 수 있음
			통증의 의미와 관련된 인지과정	• 유해자극이 과거경험, 문화, 기대, 감정 등의 기질인, 이미 활성화된 신경계로 들어간다는 것을 강조하였음 • 통증의 의미와 관련된 인지과정은 중뇌와 대뇌피질에서 감각투입에 선택적으로 작용하여 하행로를 통해 후각까지의 통증전달에 영향을 미침 • 결과적으로 통증의 양과 질은 과거의 통증경험 및 통증의 원인과 결과에 대한 개념 등의 요인에 의해 영향을 받음

관문통제 이론	③ 관문통제이론에 근거한 통증에 영향을 미치는 요인		
	부위	관문 닫기(전달차단)	관문 열기(전달허용)
	신경섬유	• 크고 빠른 수초화된 A-베타, A-알파 섬유 • 영향받지 않은 피부영역 자극 예 마사지, 열/냉 요법, 허브연고 도포, TENS	• 느리고 작은 A-델타, C섬유 • 영향받은 피부영역의 자극 예 자외선에 탄 피부
	뇌간(하행경로)	• 엔도르핀 효과 • 충분하거나 최대 감각투입 예 음악, 게임, 최면, 율동적 호흡법, 유도 심상법, 전환법	• 엔도르핀 효과 없음 • 불충분한 감각 투입 예 단조로움
	피질	과거경험, 통증조절 예 정보제공, 교육	과거경험, 감정불안

4 통증 반응

		증상 및 징후	기전
생리적 반응 21 국시	교감신경자극 (중정도 이하의 통증과 표재성 통증)	기관지 확장과 호흡수 증가	더 많은 산소흡입을 위해
		심박동 증가	더 많은 산소운반을 위해
		말초혈관 수축으로 창백, 혈압상승	말초와 장기에서부터 골격근과 뇌까지 혈액공급의 이동으로 혈압상승
		혈당 증가	부가되는 에너지 제공을 위해
		발한	스트레스 동안 체온조절을 위해
		근긴장도 증가, 동공확대, 위 운동·장 운동 감소	활동을 위한 근육준비, 보다 좋은 시력, 더 조속한 활동을 위한 에너지 유발
	부교감신경자극 (심부통증)	창백	말초까지 혈액공급 부족으로 인함
		근육긴장	피로의 결과
		심박동 및 혈압하강	미주신경 자극
		빠르고 불규칙한 호흡	장기간 통증 스트레스로 신체방어가 나빠지기 시작
		오심, 구토	위 기능의 회복
		무력, 탈진	신체에너지의 소모
행위적 반응	매우 다양하게 나타날 수 있음 ① 이 악물기 ② 아픈 부분을 움켜잡거나 자세를 구부리는 모습 ③ 얼굴 찡그리기 ④ 울거나 신음소리내기 등		
정서적 반응	과장된 울음과 불안정, 철회, 냉정, 우울, 불안, 공포, 분노, 식욕부진, 피로, 절망감 등		

2 통증의 유형

① 급성통증과 만성통증의 비교(통증의 지속시간에 따른 분류)

특징	급성통증	만성통증
시작	대체로 급성적	급성적이거나 잠행적으로 진행됨
기간	일시적(3개월 미만)	지속적(수개월~수년)
통증위치측정	통증 대 비통증 영역이 잘 구분됨	통증 대 비통증 영역이 잘 구분 안 됨 : 강도평가가 어려움(감각변화)
임상증상	교감신경 과다활동 증상, 동공확대	대체로 활력징후 변화 없음(적응)
목적	뭔가 이상 있음을 경고	의미 없음, 목적 없음
양상	자체 제어식, 쉽게 고쳐짐	지속적, 간헐적 : 강도가 변하거나 일정함
예후	최종적으로 완전한 완화가능	대체로 완전한 완화불가

② 통증의 유형

(1) 기원에 따른 분류

종류		정의	특성	예
체성 통증	표재성 통증	• 피부나 피하조직에서 오는 통증	• 지속기간이 짧고, 국소적 • 보통 날카로운 감각(작열감, 표피에서 느껴짐) • 대개 발현위치가 정확함 • 연관통 없음	• 유발자극 : 절개, 찰과상, 고온, 저온, 화학제품 • 바늘에 찔림 • 작게 베거나 열상
	심부 통증 94 임용	• 근육, 관절, 인대, 건, 심부근막, 혈관, 신경 등에서 발생하는 통증	• 오래 지속 • 욱신거림, 억누르는 통증 • 둔하고 한계가 분명치 않음 • 주위로 퍼지는 특성이 있음 • 복벽의 긴장과 복부압통이 증가됨 • 광범위하게 시작	• 유발자극 : 압력, 열, 허혈, 위치의 이탈 등 • 골관절염 통증, 근막 통증, 근육통 • 두통
장기통증 (= 내장성 통증)		• 공동기관 심하게 신전, 평활근 강하게 수축, 국소혈류량 감소 시 발생 → 뇌내강, 흉강, 복강, 골반강 등 체강 내에 있는 장기에서 발생	• 심부통증과 유사하게 둔함 • 경계가 불분명 • 장류 신경반사 수반함 : 장 근육의 강한 수축 또는 경련이 있을 때 발생 • 지속기간 다양(표재성 < 내장성) • 연관통 있음	• 유발자극 : 팽창, 허혈, 화학자극제 등 • 뻐근한 감각(협심증) • 작열감(위궤양), 담낭염, 급성 충수돌기염 • 신장 및 요관산통

(2) 부위에 따른 분류

종류	정의	특성	예
연관통	• 통증의 원인이 되는 조직으로부터 상당히 이동된 신체부위에서 느끼는 통증 • 내장기관 : 통증수용기 없는 곳이 대부분임 - 영향을 받은 장기로부터 감각신경이 척수분절로 들어옴 → 뇌는 영향을 받지 않은 신체 부위에서도 통증을 지각	• 통증자극이 주어진 부위와 통각을 느끼는 부위가 다름 • 통증의 근원에서부터 떨어진 몸의 일부에서 통증을 느끼고 어떤 특성을 가짐	• 심근경색증은 왼쪽 팔, 왼쪽 어깨, 턱으로 전이된 통증
방사통	• 통증부위에서 지각되어 인접 조직으로 퍼지는 통증	• 통증이 마치 아래로 신체의 한 부분을 따라 전파되는 것 같이 느껴짐 • 간헐적 또는 지속적임	• 추간판 탈출로 인한 하부요통은 좌골신경자극으로 인해 대퇴 아래로 방사되는 통증을 수반함

(3) 신경병적 통증

종류	정의	특성	예
신경병성 통증	• 신경계 손상에서 발생 • 삼차신경 신경통이나 좌골신경통 등 하나 이상의 신경로를 따라 발생할 수 있음	• 극심한, 타는 듯한 통증이 사지 말초신경손상과 관련될 수 있음 • 환자는 머리 위의 비행기 소음과 같은 단순한 것일지라도 민감한 자극을 막기 위해 노력을 다하려고 함	• 신경병성 통증의 약물관리는 아편유사제, 삼환계 항우울제 및 항경련제 등을 포함한 지속적인 다각적 접근을 요함

환상통
95 임용
	• 절단된 신체부위가 마치 여전히 남아 있는 것 같은 비정상적인 감각이나 느낌 : 말초신경계나 중추신경계 손상으로 구심로가 절단되었으나 절단부위 상부로 계속 자극을 보내서 생기는 통증
	• 수술로 잘린 신경말단이 재생을 시도할 때 절단부위에 작은 신경종이 형성됨, 신경섬유가 신경종에 의해 자극될 때 원래 부위와 관련된 감각을 계속해서 중개하므로 신경병증 감각이 발생함, 이러한 비정상적인 감각은 신체가 있는 것 같음, 이상감각, 통증이 느껴짐
		• 사지절단 수술 직후 : 따갑고 날카로운 통증, 누워있는 동안 침상 위로 절단된 부분이 올려진 것 같이 느낄 수 있음
		• 피로, 흥분, 질병, 날씨변동, 긴장 등에 의해 심해지는 경향 있음
			• 보통 절단된 사지에서 발생
			◆ 완화방법
			  - 진통제 투여
			  - 심상법
			  - 신경 절단술
			  - 절단부위를 가볍게 눌러줌
			  - 의수족 착용

3 통증사정도구

PQRST 통증사정 (통증사정 시 포함해야 할 5가지 항목) 13 임용 / 17 국시	ⓟ 악화요인/완화요인(Provoke/Palliative) : "통증이 악화요인과 완화요인이 있는가?" ⓠ 질(Quality) : "통증을 어떻게 설명할 수 있는가?"(예 날카롭다, 탄다, 간질거린다 등) ⓡ 방사통 또는 위치(Radiation/Region) : "통증이 어디에 느껴지는가? 방사통이 있는가?" ⓢ 통증강도(Severity) : "통증을 0부터 10까지 등급을 매겨본다." ⓣ 시기(Timing) : "얼마 동안 통증을 느꼈는가?, 통증이 발생하면 얼마나 지속되는가?"
객관적 통증사정	• 행동측정(Behavioral measures) • 생리적 측정(Physiologic measures) • 자가보고 측정(Self-report measures) • 다차원적 측정(Multidimensional measures) : 소아청소년 통증척도
특정 인구에서의 통증사정	• 신생아의 통증(Pain in neonates) : CRIES, FLACC • 의사소통과 인지장애 아동(Children with communication and cognitive impairment) • 만성질병과 복합적 통증 아동(Children with chronic illness and complex pain)

❶ 행동적 통증사정

통증척도/설명	사용법	추천 연령/비고
얼굴척도(FACES) '아프지 않음'의 미소 짓는 얼굴부터 '가장 심하게 아픔'이라는 눈물을 흘리는 얼굴까지 6개의 얼굴로 구성 15 국시	• 아동의 얼굴은 행복해 보이는 모습과 슬퍼 보이는 모습으로 그려 있으며, 이는 통증이 없는 상태와 통증이 심한 것을 설명함 • 아동에게 통증의 느낌을 가장 잘 표현한 그림을 고르라고 한 후, 그 밑에 있는 번호를 통증사정기록지에 기록 [표정표시 측정도구(Pain Faces Scale)] | 통증이 없음 | 조금 아프다. | 아프다. | 많이 아프다. | 매우 아프다. | 상상할 수 있는 가장 심한 정도로 아프다(반드시 울어야 할 필요는 없음). |	• 3세가량 아동에게 사용 • 얼굴표정, 숫자, 언어로 짧은 말이 표현된 척도가 추천됨
오우커척도(Oucher) 백인아동 얼굴의 6개 사진은 '전혀 아프지 않다'에서 '겪을 수 있는 가장 큰 고통'을 구성하고 그 밖에 0~100까지의 숫자로 구성된 세로척도 포함	• 숫자척도는 통증강도에서 변이를 설명하는 척도의 각 부분이 핵심임 • 사진척도는 언어 다음에 사용되는 통증강도에서 변이를 설명하고 각각의 사진이 핵심임 • 이전의 통증경험을 점수화하고 회상하는 것에 의해 오우커를 사용함 • 아동은 경험과 함께 통증강도를 묘사하는 숫자나 사진을 지적함	• 3~13세 아동에게 사용 • 아동이 2개의 숫자를 세거나 10까지 셀 수 있다면 숫자척도를 사용

통증척도/설명	사용법	추천 연령/비고
포커칩 척도 4개의 빨간색 포커칩을 아동의 정면에 수평으로 배열하여 사용 12 임용	• 플라스틱 조각들을 통증 정도에 따라 선택하도록 함 • 첫 번째 조각만은 '조금 아픈' 것이고, 4조각을 다 선택하는 것은 '아주 심하게 아픈' 것이라고 설명함 • 아동에게 '네가 지금 아픈 것은 몇 개의 조각 만큼이니?'라고 물어, 아동이 답한 포커칩의 개수를 기록함 약한 통증 / 좀더 심한 통증 / 더 심한 통증 / 가장 심한 통증	• 4~12세 아동에게 사용
숫자척도 양끝에 '통증 없음'과 '가장 아픈 통증'이라고 표시된 수직선을 사용하며 때로 중간지점을 '보통의 통증'이라고 표시될 수 있음	• 아동에게 양끝 지점의 숫자가 의미하는 통증의 강도를 설명 • 아동에게 자신의 통증을 가장 잘 나타내는 숫자를 선택하게 함 숫자통증등급 0 1 2 3 4 5 6 7 8 9 10 통증이 없음 — 상상할 수 없을 정도의 심한 통증	• 5세가량 아동에게 사용 • 숫자를 셀 수 있거나 숫자에 대한 개념이 어느 정도 있으며, 다른 숫자와의 관계를 아는 아동에게 사용
시각상사(VAS)척도 10cm 길이로 그어진 수평선 혹은 수직선 위에 대상자가 지각하는 주관적인 통증 정도를 측정하는 방법	• 아동에게 수직선상에 통증 정도를 가장 잘 표현하는 지점에 표시하도록 함 • cm자로 그 길이를 측정하고 이것을 통증 점수로 함 통증이 전혀 없음 ——— 통증이 매우 심하다	• 4세 전후 아동에게 사용 • 수직선 혹은 수평선으로 된 척도를 사용할 수 있음
Eland 색상척도 크레용을 가지고 신체윤곽을 사용하여 자신만의 척도를 만들도록 함 12 임용	• 8가지 색상의 크레용 혹은 크레용을 무작위로 집어서 보여줌 • 아동에게 자신이 가장 아플 때를 나타내는 색깔을 고르도록 하고 아동이 고른 색깔을 따로 표시함 ※ 색상척도(Color scale) : 스스로 통증 있는 부위에 색깔을 칠하도록 함	• 색맹이 아니고 색깔을 아는 4세 아동에게 사용

❷ 다차원적 측정

통증척도/설명	사용법	추천 연령/비고
소아청소년통증척도 (Adolescent and Pediatric Pain Tool, APPT) 12 임용	• 아동과 청소년을 위한 통증의 위치, 강도, 질의 3가지 통증차원을 사정하는 아동과 청소년을 위한 다차원적 통증도구(통증부위, 통증강도, 통증특성) • 한 장의 양면 도구이며 신체의 전후 윤곽이 한 면에 있고, 다른 뒷면에는 100mm(10cm) 단어 평가척도와 통증 기술문이 있음 • APPT의 각각 3가지 요소는 각각 점수화됨 [소아청소년의 통증도구]	• 8~17세

③ 영아(신생아 포함)를 위한 통증 사정척도

통증척도/설명	사용법	추천 연령/비고
CRIES 통증척도 영아의 반응을 직접 관찰하여 0~2점 사이의 점수를 줌 12 임용	• 울음, 산소포화요구도, 활력징후 상승(안정 상태와 비교), 표현(얼굴 찡그림이나 투덜거림 등), 불면(자주 깨거나 계속 깨어 있는 등)을 관찰하여 0~2점을 줌 • 0점은 통증이 없는 상태이고, 10점은 가장 심한 통증상태임 [신생아 수술 후 통증척도] (neonatal postoperative pain scale, CRIES) 		0	1	2
---	---	---	---
울음(Crying)	없음	높은 음	위로할 길 없을 만큼
산소포화요구도 (Requires O_2 for $SaO_2 > 95\%$)	없음	< 30%	> 30%
활력징후 상승 (Increased v/s)	심박수와 혈압이 수술 전 상태보다 낮거나 같음	심박수와 혈압이 수술 전 상태의 < 20% 증가	심박수와 혈압이 수술 전 상태의 > 20% 증가
표현(Expression)	없음	찡그림	찡그림/투덜거림
불면(Sleepless)	없음	잦은 간격으로 깨어남	계속적으로 깨어 있음		• 4세 이전 아동에게 사용 • 미숙아와 만삭아를 위해 신생아 중환자실에서 사용된 통증사용 도구
FLACC 통증척도	• 다섯 가지 행동범주로 얼굴(face), 다리(leg), 활동(activity), 울음(cry), 진정(consolability) • 각각 0~2점으로 채점해 총점 0~10점으로 계산함, 점수가 높을수록 통증이나 고통이 심함을 의미함 [FLACC 등급] (Face-Legs-Activity-Cry-Consolability Scale, FLACC) 		0	1	2
---	---	---	---
얼굴(Face)	특별한 표정이 없거나 웃음	가끔 얼굴을 찡그림, 눈살을 찌푸림, 움츠림, 무관심함	자주 또는 지속적인 턱의 떨림, 이를 악물고 있음
다리(Legs)	정상 자세 또는 이완됨	불안함, 거북함, 긴장됨	발로 차거나 다리를 끌어올림
활동(Activity)	조용히 누워있거나 정상자세, 쉽게 움직임	꿈틀댐, 몸을 앞뒤로 뒤척거림, 긴장됨	몸을 구부리고 뻣뻣함 또는 경련
울음(Cry)	울지 않음	끙끙댐, 흐느낌 또는 훌쩍댐	지속적인 울음, 소리침, 흐느낌, 잦은 불편감 호소
마음의 안정도 (Consolability)	이완됨	가끔 안아주거나 접촉을 하여 안심시키는 것이 필요함, 관심을 다른 곳으로 돌리기 위해 대화가 필요함	안정되기 어려움		• 유아, 말하기 전이나 말을 할 수 없는 아동

4 통증관리

1 기초적 통증관리 [02 국시]

안위도모	① 근육긴장을 감소시키기 위해 체위변경 ② 적절한 신체자세 유지 ③ 통증부위 부동, 통증부위 상승 ④ 부드러운 등 마사지 제공
환경적 배려	① 해로운 자극 제거(지나치게 밝은 빛, 소음 등) ② 조용하고 부드러운 환경 조성
대상자 교육	① 통증원인, 진행과정 등을 설명하여 공포감 완화 ② 가능한 통증 완화법에 대한 정보를 제공하여 통증을 자가조절할 수 있다는 느낌 증진
정서적 지지	① 대상자와 좋은 인간관계 수립 ② 대상자와 함께 있어줌
유해자극 감소	① 손상받은 부위를 자극을 받지 않도록 조심스럽게 다룸

2 비약물적 관리(이학적 관리) [06 국시]

마사지	기전		피부의 대섬유를 자극하여 척수의 통증관문을 닫게 함 → 근육이완, 진정작용(예 근육통 등의 동통, 경부동통)
	효과	이완효과	교감신경의 활동감소 및 부교감신경계의 활동상승 → 혈압·맥박·호흡수 감소, 근전도 감소, 불안감소 → 근육이 수동적으로 신장됨 → 근긴장 감소
		자극효과 - 반사효과	피부말초신경 자극 → 대뇌, 부교감신경 자극 → 근이완 → 모세혈관 확장 → 혈액순환 증진 → 부종과 노폐물 제거
		자극효과 - 기계적 효과	정맥 또는 림프액의 귀환 증가 → 모세혈관의 울혈방지, 근육 내 혈액공급 증진 → 운동 후 생긴 젖산이나 신진대사물이 빨리 제거됨 → 근육피로 회복
	방법		손은 따뜻하게, 오일이나 로션을 사용하여 마찰을 줄이고 이완되도록 함

[마사지 금기증]

금기증	이유
악성종양	암세포가 혈류로 떨어져 나갈 수 있으므로
혈전성 정맥염, 폐색전증, 동맥류 등	색전발생 위험(마사지를 시행하면 동맥류 부위에 압력을 가할 경우 동맥류가 더 커질 수 있고, 이로인해 출혈이나 통증이 발생할 수 있음. 또한 혈전이 동맥류 부위에서 떨어져 혈관을 통해 다른 부위로 이동할 경우 폐색이 나타날 수 있으므로 금기임)
염증	염증확산 우려
골절	추가손상 위험
피부질환자	전염가능성이 있는 경우, 처치자를 보호하기 위함

열요법 (= 온요법)	기전	혈액순환	손상부위의 혈액순환 촉진(∴ 손상 후 24~48시간에 적용) → 염증산물 제거 (히스타민, 브라디키닌, 프로스타글란딘) → 통증 감소
		대섬유 자극	피부의 대섬유를 자극하여 척수의 통증관문을 닫게 함 → 근육이완, 긴장과 불안 완화 → 통증감소
	효과 92 임용	혈액순환	체온이 상승되어 혈관이 이완되고 혈액순환이 증가됨
		상처치유	땀샘의 자극으로 피부가 축축해지고, 혈액 내 식균작용 증가, 염증완화 → 타박상, 염좌 등에서 부종완화 시까지 냉요법 적용 후 치유 촉진을 위해 온요법 적용
		부종	감소
		지지	편안함과 심리적 안정 도모
		관절·근육	관절강직 감소, 근경련 완화, 결체조직의 신장도 증가
	적응증		염증, 부종, 염좌, 관절염, 요통, 생리통, 회음부 및 질 통증 92 임용
	방법	습열·건열	습열이 건열보다 침투력이 좋음 습열: 온습포, 파라핀욕 건열: 온찜질, 온포, 더운물주머니 등
		파라핀욕	만성관절염 환자(류마티스 관절염 환자) 또는 건이식 수술환자에게 효과적, 적용 직후 치료적 운동 실시
		적용시간	열에 노출하는 시간은 사용하는 방법에 따라 다르나 약 15~20분간 적용
	주의점	자주 관찰	열을 적용하는 부위의 발적, 조직손상, 불편감 등을 자주 관찰
		화상위험 有	박하 함유된 제품 사용금기, 천이나 타월로 감싸기
	금기증		의식장애, 감각장애, 순환장애, 악성종양, 출혈장애, 피부장애, 동맥부전, 개방상처 및 급성 염증, 노인과 유아, 신부전, 외상 후 24시간 이내, 방사선 조사부위
냉요법	기전	신경전달속도	신경전달속도를 느리게 하여 대뇌에 도달하는 통증 자극량을 줄임
		냉각 우세	냉각이 지각적으로 우세하여 통증을 낮춤
		대섬유 자극	피부의 대섬유를 자극하여 척수의 통증관문을 닫게 함
	효과 92,98,24 임용	출혈 조절	혈관수축과 대사활동의 감소로 혈류량을 더 감소시킴
		염증반응 감소	활액 점성도 증가, 염증반응 감소, 발열억제(∴ 손상 직후 적용), 통증경감, 부종 감소
		통증감소	근육경련으로 인한 통증이 있을 때 근육에 전달되는 신경 말단부의 활동을 저하시킴
		유연성 감소	결체조직의 유연성 감소
	적응증		염좌, 경축, 골절, 근경련, 표피열상, 자상, 경미한 화상 후
	방법	간접적 방법	냉포, 냉찜질, 얼음주머니, 얼음칼라, 냉각담요
		직접적 방법	찬물 목욕, 찬물 스폰지 목욕, 알코올 스폰지, 얼음적용, 얼음물 침수, 에어로졸 분무
	적용시간	10분 실시, 30분 초과할지 말 것	
		이유	처음에는 혈관이 수축되나 계속 적용하면 혈관 확장됨 → 다시 실시하려면 30~60분 정도 휴식 후 적용
	주의점 16 국시	감싸기	방사선 조사부위 및 아픈 부위 직접 적용 어려운 경우 천이나 타월로 감싸기 활용
	금기증		한랭에 과민반응이 있는 사람, 혈관부전, 열에 대한 감각이 소실된 경우, 노인과 유아, 열린 상처, 말초순환장애, 레이노병, 부종환자

경피전기 신경자극	정의	전극을 통하여 피부에 적은 양의 전기적 에너지를 전달하는 기구를 사용
	기전	큰 감각섬유 자극에 의해 통증 자극의 전도 방해, 엔도르핀 등의 분비로 통증신호 전달을 방해하면서 통증감각을 억제함
	치료효과	진통으로 적응증은 외상, 수술 후의 동통, 작열통, 관절통, 요통, 경부통, 환상통, 말초신경 손상, 절단부 통증 등
	금기증	감각저하, 인두 및 후두근육의 경련, 인공심장박동기 부착자, 임신부, 종양 등

3 인지행동적 관리

운동요법	① 근력유지 및 강화 ② 관절가동범위 증진 ③ 기형예방 ④ 지구력 강화 ⑤ 협동운동 증진 & 속도 향상 ⑥ 혈관이완으로 허혈감소, 혈액순환 촉진 ⑦ 경련성, 강직성 운동장애 개선
호흡요법	① 규칙적인 호흡요법은 기분전환, 이완, 단순한 바이오피드백의 구심점이 되어 심상법의 구성요인이 됨 ② 아동에게 느리고 규칙적인 호흡방법 교육 ③ 부모는 호흡요법에 참여하고 그들의 아동을 도울 수 있는 방법을 시범보임
전환요법	① 아동이 통증에서 벗어나 다른 어떤 것에 초점을 맞추는 것 ② 놀이, 독서, TV시청 등을 하면서 기분을 전환해 통증을 무시하거나 잊는 것 ③ 아동이 좋아하는 인형이나 동물인형을 가지고 있다면 이야기나 게임을 하면서 이용할 수 있음 ④ 중증 통증을 가진 아동에게는 적용할 수 없음 ⑤ 전환요법은 아동으로 하여금 주의를 딴 데 돌리게 하여 효과적으로 통증을 경감시킬 수 있음
심상요법	① 이완과 심상에 집중하는 과정을 포함하는 요법 　| 호흡법 | 아동을 이완시킬 수 있으므로, 즐거운 생각을 하는 동안 천천히 깊이 호흡하도록 지시 　| 상상 | 아동이 좋아하는 장소와 그곳의 소리, 광경, 냄새를 상상하도록 격려 ② 의미 있고 즐거운 심상을 통해 충분한 감각자극이 들어오면 척수의 통증관문을 닫아 통증을 줄여줌
생체회환 (= 바이오 피드백)	① 생리적 변화가 발생하는 시각적, 청각적 징후들을 제공함 ② 아동에게 즉각적인 반응을 제공하여 흥미를 유지하게 할 수 있음 ③ 급성 통증보다는 만성 통증에 더 유용함 ④ 근육긴장이나 편두통 해소에 효과적임 ⑤ 전문적인 장비와 훈련된 강사가 필요함
점진적 근육이완	① 신체의 각 부분의 점진적이며 체계적이고 의도적인 이완을 유도함 ② 보통 팔에서 시작하여 신체 아래로 옮기면서 특정 근육을 이완하고 긴장시키는 것 ③ 비교적 좀 더 나이가 든 아동에게 적용할 수 있는 기술임
최면	① 일정한 상태를 집중하는 형태로 종종 이완을 동반하여 의식상황을 변화시키거나 최면상태에 빠지게 하는 것 ② 암이나 화상, 겸상적혈구 질환과 같은 고통스러운 치료를 받는 아동이나 수술 아동들의 통증과 증상 감소에 효과적임 ③ 전문 심리학자나 훈련을 받은 전문가가 수행

4 약물적 관리

진통제는 구강, 직장, 비강 내, 근육, 정맥, 피하, 경막외 등 다양한 방법으로 투여할 수 있음

	작용	중추신경계에 있는 아편수용기와 결합하여 Substance P, glutamate 등 흥분성 신경전달물질의 방출억제로 통증에 대한 지각을 감소시킴(= 뇌와 척수에 존재하는 아편 수용체와 결합하여 통증전도를 중추성으로 차단함으로써 통증에 대한 반응과 인지를 변형시킴) : 중등도 이상의 심한 통증을 완화시키는 데 가장 효과적		
마약성 진통제 21 임용(지문)/ 06,14,16,20 국시	부작용	부작용	근거	간호중재
		변비	• 위장관계에 위치한 수용기에 결합하여 연동운동이 느려지고, 수분재흡수가 증가하여 변비가 초래됨 • 고용량에서 더욱 심해짐	• 변비에 대한 내성을 생기지 않으므로 예방을 위한 치료가 필요함 : 일반적으로 마약성 진통제의 처방 시에 변완화제를 함께 처방함, 고섬유식이, 고수분식이 제공 • 가능하면 보행 격려 • 소량의 마약성 진통제 투여
		구역·구토	• 연수의 화학수용체 유발영역의 자극으로 발생 • 초과용량으로 인해서도 발생할 수 있음	• 마약성 진통제의 초기 복용 시에 나타날 수 있음 • 구역과 구토 사정 • 대상자가 편안해지면 진통제의 용량을 25~50%로 감량 • 구토가 지속되면 대체약물 투여 • 구토가 지속되면 섭취량과 배설량 관찰 • 예방적으로 진정작용이 없는 항구토제 투여
		가려움증	• 발진이 없는 가려움증이 주로 얼굴과 몸통에 나타남 • 척수진통제의 사용 시 더 잘 나타나지만, 투여경로에 상관없이 나타날 수 있음	• 진정작용이 없는 항소양증제 투여 • 대상자가 편안해지면 진통제의 용량을 25~50%로 감량 • 가려움증이 지속되면 대체 마약제 사용 고려 • 항히스타민제는 가려움증은 감소되지만, 마약성 진통제와 함께 병용 시 심한 진정작용과 호흡억제가 나타날 수 있으므로 주의가 필요함 • 손에 장갑을 끼워서 피부통합성을 유지하도록 함
		진정작용과 혼돈	• 마약성 진통제와 내성이 있거나 통증완화를 초과하는 용량으로 인해 발생됨 • 졸림, 섬망, 혼돈이 나타날 수 있음	• 주로 고용량이나 신장기능장애가 있는 대상자에게 나타날 수 있으므로 주의깊게 사정 • 호흡과 산소포화도 확인 • 침상난간을 올리고 세심하게 관찰 • 진정작용이 나타나면 용량을 25~50%로 감량
		호흡억제	• 호흡중추를 억제시켜 호흡욕구를 저하시킴 • 호흡이 느려지고 불규칙해지고, 지속되면 무호흡으로 진행됨 • 고용량을 주사로 투여하였을 때 나타날 수 있음	• 호흡수와 깊이 및 산소포화도 사정 • 필요하면 산소공급 • 대상자를 자극함 • 마약성 진통제 중단 • 날록손 0.4mg을 10mL의 생리식염수 용액에 희석하여 천천히 투여하면서 관찰 11 임용(보기)

마약성 진통제 21 임용(지문/ 06,14,16,20 국시	중독	중독	강박적인 약물 사용, 행동양상은 드묾
		의존성	증상을 예방하기 위해서 약물의 지속적 사용이 필요
		내성	흔히 발생함
	종류	코데인	• 속효성, 약한 마약성 진통제 • 중등도의 통증에 가장 흔히 사용 • 아세트아미노펜 또는 아스피린과 함께 투여 • 변비나 오심, 구토, 소양증 등을 일으킬 수 있음
		모르핀	• 급·만성 통증 조절 • 구강용·주사용 사용 • 무통각과 함께 진정작용 • 호흡억제가 발생할 수 있으므로 주의할 것(∴ 투약 전 호흡수 확인할 것)
		메페리딘 (데메롤)	• 합성마약(모르핀의 화학처리로 작용이 강력함)으로 주로 주사제로 사용됨 • 반복사용 시 대사산물 축적으로 인해 중추신경계 부작용을 초래하므로, 만성 통증에서는 사용하지 말 것 • 알레르기/다른 마약에 내성이 있는 아동의 단기 통증관리 • 모르핀의 이점을 가지나 진통시간이 모르핀에 비해 짧음 • 경련/환각/흥분 등을 유발할 수 있으므로 최소한으로 사용할 것
		PCA (통증 자가조절)	• 정맥이나 피하미세주입기를 사용하여 진통제를 투여하며, 대상자가 약물이 정맥 내로 전달되도록 단추를 눌러 약물을 스스로 투여하는 방법 • 5세의 영아에게도 사용가능 • 정해진 아편제의 일정용량을 방출시키고자 환자가 버튼을 누름에 의해 작용 • 수술 후 급성통증을 조절하기 위함으로 시간당 최대용량이 설정되고 잠금장치가 되어 있어 과다투여되는 경우는 거의 없음 • 장점 : 간호사가 진통제를 투여하는 방법과 비교할 때 대상자는 통증이 심해지기 전에 스스로 투여하여 하루 동안의 약물투여량이 감소할 수 있음, 또한 스스로 약물주입을 조절하므로 불안이 감소함 • 수술 후 통증, 급성통증, 암통증
		척수 내 진통제의 주입	• 중추신경계기능을 감소시키지 않고 고통을 경감 • 뇌척수액 유출, 삽입부위의 혈종, 변비, 오심, 구토, 소변정체, 감각운동차단, 운동중추차단 등을 관찰할 것
		국소마취크림	고통스러운 침해적 절차 전에 피부에 사용할 수 있는 국소마취약
비아편성 진통제	① **아세트아미노펜** 17,21 임용		
	작용		• 손상으로 인해 염증산물인 프로스타글란딘이 증가되면 이 물질이 시상하부의 체온조절중추를 자극하여 체온이 상승함, 중추신경계에서 프로스타글란딘을 억제하여 진통효과를 나타내고 체온조절중추에 직접 작용하여 해열작용을 나타내지만 말초손상조직에서 프로스타글란딘의 억제효과가 낮아서 항염증 효과는 거의 없음 • 진통효과는 아스피린과 비슷
	적응증		• 경증 통증 혹은 발열 • 아스피린 알레르기 있는 사람, 위궤양으로 아스피린이 금기인 사람에게 유용
	부작용		다량 & 장기 복용하면 간독성, 신장독성 위험(위장장애, 항혈소판 부작용 없음)
	금기		빈혈, 간질환 환자, 류마티스 관절염이나 류마티스성 질환을 앓는 12세 아동에게 사용주의
	간호		• 장기 투약 시 간기능, 신장기능, 조혈기능 검사(∵ 드물게 혈소판 감소, 과립구 감소, 혈소판 기능 저하 등이 나타날 수 있음)를 규칙적으로 시행할 것 • 아동 5일, 성인 10일 이상 복용 때 의사에게 문의

	② NSAIDs(비스테로이드성 항염제)		
	종류	아스피린, 이부프로펜(ibuprofen), 디클로페낙(diclofenac), indomethacin, phenylbutazone (butazolidim)	
비아편성 진통제	기전 17 임용		
		손상 시 생리작용	세포막 손상 시 아라키돈산이라는 불포화지방산이 떨어져 나오고, 이를 소화흡수하기 위한 효소(COX 등)의 작용으로 염증물질을 생성함
		약물 기전	공통기전 • 항염작용 : 고리산소화효소(COX)를 억제하고 프로스타글란딘 합성을 막음으로써 염증증상(발열, 발적, 부종, 통증) 조절함 • 해열작용 : 열은 프로스타글란딘의 작용에 의해 시상하부 전방의 체온조절 중추의 set-point가 상승하여 발생함. 따라서 프로스타글란딘의 합성과 유리를 방해하여 온도조절장치를 정상으로 조정하고 발한을 통해 체온을 낮추게 됨 ※ 시상하부 전방은 체온을 낮추는 역할을 하며 열소실 기전을 조절하고, 시상하부 후방은 열생산과 관련된 중추임. 그런데 체온조절 중추의 set point를 조절기능은 시상하부 전방이 담당함 • 진통작용 : 통증에서 프로스타글란딘은 염증반응에서 유리되는 브라디키닌, 히스타민, 화학적 매개인자들의 작용에 대해 신경말단을 감작시키는 역할을 함
			아스피린 추가작용	COX-1 억제로 트롬복산의 생성이 감소하면 혈소판 기능이 비가역적으로 억제되어 항응고 효과를 나타냄. 아스피린 복용 후 출혈시간이 약 7~10일 동안 연장될 수 있음
		적응증	만성 류마티스 관절염, 골관절염
		COX 억제제와 COX-2 억제제 비교 시 위장관계 관련 장점 21 임용	프로스타글란딘은 점막과 중탄산염으로 이루어진 위점막벽을 유지하는 데 필수인자로 위 점막벽에서 섭취된 물질에서 생기는 자극으로부터 위점막을 보호하는 기능을 함 → COX-2를 차단하는 선택적 NSAIDs는 위점막벽을 유지하는 프로스타글란딘은 차단하지 않으므로 위점막 문제는 잘 발생하지 않음
	부작용 13,17,21 임용	위궤양	위벽을 보호하는 프로스타글란딘의 합성 억제 → 위속의 점막 혈류감소, 점액 생성 감소, 중탄산 분비 감소, 위산생성 증가
		위장관 증상	소화불량, 상복부 불편감, 식욕부진, 설사, 오심
		혈소판 감소증	항혈소판 제제(COX-1이 매개하는 트롬복산 생성 억제)로 혈소판 응집을 억제하여 출혈경향
		이독성	이명, 현훈, 청력상실(장기간 복용 시)
		기타	간독성, 신장독성, 중추신경계(기면, 두통, 어지럼증, 혼돈, 경련, 실신)

비아편성 진통제	간호	천장효과가 있음	• 최대투여량 이상 사용하지 말 것 • 여러 종류의 NSAIDs 투여를 하지 말 것(∵ 진통작용 증가효과는 못보고, 부작용만 증가하게 됨)
		감염관찰	항염증 작용 – 감염의 징후가 가려질 수 있음
		위장관 부작용 감소	음식/우유/제산제와 함께 복용, 식후에 복용
		관찰	• 위장관 출혈관찰 : 흑색변, 혈변, 비정상적 출혈 • 즉시 보고
		금기	혈소판 감소로 인한 출혈 위험 – 소화성 궤양, 출혈경향, 항응고제 복용 중일 때
		검사	신기능, 간기능, CBC, 혈소판 검사
		장용피복제	위장점막보호를 위한 것으로 약물을 부수어 복용하지 말 것
		라이증후군	아동에게 수두, 인플루엔자의 바이러스성 질환 시 아스피린을 투여하지 말 것
보조적 진통제	삼환계 항우울제	기전	• 척수에서의 하행 억제조절에서 노르에피네프린 흡수를 방해해서 감작기전을 감소시킴 • 우울증 치료를 위해 사용되는 용량(평균 50~75mg/일)보다 낮은 용량에서 진통효과를 나타냄 • 삼환계 항우울제는 시냅스에서 노르에피네프린과 세로토닌이 시냅스 전 세포로 재흡수되는 것을 차단하여 항우울 작용을 함 17 임용(지문)
		약물	아미트리프틸린(amitriptyline), 이미프라민(토프라닐)
		적응증	대상포진 후 신경통 등의 신경손상 통증에 유용함
	항경련제	약물	carbamazepine(Tegretol), phenytoin(Dilantin), gabapetin(Neurontin)
		적응증	삼차신경통 같은 신경손상 통증에서 발생하는 이상(전위)신경분비를 억제하는 데 이용
	스테로이드제	기전	통증을 일으키는 프로스타글란딘과 다른 염증성 화합물 합성에 필요한 아라키돈산의 생산을 차단함
		적응증	뇌압상승, 신경압박, 척수압박, 장폐색, 뼈 전이 등으로부터의 통증완화에 도움이 됨

5 QUEST(아동의 통증관리)

Q(Question the child)	질문
U(Use pain rating scales)	통증 측정 도구 사용
E(Evaluate behavior)	통증 행동 및 반응 평가
S(Secure parent's involvement)	부모 참여 격려
T(Take action)	통증완화 행동 취함

5 두통

정의	① 머리에 느끼는 통증이나 여러 질환과 증후군의 한 증상인 경우가 많음 ② 두통 그 자체가 객관적으로 측정될 수 없는 주관적인 호소라는 점 ③ 그 원인이 되는 질병이나 상황의 다양성 때문에 그 어느 증상보다도 조심스러운 판단이 요구됨		
특성	① 모든 연령의 아동에게 가장 흔하게 나타나는 장애 ② 만성적이고 경증 두통은 매우 흔한 유형 → 카페인이나 진통제 사용과 관련됨		
원인	일차성 두통	① 긴장성 두통 ② 편두통 ③ 군집성 두통(집락성) 92 임용(보기) [편두통 진단기준] 다음의 기준을 만족하는 발작이 최소 5회 이상 발생함 (1) 치료하지 않거나 불완전한 치료로 두통이 4~72시간 지속 (2) 두통의 양상은 최소 두 가지 이상 만족 　① 일측성 　② 박동성 　③ 중등도 또는 심한 강도의 통증 　④ 일상적인 신체활동(걷거나 계단 오르는 활동)에 의해 악화되거나 이를 회피함 (3) 두통 발작 동안 최소한 한 가지 이상 나타남 　① 구역 또는 구토 　② 빛 공포증과 소리 공포증 (4) 다른 질환에 기인하지 않음		
	이차성 두통	뇌수막염	경부강직, 열 동반한 심한 두통
		뇌내출혈	경부강직, 열×, 급성의 심한 두통
		뇌종양	중등도의 간헐적이고 깊고 둔한 통증
		부비동염	몸을 굽히거나 아픈 부위를 만질 때 통증 악화
		녹내장	오심/구토를 동반한 두통, 심한 안구통과 함께 두통 증상이 나타남
		뇌진탕 후	가벼운 머리손상 후에 두통, 어지러움증, 기억장애, 현훈 등
		항상성 이상	고혈압성 두통 92 임용 — 기전: 자고 일어나서 뇌혈관이 확장되면서 혈관벽과 주위 통각장치를 자극함 / 증상: • 둔하고, 두드리는 듯한 후두부의 통증(강한 둔통) • 아침에 자고 일어날 때 심했다가 낮에는 점점 사라지는 경향
			수면무호흡 증후군
		약물	경구피임약, 스테로이드약물의 금단증상
		기타	음식 알레르기, 독극물, 일산화탄소, 중금속 등
진단	신체 검진	종양으로 인한 뇌압상승 증상	유두부종, 머리둘레 측정
		부위 확인	통증부위 확인
		뇌신경 및 운동신경이상	시야, 눈 운동 검사, 복시, 구역질 반사, 심부건 반사, 연하장애, 보행장애 등
		뇌 실질이상	경련, 최근 성격변화 등
		뇌막자극 증상	목경직 등

진단	통증 관련 사정 내용	두통 시기	언제 시작되는가?(아침기상 직후, 외상 후 두통, 등교 직전, 월경, 초경 등)
		두통 기간	만성, 급성
		두통 강도	점점 증가하는가?
		두통 부위	머리 한쪽, 후두, 전두
		관련된 질환 및 증상	발열, 오심, 구토, 이명, 의식장애, 경련, 현기증, 식은땀, 창백, 두부 외상 후, 가족력, 시력문제, 축농증, 비염, 비폴립, 뇌종양, 뇌막염, 감염 등
기질성 두통	즉시 의료기관에 의뢰해야 할 경우 ① 벼락두통 : 거미막하 출혈 혹은 대뇌 출혈 의심 ② 잠을 자다가 깰 정도의 갑작스러운 두통 : 편두통, 군집두통, 뇌질환 등 의심 ③ 발열, 눈부심, 경부경직과 함께 악화되는 두통 : 수막염 의심 ④ 운동유발 두통 : 뇌혈관 기형 의심 ⑤ 자세성 두통 : 뇌척수액 압력의 이상(증가 혹은 감소) 의심 ⑥ 점차 악화되는 두통, 전과 다른 양상의 두통 ⑦ 50세 이상 대상자에게 처음 발생한 지속적 두통 : 측두동맥염 의심 ⑧ 신경계 이상 증상을 동반한 두통 : 뇌졸중 의심 ⑨ 최근 두부외상 병력이 있는 두통 ⑩ 암환자 혹은 면역억제 상태의 환자에게 나타난 두통 ⑪ 구토, 체중감소를 동반한 두통 ⑫ 시력이상 증상(충혈, 조명주변 후광, 흐릿하게 보임 등) 동반한 두통 : 녹내장 의심		
일반적 응급처치	안정		• 조용하고 어두운 방에서 눈을 감고 휴식 • 편두통 : 아픈 쪽을 위로 하여 눕는 것이 대체로 편함 • 더울 때는 서늘한 곳에, 추울 때는 따뜻한 곳에 쉬게 하는 것이 좋음
	두통완화 중재법 (보건교사가 제공할 수 있는 간호중재) 05 임용	마사지	엄지손가락으로 두개골의 기저를 마사지 : 머리 뒤쪽의 중앙에서 귀쪽으로 문지르고, 측두도 부드럽게 문지르기
		물수건	눈 위에 차가운 물수건 제공
		의복 느슨	의복과 목둘레를 느슨하게 : 뇌의 순환을 돕고 뇌압을 내림
		환기	환기(특히 가스중독 등에서 중요) : 신선한 공기제공
		두부냉각	• 혈관확장의 원인이 되는 혈관성 두통 시 효과적임 • 두통이 심할 경우 전두부, 후두부, 후경부 등에 차가운 타월을 대고 식혀줌
		진통제 투약 시 주의점	• 통상 유효하나 알레르기 또는 부작용 가능성 有 • 약물로 인해 증상이 은폐가 되어 진찰 시 감별이 어려워질 수 있음
간호진단	• 잠재적 영향요인과 관련된 급성 또는 만성 통증 • 두통 환아 관리방법과 내과적 섭생법에 대한 경험부족과 관련된 지식부족 • 시력변화, 현기증 같은 두통의 증상과 관련된 손상위험성		

치료 및 간호중재 [05 임용]	원인제거	해당 기저질환이나 건강문제 치료			
		정서적 문제로 인한 두통	• 여러 번 같은 두통으로 보건실 방문력 有 • 가정환경, 성격, 상담 → 정신치료, 놀이치료 등을 위한 정신과 전문의 의뢰		
		규명할 수 없는 원인의 두통	• 반듯이 눕힌 상태에서 발만 약간 높여주고 안정시키며 관찰 → 상태에 따라 학부모와 의사소통 후 귀가조치 • 반복될 경우 학부모 면담 및 전문의 진찰 의뢰 권유		
	대증요법	통증관리	환경관리	조용하고 어두운 환경(편두통에 필요)	
			약물	비마약성 진통제	약물: 아스피린, 아세트아미노펜, 이부프로펜
					기전: 프로스타글란딘 합성을 억제하여 진통작용
				편두통 약물	수마트립탄 (세로토닌 수용체 항진제): 세로토닌 수용체에 특이하게 작동하는 약물로 두개내 혈관수축을 일으킴
					에르고타민 테르트레이트: 혈관수축제로 편두통이 시작되자마자 복용하면 뇌혈관 수축유도, 편두통 발작 방지, 두개동맥 박동감소 효과
				항우울제	이미프라민 (tofranil): 세로토닌 활성도 증가와 노르에피네프린의 시냅스 내 농도를 증가시키는 기전으로 혈관을 수축시킴
			비약물	마사지 및 냉습포 또는 온습포	
		오심·구토 관리	구토 시 토물 등의 기관 내 흡입방지를 위해 얼굴을 옆으로 돌릴 것		
	보존 및 지지요법	예방적 치료	한 달에 2~3회 편두통 발생 시 예방적 치료 권유		
			propranolol (베타차단제)	• 혈관이완경로를 차단시켜 혈관수축 • 세로토닌 흡수 억제로 세로토닌 활성증가	
			amitriptyline (삼환계 항우울제)	• 카테콜라민 흡수 억제로 카테콜라민 활성증가 • 세로토닌 흡수 억제로 세로토닌 활성증가	
		비약물적 관리	마사지, 이완요법, 바이오피드백, 걷기와 수영 등 규칙적인 운동		
		식이관리	• 식품으로 두통이 촉발되는 경우 필요 • 초콜릿, 치즈, 오렌지, 토마토, 양파, MSG, 첨가제, 알코올 등 피할 것		
		가족교육	두통의 원인, 치료, 치료를 수행하는 방법 등		

특징	긴장성 두통 92 임용		편두통 92 임용		집락성 두통(군집성 두통)	
정의	목, 견갑골, 얼굴을 포함하여 근육긴장을 유도하는 스트레스의 결과		뇌혈관경련과 관련되어 주기적으로 나타나는 심한 두통		가장 심한 신경학적 통증 증후군 (뇌가 쪼개질 듯한 심한 통증)	
원인 및 발생 기전	• 두통의 가장 흔한 형태, 스트레스에 의해 변화됨 • 두피근육과 목 근육이 오랫동안 수축되고, 긴장과 경련으로 혈관이 눌리면서 혈관허혈이 발생하여 두통 발생		• Norepinephrine, Serotonin, Bradykinin 등 화학적 물질의 변화(전조기 → 발작기 → 염증기) 전조기: 세로토닌 증가 → 혈관수축 발작기: MAO 증가 → 세로토닌 감소 염증기: 신경말단에서 염증산물 분비		• 혈관이완 : 신경전달물질인 세로토닌과 연관이 있는 것으로 추정	
발생 연령	• 흔히 사춘기 동안 발생 • 어떤 연령에서도 발생 • 긴장이나 불안과 관련됨 • 가족력 없음, 성별과의 연관성 없음		• 35~45세 유병률이 가장 높음 • 강한 가족력(65%) • 여성 > 남성		• 초기 성년기/젊은이에게 가장 흔함 • 알코올이나 질산염 사용에 의해 악화	
악화 요인	• 스트레스, 과로, 피로, 감정적인 문제 • 같은 자세로 오랫동안 앉아 있거나 서 있는 경우 • 우울증 대상자의 65%에서 발생(장기간 지속, 자주 재발)		• 음식물 : 알코올성 음료, 완숙치즈, 초콜릿, 소금에 절이거나 발효된 음식 • 약물 : 에스트로겐, 시메티딘, 니트로글리세린 등 • 분노, 피로, 수면장애, 생리/임신 같은 호르몬 변동, 흡연, 두부외상, 스트레스 등		• 스트레스, 흥분, 수면부족 • 얼굴에 닿는 찬바람 또는 뜨거운 바람 • 과도한 음주 • 질산염 같은 혈관이완제	
전구, 관련 증상	전구	대부분 없음	전구	시력장애, 혼돈, 감각이상, 광선공포증	전구	대부분 없음
	관련	• 머리와 목근육의 긴장된 경축 • 활동에 의해 악화되지 않음	관련	• 오심, 구토, 안절부절못함, 수명 • 영유아 : 창백증, 졸음, 불안정	관련	• 안면홍조, 안검하수, 코막힘, 발한, 측두 혈관의 부종 • Horner's sign : 교감신경계 손상에 의해 안검하수, 축동, 무한증 발생 • 두개골은 부드러움 • 결막은 감염되었거나 눈물이 있음
양상	• 무겁고 지속적이며 꽉 조이는 듯한 통증 • 스트레스에 의해 변화됨		• 박동성, 서서히 진행되어 통증이 심해짐 • 스트레스나 호르몬 변화로 발생하는 경향 있음		• 박동성 • 뇌가 쪼개질 듯한 심한 통증 • 가장 심한 신경학적 통증 증후군	
부위	• 양측성 • 전두, 측두, 목덜미 부위에서 시작하여 머리 한쪽 혹은 전체로 방사		• 일측성(60%) • 바깥쪽 주로 안구쪽		• 일측성 • 안와위 지점에서 시작하여 머리와 목으로 방사	
발생 시기	• 아침보다 오후나 저녁에 심함 • 눈뜨자마자 생기기도 함 • 휴식으로 완화		• 전구증상 있은 후 발생 • 기상 시 발생하고 수면 시 호전		• 밤에 발생	
빈도, 지속 시간	• 며칠간 주기적으로 나타남 • 지속기간 다양		• 1년 중 몇 달 지속 • 하루에 지속적으로		• 몇 달이나 몇 년에 걸침 • 시작되면, 며칠에서 수주 동안(대개 4~8주) 지속됨 • 지속시간은 30~90분	

특징	긴장성 두통 92임용		편두통 92임용		집락성 두통(군집성 두통)	
치료 및 간호	약물	• 아세트아미노펜(타이레놀), 아스피린, NSAIDs 투여 • 근육이완제 투여	약물	① 대증요법 • 아스피린, 아세트아미노펜, NSAIDs • ergotamine 유도제 : 혈관수축제 • triptans 　- 선택적 세로토닌 수용체 작동제로 혈관수축작용, 염증산물 억제함 　- triptan은 편두통의 첫 징후나 전조징후가 나타났을 때 투여하는 것이 가장 효과적임 　- 경구용 혹은 설하용 정제나 비강스프레이와 같은 다양한 형태로 제공됨 ② 예방적 약물 • NSAIDs, 베타차단제 : 혈관수축 효과, 혈관확장억제, 세로토닌 흡수 억제 • 칼슘통로차단제 : 혈관탈분극시기에 칼슘유입의 차단으로 말초혈관을 확장을 초래하므로 혈관수축으로 인한 편두통 전조증에 예방적 사용 • 이뇨제 : 편두통을 야기할 수 있는 수분저류를 예방하기 위해 낮은 농도로 투여가능 • 토피라메이트(Topiramate) : GABA 수용체의 항진과 나트륨채널차단작용으로 혈관수축 억제작용을 함. 부작용은 저혈당, 감각이상, 체중감소, 인지변화 등이 있음. 갑자기 중단하면 경련이 발생할 수 있으므로 주의하고, 약물에 반응이 나타날 때까지 주의하고 약물에 반응이 나타날 까지 집중해야 하는 일은 하지 않도록 하며, 신석증이 발생하지 않도록 수분섭취를 권장함	약물	투여	편두통 약제와 동일함
						금지	알코올, 혈관확장제, 히스타민제 복용금지
	비약물	• 적절한 휴식 • 마사지			피할 것	통증발작 동안 빛이나 광선 피하기
					산소 투여	처방에 의해 산소투여 단, 15분 이상은 금지 (∵ 뇌혈류의 산소분압이 증가하면 뇌혈류를 감소시켜 경동맥의 활동 억제하기 때문에)
			지지	① 이완요법 ② 조용한 방에서 눈 감고 이마에 냉찜질 ③ 충분한 수면		

6 복통

급성복통 원인	발달시기	원인		
	생후 3개월 이하 영아	영아산통(발작성 복통으로 몹시 울고 보채는 것이 특징임)		
	생후 3개월 이후 영아	급성 위장염, 장중첩증, 감돈 탈장, 장축염전증 등		
	학령 전기 및 학령기	급성 충수염, 요로감염증, 급성 위장염, 외상, 변비 등		
	사춘기	급성 위장염, 과민성 장증후군, 만성 염증질환, 소화궤양, 부인과적 질환		
유형		내장복통	벽측복통	연관복통(방사복통)
	발생기구	관강 장기의 신전·응축, 허혈, 화학적 자극	벽측복막·장간막·횡격막의 염증	체성 지각신경에의 자극
	발생시기	병의 초기	진행기	내장통증의 악화기
	부위	복부 정중, 국소부위가 명확하지 않음	염증장기 근방, 명료한 국소부위	자극을 받은 체성 지각신경지배 영역의 피부와 근육
	성질과 상태	둔통, 간헐적임	강한 통증, 지속적임	예리한 통증
	구심성 상태	자율신경	뇌척수신경	
	수용체	평활근 수용체·화학수용체	장막 수용체	
	유효약물	진정제, 제산제	진통제(비스테로이드계, 비아편유사계)	
사정	유발 및 완화요인(P)	음식섭취, 공복, 스트레스, 심호흡/쪼그린 자세, 휴식		
	복통의 특성(Q)	수축성, 지속성, 찌르는 듯한, 베는 듯한 등		
	복통의 위치와 확산되는 방향(R)	복부 전체의 통증	배가 판자같이 딱딱할 때	급성 복막염 의심
			장에 가스 차고 오심, 구토 증상이 있을 때	장폐색 의심
		상복부의 통증	배꼽의 위중앙부분에서 통증유발	위 관련
			왼쪽 옆구리에서 통증유발	췌장 관련
			오른쪽 옆구리 통증유발	담낭 관련
			좌우 옆구리에서 통증유발	신장유발
		하복부 통증	충수염일 때는 우하복부 또는 하복부의 중앙에서 통증유발	
		상복부(명치)	상복부(명치)에 타격을 입으면 신경에 충격을 주어 호흡곤란 유발	
	복통의 정도(S)	경도, 중등도, 중증		
	통증 발생 시간 및 지속시간(T)			
	관련 증상	구토, 설사, 열, 변비, 가스팽만, 트림, 황달, 허탈, 복부둘레의 변화, 학교공포증, 부모의 애정변화, 기생충증, 수면장애, 식사문제, 가족력 등		

유형	특성
발작복통	① 간헐적이고 집중적으로 발생 : 50%에서 서서히 시작해서 1시간 이내 끝냄. 지속적인 통증은 10%에 불과함 ② 90% 환아에서 통증은 배꼽 주위 또는 심와부 중앙에서 나타남 ③ 통증이 나타나면 일상생활에 지장을 초래하고, 몸을 구부리며, 얼굴을 찡그리면서 울거나 이를 악물고 배를 움켜쥐는 행동을 보임
비궤양 소화불량증	① 주로 심와부, 우상복부 또는 좌상복부에 발생 ② 나이가 어릴수록 배꼽 주위에 나타나는 경향이 있음 ③ 구토가 흔하며 식후 통증이 흔함 ④ 소화궤양, 담도질환, 췌장질환과 증상 유사, 오심, 가슴앓이, 역류증, 조기포만감, 고창, 복부팽만, 가스 방출 등이 자주 동반됨
과민성 장증후군	① 사춘기에서 흔함 ② 통증양상은 발작복통과 유사 ③ 복통은 배변으로 소실되고, 대변의 굳기, 배변의 급박감 또는 참을성, 배변의 만족도, 점액 배출, 고창, 복부팽만 등의 불규칙한 배변 형태를 보이는 것이 보통임
만성 재발성복통 96 임용	**정의**: 3개월에 3회 이상 반복적으로 발생하며 일상생활에 지장을 초래하는 정도의 복통 **역학**: • 4~16세 사이 소아에서 많이 나타남[여아(1.5배) > 남아], 사춘기에 흔히 볼 수 있음 • 전체 소아의 약 10~15%(이 중 90~95%는 기능반복 복통이며, 5~10%는 기질적 원인) **주요 원인**: 정신사회적 스트레스(학교생활에서 선생님, 친구 간에 문제가 있기도 하고, 부모의 별거나 이혼 등 가족문제) → 통증유발의 가능성이 있는 스트레스를 아동의 주위 환경에서 찾아내어 개선시키고 정상적인 학교생활을 할 수 있도록 도와주어야 함 **병리기전**: 소화관운동장애, 위장관 과민증, 자율신경기능장애, 염증, 유전적 소인 등 **주된 중재**: 원인을 파악하여 반복되는 상황의 최소화 **기질적 질환의 가능성이 높은 경우**: ㉠ 체중감소 ㉡ 혈변 ㉢ 배꼽으로부터 먼 부위의 통증 ㉣ 잦은 구토 ㉤ 만성설사 ㉥ 통증으로 인한 수면장애 ㉦ 성장 저하 ㉧ 발병 연령이 만 5세 이하 또는 만 14세 이상 또는 복통의 방사 등

	복부신체검진(검진순서 : 문진 – 시진 – 청진 – 타진 – 촉진) 00,09 임용	
일반적인 응급처치 (보건교사가 복통완화를 위해 실시할 수 있는 간호중재) 00 임용	① 금식시킨다. ② 의복을 느슨하게 해주고, 무릎을 구부려 복압을 감소시킨다. 통증이 있는 때에는 여러 자극에 민감하므로 조용한 실내에서 안정을 유지하게 한다. ③ 신체검진을 통해 복통의 원인을 알아내어 이에 따른 대처를 한다. ④ 강한 진통제나 진정제를 자주 투여해서는 안 되며, 장시간 계속되는 격통 시는 위험한 복통이 많으므로 서둘러 전문의의 진찰을 받게 하는 것이 현명하다. ⑤ 구토나 배변으로 복통완화를 도모할 수 있으나 억지로 유도하지 않도록 한다. 또한 지사제를 함부로 투여해서도 안 된다. ⑥ 발열의 유무, 맥박·호흡상태, 병력 등을 확인해 두는 것은 의사의 진단에 도움이 된다. ⑦ 학교에서의 지속관리 – 반복되는 복통은 원인질환을 알아내기 위해 진료를 받도록 권고, 일상생활 상태나 식사/배변 등 규칙적인 생활하도록 지도, 체중감소가 없는지 관찰 등	
	원인	대처
	변비	• 배꼽 주위 전체를 시계방향으로 손바닥으로 마사지를 해서 배변 촉진한다. • 습관성인 경우 식사내용을 검토해서 장의 연동운동을 촉진하는 섬유소가 많은 음식을 섭취하도록 지도한다. • 다이어트 등으로 음식물 섭취가 극히 소량이었는지 주의한다.
	과민성 장증후군	• 통증을 유발시키는 원인을 감소시킬 수 있도록 교육한다. • 자극적인 음식섭취를 삼간다. • 스트레스의 근원이 되는 주위환경을 개선하도록 한다.
	기질적/기능적	• 학부모에게 연락해서 병원에서 검진을 받도록 조치한다.
	정서적 문제	• 담임교사, 학부모, 정신과 의사의 도움을 받아 상담 및 심리검사를 받도록 한다.
	공복	• 속이 쓰리거나 배가 뒤틀린다는 표현을 주로 한다. • 따뜻한 물을 마시게 하거나 미지근한 우유를 마시게 한다.
	식후 발생	• 체한 경우가 많으며, 오심/구토를 동반하는 경우가 대부분이다. • 구토가 있으면 토하게 하고, 소화제를 복용시킨 후 안정시킨다.
	식후 갑자기 운동을 한 경우	• 공기흡입으로 인한 복부 팽창, 과대 연동운동으로 인한 것이 대부분이다. • 반듯이 눕게 한 후에 복부에 더운물 주머니를 대어주면 가스가 나오면서 복통이 해소된다.
	식중독	• 빨리 판단하여 병원에서 진찰·치료를 받도록 담임교사 및 학부모에게 통지한다.
검진 전 대상자 준비 09 임용	① 방광을 비웠는지 확인 ② 앙와위로 편안한 자세유지(무릎 아래 얇은 베개를 받쳐줌) ③ 팔은 옆에 가지런히 놓거나 가슴에 포개도록 함 ④ 손과 청진기를 따뜻하게 하여 사용 ⑤ 대상자가 통증이나 불편감 징후를 나타내는지 얼굴표정 관찰 ⑥ 촉진 전 대상자에게 아픈 부위를 가리켜 보도록 하고, 그 부위는 마지막에 검진 ⑦ 필요하다면 이야기나 질문으로 대상자의 주의를 끌고 대상자가 촉진 시 무서워하거나 간지러워하면 대상자의 손을 밑에 놓고 촉진을 시작하고 조금 후에 직접 촉진	
문진	주호소, 현병력, 가족력, 과거력, 개인, 사회문화력	

시진	피부	색소침착(황달), 병변 및 반점, 선(은빛 백색이며 갑작스런 체중증가, 복수, 임신에서 처럼 피부의 장기 긴장 때문에 생긴 들쭉날쭉한 선), 상흔, 발진, 점상출혈, 피부 혈관종(문맥압 항진증, 간질환), 수술상처(위치와 상처길이 cm으로 표시), 치유화된 화상
	복부 윤곽선의 대칭선	• 배가 오목한지, 평편한지, 둥근지, 불룩한지 관찰 • 대칭적이어야 하며 비대칭성 혹은 국소적 돌출의 유무를 확인 • 눈에 띄는 오목한 부분은 영양결핍에 의해 나타남
	혈관변화	• 정상적으로 복부에는 정맥망이 있음 • 정맥류 : 문맥압 항진증, 대정맥폐쇄 또는 간경변증의 복수를 의미하는 두드러지게 팽창된 정맥은 없는지 관찰
	탈장(제대 및 절개탈장)	• 복직근의 비정상으로 앙와위에서 머리와 어깨를 올려 복압을 증가시키면 돌출부위가 나타남
	팽만	• 특히 남성의 경우 배의 호흡운동이 보일 수 있음 • 남성의 배 호흡운동이 감소하거나 가슴(흉식)호흡으로 변했다면 복막 자극이 발생했을 수 있음(복막염)
	제대	• 복수가 차면 피부가 팽창하고 반짝거리며 복부팽창
	호흡운동	• 정상으로는 제대는 들어가고 아무런 염증증세나 변색 또는 탈장증세는 보이지 않음 • 위치 변화 : 임신 시 제대가 위로 밀려남, 복수 시 아래로 밀려남 • 함몰 : 전신비대 시 깊게 함몰되어 보임 • 색의 변화 : 복막에 혈액이 찼을 때에는 제대 부위에서 푸른 착색을 보임
	연동운동 확인방법	• 검진자는 환자의 옆에 앉아 환자의 복부 높이에서 복부를 가로 질러 봄 • 좌측 상복부 사분원에서 '경사지게 융기된 줄'이 오른쪽 아래로 내려오고 다시 이와 평행되는 '경사지게 융기된 줄'이 연속적으로 나타냄을 관찰 • 정상인 마른 사람에게 발견되며, 팽창된 복부에서 보여지는 연동운동은 장폐색증을 나타냄
	대상자의 얼굴표정과 자세 관찰	• 위장관 장애 시 안절부절못하고 편안한 자세를 취하기 위하여 계속적으로 이리저리 몸을 돌려대는 사람은 췌장염이나 장폐색이 있을 때 산통이 있는 사람임 • 복막염 시 완전 정지자세와 어떤 동작에 대한 저항을 보여줌
청진	청진음은 복부장기, 동·정맥, 근육활동, 그리고 복벽의 마찰에 의하여 나타나는 소리를 듣는 것임 (타진이나 촉진보다 먼저 시행), 청진은 우하복부부터 시계방향으로 진행함	
	장음 또는 연동음	• 장음은 위장관 내에 공기와 액체의 유무를 나타내는 소리로서 장운동, 위장관 내에 음식물의 유무 및 소화상태와 관계가 있음 • 장음은 복부 전체로 널리 전파되므로 한 부분에서만 들어도 되며, 장음 부재라고 결정 내리기 위해서는 2분 이상 청진이 요구됨 : 식후 4~7시간 내에는 회맹판 부위에서 잘 들림 • 정상 : 꼬르륵꼬르륵 물 흐르는 소리, 5~35회/분, 하복부 사분원에서 들림 • 감소 또는 소실 : 마비성 회장염, 복막염, 염증, 괴사, 전해질 불균형, 장수술 후 • 복명(항진된 장음, 높고 커다란 몰아치는 소리, 자주 반복하여 들리는 고음) : 위장염, 설사, 조기 장폐색
	혈관음	• 대동맥, 신장동맥, 엉덩동맥, 대퇴동맥을 청진 • 쇳소리(bruit)가 들리지 않는 것이 중요 • 심장수축기에 들리는 잡음은 흔치 않지만, 반드시 폐색질환을 의미하지는 않음
	복막 마찰음	• 간, 비장이 복막과 접촉하기 때문에 나는 삐걱거리는 거친 소리, 심호흡 시에 더 크게 들림
	복수의 유무 및 복수량 측정	• 정상인의 복부중앙은 고장음이 들리고 옆구리 측면에서는 탁음이 들림 • 복부중앙, 옆구리에 정상음이 들리지 않는다면 원인이 낭종 혹은 부종인지 구별해야 함 • 복수는 감염, 간경화증, 울혈성 심부전증, 심낭염, 췌장염, 결핵성 복막염, 저단백혈증 등의 원인으로 나타남

타진	복부 타진은 복부 내에 존재하는 기관의 크기와 위치를 측정하고 가스와 액체가 과다하게 축적되었는지를 발견하기 위해 사용하고, 이 방법을 사용할 때는 타진하는 주위에 있는 기관들을 염두에 두면서 복부의 모든 부분을 우상복부부터 시계방향으로 타진함	
	정상음	• 위장관 내로 삼켜진 공기 때문에 위부위에서 고음(= 고장음, 고창음)이 발생
	과다한 공명음	• 가스로 인해 복부가 팽창됐을 때 발생(전체적으로 고장음을 가지며 돌출된 복부는 장 폐쇄를 의미함)
	탁음	• 팽창된 방광, 비대해진 자궁, 일곱 번째 늑간에 위치한 간의 하부가장자리에 있는 부위, 복수나 종양 시 탁음(= 둔탁음)이 들림
	고음	• 좌상복부의 아홉 번째 늑간에서부터는 고음이 들려야 함 • 비장이나 좌측신장이 비대해지면 이 부위에서 소리가 나지 않거나 탁음이 남
	간의 길이측정	• 오른쪽 늑골 중간선을 따라 배꼽 아래 부분부터 시작하여 간을 향해 위쪽으로 가볍게 타진해나가면서 둔탁음으로 바뀌는 것을 확인해 간의 하부경계를 찾고 → 위에서 시작해 폐공명음이 간 둔탁음으로 바뀌는 것을 확인해 간 상부 경계를 확인
촉진	촉진은 간, 신장, 비장, 자궁, 방광 등이 비대해졌는지, 복부덩어리의 특성, 민감성이나 근육의 경직정도를 평가할 때 중요함, 촉진순서는 우상복부부터 시계방향으로 함	
	비정상 소견	• 장기를 눌렀을 때의 압통, 반동 압통, 근육의 경직, 덩어리 등
	구분	• 촉진하였을 때 팽창된 복부가 단단한지(수분과 가스가 축적되어 실제로 폐쇄된 경우), 부드러운지(해결할 수 있는 폐쇄 증상인지 또한 정상 소견인지) 구분하여야 함
	신장압통의 사정	• 복부검진 중 압통을 관찰할 수도 있고, 양쪽 늑골척추각에서 압통이 있는지 관찰 • 손가락 끝의 압력만으로 압통 유발 가능, 그렇지 않은 경우에는 주먹타진으로 유발함 • 한 손을 늑골척추각에 위치시키고 다른 손은 주먹을 쥐고 척골부위를 두드려보는데 충분히 느껴질 수 있는 세기로 시도해도 정상인에서는 통증이 없는 진동과 흔들림만 지각됨

7 요통

원인	복부나 골반 내 장기 장애	① 복부 또는 골반의 통증, 등의 통증 동반 ② 자세에 영향받지 않음
	척추	등에 위치하거나 엉덩이 또는 다리로 방사
	요추 추간판 탈출증	① 날카로운 통증, 다리부위까지 방사통 ② 기침, 재채기, 무거운 물건 들기, 배변 시 힘주기 : 복부근육의 수의적 수축 등에 의해 방사통 유발
	지속된 통증	통증이 쉬는 상태에서 나타나거나 특정자세와 관련이 없는 경우 : 척추종양, 골절, 감염, 내부 장기에서 유래된 방사통의 가능성 의심
	대사성 원인	골다공증	압박골절 발생 → 움직이면 심해지는 국소통증
		골경화증	요통이 나타나는 경우도 있고, 나타나지 않는 경우도 있음
	기타	우울증, 불안장애, 약물남용, 소아기 외상의 병력

사정 및 진단	ABC 변화사정	호흡양상, 맥박, 혈압, 체온, 피부색
	문진	① 대상자의 주호소 ② 현병력 : 요통의 시작, 기간, 양상, 부위, 연관된 증상 ③ 과거력, 투약력, 수술력, 척추외상 여부 확인
	척추검사	고관절 질환	• 패트릭(Patrick) 검사 : 앙와위상태에서 검사하려는 다리를 반대편 슬개골 위쪽 허벅지에 놓고 반대편 골반의 전상장골극을 압박하여 고정한 후 반대편 손으로 무릎 앞쪽(허벅지 내측)을 잡고 아래 방향으로 압박을 가함. '4'자 다리를 만드는 것으로, 검사하는 쪽 대퇴는 굴곡, 외전, 외회전이 발생됨. 불편감이 없어야 정상임 • 다리를 편 상태에서 검사자의 손바닥으로 환자의 발뒤꿈치를 두드리면 통증 발생
		요추 추간판 탈출증	하지 직거상 검사	정상	바로 누운 상태에서 다리를 펴고 고관절에서 통증 없이 최소한 80°까지 굽혀지는 것이 가능
				비정상	통증발생으로 고관절 굽혀지는 것 제한
		청소년 특발성 척추측만증	전방 굴곡검사

간호중재 22 임용 / 06 국시	검진 권고	감별하여 다른 기저질환이 확인되면 병원으로 후송하거나 검진 권고
	물리적 방법	마사지, 보조기 사용, 냉요법, 바이오피드백
	기타	약물요법, 비만 시 체중감량, 우울의 관리
	올바른 자세 (신체역학 원리를 적용)	① 기저면이 넓을수록, 중심이 낮을수록, 중심 가까이에 있는 물체일수록, 중심이 기저부 내에 있을수록 신체균형이 잘 이루어짐(다리를 벌리고 서는 것이 붙이는 것보다 편하고 서 있는 것보다 앉는 것이 편함) - 자세를 자주 바꿔서 같은 자세를 오래 유지하지 않게 해야 함 ② 근육군이 강할수록 더 안전하게 많은 일을 할 수 있음(길고 강한 근육인 대퇴직근 사용) : 물건을 옮길 때는 허리는 곧게 펴고, 무릎은 굽힌 상태에서 대퇴근육을 이용해야 함

	올바른 자세 (신체역학 원리를 적용)	③ 기초지지가 움직이는 방향으로 향하는 것은 척추가 비정상적으로 뒤틀리는 것을 예방함 : 허리를 굽힌 상태에서 회전동작을 금할 것 ④ 팔다리에 나뉜 균형은 등의 긴장을 감소시킴 ⑤ 지렛대 이용이 효율적임 ⑥ 표면과 마찰이 적을수록 힘이 적게 듦 ⑦ 좋은 신체선열을 유지하면 근육의 피로가 감소 ⑧ 휴식과 활동을 교대로 실시하면 피로감소 ⑨ 거들이나 복대 등 지지기구 사용(몸을 구부리거나 들거나 복부장기보호, 골반안정 등 안전 목적으로) ⑩ 물체를 미끄러지게 굴리고 밀거나 잡아당기는 것이 힘을 감소시킴		
간호중재 22 임용 / 06 국시	운동치료	굴곡운동	효과	• 척추를 굴곡(윗몸일으키기나 무릎 구부려 가슴대기 등)시키면 후관절에 압박 감소, 추간공 확대 • 복근과 둔근 강화 • 요배근과 고관절 굴곡근을 신장
			적용	• 요추전만 증가 • 앉아 있을 때와 허리를 구부릴 때 허리가 덜 아픈 경우 • 걸을 때 허리가 더 아픈 경우
			부작용	• 추간판의 내압 상승, 신경조직 긴장
			금기	• 급성 추간판 탈출증, 굴곡 시에 통증이 증가되는 환자, 척추가 옆으로 기울어진 경우
		신전운동	효과	• 척추를 신전(등배운동, 멕켄지 운동 등)시키면 추간판 내압 상승 방지 • 수핵이 전방으로 이동되고 신경근의 긴장 감소 • 요배근 효과적으로 강화
			적용	• 요통환자 중에 앉아 있거나 허리를 구부릴 때 통증이 심한 경우 • 걷거나 허리를 신전시킬 때 통증이 완화되는 경우
			부작용	• 척추관 협착, 후관절 압박
			금기	• 협착증, 후관절증
		근력향상	효과	• 복근과 요배근을 주로 강화 → 척추의 기능 향상 • 둔부 근육과 대퇴근육 강화
			운동방법	능동적 신전운동 / 요배근과 둔부근육 강화 윗몸일으키기 / 상복근 강화 누워 자전거 타기운동 / 하복근 강화, 사복근 강화 Wall sliding / 대퇴근육 강화(벽에 기대어 다리를 구부려 지탱하고 있다가 다리를 펴고 서기를 반복)
		유산소운동	개념	많은 근육을 사용하면서 지속적으로 하는 저강도의 운동
			종류	걷기, 줄넘기, 수영, 자전거 타기, 체조, 등산
			효과	• 척추의 근육강화, 척추의 기능향상 • 추간판의 영양개선, 요통의 치료와 예방 • 기분전환, 정신건강 개선

8 성장통

역학	학령기	3~12세 학령 전기, 학령기아동
	여아	여아에서 호발(∵ 키가 최고조 성장속도를 보이는 시기는 여아가 남아보다 18~24개월 먼저 나타나므로 여아에서 발생 빈도가 높음)
	30%	전체 소아의 30%에서 경험
원인 96 임용	부정확함	정확한 원인은 아직 밝혀지지 않음
	근육통	골 성장이 근육성장보다 더 빠른 것이 원인으로 작용하는 일종의 근육통 ① 장골의 골격의 길이성장이 빨라 뼈를 싸고 있는 골막이 늘어나 주위 신경자극 ② 광화작용이 끝나지 않은 골격이 압력에 저항하거나 근육을 끌어당기는 능력이 약함
증상 20,21 국시	부위	① 국소적임 ② 고관절 부위의 심부통증, 대퇴부의 심부 근육층, 슬관절, 하퇴부(장딴지)
	시간	① 심한 신체활동 후나 저녁, 밤에 심함 → 통증으로 수면 중 깨어나기도 함 96 임용 ② 일시적인 것으로 휴식, 자고 일어나면 사라짐 ③ 수일에서 수개월간 증상이 없다가도 재발함
	양상 P	악화요인: 심한 신체활동
		완화요인: • 휴식, 목욕, 찜질, 신장운동 등 • 움직일 때 통증이 사라짐 96 임용 • 마사지하면 시원해함 96 임용
	양상 Q	• 심부통증 • 통증부위를 지적하지 못함
	양상 R	• 방사통 없음 • 통증부위는 고관절 부위나 대퇴부, 슬관절, 하퇴부 등임 • 양측에 대칭적으로 발생됨
	양상 S	다양한 강도
	양상 T	지속기간이 다양함, 일시적일 수도 있고 수일~수개월 지속되기도 함
	제외	① 부종, 홍반, 국소압통, 관절구축, 파행증이 없음 ② 위의 증상이 있고, 아침에 통증을 호소하거나 한쪽 다리만 아프다고 하면 다른 원인을 의심해봐야 함
관리	이완	① 목욕: 초저녁에 따뜻한 물로 전신 목욕 시행 ② 찜질/마사지: 국소 부위 찜질, 마사지도 도움이 됨 ③ 운동: 근육 신장운동이 도움이 됨
	지지	① 신발: 튼튼하고 지지해주는 신발이 도움이 됨 ② 정서적 지지
	약물	목욕이나 마사지 등의 효과가 없으면 진통제 사용을 고려해 볼 수 있음
	예후	특별한 치료를 하지 않아도 자연 소멸됨(시간이 지나면서 점차 완화됨)

아동간호의 발전

아동이 건강하였거나 병들었을 때 아동을 어떻게 간호해 왔는가는 그 시대와 사회에서 아동에 대한 개념이나 가치관에 따라 달랐음

시대	아동에 대한 개념 및 가치관
원시시대 (유목생활)	• 건강한 아동을 선호하고, 병들고 허약한 아동은 유기, 여아의 경우 살해하기도 하였음 • 기형아가 태어나는 것은 죄를 범한 부모에 대한 벌이라고 여김
고대 (정착생활)	• 아이들에게 의복을 입히고, 모유 먹이기를 권장, 옥외활동 권장 등 • 기원전 1500년경 아동의 질병에 대한 치료가 성인과 다르게 처방되었음 • 그리스에서는 육체의 미를 중시해서 균형잡힌 체격을 갖추도록 양육, 로마에서는 가족의 기능이 국가에 공헌할 무관을 키우는 데 있었으므로 가족의 중요성 강조 • 히포크라테스는 아동의 질병에 대한 특성을 자주 역설, 초기 기독교 시대의 셀서스는 아동의 질병에 대해 성인과 다른 특수한 치료를 권장함 [94 임용] • 유태인들의 경우에는 모세의 율병에 의한 위생대책이 모자간호에 영향을 많이 주었으며, 청결과 영양의 중요성을 인식하였고, 전염병 통제를 위해 노력하였음
기독교시대	• 아동의 가치를 종족보존과 부모공양의 주체로서뿐 아니라 한 개인으로 존중하도록 가르침 • 강자가 약자를 보호하고 건강한 사람이 질병에 걸린 사람을 보호하도록 지도, 무력하고 허약한 아동은 특별 고려대상 • 무의탁 아동을 위한 고아원과 환아를 위한 병원이 있었음

10 영아 후기 사망의 주원인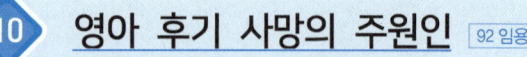

(1) 영아사망률 2.3명, 전년 대비 0.1명 감소(국가통계포털, 2022)

(2) 영아사망 주요원인은 신생아 호흡곤란과 심장의 선천기형(전체 영아사망의 14.7%, 국가통계포털, 2022)

① 출생 전후기에 기원한 특정병태(48.9%)와 선천기형, 변형 및 염색체 이상(15.6%)이 전체 영아사망의 64.2%를 차지함
  ㉠ 출생 전후기에 기원한 특정병태 중에서는 신생아의 호흡곤란(전체 영아사망의 19.5%)
  ㉡ 선천기형, 변형 및 염색체 이상 중에서는 심장의 선천기형(전체 영아사망의 4.4%)

[사망원인별 영아사망자 수 및 구성비, 2021~2022](국가통계포털)

(단위 : 명, %)

사망원인	2021년		2022년		영아사망			
					신생아기 (생후 28일 미만)		신생아 후기 (생후 28일 이상)	
	사망자 수	구성비	사망자 수	구성비	사망자 수	구성비	사망자 수	구성비
전체	626	100.0	565	100.0	300	100.0	265	100.0
출생 전후기에 기원한 특정 병태	306	48.9	268	47.4	218	72.7	50	18.9
- 임신기간 및 태아성장과 관련된 장애	36	5.8	39	6.9	34	11.3	5	1.9
- 신생아의 호흡곤란	63	10.1	46	8.1	46	15.3	0	-
- 신생아의 기타 호흡기 병태	42	6.7	46	8.1	33	11.0	13	4.9
선천기형, 변형 및 염색체이상	96	15.3	97	17.2	52	17.3	45	17.0
- 심장의 선천기형	29	4.6	25	4.4	9	3.0	16	6.0
달리 분류되지 않은 증상, 징후와 임상 및 검사의 이상소견	112	17.9	91	16.1	14	4.7	77	29.1
- 영아돌연사증후군	50	8.0	39	6.9	2	0.7	37	14.0
질병이환 및 사망의 외인	55	8.8	53	9.4	3	1.0	50	18.9
- 호흡과 관련된 기타 불의의 위협	27	4.3	36	6.4	2	0.7	34	12.8
- 가해	14	2.2	10	1.8	1	0.3	9	3.4
기타 나머지 질환	57	9.1	56	9.9	13	4.3	43	16.2

② OECD 국가 간 영아사망률 비교 시 OECD 평균 4.1명에 비해, 한국은 2.3명으로 낮은 수준임

04 아동학대

영역	기출영역 분석	페이지
아동학대의 현황		
아동학대의 유형과 원인	아동학대의 유형 2014, 2020 , 아동방임 의미 2025	165
아동학대의 징후와 후유증	유아의 신체적 학대에 의한 멍이나 상처의 가능성이 낮은 신체부위 2012	168
	초등학생 아동의 신체적 학대 시 나타나는 신체적 징후 2005	
아동학대 예방법	초등학생 대상 성 학대 예방교육 내용 2010	170
학대아동 간호수행	신체적 학대가 의심되는 아동 발견 시 보건교사가 취해야 할 조치 2005	171
	학대아동 발견 시 보건교사가 실시할 수 있는 사정, 응급조치, 중재방안 2009 , 학대아동 발견 시 보건교사가 가장 우선적으로 취해야 할 조치 2009	
	아동학대범죄의 처벌 등에 관한 특례법에 제시된 아동학대 피해아동에게 응급으로 진행되는 조치 2025	
	아동학대의 신고 2014 , 아동학대신고의무자 2025	

✓ 학습전략 Point

1st	아동학대의 유형	아동복지법에 제시된 아동학대의 유형을 학습한다.
2nd	아동학대의 증상과 징후	새로 개정된 법 내용을 중심으로 출제되고 있으므로, 새로 개정된 법 내용을 중심으로 숙지해야 한다. 또한, 학교보건 관련 법규(학교안전사고 예방 및 보상에 관한 법률, 학교폭력예방 및 대책에 관한 법률 등)의 내용도 확장하여 학습한다.
3rd	아동학대 발견 시 조치	아동학대 발견 시 신고, 사정내용, 응급조치, 중재방안 등 구체적인 조치사항을 학습한다. 또한 관련 법규의 내용도 함께 학습한다.

한눈에 보기 : 아동학대

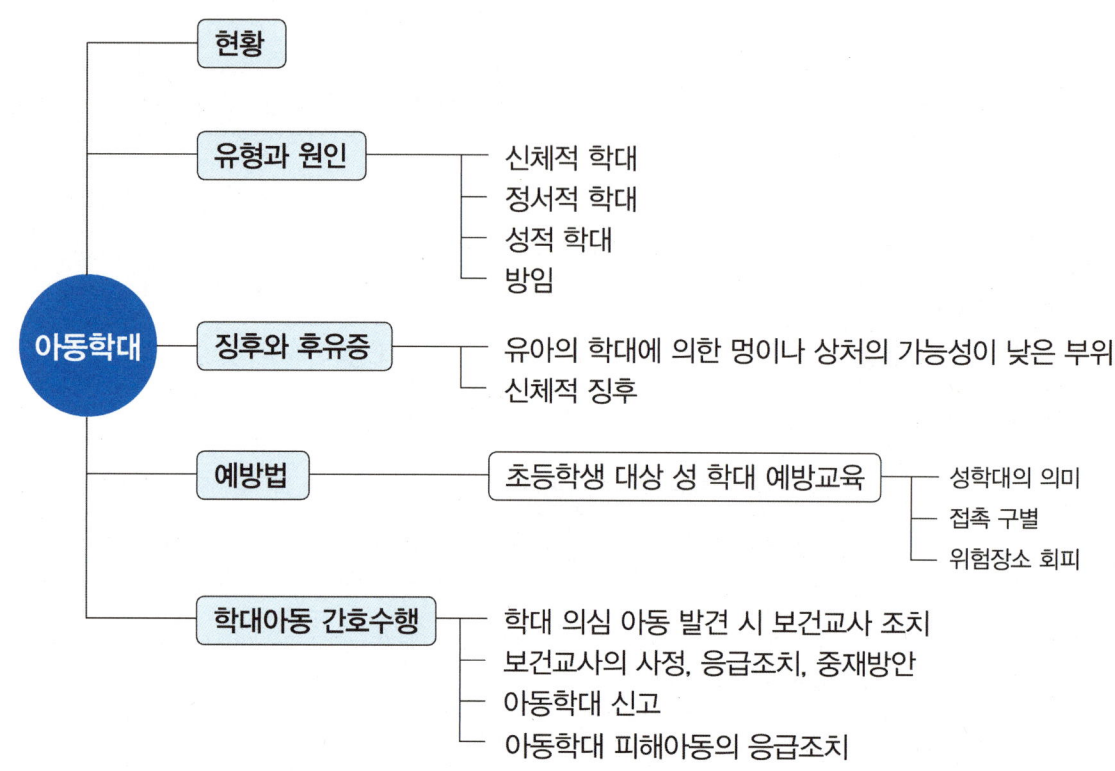

14-09.
다음은 교사들을 대상으로 한 아동학대에 대한 교육자료이다. 괄호 안의 ㉠, ㉡에 해당하는 내용을 차례대로 쓰시오.

아동 학대 유형 및 예방

대상	○○초등학교 교사	인원	○○명
일시	2013년 ○월 ○일 ○시	장소	교무실

□ 기본방침
- 학생의 권익 보호와 최적의 발달을 고려한 체계적·실질적인 학교 보건 교육의 내실화
- 폭력 및 아동 학대로부터 학생을 보호하고 학대 아동의 발견, 보호, 치료에 대한 신속한 처리

1. 아동 학대의 유형

유형	주요내용
신체학대	신체에 손상을 주는 학대 행위
정서학대	정신 건강 및 발달에 해를 끼치는 정서적 학대 행위
성 학대	성적 수치심을 주는 성희롱, 성폭행 등의 학대 행위
(㉠)	자신의 보호, 감독 하에 있는 아동을 유기하거나 의식주를 포함한 기본적 보호, 양육 및 치료를 소홀히 하는 학대 행위

2. 아동 학대의 신고

항목	주요내용
신고기관	아동 보호 전문기관 또는 수사기관
(㉡)	교직원, 의료인, 아동 복지 시설의 장 및 종사자, 가정 폭력 관련 종사자, 사회복지 전담 공무원 등
신분보호	신고인 신분은 보호되어야 하며, 그 의사에 반하여 신원이 노출되어서는 안 된다.

3. 아동 학대 예방 프로그램

1차 프로그램	정보제공, 교육 훈련, 인식 변화를 위한 각종 홍보 및 캠페인

… (하략) …

*출처 : 아동복지법
[시행 2013.6.19]
[법률 제1572호, 2012.12.18, 타법개정]

20-A2.
다음은 인터넷 뉴스에서 발췌한 기사이다. 밑줄 친 ㉠, ㉡에 해당하는 아동학대 유형을 순서대로 쓰시오.

매년 증가하는 아동학대
'우리 아이들을 지켜주세요.'

아동학대 신고 접수 건수가 매년 증가하고 있다.

이는 2014년 아동학대범죄의 처벌 등에 관한 특례법이 제정되면서 아동학대를 바라보는 시선이 단순 가정사라는 인식에서 범죄라는 인식으로 변된 것에 기인한다. 그동안 가정 내에서 발생하여 표면적으로 드러나지 않았던 아동학대에 대해 주변의 이웃 또는 학대를 당한 아동들의 적극적인 신고가 이어지고 있다.

아동학대는 다음과 같이 다양한 형태로 나타난다.
- 신체적 폭력이나 가혹 행위
- 아동 대상의 모든 성적 행위
- ㉠ 언어적 폭력
- 가족 내에서 왕따 시키는 행위
- 필요한 의료적 처치를 하지 않는 것
- 잠을 재우지 않는 것
- 의식주를 제공하지 않는 것
- 위험한 환경에 아동을 내버려 두는 것
- 형제나 친구 등과 비교·차별하는 것
- ㉡ 아동의 만성 무단 결석을 방치하는 것
- 아동을 보호하지 않고 버리는 것

… (하략) …

○○ 뉴스 차△△ 기자

05-04.
초등학교 보건교사가 보건실을 찾아온 아동의 신체에서 상해 흔적을 발견하고 아동학대의 징후가 있는지 확인하고자 한다. 아동의 신체적 학대 시 나타나는 신체적 징후를 4가지만 기술하시오.

12-27.
유아(1~3세)의 그림 (가)~(마) 중에서 신체적 학대에 의한 멍이나 상처의 가능성이 가장 낮은 신체부위는?

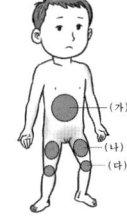 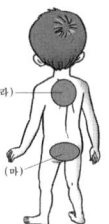

05-5.
신체적 학대가 의심되는 아동 발견 시 보건교사가 취해야 할 조치를 4가지만 기술하시오.

10-06.
초등학생을 대상으로 하는 성 학대 예방교육의 내용으로 옳지 않은 것은?

① '괜찮은', '적절한' 신체접촉과 '안 되는', '부당한' 신체접촉을 구별할 수 있도록 한다.
② 원치 않은 신체 접촉이 일어났을 때 "안 돼"라고 말할 권리가 있음을 상기시킨다.
③ 성과 관련된 신체부위는 부끄러워하지 않도록 은유적인 용어를 사용하여 교육한다.
④ 원치 않은 신체 접촉은 낯선 사람뿐 아니라 가까운 주변 사람들과의 사이에서도 발생할 수 있음을 알린다.
⑤ 원치 않은 신체 접촉을 당했을 때 이 사실을 숨기지 말고 즉시 믿을 만한 어른들에게 이야기하도록 한다.

09-16.
보건교사가 두통을 호소하며 보건실을 방문한 학생을 사정한 결과 몸 전체에서 멍을 발견하였다. 학생은 아버지로부터 상습적인 폭행을 당하고 있어 집으로 돌아가는 것을 두려워하며 위축되어 있다. 보건교사가 가장 우선적으로 취해야 할 조치는?

① 교육감에게 보고한다.
② 학생을 아버지로부터 격리한다.
③ 아버지 이외의 다른 보호자와 면담한다.
④ 학생의 가정과 양육 환경에 대해 조사한다.
⑤ 아동보호 전문기관 또는 수사기관에 신고한다.

09-주관식 04. 다음 물음에 답하시오.

4-1. 보건실을 방문한 A학생을 보건교사가 확인한 결과 학생의 몸에 여러 군데 멍과 불에 덴 자국 등을 통해 신체적 아동학대를 받는 것으로 판단되었다. 이 경우 프리드먼 또는 핸슨과 보이드의 관점 중 하나를 선택하여 아동학대 가족을 간호대상으로 보는 접근법과 이에 따른 간호목표에 대하여 서술하시오.

4-2. 다음 사례에 근거하여 보건교사가 실시할 수 있는 사정, 응급조치 및 중재방안에 대하여 논하시오.

> Y초등학교 2학년 4반 담임교사가 7월 초에 보건교사에게 자신이 담임을 맡고 있는 학급의 B 학생 문제를 상담하였다. B 학생은 친구들에게 자주 폭력을 행사하고 수업시간에 집중을 하지 못하며 교실을 돌아다니는 산만한 행동을 보이는 등 담임교사는 B학생을 어떻게 다루어야 할지 잘 모르겠다고 말하였다. 보건교사가 B 학생을 상담할 때 B 학생은 보건교사와 눈을 마주치지 못하였고 팔과 다리를 가리는 긴 옷을 입고 있었다. 보건교사가 팔을 걷어보니 멍 자국이 여러 군데 있어 이유를 물으니 넘어져서 생긴 것이라고 말하면서 옷을 얼른 내렸다. 보건교사가 담임교사와 함께 B학생의 집을 방문하였는데 B 학생은 두려운 표정을 지으며 자신의 어머니가 돌아오시기 전에 빨리 돌아가 달라고 애원하였다. 그래서 이웃에 사는 B 학생의 이모와 상담한 결과 B 학생의 어머니는 어릴 때 계모 밑에서 매를 맞으며 자랐고 어린 나이에 결혼하여 B 학생을 미숙아로 출산하였다고 한다. 또 가정불화로 남편과 이혼 후 경제적으로 어렵게 살아가고 있고 아들이 짐스럽고 힘들다며 욕설을 하고 때린다고 하였다. B 학생의 이모는 자주 와서 B 학생을 돌봐주고 싶지만 생활이 어려워 그렇게 하지 못하는 실정이다. 이러한 상황을 고려하여 보건교사는 '아동학대'로 결론을 내렸다.

25-B7. 다음은 아동 학대와 관련한 신문 기사의 일부이다. 〈작성 방법〉에 따라 순서대로 서술하시오.

> 제〇〇호 〇〇 신문 2024년 〇월 〇일
>
> **증가하는 아동 학대에 대한 사회적 책무**
>
> 아동 학대란 보호자를 포함한 성인이 아동의 건강 또는 복지를 해치거나 정상적 발달을 저해할 수 있는 신체적·정신적·성적 폭력이나 가혹 행위를 하는 것과 아동의 보호자가 아동을 유기하거나 ㉠<u>아동을 방임</u>하는 것을 말한다.
>
> 보건복지부의 '2023년 아동 학대 연차 보고서'에 의하면, 지난해 아동 학대 신고가 1년 새 5.2% 늘어난 것으로 집계됐다. 보건복지부에서는 "학대 행위자는 부모가 2만 2106건(85.9%)으로 절대적인 비중을 차지하며, 그 비율이 점차 늘고 있는 추세다."라고 설명했다.
>
> 「아동복지법」 제26조에 의하면 아동 청소년 관련 현장에서 아동의 인권을 보호하는 직업군을 (㉡)(으)로 정하고 있으며 교사, 상담사, 청소년지도사, 사회복지사, 보육교사 등 25개 직군이 이에 속한다.
>
> 아동 학대 피해 아동에게 ㉢<u>응급으로 진행되는 조치</u>에는 아동 학대 범죄 행위의 중단, 피해 아동 등을 아동 학대 관련 보호시설로 인도 등의 조치가 있다.
>
> … (하략) …

〈작성 방법〉
- 밑줄 친 ㉠의 의미를 서술할 것.
- 괄호 안의 ㉡에 해당하는 용어를 쓸 것. (단, 「아동복지법」(법률 제20218호, 2024. 2. 6., 일부개정)에 근거하여 쓸 것.)
- 밑줄 친 ㉢에 필요한 응급조치 2가지를 서술할 것. (단, 기사에 제시된 내용은 제외하고, 「아동학대범죄의 처벌 등에 관한 특례법」(법률 제19832호, 2023. 12. 26., 일부개정)에 근거하여 쓸 것.)

1 아동학대 - 유형과 원인

정의			아동학대란 보호자를 포함한 성인이 아동의 건강 또는 복지를 해치거나 정상적 발달을 저해할 수 있는 신체적·정신적·성적 폭력이나 가혹행위를 하는 것과 아동의 보호자가 아동을 유기하거나 방임하는 것을 말함(아동복지법 제3조).
유형 14,20 임용 / 05,14,18 국시	신체적 학대	법	보호자를 포함한 성인이 아동의 건강 또는 복지를 해치거나 정상적 발달을 저해할 수 있는 신체적 폭력이나 가혹행위를 하는 것(아동복지법 제3조 제7호) 20 임용(지문)
			아동의 신체에 손상을 주거나 신체의 건강 및 발달을 해치는 신체적 학대행위(아동복지법 제17조 제3호) 14 임용(지문)
		예	• 직접적으로 신체에 가해지는 행위(손·발 등으로 때림, 꼬집고 물어뜯는 행위, 조르고 비트는 행위, 할퀴는 행위 등) • 도구를 사용하여 신체를 가해하는 행위(도구로 때림, 흉기 및 뾰족한 도구로 찌름 등) • 완력을 사용하여 신체를 위협하는 행위(강하게 흔듦, 신체부위 묶음, 벽에 밀어붙임, 떠밀고 잡음, 아동을 던짐, 거꾸로 매달거나 물에 빠뜨림 등) • 신체에 유해한 물질로 신체에 가해지는 행위(화학물질 혹은 약물 등으로 신체에 상해를 입히는 행위, 화상을 입힘 등)
	정서적 학대	법	보호자를 포함한 성인이 아동의 건강 또는 복지를 해치거나 정상적 발달을 저해할 수 있는 정신적 폭력이나 가혹행위를 하는 것(아동복지법 제3조 제7호)
			아동의 정신건강 및 발달에 해를 끼치는 정서적 학대(아동복지법 제17조 제5호) 14 임용(지문)
		예	• 원망적·거부적·적대적 또는 경멸적인 언어폭력 등 20 임용 • 잠을 재우지 않는 것 20 임용 • 벌거벗겨 내쫓는 행위 • 형제나 친구 등과 비교·차별·편애하는 행위 20 임용 • 가족 내에서 왕따시키는 행위 20 임용 • 아동이 가정폭력을 목격하도록 하는 행위 • 아동을 시설 등에 버리겠다고 위협하거나 짐을 싸서 쫓아내는 행위 • 미성년자 출입금지 업소에 아동을 데리고 다니는 행위 • 아동의 정서발달 및 연령상 감당하기 어려운 것을 강요하는 행위(감금, 약취 및 유인, 아동 노동 착취) • 다른 아동을 학대하도록 강요하는 행위
	성적 학대	법	보호자를 포함한 성인이 아동의 건강 또는 복지를 해치거나 정상적 발달을 저해할 수 있는 성적 폭력이나 가혹행위를 하는 것(아동복지법 제3조 제7호) 20 임용
			아동에게 음란한 행위를 시키거나 이를 매개하는 행위 또는 아동에게 성적 수치심을 주는 성희롱 등의 성적 학대행위(아동복지법 제17조 제2호) 14 임용(지문)
		예	• 자신의 성적 만족을 위해 아동을 관찰하거나 아동에게 성적인 노출을 하는 행위(옷을 벗기거나 벗겨서 관찰하는 등의 관음적 행위, 성관계 장면 노출, 나체 및 성기 노출, 자위행위 노출 및 강요, 음란물을 노출하는 행위 등) • 아동을 성적으로 추행하는 행위(구강추행, 성기추행, 항문추행, 기타 신체부위를 성적으로 추행하는 행위 등) • 아동 대상의 모든 성적 행위 20 임용 • 아동에게 유사 성행위를 하는 행위 • 성교를 하는 행위(성기삽입, 구강성교, 항문성교) • 성매매를 시키거나 성매매를 매개하는 행위

구조화		
가해자	보호자를 포함한 성인	
피해	아동의 건강 또는 복지를 해치거나 정상적 발달 저해	
학대행위	• 신체적 · 정신적 · 성적 폭력이나 가혹행위를 하는 것 • 아동의 보호자가 아동을 유기하거나 방임하는 것	

유형 14,20 임용 / 05,14,18 국시	방임	법	아동의 보호자가 유기하거나 방임하는 것(아동복지법 제3조 제7호)
			자신의 보호 · 감독을 받는 아동을 유기하거나 의식주를 포함한 기본적 보호 · 양육 · 치료 및 교육을 소홀히 하는 방임행위 14,25 임용
		예	물리적 방임	• 기본적인 의식주를 제공하지 않는 행위 20 임용 • 불결한 환경이나 위험한 상태에 아동을 방치하는 행위 20 임용 • 아동의 출생신고를 하지 않는 행위, 보호자가 아동들을 가정 내 두고 가출한 경우 • 보호자가 친족에게 연락하지 않고 무작정 아동을 친족 집 근처에 두고 사라진 경우 등 • 아동을 병원에 입원시키고 사라진 경우

			교육적 방임	• 보호자가 아동을 특별한 사유 없이 학교(의무교육)에 보내지 않거나 아동의 무단결석을 방치하는 행위 20 임용
				** 의무교육은 6년의 초등교육 및 3년의 중학교를 의미함(교육기본법 제8조 제1항)
				
				초 · 중등교육법 시행령 제25조(초등학교 및 중학교의 장의 취학 독촉 · 경고 및 통보)
				① 초등학교 및 중학교의 장은 해당 학교에 취학할 예정인 아동이나 취학 중인 학생이 다음 각 호의 어느 하나에 해당하는 경우에는 지체 없이 그 보호자 또는 고용자에게 해당 아동이나 학생의 취학 또는 출석을 독촉하거나 의무교육을 받는 것을 방해하지 아니하도록 경고하여야 한다.
				  1. 입학 · 재취학 · 전학 또는 편입학 기일 이후 2일 이내에 입학 · 재취학 · 전학 또는 편입학하지 아니한 경우
				  2. 정당한 사유 없이 계속하여 2일 이상 결석하는 경우
				  3. 학생의 고용자에 의하여 의무교육을 받는 것이 방해당하는 때
				② 초등학교 및 중학교의 장은 제1항에 따른 독촉을 위하여 필요한 경우 해당 아동이나 학생의 가정을 방문하거나 그 보호자가 학교로 출석하도록 요청할 수 있다.
				③ 초등학교 및 중학교의 장은 제2항에 따라 가정을 방문하는 경우에는 해당 아동이나 학생의 거주지를 관할하는 읍 · 면 · 동의 장에게 동행을 요청할 수 있으며, 필요하면 해당 아동이나 학생의 거주지를 관할하는 경찰서의 장에게 협조를 요청할 수 있다. 이 경우 요청을 받은 읍 · 면 · 동의 장 또는 경찰서의 장은 특별한 사유가 없으면 적극 협조하여야 한다.
				④ 초등학교 및 중학교의 장은 해당 학교에 취학할 예정인 아동이나 취학 중인 학생이 다음 각 호의 어느 하나에 해당하는 경우 그 구분에 따른 사항을 초등학교의 경우에는 해당 아동이나 학생의 거주지를 관할하는 읍 · 면 · 동의 장 및 교육장에게, 중학교의 경우에는 교육장에게 각각 통보하여야 한다.
				  1. 제1항에 따른 독촉 또는 경고 후 3일이 지나거나 독촉 또는 경고를 2회 이상 한 경우에도 그 상태가 계속되는 경우 : 그 경과
				  2. 제1항 각 호의 어느 하나에 해당하는 아동이나 학생 중 주소지와 실제 거주지가 다른 아동이나 학생이 있는 경우 : 그 성명 및 주민등록번호
				⑤ 초등학교 및 중학교의 장은 제29조 제1항에 따라 정원 외로 학적이 관리되는 학생이 다음 각 호의 구분에 따른 시기에 학교에 출석할 수 있도록 해당 시기에 이르기 한 달 전까지 해당 학생의 보호자에게 통보하여야 한다.
				  1. 취학 의무를 유예받은 학생의 경우 : 그 유예 기간이 종료될 때
				  2. 장기결석 학생의 경우 : 학년도가 시작될 때

			의료적 방임	• 아동에게 필요한 의료적 처치 및 개입을 하지 않는 행위 20 임용 • 예방접종을 제때 하지 않은 행위
			유기	• 아동을 보호하지 않고 버리는 행위 20 임용 • 시설근처에 버리고 가는 행위

기타 법조문		• 아동을 매매하는 행위 • 장애를 가진 아동을 공중에 관람시키는 행위 • 아동에게 구걸을 시키거나 아동을 이용하여 구걸하는 행위 • 공중의 오락 또는 흥행을 목적으로 아동의 건강 또는 안전에 유해한 곡예를 시키는 행위 또는 이를 위하여 아동을 제3자에게 인도하는 행위 • 정당한 권한을 가진 알선기관 외의 자가 아동의 양육을 알선하고 금품을 취득하거나 금품을 요구 또는 약속하는 행위 • 아동을 위하여 증여 또는 급여된 금품을 그 목적 외의 용도로 사용하는 행위
원인	학대부모의 특성	학대하는 부모 역시 어린 시절 학대받았던 과거력을 가지고 있는 경우가 많음. 이들은 자신이 경험한 방법을 훈육의 유일한 방법으로 받아들이고 있거나 혹은 잘못된 방법인 줄 알고 있지만 다른 적절한 대안을 갖지 못해 자신이 배운 방법을 그대로 답습하는 경우가 있음
	학대가 일어나기 쉬운 가족의 특성	① 가족 내 폭력이 존재하는 경우(특히 아버지가 어머니를 학대하는 경우) ② 부모나 양육자가 알코올 중독자나 기타 약물 남용자인 경우 ③ 부모나 양육자가 아동에 대해 모성애가 부족한 경우 ④ 부모의 기대가 아동의 발달능력과 일치하지 않는 경우 ⑤ 아동을 돌봐 주는 사람이 사회적으로 고립되어 있는 경우 ⑥ 직장을 잃었거나 재정적인 어려움에 처한 경우 ⑦ 심각한 질병을 앓고 있거나 가족 중 갑자기 돌아가신 분이 있는 경우 ⑧ 이혼이나 별거와 같은 사건들로 인해 심각한 스트레스를 경험하고 있는 가족
	학대를 받기 쉬운 고위험군 아동의 특성	어떤 아동들은 자신이 지닌 특성으로 인해 부모로 하여금 학대를 유발할 수도 있다는 관점에서 아래의 특성이 있다고 제기되고 있음 ① 조산아 및 정신지체 장애자 ② 사회적 반응에서 부족을 보이는 경우 ③ 신체적 매력도가 낮거나(예 외모) 문제행동(예 고집스런 울음)을 보이는 경우

신체적 학대의 예

흔들린 아이증후군 (Shaken Baby Syndrome, SBS) 15 국시	정의		난폭하게 영아와 어린아이를 흔들면서 뇌손상을 유발시키는 아동학대
	병태 생리		영아: 신체 비율에 비해 커다란 머리, 약한 목, 근육을 가지고 있으며 뇌에는 많은 양의 수분을 가지고 있음 → 난폭하게 흔들게 되면 두개내에서 뇌가 움직임 → 결과적으로 힘에 의해 혈관과 뉴런이 찢어지게 됨
	증상	초래되는 손상의 특징	• 두개내 출혈(경막하 혈종과 지주막하 혈종) • 망막출혈 • 늑골골절과 장골골절
		증상	독감 증상~죽음에 임박하여 반응이 없는 증상
		장기적 결과	• 발작 장애 • 실명과 같은 시각장애 • 발달지연 • 청각장애 • 두개마비 • 경하거나 심한 정신/인지 및 운동손상
	간호		간호사는 우는 것과 달래기 힘들 정도로 우는 것에 대한 대처기술 교육
대리인에 의한 뮌하우젠 증후군	정의		양육자가 고의적으로 과장하거나 병력과 증상을 만들어 증상을 유도하는 것 - 양육자의 만족을 위한 신체적, 정서적 및 심리적 학대를 포함함
	특징		• 가해자의 대부분이 어느 정도 의료지식을 갖고 있는 어머니 • 양육자가 제공한 증상의 병력결과에 따라 아동은 고통스럽고 불필요한 의료검사나 과정을 참아내야 하는 것 • 양육자가 보고하는 보편적 증상: 발작, 오심과 구토, 설사 및 정신상태의 변화 → 항상 가해자에 의해서만 목격됨

2 아동학대의 징후와 후유증

유형	내용		
신체적 학대 징후 05임용	(1) 보호자를 포함한 성인이 아동에게 우발적 사고가 아닌 상황에서 의도적으로 신체손상을 입히거나 또는 신체손상을 입도록 한 모든 행위 (2) 양육자가 아동의 신체에 의도적으로 심한 상처를 주는 것으로 타박상, 화상, 좌상, 골절, 두골 및 복부의 상해 등 간단한 상처에서 의료처치가 필요한 심한 상처까지 그 범위가 다양함		
	신체적 단서 05임용		행동적 단서
	① 다양한 치유단계에 있는 타박상, 채찍자국 　- 얼굴, 입, 등, 엉덩이, 대퇴, 몸통 ② 화상 　- 발등, 손바닥, 등, 엉덩이 　- 담뱃불로 지진 흔적 　- 다리미 모양의 화상 ③ 나선형 골절과 탈구 : 두개골, 코 안면구조 ④ 열상과 찰과상 ⑤ 화학물질 투여 : 반복/과다약물복용		① 성인과의 신체적 접촉을 경계 ② 부모나 집에 가는 것에 대해 두려워함 ③ 환경을 조사하는 동안 조용히 누워 있음 ④ 상해에 대한 부적절한 반응 　- 통증이 있어도 울지 않음 ⑤ 매우 놀라운 사건에 대해 반응 결여 ⑥ 다른 아동 울음소리 들을 때 걱정하는 모습 ⑦ 지나친 친밀감이나 애정표현 ⑧ 관심을 얻기 위한 공격적 행동 ⑨ 위축행동 ⑩ 피상적 관계
	[신체적 학대 아동에서 찾을 수 있는 상처의 일반적 부위]		
	상처위치	일반적 신체증상	[아동학대를 의심할 수 있는 신체외상 부위] 12임용
	머리	• 눈 주위 검푸른색 • 귓바퀴를 꼬집거나 잡아당긴 표시 • 뺨을 때리고 꼬집은 자국 • 윗입술 및 설소대 열상 또는 멍든 자국 • 두피가 벗겨지고 머리카락이 잘렸거나 멍든 자국	
	목	• 질식하도록 누른 자국	
	몸통	• 가슴을 물어뜯은 자국, 손가락 자국 • 엉덩이와 하지를 때린 자국	
	생식기	• 꼬집은 자국 • 음경을 조이는 물질로 싸맨 자국	
	사지	• 상지 팔이나 팔목 또는 발꿈치를 꽉 움켜진 자국 • 발에 핀이나 레이저로 문신한 자국	
정서적 학대 징후	(1) 보호자를 포함한 성인이 아동에게 행하는 언어적 모욕, 정서적 위협, 감금이나 억제, 기타 가학적인 행위 (2) 아동의 정서적 양육 및 정상적인 심리사회적 발달이 부정되는 것을 말하며, 아동에게 협박과 언어적 공격을 일삼고, 심한 수치심과 모욕을 주기도 하고, 감금하는 등 적대적이고 거부적인 처우를 가하여 인성발달에 손상을 입히는 행위		
	신체적 단서		행동적 단서
	① 성장장애 ② 식이장애 - 반추증 ③ 야뇨증 ④ 수면장애 ⑤ 신체발달장애 ⑥ 언어장애		① 스스로 자극하는 행위 : 머리 흔들기 ② 영아기에 사회적 미소와 낯선 사람에 대한 불안 반응결여 ③ 위축, 이례적인 두려움 ④ 반사회적 행동 ⑤ 극단적 행동 : 지나치게 수동적, 공격적 ⑥ 정서적, 지적 발달지연(언어발달) ⑦ 자살시도

성적 학대 징후	(1) 아동의 발달상 아직 준비되지 못한 성적 활동에 아동을 타의로 관련시키는 것 (2) 실제적인 성교뿐 아니라 애무하기, 노출 또는 착취 등이 포함되며 근친상간, 추행, 강간 등이 이루어지기도 함	
	신체적 단서	행동적 단서
	① 타박상, 출혈, 열상, 자극의 흔적 　- 외생식기, 항문, 구강, 인두 ② 걷거나 앉는 데 어려움 ③ 속옷이 찢어졌거나 더러워져 있음 ④ 배뇨 시 통증, 생식기 부위 부종, 소양증 ⑤ 음경분비물, 성병 ⑥ 반복되는 요로감염 ⑦ 질 내 정자 존재 ⑧ 임신	① 성적 특성 : 나이에 맞지 않는 성적 행위 　- 지나친 자위행위, 노골적인 유혹행동 　- 성적으로 난잡한 행동, 성정체감 혼돈 ② 위축, 과다한 낮잠, 또래관계 결여 ③ 급격한 행동변화 : 불안, 집착하는 행동 ④ 근친상간의 경우 딸을 보호하지 못한 어머니에게 과도한 분노표출 ⑤ 퇴행적 행동 : 오줌 싸기, 엄지손가락 빨기 ⑥ 공포나 두려움이 갑자기 시작됨 ⑦ 집을 떠나지 않으려 하거나 양육자의 집에 가지 않으려 함 ⑧ 가출, 물질남용 ⑨ 극단적 우울, 적대감, 공격성 ⑩ 학업성취도의 급격한 저하
방임 징후	(1) 보호자가 아동에게 고의적, 반복적으로 아동양육 및 보호를 소홀히 함으로써 아동의 정상적인 발달을 저해할 수 있는 모든 행위 (2) 신체적 방임과 정서적 방임을 포함한다. 신체적 방임이란 아동의 기본적 요구, 즉 의식주 위생상태 및 건강관리 등을 제대로 제공하지 않는 것을 말함 (3) 정서적 방임이란 자녀에 대한 애정, 관심, 지지를 제공하지 않아 아동의 사회·교육·발달상의 요구를 무시하는 것	
	신체적 단서	행동적 단서
	① 성장장애 ② 영양불량 　- 가느다란 사지, 복부팽만, 피하지방 부족 ③ 불량한 개인위생, 치아위생 불량 ④ 지저분하고 부적절한 옷차림 ⑤ 불량한 건강관리의 증거 　- 예방접종을 맞히지 않음, 감염에 대한 치료를 하지 않음 ⑥ 감독이나 관리소홀로 빈번한 손상	① 둔하고 비활동적임 　- 지나치게 수동적이거나 기면상태 ② 스스로 자극하는 행위 　- 손가락 빨기, 머리 흔들기 ③ 음식을 구걸하거나 훔치기 ④ 장기간의 결석 ⑤ 약물중독이나 알코올 중독 ⑥ 만행을 저지르거나 좀도둑질을 함
학대 경고 징후	① 이전의 상해를 포함한 학대와 방임을 나타내는 신체적 증거 ② 움직일 수 없는 아동에서 나타나는 타박상이나 다른 상해 ③ 아동의 발달단계와 모순된 골절	신체적 증거
	④ 침대에서 떨어진 후 생긴 두개골절과 같은 아동의 상해형태의 정도가 모순된 병력 ⑤ 아동의 발달단계와 모순된 병력 예 6개월 영아가 온수를 틀어서 화상을 입었다고 함 ⑥ 부모 간의 상반된 병력 ⑦ 상해에 대해 목격자, 부모, 다른 사람들과 상반된 설명	모순된 병력 보고
	⑧ 학대의 징후임에도 관련 없는 다른 증상 호소 ⑨ 치료를 찾아다니며 치료지연 ⑩ 상해에 대해 부적절한 부모의 정서적 반응	학대 부인 양상

3 성 학대 예방교육

발달연령에 따른 예방교육	18개월	신체 각 부위의 정확한 명칭을 가르침
	3~5세	① 자기 몸의 소중함을 가르침 ② 몸을 만지려고 할 때 "싫어요" 하고 말하는 것을 가르침 ③ 성에 관한 질문이 있으면 적절히 대답함
	5~8세	① 집 밖에서의 안전에 대해 알려줌 ② 은밀한 부위를 만지는 것과 일반적인 만짐을 구별하도록 가르침 ③ 나쁜 경험을 이야기하도록 격려함
	8~12세	안전에 대해 강조 → 특히 조심해야 하는 곳(오락실, 상점가, 탈의실, 그 외), 성적인 행동에 대해 지켜야 할 규칙을 알려줌
	13~18세	① 개인적 안전과 위험한 장소들에 대해 다시 강조함 ② 성폭력, 데이트할 때의 주의점, 성병, 임신 등 문제행동에 대해 알려줌
성 학대 예방교육 내용 (초등학생 대상) 10 임용	(1) 성 학대가 무엇인지 교육	① 나의 소중한 부분을 만지거나 보려고 하거나, 그 사람의 것을 보여주려고 하거나 만지라고 강요하는 것은 성 학대임을 알림 ② 수영복을 입으면 가려지는 부분은 다른 사람에게 함부로 만지게 하거나 보여 주지 말 것 ③ 부당하게 취급받았을 때, 즉시 믿을 만한 어른에게 이야기하고 숨기지 말 것 ④ 성과 관련된 신체부위는 은유적인 용어가 아닌 직접적인 명확한 용어와 명칭을 사용하여 교육
	(2) 접촉구별	① '괜찮은, 적절한' 접촉과 '안되는, 부당한' 접촉을 구별하여 부당한 접촉은 거부 ② 평소에 잘 아는 사람으로부터의 접촉도 일어날 수 있음을 가르침 → 네가 예뻐서 만져주려고 한다는 등의 말은 거짓이며 잘못된 것임을 알려줌 ③ 피하는 행동전략을 습득시킴 ④ 잘못된, 부당한, 원치 않은 접촉이 일어나려고 할 때, "안돼요, 싫어요"라고 말하면서 빨리 그 자리를 피하게 하고, 엄마나 선생님 또는 믿을 만한 어른에게 이야기하도록 가르침
	(3) 위험장소 회피	학교나 학원주변의 화장실 또는 엘리베이터 안, 오락실, 아파트 옥상이나 지하실, 주차장 등에서 일어날 수 있으므로 평소에 혼자 이러한 곳을 다니지 말고 친구들과 함께 동행하도록 가르침
아동학대 예방 프로그램	1차적 예방 프로그램 14 임용(지문)	① 정보제공사업 : 정보 게시판 설치, 사이버 상담실 운영 ② 교육훈련사업 ㉠ 신고의무자 교육 정례화 ㉡ 초·중·고등학교 교육과정에 폭력에 관한 교육과정 추가 ㉢ 보육시설, 유치원·초·중·고등학교 부모교육 실시 ㉣ 병원·보건소 임산부 산전관리 교육으로 실시 ③ 인식변화를 위한 각종 홍보 및 캠페인 행사 ㉠ 아동학대 예방 캠페인 실시 ㉡ 공익광고 방송, 홍보포스터 및 비디오 배포, 아동학대 안내 소책자 ㉢ 아동학대 예방 주간 설정 ㉣ 자원봉사단 개발
	2차적 예방 프로그램	① 인식증진 프로그램 : 부모교육 실시 ② 태도개선 프로그램 : 사회적응 기술훈련, 자긍심 강화, 상담 등의 실시 ③ 행동개선 프로그램 : 분노조절 훈련, 부모역할 훈련, 효과적인 의사소통 훈련 등 ④ 환경개선 프로그램 : 가정지원 서비스 제공 ⑤ 가정방문 서비스(outreach) : 출장 서비스로서의 가정방문 서비스 제공
	3차적 예방 프로그램	① 학대부모 개개인에 대한 치료　　② 개인 심리 치료 ③ 집단 치료　　④ 지역사회 자원 동원 ⑤ 학대부모 집단을 대상으로 하는 집단 치료

4 학대아동 간호수행 : 발견 시 조치

신고	신고기관 14 임용(지문)	누구든지 아동학대범죄를 알게 된 경우나 그 의심이 있는 경우에는 특별시·광역시·특별자치시·도·특별자치도(이하 "시·도"라 한다), 시·군·구(자치구를 말한다. 이하 같다) 또는 수사기관에 신고할 수 있다(「아동학대범죄의 처벌 등에 관한 특례법」 제10조 제1항).
	신고의무자 14,25 임용	다음 각 호의 어느 하나에 해당하는 사람이 직무를 수행하면서 아동학대범죄를 알게 된 경우나 그 의심이 있는 경우에는 시·도, 시·군·구 또는 수사기관에 즉시 신고하여야 한다(「아동학대범죄의 처벌 등에 관한 특례법」 제10조 제2항). 〈개정 2024.12.20.〉 1. 「아동복지법」 제10조의2에 따른 아동권리보장원(이하 "아동권리보장원"이라 한다) 및 가정위탁지원센터의 장과 그 종사자 2. 아동복지시설의 장과 그 종사자(아동보호전문기관의 장과 그 종사자는 제외한다) 3. 「아동복지법」 제13조에 따른 아동복지전담공무원 4. 「가정폭력방지 및 피해자보호 등에 관한 법률」 제5조에 따른 가정폭력 관련 상담소 및 같은 법 제7조의2에 따른 가정폭력피해자 보호시설의 장과 그 종사자 5. 「건강가정기본법」 제35조에 따른 건강가정지원센터의 장과 그 종사자 6. 「다문화가족지원법」 제12조에 따른 다문화가족지원센터의 장과 그 종사자 7. 「사회보장급여의 이용·제공 및 수급권자 발굴에 관한 법률」 제43조에 따른 사회복지전담공무원 및 「사회복지사업법」 제34조에 따른 사회복지시설의 장과 그 종사자 8. 「성매매방지 및 피해자보호 등에 관한 법률」 제9조에 따른 지원시설 및 같은 법 제17조에 따른 성매매피해상담소의 장과 그 종사자 9. 「성폭력방지 및 피해자보호 등에 관한 법률」 제10조에 따른 성폭력피해상담소, 같은 법 제12조에 따른 성폭력피해자보호시설의 장과 그 종사자 및 같은 법 제18조에 따른 성폭력피해자통합지원센터의 장과 그 종사자 10. 「119구조·구급에 관한 법률」 제2조 제4호에 따른 119구급대의 대원 11. 「응급의료에 관한 법률」 제2조 제7호에 따른 응급의료기관등에 종사하는 응급구조사 12. 「영유아보육법」 제7조에 따른 육아종합지원센터의 장과 그 종사자 및 제10조에 따른 어린이집의 원장 등 보육교직원 13. 「유아교육법」 제2조 제2호에 따른 유치원의 장과 그 종사자 14. 아동보호전문기관의 장과 그 종사자 15. 「의료법」 제3조 제1항에 따른 의료기관의 장과 그 의료기관에 종사하는 의료인 및 의료기사 16. 「장애인복지법」 제58조에 따른 장애인복지시설의 장과 그 종사자로서 시설에서 장애아동에 대한 상담·치료·훈련 또는 요양 업무를 수행하는 사람 17. 「정신건강증진 및 정신질환자 복지서비스 지원에 관한 법률」 제3조 제3호에 따른 정신건강복지센터, 같은 조 제5호에 따른 정신의료기관, 같은 조 제6호에 따른 정신요양시설 및 같은 조 제7호에 따른 정신재활시설의 장과 그 종사자 18. 「청소년기본법」 제3조 제6호에 따른 청소년시설 및 같은 조 제8호에 따른 청소년단체의 장과 그 종사자 19. 「청소년 보호법」 제35조에 따른 청소년 보호·재활센터의 장과 그 종사자 20. 「초·중등교육법」 제2조에 따른 학교의 장과 그 종사자 21. 「한부모가족지원법」 제19조에 따른 한부모가족복지시설의 장과 그 종사자 22. 「학원의 설립·운영 및 과외교습에 관한 법률」 제6조에 따른 학원의 운영자·강사·직원 및 같은 법 제14조에 따른 교습소의 교습자·직원 23. 「아이돌봄 지원법」 제2조 제4호에 따른 아이돌보미 24. 「아동복지법」 제37조에 따른 취약계층 아동에 대한 통합서비스지원 수행인력 25. 「국내입양에 관한 특별법」 제37조 제1항 및 「국제입양에 관한 법률」 제32조 제1항에 따라 업무를 위탁받은 사회복지법인 및 단체의 장과 그 종사자 [시행일 : 2025.7.19.] 26. 「영유아보육법」 제8조에 따른 한국보육진흥원의 장과 그 종사자로서 같은 법 제30조에 따른 어린이집 평가 업무를 수행하는 사람 27. 「대안교육기관에 관한 법률」 제2조 제2호에 따른 대안교육기관과 「초·중등교육법 시행령」 제54조에 따라 학교의 장으로부터 학업에 어려움을 겪는 학생들에 대한 교육을 위탁받은 교육기관 등의 장과 그 종사자 [시행일 : 2025.6.21.]

신고	신고요령	언제	① 기본적인 의식주를 제공받지 못하는 아동 발견 시 ② 반복적인 상처와 부상을 입은 아동 발견 ③ 보호자가 아동의 상처나 질환에 대한 치료 거부 시 ④ 잦은 결석 또는 아동을 학교에 보내지 않으려 할 때 ⑤ 친족 성학대나 성매매가 의심되는 아동 발견 시
		어디로 (신고 기관) 14 임용 (지문)	① 112에 신고(2014년 9월 29일부터 아동학대 신고전화가 112로 통합) ② 중앙아동보호전문기관 또는 지역아동보호전문기관 홈페이지 ③ 경찰에 직접 신고 ④ 신고할 때 아동학대를 판단하는 데 도움이 되므로 가능한 한 많은 정보를 알려주는 것이 좋음
		무엇	피해아동: • 이름, 성별, 나이, 전화번호, 주소, 소속교육기관 • 학대의 핵심내용(아동이 입은 상처나 피해, 학대받고 있다고 믿는 이유, 상황의 긴급성에 대한 신고자의 견해) • 신고자 이외 학대사실을 확인해 줄 수 있는 사람의 이름과 전화번호
			학대행위자: • 이름, 성별, 나이, 전화번호, 주소, 피해아동과 관계, 직업/직장 등
			신고자: • 이름, 전화번호, 피해아동과 관계, 학대사실을 알게 된 경위 • 신분보호 : 신고인 신분은 보호되어야 하며, 그 의사에 반하여 신원이 노출되면 안 됨 14 임용(지문)
피해아동에 대한 응급조치 (아동학대 범죄의 처벌 등에 관한 특례법 제12조 제1항) 25 임용	현장에 출동하거나 아동학대범죄 현장을 발견한 경우 또는 학대현장 이외의 장소에서 학대피해가 확인되고 재학대의 위험이 급박·현저한 경우, 사법경찰관리 또는 아동학대전담공무원은 피해아동, 피해아동의 형제자매인 아동 및 피해아동과 동거하는 아동(이하 "피해아동등"이라 한다)의 보호를 위하여 즉시 다음 각 호의 조치(이하 "응급조치"라 한다)를 하여야 한다. 이 경우 제3호 또는 제5호의 조치를 하는 때에는 피해아동등의 이익을 최우선으로 고려하여야 하며, 피해아동등을 보호하여야 할 필요가 있는 등 특별한 사정이 있는 경우를 제외하고는 피해아동등의 의사를 존중하여야 한다. 〈개정 2024.12.20.〉 1. 아동학대범죄 행위의 제지 2. 아동학대행위자를 피해아동등으로부터 격리 3. 피해아동등을 아동학대 관련 보호시설로 인도 4. 긴급치료가 필요한 피해아동을 의료기관으로 인도 5. 피해아동등을 연고자등에게 인도 [시행일 : 2025.6.21.]		
학대아동 발견 시 보건교사 간호중재 05,09,14 임용	(1) 신고		아동학대가 의심되면 의료인, 교사 등과 같은 법률 신고의무자는 아동학대 발견 즉시 신고해야 하며, 신고하지 않는 경우 1천만원 이하 과태료가 부과된다(「아동학대범죄의 처벌 등에 관한 특례법」 제63조 제1항 제2호). → 아동학대가 의심되면 즉시 담임교사에게 알리고 교장선생님에게 보고, 경찰에 신고
	(2) 관찰·기록		아동의 신체 상황과 정신적 상태를 객관적으로 관찰 기록한다.
	(3) 자료정리		사정한 자료와 가족이나 양육자와 상담내용 등의 기록과 필요시 사진 등을 첨부하여 둔다.
	(4) 간호제공		신체적 문제에 대한 간호를 제공한다.
	(5) 의뢰		필요하면 아동보호소에 입소하도록 한다(자원 활용).
학대아동 사정 항목	아동학대를 받았다고 의심되는 학생의 종합적인 평가, 사진, 신체외모 등에 관해 사정한다. ① 신장과 체중을 측정하여 아동이 연령에 맞게 정상범주에 속하는지 판단한다. ② 모든 타박상, 상처, 화상, 피부의 변색을 기록한다. 필요에 따라 사진을 찍어 상처에 대한 자료를 만든다(피부, 두피, 발바닥 같은 외피계 외 몸통 전체와 생식기 부위는 자세하게 관찰되어야 함). ③ 근육에 통증을 느끼거나 갈비뼈가 부풀어 올랐거나, 과거에 골절을 입은 경우는 근골격계 사정을 한다. ④ 비뇨기계, 생식기계도 평가될 필요가 있으며 소변에서 혈액이나 단백질이 섞여 나오는 경우, 그에 따른 과거의 요도감염 여부를 확인한다. ⑤ 아동의 정신 상태를 사정한다(외모, 기분, 검사자에 대한 태도, 사고양상과 지적능력, 놀이양상, 감각운동발달 정도, 말과 언어능력, 정보를 제공할 의지, 인터뷰 동안 협력수준, 비언어적 행동, 아동/양육자 관계의 질 등). ⑥ 가족력에 대한 정보를 양육자와 아동과의 대화를 통해 구한다.		

		[아동학대로 잘못 인식될 수 있는 상태]
학대아동 사정 항목	의학적 상태	• 멍과 빈번하게 혼돈되는 몽고반점 • 특발성 혈소판 감소 자반증 • 혈우병 • 백혈병 • 불완전 골 형성증
	문화/종교적 건강행위	• 부항, 뜸 • 마늘요법 : 유태인이 마늘을 손목에 바르는 등 치료방법으로 활용 • 납을 포함한 약물 : 동남아시아, 인도 등 • 화상 : 동남아시아, 피부의 작은 부위를 다양한 질병을 치료하기 위해 태움
아동학대에 대한 신체사정	피부변화	• 학대받은 아동에서 피부손상은 매우 흔한 소견이다. • 손상의 형태, 손상부위, 사용된 도구, 아동의 연령 등이 피부변화에 영향을 준다. • 보통 얼굴, 상지 혹은 엉덩이에 손자국이 그대로 나타나 있다. • 전선이나 허리띠같이 일직선 모양으로 멍자국이 나있다. • 손목이나 발목을 따라 돌아가면서 일직선으로 멍이 든 경우 끈으로 묶어 놓았던 경우를 생각해야 한다. • 양쪽 입가에 멍이 있는 경우는 재갈을 채웠던 경우이다. • 이런 자국의 멍은 각각의 시간단계에 따라 다른 것이 섞여 있는 경우가 많은데 이는 학대가 여러 차례에 걸쳐 있었음을 시사한다. • 피부에 나타난 자국과 멍을 통해 학대유형이나 정도를 판단할 수 있으며, 시간적 경과를 확인할 수 있다.
	골절	• 어린 연령에서 골절의 경우는 반드시 학대와 연관 지어 의심하여야 한다. • 나선형 골절인 경우는 상지나 하지를 억지로 비튼 경우에서 발생할 수 있다. • 걸음을 걷지 못하는 영아의 경우 이런 나선형 골절은 거의 생기지 않기 때문에 학대를 의심해 볼 수 있다.
	화상	• 아동에게 흔히 볼 수 있는 사고로, 특히 18개월~5세 사이의 아동에게 많다. • 화상은 아동의 나이와 화상부위를 고려하는 것이 반드시 필요하다. • 허벅지 안쪽 부위에 담뱃불에 의한 화상의 흔적이 있는 경우, 손이 데이지 않는 상황에서 엉덩이와 회음부만 화상을 입는 경우는 특히 뜨거운 물에 아동의 배와 발을 잡고 엉덩이 부분을 집어넣기 때문에 발생되는 유형이므로 아동학대에 의한 것으로 판단해야 한다.
	안면부 외상	• 학대가 있었던 아동의 많은 수가 눈 주위의 부종이나 수정체 탈구, 망막박리 및 출혈, 전방출혈, 결막하출혈, 안와골절 등을 입을 수 있다. • 구타에 의한 비연골 골절, 반복적인 귀의 외상으로 인한 양배추 모양의 변형, 고막천공 등이 생길 수 있다.
	두부와 중추신경계 외상	• 아동을 붙잡고 심하게 흔드는 경우 경막하 출혈이 생길 수 있다. • 이때에는 두개골 골절이나 다른 외상 없이 경막하 출혈만 생길 수 있다.
	흉부와 복부 외상	• 흉부외상에는 흔히 늑골 골절이 생길 수 있다. • 복부에 구타가 가해지는 경우 내부 장기의 파열이나 출혈이 생길 수 있다. • 잘 설명되지 않는 여러 차례의 출혈이나 장관의 천공이 있는 경우가 있다.
	성 학대로 인한 외상	• 사춘기 이전의 아동에서 임질이나 매독, 클라미디아, 트리코모나스 등으로 인한 질염, 요도염, 회음부 감염이 있다. • 요도나 회음부 열상, 타박상이 있다면 성 학대를 고려해 보아야 한다.

● 아동학대 관련 법령

아동복지법 시행령	**제26조(아동학대 신고의무자에 대한 교육)**
	① 법 제26조 제1항부터 제3항까지의 규정에 따른 아동학대 예방 및 신고의무와 관련한 교육에는 다음 각 호의 사항이 포함되어야 한다.
	  1. 아동학대 예방 및 신고의무에 관한 법령
	  2. 아동학대 발견 시 신고 방법
	  3. 피해아동 보호 절차
	② 관계 중앙행정기관의 장은 법 제26조 제1항에 따라 아동학대 신고의무자의 자격 취득 과정이나 보수교육 과정에 아동학대 예방 및 신고의무와 관련된 교육을 1시간 이상 포함시켜야 한다.
	③ 아동학대 신고의무자가 소속된 기관·시설 등의 장은 법 제26조 제3항에 따라 소속 신고의무자에게 아동학대 예방 및 신고의무와 관련된 교육을 매년 1시간 이상 실시하여야 한다.
	④ 삭제 〈2018.4.24.〉
	⑤ 법 제26조 제1항부터 제3항까지의 규정에 따른 교육은 집합 교육, 시청각 교육 또는 인터넷 강의 등의 방법으로 할 수 있다.
	
	제26조의2(아동학대 예방교육의 실시)
	① 법 제26조의2 제1항에서 "대통령령으로 정하는 공공단체"란 다음 각 호의 기관 또는 단체를 말한다.
	  1. 「고등교육법」 제2조 각 호의 학교
	  2. 「공직자윤리법 시행령」 제3조의2 제2항에 따라 인사혁신처장이 관보에 고시한 공직유관단체(같은 조 제3항에 따라 공직유관단체에서 제외된 것으로 보는 기관 및 단체는 제외한다)
	② 법 제26조의2 제1항에 따라 아동학대 예방교육을 실시하여야 하는 기관 또는 단체의 장은 교육 내용에 다음 각 호의 사항을 포함하여 매년 1시간 이상 아동학대 예방교육을 실시하여야 한다. 이 경우 교육은 집합 교육 또는 인터넷 강의 등의 방법으로 실시할 수 있다.
	  1. 아동학대 예방에 관한 법령
	  2. 아동학대의 주요 사례
	  3. 아동학대 발견 시의 신고방법
	③ 법 제26조의2 제2항에서 "대통령령으로 정하는 교육기관"이란 다음 각 호의 기관을 말한다.
	  1. 「한국보건복지인력개발원법」에 따른 한국보건복지인력개발원
	  2. 국가나 지방자치단체가 설치·운영하는 기관 및 「공공기관의 운영에 관한 법률」에 따른 공공기관
	  3. 「사회복지사업법」 제2조 제3호에 따른 사회복지법인으로서 정관이나 규약 등에서 아동학대 예방·방지 및 피해자 보호를 사업 내용으로 하고 있는 비영리법인 중 보건복지부장관이 아동학대 예방교육을 실시할 수 있다고 인정하여 고시하는 기관
	④ 보건복지부장관은 필요한 경우 보장원, 아동복지에 관한 인적·물적 자원을 갖춘 연구기관·법인 또는 단체에 법 제26조의2 제3항에 따른 교육 프로그램 개발을 의뢰할 수 있다.

아동학대 범죄의 처벌 등에 관한 특례법	**제10조(아동학대범죄 신고의무와 절차)**
	① 누구든지 아동학대범죄를 알게 된 경우나 그 의심이 있는 경우에는 특별시·광역시·특별자치시·도·특별자치도(이하 "시·도"라 한다), 시·군·구(자치구를 말한다. 이하 같다) 또는 수사기관에 신고할 수 있다.
	② 다음 각 호의 어느 하나에 해당하는 사람이 직무를 수행하면서 아동학대범죄를 알게 된 경우나 그 의심이 있는 경우에는 시·도, 시·군·구 또는 수사기관에 즉시 신고하여야 한다.
	  1. 「아동복지법」 제10조의2에 따른 아동권리보장원(이하 "아동권리보장원"이라 한다) 및 가정위탁지원센터의 장과 그 종사자
	  2. 아동복지시설의 장과 그 종사자(아동보호전문기관의 장과 그 종사자는 제외한다)
	  3. 「아동복지법」 제13조에 따른 아동복지전담공무원
	  4. 「가정폭력방지 및 피해자보호 등에 관한 법률」 제5조에 따른 가정폭력 관련 상담소 및 같은 법 제7조의2에 따른 가정폭력피해자 보호시설의 장과 그 종사자
	  5. 「건강가정기본법」 제35조에 따른 건강가정지원센터의 장과 그 종사자
	  6. 「다문화가족지원법」 제12조에 따른 다문화가족지원센터의 장과 그 종사자
	  7. 「사회보장급여의 이용·제공 및 수급권자 발굴에 관한 법률」 제43조에 따른 사회복지전담공무원 및 「사회복지사업법」 제34조에 따른 사회복지시설의 장과 그 종사자
	  8. 「성매매방지 및 피해자보호 등에 관한 법률」 제9조에 따른 지원시설 및 같은 법 제17조에 따른 성매매피해상담소의 장과 그 종사자
	  9. 「성폭력방지 및 피해자보호 등에 관한 법률」 제10조에 따른 성폭력피해상담소, 같은 법 제12조에 따른 성폭력피해자보호시설의 장과 그 종사자 및 같은 법 제18조에 따른 성폭력피해자통합지원센터의 장과 그 종사자

아동학대 범죄의 처벌 등에 관한 특례법	10. 「119구조·구급에 관한 법률」 제2조 제4호에 따른 119구급대의 대원 11. 「응급의료에 관한 법률」 제2조 제7호에 따른 응급의료기관등에 종사하는 응급구조사 12. 「영유아보육법」 제7조에 따른 육아종합지원센터의 장과 그 종사자 및 제10조에 따른 어린이집의 원장 등 보육교직원 13. 「유아교육법」 제2조 제2호에 따른 유치원의 장과 그 종사자 14. 아동보호전문기관의 장과 그 종사자 15. 「의료법」 제3조 제1항에 따른 의료기관의 장과 그 의료기관에 종사하는 의료인 및 의료기사 16. 「장애인복지법」 제58조에 따른 장애인복지시설의 장과 그 종사자로서 시설에서 장애아동에 대한 상담·치료·훈련 또는 요양 업무를 수행하는 사람 17. 「정신건강증진 및 정신질환자 복지서비스 지원에 관한 법률」 제3조 제3호에 따른 정신건강복지센터, 같은 조 제5호에 따른 정신의료기관, 같은 조 제6호에 따른 정신요양시설 및 같은 조 제7호에 따른 정신재활시설의 장과 그 종사자 18. 「청소년기본법」 제3조 제6호에 따른 청소년시설 및 같은 조 제8호에 따른 청소년단체의 장과 그 종사자 19. 「청소년 보호법」 제35조에 따른 청소년 보호·재활센터의 장과 그 종사자 20. 「초·중등교육법」 제2조에 따른 학교의 장과 그 종사자 21. 「한부모가족지원법」 제19조에 따른 한부모가족복지시설의 장과 그 종사자 22. 「학원의 설립·운영 및 과외교습에 관한 법률」 제6조에 따른 학원의 운영자·강사·직원 및 같은 법 제14조에 따른 교습소의 교습자·직원 23. 「아이돌봄 지원법」 제2조 제4호에 따른 아이돌보미 24. 「아동복지법」 제37조에 따른 취약계층 아동에 대한 통합서비스지원 수행인력 25. 「국내입양에 관한 특별법」 제37조 제1항 및 「국제입양에 관한 법률」 제32조 제1항에 따라 업무를 위탁받은 사회복지법인 및 단체의 장과 그 종사자 [시행일 : 2025.7.19.] 26. 「영유아보육법」 제8조에 따른 한국보육진흥원의 장과 그 종사자로서 같은 법 제30조에 따른 어린이집 평가 업무를 수행하는 사람 27. 「대안교육기관에 관한 법률」 제2조 제2호에 따른 대안교육기관과 「초·중등교육법 시행령」 제54조에 따라 학교의 장으로부터 학업에 어려움을 겪는 학생들에 대한 교육을 위탁받은 교육기관 등의 장과 그 종사자 [시행일 : 2025.6.21.] ③ 누구든지 제1항 및 제2항에 따른 신고인의 인적 사항 또는 신고인임을 미루어 알 수 있는 사실을 다른 사람에게 알려주거나 공개 또는 보도하여서는 아니 된다. ④ 제2항에 따른 신고가 있는 경우 시·도, 시·군·구 또는 수사기관은 정당한 사유가 없으면 즉시 조사 또는 수사에 착수하여야 한다. 제10조의2(불이익조치의 금지) 누구든지 아동학대범죄신고자등에게 아동학대범죄신고등을 이유로 불이익조치를 하여서는 아니 된다. 제10조의3(아동학대범죄신고자등에 대한 보호조치) 아동학대범죄신고자등에 대하여는 「특정범죄신고자 등 보호법」 제7조부터 제13조까지의 규정을 준용한다. 특정범죄신고자 등 보호법 제7조(인적 사항의 기재 생략) 제8조(인적 사항의 공개 금지) 제9조(신원관리카드의 열람) 제10조(영상물 촬영) 제11조(증인 소환 및 신문의 특례 등) 제12조(소송진행의 협의 등) 제13조(신변안전조치) 제35조(비밀엄수 등의 의무) ① 아동학대범죄의 수사 또는 아동보호사건의 조사·심리 및 그 집행을 담당하거나 이에 관여하는 공무원, 보조인, 진술조력인, 아동보호전문기관 직원과 그 기관장, 상담소 등에 근무하는 상담원과 그 기관장 및 제10조 제2항 각 호에 규정된 사람(그 직에 있었던 사람을 포함한다)은 그 직무상 알게 된 비밀을 누설하여서는 아니 된다. ② 신문의 편집인·발행인 또는 그 종사자, 방송사의 편집책임자, 그 기관장 또는 종사자, 그 밖의 출판물의 저작자와 발행인은 아동보호사건에 관련된 아동학대행위자, 피해아동, 고소인, 고발인 또는 신고인의 주소, 성명, 나이, 직업, 용모, 그 밖에 이들을 특정하여 파악할 수 있는 인적 사항이나 사진 등을 신문 등 출판물에 싣거나 방송매체를 통하여 방송할 수 없다. ③ 피해아동의 교육 또는 보육을 담당하는 학교의 교직원 또는 보육교직원은 정당한 사유가 없으면 해당 아동의 취학, 진학, 전학 또는 입소(그 변경을 포함한다)의 사실을 아동학대행위자인 친권자를 포함하여 누구에게든지 누설하여서는 아니 된다.

초·중등
교육법
시행령
	제25조(초등학교 및 중학교의 장의 취학 독촉·경고 및 통보)
	① 초등학교 및 중학교의 장은 해당 학교에 취학할 예정인 아동이나 취학 중인 학생이 다음 각 호의 어느 하나에 해당하는 경우에는 지체 없이 그 보호자 또는 고용자에게 해당 아동이나 학생의 취학 또는 출석을 독촉하거나 의무교육을 받는 것을 방해하지 아니하도록 경고하여야 한다.
	  1. 입학·재취학·전학 또는 편입학 기일 이후 2일 이내에 입학·재취학·전학 또는 편입학하지 아니한 경우
	  2. 정당한 사유 없이 계속하여 2일 이상 결석하는 경우
	  3. 학생의 고용자에 의하여 의무교육을 받는 것이 방해당하는 때
	② 초등학교 및 중학교의 장은 제1항에 따른 독촉을 위하여 필요한 경우 해당 아동이나 학생의 가정을 방문하거나 그 보호자가 학교로 출석하도록 요청할 수 있다.
	③ 초등학교 및 중학교의 장은 제2항에 따라 가정을 방문하는 경우에는 해당 아동이나 학생의 거주지를 관할하는 읍·면·동의 장에게 동행을 요청할 수 있으며, 필요하면 해당 아동이나 학생의 거주지를 관할하는 경찰서의 장에게 협조를 요청할 수 있다. 이 경우 요청을 받은 읍·면·동의 장 또는 경찰서의 장은 특별한 사유가 없으면 적극 협조하여야 한다.
	④ 초등학교 및 중학교의 장은 해당 학교에 취학할 예정인 아동이나 취학 중인 학생이 다음 각 호의 어느 하나에 해당하는 경우 그 구분에 따른 사항을 초등학교의 경우에는 해당 아동이나 학생의 거주지를 관할하는 읍·면·동의 장 및 교육장에게, 중학교의 경우에는 교육장에게 각각 통보하여야 한다.
	  1. 제1항에 따른 독촉 또는 경고 후 3일이 지나거나 독촉 또는 경고를 2회 이상 한 경우에도 그 상태가 계속되는 경우 : 그 경과
	  2. 제1항 각 호의 어느 하나에 해당하는 아동이나 학생 중 주소지와 실제 거주지가 다른 아동이나 학생이 있는 경우 : 그 성명 및 주민등록번호
	⑤ 초등학교 및 중학교의 장은 제29조 제1항에 따라 정원 외로 학적이 관리되는 학생이 다음 각 호의 구분에 따른 시기에 학교에 출석할 수 있도록 해당 시기에 이르기 한 달 전까지 해당 학생의 보호자에게 통보하여야 한다.
	  1. 취학 의무를 유예받은 학생의 경우 : 그 유예 기간이 종료될 때
	  2. 장기결석 학생의 경우 : 학년도가 시작될 때

● 아동학대 개입 절차

1. 아동학대 업무 흐름도

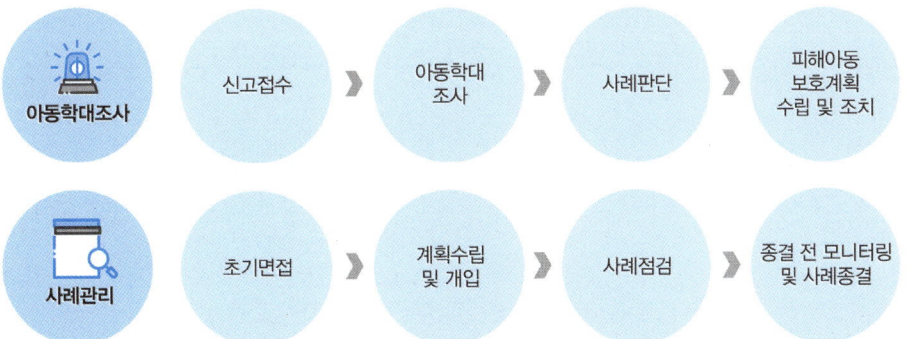

2. 사법처리 절차

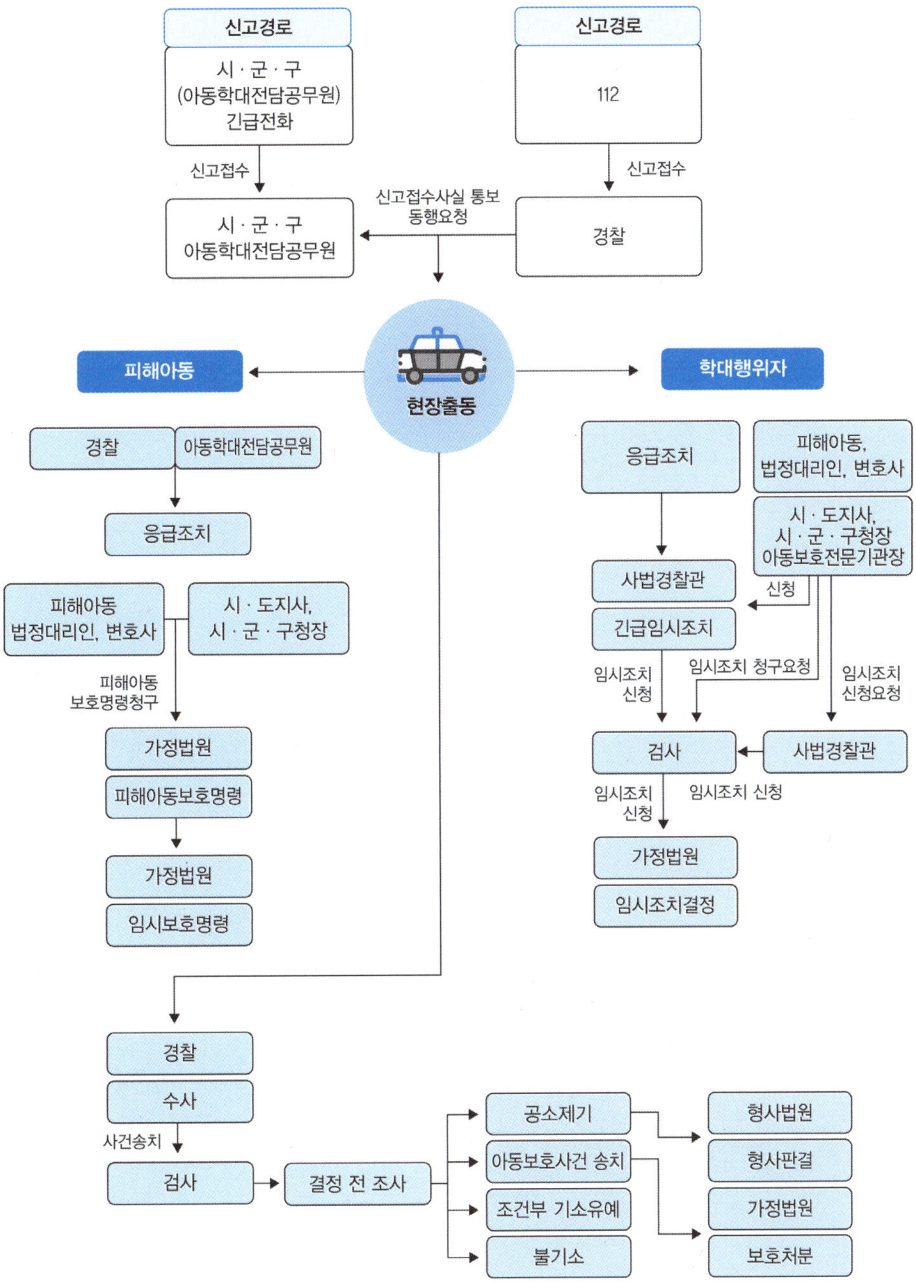

임수진
보건임용
02

PART 04

응급간호학

CHAPTER 01 응급처치 기본원리

CHAPTER 02 심폐소생술(CPR)

CHAPTER 03 폐색과 쇼크

CHAPTER 04 내과적 응급처치

CHAPTER 05 외과적 응급처치

PART 04 응급간호학

한눈에 보기 응급간호

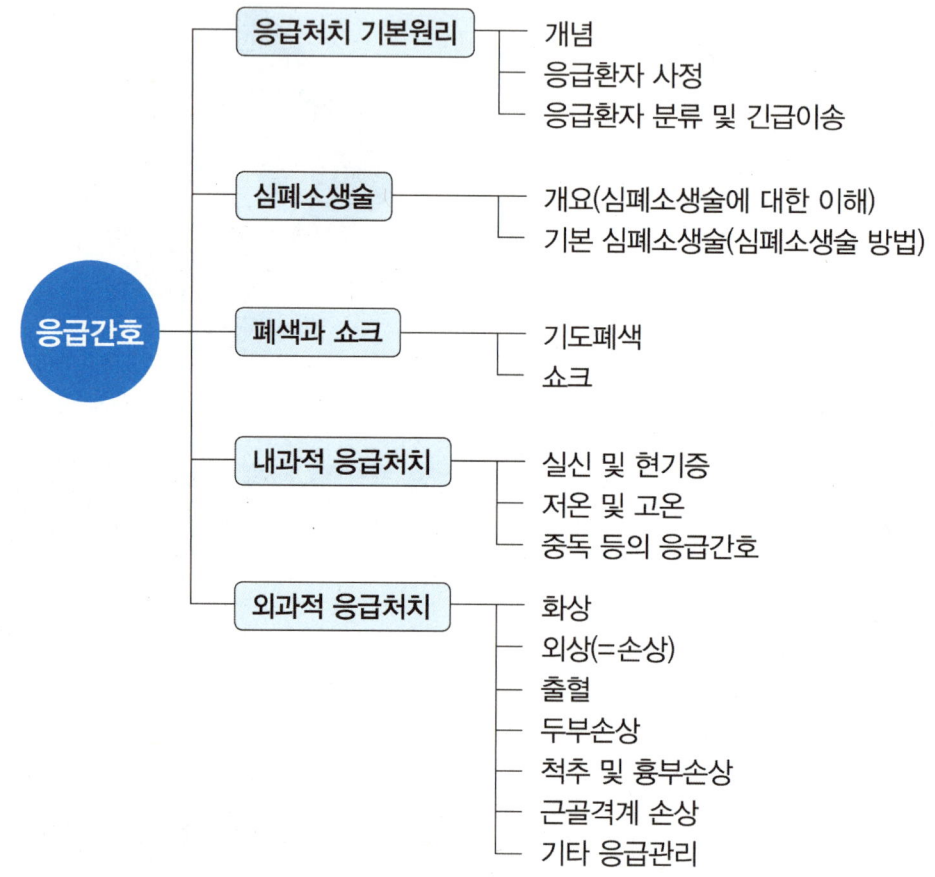

01 응급처치 기본원리

영역	기출영역 분석	페이지
응급간호의 개념	응급의료에 관련 법률에 근거한 정의	184
응급환자 사정	응급환자의 동공 사정에서 양안 동공이 모두 확대된 원인 1994	185
	중독 시 동공확대 증상을 일으키는 약물 1992	
	GCS의 점수 의미 2015	
응급환자의 분류 및 긴급이송	응급환자 분류 — 응급처치의 일반원칙에서 제일 우선 치료해야 할 손상 1994	190
	응급환자 분류 — 대량의 응급환자 발생 시 중증 분류의 1순위로 응급처치를 받아야 하는 대상 2009	
	응급환자 분류 — START 알고리즘 - 환자중증도 분류 / 첫 번째로 확인(사정)해야 할 대상자 상태 2016	
	응급 시 환자 후송 방법	
	학교 응급환자 발생 시 가장 먼저 취해야 할 지침 : 교직원 행동강령 2011	197

✓ 학습전략 Point

1st	응급환자의 사정	응급환자의 1차 사정과 2차 사정 내용을 학습한다.
2nd	응급환자의 분류	응급환자 분류 도구별 확인내용을 학습하고, 1순위 응급처치를 받아야 하는 대상자를 학습한다.

응급처치 기본원리

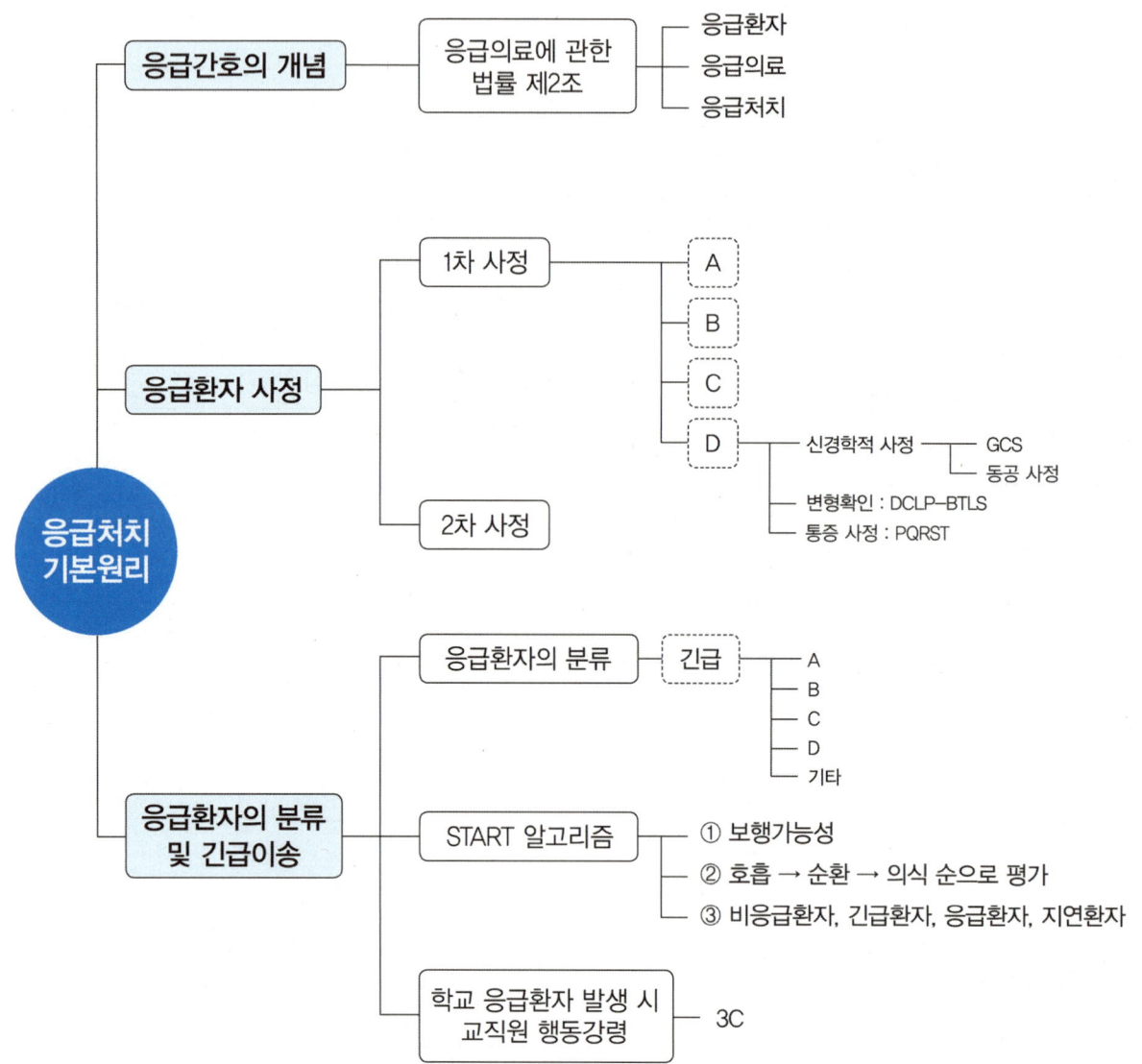

94-19. 응급 환자의 동공 사정에서 양안 동공이 모두 확대되었다. 동공이 확대된 원인은?
① 뇌졸중 ② 뇌손상
③ 뇌빈혈 ④ 매독

92-65. 중독 시 동공확대 증상을 일으키는 약물은?
① 항콜린작용약(Anticholinergics)
② 마취제(Marcotics)
③ 바비튜레이트(Barbiturates)
④ 페노티아진(Phenothiazines)

94-09. 응급 처치의 일반 원칙에서 제일 우선으로 치료해야 할 손상은?
① 위장관 천공
② 비뇨 생식기의 손상
③ 폐쇄성 뇌손상
④ 긴장성 기흉

09-17. 대량의 응급환자가 발생하였을 경우 중증 분류의 1순위로 응급처치를 받아야 하는 사람들로 구성한 것을 〈보기〉에서 고른 것은?

─〈보기〉─
㉠ 복부에 창상이 있는 사람
㉡ 동공이 확대된 상태로 고정되고 활력징후가 없는 사람
㉢ 외상은 없으나 기도폐쇄가 있는 사람
㉣ 개방성 흉부손상을 입은 사람
㉤ 청색증을 동반한 흉통이 있는 사람

16-A8. 다음 〈그림〉은 재난 발생 시 환자 분류를 위해 적용할 수 있는 중증도 분류 알고리즘이다. 아래 그림에 따라 분류하고자 할 때 ㉠에서 파악해야 할 대상자의 상태와 ㉡에 해당하는 중증도 분류 결과를 쓰시오.

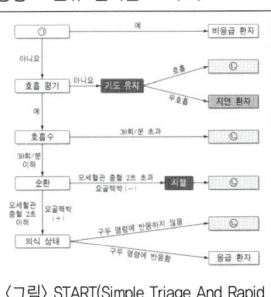

〈그림〉 START(Simple Triage And Rapid Treatment) 알고리즘

11-주관식 04. 다음의 사례를 읽고 학생에 대한 간호 사정 7가지와 간호 중재 6가지를 서술하고, 학교 응급 환자 발생에 대한 교직원 행동강령에 비추어 보건교사가 학생에 대해 가장 우선적으로 취해야 할 지침 3가지를 서술하시오.

한국고등학교 2학년에 재학 중인 학생은 올해 18세로 건강 상태가 양호하고 성격이 활달하며 교우들과 학교생활도 원만하게 잘 지내고 있었다. 그런데 11월 27일 오전 11시 조리 실습 시간에 실습 도중 학생이 끓는 물에 화상을 입는 사고가 발생하였다. 담당 교사는 즉시 보건실로 응급 상황을 알리고 연락을 받은 보건교사가 조리 실습실로 왔다.
 A 학생은 겁에 질린 표정으로 담당 교사와 친구들의 도움을 받아 화상을 입은 왼쪽 손과 팔은 찬물에 담그고, 허벅지는 찬 물수건으로 덮고 있었다. A 학생은 심한 통증을 호소하였고 왼쪽 손등에는 물집이 여러 개 있었으며, 상의는 남방셔츠, 하의는 교복 치마에 긴 양말을 신고 있었다.
 보건교사가 확인한 화상 부위는 왼쪽 손을 포함한 팔 전체의 2/3, 왼쪽 다리 앞면 1/2로 그림과 같다.

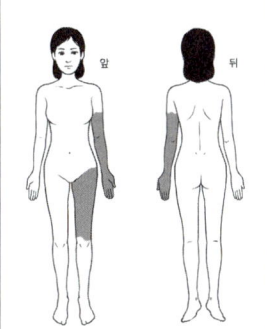

15-B1. 김○○ 학생은 장난치다가 넘어지면서 머리를 다쳐 의식을 잃었다. 보건교사는 학생의 상태 확인에서부터 병원 이송까지를 보건 일지에 기록하였다. 밑줄 친 ㉠의 각 점수가 의미하는 자극-반응을 구체적으로 설명하고, 보건교사가 병원 이송 직전까지 학생에게 확인한 ㉡, ㉢의 징후를 순서대로 서술하시오.

보건 일지			
상담일	2014년 11월 28일	성별	남
이름	김○○	나이	18세

관찰 및 처치 내용
• 10:15am. 현장 도착 당시에 학생은 의식을 잃고 쓰러져서 누워 있는 상태였음.
 귀와 코에서 맑은 액체가 흘러나오고 있었음.
• 10:16am. 학생의 호흡 상태를 사정하고 기도를 확보한 상태로 119에 신고함.
• 10:18am. 앰뷸런스 도착 직전까지 글래스고 혼수 척도(Glasgow coma scale)를 사용하여 의식 수준을 사정함.
• 10:30am. 앰뷸런스 도착 직전의 사정 결과 ㉠ 눈 반응 2점, 언어 반응 2점, 운동 반응 3점으로 혼수상태임. 두개 골절을 의심할 수 있는 ㉡ 라쿤 징후(racoon sign, racoon eye) 및 ㉢ 배틀 징후(Battle's sign)는 없었음.
• 10:35am. 119요원에게 학생의 의식 수준의 변화 과정 및 그 밖의 상태를 인계해 주고 병원까지 동행함.

1 응급간호의 개념

응급간호
개념
	돌발적이고 예기치 못한 긴급 상황에 처한 환자의 생명을 구하고 유지하며, 질병이나 손상의 악화를 방지하고 통증경감을 위하여 신체적, 심리적인 문제를 즉시 사정하고 진단, 치료되는 인명 구조술
	
	응급의료에 관한 법률
	제2조(정의) 이 법에서 사용하는 용어의 뜻은 다음과 같다.
	1. "응급환자"란 질병, 분만, 각종 사고 및 재해로 인한 부상이나 그 밖의 위급한 상태로 인하여 즉시 필요한 응급처치를 받지 아니하면 생명을 보존할 수 없거나 심신에 중대한 위해(危害)가 발생할 가능성이 있는 환자 또는 이에 준하는 사람으로서 보건복지부령으로 정하는 사람을 말한다.
	2. "응급의료"란 응급환자가 발생한 때부터 생명의 위험에서 회복되거나 심신상의 중대한 위해가 제거되기까지의 과정에서 응급환자를 위하여 하는 상담·구조(救助)·이송·응급처치 및 진료 등의 조치를 말한다.
	3. "응급처치"란 응급의료행위의 하나로서 응급환자의 기도를 확보하고 심장박동의 회복, 그 밖에 생명의 위험이나 증상의 현저한 악화를 방지하기 위하여 긴급히 필요로 하는 처치를 말한다.
	4. "응급의료종사자"란 관계 법령에서 정하는 바에 따라 취득한 면허 또는 자격의 범위에서 응급환자에 대한 응급의료를 제공하는 의료인과 응급구조사를 말한다.
	…(중략)…
	제5조(응급환자에 대한 신고 및 협조 의무)
	① 누구든지 응급환자를 발견하면 즉시 응급의료기관등에 신고하여야 한다.
	② 응급의료종사자가 응급의료를 위하여 필요한 협조를 요청하면 누구든지 적극 협조하여야 한다.
	
	제5조의2(선의의 응급의료에 대한 면책) 생명이 위급한 응급환자에게 다음 각 호의 어느 하나에 해당하는 응급의료 또는 응급처치를 제공하여 발생한 재산상 손해와 사상(死傷)에 대하여 고의 또는 중대한 과실이 없는 경우 그 행위자는 민사책임과 상해(傷害)에 대한 형사책임을 지지 아니하며 사망에 대한 형사책임은 감면한다.
	1. 다음 각 목의 어느 하나에 해당하지 아니하는 자가 한 응급처치
	  가. 응급의료종사자
	  나. 「선원법」 제86조에 따른 선박의 응급처치 담당자, 「119구조·구급에 관한 법률」 제10조에 따른 구급대 등 다른 법령에 따라 응급처치 제공의무를 가진 자
	2. 응급의료종사자가 업무수행 중이 아닐 때 본인이 받은 면허 또는 자격의 범위에서 한 응급의료
	3. 제1호 나목에 따른 응급처치 제공의무를 가진 자가 업무수행 중이 아닐 때에 한 응급처치
	
	제8조(응급환자에 대한 우선 응급의료 등)
	① 응급의료종사자는 응급환자에 대하여는 다른 환자보다 우선하여 상담·구조 및 응급처치를 하고 진료를 위하여 필요한 최선의 조치를 하여야 한다.
	② 응급의료종사자는 응급환자가 2명 이상이면 의학적 판단에 따라 더 위급한 환자부터 응급의료를 실시하여야 한다.

응급간호 목적	(1) 환자의 생명을 구하고 유지 (2) 질병의 손상이 악화되는 것을 방지 (3) 동통을 가능한 경감 (4) 의료요원의 치료에 도움 (5) 환자를 가치 있는 한 인간으로서 의미 있는 삶을 영위할 수 있도록 회복을 돕는 데 있음
응급간호 원칙	(1) 기도를 개방하고 적절한 환기를 제공하며 필요시 소생술을 시행, 기도폐쇄나 호흡장애를 초래하는 경추와 흉부의 부상 정도 사정 (2) 출혈조절, 쇼크예방과 치료, 순환혈액량 유지를 통하여 심박출량을 평가하고 유지 (3) 지속적으로 심장기능 관찰 (4) 지시에 따르는 능력, 운동반응 정도, 동공크기와 반응 등을 확인 (5) 초기에 신속하게 신체검진을 수행한 후 심각한 손상이나 위중한 질병이 있을 때는 상태를 지속적으로 사정 (6) 골절이 의심되면 부목적용 (7) 멸균드레싱으로 상처보호 (8) 알레르기나 건강문제가 있는지 확인 (9) 치료결정의 지침이 되는 활력징후, 신경학적 상태, 섭취 및 배설량을 기록

2 응급환자 사정

1 1차 사정

(1) 1차 조사와 소생술

즉각적인 생명의 위험을 신속히 확인하고 효과적으로 관리하기 위해 대상자에게 조직적 접근을 시행하고 동시에 현장상황의 전반적인 안전 확인(2분 이내)

	사정내용	중재내용
Airway 기도유지	① 기도폐쇄 & 호흡곤란 ② 흔들리는 치아, 이물질 ③ 출혈이나 토물 혹은 부종	① 기도확보와 청결 ② 체위, 흡인, 산소공급으로 기도개방 유지 ③ 신체선열 유지하여 경추보호 ④ GCS 8점 이하면 기관 내 삽관, 기계적 환기 준비

Breathing
호흡
	① 환기상태
	   ㉠ 흡기와 호기 시 역리 작용 관찰
	   ㉡ 보조근육과 복근 사용의 관찰
	   ㉢ 코와 입으로 호기되는 소리와 배출되는 공기확인
	② 호흡수 관찰
	③ 손톱, 점막, 피부의 색깔 관찰
	④ 폐음 청진
	⑤ 경정맥 울혈과 기도의 위치사정
	
	※ 아동의 저산소증의 증상/징후로 인지해야 하는 변화
	  ① 아동의 심폐정지는 호흡정지가 주로 선행
	  ② 저산소증을 초기에 발견하면 심장마비를 막을 수 있음
	  ③ 빈맥, 과호흡, 의식수준의 변화, 불안정, 불안, 공격적 행동
		① 산소공급
		② 호흡이 부적절하면 마스크로 100% 산소공급
		③ 호흡정지 시 기관 내 삽관 준비
		④ 필요시 기도흡인
		⑤ 호흡음 부재 : 바늘 흉관삽관술이나 흉관삽입

Circulation
순환
	① 경동맥, 대퇴동맥의 맥박확인
	② 맥박수와 특성 확인
	③ 피부의 색, 온도, 습도사정
	④ 모세혈관 충혈확인
	⑤ 외출혈사정
	⑥ 혈압사정
		① 맥박 없음 ⇨ CPR 시작, 생명구조를 위한 조치 시행
		② 혈압과 맥박에 주의하며 활력징후 모니터
		③ 쇼크증후군/저혈압 : 생리식염수 등 수액 주입
		④ 외출혈
		   ㉠ 직접압박 등 지혈처치
		   ㉡ 처방 시 혈액제제 투입(혈액적합성 검사 실시)
		⑤ 흉부손상 : 자가수혈 고려
		⑥ 골반골절로 저혈압 : 골반부목, 항쇼크 바지

Disability
장애
	① 신경학적 사정 : 의식수준, 대광반사
	② 변형확인 : 사지변형, 근력, 가동범위
	③ 통증사정(PQRST) 13 임용
	<table><tr><td>P</td><td>provocative or palliative(악화요인, 완화요인) : 통증을 악화시키는 요인/통증을 완화시키는 요인</td></tr><tr><td>Q</td><td>quality or quantity(성질) : 통증이 예리하게 아픈 경우</td></tr><tr><td>R</td><td>region or radiation(전달) : 통증이 몸의 한 부위에서 시작해서 다른 부위로 연결되면서 아픈 경우</td></tr><tr><td>S</td><td>severity scale(심도) : 심하게 아픈 정도</td></tr><tr><td>T</td><td>time(시간) : 아픈 시간, 지속된 시간</td></tr></table>
		① AVPU, GCS 이용
		   → 의식수준 평가, 정신상태 자주 재평가
		② 변형 있을 경우 고정하고 DCAP-BTLS 검사
		   ㉠ D-deformities(변형)
		   ㉡ C-contusion(좌상)
		   ㉢ A-abrasions(찰과상)
		   ㉣ P-penetrations(관통상)
		   ㉤ B-burns(화상)
		   ㉥ T-tenderness(압통)
		   ㉦ L-laceration(열상)
		   ㉧ S-swelling(부종)
		③ 표준화된 척도로 주기적 통증사정

(2) 신경학적 검사

AVPU ❶ 명언 통무	A		• Alert, 명료 • 사람, 장소, 시간을 잘 구별 • 의식이 명료하며 질문에 답변을 잘함
	V		• Verbal, 언어지시에 반응 • 스스로 눈을 뜰 수 없고, 지남력은 없지만 구조자의 지시에 반응함
	P		• Pain, 통증자극에 반응 • 언어지시에는 반응이 없지만, 신체에 통증을 주면 움직이거나 고함치고, 통증 자극을 계속 하면 환자의 반응이 감소함
	U		• Unconscious, 무반응 • 환자가 통증에 대해서 반응하지 않음
지남력 사정	① 사람, 장소, 시간과 사건에 대한 지남력 사정 ② 혼미 : 사고 능력이 저하되고 지남력이 상실되어 판단과 결정에 손상 ③ 간이 정신 상태검사 : 지남력, 기억등록, 주의집중 및 계산, 언어기능, 기억회상, 이해 및 판단		
LOC (Level of Consciousness) 의식 수준 01,05,10,22 국시 ❶ 요기미 반혼	Alert(명료)		• 정상적 의식상태
	Drowsy(기면)		• 졸음이 오는 상태, 자극에 대한 반응 느림 • 간단한 지시, 질문, pain에 반응을 보이나 자극을 주지 않으면 수면상태
	Stupor(혼미)		• 강한 자극이나 큰소리, 밝은 광선에 의식회복 01 국시 • 약간의 의식은 있으나 이름, 주소, 장소, 날짜 등에 관한 지남력이 없는 상태 • pain을 피하려는 반응
	Semi-coma(반혼수)		• 표재성 반응 외에 자발적 근육운동이 거의 없는 상태 04 국시
	Coma(혼수)		• 완전히 의식이 없고, 자발적 근육운동이 거의 없는 상태
GCS 15 임용 / 21 국시	눈뜨기(4)	4	자발적으로 눈을 뜸
		3	말을 듣고 눈을 뜸
		2	통증자극에 눈을 뜸
		1	반응 없음 : 어떤 자극에도 눈을 뜨지 않음
	언어반응(5)	5	지남력 있음
		4	혼돈 : 하나 이상 영역의 지남력 상실
		3	부적절한 단어, 대화 의지 부족
		2	이해할 수 없는 소리
		1	반응 없음 : 통증자극에도 반응 없음
	운동반사(6)	6	명령에 따름
		5	통증의 국소적 반응 보임
		4	자극에 움츠림 : 회피성 굴곡
		3	이상 굴절 반응
		2	이상 신전 반응
		1	전혀 없음

〈판정〉
• 정상의식 상태 : 15점
• 혼수상태 : 8점 이하
• 3~8점 : 혼수, 심한 뇌손상

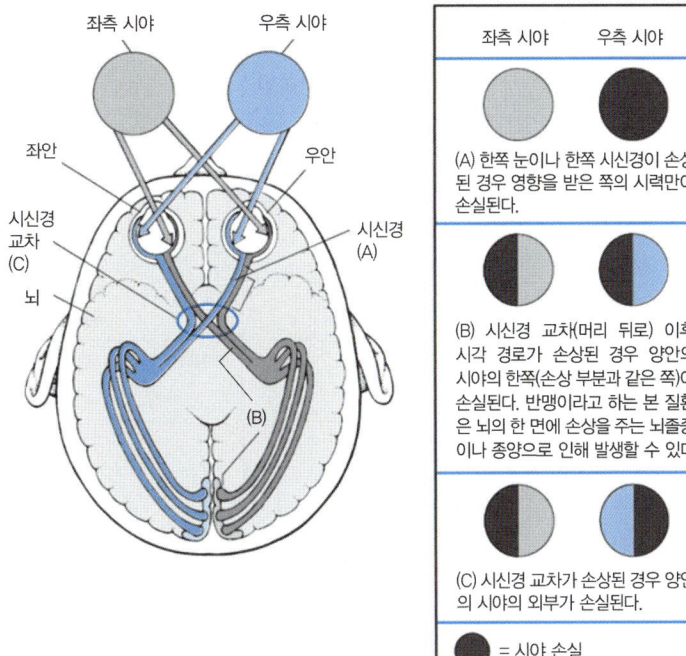

[시각전도로]

동공 사정	① 동공 크기, 동등성, 빛에 대한 반사 및 조절 사정 ② 정상 : 양안이 대칭적이고 동글며, 빛을 비추면 축동되는 대광반사로 보임. 정상 크기는 2~4mm임 ③ PERRL(pupil equal, round, reactive to light)

구분	비정상 상태	중상 관련 요인
작은 동공	• 양안 동공의 크기가 1~2.5mm • 동공의 빛반사는 일반적으로 정상	• 뇌교병변(부교감신경의 장애없이 교감신경계만 손상되어서 발생, 동공축소, 빛반사 유지) ** 자율신경계의 자극은 뇌교와 척수를 경유하여 교감신경에 전달됨 • 양측 간뇌 병변(동공크기 작음, 양측 크기 갖고 빛 반사 있음) • 중독 : 마약, 마취제, 바비튜레이트, 페노치아진
중앙 고정 동공	• 동공이 중앙에 위치하며 약간 확대된 중앙 고정 상태(4~6mm), 동공의 빛반사 없음	• 중뇌의 구조적 손상 ** 중뇌는 동안신경의 기시부임
큰 동공	• 양안 모두 고정되고 확대되어 있음 • 동공의 빛반사 없음	• 심한 저산소증(산소결핍의 말기 또는 사망시), 심장마비 등에서 나타남 • 연수병변(동공확장, 빈반사 소실)
	• 양안 모두 고정되고 확대되어 있음 • 동공의 빛반사 있음	• 아트로핀 유사약제(부교감신경억제제), TCA(노르에피네프린 재흡수 차단) • 중독 : 코카인, LSD, 다른 교감신경계 자극 제제

동공 사정	한쪽만 큰 동공	• 고정되어 있으며 한쪽만 커져 있음 • 빛반사 소실 : 직접 대광반사+간접 대광반사 모두 소실	• 중뇌(동안신경의 중추)의 부분병변이나 동안신경의 손상 ** 빛반사 기시부는 중뇌, 빛반사 담당은 3번 뇌신경(동안신경)
		• 직접 대광반사만 소실	• 망막 또는 시신경 손상

※ 진행성 실질 신경 매독은 아르길-로버트슨 동공(Argyll Robertson Pupil)이 발생할 수 있음
  • 아르길-로버트슨 동공은 조절 시 수축은 되지만, 빛에는 반응하지 않는 동공으로 보통 구심성 동공섬유의 연접부인 중뇌 쪽에 신경매독 발생 시 관찰됨
    ** 가까운 것을 볼때는 모양체근 수축으로 수정체가 두꺼워지고, 먼 곳을 볼때는 모양체근이 이완하여 수정체가 얇아짐

❷ 2차 사정 : 즉각적인 생명위협을 처치한 후 실시, 머리끝부터 발끝까지 포괄적 사정

사정	중재
(1) V/S	맥박수, 호흡수, 혈압, 체온측정
(2) 5가지 중재	① 심장리듬 확인하고 심전도 모니터링 시작 ② 산소포화도 확인 ③ 금기가 아닌 경우 도뇨관 삽입 ④ 위관삽입 ⑤ 혈액검사
(3) 가족의 요구확인	① 침습적 치료나 심폐소생술을 하는 동안 가족 요구 확인 ② 팀 구성원들이 가족을 지지하도록 업무 지지
(4) 안위도모	① 통증, 불안의 치료 ② 환자와 가족의 정서적 지지
(5) 병력	① 사고, 질병, 손상유형과 기전, 사건발생 후 경과시간, 의심되는 손상, 제공한 치료와 환자의 반응, 의식수준 ② SAMPLE | Symptoms	증상 | |---|---| | Allergies | 알레르기 | | Medication history | 약물력 | | Past health history | 정신질환병력, 마지막 월경일 등 | | Last meal | 식이력 | | Event/Environment | 질병, 손상에 선행된 사건이나 환경 |

사정			중재
(6) 머리/경부/얼굴	전반적 외모		피부색을 포함한 전반적 외모사정
	얼굴과 두피		열상, 뼈나 연조직의 변형, 통증, 이물질
	눈, 코, 귀, 입		출혈, 이물질, 삼출물, 통증, 변형, 점상출혈, 열상
	두개골과 안면골		타박상, 혈종, 뼈의 파열음
	목		목의 변형, 타박상, 찰과상, 관통상, 화상, 부종 및 압통유무
	경정맥 팽대의 유무		팽대 시 긴장성 기흉이나 심장압전 의심
	기관 이탈유무 평가		중앙에서 이탈 시 긴장성 기흉 의심
	경부 강직, 경추 통증, 기도이탈, 경정맥 확장, 부종, 출혈, 연하곤란, 멍, 피하기종		
(7) 흉부	시진		① 흉부의 변형, 타박상, 찰과상, 관통상, 기이성 운동, 화상, 열상, 부종 및 압통, 불안정, 염발음 유무, 12유도 심전도 ◆ 기이성 운동 : 주로 흉벽(늑골)의 손상으로 2조각 이상으로 골절된 뼈의 조각이 호흡 시 다른 부분과 반대로 움직이는 운동(역설적 움직임) ② 호흡수, 깊이, 노력
	촉진		뼈의 파열음, 피하기종 확인
	청진		양측 흉부에서 호흡음 청진
	타진		청진 시 호흡음이 떨어진 부위는 타진 | 이상 타진음 | 과도공명음 | 기흉 | |---|---|---| | | 탁음 | 혈흉 |
(8) 복부와 옆구리	시진		① 복벽과 뼈 구조의 대칭성 확인 ② 복부를 4부분으로 나누어 듣고 느끼기 ③ 복부의 변형, 타박상, 찰과상, 관통상, 화상, 열상, 부종 유무, 오래된 흉터 확인
	촉진		① 대퇴맥박 사정 ② 통증의 유형과 부위, 복부강직이나 팽만사정
	타진		통증의 유형과 부위
	청진		장음 청진
(9) 골반과 회음부	① 골반의 변형, 타박상, 찰과상, 화상, 열상, 부종 및 압통, 불안정, 염발음 ② 골반촉진 : 치골결합 부위를 위에서 아래로 누르고 골반을 밀어 불안정하지 않은지 확인 ③ 생식기 사정 : 요도의 출혈, 발기, 점상출혈, 직장출혈, 괄약근 긴장도 ④ 배뇨능력의 사정		
(10) 사지	① 시진 : 변형, 점상출혈, 찰과상, 열상, 부종 ② 통증의 질과 부위, 경직사정 ③ 팔과 다리의 운동, 근력, 감각 평가 ④ 피부색 관찰, 피부온도와 파열음 촉진 ⑤ 말초맥박 : 유무, 대칭성, 질		
(11) 등	시진과 촉진 : 변형, 출혈, 열상, 멍 확인		
(12) 출혈	① 출혈부위 평가하여 지혈 : 심각한 출혈이 아니면 평가를 지속하고 다른 사람에게 지혈을 지시 ② 검사를 위해 대상자의 신체 노출 시 보온 유지와 프라이버시를 유지하며 단계 이행		

3 응급환자의 분류 및 긴급이송

1 개념과 분류법

정의	(1) 응급처치와 환자이송의 우선순위를 결정하기 위해 중등도별로 구분 (2) "Triage"란 원래 환자를 분류한다는 프랑스어의 동사에서 유래된 것으로, 응급처치와 대상자 이송의 우선순위를 결정하기 위해 대상자를 중증도별로 구분하는 것을 의미 (3) 중증도 분류는 응급처치 필요성과 이용이 가능한 재원에 따라서 환자를 분류하는 과정이며, 일상적인 응급처치가 불가능한 환경, 즉 대량 환자의 발생과 같은 상황에서 시행되는 중요한 선별과정임
목적	(1) 환자의 손상과 질병 정도, 예후와 자원의 유용가능성 등을 고려한 환자간호의 우선순위 정함 (2) 부상자의 분류 (3) 자원의 선별적 분류
긴급 Emergent (적색) 94,09 임용 / 02,19,20 국시	생명을 위협하는 응급상태, 즉각적인 중재가 없으면 사망가능 | A | • 기도폐색, 기도화상, 안면화상, 경추손상의심 | | B | • 호흡곤란이나 청색증을 동반한 흉통, 호흡정지, 긴장성 기흉, 개방성 흉부 손상, 분당 호흡수 10회 이하 34회 이상, 산소포화도 86% 이하 | | C | • 심장마비, 쇼크, 즉각적인 지혈을 요하는 출혈, 대량 출혈, 다발성 외상, 골반골절 동반 복부손상, 주요화상(20~60% 체표면 화상, 50% 이상 2~3도 화상), 성인의 경우 분당 맥박 45회 이하 150회 이상, 수축기 혈압 80mmHg 이하 170mmHg 이상, 이완기혈압 130mmHg 이상 | | D | • 의식불명, 정신적인 황폐, 뇌혈관 질환, 혼수상태의 중증두부손상, 개방성 복부열상 | | 기타 | • 갑작스런 시력상실, 약물중독 • 심각한 내과적 문제(심장병, 저체온증, 지속적 천식/경련, 인슐린 쇼크 저혈당) |
응급 Immediate (황색)	1~2시간 내에 중재가 필요한 응급상태, 생명이나 사지의 손상 가능 ABC의 잠재적 위험 有, 초기응급치료를 받은 후 기다릴 수 있는 대상자 | A | | | B | • 천식, 폐쇄성 폐질환(COPD), 흉통 | | C | • 복강 내 출혈, 진행성 출혈, 계속되는 오심과 구토, 설사, 위장관 천공, 비뇨생식기 손상, 복부창상 • 30% 미만의 3도 화상/중등도 화상 : 10~20% 체표면 화상 • 경추 외 척추골절, 다발성 골절 | | D | • 뇌졸중, 폐쇄성 뇌손상, 갑작스런 마비 | | 기타 | • 고열, 심한 통증(신산통, 급성 복통), 안구돌출성 외상, 감전화상 등 |
비응급 nonurgent (녹색)	중재가 몇 시간 지연되어도 생명에는 지장이 없는 상태로 손상이 국소적, 긴급한 전신적 영향을 주지 않음 (1) 이미 알고 있는 만성질환 증세 : 만성 두통, 요통 (2) 활력징후가 안정된 단순골절 및 열상, 탈골, 염좌, 좌상, 타박상, 순환장애가 없는 사지골절, 피부손상, 동상 (3) 활력징후가 안정된 복통 (4) 경증의 화상
사망 (검정)	(1) 사망 또는 예상되는 사망 (2) 두부 혹은 몸체가 절단 (3) 심폐소생술을 시도하여도 효과가 없다고 판단되는 경우(30분 이상 심장과 호흡의 정지가 확인된 경우) (4) 동공이 확대된 상태로 고정되고 V/S이 없는 사람 09 임용

❷ 중증외상의 기준(119 구급대원 현장 응급처치 표준지침)

구분	내용	
생리학적 기준	① AVPU 의식수준 V 이하 또는 글라스고우 혼수척도 ≤ 13 ② 수축기 혈압 < 90mmHg ③ 분당 호흡수 < 10 미만 혹은 > 29	
신체검사 소견에 따른 기준	① 관통 또는 자상(머리, 목, 가슴, 배, 상완부, 대퇴부) ② 동요가슴 ③ 두개 이상의 근위부 긴뼈 골절(예 상완뼈·대퇴뼈 골절 동시 골절) ④ 압궤(cruched, 압력에 의해 혈관 신경, 조직 등이 손상을 입은 것), 벗겨진(degloved), 썰린(mangled, 손상으로 맥박이 없어진 것) 사지 ⑤ 손목, 발목 상부의 절단 ⑥ 골반 뼈 골절 ⑦ 열린 또는 함몰 두개골 골절 ⑧ 마비(대표적으로 팔·다리 마비)	
손상기전에 따른 기준	낙상	성인: 6m 이상(건물 3층 높이 이상) 소아: 3m 이상(건물 2층 높이 이상)
	고위험 교통사고	① 차체 눌림(찌그러짐) : 30cm 이상 ② 자동차에서 이탈(튕겨져 나감) ③ 동승자의 사망 ④ 차량 전복 ⑤ 자동차와 보행자 간 사고 또는 자동차와 자전거 사고로 나가떨어짐. 치임 또는 30km 이상의 속도로 충돌함 ⑥ 오토바이 시속 30km 이상의 속도 ⑦ 폭발에 의한 직접적인 영향
중증외상센터로의 이송을 심각하게 고려해 볼 수 있는 환자의 이학적 질병 상태 및 특수상황	① 위험한 나이 : 성인 55세 이상, 소아 15세 이하 ② 항응고 질환, 출혈성 질환 ③ 화상과 외상이 동반된 경우 ④ 투석이 필요한 말기 신장질환 ⑤ 시간 지연에 민감한 사지 손상 ⑥ 임신 20주 이상 ⑦ 구급대원의 판단	

❸ 학교 응급환자의 중증도 분류

중증도 분류	내용	중재
긴급(emergent)	급성이고 생명이 위험하거나 사지나 시력에 장애를 초래할 가능성이 있는 경우, 즉각적인 치료가 필요	응급이송
응급(immediate)	급성이지만 생명을 위협하는 중증이 아닌 경우, 2시간 이내의 치료가 필요	보호자 동반 병원 진료, 응급이송 고려
비응급(nonurgent)	경증이거나 급성이 아닌 경우, 통상병원 진료가 필요	보호자 상담, 학습복귀 또는 귀가

4 대표적인 중증도 분류도구

START 알고리즘 (Simple Triage and Rapid Treatment) 16 임용	개발	1983년 미국의 캘리포니아 Hoag Hospital과 캘리포니아 뉴비치 소방본부와 함께 개발하였음
	목적	집단부상자 사고 발생 시 초기 대응자들이 수집한 객관적인 생리학적 자료와 관찰에 의한 자료로 우선순위를 결정하는 것
	적용	(1) 분류평가는 60초 이내에 시행 (2) START 개념하에서의 분류 　① 현장에서 처음 도착한 구조자가 걸을 수 있는 환자의 경우에 지정된 장소로 이동하라고 말함으로써 부상자를 명확히 함 　② 분류 시 호흡, 순환, 의식 상태를 평가함 　③ 적색(긴급환자), 황색(응급환자), 녹색(비응급환자), 흑색(지연환자) 보행가능성 — 예 → 비응급환자 ↓ 아니오 호흡평가 — 아니오 → 기도유지 — 호흡 → 긴급 환자 / 무호흡 → 지연 환자 ↓ 예 호흡수 — 30회/분 초과 → 긴급 환자 ↓ 30회/분 이하 순환 — 모세혈관 충혈 2초 초과, 요골 맥박(-) → 지혈 → 긴급 환자 ↓ 모세혈관 충혈 2초 이하, 요골 맥박(+) 의식상태 — 구두 명령에 반응하지 않음 → 긴급 환자 / 구두 명령에 반응함 → 응급 환자

	분류	해당 건강문제
METTAG 체계 (Medical Emergency Triage Tag)	긴급환자 (적색)	수분 혹은 수시간 이내의 응급처치를 요하는 중증환자 ① 기도폐쇄, 호흡곤란 혹은 호흡정지 ② 심장마비의 순간이 인지된 환자 ③ 개방성 흉부 열상, 긴장성 기흉 혹은 흉강손상 ④ 대량출혈 혹은 수축기 혈압이 80mmHg 이하의 쇼크 ⑤ 혼수상태의 중증 두부손상 ⑥ 개방성 복부열상, 골반 골절을 동반한 복부손상 ⑦ 기도화상을 동반한 중증의 화상 ⑧ 경추손상이 의심되는 경우 ⑨ 원위부 맥박이 촉진되지 않는 골절 ⑩ 기타 : 심장병, 저체온증, 지속적인 천식 혹은 경련 등
	응급환자 (황색)	수시간 이내의 응급처치를 요하는 중증환자 ① 경추를 제외한 부위의 척추골절 ② 중증의 화상 ③ 다발성 골절 ④ 중증의 출혈 ⑤ 안구 돌출성 외상 ⑥ 감전화상

METTAG 체계 (Medical Emergency Triage Tag)	비응급환자 (녹색)	수시간 / 수일 후에 치료하여도 생명에 지장이 없는 환자 ① 소량의 출혈 ② 탈골 ③ 경증의 열상 혹은 단순골절 ④ 동상 ⑤ 경증의 화상 혹은 타박상 ⑥ 정신과적 장애
	지연환자 (흑색)	사망하였거나 생존의 가능성이 없는 환자 ① 20분 이상 호흡이나 맥박이 없는 환자 ② 두부나 몸체가 절단된 경우 ③ 심폐소생술을 시행하여도 효과가 없다고 판단되는 경우
	 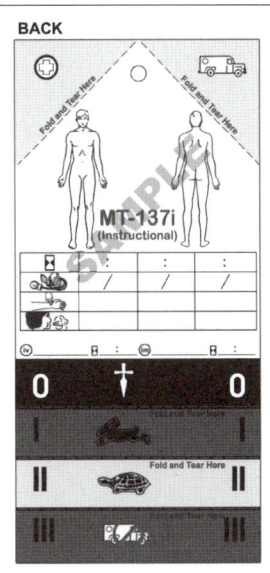	

SAVE 체계 (Secondary Assessment of Victim Endpoint)	① 결정적인 응급처치까지 많은 시간이 소요되는 상황에서 START법과 같이 사용할 수 있는 분류체계
	② 많은 대상자의 이송이 한 지역 병원으로 집중되어 제대로 치료를 행할 수 없는 경우나 다른 지역 병원으로의 이송이 불가능한 경우에 사용할 수 있는 것으로
	→ 병원으로의 빠른 이송이 가장 큰 도움이 될 수 있는 대상자를 먼저 이송하는 우선순위를 만듦
	③ 대상자를 3가지로 구분함
	  ㉠ 적절한 치료를 시행함에도 불구하고 사망가능성이 많은 경우
	  ㉡ 치료 여부에 관계없이 생존가능성이 많은 경우
	  ㉢ 간단한 현장처치로 대상자에게 많은 도움을 줄 수 있는 경우	

	단계	단계의 정의	대표적 증상	진료우선순위
한국형 응급환자 분류도구 (KTAS)	1 (소생)	생명이 위급하여 즉시 진료해야 할 환자	심장마비, 무호흡, 음주와 관련되지 않은 무의식	최우선순위
	2 (긴급)	생명이 위급해질 수 있어 10분 이내에 진료가 필요한 환자	심근경색, 뇌출혈, 뇌경색	2순위
	3 (응급)	현재 생명이 위독하지 않지만 좀 더 심각한 상태가 발생할 수 있어 30분 이내에 진료해야 하는 환자	호흡곤란(산소포화도 90% 이상), 출혈을 동반한 설사	3순위
	4 (준응급)	위중한 상태가 아니고 60분 이내에 진료해도 환자가 상태가 악화될 가능성이 적은 환자	38℃ 이상의 발열을 동반한 장염, 복통을 동반한 요로감염	4순위
	5 (비응급)	비응급환자로 120분 이내에 진료해야 할 환자	감기, 장염, 설사, 열상(상처)	5순위

5 응급 시 환자 후송 방법

(1) 1인 이송방법

부축하여 걷기 (Walking Assist or side crutch support)	① 기본적인 환자이송 방법으로 의식 있는 부상자를 이송하는 방법이며, 부상이 경미한 환자에게 사용한다. ② 부상자의 한 팔은 구조자의 목 뒤로 넘겨 어깨에 걸친 후 부상자의 손목을 잡고, 구조자는 다른 손으로 허리를 잡는다. ③ 부상자의 체중이 구조자에게 실리도록 하여 걷는 것을 도와준다.
업기 (Pack-strap carry)	① 의식 있는 환자 또는 무의식환자에게 사용할 수 있다. ② 환자를 업을 시 환자의 등과 무릎이 구부러지지 않게 하여 구조자의 몸에 밀착시키고 환자의 양팔을 구조자의 목 아래에서 교차하여 손목을 잡는다. 　*주의사항 : 부상자의 머리, 목, 척추 부상이 의심될 경우 사용하면 안 된다.
안기 (Two-person seat carry)	의식 있는 환자 또는 부상이 경미한 환자를 이송하는 방법으로 1인 안기와 2인 안기 방법이 있다. ① 1인 안기 : 부상자가 어린이 또는 체중이 가벼운 사람에게 사용할 수 있으며, 부상자의 한쪽 팔을 구조자의 목 뒤로 감싸서 어깨에 걸치게 하고, 구조자의 허리 높이에서 안아 올린다. ② 2인 안기 : 두 명의 구조자가 한쪽 팔을 엇갈리게 해서 서로의 어깨를 잡고 또 다른 한쪽 팔은 서로의 손목을 잡은 자세에서 부상자를 앉힌 후 이송하는 방법으로, 주위에 등받이 의자가 있다면 쉽게 부상자를 이송할 수 있다. 　*주의사항 : 부상자에게 근골격계 손상이 의심된다면 사용이 안 된다.

끌기
(Drag)
	① 끌기 방법은 바닥이 평평한 곳에서 사용해야 한다.
	② 옷 끌기
	   ⊙ 옷이나 담요를 이용하는 방법으로 의식이 있거나 의식이 없는 환자 또는 머리, 목, 척추 부상이 의심되는 환자에게 사용한다.
	   ⓒ 옷 끌기를 할 때에는 머리, 목, 척추가 고정되어야 한다.
	③ 담요 끌기
	   ⊙ 위급상황 시 별도의 이송장비가 없을 경우에 사용한다.
	   ⓒ 주의사항 : 담요를 부상자 밑에 깔고 부상자를 감싸서 끌기로 움직이며, 담요에서 떨어지지 않게 이송해야 한다.
	④ 발 끌기
	   ⊙ 부상자의 몸집이 커서 다른 이송방법이 없을 때 사용한다.
	   ⓒ 부상자의 발목을 잡고 조심히 끌어당기며, 머리가 다른 구조물에 부딪치지 않도록 주의한다.

(2) **2인 이송방법**

	2인 부축법	• 부상자가 의식이 있고 하지에 약간의 상처가 있는 경우에 유용함 (예 제대로 걷지 못하고 한쪽 다리에 의지해 양쪽에서 보건교사와 친구들의 부축을 받으면서 보건실에 도착했다.) 10 임용(지문) • 안쪽에 있는 발을 함께 떼면서 걸음
의식 있는 대상자	앉혀가기	• 의식이 있는 부상자가 단거리를 갈 경우 유용함 • 두 사람이 손을 잡는 방법 hook lock wrist lock • 두 사람은 손을 이용하여 자리를 만들어 환자를 앉혀서 운반함 • 세 손으로 자리를 만든 경우에 한 손은 환자의 부상당한 다리를 지지할 수 있음

의식 없는 대상자	안장법	
	안기법	

(3) 다수의 구조자를 동원한 환자이송 방법
① 구조자가 6명이 있다면, 3명씩 나누어 환자의 옆에 위치한다.
② 서로 마주보고 있는 구조자끼리 부상자의 몸 밑으로 손을 마주잡게 하여 환자를 이송한다.

(4) 들것 이송(4인 들것 이송하기) 방법
① 부상자 한쪽에 3명, 1명은 반대쪽에 위치한다.
② 구조자 1은 어깨와 목, 구조자 2는 허리, 구조자 3은 무릎과 발목을 안고 부상자를 들것에 눕힌다.
③ 리더의 구령에 맞춰 천천히 부상자를 일직선으로 앉아 있는 구조자 무릎 위에 올려놓고 리더의 구령에 따라 부상자를 들것 위에 조심스럽게 내려 놓는다.
④ 리더의 구령에 따라 우측 발부터 걷기 시작한다.
⑤ 리더는 부상자의 머리 쪽에 위치하여 부상자의 상태를 관찰한다.
⑥ 평지길에서는 부상자의 다리가 앞으로 나가는 방향으로 이동한다.
⑦ 언덕이나 계단을 내려갈 때에는 부상자의 다리가 나아가는 방향으로 이송한다.
⑧ 언덕이나 계단을 올라갈 때에는 머리를 나아가는 방향으로 이송한다.
⑨ 구급차 탑승 시 머리가 나아가는 방향으로 이동한다.

4 학교 응급환자 발생 시 가장 먼저 취해야 할 지침 : 교직원 행동강령

학교 응급환자 정의	\"학교 응급환자\"란 질병, 각종 사고 및 재해로 인한 부상이나 기타 위급한 상태로 인하여 즉시 필요한 응급처치를 받지 아니하면 생명을 보존할 수 없거나 심신상의 중대한 위해가 초래될 가능성이 있는 환자 또는 이에 준하는 자를 뜻하며, 구체적으로 응급의료에 관한 법률 시행규칙 제2조 제1호에 명시된 응급증상 및 이에 준하는 증상이 있거나 그러한 증상으로 진행될 가능성이 있다고 판단되는 학생		

분류	응급증상	응급증상에 준하는 증상
① 신경학적 응급증상	급성의식장애, 급성신경학적 이상, 구토·의식장애 등의 증상이 있는 두부손상	의식장애, 현훈
② 심혈관계 응급증상	심폐소생술이 필요한 증상, 급성호흡곤란, 심장질환으로 인한 급성 흉통, 심계항진, 박동이상 및 쇼크	호흡곤란, 과호흡
③ 외과적 응급증상	개복술을 요하는 급성 복증(급성 복막염·장폐색증·급성췌장염 등 중한 경우에 한함), 광범위한 화상(외부 신체 표면적의 18% 이상), 관통상, 개방성·다발성 골절 또는 대퇴부 척추의 골절, 사지를 절단할 우려가 있는 혈관 손상, 전신마취하에 응급수술을 요하는 증상, 다발성 외상	화상, 급성 복증을 포함한 배의 전반적인 이상증상, 골절·외상 또는 탈골, 그 밖에 응급수술을 요하는 증상, 배뇨장애
④ 출혈	계속되는 각혈, 지혈이 안 되는 출혈, 급성 위장관 출혈	혈관손상
⑤ 중독 및 대사장애	심한 탈수, 약물·알코올 또는 기타 물질의 과다복용이나 중독, 급성 대사장애(간 부전·신부전·당뇨병 등)	
⑥ 소아과적 응급증상	소아경련성 장애	소아경련, 38℃ 이상인 소아 고열 (8세 이하의 소아에게 나타나는 증상)
⑦ 안과적 응급증상	화학물질에 의한 눈의 손상, 급성 시력소실	
⑧ 알러지	얼굴부종을 동반한 알러지 반응	
⑨ 정신과적 응급증상	자신 또는 다른 사람을 해할 우려가 있는 정신장애	
⑩ 산부인과적 응급증상		분만 또는 성폭력으로 인하여 산부인과적 검사 또는 처치가 필요한 증상
⑪ 이물에 의한 응급증상		귀·눈·코·항문 등에 이물이 들어가 제거술이 필요한 환자

응급환자 발생 시 보건교사 역할	(1) 신속하고 침착하게 대처한다. (2) 사고원인과 환자상태를 파악하고 생명을 위협하는 위급 상황은 즉시 사정하여 해결하도록 한다. (3) 의료진에 연락하여 가장 가까운 의료시설에 이송한다. 　　사고경위, 상태, 발견 장소, 시간, 처치상황, 주위환경 등을 간단하게 기록한다. 　　응급 시 이용 가능한 병원을 미리 선정해 둔다. 　　가정에 연락할 수 있도록 전교생에 대한 비상연락망을 미리 확보해 둔다. (4) 이송 중에는 미처 발견하지 못한 부분이 있는지 환자를 살펴 모든 손상을 발견한다.

	현장조사 : 위험요인 확인		
	환자평가 : 1차 평가 → CPR 시행 → ↓ 2차 평가 (주호소, 원인과 관련된 것)		① 119 후송 ② 학부모 및 학교관계자 연락 ③ 지속적 관찰 기록 ④ 후송 시 같이 이동여부 확인 ⑤ 후속조치

학교 내 응급환자 발생 시 대처 11,20 임용	(1) 최초발견, 환경조사	① 최초 발견 교직원은 침착하게 상황 관찰 ② 상황이 안전한지 확인 ③ 다음의 경우 주의를 기울일 것 ; 감전, 가스누출, 건물붕괴, 화재, 폭력사고, 안전사고로 인한 척추손상 우려 등
	(2) 119 신고	① 응급환자 발생 시 보건교사에게 즉시 연락 취할 것 ② 비의료인의 견지에서 볼 때에도 응급상황으로 생각될 때는 보건교사가 오기까지 기다리지 말고 119 구급대에 곧바로 연락할 것
	(3) 환자사정, 응급처치	① 보건교사가 응급현장에 도착하기 전까지는 교직원이 반드시 계속해서 응급환자를 관찰하고, 필요한 도움을 줄 것 학교보건법 제15조의2(응급처치 등) ① 학교의 장은 사전에 학부모의 동의와 전문의약품을 처방한 의사의 자문을 받아 제15조 제2항 및 제3항에 따른 보건교사 또는 순회 보건교사(이하 이 조에서 "보건교사등"이라 한다)로 하여금 제1형 당뇨로 인한 저혈당쇼크 또는 아나필락시스 쇼크로 인하여 생명이 위급한 학생에게 투약행위 등 응급처치를 제공하게 할 수 있다. 이 경우 보건교사등에 대하여는 「의료법」 제27조 제1항(의료인이 아니면 누구든지 의료행위를 할 수 없으며 의료인도 면허된 것 이외의 의료행위를 할 수 없다.)을 적용하지 아니한다. ② 보건교사등이 제1항에 따라 생명이 위급한 학생에게 응급처치를 제공하여 발생한 재산상 손해와 사상(死傷)에 대하여 고의 또는 중대한 과실이 없는 경우 해당 보건교사 등은 민사책임과 상해(傷害)에 대한 형사책임을 지지 아니하며 사망에 대한 형사책임은 감경하거나 면제할 수 있다. ③ 학교의 장은 질병이나 장애로 인하여 특별히 관리·보호가 필요한 학생을 위하여 보조인력을 둘 수 있다. 이 경우 보조인력의 역할, 요건 등에 관하여는 교육부령으로 정한다. ② 보건교사는 가능한 신속하게 환자의 활력증상 측정, 환자 사정 ③ 응급상황에서 물, 약물 등 경구투여는 삼갈 것 ④ 불가피한 경우를 제외하고, 중증의 부상이나 아픈 학생은 이동시키지 말 것 ⑤ 2차 손상을 예방하기 위해 꼭 이동이 필요한 경우에는 '목과 등'에 대한 응급처치 방법대로 지지 후 이동할 것
	(4) 연락	① 담임교사는 가능한 빨리 학부모에게 연락하고 학교 관리자에게 구두보고 ② 학부모에게 연락이 되지 않을 때는 학부모 권한 대행자에게 연락하고 의료기관 후송
	(5) 이동, 후송	① 일반차량(승용차)으로 후송 시에는 운전자와 관찰자 등 최소 2명 이상이 후송 ② 보건교사 동행의 경우 환자 관찰 및 처치를 위하여 보건교사는 운전하지 말 것 ③ 교직원은 학부모에게 인계하기 전까지 의료기관에서 학생의 상태 관찰
	(6) 기록	보건교사는 응급처치 상황을 보건일지 또는 별도의 응급환자 기록지에 기록하고 학교장에게 보고
	(7) 재발방지대책	사고발생 원인과 상황조사를 하여 재발방지 대책마련

응급상황 발생 시 대응단계와 행동지침(Check-Call-Care) 11 임용		
현장조사 (Check)	최초 발견자의 응급상황 여부 확인하기	① 환자를 최초 발견한 학생 또는 교직원(최초 발견자)은 일차적으로 환자의 심폐소생술의 필요여부와 응급상태 여부 파악 ② 만약 반응이 없고, 비정상적인 호흡을 하는 경우(숨을 쉬지 않는 경우, 심정지 호흡과 같이 정상이 아닌 모든 형태의 호흡)는 즉시 큰소리로 주변에 도움을 청하거나 본인이 직접 119에 신고하고 심폐소생술 실시 ③ 심폐소생술 교육을 받지 않았거나 익숙하지 않은 경우에는 가슴압박 소생술 실행 ④ 환자 수, 주변위험물 파악, 처치할 수 있는 자원 파악
	보건교사의 환자상태 파악하기	① 연락을 받은 보건(업무담당)교사는 즉시 현장으로 이동하여 환자의 상태를 파악하여 응급상황 여부 확인 ② 환자의 상태 파악은 전반적인 관찰, 의식수준의 측정, 기도·호흡·순환기능의 측정순으로 진행하며, 119 도움요청 여부 파악 ③ 보건(업무담당)교사가 환자상태를 판단하기 어려운 경우에는 119에 도움 요청
119 신고 (Call)	응급구조 요청하기	최초 발견자나 보건교사가 환자의 상태가 위급하다고 판단되는 경우는 즉시 119 도움 요청 [최초 발견자가 판단하여 바로 119 신고가 필요한 경우] • 불러도 눈을 뜨지 못하고 의식이 없거나, 묻는 말에 횡설수설을 하는 경우 • 환자가 숨을 쉬지 않거나 불규칙하거나, 헐떡이는 호흡을 보이는 경우 • 외상으로 선홍색의 피가 뿜듯이 출혈되거나 출혈량이 많은 경우 • 외상 후 자꾸 몸에 힘이 빠지거나 의식이 없거나 숨을 가쁘게 몰아쉬거나, 입술이 파랗게 변하는 경우 • 머리에 손상이 있거나 점점 심해지는 두통, 구토, 경련이 동반되는 경우 • 척추 등의 부상으로 신체부위에 운동이상이나 감각이상을 보이는 경우 • 전기화상, 화학물질 노출, 흡입성 화상이나 넓은 부위의 화상을 입었을 경우 • 화학물질에 의한 눈의 손상 또는 안구 부상인 경우
	보건교사 연락하기	① 최초 발견자는 응급상황이라고 판단되는 경우 즉시 보건교사에게 연락 취하기 ② 보건교사가 수업 등 부득이한 사정으로 보건실을 비우는 경우 반드시 연락을 받을 수 있도록 적절한 조치를 취하기 ③ 심폐소생술을 수행 중인 경우 주변의 도움을 얻어 보건교사에게 최대한 빨리 연락하고, 주변에 도와줄 사람이 없는 경우는 본인이 최대한 빨리 보건교사에게 연락하여 심폐소생술을 멈춘 시간을 최소화하기
	응급의료 관리체계 활성화하기	응급환자 발견, 보고체계, 환자관리, 담당자 역할관리 및 보호자 연락 등 '응급의료 관리체계' 지침을 준수하여 연락 및 보고 실시 [119 신고요령] 119에 연락할 경우 다음의 사항을 알리고 응급이송, 응급처치지도, 응급이송지도, 질병상담, 병원안내 등의 도움받기 • 위치 • 응급상황 내용(심장발작, 사고 등) • 도움이 필요한 환자 수 • 환자의 상태 • 환자에게 처치한 응급처치 내용(심폐소생술 등)

현장 응급처치 (Care)	필요한 경우 안전한 장소로 환자 옮기기	① 현장의 위험성 여부를 평가하여 특별한 위험성이 없다고 판단되면 119 구급대가 오기 전까지 환자를 옮기지 않는 것을 원칙으로 함 ② 특히 머리나 척추손상이 의심되는 경우는 2차 손상 예방을 위해 무리한 이동은 삼가야 함 ③ 현장이 위험하다고 판단되면 환자를 안전한 장소로 옮기되, 무리한 움직임을 피하고, 전문가의 응급처치 요령에 따르기
	응급처치 시행하기	① 구급차가 현장에 도착하기까지의 시간 동안 응급처치가 필요한 경우는 119에 연락하여 도움을 요청하고, 한뼘 통화나 스피커폰을 이용하여 전화상담원의 지시에 따르기 ② 만약 자동심장충격기가 근처에 있고 자동심장충격기 교육을 받았으면 즉시 가져와 사용하고, 이후 자동심장충격기의 지시에 따라 심폐소생술을 계속 실시
	병원으로 환자 이송하기	① 학교에서 가까운 응급의료센터 및 증상에 따라 학교 협약 병원으로 또는 보호자가 원하는 병원으로 환자를 안전하게 이송 ② 간단한 상해는 보건실 방문 후 학교 자체 처치 후 장시간 안정을 요하는 경우 부모에게 연락 후 귀가 조치 ③ 병·의원으로 이송이 필요한 모든 응급환자들은 부득이한 경우를 제외하고는 교사가 반드시 동행하는 것을 원칙으로 함. 이때 응급환자의 상태에 대한 보건교사가 판단에 따라 이송에 참여할 담당교사 수와 이송방법 결정 [119에 응급구조 차량 이송을 요청해야 하는 경우] • 응급증상 및 이에 준하는 증상이 있는 경우 : 기도폐쇄, 심한 호흡곤란, 맥박이 약하거나 없을 때, 출혈이 심한 경우, 의식이 없을 때, 개방골절, 응급수술을 요하는 경우 등 (단, 응급증상 및 이에 준하는 증상환자를 일반차량으로 이송하여도 상태가 악화되거나 119 구급차에 비해 시간이 지연되지 않는다고 판단되는 경우는 예외로 할 수 있음) • 병원 이송 도중 증상이 지속적으로 악화될 우려가 있는 경우 • 이송 도중 계속적인 의료처치가 필요한 경우 • 병원까지의 거리가 멀거나 교통정체가 예상되는 경우 • 기타 판단이 모호할 경우는 119에 전화 문의
	기록 및 추후 결과 확인하기	전문가 인계 및 병원이송까지의 과정을 6하 원칙에 따라 '응급환자 기록지'에 기록하고 당해 연도 보관하기

02 심폐소생술(CPR)

영역		기출영역 분석	페이지
개요		심폐소생술 적용 대상 1994	206
	무의식 환자	치료의 우선순위 1996	208
		측위를 취해주어야 할 이유 2020, 입이 벌어진 상태에서 침을 흘리고 있으며 반사가 있는 상태에서 취해주어야 하는 체위 2025	
기본 심폐소생술	진행 순서	순서 1997, 1999 지방, 2009, 2010, 2017, 2020	209
	맥박확인	영아에서 맥박 촉지 부위와 그 이유 2020	
	흉부압박	속도 1994	
		호흡과 흉부 압박 비율 1994, 2023	
		응급 처치자가 2인인 경우 흉부압박과 호흡보조 비율 1994	
		가슴압박 : 알아야 할 사항 1997, 영아에서 1인 구조자와 2인 구조자일 때 가슴압박 부위와 방법 2020	
		발생 가능한 합병증 2006	
	기도유지	경추손상 의심 시 기도유지방법 2022	
	심장충격기	심장충격기 시행단계 2024	심장충격기 버튼 누르는 시기 2010, 전원 켠 후 수행해야 할 다음 단계 2023
		주의사항	심장충격기 버튼 누를 때 확인해야 할 사항 2017
		제세동 여부 결정 위한 분석	자동제세동기 사용 시, 제세동 여부를 결정하기 위한 분석 2021
	신생아소생술		217

✓ 학습전략 Point

1st	심폐소생술 적용 대상	구체적인 사례의 적용문제들이 출제되므로, 심폐소생술 적용대상의 구체적인 사례를 학습한다.
2nd	기본 심폐소생술의 방법	기본 심폐소생술의 구체적인 수행방법과 수행 시 주의해야 할 사항을 학습한다.

한눈에 보기 | 심폐소생술

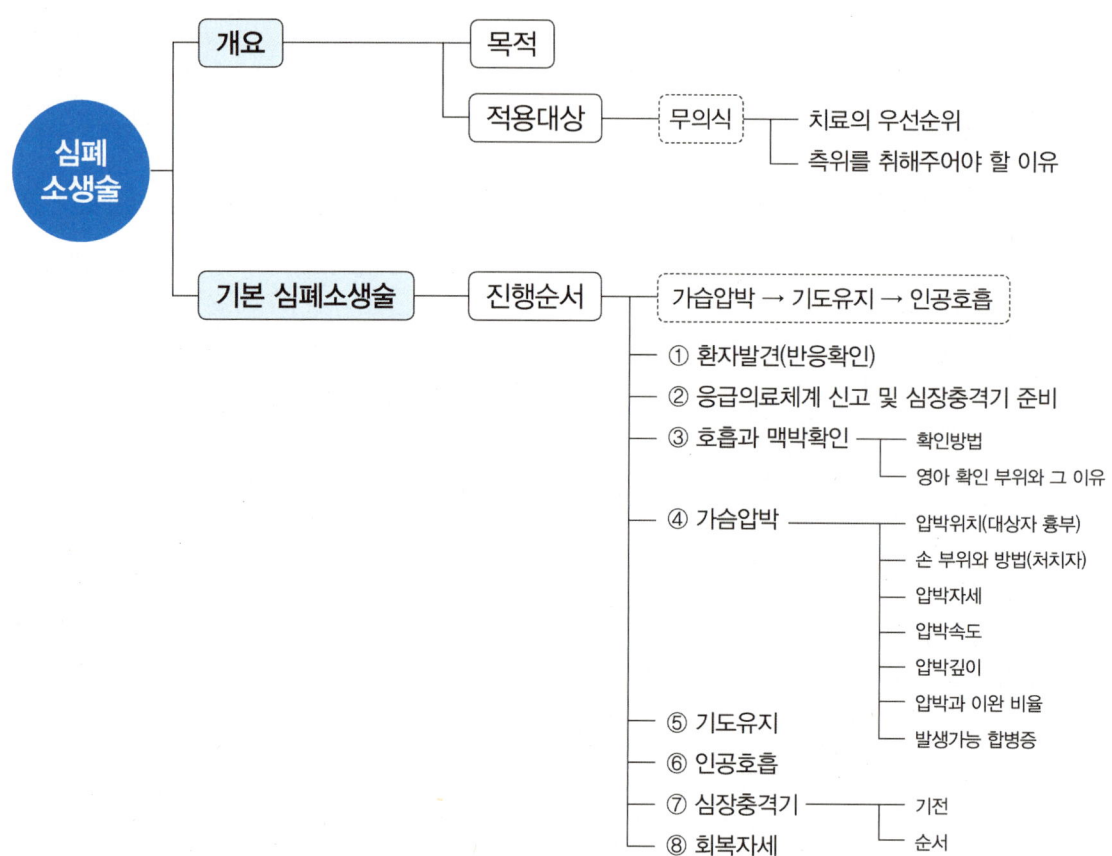

94-31. 심폐소생술에 대한 설명으로 맞는 것은?

① 성인은 분당 20~30회, 어린이는 12~20회가 적당한다.
② 응급 처치자가 1인인 경우 압박 5회, 호흡 1회의 비율로 실시한다.
③ 모든 무의식 환자는 적용대상이 되며 심정지 후 3~4분 내 실시해야 한다.
④ 응급 처치자가 2인인 경우 압박 15회, 호흡 2~3회의 비율로 실시해야 한다.

97-08. 고등학교 남학생이 친구와 싸우다가 가슴을 얻어맞고는 실신하였다. 보건교사가 뛰어갔을 때 의식 없이 누워 있는 상태였다.

8-1. 이 학생에 대한 응급처치를 순서대로 기술하시오.
8-2. 심장압박 시 알아야 할 사항을 설명하시오.

99지방-04. 기본 심폐소생술을 쓰시오.

09-18. 심폐소생술 방법에 대한 설명 중 옳은 것을 〈보기〉에서 고른 것은?

〈보기〉
㉠ 기도유지, 호흡보조 및 순환보조는 환자를 평가하는 시점부터 시작한다.
㉡ 1세 이상 소아와 성인의 흉부압박 대 구조 호흡은 30 : 2로 시행한다.
㉢ 1세 이상 소아와 성인의 흉부 압박점은 흉골의 하부 1/2을 압박한다.
㉣ 영아가 반응이 없고 호흡이 없으면 119에 신고한 후 심폐소생술을 시작한다.

20-A8. 다음은 초등학교 보건교사가 작성한 당뇨병 학생의 응급 상황 조치 계획서이다. 〈작성 방법〉에 따라 순서대로 서술하시오.

당뇨병 학생 응급 상황 조치 계획

학년-반	6-1	성명	김○○	체중	52 kg	당뇨병 유형	제1형
저혈당 증상	… (상략) …							
저혈당시 응급 처치	○ 의식이 있는 경우 … (중략) … ○ 먹지 못하거나, 의식이 없거나, 발작 또는 경련을 보이는 경우 - ㉠ 학생을 옆으로 눕힌다(측위). - (㉡)을/를 근육 주사한다. - 119와 보호자에 연락한다.							
비고	학교보건법 제15조의2(응급처치 등) 제2항 : 보건교사등이 제1항에 따라 생명이 위급한 학생에게 응급처치를 제공하여 발생한 재산상 손해와 사상에 대하여 고의 또는 중대한 과실이 없는 경우 해당 보건교사등은 (㉢)와/과 상해에 대한 (㉣)을/를 지지 아니하며 사망에 대한 (㉤)은/는 감경하거나 면제할 수 있다.							

출처 : 학교보건법(법률 제16339호, 2019.4.23., 일부개정)

〈작성 방법〉
○ 밑줄 친 ㉠을 해야 하는 이유를 서술할 것.
○ 괄호 안의 ㉡에 해당하는 약물을 제시할 것.
○ 괄호 안의 ㉢, ㉣에 해당하는 내용을 순서대로 제시할 것.

10-32. 초등학교 3학년 혜교가 화장실에서 나오다가 쓰러지는 것을 보건교사가 목격하였다. 보건교사는 혜교의 의식을 확인하였으나 전혀 반응이 없었다. 옆에 있던 학생에게 119응급센터에 신고해 달라고 부탁하고 다음과 같이 기본소생술을 실시하다가 신고를 받고 출동한 119 구급대원과 2인 기본소생술을 실시하였다. ㉠~㉤ 중 옳은 것은?

보건교사는 혜교의 이마를 누르며, 턱을 들어 올리고(head tilt-chin lift) 기도를 유지하였다.
㉠ 휴대하고 있던 포켓마스크(그림1)로 혜교의 입과 코를 덮고, 코는 집게처럼 집은 뒤, 인공호흡을 1회 실시하였다. 그 후 한쪽 손으로 이마를 젖히고

(그림 1)   (그림 2)

㉡ 반대쪽 손으로 혜교의 경동맥 5~10초 동안 촉진하였더니, 맥박이 촉진되지 않았다.
㉢ 혜교의 양쪽 젖꼭지 연결선(그림 2)과 만나는 흉골 부위를 분당 80회의 속도로 압박하였다. 30 : 2의 비율로 흉부압박과 인공호흡을 계속 하는 동안 119구급대원이 도착하였다.
㉣ 구급대원은 소아용 패드를 꺼내서, 한쪽 패드는 혜교의 오른쪽 쇄골 중앙 바로 아래에, 나머지 한쪽 패드는 좌측 유두선과 액와 중앙선이 만나는 부위에 부착하고 난 다음에, 케이블을 자동식 제세동기에 연결한 뒤, 제세동기의 스위치를 켠 후 "모두 물러나세요!"를 외쳤다. 자동식 제세동기는 소아용 모듈로 자동 전환되면서 심전도가 분석되었다. 기계에서 충전 완료 메시지와 함께 쇼크단추를 누르라는 메시지가 나오자, 구급대원은 다시 "모두 물러나세요!"라고 외치고, 혜교와 접촉한 사람이 아무도 없음을 확인하였다.
㉤ 구급대원은 쇼크단추를 누른 후 즉시 흉부 압박을 다시 시작하였다. 이후 보건교사는 구급대원과 함께 2인 소생술을 계속하였다.

17-A6. 다음은 고등학교 보건교사가 심폐소생술 교육을 위하여 작성한 교수·학습 지도안의 일부이다. 괄호 안의 ㉠, ㉡에 해당하는 내용을 순서대로 쓰시오.

교수·학습 지도안

단원	안전 및 사고 예방과 응급처치	보건교사	김○○
주제	기본 소생술	대상	1학년 40명
차시	2/3 차시	장소	1학년 3반 교실
학습목표	기본 소생술의 단계별 순서와 자동제세동기(자동심장충격기)의 사용법을 설명할 수 있다.		

단계	교수·학습 내용	시간
도입	• 일상생활에서 심폐소생술에 의해 생명을 구한 사례 동영상 시청 • 본시 학습 목표 확인	5분
전개	• 기본 소생술의 단계 반응이 없는 환자 발견 ↓ 119 요청 및 자동제세동기(자동심장충격기) 호출 ↓ 무호흡 또는 비정상 호흡(심정지 호흡) 확인 ↓ 맥박 확인 ↓ 자동제세동기(자동심장충격기) 사용 ↓ 회복 자세·호흡 순환 ↓ 심장 리듬 분석 ↓ 심폐 소생술 • 2010년 미국심장협회(AHA)의 심폐소생술 가이드 라인 변경에 따라 2011년 대한심폐소생협회 가이드 라인부터 A(기도유지) - B(인공호흡) - C(가슴압박)에서 (㉠)(으)로 순서가 변경되었다(단, 신생아와 익수환자는 ABC를 권고함). … (중략) … • 자동제세동기(자동심장충격기) 적용 방법 전원을 켠다 → 2개의 패드 부착 → 심장 리듬 분석 → 제세동(심장 충격) 시행 → 즉시 심폐소생술 다시 시행 • 제세동(심장충격) 시행 단계에서의 주의 사항 - 제세동(심장충격) 실시 버튼을 누르기 전에 안전을 위하여 반드시 (㉡)을 확인해야 한다. … (하략) …	40분

24-A6．다음은 고등학교 보건교사가 작성한 응급환자 이송 및 사고 기록지이다. 〈작성 방법〉에 따라 서술하시오.

응급환자 이송 및 사고 기록지	
사고 개요	오전 10시 15분경 3학년 2반 교실에서 한○○ 교사가 수업을 하다가 갑자기 가슴을 움켜잡고 쓰러짐. 수업을 받던 김○○ 학생으로부터 사고 신고를 받음. 신고를 받자마자 교실로 가서 교사의 상태를 확인한 후 응급조치하고 오전 10시 30분에 병원으로 이송함.
환자 상태	• 연령 : 58세 • 병력 : 최근 2년 전에 부정맥 진단을 받았고, 평소에 스마트워치를 이용해 심전도 리듬을 관찰함. • 한○○ 교사의 스마트워치 상에 〈그래프 1〉과 같은 심전도 리듬이 나타남. 〈그래프 1〉 • 의식 수준 : 의식 없음. • 활력 징후 : 맥박과 호흡 없음. • 신체 부위의 다른 외상은 관찰되지 않음.
응급 조치 내용	• 병원 밖 심장 정지에 대한 기본소생술을 실시함. 반응확인 → 구조요청 → 맥박과 호흡 확인(10초 이내) → 심폐소생술 → (㉠) → 2분간 표준심폐소생술 • 심폐소생술 중에 구급차가 도착하여 ○○○대학병원 ㉡ 응급실로 이송함.

─〈작성 방법〉─
○〈그래프 1〉과 같은 심전도 리듬의 부정맥 유형을 쓸 것.
○ 박스 안의 ㉠ 단계에서 해야 할 소생술의 명칭을 쓰고, 이 소생술의 4단계를 순서대로 서술할 것.
○ 밑줄 친 ㉡에서 〈그래프 1〉의 리듬이 나타나고 맥박이 없을 때 한○○ 교사에게 첫 번째로 투여하는 혈관수축제의 약품명을 쓸 것.

20-B11．다음은 중학교 보건교사가 작성한 심폐소생술 교육 자료이다. 〈작성 방법〉에 따라 순서대로 쓰시오.

♡ 심폐소생술로 생명을 살릴 수 있다 ♡
〈영아를 위한 기본소생술의 주요 내용〉

구성	영아(생후 1년 미만)
심정지의 확인	무반응 무호흡 혹은 심정지 호흡 10초 이내에 ㉠ 맥박 촉지 되지 않음 (의료 제공자만 해당)
심폐소생술 순서	가슴 압박 – 기도 유지 – 인공호흡
가슴 압박 속도	분당 100~120회
가슴 압박 깊이	가슴 두께의 최소 1/3 이상 (4cm)
가슴 이완	가슴 압박 사이에 완전한 가슴 이완
가슴 압박 중단	가슴 압박 중단은 최소화 (불가피한 중단은 10초 이내)
기도 유지	머리 기울임-턱 들어올리기 (head tilt-chin lift)
가슴 압박 대 인공 호흡 비율	㉡ 1인 구조자 : 30 : 2 ㉢ 2인 구조자 : 15 : 2 (의료 제공자만 해당) 전문 기도 확보 이전 전문 기도 확보 이후 : 가슴 압박과 상관없이 6초마다 인공호흡
일반인 구조자	심폐소생술

출처 : 2015 심폐소생술 가이드라인 (대한심폐소생협회, 2015)

─〈작성 방법〉─
○ 밑줄 친 ㉠ 부위를 제시하고, 그 부위에서 촉지하는 이유를 서술할 것.
○ 밑줄 친 ㉡, ㉢일 때의 가슴 압박 부위와 방법을 순서대로 서술할 것.

22-B1．다음은 중학교 보건교사가 작성한 응급환자 이송 및 사고 기록지이다. 밑줄 친 ㉠의 경우 기도유지 방법과 괄호 안 ㉡의 방법을 순서대로 쓰시오.

응급환자 이송 및 사고 기록지				
학년/반	학생명	성별	보호자 연락처	담임교사
3/3	박○○	남	010-○○○○-○○○○	이○○

사고 개요	오후 3시 박○○ 학생이 쉬는 시간에 복도에서 친구들과 장난치다가 뒤로 넘어져 같은 반 학생이 보건실로 연락함. 사고 연락을 받고 현장에 가서 박○○ 학생 상태를 확인 후 응급조치함.
환자 상태	– 의식상태 : 명료 – 지남력 : 있음. – 활력징후(오후 3시 5분) : 혈압 100/70mmHg, 맥박수 102회/분, 호흡수 28회/분, 체온 36.5℃ – 빠르고 얕은 호흡이 관찰됨. – 전반적인 모습 : 얼굴을 찡그리고 괴로워함. – 머리와 얼굴 : 외상 병변 없음. – 목과 허리 : 심한 통증 호소함. – 팔과 어깨 : 움직임과 감각 정상 – 다리 : 움직임과 감각 정상
응급 조치 내용	– 119에 신고함. – ㉠ 경추손상이 의심되어 경추보호대를 적용함. – (㉡)을/를 이용하여 척추고정판(long spine board)에 환자를 옮긴 후 구급차로 ○○병원 응급실로 이송함.

06-21．응급상황에서 기본심폐소생술은 매우 중요한 처치이다. 기본심폐소생술 중 심장마사지 시 발생할 수 있는 합병증을 3가지만 쓰시오.

21-B9．다음은 중학교 보건교사가 작성한 보건교육 계획서의 일부이다. 〈작성 방법〉에 따라 서술하시오.

2020학년도 2학기 보건교육 계획서

차시	학습 주제	학습 목표	교육방법 및 내용
1	학교 내·외 환경의 건강 위험 요인 찾기	학교 내·외 환경의 건강 위험요인을 나열할 수 있다.	[교육방법] • ㉠ 분단토의 (buzz session) [교육내용] • 학교 내 환경의 건강 위험요인 • 학교 외 환경의 건강 위험요인
2	안전 사고의 예방 및 응급 처치	외상 시 대처 방법을 설명할 수 있다.	[교육방법] • 강의 [교육내용] • ㉡ 두부 손상의 응급처치 • 화상의 응급처치
3	심폐소생술 및 자동제세동기 사용	심폐소생술을 수행할 수 있다.	[교육방법] • 시뮬레이션 학습 [교육내용] • 심폐소생술 절차 • ㉢ 자동제세동기 사용법

─〈작성 방법〉─
○ 밑줄 친 ㉠의 토의방법에 대해 서술할 것.
○ 밑줄 친 ㉡의 경우, 병원 이송 전 응급처치로서 척추손상이 없는 상태에서 뇌압상승을 예방하기 위해 적합한 환자의 자세(position)를 제시할 것.
○ 밑줄 친 ㉢에서 전극 부착 후 이루어지는 단계로서, 제세동 여부를 결정하기 위한 분석의 명칭을 쓸 것.

23-A4. 다음은 중학교 보건교사가 작성한 응급처치 및 환자이송 기록지이다. 밑줄 친 ㉠에 해당하는 '가슴압박 : 인공호흡'의 비율을 쓰고, 밑줄 친 ㉡의 사용 방법에서 전원을 켠 후 구조자가 수행해야 할 바로 다음 단계를 쓰시오.

응급처치 및 환자이송 기록지			
성명	이○○	성별/나이	남/60세
사고 개요	오후 4시 교직원 회의 도중 이○○ 교장이 갑자기 가슴을 움켜쥐며 바닥에 쓰러짐.		
환자 상태	• 반응 확인 : 반응 없음. • 맥박과 호흡 확인 : 맥박과 호흡 없음.		
응급 처치 내용	• 성인 병원 밖 심장정지 기본소생술을 실시함. − 동료교사에게 119에 신고하고 자동제세동기(AED)를 가져올 것을 동시에 요청함. − 심폐소생술 실시 : ㉠ 가슴압박과 인공호흡을 시행함. − ㉡ 자동제세동기가 도착하여 제세동을 실시함. − 제세동 시행 후 바로 심폐소생술을 실시함.		
환자 이송	• 119 구급차가 도착하여 △△병원 응급실로 이송함.		

25-B2. 다음은 중학교 보건 교사가 작성한 보건 일지의 일부이다. 괄호 안의 ㉠에 들어갈 임상적 징후와 밑줄 친 ㉡의 상황 시 취해야 하는 체위를 쓰시오.

[보건일지]	
1학년 1반, 이○○, 여	
일자 (요일)	내용
9.6. (금)	• (14:20) 주 호소 : 어제 저녁부터 두통, 오한, 근육통, 오심, 구토, 요통 증상 있음. • 활력징후 : 고막 체온 38.0℃, 맥박 88회/분, 호흡 18회/분, 혈압 110/60mmHg • 수막 자극 징후(meningeal irritation signs) : (㉠), 브루진스키 징후(Brudzinski sign), 케르니그 징후(Kernig sign)를 확인함. • 조퇴 후 병원 진료를 받도록 안내함.
9.9. (월)	• (10:40) 1학년 1반 학생들이 보건실로 와서 같은 반 학생이 음악실에서 갑자기 쓰러졌다고 하여 현장으로 감. • 학생이 교실 바닥에 쓰러져 있었음. • 즉시 119에 신고함. • 기도(airway) : ㉡ 입이 벌어진 상태에서 침을 흘림, 반사 있음. • 호흡(breathing) : 자발 호흡 있음. • 순환(circulation) : 이상 소견 없음. … (중략) …
9.10. (화)	• 학부모님으로부터 확인한 내용 − 9월 6일 조퇴 후 병원에 가지 못했다고 함. − 9월 9일 응급실 이송 후 수막염(meningitis)이 의심된다는 진료 소견이 있었다고 함.

1 심폐소생술(CPR) 적용 대상

심정지	원인	심장성	관상동맥질환, 심부전, 판막질환, 선천성 심질환, 부정맥, 심근비후, 급사의 75%
		비심장성	호흡부전, 출혈, 탈수, 신경계, 대사, 정맥관류 감소, 체온이상
	기전	심장마비	심장마비 발생 → 심박출량 없음 → 심실빈맥, 심실세동, 심정지로 이행됨
		의식소실	뇌관류가 적절하지 않음
		호흡마비	심장마비 후 곧바로 호흡마비 발생

	증상		① 갑작스런 의식상실과 함께 호흡중단, 맥박소실, 동공이완
			② 혈압측정 안 됨, 사지의 경련과 피부나 안색이 회색으로 변함
			③ 경동맥의 맥박소실 : 가장 확실한 심정지 징후
			④ 조직손상
			    ㉠ 순환정지 : 대뇌 산소 10초, ATP 5분이면 고갈, 비가역적 뇌손상 시작
			    ㉡ 심근 세포는 30분, 간세포는 1시간이면 손상 진행

생존사슬	(1) 병원 밖 심장정지 생존사슬 : ① 심장정지 인지·구조 요청 − ② 목격자 심폐소생술 − ③ 제세동 − ④ 전문소생술 − ⑤ 소생 후 치료 [병원 밖 심장정지 생존사슬] (2) 병원 내 심장정지 생존사슬 : ① 조기인지·소생팀 호출 − ② 고품질 심폐소생술 − ③ 제세동 − ④ 전문소생술 − ⑤ 소생 후 치료 [병원 내 심장정지 생존사슬] * 현장치료는 기본소생팀은 6분, 전문소생팀은 10분까지 시행한 후 환자를 병원으로 이송하도록 권고		
CPR 정의	호흡과 심장박동이 정지된 환자에게 상태가 회복되거나 의료기관에 이송될 때까지 생명을 구하기 위해서 시행되는 응급시술		

CPR 목적	심폐정지에 따른 비가역적 뇌의 무산소증 방지
	① 심폐소생술은 호흡과 심장박동이 정지된 환자에게 상태가 회복되거나 의료기관에 이송될 때까지 생명을 구하기 위해서 시행되는 응급시술로 정상 심박출량의 40%를 유지할 수 있음
	② 심정지 후 4~6분간 지나면 뇌조직에 불가역적인 손상을 주어 죽음에 이를 수 있음
	  → 가슴압박 : 혈액순환 유발, 인공호흡 : 산소화 유지 및 이산화탄소 제거
	  → 순환호흡을 유지시켜 심장과 뇌 조직으로 충분한 혈류전달로 산소공급을 함
	  → 따라서 CPR은 심정지 후 적어도 3~4분 내에 실시해야 함 94임용
	     그렇기 위해서는 심정지 징후를 빨리 파악하여 심정지와 호흡정지가 확인되면 CPR을 단계적으로 시행하여야 함		

CPR에서 나이의 정의 14국시	신생아	출산된 때로부터 4주까지
	영아	출생 4주 초과부터 1세 미만의 아기
	소아	1세로부터 8세 미만까지
	성인	8세부터
호흡과 가슴 압박의 원리	인공호흡	① 호흡이 정지되었을 경우 주된 사망원인은 이산화탄소의 과도한 축적과 산소결핍 때문임 ② 대기 중의 산소 21% 중 성인의 호기에 의한 산소는 16~17% 정도가 되기 때문에 심정지 대상자에게 최소한으로 필요한 산소를 공급할 수 있음 ③ 1회 호흡시 500mL 환기량이 되며 최고 동맥혈산소압 75mmHg 이상으로 동맥혈 산소포화도 90% 이상을 유지할 수 있음
	가슴압박	① 심정지 대상자에게 효과적으로 가슴압박을 시행해도 경동맥 혈류는 정상상태의 17~28%에 불과함 ② 가슴압박을 효과적으로 유지한다면 순환회복 후에 신경학적 손상을 적게 발생시킬 수 있음 ③ 효과적인 가슴압박을 위해서는 대상자를 딱딱하고 편평한 바닥에 눕혀 빠르고 세게 가슴압박을 시행해야 함

CPR 적용대상 94 임용

모든 무의식 환자	구조적 무의식	뇌출혈, 뇌좌상, 뇌 관련 감염, 뇌농양, 간질 + 혈관수축부전에 의한 2차적 심부정맥, 뇌졸중, 경동맥 폐색
	기능적 무의식	정신적 인자가 원인
	대사성 무의식	전신 대사성 장애(저혈당증, 비케톤성 고삼투성 혼수), 심부전, COPD, 고혈압
	중독성 무의식	중금속, 일산화탄소, 알코올 중독, 진정제 과량 복용, 연중독, 유기인산염, 살충제
	저산소성 무의식	중증 울혈성 심부전증, 만성폐쇄성 폐질환, 중증 빈혈, 만성 고혈압 등으로 인한 산소공급의 결핍에 의해 일어남
호흡정지 환자		① 서호흡, 질식의 원인 ② 호흡중추 기능저하로 인한 호흡근 마비 : 전기쇼크, 약물중독, 마비성 질환 ③ 기도폐쇄 : 교살, 익수, 외부의 힘에 의한 흉부의 압박, 기도이물, 화상으로 인한 기도부종 ④ 공기 중의 산소부족
심정지 환자		서맥, 심근괴사, 심장발작, 익수, 화상, 전기화상, 과민반응, 약물중독, 심장압전, 심근경색 등

2 무의식 환자

정의	자기 주변에서 일어나고 있는 일을 전혀 알지 못하고 목적 있는 행동을 할 수 없는 상태		
	LOC (Level of Consciousness) 의식 수준 01,05,10,22 국시	Alert(명료)	• 정상적 의식상태
		Drowsy(기면)	• 졸음이 오는 상태, 자극에 대한 반응 느림 • 간단한 지시, 질문, pain에 반응을 보이나 자극을 주지 않으면 수면상태
		Stupor(혼미)	• 강한 자극이나 큰소리, 밝은 광선에 의식회복 01 국시 • 약간의 의식은 있으나 이름, 주소, 장소, 날짜 등에 관한 지남력이 없는 상태 • pain을 피하려는 반응
		Semi-coma (반혼수)	• 표재성 반응 외에 자발적 근육운동이 거의 없는 상태 04 국시
		Coma(혼수)	• 완전히 의식이 없고, 자발적 근육운동이 거의 없는 상태

응급간호 (반응 확인 후 무의식이 확인된 후 처치 순서)	(1) 기도유지 (2) 심폐소생술 : C 가슴압박 − A 기도유지 − B 인공호흡 − D 약물요법 96 임용/22 국시 (3) 산소공급 (4) 금식 (5) 반응은 없으나 정상적인 호흡과 효과적인 순환이 나타날 때는 측위를 취해주고, 옷을 느슨하게 해주고, 보온·안정을 취하게 해줌 무의식 환자에게 측위를 취해주어야 하는 이유 20,25 임용 ① 구강 분비물의 흡인 예방을 위함 ② 혀에 의한 기도폐색을 예방하기 위함 ③ 혈액순환 강화(심장에 대한 압박이 줄어서 혈액순환이 강화됨)와 호흡기 합병증 예방하기 위함 (6) 활력징후 사정 (7) 병원 후송	

중재	마약의 과용 의심	동공산대 − 날록손 투여
	저혈당 예상	혈당 측정 후 50% 포도당 50mL IV
	경추 손상 의심 시	두부손상을 입은 병력이 있는지 확인

3 기본심폐소생술

1 기본소생술 97,99,17 임용 / 02,03,12,14 국시

의식확인(반응 없는 환자 발견) → 119에 신고 요청 및 자동심장충격기(자동제세동기) → 호흡확인(의료인의 경우 맥박확인도 함께) → 심폐소생술(흉부압박 – 기도개방 – 인공호흡)

2020년 한국 심폐소생술 가이드라인 주요 변경내용	상담 요원 역할 강화	신고자가 성인 심정지 환자에게 심폐소생술을 시행하도록 구급상황 상담 요원이 도와주도록 함
	기본소생술 중 일부 변경	① 구조자가 혼자인 경우, 구조자는 휴대전화의 스피커를 켜거나 핸즈프리 기능을 활성화한 후 즉시 심폐소생술을 시작하고 필요하면 구급상황요원의 도움받을 것을 권고 ② 병원 밖 심정지 상황에서 가능하면 딱딱한 바닥에 환자를 눕히고 가슴압박할 것을 권고 ③ 병원 내 심정지 상황에서 가능하면 매트리스와 환자의 등 사이에 백보드를 끼워넣고, 가슴압박할 것을 권고 ④ 가슴압박 깊이를 향상시키기 위해 환자를 침대에서 바닥으로 옮기지 않을 것을 권고 ⑤ 제세동 이후 곧바로 가슴압박을 다시 시작, 심장리듬 확인을 위해 2분 간격으로 가슴압박을 중단하는 것을 고려할 수 있음
	현장 심폐소생술 시간	① 현장 심폐소생술을 6분 동안 시행한 후에도 순환이 회복되지 않을 때는 병원으로 이송을 고려할 수 있음 ② 현장 전문소생술을 10분 동안 시행한 후에도 순환이 회복되지 않으면 병원으로 이송을 고려하되, 직접 의료지도 의사의 판단에 따라 연장을 고려할 수 있음 ③ 일반인 구조자의 경우 구급대가 도착할 때까지, 병원 내 심장정지의 경우에는 원내 전문소생술 팀이 도착할 때까지 기본소생술을 시행하는 것을 권고
	이물질에 의한 기도폐쇄	기침을 효과적으로 하지 못하는 환자에게 우선적인 처치로 등 두드리기가 효과적이지 못할 때 복부밀어내기 사용 권고
	익수환자	목격자가 심폐소생술할 것 제안
	코로나19 감염	코로나19 감염 혹은 감염 의심자의 전문소생술 시 의료종사자는 소생술 중 에어로졸이 생성되는 시술을 하는 동안 개인보호장비(마스크, 장갑, 긴팔 가운, 고글 등) 사용하기 제안
원칙		① 심폐소생술은 심정지 후 3~4분 내에 실시해야 함 94 임용 ② 심폐소생술 순서는 가슴압박(Compression) – 기도유지(Airway) – 인공호흡(Breathing)의 순서 유지 97,09,17 임용 / 02,13,21,22 국시 ＊A-B-C에서 변경 : 심정지 초기에 가장 중요한 흉부압박까지의 시간 지연을 최소화하기 위함 　예외상황 : 익수(A-B-C), 갑작스런 호흡정지 때는 구조호흡 먼저 시행 17 임용(지문) ③ 일반인 구조자는 가슴압박만 하는 '가슴압박 소생술(hands only CPR)'을 하고, 인공호흡을 할 수 있는 구조자는 인공호흡이 포함된 심폐소생술을 시행할 수 있음

병원 밖	심정지 상황에서 가능하면 딱딱한 바닥에 환자를 눕히고 가슴압박할 것을 권고
병원 내	• 심정지 상황에서 가능하면 매트리스와 환자의 등 사이에 백보드를 끼워 넣고 가슴압박할 것 권고 • 가슴압박 깊이를 향상시키기 위해 환자를 침대에서 바닥으로 옮기지 않을 것을 함께 권고

원칙	④ 성인 심정지 환자에게 가슴압박의 깊이는 약 5cm 깊이, 속도는 분당 100~120회, 가슴압박의 중단을 10초 이내로 최소화할 것, 인공호흡을 과도하게 시행하지 않아야 함 ⑤ 심정지의 즉각적인 확인은 무반응과 비정상적인 호흡(= 반사호흡, 임종호흡, 헐떡이는 호흡)의 유무로 판단함. 비정상적인 호흡이란 환자가 숨을 쉬지 않거나, 심정지 호흡과 같이 정상이 아닌 모든 형태의 호흡을 말함 ⑥ 호흡 확인을 위한 방법으로 2006년 가이드라인에서 제시하였던 '보고-듣고-느끼기'의 과정은 2011년 가이드라인에서는 삭제되었는데, 2015년, 2020년 가이드라인에서도 사용되지 않음 ⑦ 일반인이 심정지를 확인하기 위하여 맥박을 확인하는 과정은 2011년 가이드라인에서와 같이 권장되지 않으며, 의료제공자는 10초 이내에 맥박과 호흡을 동시에 확인하도록 하며, 맥박 유무를 확인하기 위해 가슴압박을 지연해서는 안 됨 ⑧ 여러 명의 구조자가 함께 심폐소생술을 시행하는 과정을 교육함으로써, 팀 접근에 의한 체계적인 심폐소생술이 시행될 수 있어야 함 ⑨ 구조자가 혼자이면서 휴대전화를 가지고 있는 경우, 구조자는 휴대전화의 스피커를 켜거나 핸즈프리 기능을 활성화한 후 즉시 심폐소생술을 시작하고 필요하면 구급상황(상담)요원의 도움을 받도록 권고 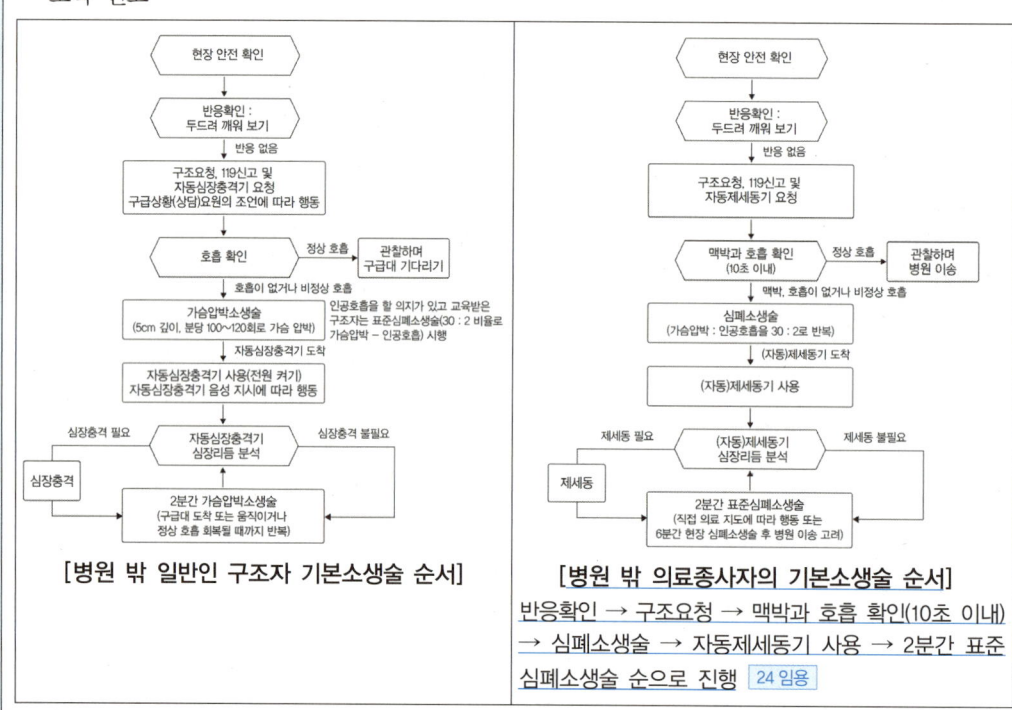 [병원 밖 일반인 구조자 기본소생술 순서] [병원 밖 의료종사자의 기본소생술 순서] 반응확인 → 구조요청 → 맥박과 호흡 확인(10초 이내) → 심폐소생술 → 자동제세동기 사용 → 2분간 표준 심폐소생술 순으로 진행 24 임용

(1) 환자발견
[반응확인]
09 임용
	환자발견 시 확인해야 할 사항
	① 안전 : 환자에게 접근하기 전에 현장의 안전, 위험요인 먼저 확인
	② 의식 : 환자의 어깨를 가볍게 두드리며 "괜찮으세요?"라고 물어봄
	   (영아는 발바닥을 자극하거나 움직임으로 확인) ⇨ 의식이나 반응이 없는 경우에는 CPR 대상이 됨
	   ※ 환자의 머리, 목 외상이 의심되면 손상이 더 악화되지 않도록 불필요한 움직임을 최소화할 것

(2) 응급의료체계 신고 및 심장충격기 준비	즉시 옆 사람에게 119에 신고 요청 및 자동심장충격기를 가져오라고 지시
	① 휴대폰 보급률이 높아져서 성인, 유아 모두 신고 먼저 09 임용
	② 주변에 아무도 없는 경우에는 신고와 심장충격기를 신고자가 할 것
	③ 응급의료전화상담원에게 알려주어야 할 내용
	   ㉠ 응급상황이 발생한 위치
	   ㉡ 응급상황의 내용(심장발작, 자동차사고 등)
	   ㉢ 도움이 필요한 환자의 수
	   ㉣ 환자의 상태
	   ㉤ 환자에게 시행한 응급처치 내용(심폐소생술, 자동제세동기 사용 등)
	   ㉥ 다른 질문이 없는지 확인

(2) 응급의료체계 신고 및 심장충격기 준비	① 구급상황(상담)요원은 목격자가 심장정지를 인지하고 구급대원이 현장에 도착할 때까지 목격자가 심폐소생술을 하도록 지도함 ② 응급상황(상담)요원이 응급호출전화 통화로 심장정지 여부를 판단할 수 있는 표준 알고리즘을 사용하도록 권고 출처 : 2020년 한국심폐소생술 가이드라인, p.63. [그림 12. 구급상황(상담)요원 지시에 의한 심폐소생술]			
(3) 호흡과 맥박확인	호흡확인	① 호흡확인과정이 어려우므로 119신고 후 확인으로 변경 ② 호흡확인 : 무호흡, 비정상 호흡, 심정지 호흡(Gasping = 반사호흡, 임종호흡) 　** 심정지 호흡은 환기효과는 없으면서 느리고 불규칙하게 헐떡거리는 양상으로 일반적으로 비정상, 코골이, 헐떡임, 간신히 혹은 가끔 호흡함, 신음, 힘들어 보이는 호흡 등으로 표현됨 ③ 얼굴과 가슴을 10초 정도 관찰하여 호흡확인 　일반인	응급의료전화상담원에 도움을 받아 확인(얼굴과 가슴 관찰을 10초 이내) 　의료인	맥박과 호흡의 유무 및 비정상 여부를 동시에 10초 이내 판별 ④ 반응은 없으나 정상의 호흡을 보일 때는 회복자세를 취해 입안의 이물이 흡인되는 것 예방		
	맥박확인	의료인만 해당됨(일반인은 맥박확인 없이 호흡확인 후 바로 가슴압박 권고) ① 호흡과 동시에 10초 이내 확인 ② 맥박확인 위해 가슴압박이 지연되어서는 안 됨		
		성인(8세 이후~)	목동맥(경동맥), 대퇴동맥	
		소아(1세~8세 미만까지)	목동맥(경동맥), 대퇴동맥	
		영아(1세 미만)	위팔동맥(상완동맥) ※ 경동맥에서 촉지하지 않는 이유 20 임용 목이 짧아서 경동맥에서 맥박을 확인하기에 용이하지 않음	
(4) 가슴압박 30회 94,97,09,20 임용 / 14,21 국시	효과	가슴압박하여 심장과 뇌에 충분한 혈류 전달(인공순환)		
	자세 03,06 국시	환자	• 딱딱한 바닥에 등을 대고 누운 자세 등에 단단한 판을 깔아 주기 • 환자를 침대에서 바닥으로 옮기지 않도록 권고	
		구조자	환자의 가슴 옆에 무릎을 꿇은 자세	
	압박위치 09,20 임용	성인	흉골(복장뼈) 아래쪽 1/2(양측 유두를 이은 가상선과 흉골이 만나는 지점) 10 임용	
		소아	흉골(복장뼈) 아래쪽 1/2(양측 유두를 이은 가상선과 흉골이 만나는 지점)	
		영아	젖꼭지 연결선 바로 아래의 흉골 20 임용	
	손	성인	① 한쪽 손바닥 뒤꿈치를 압박위치에 올려놓고 그 위에 다른 손을 올려서 겹친 뒤 깍지를 낀 자세로 시행 ② 손가락은 펴거나 깍지를 껴서 손가락 끝이 심정지 환자의 가슴에 닿지 않도록 할 것	
		소아	한손 또는 두손 손꿈치 가슴압박법	

(4) 가슴압박 30회 94,97,09,20 임용 / 14,21 국시	손	영아 20 임용	1인 구조자 : 두 손가락(검지와 중지) 가슴압박법 2인 구조자 : 두손(양손) 감싼 두엄지 가슴압박법		
		소아 가슴압박 : 한손 또는 두손 손뒤꿈치 가슴압박법	영아(1세 미만) 가슴압박 : 두 손가락 가슴압박법	두손(양손) 감싼 두엄지 가슴압박법	
	압박	압박자세	① 구조자의 어깨 – 구조자의 팔꿈치 – 대상자의 흉골이 일직선 ② 팔꿈치를 펴서 팔이 바닥에 수직을 이룬 상태에서 체중을 이용하여 압박 ③ 빠르고 강하고 규칙적으로 압박 ④ 흉골의 가장 하단에 위치한 칼돌기를 압박하지 않도록 주의		
		압박속도	분당 100~120회 94,10,20 임용 / 21 국시		
		압박깊이	성인 5cm/소아 4~5cm/영아 4cm(최소 흉곽 전후 지름의 1/3 이상, 그러나 6cm를 넘기면 안 됨 ⇨ 합병증 증가)		
	압박/ 이완	압박 : 이완 비율	① 압박과 이완시간은 1 : 1 ② 가슴압박 후 가슴을 완전히 이완시킬 것 20 임용(지문)	이유	충분히 이완되지 못하면 흉강 내 압력이 증가하기 때문에 심장 동맥관류압이 감소함
		중단최소화	가슴압박 시 중단을 최소화, 불가피한 경우에는 10초 이내로 할 것 20 임용(지문)		
		대상자별 가슴압박 : 인공호흡 94,09, 10(지문), 20,23 임용	1인 구조자	성인	가슴압박 : 인공호흡 = 30 : 2
				소아/영아	
				신생아	가슴압박 : 인공호흡 = 3 : 1
			2인 구조자	성인	가슴압박 : 인공호흡 = 30 : 2
				소아/영아	가슴압박 : 인공호흡 = 15 : 2
				신생아	가슴압박 : 인공호흡 = 3 : 1
		교대	두 명 이상 구조자가 교대 시 2분마다 또는 5주기 실시 후 교대		
		기본주기	5주기 시행이 기본, 5주기 시행 후에는 다시 호흡과 맥박확인 *1주기는 30회의 가슴압박과 2회의 인공호흡		

(5) 기도유지	머리 기울임-턱 들어올리기 (head tilt-chin lift) [10 임용]	① 두부나 척수에 손상이 없는 대상자의 경우 ② 한 손은 대상자의 이마에 대고 손바닥으로 압력을 가하여 머리가 뒤로 기울어지게 하고 → 다른 손의 손가락으로 아래턱의 뼈 부분을 머리 쪽으로 당겨 턱을 받쳐 주어 머리를 뒤로 기울임(단, 인공호흡이 능숙하지 않은 사람은 인공호흡을 생략하고 가슴압박) ③ 주의점 : 턱 아래 부위의 연부조직을 깊게 누르면 오히려 기도를 막을 수 있음
	턱 밀어올리기 (jaw thrust) [22 임용]	① 경추손상 의심이 있는 대상자의 경우(단, 일반인 구조자는 권장하지 않음) ② 경추손상 의심 시 이 방법이 기도확보에 적절하지 못한 경우에는 머리 기울임-턱 들어올리기 방법(∵기도개방유지가 경추손상의 보호보다 우선되므로) ③ 구조자는 대상자의 머리 쪽에서 → 두 손을 각각 대상자의 머리 양쪽에 두고 팔꿈치를 바닥에 닿게 한 뒤 → 두 손으로 아래턱 모서리를 잡아 위로 들어 올림 입술이 닫히면 엄지손가락으로 아랫입술을 밀어 열리게 함
(6) 인공호흡 2회		다음 내용은 전문기도 확보이전 기준임. 전문기도 확보 이후에는 가슴압박과 상관없이 6초마다 인공호흡을 실시해야 함 [20 임용(지문)]
	구강 대 구강 (대표적 방법) [10 임용]	① 엄지와 집게손가락으로 코를 막기 ② '보통호흡'(평상시 호흡량, 500~1,000mL)으로 숨을 2번 강하게 불어주기 ③ 1초에 걸쳐 불어 넣고 1초간 코를 열어주어 숨 쉴 시간 주기 ④ 인공호흡 시 가슴이 상승되지 않는다면 → 기도 재개방 후 인공호흡 다시 시행 ⑤ 그래도 흉부의 오르내림이 없다면 이물이 있음을 의미, 이물 제거술로 들어감 | 성인 | 흉부압박(비만, 임산부), 복부압박, 등 두드리기(견갑골 사이를 5번) | | 영아 | 등 두드리기, 흉부압박을 5회씩 |
	기타 인공호흡 방법	구강 대 비강: ① 구강구조물(치아, 입술, 턱뼈)에 외상이 심하거나 구강이 벌려지지 않거나 구강과 구강의 밀착이 어려워 구강 대 구강 호흡법이 불가능할 때 적용 ② 시술자의 입을 환자의 코에 대고 불어넣는 방법 ③ 익수환자를 구조하는 동안 수면에서 실시할 수 있는 인공호흡 방법 중 가장 좋은 방법 흉부압박 상지거상법 배부압박법(익수)
	주의사항	① 1초에 걸쳐 인공호흡 ② 가슴 상승이 눈으로 확인될 정도의 일회 호흡량으로 호흡 ③ 과환기를 유발하지 않도록 주의 ④ 가슴압박 동안에 인공호흡이 동시에 이루어지지 않도록 주의 ⑤ 2인 구조자 상황에서 전문기도기가 삽관된 경우에는 10회/분으로 인공호흡 시행

(7) 자동 심장충격기	정의		심정지 발생 초기에 심장이 정상적 수축을 하지 않는 심실세동 진단 → 생명을 위협하는 세동을 제거하여 동성리듬을 되찾기 위해 심장에 전류를 전달하는 응급시술
	기전		적절한 전압을 심장에 통과시켜 전기충격을 주는 순간 → 심근 전체가 탈분극된 후 → 완전한 불응기에 빠트러서 → 가장 우세한 심장박동기인 동방결절이 회복되게 함
	적응증		① 무수축 ② 심실세동 ③ 무맥박 심실빈맥 24 임용 ④ 무맥박 전기활동(심실세동 이외의 전기활동이 있으면서 맥박이 측정되지 않는 장애)
	사용 순서 10,17, 24 임용 🎧 도전 부분시 심반	① 심장충격기 도착하면 바로 전원 켜기	• 반응과 정상적인 호흡이 없는 심정지 환자에게만 사용(심실세동 및 심실빈맥 이외의 심장리듬을 가진 심정지인 사람에게는 도움이 되지 않음) • 심폐소생술을 방해하지 않는 위치에 놓은 후에 전원버튼 누름

		② 두 개의 패드 부착 23 임용	• 상의를 벗긴 후에 두 개의 패드를 부착시킴
			• 땀이나 기타 이물질이 있으면 이를 제거한 뒤에 패드 부착
			
			패드 부착 방법
			전외 위치법 10 임용 : 가장 많이 사용
			  ㉠ 흉골 : 오른쪽 빗장뼈 아래
			  ㉡ 심첨 : 왼쪽 젖꼭지 아래의 중간겨드랑선
			전후 위치법 : ㉠ 가슴 앞 : 흉골의 왼쪽 ㉡ 가슴 뒤 : 등의 견갑골 밑

		③ 심장리듬 분석 21 임용	• 분석하는 동안에는 심폐소생술을 멈춘 뒤 대상자와의 접촉을 피하고 움직이지 않도록 함
		④ 제세동 시행	• 제세동이 필요한 경우 스스로 제세동 에너지 충전 • 안내에 따라 제세동 버튼 누름(대상자와 다른 사람 접촉여부 확인) 17 임용
		⑤ 제세동 후 즉시 심폐소생술 시작 21 임용	• 제세동이 필요하거나 필요하지 않은 경우 모두 '가슴압박 시행' • 제세동 후 즉시 가슴압박 시행 10 임용 (제세동 처치를 받은 후 심장정지 환자의 심장리듬은 종종 무수축 및 무맥성 전기활동과 같은 비관류 심장리듬으로 전환됨, 따라서 구조자는 제세동 시행 직후에 즉시 심폐소생술을 다시 시작하여 가슴압박 중단시간을 최소화해야 함) • 심장충격기는 2분마다 심전도를 자동으로 분석하여 판단
		⑥ 반복	• 119 도착 또는 회복할 때까지 CPR과 제세동을 2분마다 반복시행

① 전원 켜기   ② 두 개의 패드부착   ③ 심장리듬 분석   ④ 제세동 시행   ⑤ 즉시 CPR 다시 시행

[심장충격기 사용 순서] 10 임용

(8) 회복자세	목적	혀나 구토물로 인해 기도가 막히는 것을 예방하고 흡인의 위험성을 줄이는 방법임
	적응증	환자가 반응은 없으나 정상적인 호흡과 효과적인 순환이 나타날 때는 회복자세를 취해주는 것을 권장함
	방법	몸 앞쪽으로 한쪽 팔을 바닥에 대고 다른 쪽 팔과 다리를 구부린 채로 환자를 옆으로 돌려눕힘
	이상적인 자세	환자를 옆으로 눕혀 머리의 위치는 가슴보다 낮게 해서 구토물로 인한 흡인을 예방하고 호흡을 방해할 수 있는 압력이 가슴에 가해지지 않아야 함
	척수 손상이 있거나 의심되는 경우	척수 손상이 있거나 의심이 되는 경우 한쪽 팔을 위로 펴고 머리를 팔에 댄 상태로 양 다리를 함께 구부린 자세가 더욱 적합함
	지속적 관찰	반응과 정상 호흡이 없어지면 심정지 재발의심 → 즉시 CPR 시행

② 기본소생술 내용

		성인	소아	영아
심폐소생술 순서		가슴압박 - 기도유지 - 인공호흡		
심정지 확인		무반응		
		무호흡 혹은 심정지 호흡		
		10초 이내 확인된 무맥박(의료인만 해당)		
가슴압박 속도		분당 100~120회		
가슴압박 깊이		약 5cm	가슴두께의 최소 1/3 이상 (4~5cm)	가슴두께의 최소 1/3 이상 (4cm)
가슴이완		가슴압박 사이에는 완전한 가슴이완		
가슴압박 중단		가슴압박의 중단은 최소화(불가피한 중단은 10초 이내)		
기도유지		머리 기울임-턱 들어올리기(head tilt chin lift)		
가슴압박 대 인공호흡 비율	전문기도 확보 전	30 : 2	30 : 2(1인 구조자)	
			15 : 2(의료제공자가 2인 구조자일 때만 해당됨)	
	전문기도 확보 이후	가슴압박과 상관없이 6초마다 인공호흡(분당 10회 속도)		
일반인 구조자		가슴압박 소생술	심폐소생술(인공호흡할 수 있는 경우)	

③ 심폐소생술 합병증

(1) 가슴압박 시 발생하는 합병증(= 심장마사지 시 발생할 수 있는 합병증) 06 임용		✓ 예방법
① 산소부족, 폐색전	5~10초 이상 가슴압박 중단 시	① 정확한 손의 위치와 압박깊이
② 흉부손상	무릎을 이용한 반동성 흉부압박이나 손가락이 가슴에 닿아 → 쇄골/늑골/흉골 골절, 늑연골 분리 발생	② 수직으로+부드럽고+규칙적으로 압박
③ 흉강 내 장기손상	흉부 손상으로 인한 → 기흉, 혈흉, 심장좌상, 심장압전, 폐 좌상	③ 호흡과 교차될 때 압박
④ 복강 내 장기손상 (치명적 장기출혈)	검상돌기 부위나 복부를 압박 → 위장, 간, 비장, 횡격막 좌상 및 파열	
⑤ 기타	혈심낭염, 저산소증에 의한 뇌의 손상, 대사성 산독증에 의한 전신경련	

(2) 인공호흡 시 발생하는 합병증		✓ 예방법
① 위 과다팽창	구토, 흡인성 폐렴 : 과도한 압력과 인공호흡으로 공기가 위로 유입/팽창 → 위 내용물 역류에 의해 폐로 흡인	① 인공호흡 시 과도한 압력을 주지 말 것
	횡격막 상승으로 인공호흡 방해 : 위 팽창 → 횡격막 상승 → 폐용적 감소시킴	② 구토 시 구토가 끝날 때까지 측위, 이후 CPR ③ 적당한 인공호흡 : 가슴이 올라올 정도
② 폐 과다팽창	심박출량 감소(폐 과다팽창 → 흉곽내압 상승 → 심장으로 정맥혈 귀환 감소)	④ 정상호흡량 : 500~1,000mL

④ 예외상황

(1) 임산부

중요성	① 모성의 심정지 5분 내 분만 : 신생아의 신경계가 양호 ② 모성의 심정지 15분 이상 : 분만 시 신생아의 신경손상 및 사망	
심폐소생술 방법	흉부압박 : 자궁이 횡격막의 위치를 높게 할 만큼 커져 있는 경우 흉골 중간에서 시행	

(2) 익수[ABC 적용] : 익수환자에 대한 심폐소생술은 목격자가 할 것을 권고함(출처 : 2020년 한국심폐소생술 가이드라인)

CPR	① 익수 시간에 관계없이 즉시 심폐소생술 시작 : 심정지의 원인이 저산소증이라는 관점에서 심폐소생술 시 기도유지, 인공호흡, 가슴압박 순으로 제공 ② 폐 속으로 들어간 물을 제거하기 위하여 너무 많은 시간을 낭비× → 심폐소생술을 계속하면서 가능한 한 빨리 병원으로 이송 ③ 기도유지 : 구토물의 흡인 예방 → 얼굴을 옆으로, 환자의 머리를 가슴보다 낮게 유지 ④ 인공호흡 : 무호흡이면 수중에서도 인공호흡을 실시하며 물 밖으로 끌어냄 ⑤ 흉부압박법 : 인공호흡과 병행하여 흉부압박법 실시	
자세	① 환자가 의식이 없을 경우 경추나 다른 부위에 손상이 없는지 사정 ② 척수손상 징후가 없다면 침대에 머리를 30°로 올리고 중앙 위치	
체온 관리	체온상승	체온이 28℃ 이하로 내려가면 치료하기 전 먼저 체온상승이 우선(체온이 저하되면 치료 효과 없음)
	보온	① 담요 등으로 몸을 따뜻하게 보온하여 혈액순환 도움(국소적 열 적용하지 말 것) ② 찬 곳에 두지 말고 따뜻한 곳으로 이동 ③ 젖은 옷 제거, 피부마사지하여 말초순환 증가시킴 ④ 자동심장충격기 : 체온이 급격히 떨어져 있어도 사망으로 간주×, 무수축이어도 자동심장충격기 사용(저체온증, 감전에 의한 심정지, 약물중독) ⑤ 의식회복 후 연하반사가 나타나면 따뜻한 음료 제공

(3) CPR을 유보해야 하는 예외 사항(출처 : 2020 한국심폐소생술 가이드라인)

① 심폐소생술을 하는 구조자가 심각한 위해를 입을 위험에 처해있는 상황
② 사망의 확실한 임상적 징후(예 사후경직, 시반, 참수, 신체절단, 부패)가 있는 경우
③ 심폐소생술을 원하지 않는다는 의학적 지시 또는 소생술 시도 금지 표식이 있는 경우(사전연명의료의향서)

(4) 병원 밖 CPR 중단 사유(출처 : 2020 한국심폐소생술 가이드라인)

① 응급의료종사자에게 치료 인계
② 자발순환 회복
③ 구조자가 지치거나 위험한 상황에 빠진 경우
④ 심폐소생술 시행 중에 심폐소생술 유보의 조건이 확인된 경우

4 신생아 소생술(신생아 : 출생 후~4주까지) [17 임용(지문)]

개요	출생 시 자궁 내 환경에서 자궁 외 환경으로 전이되는 신생아에게는 태반을 통한 가스교환에서 폐를 통한 가스교환으로 성공적으로 적응하기 위해 중요한 상호의존적인 생리적 과정이 필요함, 폐로 숨을 들이마시면서 폐혈관 저항이 급격히 감소하고, 폐혈류량의 증가와 좌심실 충만 및 심박출량이 증가하면서 관상동맥 및 뇌혈류가 유지된다. (1) 제대결찰 ① 출생 직후 호흡이 안정적이며 잘 울어 소생술이 필요하지 않은 만삭아 또는 미숙아의 경우, 제대결찰을 30초 이상 지연하여 시행할 수 있음 ② 호흡이 불안정하고 울지 않는 신생아의 경우 제대결찰 지연을 적용하지 않음 (2) 소생술 필요 여부를 구별하기 위한 3가지 질문 ① 제태기간 확인 : 미숙아인가? ② 근육긴장도 확인 : 근육 긴장도가 떨어지는가? ③ 호흡 확인 : 잘 울지 못하거나 숨을 잘 못 쉬는가?
신생아 소생술	**초기단계** (1) 신속평가 세 가지 질문에 모두 '예'라고 답할 수 있으면 엄마에게로 가서 첫 단계 실시, 호흡·활동성·피부색 등을 지속적으로 관찰해야 함 (2) 한 가지 질문이라도 '아니오'가 있다면 복사온열기로 데리고 가서 첫 단계 실시 ① 아기를 따뜻하게 하여 정상체온을 유지하며 기도가 열리게 머리와 목을 잡고 필요시 분비물 제거 ② 아기를 닦고 자극하는 것을 포함함 ③ 출생과 제대결찰 사이 시간에 시작하여 출생 후 30초 이내에 완료할 것
	호흡 및 심장박동수 평가 (1) 심박동수가 분당 100회 이상이지만 호흡곤란 혹은 지속성 청색증을 동반하는 경우에는 맥박 산소 측정기로 산소포화도를 감시하고, 필요하면 산소를 공급하며 지속적 기도 양압을 고려해야 함 (2) 심장박동수가 분당 100회 미만이거나 무호흡 혹은 헐떡 호흡을 보일 때는 산소포화도 감시와 함께 심전도 모니터링을 고려하고 바로 양압환기를 적용함, 출생 직후 약 60초 동안에 초기단계, 재평가, 필요에 따라 호흡보조 개시 등이 이루어지도록 하며, 부적절하게 호흡보조의 단계가 지연되지 않도록 하는 것이 매우 중요함
	환기 (1) 양압환기 시 흉곽움직임이 관찰되지 않거나 심장박동수가 지속적으로 분당 100회 미만이면 환기방법을 교정하여 점검하고, 필요하면 기관내삽관 혹은 후두 마스크의 삽입 고려 (2) 적절한 양압환기를 30초 이상 적용했음에도 심장박동수가 분당 60회 미만인 경우, 기관내삽관이 아직 되어 있지 않다면 기관내삽관을 시행함, 3 : 1 비율로 가슴압박과 양압환기 시행, 낮은 농도의 흡입산소공급에 반응이 없다면, 산소농도를 100%까지 높일 수 있음, 추가적인 약물, 혈관확장 수액의 투여를 위한 응급 제대정맥관의 삽입고려
	약물 (1) 적절한 양압환기와 가슴압박을 60초 이상 적용했음에도 불구하고 심장박동수가 지속적으로 분당 60회 미만일 때 에피네프린을 정맥주사로 투여(0.01~0.03mg/kg 용량으로 정맥 투여), 만약 반응이 없으면 저혈량, 기흉 등 다른 원인 고려해야 함, 정맥주사 확보가 어려울때는 0.05~0.1mg/kg의 에피네프린을 기관 내 튜브를 통해 투여할 수 있음 (2) 소생술에 반응이 없는 상태에서 실혈이 있거나 혹은 그러한 상황이 의심될 경우 혈관 확장 수액 투여
	소생술 후 단계 (1) 활력징후가 정상으로 돌아온 이후에도 다시 악화가능하므로 지속적인 감시와 처치 필요 (2) 치료적 저체온 요법

가슴압박	충분한 양압환기 요법을 30초 이상 적용했음에도 불구하고 심장박동수가 분당 60회 미만이면 가슴압박을 시작해야 함	
	압박부위	흉골하부 1/3
	압박깊이	흉곽의 앞뒤 간격 1/3
	압박방법	• 양 엄지 방법 : 양손의 엄지손가락을 사용하면서 나머지 손가락으로 흉곽을 둘러싸서 등쪽을 지지하는 방법 • 두 손가락 방법 : 한쪽 손의 두 개의 손가락을 사용하면서 다른 손으로 아기의 등을 지지하는 방법
	압박횟수	분당 90회
	가슴압박과 환기요법 비율	3 : 1 (둘을 동시에 시행하지 않도록 함)
	신생아 소생술이 잘 진행되고 있는지를 평가하는 지표	심장박동수
		신생아의 심장박동수를 측정하는 가장 빠르고 정확한 방법은 3유도(3-lead) 심전도임

PLUS+

• 신생아 소생술 순서

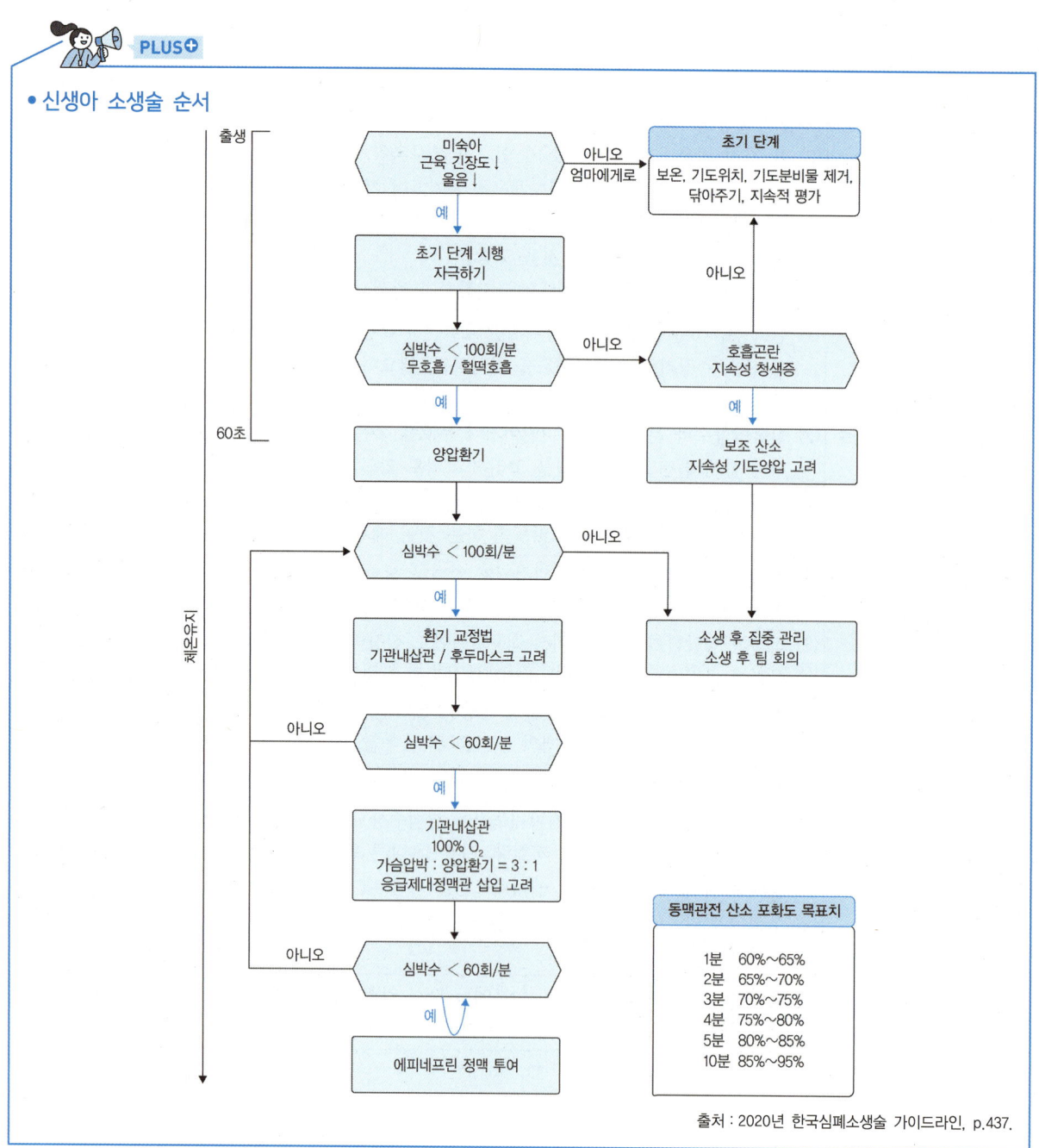

출처 : 2020년 한국심폐소생술 가이드라인, p.437.

03 폐색과 쇼크

영역		기출영역 분석	페이지
기도폐색		상기도 폐색 : 상기도 완전폐색 시 의식상실 전 증상 2005	223
		불완전 폐색 시 응급처치 2009	
		하임리히법 순서 2005	
		임신 7개월 여성의 상부기도 폐색 시 처치 2010	
		영아 상부기도 폐색 시 등 두드리기 - 가슴누르기 처치방법 2011	
		식도 이물	
		귓속 이물 제거	
		부종에 의한 기도폐쇄	
쇼크		쇼크 환자의 일반적 응급관리방법 - 보온, 체위 등 1995, 1999	229
	증상	출혈성 쇼크 증상 1999	
		저혈량성 쇼크 초기 자율신경계의 보상작용으로 나타날 수 있는 심장반응 2021	
	처치 2009	저혈량성 쇼크환자 처치, 하지를 약 20도 상승시키는 목적 2021	
		심장성 쇼크환자 처치	
		신경성 쇼크환자 처치	
		과민성 쇼크환자 처치	
		척수 쇼크환자 체위	
	아나필락시스	응급 시 처치약물과 그 효과 2011	
		원인, 병리기전, 사정내용, 처치(에피네프린) 2012	

✓ 학습전략 Point

1st	완전 기도폐색	완전 기도폐색 시 증상과 응급처치방법을 학습한다.
2nd	쇼크의 종류별 증상과 응급처치방법	다양한 쇼크의 발생기전과 그 증상을 학습한다. 또한, 구체적인 응급처치방법을 학습한다.

한눈에 보기

폐색과 쇼크

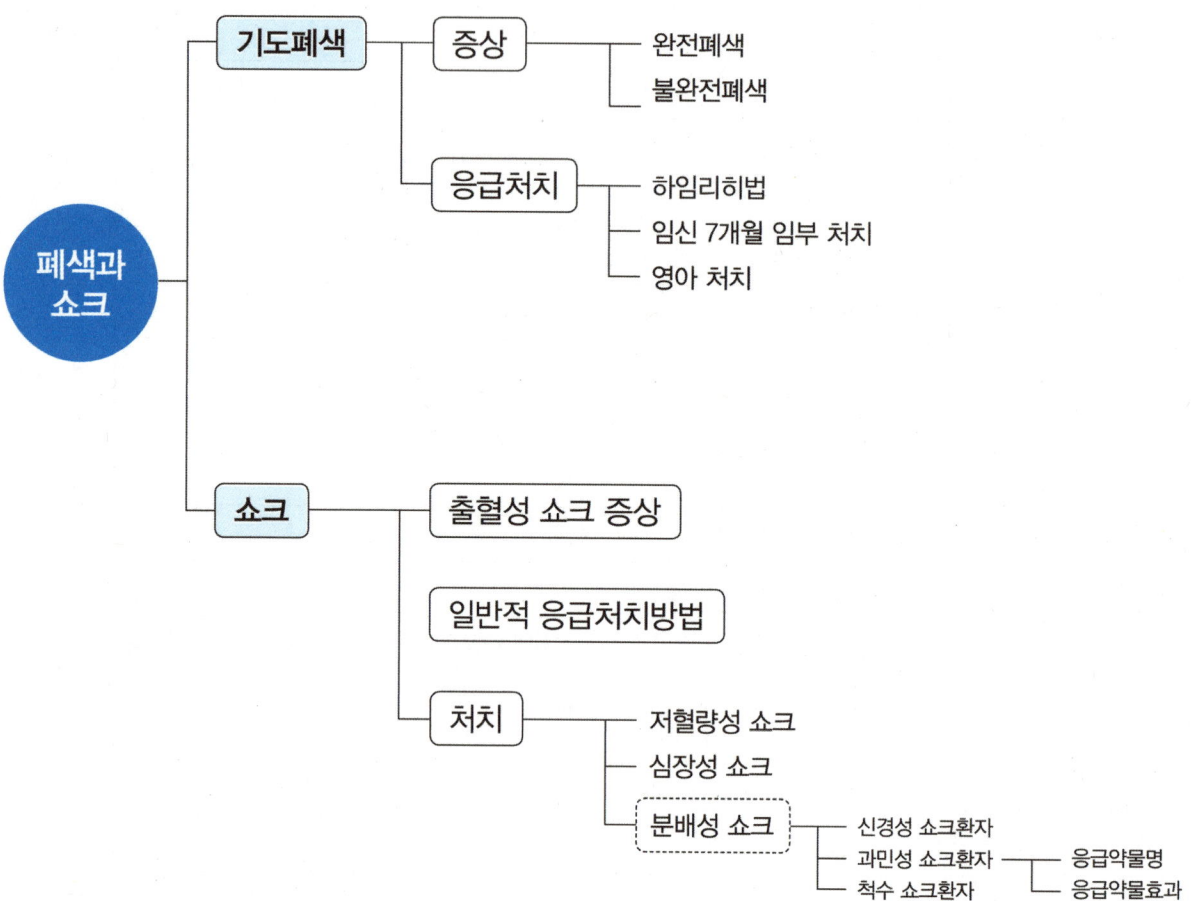

05-[06~07] 다음 글을 읽고 물음에 답하시오.

> 컵 젤리를 먹으며 장난을 치던 초등학교 1학년 아동이 갑자기 숨이 막히는 듯 안절부절못하는 모습을 보였다. 컵 젤리의 흡인에 의한 상기도의 완전폐쇄가 의심되어 응급처치를 하려고 한다.

05-06. 상기도의 완전폐쇄 시 의식 상실 전에 나타나는 증상을 5가지만 쓰시오.

05-07. 앞의 아동에게 복부압박법인 하임리히법을 시행하고자 한다. 구체적인 시행방법을 순서에 따라 4단계로 나누어 쓰시오.

09-31. 학령기 아동에게 발생하는 응급 상황에 따른 처치가 옳은 것을 〈보기〉에서 고른 것은?

─〈보기〉─
㉠ 팔에 뜨거운 물로 화상을 입었을 경우 팔을 찬물에 식힌다.
㉡ 질식으로 호흡곤란이 있으면 기침을 세게 하도록 유도한다.
㉢ 부식성 소독제를 마셨을 경우 구토를 유도한다.
㉣ 넘어져서 영구치가 빠지면 치아를 멸균된 거즈에 싸서 치과를 방문한다.

10-26. 다음 사례에서 간호사가 취할 수 있는 가장 적절한 응급처치는?

> 임신 7개월인 여성이 점심 식사도중 고기 덩어리가 목에 걸려 손으로 목을 움켜쥐고 신음하면서 기침하려 했지만 전혀 기침이 나오지 않았다. 그때 간호사가 이를 발견하고 바로 달려가서 "말할 수 있나요?"라고 질문하자 손을 내저으며 전혀 목소리를 내지 못한 채 얼굴이 새파랗게 질려 있었다.

① 복부압박
② 흉부압박
③ 등 두드리기
④ 구강 대 구강 인공호흡
⑤ 손가락으로 이물질 제거

99추가-07. 학교에서 심한 출혈을 동반한 개방성 골절환자가 발생하였다. 다음 물음에 답하시오.

7-01. 보건교사가 현장에서 확인해야 할 출혈성 쇼크의 증상 8가지를 기술하시오.

7-02. 쇼크 상태가 예상될 경우 실시해야 할 응급처치 내용 7가지를 기술하시오.

95-09. 쇼크 환자의 일반적 응급관리 방법으로 옳은 것은?
① 체온유지를 위하여 hot bag을 대준다.
② 다리는 상승, 몸은 수평, 머리는 약간 높인다.
③ 체온이 상승하면 얼음찜질을 해준다.
④ 호흡곤란 시 트렌델렌버그 체위를 해 준다.

11-07. 보건소에 예방 접종을 하러 온 6개월 된 영아가 이물질로 상부기도가 폐쇄되어 질식 상태가 되었다. 그러나 의식은 있어 등 두드리기(back blow)와 가슴누르기(chest thrust)를 실시하였다. (가)~(라)의 응급처치 중에서 옳은 것을 모두 고른 것은?

> 첫째, 얼굴이 아래로 향하게 영아의 얼굴을 잡고 몸의 나머지 부분을 간호사의 팔에 오도록 하였다〈그림 참조〉.

> 둘째, 손으로 영아의 머리와 얼굴을 지지하고 (가) 몸의 나머지 부분보다 머리가 높게 오도록 유지하였다.
> 셋째, (나) 손바닥의 두툼한 부분(손꿈치)을 이용하여 양 견갑골 사이를 5회 쳤다.
> 넷째, 간호사는 다시 영아의 얼굴이 위로 가도록 뒤집어 손을 영아의 머리와 등에 위치하고 간호사의 두 손과 팔 사이에 영아의 몸을 샌드위치처럼 하여 허벅지에 바로 눕혔다. 그리고 (다) 영아의 머리는 다른 신체 부위보다 높게 유지하였다.
> 다섯째, (라) 영아의 양 젖꼭지를 이은 가상선과 흉골이 만나는 지점 바로 아래 위치에 두 손가락으로 빠르게 5회 압박하였다.

21-B5. 다음은 고등학교 보건교사가 작성한 응급 환자 이송 및 사고 기록지이다. 〈작성 방법〉에 따라 순서대로 서술하시오.

응급 환자 이송 및 사고기록		결재	계	교감	교장
학년/반	학생명	성별	보호자 전화번호		담임교사
1/2	김○○	남	010-○○○○-○○○○		최○○
사고 개요	오후 5시 05분경 김○○ 학생이 학교 운동장에서 축구를 하다가 축구골대에 심하게 부딪혀 넘어진 뒤 우측 상지 부위에 통증과 출혈을 호소함. 함께 축구를 하던 1학년 2반 박○○ 학생으로부터 사고 신고를 받음. 신고를 받고 운동장으로 가서 다친 학생의 상태를 확인한 후 응급조치하고 병원으로 이송함.				

환자 상태	• 의식 상태는 명료함.
	• 활력징후(측정시간: 오후 5시 12분)
	 − 혈압: 110/80mmHg,
	  맥박수: 102회/분,
	  호흡수: 28회/분,
	  체온: 36.3°C
	• 우측 상지부위에 가로 1cm, 세로 5cm 정도의 열상과 주변 의복이 흠뻑 젖을 정도의 ㉠출혈이 관찰됨.
	• 우측 상지의 움직임에는 제한이 없음.
	• ㉡불안한 정서상태와 빠르고 깊은 호흡이 관찰됨.
	• 다른 신체부위의 통증은 없었고 외상도 관찰되지 않음.				

응급 조치 내용	• 119에 신고함. • 출혈부위 지혈 후 상처세척을 실시하고 압박드레싱함. • ㉢하지를 약 20° 정도 올려 줌. • 우측 상지에 부목을 적용함. • 구급차를 이용하여 ○○병원 응급실로 이송함.				

─〈작성 방법〉─
○ 밑줄 친 ㉠으로 인해 저혈량성 쇼크가 발생할 경우, 쇼크 초기에 자율신경계의 보상 작용 결과로 나타날 수 있는 심장의 반응 2가지를 제시할 것.
○ 밑줄 친 ㉡에 의해 발생할 수 있는 산-염기 불균형의 명칭을 쓸 것.
○ 밑줄 친 ㉢의 목적을 정맥계를 중심으로 제시할 것.

09-09. 다양한 원인에 의한 쇼크환자의 응급처치 및 간호에 대한 설명으로 옳은 것을 〈보기〉에서 고른 것은?

─〈보기〉─
㉠ 복부 창상에 의한 저혈량성 쇼크환자의 보온을 위해 뜨거운 물주머니를 하지에 대어준다.
㉡ 심근경색증에 대한 심장성 쇼크환자의 순환 혈액량을 확인하기 위해 중심정맥압을 측정한다.
㉢ 정신적 충격에 의한 신경성 쇼크환자의 혈압회복을 위해 하지를 높이고 안정을 취하게 한다.
㉣ 알레르기 반응에 의한 과민성 쇼크환자의 기관지경련발작에 대비해 기도 내 삽관을 준비한다.
㉤ 척추손상에 의한 척수 쇼크 환자의 뇌압 감소를 위해 머리 부분을 15도 상승시켜 준다.

11-22. 현장학습 중 30대 교사가 말벌에 쏘였다. 그는 같이 있던 동료 교사에게 머리가 아프고 숨이 차다고 말하면서 현기증을 일으키고 쓰러졌다. 동료 교사가 119에 연락하고 난 몇 분 후 병원으로 이송되었고 응급실에 도착할 당시 전신에 두드러기가 나 있고 의식불명 상태였다. 이때 교사에게 일차적으로 투약해야 할 약물과 투약의 목적으로 옳은 것은?

① 만니톨(mannitol)을 투여하며 심실세동을 치료하고 뇌압을 하강시키기 위함이다.
② 날록손(naloxone)을 투여하며 혈관을 이완시키고 이뇨작용을 증가시키기 위함이다.
③ 아테노롤(atenolol)을 투여하며 기관지 경련을 완화시키고 혈압을 하강시키기 위함이다.
④ 에피네프린(epinephrine)을 투여하며 혈관을 수축시키고 기관지 평활근을 이완시키기 위함이다.
⑤ 스트렙토키나제(streptokinase)를 투여하며 기관지 평활근을 이완시키고 심박수를 증가시키기 위함이다.

12-19. 보건일지에 기록된 김 군(18세)의 사례이다. 10월 14일 상황에서 보건교사가 간호하기 위하여 알아야 할 사항 중 옳은 것만을 〈보기〉에서 있는 대로 고른 것은?

〈학교 보건 일지〉
△△고등학교

번호	날짜(요일)	학년/반	성명	증상 및 조치사항	
1	10.6 (목)	3-3	김○○	증상	• 발열, 두통, 안면통, 압통, 누런 콧물
				조치사항	• 부비동염으로 병원에서 처방받은 항생제를 잘 복용하도록 지도 • 코를 세게 풀지 않도록 교육
(중략)					
25	10.14 (금)	3-3	김○○	증상	• 약이 떨어져 같은 병명으로 치료 중인 동생의 약을 4일간 복용하였다고 함 • 목이 막히는 것 같고 숨을 쉬기 어렵다고 호소 • 흉부 압박감 호소, 팔과 가슴 상부에 두드러기 • 맥박 104회/분, 호흡 28회/분, 혈압 80/60mmHg
				조치사항	• 119구급대에 연락 • 요양호자 관리 기록부에서 페니실린 알레르기가 있음을 확인
(이하 생략)					

─〈보기〉─
ㄱ. 히스타민에 의해 두드러기가 발생한다.
ㄴ. 유발 물질(항원)에 처음으로 노출될 때 인체가 나타내는 정상적인 면역반응이다.
ㄷ. 기도가 폐쇄될 수 있으므로 천명음과 쉰 목소리를 사정한다.
ㄹ. 에피네프린(epinephrine) 투여는 항히스타민제가 투여된 후에 고려되어야 한다.

 기도폐색

1 기도폐색

정의	상기도 폐색증 : 코, 부비동, 후두, 인두의 폐색		
필요성	상기도 폐색은 뇌의 저산소증과 의식상실, 심폐정지를 일으키므로 → 빠른 시간 내에 기도를 막고 있는 이물질을 제거해 주어 기도확보로 생명을 유지해야 함		
원인	무의식	혀가 뒤로 넘어가 폐색을 유발하는 경우 (예 상기도 폐색의 가장 흔한 원인으로 도수적 기도유지 방법을 사용)		
	이물질	단단한 음식, 고기 덩어리를 잘 씹지 않고 삼키는 경우, 땅콩, 구슬, 동전 등을 삼킴		
	기도 손상	화상 또는 알레르기 반응에 의한 후두부종 → 원인이 무엇이든지 간에 기도폐색은 매우 위험한 응급상황이므로 가장 우선적으로 기도확인을 해야 함		
증상	**기도이물의 일반적인 증후**			
	① 목격된 사고 ② 기침/캑캑거림 ③ 갑작스러운 증상발현 ④ 이물을 가지고 놀거나 입에 넣었던 최근의 병력			
	완전 폐색 05,10 임용 / 97,00,02 국시 🔊 호촉청말기		**불완전 폐색**	

	① 무호흡 : 호흡정지
	② Chocking sign(손으로 목을 움켜쥐는 행위)
			① 호흡곤란 09 임용
			  호흡보조근육을 사용하는 힘든 호흡
			  콧구멍을 벌름거림
			② 흡기와 호기 시 협착음	

	③ 청색증 : 얼굴과 입 ("얼굴이 새파랗게 질려있었다.")		③ 말기증상으로 귓바퀴와 손끝(조상)에 청색증	
	④ 언어 불능 : 전혀 목소리를 내지 못함(말 못함)		④ 침을 흘림, 말을 할 수 있음	
	⑤ 기침 불능(기침을 하려 했지만 기침이 나오지 않고 소리가 나지 않음)		⑤ 심한 기침(거친 기침), 쉰 목소리	
	⑥ 안구돌출			
	⑦ 보행 못함 ⑧ 의식 감소, 의식소실		⑥ 근심스런 표정, 불안 증가, 불안정, 혼돈	
적용		상태	대상자	방법
	의식이 있는 경우	완전 폐색	일반인	즉시 등 두드리기 5회 + 하임리히법
			임산부, 심한 복부비만	즉시 등 두드리기 5회 + 흉부압박법
			1세 미만 or 10kg 미만	등 두드리기 & 가슴압박법
		불완전 폐색	기침유도 → 배출 안 될 때는 즉시 119 Call	
	무의식 환자 기도폐색		즉시 심폐소생술 실시, 인공호흡 시 입안 확인	

▶ 하임리히법 – 복부압박법
- 기전 : 횡격막을 급격히 상승시킴으로써 기도 내 압력을 증가시켜 기도를 막고 있는 이물질 제거
  cf) 복부압박 금기 대상자에게 복부밀기는 장기손상을 유발하므로 흉부압박법을 적용

응급처치			
	완전 폐색		**불완전 폐색**

기도 폐색 확인과 등 두드리기	① "말을 할 수 있습니까?" 혹은 "기도가 막혔습니까?"라고 질문을 한다.
	  - 고개를 끄덕이는 등 반응을 보이는 경우 (의식 ○)
	  - 반응이 없는 경우(의식 ×) → 대상자를 바닥에 눕히고 119에 연락
	② 이물에 의한 기도폐쇄의 첫 치료조작으로서 즉시 등 두드리기를 5회 실시한 후 기도폐쇄가 계속되면 복부 밀어내기를 권고(∵복부밀어내기가 등 두드리기보다 이물제거에 효과적이라는 증거가 부족하며, 반복적인 복부밀어내기는 내장손상을 일으킬 위험이 있으므로) (2020년 한국심폐소생술 가이드라인)
		기도 폐색 확인	① "말을 할 수 있습니까?" 혹은 "기도가 막혔습니까?"라고 질문을 한다.
			  - 고개를 끄덕이는 등 반응을 보이는 경우 (의식 ○)
			  - 반응이 없는 경우(의식 ×) → 대상자를 바닥에 눕히고 119에 연락

	▶ **하임리히법 시행** 05 임용		▶ **기침유도**
자세	③ 등 뒤에서 → 양팔을 대상자 겨드랑이 밑에 넣고, → 한쪽 다리를 대상자의 다리 사이로 넣어 대상자를 지지함	자세	② sitting position, 기댄 자세, 옷 느슨하게 풀기

손위치	④ 주먹 쥔 오른손(오른손잡이의 경우) : 배꼽과 검상돌기 중간부분 위에 놓기
	왼손 : 오른손 위에 감싸기
	의식이 있는 경우 구조자의 손 모양
		기침	③ 계속 기침을 하도록 격려 09 임용
			  - 효과적이고 강하게 기침 격려
			  - 기관지 분비물 뱉도록 하기
			▶ 배출되지 않을 때에는 즉시 119 연락

복부 압박	⑤ 대상자 복부를 등쪽 위(후상방)로 강하고 빠르게 1초에 1회씩 밀쳐 올리기(5회)
	※ 복부압박 시 주의사항
	1) 구조자의 손이 대상자의 흉골, 검상돌기, 하부 늑골 가장자리를 건드리면 ×
	2) 흉곽을 짓누르면 ×
	3) 밀어 올리는 손에만 힘을 줌
		의학적 처치	▶ 기침효과 없을 때 시행
			  - 상복부 압박 시행
			  - 후두경, 기관지경으로 제거
			  - 이물로 인한 국소 염증 시 화학적 폐쇄의 예방 및 관리

병원 이송	⑥ 이물질이 나올 때까지 ②~⑤를 반복
	▶ 이물질이 제거되지 않을 경우 병원으로 후송
		이물 제거 후	④ 따뜻한 환경에서 쉬도록 격려
			  - voice rest
			  - 이차감염 발생 시 항생제 요법

(1) 기도폐색 대상자가 무의식인 경우 응급처치

	즉시 심폐소생술 실시 : 흉부압박법
폐색 확인	① "괜찮습니까?" 혹은 "기도가 막혔습니까?"라고 질문하지만 → 반응이 없는 경우 대상자를 바닥에 눕히고 응급시스템(119)에 연락을 함
심폐소생술 실시	② 30 : 2로 5회 반복한 후 재평가 시행
이물질 제거	③ 심폐소생술 1주기(30 : 2를 5번 실시)마다 입을 열고 입안의 이물질 확인 ④ 기도를 막고 있는 고형물질이 관찰되는 경우 : 손가락으로 이물제거 10 임용(보기) 　㉠ 한 손의 엄지손가락을 대상자의 입에 넣어 혀와 턱을 쥔 후 입을 열고, 　㉡ 다른 손의 둘째, 셋째손가락을 함께 입 가장자리를 통해 구강 내 깊숙이 넣은 후 　㉢ 입 속을 손가락으로 쓸어내면서 이물질을 제거한다. ⇨ 갈고리법(이물제거 과정에서 이물질이 기도 깊은 곳으로 이동하지 않도록 주의)
심폐소생술 지속	⑤ 구강 내 이물질이 제거된 후에도 대상자의 호흡이 정상으로 회복될 때까지 심폐소생술을 지속적으로 실시

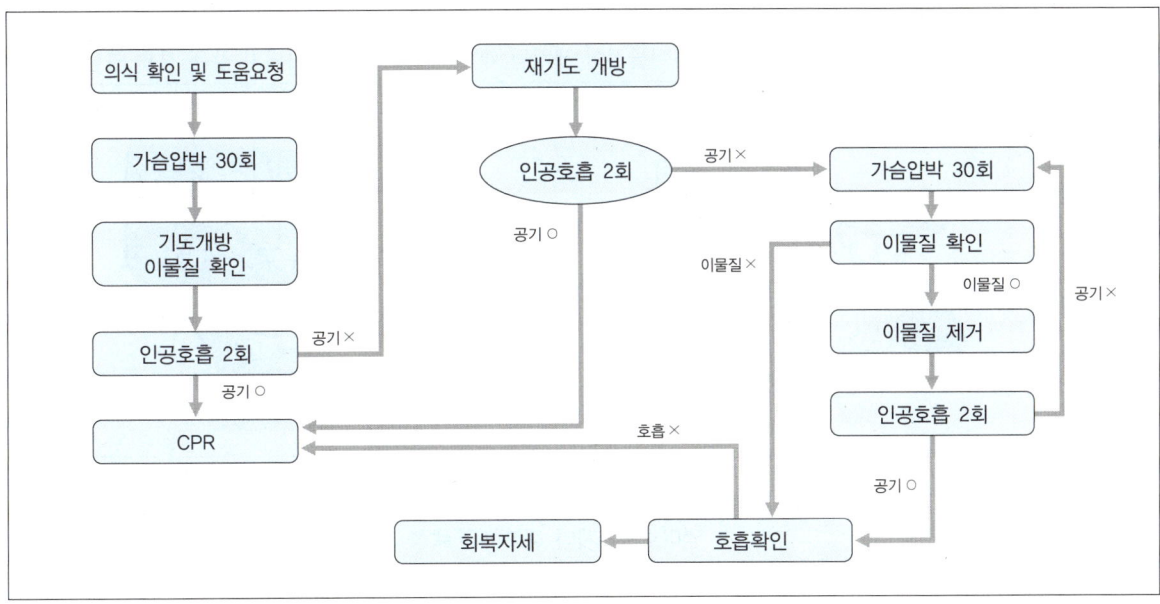

[의식 없는 기도폐색 환자 응급처치법]

(2) **복부압박 금기 대상자** : 영아 : 1세 미만, 혹은 2세라도 체중이 10kg 미만인 환자 [11 임용/17,19,22 국시]

	등 두드리기 & 가슴압박법 [10 임용(보기)/22 국시]
확인 및 신고	① 대상자의 반응 확인 및 119 신고
자세	② 환아의 얼굴이 위로 향하도록 처치자의 팔 위에 올려놓고 손으로는 머리와 경부가 고정되도록 잡기 → 다른 팔을 이용하여 환아의 얼굴이 아래로 향하고, 머리는 몸통보다 낮춘 상태로 뒤집어서 턱을 잡은 손이 환아를 떠받치도록 함 → 처치자는 환아를 고정시킨 자신의 팔을 넓적다리 위에 두기
등 두드리기	③ 다른 쪽 손바닥의 두툼한 부분(손꿈치)으로 환아의 견갑골 사이의 등을 5회 정도 연속해서 두드리기
가슴압박	④ 등 두드리기를 한 다음 다시 환아의 머리를 몸통보다 낮춘 자세에서 얼굴이 위를 향하도록 앞으로 돌려, 양쪽 젖꼭지를 이은 가상선과 흉골이 만나는 지점 바로 아래 위치를 두 손가락(검지와 중지)으로 빠르게 후방으로 5회 반복하여 압박 [영아는 복부 외상(특히, 간 손상) 위험성 때문에 복부 밀쳐 올리기가 아닌 가슴압박 시행]
이물질 제거	⑤ 입안의 이물질이 확인되면 제거하기(이물질이 없으면 등 두드리기부터 반복)
반복	⑥ 등 두드리기와 가슴압박은 이물질이 제거될 때까지 반복하고 제거되지 않은 경우 병원으로 후송

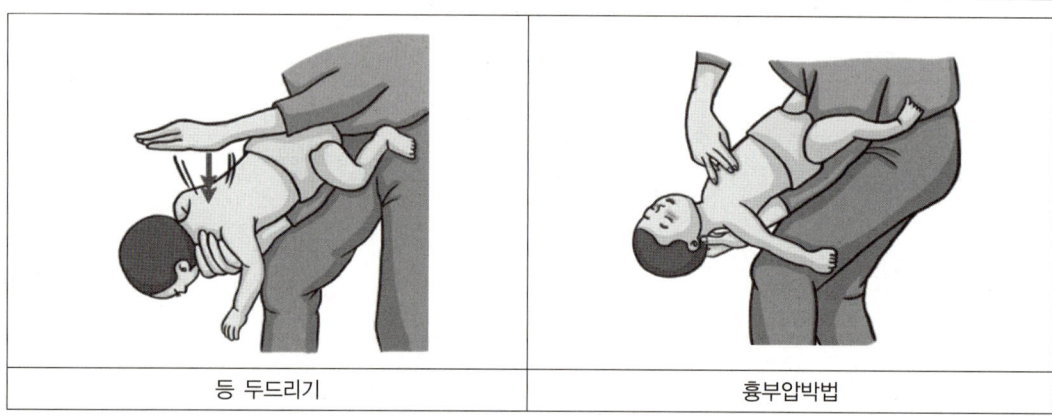

| 등 두드리기 | 흉부압박법 |

영아호흡기계의 해부학적 특성	
호흡양상	좁은 기도와 증가된 기도저항으로 횡격막 호흡(복부 호흡)과 비강 호흡을 함
잦은 부종	성문 아래 섬모원주 상피세포가 산만하게 유류조직을 덮고 있어 부종발생이 흔함
취약성	가스교환을 위한 폐포 표면적이 적고 좁은 말단기관지와 반복감염으로 높은 폐색 & 무기폐 가능성이 높음

영아기도 폐쇄 예방법
① 영아의 손이 닿는 곳에 단추, 동전, 구슬 등과 같은 작은 물체를 두지 않음
② 음식물을 먹을 때는 의자에 앉아서 먹도록 함
③ 음식물을 너무 빨리 먹지 않도록 함
④ 견과류, 포도, 팝콘같이 삼키기 쉬운 음식물을 영아에게 주지 않음
⑤ 분해되기 쉬운 장난감을 주지 않음
⑥ 영아가 씹기 쉽도록 음식물을 조그맣게 잘라 줌

(3) 임산부 또는 비만 : 복부가 나와 있어 하임리히법이 불가능한 경우 10 임용

	흉부압박법
확인	① 기도폐색 확인
자세	② 대상자 등 뒤에서 양팔을 겨드랑이 밑으로 넣어 흉부 감싸기 대상자가 의식이 없거나, 뒤에서 흉부 감싸기가 안 되는 경우에는 대상자를 바닥에 눕히고 가슴압박을 적용함 복부압박 시 손위치 / 흉부압박 시 손위치 / 의식이 없는 경우 구조자의 손 모양
손 위치	③ 주먹 쥔 오른손의 엄지와 시지를 흉부(유두선의 중앙)에 두고 그 위에 왼손을 감싸기
흉부압박	④ 강하게 흉골 중간을 후방으로 압박(이물질을 배출할 때까지 반복), 눕혀서 압박할 때도 동일한 부위를 압박함
이물질 배출	⑤ 이물질 배출 후 구강 대 구강호흡 또는 구강 대 비강호흡을 실시

※ 주의사항
 ① 8세 미만의 소아는 체구에 따라서 적절한 처치의 변형이 필요함
 ② 복부 밀쳐 올리기는 복부 장기손상을 유발하기에 회복된 후 병원으로 후송하여 검사받게 함
 ③ 영아는 복부외상의 위험성 때문에 복부 밀쳐 올리기 시행하지 않음 → 가슴압박만 시행
 ④ 영아는 구조호흡 직전 구강을 살펴 이물을 확인 후 제거 : 손가락으로 구강 내 이물을 찾지 않도록 함
 ⑤ 이물이 제거되지 않고 점차 의식이 소실되면 구조요청을 한 후 환자를 바닥에 눕히고 심폐소생술 시행

(4) 혼자서 하는 복부압박법(하임리히법)

방법 1	① 주먹을 쥐고 엄지를 배꼽 위 흉곽 아래 상복부에 대기 ② 다른 손으로 주먹을 감싼 후 상복부를 빠르게 위로 밀어올리기 ③ 이물질이 나올 때까지 반복
방법 2	① 고정된 물건(책상, 의자, 난간 등)에 배꼽 위 흉곽 아래 상복부를 대고 빠르게 위로 밀어올리기 → 끝이 뾰족한 곳이나 모서리에 명치 부위를 부딪힌 경우에는 복부 장기손상을 유발할 수 있으므로 주의하여야 함 ② 이물질이 나온 후 즉시 병원에 가기

② 식도 이물

정의		어떤 물질을 의도적 혹은 비의도적으로 삼켜서 그것이 식도 내에 정체된 상태
원인	소아	입안에 무엇인가를 물고 있다가 불의의 충격을 받아 잘못 삼키는 경우로 작은 장난감, 단추, 구슬 등을 많이 삼킴
	성인	식사 중 음식에 들어있는 뼛조각 등을 잘못 삼키면서 식도에 걸리는 경우가 흔함
응급처치		① 기도유지, 안심 ② 뼈 없는 고기조각은 육류 연화제를 삼키게 함 → 이물이 오래 정체 또는 식도 천공 예상 시 금기 ③ 식도 조임근을 이완하는 글루카곤 투여, 목과 흉부 X-ray 촬영 ④ 이물이 잘 보이지 않을 때 바륨을 삼키게 하여 촬영 ⑤ 식도경 검사에서 천공을 발견하면 수술함

③ 귓속 이물 제거

응급처치	① 바늘, 철사 등과 같은 예리한 끝으로 파내다가 상처가 생기면 세균감염이 되므로 예리한 기구를 사용하지 말 것 ② 곡물이 들어갔을 경우 습기로 인해 부풀어 오르면 제거가 어려워지므로 되도록 빨리 제거해야 함 ③ 무리하게 제거하려고 하지 말고, 이비인후과를 방문하여 진료받기
물이 들어갔을 때	① 물이 들어간 귀가 바닥을 향하도록 하고 한쪽 발을 들고 뛰기 ② 따뜻한 돌에 귀를 대고 있거나, 면봉으로 수분을 흡수하도록 함
벌레가 들어갔을 때	① 벌레가 들어간 귀를 위로 향하게 하고 머리를 받쳐주기 ② 살아 있는 벌레는 빛을 비추어 따라 나오도록 함 ③ 빛으로 나오지 않을 경우 기름 등을 찍어 넣어 벌레를 죽임

④ 부종에 의한 기도폐쇄

정의	상기도 조직 자체의 부종으로 인하여 상기도 폐쇄가 나타남
원인	① 크룹(croup) 시 성대 바로 아래의 점막에 부종이 나타남 ② 후두개염에 걸린 아동은 후두개 부종으로 심하면 완전히 기도폐쇄까지 초래됨 ③ 화상이나 알레르기에 의해서도 후두부종이 나타남 ④ 과민반응을 일으키는 물질에 노출되었을 때 나타나는 반응을 의미함
증상	① 천명호흡 ② 기침 ③ 연하 시 통증 ④ 쉰 목소리 ⑤ 호흡이 힘들어질수록 흡기 시 늑간근 및 목 근육의 견축현상이 두드러짐

처치	부종경감 및 산소공급 증진을 목표로 처치에 임하며 특히 알레르기로 인한 급성 후두부종 시에는 다음과 같은 처치를 실시함
	① 기도유지
	② 산소공급
	③ 에피네프린 투여
	   ㉠ 에피네프린(1:1,000) 0.3~0.5cc를 피하주사 또는 근육주사함. 필요시 10~20분 간격으로 반복 투여 가능
	   ㉡ 에피네프린(1:1,000) 흡입제는 2~3회 반복 흡입하도록 함

2 쇼크

정의	(1) 전신순환이 부적당하여 세포확산의 부적절, 세포의 저산소증, 세포의 신진대사 장애가 초래되는 상태 → 세포에 노폐물이 축적되는 비정상적인 생리적 상태 (2) 전신의 혈액순환에 급성 장애를 일으킨 상태이므로 쇼크 발생 1시간 이내에 교정되어야 함	
병태생리 00,01,02,04,05, 07,14,16 국시	순환혈액 감소	모세혈관 내 순환혈액 감소 → 세포손상 및 파괴
	신경호르몬계 반응	스트레스 사건 → 신경 및 내분비계 반응 자극 → 교감신경계 활성화, 부신피질호르몬 분비 및 항이뇨 호르몬 분비촉진
	대사성 반응	쇼크 → 카테콜라민, 당질 코르티코이드 분비 증가 → 탄수화물과 지방의 비정상 대사 → 초기혈당 상승, 후기 혈당감소, 유리지방산의 분비가 자극되어 혈중 중성지방 증가

**쇼크의
단계**
00,05 국시
	(1) 초기단계	MAP(평균 동맥압)가 5~10mmHg 이내로 감소되었을 때 발생
		① 심맥관계 보상으로 중재 없이 항상성을 유지
		② 보상방법
		  ㉠ 대동맥궁과 경동맥동에 위치하고 있는 압력수용기가 자극
		    → 생명유지에 필수적인 기관(뇌, 심장)에 우선적으로 혈류공급, 피부 등의 저산소증을 오래 견딜 수 있는 기관에는 혈류공급 저하
		  ㉡ 교감신경계 흥분 : 혈관수축(기저선보다 약간 높은 이완기 혈압), 심박동 증가(맥박수 증가), 약간 높은 호흡수

	(2) 비진행성
	보상단계
		MAP(평균 동맥압)가 10~15mmHg 이내로 감소되었을 때 발생
		① 심맥관계 외에 신장과 내분비, 생화학적 보상기전 등의 신체의 생리적 기전이 작동
		② 보상방법 : 신장과 압력수용기 함께 작용 → 신장 레닌 & 알도스테론 분비(수분재흡수 + 혈관수축), 뇌하수체 후엽 ADH 분비 : 소변배설량↓, 갈증반사의 자극 07 국시
		③ 교감신경계의 지속적인 자극 : 중정도의 혈관수축/심박동수의 증가/맥압 감소
		④ 소동맥 확장 : 중추신경계, 뇌, 심장, 골격근, 신체 중요기관의 혈류량 증가
		  소동맥 수축 : 신장, 피부, 말초조직, 위장관의 혈류량 감소
		  모세혈관으로 체액이동 : 심박출량 감소 → 모세혈관으로 혈액순환 저하
		  → 혈액의 정수압 저하, 조직으로부터 모세혈관으로 체액이 이동하여 전신순환량 증가
		  → 주요장기가 아닌 기관이나 신장에 조직 저산소증이 나타남(비가역적 손상×) :
		    경미한 산증과 경미한 고칼륨혈증
		⑤ 쇼크 발생 1~2시간 내에 원인교정하면 영구적인 손상은 발생하지 않음
		
		◆ 평균 동맥압
		  - 전신기관의 관류압
		  - 공식 = (SBP + 2DBP) / 3

	(3) 진행단계	MAP(평균동맥압)가 20mmHg 이내로 감소되었을 때 발생 → 보상기전 실패
		① 전반적인 혐기성 대사 : 중정도의 산증·고칼륨혈증, 조직허혈
		  → 주요기관의 저산소증, 비주요기관의 무산소증, 부적절한 산소공급과 독성 대사물 축적으로 세포의 광범위한 손상과 괴사 초래
		② 세동맥과 전모세혈관 괄약근 이완 : 혈액이 모세혈관 내 정체
		  → 정수압 증가, 히스타민 분비
		  → 주변 조직 내로 체액과 단백질 유출, 체액상실 지속
		③ 진행단계 시작된 지 1시간 이내에 원인을 교정하여야 생명유지

쇼크의 단계 00,05 국시	(3) 진행단계	세동맥　평활근 전모세혈관 괄약근　메타세동맥 모세혈관 세정맥 [모세혈관상]
	(4) 비가역적 단계	광범위한 세포나 조직의 괴사 → 신체가 치료에 반응×, 쇼크증상 지속
	(5) 다기관 기능부전 증후군 (= 다발성 장기 기능부전)	다량의 독성 대사산물과 효소를 분비하여 세포손상이 계속 진행되는 것 ① 손상이 시작되면 더 많은 세포 파괴 → 많은 독성 물질 배출 ② 독성물질 → 미세한 혈전 형성(microthrombus) → 조직 산소공급 차단 → 조직손상 더 악화 → 악순환 : 간, 심장, 뇌, 신장에 多 발생

원인/분류체계

심장성 쇼크(cardiogenic shock)	저혈량성 쇼크(hypovolemic shock)	분배성 쇼크(distributive shock)
심장이 손상되어 펌프로서의 역할을 제대로 할 수 없는 경우	혈액이 소실되어 심혈관계의 혈액량이 충분하지 못한 경우	혈액량은 충분하지만 혈관이 갑자기 확장되어 환류가 충분히 안 되는 경우

1. **저혈량성 쇼크** 19 임용(지문)
   ▶ 혈액이나 체액의 손실로 인해 동맥압이 감소되고 인체 대사과정에 필요한 요구량에 비해 혈액량이 부족하여 발생
   ▶ 심인성 쇼크로 진전될 수 있음
   ** 수분의 비율은 성인보다 영아와 아동이 높고 주로 세포외액에 존재하므로 → 영아나 아동에서 저혈량 쇼크가 더 나타나기 쉬움

종류 01,02 국시 ⓐ 탈출화	① 출혈성 쇼크	전혈을 손실해 전신순환 혈액량이 부족한 경우	
		전구증상	혈액량의 15~25% 손실
		쇼크	혈액량의 1/3 이상 손실
		치명적임	혈액량의 45% 이상 손실
	② 화상성 쇼크	체표면 상실부위를 통해 수분 상실 시 혈장과 전해질의 손실에 따른 혈류량 저하	
	③ 탈수성 쇼크	• 구강섭취 저하 • 상당히 많은 양의 체액이 유실되는 경우 : 과격한 운동으로 인한 심한 발한, 수분 유실, 다량의 소변배출, 당뇨성 쇼크, 심한 구토나 설사	

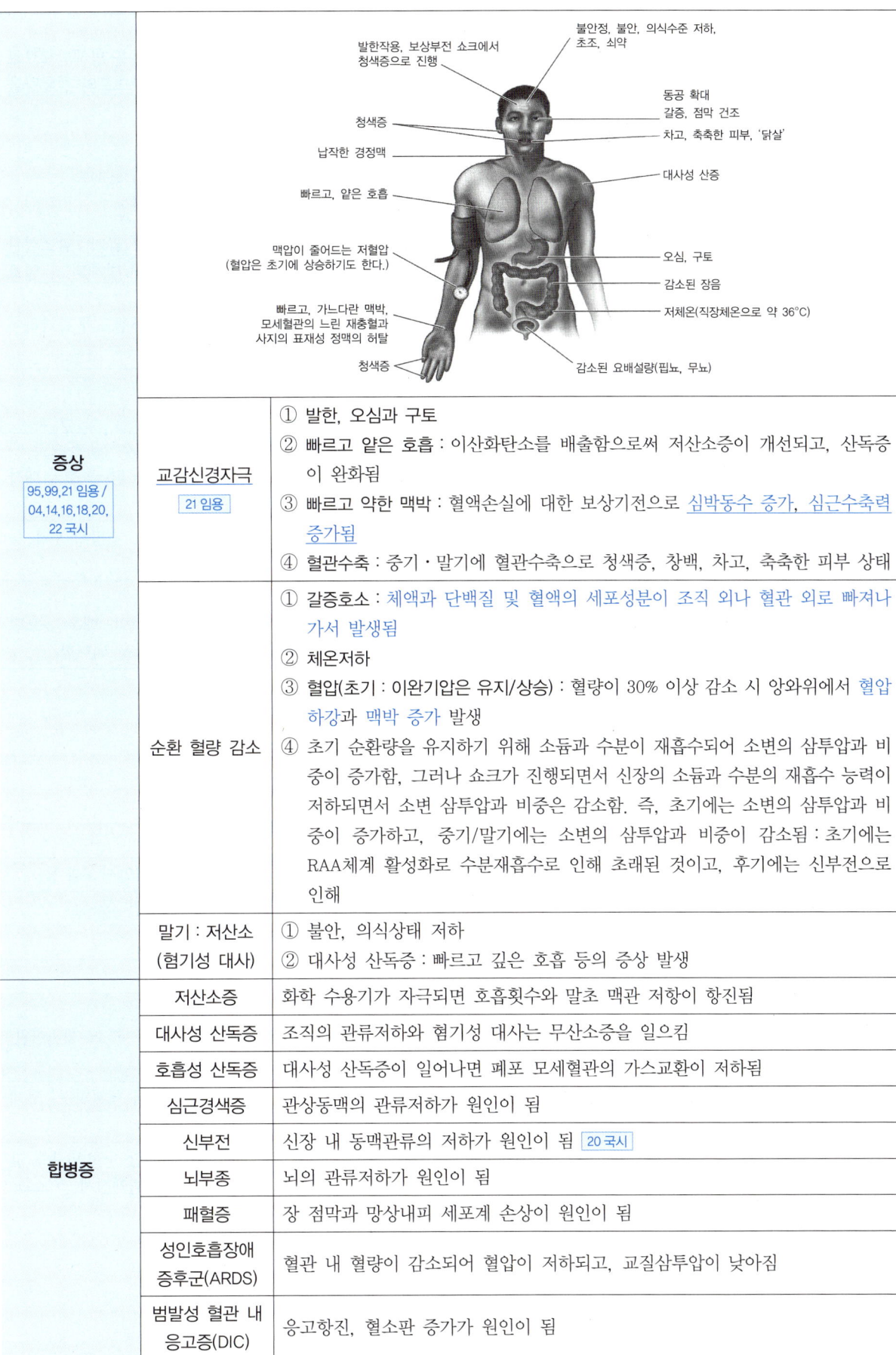

증상	교감신경자극	① 발한, 오심과 구토 ② 빠르고 얕은 호흡 : 이산화탄소를 배출함으로써 저산소증이 개선되고, 산독증이 완화됨 ③ 빠르고 약한 맥박 : 혈액손실에 대한 보상기전으로 심박동수 증가, 심근수축력 증가됨 ④ 혈관수축 : 중기·말기에 혈관수축으로 청색증, 창백, 차고, 축축한 피부 상태
95,99,21 임용 / 04,14,16,18,20, 22 국시	21 임용	
	순환 혈량 감소	① 갈증호소 : 체액과 단백질 및 혈액의 세포성분이 조직 외나 혈관 외로 빠져나가서 발생됨 ② 체온저하 ③ 혈압(초기 : 이완기압은 유지/상승) : 혈량이 30% 이상 감소 시 앙와위에서 혈압하강과 맥박 증가 발생 ④ 초기 순환량을 유지하기 위해 소듐과 수분이 재흡수되어 소변의 삼투압과 비중이 증가함. 그러나 쇼크가 진행되면서 신장의 소듐과 수분의 재흡수 능력이 저하되면서 소변 삼투압과 비중은 감소함. 즉, 초기에는 소변의 삼투압과 비중이 증가하고, 중기/말기에는 소변의 삼투압과 비중이 감소됨 : 초기에는 RAA체계 활성화로 수분재흡수로 인해 초래된 것이고, 후기에는 신부전으로 인해
	말기 : 저산소 (혐기성 대사)	① 불안, 의식상태 저하 ② 대사성 산독증 : 빠르고 깊은 호흡 등의 증상 발생
합병증	저산소증	화학 수용기가 자극되면 호흡횟수와 말초 맥관 저항이 항진됨
	대사성 산독증	조직의 관류저하와 혐기성 대사는 무산소증을 일으킴
	호흡성 산독증	대사성 산독증이 일어나면 폐포 모세혈관의 가스교환이 저하됨
	심근경색증	관상동맥의 관류저하가 원인이 됨
	신부전	신장 내 동맥관류의 저하가 원인이 됨 20 국시
	뇌부종	뇌의 관류저하가 원인이 됨
	패혈증	장 점막과 망상내피 세포계 손상이 원인이 됨
	성인호흡장애 증후군(ARDS)	혈관 내 혈량이 감소되어 혈압이 저하되고, 교질삼투압이 낮아짐
	범발성 혈관 내 응고증(DIC)	응고항진, 혈소판 증가가 원인이 됨

응급처치 09 임용 / 11,14,20 국시	① 기도개방 유지, 산소 투여(6~10L/분, nasal prong, mask, intubation) ② 체위 : 변형된 트렌델렌버그(기본 쇼크자세) 또는 쇄석위(횡격막 압박으로 호흡을 방해받으므로 Trendelenburg 자세 금기) → 하지로부터 정맥혈류의 심장귀환을 돕고 심장으로의 혈류량을 증가시켜 심박출량을 증가시킬 수 있음 21 임용 ③ 지혈 : 출혈 부위 압박 가함 ④ 활력징후 점검 : 15분 간격 ⑤ 소변량 확인 ⑥ 안전 : 손상 방지, 침상난간 올리기 ⑦ 보온 : 오한 방지 위해 가벼운 담요로 덮음(뜨거운 물주머니 등 국소적 열 제공 금기 : 말초혈관이 이완되고 혈류가 정체되므로 쇼크 초기의 혈관수축을 위한 인체방어기전이 방해되고, 열로 인해서 대사작용이 촉진되므로 산소요구량이 증가되어 심부담이 커짐) ※ 체온이 심하게 상승해도 저체온법 적용 금지(∵ 체온을 갑자기 하강시키면 혈액점도가 증가하여 혈행이 느려지므로 미세순환에 지장을 초래하기 때문)	

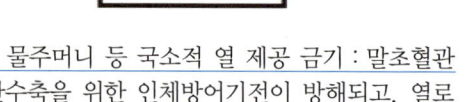

2. 심장성 쇼크

▶ 심장의 수축력이 직간접적으로 방해받을 때 발생됨

종류 16 국시	① 직접적인 펌프부전	심근경색증, 심정지, 심실부정맥, 심근비대(바이러스성, 독성), 판막부전 등으로 → 심장 박출력이 저하되어 → 전신의 혈액요구량을 충분히 공급하지 못함 → 결국 대사산물의 배설이 원활히 되지 않음
	② 간접적인 펌프부전	심장압전, 심낭염, 동맥협착증, 폐색전증, 폐성 고혈압, 흉부 종양, 긴장성 기흉 등으로 심박출력에 문제가 발생된 경우
증상	우심부전	① 경정맥 팽창 ② CVP 증가(CVP 정상치 : 5~15cmH₂O, 매우 낮으면 혈량 부족의미, 매우 높으면 심장의 과잉부담이나 심장압전 또는 카테터의 삽입이 부적절함을 의미함)
	좌심부전	① 폐부종 ② 폐에서 악설음 청진 ③ 폐모세혈관쐐기압(PCWP) 증가
	기타	안절부절못함, 둔한 의식상태, 혈압저하, 빈호흡(30~40회/분)
중재 98,16 국시	100% 산소 지속투여, 기도개방유지	
	심폐소생술	심정지 발생 시 적용
	약물투여	처방에 의한 디지털리스제(강심제), 항부정맥제, 이뇨제(lasix), 혈압상승제 등
	사정	순환혈량 확인을 위해서 소변량과 중심정맥압, 심장모니터 등 확인 09 임용
	자세	앙와위(쇼크 자세 금기 – 순환 과부담이 있는 경우)
	안전	손상위험으로부터 보호

3. 분배성 쇼크

▶ 혈관저항 변화로 혈관으로부터의 체액이 이동하여 혈량 분포가 비정상적인 것 → 교감신경 긴장도 감소, 혈관이완, 정맥과 모세혈관의 혈액정체와 혈액투과성 증가 등으로 평균 동맥압이 감소된 경우에 발생됨

아나필락틱 쇼크 24 임용	정의	과민반응의 결과로 대량의 히스타민, 세로토닌, 브레드키닌이 유리되어 혈관확장, 모세혈관 투과성 증가로 인한 쇼크
	기전	알레르기원 노출 → IgE 생성 → 호염기구와 비만세포의 표면에 IgE 결합 → 비만세포 탈과립 → 히스타민, 류코트리엔, 프로스타글란딘 유리 → 혈관이완 → 혈액정체 → 쇼크 과민반응 ↓ 염증산물(히스타민, 류코트리엔, 프로스타글란딘) 유리 ↓ 혈관이완(혈액정체), 모세혈관 투과성 증가, 기관지 수축 ↓ 순환혈량↓

아나필락틱 쇼크 [24 임용]	진단 기준		아래 3가지 항목 중 한 가지 항목에 해당하는 경우 (1) 갑자기 수분에서 수시간 이내에 피부 및 점막 증상(두드러기, 전신가려움증, 발진, 입술/혀/목젖/피부의 부종)과 아래 열거된 증상 중 한 가지 이상 동반 　① 호흡곤란 　② 저산소증 　③ 저혈압 　④ 심혈관 허탈 　⑤ 장기부전 증상: 저혈압, 실신, 실금 (2) 알레르기 유발 물질에 노출된 후 수분에서 수시간 이내에 아래 열거된 증상이나 징후 2가지 이상 발현 　① 피부나 점막 침범 　② 호흡부전 　③ 저혈압 또는 관련 증상 　④ 소화기 통증 또는 구토 (3) 알고 있는 알레르기 유발물질에 노출된 후 저혈압 발생 시
	증상 [19 국시]	혈관이완	• 심한 혈압저하　　　　　　　　　　• 빈맥, 약맥
		호흡기계	기관지평활근 수축, 점액과다분비, 기도부종으로 초래 • 기관지부종/경련　　　　　　　　• 호흡곤란 • 기침, 천명음, 쉰 목소리 [12 임용]　• 안절부절못함, 불안
		전신증상	• 두드러기(모세혈관의 확장, 투과성 증가로 초래), 소양증 [12 임용] • 열감, 발적　　　　　　　　　　• 입술/혀 부종
	중재 [09,11,12 임용]	응급 처치	(1) 에피네프린 투여	• 응급 시 가장 먼저 투여 [12 임용] • 근육 내 주사가 정맥 투여보다 안전함(정맥투입 시 중증의 고혈압, 심실성 부정맥 등이 발생할 수 있음) 　- 대퇴 중간 바깥부위에 0.3~0.5mg 　- 반응이 없거나 불충분한 경우 5~15분마다 반복 투여 • 근육 내 주사로 완화되지 않으면 정맥주입 고려 　- 50~100mcg을 천천히 정맥주입 • 에피네프린 자가주사기 사용 시에는 대퇴 중간 바깥부위에 수직방향으로 딸깍 소리가 날 때까지 세게 누른 후 10초간 유지, 이후 주사기 떼고 주사부위를 10초간 문지르게 함 • 작용은 기관지 평활근 확장, 심박동수와 심근수축력 증가, 말초혈관 수축으로 점막부종 완화효과로 두드러기 완화 및 점액 생성 감소
			(2) 환자눕히기	• 다리를 올린다. 다만, 깨어있는 환자에서 상기도 부종 의심 시 좌위나 좌위에서 앞으로 몸을 굽힌 자세를 취해준다.
			(3) 산소공급	• 산소 8~10L/min 제공
			(4) 수액공급	• 수분 내에 생리식염수 1~2L/IV
			(5) 알부테롤 흡입	• 근육 내 에피네프린에 듣지 않는 기관지 경련 시 네블라이저를 통해 흡입
			(6) 활력징후 확인	• 5분 간격으로 활력징후를 측정하여 상태 확인
			(7) 기도 내 삽관 준비	• 기관지경련발작에 대비해 기도 내 삽관준비
		추가 가능 약물	에피네프린 먼저 투여한 후에 투여할 것 [12 임용]
			(1) 항히스타민: 기도폐쇄나 저혈압 쇼크 증상의 완화에는 도움이 안 되고, 두드러기와 가려움증 완화에만 효과적임
			(2) 글루코코르티코이드: 심각한 증상이 있거나, 원래 천식이 있거나 심각한 기관지 경련 지속 시 사용할 수 있음

신경성 쇼크	정의	척수손상이나 척수마취 등으로 교감신경기능이 적절하지 못해 혈관이 심하게 이완된 경우
	기전	척수손상이나 척수마취 후 교감신경 기능장애 ↓ 혈압자동조절상실 (수축/이완 기능상실) ↓ 말초혈관들의 이완 ↓ 심장 귀환량↓
	증상 21 국시	혼돈, 실신, 서맥, 피부 따뜻하고 분홍색, 손상부분 이하 발한 능력 없어지고 혈관이완 교감신경 억제: • 서맥 • 저혈압 • 손상부위 이하에서 발한 없음 : 발열 • 피부건조 • 사지 따뜻하고 분홍색 경수나 흉수의 상부를 손상받은 환자에게 발생됨
	중재	① 척수손상 진행 예방 ② 옷은 느슨하게 ③ 혈압상승제, 아트로핀(서맥) ④ 체위 척수손상에 의한 쇼크: 척추 부동유지(쇼크 체위 금기) 09 임용 (척수, 경부, 두부, 흉부, 골반, 고관절 손상) 정신적 충격에 의한 쇼크: 변형된 트렌델렌버그 체위 (하지로부터 정맥혈류의 심장귀환을 도와 심박출량을 증가시킬 수 있음) 09 임용 ⑤ 전신보온 ⑥ 수액공급 ⑦ 안전(손상방지)
패혈성 쇼크 06 국시	정의	세균에서 유리된 내독소가 혈관 내에서 전신성 염증반응을 초래하여 전신의 혈관을 확장시키고 혈압을 저하시키는 경우
	기전	세균유입 및 감염/증식 → 세포막 내 독소 증식 → 세포막 손상 → 세포막 외부 및 혈관 내 독소 유입 → 혈관 확장 → 혈액순환 정체 → 저혈압 지속 → 쇼크, 세포괴사 증가 세균의 내독소에 의한 전신성 염증반응 ↓ 세포막 손상 ↓ 전신의 혈관확장 ↓ 혈액순환 정체 ↓ 저혈압 지속 ↓ 쇼크, 세포괴사 증가

패혈성 쇼크 06 국시	증상	안절부절못함, 저혈압(체위성), 빈맥 및 빈호흡, 초기에 피부가 따뜻하고 건조/홍조(warm shock) → 후기에는 피부가 창백하고 축축하고 얼룩덜룩함(cold shock) ① 피부 <table><tr><td>초기(혈관이완)</td><td>따뜻/건조/홍조</td></tr><tr><td>진행</td><td>차가움, 창백/축축/얼룩덜룩</td></tr></table> ② 혈관이완 : 저혈압, 빈맥 ③ 체온하강 ④ 악설음, 천명음 ⑤ 폐울혈 ⑥ 기면
	중재	① 기도개방유지 ② 산소투여 ③ 감염 규명 & 원인 교정/제거 ④ 산-염기 균형유지 ⑤ 체온조절 - 저체온법 금기 : 혈액점도 증가, 미세순환 방해하기 때문에 ⑥ 스테로이드 ⑦ 혈액배양검사, 소변량 확인
일반적 증상 01,04,08,14,16,18 국시		쇼크의 원인에 따라 증상/징후가 차이를 보이나, 일반적인 증상은 다음과 같다.
	신경계	초기에는 불안, 공포/후기에는 중추신경계 기능 감소(뇌 순환량 부족) → 뇌세포의 산소결핍 → 뇌기능 손상/괴사 → 현기증, 자아통제력 감소, 무덤덤함, 졸립고 멍함, 실신, 무의식 → 혼수, 대광반사 느림
	심혈관계	심박출량 감소 → 혈압하강, 체위성 저혈압, 빈맥, 맥압 감소, 결손 맥박(pulse deficit = 심첨맥박수와 요골맥박수가 일치하지 않음), 말초맥박 감소, 중심정맥압 감소, 의존적 자세에서 목과 손 정맥 편평, 모세혈관 충만 시간 지연 ** 중심정맥압(정상범위 5~15cmH$_2$O)dL 매우 낮으면 혈량 부족을 의미하고, 매우 높으면 1) 체액의 과잉부담, 2) 심장압전, 3) 카테터의 부적절한 삽입 등을 의미함
	호흡계	① 호흡수 증가, 얕은 호흡 ② 청색증(특히, 입술과 손톱)
	근육계	말기 : 전반적인 근육쇠약
	비뇨기계	① 소변량 감소(핍뇨) ② 요비중 증가 ③ 소변에서 포도당과 아세톤 검출(혐기성 대사-대사성 산증)
	피부계	① 발한(출혈성 : 알도스테론 분비 증가로 Na 보유능력 항진 → 땀샘을 통해 다량의 수분과 Na 배출), 끈적함 ② 창백(초기에는 불그스름한 색 가능) ③ 구강건조(스트레스 호르몬 증가, 순환부재) ④ 체온하강(뇌의 체온조절 중추기능 저하 때문)
	위장관계	① 오심과 구토 ② 갈증 증가 ③ 장음의 감소 또는 소실, 변비(교감신경항진 - 위 운동 저하, 방광수축 저하)

쇼크 징후 5P 🎧 쇼 냉맥창폐탈	Perspiration	냉한 : 말초순환 장애로 초래됨	
	Pulselessness	맥박촉지 안 됨 : 중증 쇼크 시 맥박이 미약하거나 촉지 안 됨	
	Pallor	창백 : 말초순환 장애로 초래됨	
	Pulmonary Insufficiency	폐기능 부전증 : 중증 쇼크 시 호흡장해를 유발함	
	Prostration	허탈 : 뇌순환 저하로 초래됨	
	cf) 구획증후군의 5P : Pain(통증), Pallor(창백증), Paresthesia(감각이상), Paralysis(마비), Pulselessness(맥박소실) 🎧 통창감마맥			

쇼크의 종류에 따른 혈액역동 종류	쇼크의 종류		심박출량(CO)	중심정맥압(CVP)	폐동맥압(PAP)	폐모세혈관쐐기압(PCWP)
	저혈량성		↓	↓	↓	↓
	심인성		↓	↑	↑	↑
	신경성		↓	↓	↓	↓
	분배성	과민성	↓	↓	↓	↓
		패혈성 초기	↑	− (변화 없음)	− 또는 ↑	− 또는 ↑
		패혈성 후기	↓	↓	↓	↓

응급처치 95,99,09 임용 / 20 국시	일반적 관리		
	사정	① 응급상황 여부 사정 1차/2차 사정 ② CPR 상황이면 CPR 시행	
	기도와 호흡유지	① 혀가 기도 폐쇄를 일으키지 않도록 기도 확보 ② 분비물이나 토물로 기도가 막히는 것을 방지하기 위해 고개를 한쪽으로 돌려서 기도 확보 ③ 산소공급 : 저산소증의 교정 및 예방목적, 지속적 투여 ④ 옷은 느슨하게 풀 것	
	원인교정	① 지혈 : 출혈부위를 직접 압박하거나 상승 ② 골절이나 척수손상 시 환부고정시키고 통증 감소	
	순환량 증진	① 자세 : 변형된 트렌델렌버그 04 국시	
		효과	혈류의 심장 귀환량↑, 뇌출혈 방지, 복부장기의 횡격막 압박방지 → 심장귀환 혈액량↑ → 심박출량 증가
		금기	경부/두부/흉부/척추/골반/고관절 골절 + 뇌졸중/심질환/호흡장애 환자
		제외	눈에 이물질이 박힌 경우 눕히지 말 것, 임산부는 옆으로 눕힐 것
		② 수액공급 : 쇼크 초기에 순환혈액량 유지를 위해 많은 수액 공급 21 임용 , 혈량 보충 ③ 항쇼크 바지 : 하지의 정맥귀환 증진, 부위압박(출혈↓), 대퇴·골반골절 고정	
	지지요법	① 보온 : 오한방지, 체온유지(혈관확장), 담요로 덮기 ② 국소적 열요법 금지 95,09임용 : 혈류정체, 세포대사 증가에 의한 산소/영양요구량 증가 ③ 환자 안정시킴, 계속적인 사정하며 병원 후송 : CVP, 소변량, V/S, 의식변화 사정 ④ 금식 : 위장관계 혈액공급 저하 − 거즈를 적셔서 입술 축여줌	
	약물투여	혈관수축제, Sodium bicarbonate(산증교정), 스테로이드, 강심제, 항부정맥제	
		스테로이드	• 척수부종 감소 • 항염증반응 • 에너지 효율 증가 • 과민성 쇼크의 후기 재발 방지
		에피네프린	• 과민성 쇼크 응급치료 : 고용량일 때 혈관을 수축시키고, 저용량 시 혈관과 기관지 평활근을 이완시킴 11임용 / 04 국시 • 심박동수 증가, 심근수축력 증가 • 피부혈관과 내장혈관의 수축으로 점막부종 완화 효과, 두드러기 완화, 점액 생성 감소
		칼슘	• 정상적 신경기능과 심혈관계 기능 • 혈액 응고 위해 필요

04 내과적 응급처치

영역		기출영역 분석	페이지
실신 및 현기증	실신	실신 시 응급처치 2007	240
		뇌빈혈 시 응급처치 1996	
	현기증		242
저온 및 고온	한랭손상	동상 응급처치 1994	243
		저체온증 기준이 되는 체온(℃) 2024	
	열손상	열성경련 원인 1993, 2012	245
		열성피로 처치 1994, 2004, 2012	
		열사병 처치 1994, 2011, 2012	
		일사병에서 의식장애가 발생하는 기전 2024	
중독 등의 응급간호	중독 시 응급처치	부식성 소독제를 마셨을 경우 응급처치 2009	248
		살리실산염 중독 증상 1992, 아스피린 중독의 특징 1993	
		흡인성 중독, 피부접촉 중독, 탄화수소 중독, 아세트아미노펜 중독 등	

✓ 학습전략 Point

1st	열손상의 종류와 응급처치법	구체적인 사례에 제시된 열손상의 종류를 구분하고, 제공해야 할 구체적인 응급처치방법을 학습한다.
2nd	중독물질과 중독 시 응급처치법	구체적인 중독물질의 종류와 중독증상, 중독 시 응급처치방법을 학습한다.

내과적 응급처치

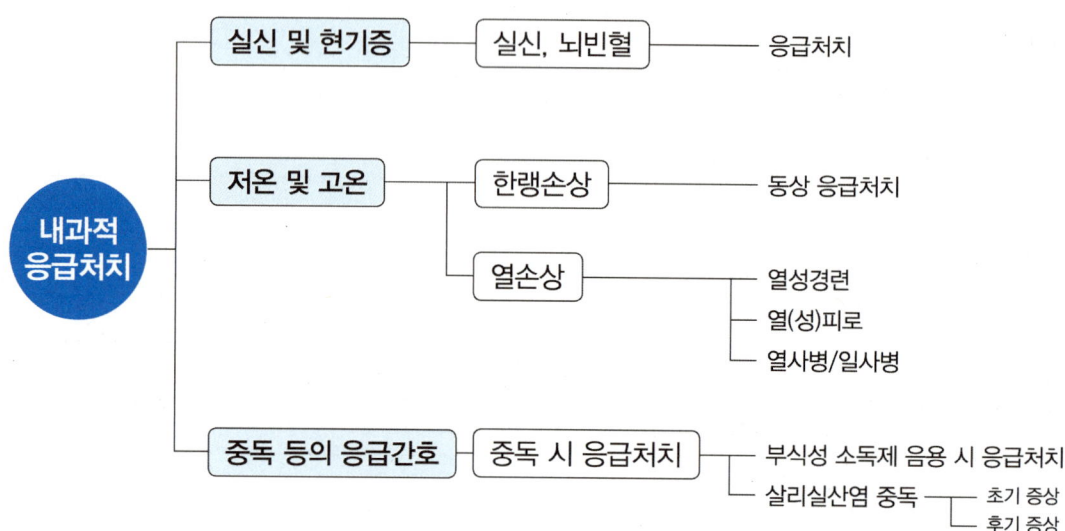

07-15. 한 학생이 어지럼증을 느낀 후 의식을 상실하면서 쓰러졌다고 한다. '실신'으로 판단한 보건교사가 응급처치로 제공해야 할 내용을 5가지만 쓰시오.

96-62. 응급처치 중 맞는 것은?
① 타박상 - pain, 부종 - Hot bag apply
② 뇌빈혈 - Head up, 따뜻하게 한다.
③ 지속적 비출혈 - 고개 숙이고 앞으로 한다.
④ 화상 - Gauze, 손은 상처에 닿지 않게 한다. 물집은 터뜨리지 않는다.

94-51. 열이나 한랭에 의한 손상을 입었을 경우에 적절한 응급처치로서 가장 알맞은 것은?
① 열성 피로 - 고온에 땀을 흘릴 경우에 수의근 경련이 온다.
② 열사병 - 서늘한 곳으로 옮기고 소금물, 주스 등을 마시게 한다.
③ 동상 - 따뜻한 곳으로 옮겨 혈액 순환을 위한 마사지를 해 준다.
④ 화상 - 손상부를 찬물에 담그면 열에 의한 조직의 파괴는 막을 수 있다.

93-59. 다음 중에서 열성경련의 원인은?
① 발한기전의 마비
② 중추신경계 장애
③ 수분, 염분의 손실
④ 근육피로

12-40. 고온 환경에서 심한 육체적 노동을 하던 김 씨와 최 씨가 다음과 같은 증상을 호소하였다. 의심되는 질병 (가)~(다)와 관리 방법 ㄱ~ㄷ을 옳게 짝지은 것은?

건강상담 일지	건강상담 일지
성명: 김○○ 성별: 남 연령: 58세	성명: 최○○ 성별: 남 연령: 58세
상담내용	상담내용
주 증상: 근육 통증 활력 징후: 체온 37.8℃ 맥박 90회/분 호흡 22회/분 혈압 120/80mmHg 피부상태: 차고 축축함	주 증상: 혼돈, 실조(ataxia) 활력 징후: 체온 40℃ 맥박 108회/분 호흡 24회/분 혈압 120/80mmHg 피부상태: 건조하고 뜨거움

(가) 열사병(heat stroke)
(나) 열경련(heat cramp)
(다) 열피로(heat exhaustion)

ㄱ. 눕히고 다리를 올려준다.
ㄴ. 염분이 들어있는 음료수를 마시게 한다.
ㄷ. 미온수를 뿌리고 바람을 일으켜 열이 발산되게 한다.

24-A12. 다음은 고등학교 보건교사가 작성한 교수·학습 지도안의 일부이다. 〈작성 방법〉에 따라 순서대로 서술하시오.

교수·학습 지도안

단원	환경과 건강	보건교사	조○○
주제	기후와 건강	대상	2학년 7반
차시	2/4	장소	보건교육실
학습목표	기후 변화로 인한 건강 위험을 설명할 수 있다.		

단계	교수·학습 내용	시간
도입	• 학습 목표 확인 • 동기 유발: 기후 변화와 건강 동영상 시청하기	5분

전개	1. 기후와 건강 알아보기
	 1) 기후: 일정한 지역에서 여러 해에 걸쳐 나타나는 기온, 비, 눈, 바람 등의 평균 상태
	 2) 온열 요소
	  • 정의: 인간의 체온 조절에 중요한 영향을 미치는 요소
	  • 온열 요소 4가지: 기온, 기류, (㉠)
	  …(중략)…
	2. 기후 변화에 따른 건강 위험 알아보기
	 1) 전 세계 기후 변화 현황
	  • 지구의 기온은 산업화 이전 시대(1850~1900)에 비해 지속적으로 상승하고 있으며, 특히 지난 40년간 온난화가 가속화되었음
	 2) 기후 변화에 따른 건강 위험
	  • ㉡ 극한 기상으로 인한 손상과 사망
	  • ㉢ 폭염으로 인한 온열 질환
	  • 호흡기 질환
	  • 수인성 질환 및 기타 물과 관련된 질환
	  • 인수공통 감염병
	  • 매개체 감염병
	  • 영양실조 및 식품 매개 질환
	  • 비감염성 질환
	  • 정신 및 사회심리적 질환
	   … (중략) …
		35분

정리	• 학습 내용 정리하기 • 차시 예고하기	10분

〈작성 방법〉
○ 괄호 안의 ㉠에 해당하는 온열 요소 2가지를 쓸 것.
○ 밑줄 친 ㉡ 중 저체온증의 기준이 되는 체온(℃)을 쓸 것.
○ 밑줄 친 ㉢ 중 열사병에서 의식 장애가 발생하는 기전을 서술할 것.

04-12. 더운 여름날 운동장 조회를 하던 중 한 학생이 담임교사에게 부축을 받으면서 보건실로 들어왔다. 학생은 두통과 어지러움, 오심을 호소했고 얼굴은 창백하고 피부상태는 축축하였으며 체온을 측정한 결과 37.5℃였다. 이 학생을 위해 보건교사가 할 수 있는 간호중재에 대해 5가지만 쓰시오.

11-32. 보건교사 신규 임용 시험에 응시한 김 양이 시험에서 작성한 답안지의 내용 중 옳지 않은 것은?

20**년도 보건과 중등 교사 임용 시험

〈문제〉 사례에서 보건교사가 해야 할 응급처치 방법을 다섯 가지 기술하시오.

여름철 극기 훈련을 하던 중학생 철민이가 갑자기 쓰러졌다. 철민이의 활력징후를 측정한 결과 체온 41.2℃, 맥박 98회/분, 호흡 28회/분, 혈압 100/70mmHg이었고, 피부는 붉은색으로 뜨겁고 건조하며 땀은 나지 않았다. 이름을 불렀을 때 철민이는 간신히 눈을 뜨며 대답하고는 의식을 잃었다.

〈답안지〉
ㄱ. 의식 변화 여부, 기도 개방 여부, 경동맥 맥박 유무를 확인한다.
ㄴ. 서늘하고 바람이 잘 통하는 그늘진 곳으로 옮긴다.
ㄷ. 정제소금을 입에 넣어 염분 소실을 보충해 준다.
ㄹ. 옷을 벗긴다.
ㅁ. 물을 몸 전체에 뿌려 준다.

09-31. 학령기 아동에게 발생하는 응급 상황에 따른 처치가 옳은 것을 〈보기〉에서 고른 것은?

〈보기〉
㉠ 팔에 뜨거운 물로 화상을 입었을 경우 팔을 찬물에 식힌다.
㉡ 질식으로 호흡곤란이 있으면 기침을 세게 하도록 유도한다.
㉢ 부식성 소독제를 마셨을 경우 구토를 유도한다.
㉣ 넘어져서 영구치가 빠지면 치아를 멸균된 거즈에 싸서 치과를 방문한다.

92-76. 살리실산염(Salicylate) 중독 증상이 아닌 것은?
① 호흡성 알칼로시스
② 탈수
③ 일시적 고혈당증
④ 혈뇨

93-24. Asprin 중독의 특징은?
① 청색증
② 아관긴급
③ 과호흡
④ 후궁반장

1 실신

정의		(1) 잠시 동안 의식을 잃은 상태(무의식 상태는 아니며 일반적으로 몇 분을 넘지 않음) (2) 뇌혈류가 기저치의 30~50% 이하로 감소되어 발생 → 보통 뇌혈류의 감소는 심박출량의 감소 혹은 신경학적인(자율신경계 조절장애) 혈관확장에 의해 혹은 두 가지 요인이 동시에 작용함
병태 생리	기립에 대한 정상반응	1~2분 이내에 안정됨 ① 중력에 의해 신체의 총 혈액량의 25% 정도가 신체의 상부에서 복부와 하지로 이동 ② 심장으로 가는 정맥 혈류의 감소와 심장 충만 압력 감소로 심박출량 40%까지 감소, 평균동맥압(전신기관의 관류압) 감소 　※ 평균동맥압 = {수축기압 + (2 × 이완기압)} ÷ 3 ③ 상대적으로 초래되는 저혈압으로 심방, 심실, 폐동맥의 mechanoreceptor(기계적 감각수용기)가 자극 ④ 뇌로 자극이 전달되어 교감신경유출 증가(말초혈관 수축을 야기, 심박수 증가)
	기립에 대한 비정상반응	실신은 기립에 대한 비정상 반응에 의해 발생 예 신경심장성 실신, 심장성 실신, 체위성 실신, 미주성 실신

유형	(1) 신경심장성 실신 (= 단순형/ 미주성)	정의	① 실신은 잠시 동안 의식을 잃는 것으로 뇌혈류의 범발적이고 일시적인 감소에 의해 의식소실이 일어나는 현상을 말함 ② 가장 흔한 실신의 형태로서 건강인에게 자주 발생 ③ 호발 연령과 성별 : 보통 15~19세 호발(여아 : 17세, 남아 : 12세경), 여아에게 더 흔함 　* 미주성 실신 : 경동맥동을 자극할 때 잘 나타남 　　예 면도를 하거나 갑자기 머리를 돌리거나 경동맥동을 누를 때 발생
		원인	① 오래 서 있거나 혹은 걷다가 오래 서 있을 때(교외나 덥고 사람들이 많은 곳) ② 바이러스성 감염 등의 질환 동반, 여성의 월경기간 ③ 경한 탈수, 심한 운동 후에 발생(심장병에 의한 실신의 경우는 주로 운동 중에 관찰) ④ 스트레스(예 공포, 통증)
		기전	정맥회귀의 감소로 충만이 덜 된 심실의 강력한 수축에 의해 심실 내의 mechanoreceptor가 자극 → 교감신경의 억제와 미주신경의 증가로 저혈압과 서맥을 야기(실신 동안 수축기 혈압은 40~82mmHg 정도 감소, 심박동수는 평균 40회 정도 감소)
		증상 / 전구기	• 수초~수분 지속 • 아주 짧지만 않다면 환자가 기억함 • 어지러움, 가벼운 두통, 오심 또는 복통, 시력 및 청력의 변화, 의식 소실 초래
		증상 / 의식소실	• 급작스런 의식소실 : 대개 환자는 기억하지 못함 • 보통 5~20초, 드물게는 수분 지속 • 피부 : 창백, 잿빛색깔, 차거나 땀을 흘림 • 드물게 경련과 비슷함, 소변을 무의식적으로 보기도 함
		증상 / 회복기	• 5~30분 동안 지속, 일부에서는 수시간 지속 • 보통 후유증 없이 완전히 회복 • 피로감, 어지러움증, 무력감, 오심 등을 호소
		예후	대개 양성이고 1~2년 이후에는 저절로 좋아지며 가끔 일부에서는 30대 중반까지 재발하기도 함
		중재	가장 중요한 지침은 교육/재확인 ① 물을 많이 마시고 짜게 먹도록 교육 ② 신경심장성 실신을 유발시키는 요인들을 알고 피하도록 교육 ③ 실신의 전구증상이 생기면 10분간 혹은 증상이 사라질 때까지 앉거나 눕도록 교육 ④ 기립반응에 민감한 경우 침대의 머리 부분을 높이고 기립자세를 반복적으로 훈련 ⑤ 청소년은 1주마다 여러 번씩 오래 서 있도록 훈련 ⑥ 약물치료 : 교정되지 않거나 빈도가 많을 경우 1~2년 정도(저절로 좋아지는 경우 많음 - 중단)

유형	(2) 심장의 원인으로 인한 실신	정의	① 갑작스럽게 돌연사를 일으킬 수 있는 심장질환에 의한 실신 ② 어떤 체위에서도 발생할 수 있음 → 앙와위 상태에서 발생한 실신은 대개가 심장성 실신이며 심박출량이 감소하였음을 의미함
		원인	① 심장 충만이 감소한 경우나 심장수축력의 감소(심근증, 심근경색) ② 증가된 후부하(대동맥 협착, 폐고혈압) ③ 부정맥(Long QT 증후군, 선천성 심질환 수술력 환아, 활로씨 4증후군)
		문제가 되는 이유	① 돌연사율이 상당히 높을 뿐 아니라, 아무런 증상 없이 지내다가 첫 번째로 나타나는 증상이 돌연사일 수 있다는 것 ② 또한 최근 들어 학교에서 학생들에게 심장급사에 의한 사망이 증가하고 있음 → 대책 : 검진 프로그램을 통하여 조기발견하는 것과 발견된 질환의 유형에 따라 적절한 예방책을 세우는 것이 더 중요
		문진 사항	심장병이나 부정맥 여부, 실신이나 급사의 가족력, 심근증 가족력, 설명할 수 없는 사고 여부, 경련 여부, Long QT 간격 등
		\<심장급사를 조기발견하기 위하여 확인할 사항\> ① 설문지 : 가족력, 증상 알아보기(심장질환을 알 수 있는 증상) ② 신체검사 시 : 의사가 심잡음을 청진 ③ 설문지와 의사의 청진 후 이상이 있을 시 흉부 X-선 검사, 심전도 검사	
	(3) 체위성 실신	앙와위에서 좌위나 직립자세를 취할 때 발생됨	
		원인	① 일부 약물, 당뇨와 같은 만성질환, 뜨거운 날씨에 장시간 서 있을 때 자주 발생함 ② 지속적인 격렬한 운동 후 갑자기 일어설 때 자주 발생함
응급 처치 96, 07 임용	(1) 기도유지	학생을 수평으로 눕히고 기도가 막히지 않도록 고개를 옆으로 돌려줌	
	(2) 순환증진 96 임용	① 머리를 낮추어서 눕히고, 하지를 20~30cm 정도 높여주어 뇌혈류를 증가시킴 ② 얼굴이 창백하고 맥박이 약하면 다리를 올려주고, 얼굴이 붉고 맥박이 강하면 머리를 올려줌 ③ 조이는 옷을 느슨하게 해주며 손발은 차고, 머리를 덥게 해줘 뇌로 피가 잘 흐르게 함 ※ 대상자가 불안정해 하면 앉히고 두 무릎 사이에 머리를 앞으로 기울이게 하고 심호흡을 권함 ※ 행렬이나 군중 속에 서 있을 때는 다리근육, 발가락을 구부리게 해서 혈액순환을 증진시킴	
	(3) 손상예방	① 다른 부상부위가 있는지 사정 ② 경련을 할 경우 딱딱한 물체를 손수건으로 싸서 입안에 얹어 혀를 깨물지 않도록 함 ③ 금식 : 의식이 완전히 회복되기 전까지	
	(4) 의식회복 지지	① 환기를 통해서 신선한 공기를 흡입하며 쉬게 함 ② 찬 물수건 : 이마, 얼굴에 찬 물수건 대줌	
	(5) 병력확인	\<실신 발생과 관련하여 확인해야 하는 것\> ① 실신의 선행원인과 증상 : 오랫동안 서 있었는가?, 갑자기 일어났나?, 심한 운동 중인가?, 주사를 맞았는가?, 놀란 일이 있었는가?(심장성 실신은 전구증상 없음) ② 어떤 자세에서 발생했는가? ③ 진행양상 : 갑자기 진행했는가?, 서서히 진행했는가? ④ 동반 증상 : 경련, 청색증, 방뇨 ⑤ 실신상태의 지속시간 ⑥ 질병력 : 심장질환이나 당뇨병 등 ⑦ 과거력 : 전에도 이런 경우가 있었는지	
	(6) 병원 후송	증상이 완화되지 않으면, 병원으로 후송 ① 4~5분 이내 깨어나지 않고 반응이 없을 때 ② 실신이 반복하여 의식을 잃은 경력이 있을 때 ③ 뚜렷한 이유 없이 기절할 때 ④ 앉거나 누워 있는 중 의식을 잃었을 때는 심장성 실신 의심	
	(7) 관리	신경심장성 실신인 경우 회복 후 교육	

2 현기증

정의	신체평형을 맡은 전정기관(미로 → 전정신경 → 전정핵 → 소뇌에 이르는 기관)의 흥분 또는 탈락상태, 실제로 신체의 공간에 있어서의 위치감각과의 차이에 의하여 느껴지는 가성운동			
유형 및 특성		말초성 현기증	중추성 현기증	멀미
	유형	• 이성 현기증 – 눈의 동요로 시작	• 뇌(소뇌, 간뇌)의 질환 • 증상의 기복이 적고 고정되어 있는 경우가 흔함	• 승용물의 속도와 동요에 자기 몸을 부합시키기 위해 삼반규관이 순응되지 못하는 상태가 가속도병으로 나타남
	증상	• 자기 주위가 빙빙 도는 것 • 천장이나 벽이 빙빙 • 주위 물건을 움직이는 것 같은 느낌 • 엘리베이터를 타고 오르락내리락 하고 있는 듯한 느낌 • 증상이 심하면 누워서도 눈알이 돌고 있는 것 같고 오심, 귀 울림 수반	*급성 뇌빈혈에 의한 경우가 흔함 • 핑 돌거나 눈앞이 캄캄 또는 희미해짐 • 식은땀, 창백 • 구토, 구역질	
	간호 중재	• 진정제, 수면제 복용 • 조용히 눕혀두기 • 전문의 진찰 권고	• 머리를 낮게 하여 눕히기	• 진정제, 멀미약을 승차하기 30분 전에 내복하거나 첩포제 도포
응급 처치	원인 명백한 현기증 – 원인질환 치료	화농성 내이질환	뇌막, 뇌에 파급 가능하므로 중이 근처 수술	
		기립에 의한 기립성 뇌빈혈	뇌간혈관의 장애에 의한 것이므로 머리의 위치나 자세의 급격한 변화 피하기, 뜨거운 입욕 피하기	
		중추성 현기증	빈혈, 저혈압, 고혈압성 갑상선 기능저하, 저혈당 교정	
	급성 발작	급성 발작 시에는 눕는 자세가 절대적으로 필요 : 뇌혈관 순환량 증가		
	만성지속성, 반복성 현기증	① 과도한 피로를 금하고 성인이 되어서도 과도한 음주나 흡연을 금하도록 교육함 ② 변비 시에는 하제를 사용하여 변비가 생기지 않도록 함 ③ 여학생의 경우 월경 중에 현기증을 일으킬 수도 있음을 설명함		

3 한랭손상

동상	정의	인체의 조직이 얼어서 생기는 한랭손상으로 온도가 0℃ 이하일 때 한랭에 의해 혈관이 수축하여 조직 산화가 부적절해져 세포가 질식 상태로 조직이 손상(세포 내 빙점의 형성 및 미세혈관 폐쇄로 인함)
	원인	추운 날씨, 젖은 의복, 피로와 영양실조, 흡연자, 음주자, 말초혈액순환 손상이 있는 사람
	부위	주로 얼굴, 손, 발, 코, 귀 등
	증상	① 심도별 증상 ┌─────┬──────────────────────────────────────┐ │ 1도 │ 동상 입은 부위의 저림, 감각마비(따끔따끔), 창백, 통증, 종창 │ │ 2도 │ 수포, 발적, 부종, 삼출성 염증상태 │ │ 3도 │ −15~−20℃ → 심부조직 동결 : 조직의 괴사·괴저, 단단 │ └─────┴──────────────────────────────────────┘ ② 탈수, 저혈량증, 특히 사지부분에 잘 발생
	처치 94 임용	**보온** ① 부상자를 추운 곳으로부터 빨리 따뜻한 장소로 옮김 ② 40℃ 정도의 미온수에 동상 부위를 20~30분 정도 지속적으로 부드러워질 때까지 담그고 조심스럽게 다루어야 함 　㉠ 뜨거운 물 적용이나 난로를 직접 쬐면 세포손상을 촉진하므로 금기 　㉡ 20~30분 이상 소요하여 천천히 녹이거나 온기를 중간에 단절하면 세포손상이 증가되므로 금기 ③ 젖은 옷 제거(열 소모 줄임) → 마른 의복, 장갑, 신발류 등 제공 **손상예방** ① 마사지 금기 : 세포손상 촉진하므로 부드럽고 조심스럽게 다루어야 함 ② 조이는 옷, 반지, 시계 제거 : 동상 부위의 혈액순환 방해를 줄이기 위함임 ③ 손상 부위 상승 : 부종완화 ④ 크래들 제공 : 발의 동상 시에 침구에 닿는 것을 예방함 **환부관리** ① 보온으로 피부가 따뜻해지고 나면 마른 소독거즈로 덮어 베개에 얹어둠 ② 넓은 드레싱으로 유출액 흡수시킴 ③ 억지로 수포를 터트리지 말 것 : 수포는 표피가 손상되지 않도록 좋은 보호막이 되어 상처의 잠재적 감염을 예방함 ④ 상처가 있으면 파상풍 예방접종 **이동** ① 하지의 동상은 걸으면 안 됨 : 대상자를 옮길 때는 복와위 또는 앙와위 유지 ② 대상자가 걸어야만 이송이 가능한 경우 치료소에 도달할 때까지 동결된 족부를 가온시키면 안 됨 ③ 가온한 손상부위는 하부에 위치하거나 다시 한랭에 노출시켜서는 절대 안 됨
	예방법	① 기후에 적합한 의복(다소 여유로운 의복) 착용 ② 열량원으로 탄수화물과 지방 섭취 ③ 카페인이 함유된 음료나 알코올을 마시지 말고, 금연하도록 함 ④ 맨살로 금속물체와 접촉하지 말 것 ⑤ 건조 상태 유지 ⑥ 이전에 걸린 동상 부위가 노출되지 않도록 보호 ⑦ 파상풍을 예방하도록 함

저체온증	정의 24임용	체온이 35℃ 이하로 떨어지는 상태	
		신체는 한랭으로부터 보호하기 위한 조절기전을 가지고 있고, 체온저하 시 이러한 조절기전이 작동하여 체온을 조절함. 중심체온이 34.4도(94F) 이하로 떨어지면서 이러한 조절체계가 미약해지고 증상이 초래됨	
	원인	① 잠수부나 물에 빠진 사람 ② 찬 공기에 오랫동안 노출되어 있는 사람에게 호발함	→ 저체온 지속 시 중추신경계의 손상을 초래함
	분류	중등도 (28~32℃)	개념	중등도의 저체온 환자(직장체온 28.9~34.4℃)는 비록 기면상태 혹은 무감각 상태일지라도 아직 의식은 있는 상태임
			증상	피부가 창백하고 차가우며, 호흡 시 아세톤 냄새가 나기도 함 착란과 기면상태로 흔히 뇌졸중으로 오인되기도 함
		중증 (28℃ 이하)	개념	중증의 저체온 환자(직장체온 28.9℃)는 혼미하거나 무의식 상태로 발견됨 (cf. 25℃ 이하 시 심정지 초래)
			증상	피부는 얼음장처럼 차갑고 근육은 경직되어 있음, 심음은 거의 들리지 않음, 혈압은 측정되지 않으며 호흡은 느리고 동공반사는 자주 소실됨
	증상	거의 사망한 것 같아 보이나 맥박촉지, 동공 고정 또는 확대	
	처치	① 따뜻한 곳으로 이동 ② 젖은 의복 제거 ③ 몸을 보온(담요나 미온수 사용): 1시간에 1℃ 상승 정도로 천천히 가온할 것 ④ 알코올이나 카페인이 안 섞인 더운 음료제공 ⑤ 피부마사지 ⑥ 국소적 열 제공 금지(∵ 혈관확장 및 심맥관계 허탈 초래) ⑦ 필요시 심폐소생술 실시, 병원 후송치료	
	고위험군	노인의 저체온증 원인	① 노화로 인한 심박출량 감소 → 몸에 혈액이 감소되어 저체온 ② 진피의 혈관 수 감소 : 추위에 혈관이 수축되어 체온 보존하는 반응 감소 ③ 단열 작용하는 피하조직의 감소 ④ 근육부족으로 떨림 감소 ⑤ 온도에 대한 감각인지 감소	

4 열손상

		열성경련	열성피로	열사병/일사병 99,06 국시
정의 및 원인		• 열 노출에 의한 손상 중 가장 경미한 상태 • 심한 발한으로 수분과 나트륨 과다 소실 93,94,12 임용 → 팔, 다리, 복부 등의 근육 강직이 일어남	• 오랜 고온 환경 노출로 수분과 나트륨의 과다 소실 → 피부혈관의 확장 & 탈수 → 말초혈관 운동신경 조절장애와 심박출량 부족 → 순환성 쇼크가 일어난 상태	• 긴급한 상황 • 온도와 습도가 모두 높은 곳에서 발생 • 여름에 직사광선을 장시간 받음으로써 발생 • 신체의 열 조절 기전 마비 (열조절 기전의 교란) : 체온상승, 뇌혈류 감소, 세포손상 24 임용 체내 체온조절 순서 : 체온상승 → 체온조절중추 작용 → 발한, 피부혈관 확장 → 복사, 전도, 대류, 증발 → 체온하강
증상	체온	• 정상체온 12 임용(지문)	• 정상체온	• 체온이 10~15분 이내 급격히 상승 : 41℃ 이상
	경련	• 있음	• 있을 수 있음	• 없음
	의식	• 의식명료	• 의식혼미	• 의식 상태가 저하되어 혼수
	피부	• 차고 축축함 12 임용(지문) (기전 ① 해당됨) 기전 ① 체온조절을 위한 기전으로 말초혈관(피부혈관)을 확장하고 발한으로 열 발산을 함으로써 축축함 ② (순환성 쇼크가 일어난 상태) 심한 발한과 혈관확장으로 심장 귀환혈량이 줄어들면 교감신경계가 자극되어 말초혈관을 수축하여 피부는 창백하고 차가움	• 차고 창백하고 축축함 04 임용(지문) (기전 ①, ② 해당됨)	• 피부가 뜨겁고 건조함(열조절기전이 손상되어 발한과 피부혈관 확장을 통한 체온하강을 하지 못해 체온이 상승되어 발생함) 12 임용(지문)
	혈압	• 약간의 저혈압과 빈맥	• 이완기 혈압저하 • 약한 빈맥	• 초기에 높을 수 있음 • 강한 빈맥
	기타	• 이명, 현기증, 두통, 오심 • 수의근 통증성 근경련 : 주로 사용하는 팔 / 다리 근육에 지속적, 반복적 통증 발생	• 두통, 현기증, 실신, 오심과 구토 • 심한 갈증과 피로	• 저혈압, 쇼크에 빠짐 • 실조(ataxia) : 근육의 이상은 없으나 움직임이 조화롭지 못해 원활한 운동에 장애를 받아 자세유지와 균형잡기가 힘든 상태 12 임용(지문)

	열성경련	열성피로	열사병/일사병 99,06 국시
처치	① 장소이동 : 빨리 시원하고 공기가 잘 통하는 장소로 이동 ② 염분이 함유된 수분공급 12 임용(지문) ③ 경련부위 마사지 적용	① 시원하고 공기가 잘 통하는 곳으로 대상자 이동 ② 의복 제거, 옷을 느슨하게 해줄 것 11 임용(보기), 눕히고 다리 상승 12 임용(보기) ③ 식염수, 염분이 함유된 유동식, 수액공급 ④ 의식소실 : 쇼크 체위, 고개를 옆으로 기도유지 12 임용(보기) ⑤ 호전되지 않거나 의식이 나빠지면 즉시 병원 후송 94,04,12 임용	① 빠른 체온하강 심부 온도 39℃까지 ㉠ 얼음이 있는 큰 욕조에 담그기 ㉡ 찬 물수건으로 몸을 문지름 ㉢ 커다란 정맥부위에 얼음주머니 적용 : 이마, 가슴, 서혜부, 겨드랑이, 목, 손, 발목 ㉣ 시원하고 젖은 천으로 덮고 미온수를 뿌리고 바람을 일으켜 열 발산 도움 12 임용(보기) ㉤ 미지근한 식염수로 위세척이나 관장 ㉥ 체온안정 : 마른 천으로 바꾸고 체온유지 ② 마사지 : 체온 낮추는 동안 울혈방지, 체열이동 ③ 해열제 적용하지 말 것 : 체온조절 기전 마비로 효과 없음 ④ 의식변화여부를 사정하고, 의식소실 시 기도유지, 옷 제거 94,11,12 임용
예방	① 혹서·혹한 시에는 야외활동 가능한 피할 것 : 태양광선에 직접 노출되는 것과 과다하게 노출되는 것을 피함 ② 자외선 차단지수가 최소한 SPF 30 이상인 크림을 바를 것 ③ 외부기온에 따라 활동 정도를 조절 　- 더운 환경에서 일을 하거나 운동할 때는 시간을 서서히 늘려감 　- 하루 중 가장 더운 시간에 활동은 삼갈 것 ④ 자주 휴식을 취할 것 ⑤ 기온에 맞는 의복을 착용할 것 : 밝은 색상의 가볍고 헐렁한 의복, 환경에 적합한 의복 ⑥ 가능한 한 물을 충분히 마실 것 : 운동하기 전/중/후에 필수적인 전해질이 함유된 음료, 물을 충분히 섭취		
공통 간호	① 시원한 환경제공 : 고온으로부터 이동시켜 그늘지고 시원하고 공기가 잘 통하는 장소, 바람이 잘 통하는 장소에 눕힘(대류와 복사에 의한 열 소실 최대화) ② 앙와위로 편하게 눕힘 ③ 사정 : 활력징후 측정 및 신체검진, 호흡음 청진, 사지 몸통의 청색증, 창백함, 말초부종 등 관찰 & 의식수준 평가 ④ 옷 제거 : 땀으로 젖은 옷을 벗김, 옷을 얇게 입거나 시원한 마른 옷으로 교체(전도와 방출) ⑤ 냉요법 　㉠ 피부에 차갑고 젖은 수건을 대준다(전도). 　㉡ 스펀지를 찬물에 담궜다가 문지른다(증발). 　㉢ 선풍기 바람(대류) ⑥ 이온음료 : 고온 노출로 발한에 의한 수분, 나트륨 과다 소실 시, 의식이 있는 경우 제공 → 맹물 제한 (저나트륨 상태 악화, 세포 내로 액체가 이동되어 세포부종)		

- 체온조절중추

체온 조절	체온조절중추 : 시상하부 −37±0.5°C의 지정온도 (set point)를 유지함	열소실 중추 (시상하부 전엽)	고열 방지 자극 시 : 피부혈관 확장, 땀분비 증가, 대사활동 감소, 근육활동 감소
		열생산 중추 (시상하부 후엽)	체온의 보존자극 시 : 표재성 혈관수축, 한선의 활동감소, 대사활동 증가, 근육활동 증가
	열생산 및 소실의 기전	열생산	• 대사반응의 결과 • 음식섭취 및 활동 대사량 • 호르몬(갑상선호르몬, 카테콜라민) 방출
		열소실	• 대부분 피부 통해 • 복사, 전도, 대류, 증발 • 그외 호흡기, 소화기, 비뇨기계
발열 단계	① 오한기(상승기)		• 시상하부 체온조절중추가 높은 수준으로 지정온도를 높임 • 증상 : 오한, 혈관수축, 차갑고 창백한 피부, 전율, 기모근 수축(소름) • 간호 : 담요 덮어주기, 수분섭취, 활동 제한하고 필요시 산소공급
	② 발열기(고온기)		• 상승한 지정온도에 도달되어 상승된 체온이 일정기간 지속되는 시기 • 증상 : 피부상기, 빠른 맥박과 호흡, 구강점막 건조, 탈수, 소변량 감소, 요비중 증가 등 • 간호 : 가벼운 침구 덮어주기, 수분섭취, 안정 및 휴식, 미온수 목욕, 환기, 구강간호
	③ 회복기		• 열소실 기전이 일어나는 때 • 증상 : 말초혈관 이완, 열소실 증가, 발한, 골격근 긴장 감소 • 간호 : 수분섭취 증가, 가벼운 침구 사용, 활동 제한, 고체온 시 미온수 목욕

5 중독 등의 응급간호

독극물 섭취	독극물의 종류	알칼리성 물질	양잿물, 하수구 세척제, 표백제, 합성세제, 오븐세척제, 건전지
		산성 물질	변기세척제, 수영장 소독제, 금속세척, 녹제거제
	증상		입/인후/위의 심한 작열통, 희고 부어오른 점막(입술, 혀, 인두의 점막부종), 연하곤란, 심한 구토, 토혈, 침을 흘리면 분비물 삼키지 못함, 불안, 안절부절못함 등
	일반적 관리 08,18,20 국시		① 기도 유지하고 환기 ② 체위: 좌측위 or 횡와위(흡수지연, 흡입예방) ③ 신체검진 신속히 수행: 섭취한 독물의 종류와 양, 섭취 후 경과시간, 증상 ④ 독물질 해독 및 배설: 구토, 위세척, 활성탄 등의 흡착제, 하제, 이뇨제, 투석 　　• 구토: 의식 있는 환자, 섭취 1시간 이내 → 구토반사 자극, Ipecac시럽(적당한 물 섭취 필요) 　　• 위세척: 위 내용물 즉시 제거 → 복용 후 1~2시간 이내, 의식저하 환자 　　• 흡착제: 활성탄에 의한 중독물질 흡착법 → 복용 후 1~2시간 이내 　　• 하제: 독물질을 빨리 배출시킴으로써 독물질 흡수 방지 ⑤ 희석: 1~2컵의 찬물 or 찬 우유로 부식제 희석시킴 ⑥ 금식: 희석 이후 구강 섭취× ⑦ 토물이 있으면 버리지 말고 보관하여 의사에게 보임 ⑧ 추후관리: 자살방지, 가정 내 잠재 유해요소 평가 및 안전관리 교육
	관리 시 주의점	구토 금기 09 임용	① 무의식환자 ② 휘발유(흡입에 의한 기관지염, 화학성 폐렴 유발) ③ 부식성 물질(강산, 강알칼리)은 점막조직 파괴로 식도천공위험이 있음 ④ 경련환자
		위세척 금기	① 부식제(천공위험), 탄화수소 ② 복용 후 2시간 이상 경과된 환자 ③ 기도유지가 되지 않는 무의식환자
		중화제 적용금기	발열반응 야기로 열생산 → 화학물질의 열에 의한 화상 발생
		희석 금기	① 급성 기도부종 또는 기도폐쇄 환자 ② 식도·위·장 천공 환자
아스피린	증상 92,93 임용 / 01,08,18 국시	급성중독 초기	① 오심, 구토 ② 과호흡(살리실산은 호흡중추를 자극하여 호흡수와 깊이를 증가시키는 과호흡을 유발하여 호흡성 알칼리증 초래, 보상성 HCO_3^- 신장배설) ③ 귀 울림
		급성중독 후기	① 과다행동, 열, 혼돈, 발작 ② 신부전, 호흡부전 ③ 대사성 산증(ATP 합성과정으로 산화적 인산화를 수행하여 이화작용을 증가시키고 산소이용과 이산화탄소 생산 증가로 대사성 산증, 이상 고열 발생, 당신생 자극, 지방대사 증가, 지방분해 증가로 케톤체 증가)
		만성중독	① 위와 같으나 발생을 포착하기 힘들고, 비특이적 증상을 보임 ② 출혈성 경향

아스피린	처치	① (의식변화로 인해 금기가 아니면) 가능한 빨리 활성탄을 제공 　　장음이 있다면, 활성탄이 대변에 나타날 때까지 4시간마다 반복함 ② 독성이 심하면 입원이 필요함 ③ 위세척으로는 아스피린의 응고물이 제거되지 않음 ④ 중탄산염나트륨의 정맥주입 : 대사성 산증을 교정하기 위해 사용, 소변의 알칼리화로 배설을 증가시키는 데 효과적임. 저칼륨혈증은 소변의 알칼리화를 방해할 수 있으므로 이를 함께 조절할 것 ⑤ 체액과부하와 폐부종의 위험을 인식해야 함 ⑥ 고열증이 있으면 신체외부를 시원하게 함 ⑦ 발작이 있으면, 항경련제를 투여함 ⑧ 호흡저하가 있으면 산소를 제공하고 환기시킴 ⑨ 탈수교정을 위해서 수액공급 ⑩ 출혈에 대해서는 비타민 K를 투여함 ⑪ 심각한 경우 혈액투석 실시함
흡인성 중독 : 일산화탄소		일산화탄소가 헤모글로빈과 결합(산소보다 210배 높은 친화력)하면 혈액의 산소 운반능력이 감소, 독성효과 → 혈중 농도 50%일 때 구토증, 60%에서 혼수 93 임용, 70%에서 사망에 이름
	응급관리 03,19 국시	① 대상자를 신선한 공기가 있는 곳으로 옮김(가능한 조용한 환경 제공) ② 꽉 조이는 의복을 느슨하게 해줌 ③ 구토한 경우, 수건으로 손가락을 싸서 입안의 토물을 훑어낼 것 ④ 고압산소요법을 이용하여 100% 산소 투여 ⑤ 필요시 심폐소생술 ⑥ 담요를 덮어주어 오한방지
피부접촉 중독 : 화학적 화상 11,13 국시	응급관리	① 흐르는 물로 피부를 충분히 세척 ② 물을 뿌리면서 의복을 제거, 광범위한 화상이거나 약물의 독성이 심한 경우 의료팀은 자신의 피부를 보호 ③ 화학약품의 종류와 특성을 파악 | 석회나 분말 접촉 | 먼저 솔로 가루를 털어낸 후 물로 씻어냄 | |---|---| | 페놀 접촉 | 세척용액으로 알코올이 더 효과적임 | | 산성 물질 접촉 | 비누로 철저히 씻기 | | 알칼리 물질에 노출 | 물이나 생리식염수로 충분히 씻기 | ④ 일반적 화상치료 제공
탄화수소 제품	탄화수소 제품	휘발유, 등유, 등화용 기름, 라이터액, 광물성 밀봉오일, 페인트 희석제와 제거제 등
	임상증상	① 목구멍과 위장의 작열감, 구역질, 기침, 오심, 구토 ② 기면상태와 같은 감각변화, 쇠약 ③ 급성 폐 침범 시 호흡기 증상(청색증, 견축, 그렁그렁 거림)
	치료	① 구토유발은 금기 ② 탄화수소가 중금속이나 살충제 성분을 포함하고 있을 때, 위세척이 수행되어야 할 때는 흡인의 위험이 높으므로 위세척 전에 커프가 있는 기관내관을 삽관해야 함 ③ 화학적 폐렴의 대증적 처치는 고습, 수화, 아세트아미노펜으로 함

아세트아미노펜	임상증상	\[4단계로 진행\]	
		1단계	• 섭취 후 0~24시간 • 오심, 구토, 발한, 창백
		2단계	• 섭취 후 24~72시간 • 환자상태가 좋아짐 • 우상복부에 통증이 나타날 수 있음
		3단계	• 섭취 후 72~96시간 • 우상복부 통증, 황달, 구토 • 혼돈, 혼미 • 혈액응고이상, 때로 신부전, 췌장염
		4단계	• 섭취 후 5일 이후 • 간독성이 해소되거나 다수 기관의 부전으로 진전, 치명적일 수 있음
	처치	① 해독제 N-아세틸시스테인은 정맥투여나 경구투여 시에 같은 효과를 보임 : 경구투여는 1회 부하용량으로 140mg/kg을 투여하고 이후 매 4시간마다 70mg/kg씩 17차례, 총 72시간 투여 ② 해독제에 독한 냄새가 나기 때문에 경구투여를 위해서는 과일주스나 소다수에 희석해서 제공, 구토 시 항구토제 제공	
철분·미네랄 보충제, 철분을 함유한 비타민	임상증상	① 섭취 6시간 이내(만약 아동에게 6시간 내에 위장관 증상이 나타나지 않는다면 독성은 없을 것임) : 구토, 토혈, 설사, 혈변, 복통, 독성이 심하면 빈호흡, 빈맥, 저혈압, 혼수 유발 ② 잠복기 : 분명히 상태가 호전되는 24시간까지 ③ 섭취 후 12~24시간 : 대사성 산증, 열, 고혈당증, 출혈, 발작, 쇼크, 사망할 수 있음 ④ 섭취 후 2~5일 : 황달, 간 부전, 저혈당, 혼수 ⑤ 섭취 후 2~5주 : 흉터 형성으로 2차적으로 유문협착이나 십이지장 폐쇄	
	처치	① 복부 X-선상에 방사선 불투과성 정제가 있으면 장관 전체 세척 ② 구토는 세척보다 효과적으로 위를 비울 수 있음 ③ 활성탄은 철분을 흡수하지 않음 ④ (소변이 붉은색에서 오렌지색으로 변하는) 심한 중독에는 데페록사민으로 킬레이트 요법을 해야 함 ⑤ 데페록사민을 정맥으로 너무 빨리 주입하면, 저혈압, 안면홍조, 발진, 두드러기, 빈맥, 쇼크가 유발됨. 이런 경우 주입을 중단하고 생리식염수로 정맥주입을 하면서 즉시 보고할 것	
식물	임상증상	① 구강인두와 전체 위장관에 국소적 자극을 유발할 수 있음 ② 호흡기, 신장, 중추신경계 증상을 유발할 수 있음 ③ 식물과 국소적으로 접촉하면 피부염을 유발함	
	처치	① 피부나 눈을 씻기 ② 필요한 지지적 간호제공	

PLUS+

• 해독제 투여

중독 물질	해독제
아세트아미노펜 중독	N-아세틸시스테인
일산화탄소 중독	산소
마약과다복용	Naloxone, benzodiazepine(Valium)
마약중독	flumazenil(Romazicon)으로 벤조디아제핀 길항제
디곡신 중독	digibind
독사에게 물린 경우	사독 중화 혈청

05 외과적 응급처치

영역			기출영역 분석		페이지
화상	화상환자 사정	9의 법칙 계산 1995, 2013			258
		즉시 의료기관에 의뢰하여야 할 경우 1998			
	화상환자 처치	심도별 화상 처치	1도/2도 화상 처치법 1992, 1996		260
			2도/3도 화상 응급처치 1993		
		화상간호 목표 1992			261
		화상 처치 시 찬물에 담글 때 그 효과 1994			
		응급기 처치	수액보충방법(Parkland 방법) 2013		262
		원인별 처치	뜨거울 물로 인한 화상 처치 2009		267
	화상환자 합병증으로 발생할 수 있는 궤양 1993				269
	5세 이하 어린이가 50% 범위의 화상을 입었을 때 생존율 1993				
외상	상처	찰과상/자상/열상/타박상 정의 1996			271
		상처치유 4단계 - 염증단계, 재건단계 2015			
		상처의 치유과정에서 사정해야 할 요소 / 치유과정 중 나타날 수 있는 합병증 2001			
		보호장구 없이 자전거 타다가 찰과상을 입은 환아의 간호진단과 진단별 간호계획 2012			
		하이드로콜로이드 드레싱의 거즈드레싱과 비교 시 장점 2015			
		개방창 처치 1992			
		붕대법			
		손가락 절단 시 처치 2011			
출혈	동맥출혈	동맥출혈 시 증상 및 처치 2013			279
	외출혈	개방성 창상으로 인한 외출혈 시 국소적 처치법 1998			
	비출혈	비출혈 호발부위 1992, 비출혈 응급처치 1996, 2007			281
두부손상	두개골절	기저부 골절 : 라쿤 징후, 배틀 징후 2015			283
	두부손상	두부손상 시 체위 2021			
	뇌진탕	증상 및 징후 2013			285
	뇌좌상	분류, 측두엽 좌상 증상, 전두엽 좌상 시 증상, 관련 증상 등 1995			286

척추 및 흉부손상	척수손상	손상빈도가 높은 부위 1995		287
		척추골절 시 응급간호 2009		
		경추손상이 의심될 때 환자를 옮기는 법 2022		
	흉부손상			294
근골격계 손상	골절	골절치유과정 – 골화 단계 1995		295
		단순골절 증상 1995		
		골절 시 사정내용 및 응급처치 2001, 2010, 골절 시 처치 1992		
		골절 합병증	구획증후군 발생기전 2016	
			석고붕대를 했을 때 합병증을 확인하기 위한 사정방법 2가지 2024	
		부목효과 2006		
		견인장치의 적용 1995		
	염좌 및 기타 근골격계 손상	증상 및 처치방법 1992, 2012		307
		염좌 시 상태악화방지 위해 처음 6~12시간 이내 제공해야 할 간호중재 원칙 2006		
		타박상에 대한 처치 1992		
기타 응급관리	눈 손상	안구 화학적 화상 시 응급간호 1995, 2010		309
		날카로운 이물질에 눈이 찔렸을 때 간호법 1992		
		안구전방 출혈 시 응급간호 1995		
	치아 손상	중절치 1개 적출 시 간호중재 2008		312
		영구치가 빠진 경우 간호중재 2009		
	교상 시 응급간호	벌에 쏘였을 때		313
		동물에 물렸을 때		314
		해양생물에 물렸을 때		
		뱀에 물렸을 때		

✓ 학습전략 Point

1st	화상	손상의 심도별 화상과 원인별 화상의 유형에 따른 응급처치방법을 학습한다.
2nd	골절 등 근골격계 손상	골절, 염좌, 좌상 등 근골격계 손상의 증상과 징후, 응급처치방법을 학습한다.
3rd	상처	상처의 구체적인 원인과 상처의 종류, 응급처치방법, 상처 치유과정을 학습한다.

| 한눈에 보기 | **외과적 응급처치**

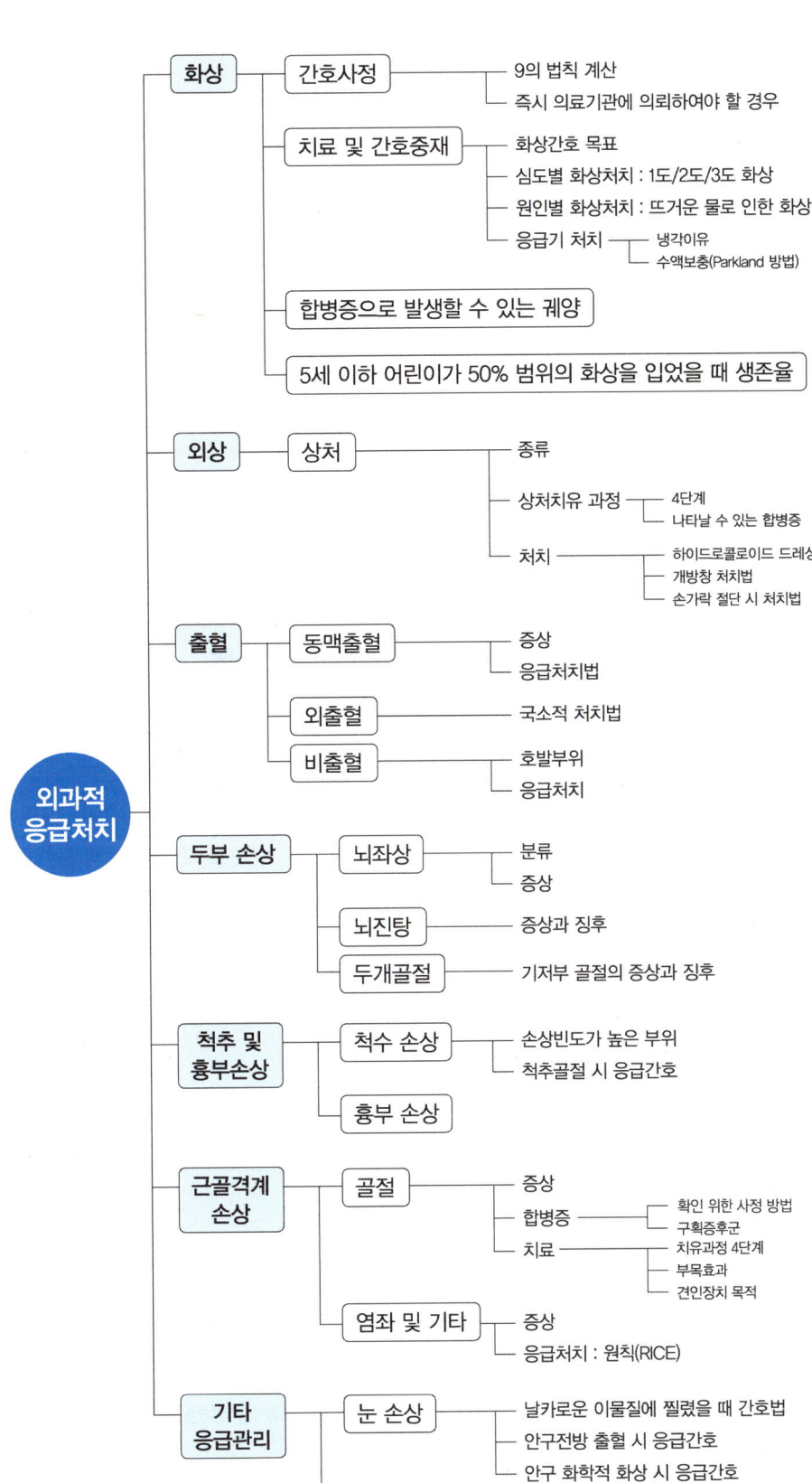

95-48. 36% 화상에 해당되는 것은?
① 양쪽 하지, 뒤 몸통, 회음부 부위에 화상을 입었다.
② 양쪽 상지, 앞 몸통, 머리와 목 부위에 화상을 입었다.
③ 오른쪽 하지, 뒤 몸통, 회음부 부위에 화상을 입었다.
④ 왼쪽 상지, 앞 몸통, 머리와 목 부위에 화상을 입었다.

13-19. 다음은 K 양(여, 18세)의 간호기록지이다. 간호기록지 내용을 바탕으로 산출한 '화상 부위의 비율'과 '수액보충방법'을 바르게 연결한 것은?

간호기록지					
이름	K	나이	18세	성별	여
		신장	160cm	체중	50kg
간호력	• 사고 경위 : 조리 학교에서 한국 요리 실습 중 끓는 물 양동이가 엎어지면서 그림과 같이 양쪽 손과 팔의 앞면 전체와 양쪽 발과 다리의 앞면 전체에 2도 화상을 입었음 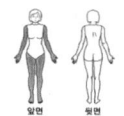				

※ 체표면적에 대한 화상 부위의 비율 : 9의 법칙(rule of nines)으로 계산함
※ 수액 보충 방법 : Parkland(Baxter) 방법을 이용하여 4mL/kg/%로 계산하여 주입함
※ 화상 부위

〈화상 부위의 비율〉 - 〈수액보충방법〉
① 18% - 화상을 입은 후부터 처음 24시간 동안 보충해야 할 수액의 총량은 3,600mL이다.
② 18% - 병원에 도착하면서부터 첫 8시간 동안 보충해야 할 수액의 양은 1,800mL이다.
③ 27% - 화상을 입은 후부터 처음 24시간 동안 보충해야 할 수액의 총량은 2,700mL이다.
④ 27% - 화상을 입은 후부터 처음 24시간 동안 보충해야 할 수액의 총량은 5,400mL이다.
⑤ 36% - 병원에 도착하면서부터 첫 8시간 동안 보충해야 할 수액의 양은 2,700mL이다.

98-09. 화상은 일상생활에서 자주 발생하는 사고이다. 화상환자를 사정하여 즉시 의료기관에 의뢰하여야 할 경우를 5가지 이상 제시하시오.

92-13. 화상 시 간호법으로 옳지 않은 것은?
① 통증 감소, 감염 및 쇼크에 대한 예방을 한다.
② 1도, 2도 화상은 바셀린 연고나 화상 연고를 발라준다.
③ 물집이 형성된 것은 터뜨려서 소독을 한다.
④ 소독거즈나 탈지면 등으로 상처에 직접 대지 않는다.

96-62. 응급처치 중 맞는 것은?
① 타박상 - pain, 부종 - Hot bag apply
② 뇌빈혈 - Head up, 따뜻하게 한다.
③ 지속적 비출혈 - 고개 숙이고 앞으로 한다.
④ 화상 - Gauze, 손은 상처에 닿지 않게 한다. 물집은 터뜨리지 않는다.

93-52. 2도, 3도 화상환자의 응급처치에 속하지 않는 것은?
① 환부를 냉각시킨다.
② 물집을 터뜨리지 않는다.
③ 윤활유나 바셀린을 발라준다.
④ 의식 환자에게는 찬 소금물을 준다.

09-31. 학령기 아동에게 발생하는 응급 상황에 따른 처치가 옳은 것을 〈보기〉에서 고른 것은?
─〈보기〉─
㉠ 팔에 뜨거운 물로 화상을 입었을 경우 팔을 찬물에 식힌다.
㉡ 질식으로 호흡곤란이 있으면 기침을 세게 하도록 유도한다.
㉢ 부식성 소독제를 마셨을 경우 구토를 유도한다.
㉣ 넘어져서 영구치가 빠지면 치아를 멸균된 거즈에 싸서 치과를 방문한다.

94-51. 열이나 한랭에 의한 손상을 입었을 경우에 적절한 응급처치로서 가장 알맞은 것은?
① 열성 피로 - 고온에 땀을 흘릴 경우에 수의근 경련이 온다.
② 열사병 - 서늘한 곳으로 옮기고 소금물, 주스 등을 마시게 한다.
③ 동상 - 따뜻한 곳으로 옮겨 혈액순환을 위한 마사지를 해 준다.
④ 화상 - 손상부를 찬물에 담그면 열에 의한 조직의 파괴는 막을 수 있다.

11-주관식 04. 다음의 사례를 읽고 학생에 대한 간호사정 7가지와 간호중재 6가지를 서술하고, 학교 응급환자 발생에 대한 교직원 행동강령에 비추어 보건교사가 학생에 대해 가장 우선적으로 취해야 할 지침 3가지를 서술하시오.

한국고등학교 2학년에 재학 중인 학생은 올해 18세로 건강 상태가 양호하고 성격이 활발하며 교우들과 학교생활도 원만하게 잘 지내고 있었다. 그런데 11월 27일 오전 11시 조리 실습 시간에 실습 도중 학생이 끓는 물에 화상을 입는 사고가 발생하였다. 담당 교사는 즉시 보건실에 응급 상황을 알리고 연락을 받은 보건교사가 조리 실습실로 왔다.
A 학생은 겁에 질린 표정으로 담당 교사와 친구들의 도움을 받아 화상을 입은 왼쪽 손과 팔은 찬물에 담그고, 허벅지는 찬 물수건으로 덮고 있었다. A 학생은 심한 통증을 호소하였고 왼쪽 손등에는 물집이 여러 개 있었으며, 상의는 남방셔츠, 하의는 교복 치마에 긴 양말을 신고 있었다.
보건교사가 확인한 화상 부위는 왼쪽 손을 포함한 팔 전체의 2/3, 왼쪽 다리 앞면 1/2로 그림과 같다.

93-25. 화상환자의 합병증으로 발생할 수 있는 궤양은?
① Chrome ulcer
② Amputating ulcer
③ Marginal ulcer
④ Curling's ulcer

93-06. 5세 이하의 어린이가 50% 범위의 화상을 입었을 때의 생존율은?
① 34%   ② 51%
③ 66%   ④ 80%

96-37. 외상에 대한 설명으로 옳지 않은 것은?
① 찰과상 - 마찰에 의해 표피나 진피의 일부분이 벗겨진 상태
② 자상 - 못과 같은 날카로운 기구에 의해 생긴 좁고 깊은 상처
③ 열상 - 예리한 물체로 외상을 받아 조직이 절개된 상태
④ 타박상 - 둔하게 외상을 입어 피부의 파열이 생기는 상처

92-11. 증상이나 질병의 간호법이 옳게 짝지어진 것은?
① 염좌 : 부은 것이 가라앉을 때까지 냉습포
② 타박상 : 처음에는 온습포, 다음에는 냉습포
③ 골절 : 온습포
④ 류마티스관절염 : 냉습포

13-12. 다음은 찰과상을 입은 N 학생(남, 12세)의 보건일지이다. 보건일지를 바탕으로 N 학생에게 일어난 '합병증'과 '원인균'을 바르게 연결한 것은?

〈보건일지〉
2012학년도 ○○초등학교

번호	날짜(요일)	학년/반	성명	증상 및 조치 사항	
1	10월 19일 (금)	6-6	N	증상	• '선생님 너무 쓰리고 아파요.'라며 통증을 많이 호소함 • 오른쪽 대퇴부에 심한 찰과상(가로 5cm × 세로 7cm)을 입은 상태임
				조치 사항	• 상처 부위를 소독한 후 드레싱을 함 • 병원 진료를 반드시 받도록 권유함 • 상처를 오염시키지 않도록 지도함
27	10월 25일 (목)	6-6	N	증상	• 오른쪽 다리의 심한 통증과 두통을 호소함 • 상처 부위의 발적과 압통, 국소적으로 서혜부 림프절 부종이 있음 • 체온 36.8°C, 맥박 80회/분, 호흡 23회/분, 혈압 110/70mmHg

〈합병증〉 〈원인균〉
① 농가진(Impetigo) — 연쇄상구균
② 농가진(Impetigo) — 피부사상균
③ 연조직염(Cellulitis) — 피부사상균
④ 연조직염(Cellulitis) — 포도상구균
⑤ 패혈증(Sepsis) — 그람음성 장내세균

12-주관식 02.
다음은 K중학교 보건교사가 작성한 응급처치 기록지의 일부이다. 아래 내용에 대한 간호진단 4가지를 제시하고, 각 간호진단별로 간호계획을 4가지씩 수립하시오.

〈응급처치 기록지〉
K중학교

사고 일시 / 장소	2011년 10월 ○일 오후 2시 30분경 / 자전거 전용 도로
사고 대상 (성별)	2학년 5반 이○○(남)
사고 개요	창의적 체험 활동 중 교사의 사전 안전 지시를 어기고 친구들과 경쟁적으로 자전거를 타고 달리다가 넘어짐. 이때 양손으로 바닥을 짚었으며 턱과 양 무릎, 손바닥에 찰과상을 입었으며 손목에 통증을 호소함, 헬멧과 보호 장구를 미착용한 상태였음. 담당교사가 학생을 부축하여 보건실로 데리고 옴 〈환자 상태〉 • 활력징후: 체온 36.4℃, 맥박 90회/분, 호흡 18회/분, 혈압 115mmHg • 지남력: 의식명료하고 의사소통이 가능함 • 전반적 외양 – 얼굴을 찡그리며 괴로운 표정을 지음 – 턱 부분을 휴지로 대고 있음 • 신체 부위 사정 – 얼굴 및 두부: 턱 부분에 직경 2cm의 열상이 있음 – 근골격계: 다리는 걷거나 움직임에 문제 없음. 오른쪽 손목에 통증을 호소하고 부종이 있음 – 흉곽 및 복부: 통증이나 압통 없음 – 피부: 손바닥은 왼쪽 3×5cm, 오른쪽 4×6cm의 찰과상, 왼쪽 무릎은 타박상과 5×2cm의 찰과상이 있으며, 오른쪽 무릎은 10×3cm로 패여 있고, 상처에는 흙이 묻어 있음 – 기타: 특이 사항 없음
조치 사항	

01-04.
신체에 개방성 상처가 생기면 상처치유 과정이 일어나는데 이는 상처의 크기, 범위, 깊이 등에 따라 다르다. 보건교사가 사정해야 할 상처치유 과정과 그 과정에서 나타날 수 있는 합병증을 설명하시오.

15-08.
다음은 ○○고등학교 보건교사가 피부의 상처치유 과정을 지도하기 위해 작성한 교수·학습 지도안이다. 다음 내용에서 괄호 안의 ㉠, ㉡에 해당하는 단계의 명칭을 순서대로 쓰시오.

교수·학습 지도안			
단원	피부의 기능	지도 교사	김○○
주제	상처치유 과정	대상	남학생 35명
차시	2/3 차시	장소	2-3교실
학습 목표	• 상처치유 과정을 이해한다.		
단계	교수·학습 내용		시간
도입	• 전시 학습 내용 확인: 피부의 구조 • 동기 유발: 상처치유 과정에 관한 애니메이션 동영상 시청 • 본시 학습 목표 확인		5분
전개	• 손상으로 피부가 벗겨져 피가 나는 상처의 치유 과정에 대해 알아본다. – 상처치유 과정 1) 지혈 단계: 손상된 혈관을 막아 주고 안정된 혈괴를 형성하기 위하여 혈소판이 작용한다. 2) (㉠): 불필요한 조직과 미생물을 파괴하는 단백질 분해효소가 상처 부위에서 분비된다. 3) 증식 단계(섬유 증식기): 상처가 육아조직으로 채워지고 수축되어 상피화에 의해 상처 표면을 재형성한다. 4) (㉡): 콜라겐이 재조직화 되고 흉터가 재건되어 상처가 치유된다. … (중략) …		40분
정리 및 평가	• 상처치유 과정 ○, × 퀴즈		5분

15-02.
운동 중 무릎에 상처가 난 학생이 치료를 받으러 보건실에 왔다. 상처에는 소량의 삼출물만 나오고 있어서 학생에게 하이드로콜로이드 드레싱(hydrocolloid dressing)을 적용하려고 한다. 거즈 드레싱과 비교했을 때 하이드로콜로이드 드레싱이 가지는 장점 5가지를 서술하시오.

92-40.
개방창의 처치로 옳은 것은?
① 죽은 조직을 제거하지 않는다.
② 상처 주위를 깨끗이 한 후 털이 있으면 그대로 둔다.
③ 상처가 교상(Biting injury)일 때는 봉합할 수 없다.
④ 상처를 8시간 이상 처치하지 못했을 경우 즉시 봉합한다.

11-34.
학교 안전공제 신청서의 내용을 참고하였을 때 사고 당시 보건교사가 취했을 처치 내용 중 옳은 것을 〈보기〉에서 고른 것은?

학교 안전공제 신청서			
사고일시	2010년 9월 30일	장소	1학년 3반 교실
사고대상	1학년 3반 손○○		
사고내용	• 12시 45분경 친구와 장난치다가 칼로 왼쪽 집게손가락의 끝마디가 절단됨 • 12시 47분경 보건교사와 담임 교사에게 연락함 • 12시 49분경 보건교사와 담임 교사가 현장에 와서 손○○의 상태를 확인하고 119에 연락함 • 12시 54분경 119가 도착하여 병원으로 이송함 • 12시 57분경 학부모에게 연락함		

2010년 9월 30일
○○○중학교장

〈보기〉
ㄱ. 맥박과 혈압을 측정했다.
ㄴ. 왼쪽 집게손가락의 근위부에 있는 동맥을 찾아서 압박했다.
ㄷ. 잘려 나간 손가락을 얼음에 직접 닿게 하여 아이스박스에 넣었다.
ㄹ. 손가락 끝에 대준 거즈가 피에 젖을 때마다 계속 바꿔 주었다.
ㅁ. 손을 심장보다 높이 올리게 하고 출혈 부위에 거즈를 대고 직접 압박했다.

98지방-01.
개방성 창상으로 외출혈이 있는 아동에게 할 수 있는 국소적 처치법을 쓰고 그 내용을 간단히 기술하시오.

96-31.
다음 중 비출혈을 일으킬 수 있는 원인이 바르게 연결되지 않은 것은?
① Leukemia – Hemophilia – Hypertension – Chronic sinusitis
② Trauma – Hemophilia – Hypertension – 기압 변동
③ Trauma – Hypertension – 기압 변동 – Asthma
④ Hemophilia – Hypertension – 기압변동 – Chronic sinusitis

13-40.
다음은 학교 행정실에 근무하는 C 직원(남, 47세)의 사고 경위이다. 사고 경위를 바탕으로 C 직원에게 나타날 수 있는 '증상' (가)~(바)와 '응급처치' ㄱ~ㄹ 중 옳은 것을 골라 바르게 연결한 것은?

사고 경위
일시: 2012년 9월 ○○일 오후 2시
내용: 학교 정원을 정리하던 중 날카로운 제초기 날에 의해 종아리 부위에 깊은 상처가 생기고 앞정강동맥(전경골동맥, Anterior tibial artery) 출혈이 심함

(가) 호흡수 증가
(나) 맥박수 증가
(다) 천명음
(라) 갈증
(마) 축축한 피부
(바) 경정맥 팽창

ㄱ. 무릎관절을 지혈대로 묶는다.
ㄴ. 담요를 덮어 체온을 유지시킨다.
ㄷ. 꼭 조이는 옷을 느슨하게 해준다.
ㄹ. 반듯하게 눕힌 후 다리를 허리 높이보다 높게 올린다.

92-36.
〈보기〉의 ㉠~㉣ 중 비출혈이 잦은 부위는?

〈보기〉
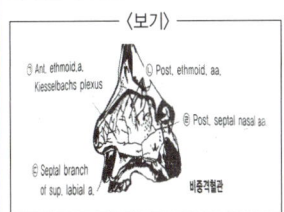

07-22.
체육수업 중 공에 맞아 비출혈이 생긴 학생에게 보건교사가 제공해야 할 간호중재 내용을 6가지만 쓰시오.

95-44. 뇌좌상에 관한 설명으로 옳지 않은 것은?
① 전두엽의 좌상에서는 즉시 혼수상태에 빠진다.
② 대뇌 좌상과 뇌간 좌상으로 나눈다.
③ 측두엽의 좌상에서는 실어증성 증상이 나타난다.
④ 후에 뇌수종, 부종, 뇌압 상승이 나타나기도 한다.

13-15. 다음은 뇌진탕으로 진단받은 K 군(남, 17세)의 간호 기록지 내용이다. (가)~(사) 중 옳은 것을 고른 것은?

간호 기록지
성명	K	성별	남	연령	17세

- 사고 경위 : 방과 후 학교 운동장에서 축구를 하다가 공을 몰고 달려오던 중 골대에 부딪혀서 넘어짐.
- 주 증상 : (가) 넘어지면서 순간적으로 의식이 소실됨.
  (나) 투사성 구토(projectile vomiting)를 함.
- 현재 의식 상태 : 명료함.
- 동공 반사 : (다) 정상
- 두개골 X-선 촬영 : (라) 이상 없음.
- MRI 소견 : (마) 점상 출혈이 보임.
- 추후 관리 : (바) 입원하여 두개내압을 모니터하고 발작 증상이 나타나는지 관찰을 요함.
  (사) 귀가 후 뇌진탕 후 증후군(postconcussional syndrome)에 대한 지속적인 관찰을 요함.

95-19. 손상 빈도가 높은 척수부위를 옳게 나열한 것은?
① C 1-3, T 10, L 2-3
② C 5-7, T 10, L 4-5
③ C 5-7, T 12, L 4-5
④ C 1-3, T 12, L 2-3

09-35. 척추골절 시의 응급간호로 적합한 것을 <보기>에서 고른 것은?

〈보기〉
㉠ 경추골절 시 호흡곤란이 없다면 목은 발견 당시의 자세로 부목을 댄다.
㉡ 척추골절이 의심되면 몸통을 굴려서 측위를 취하게 하여 척추골절 여부를 확인한다.
㉢ 척추손상의 수준을 확인하기 위하여 흉식호흡과 복식호흡 여부를 관찰한다.
㉣ 경추 양측에서 골격이 현저하게 움직이면 흉추와 요추의 손상을 검사한 후 머리를 고정한다.

22-B1. 다음은 중학교 보건교사가 작성한 응급환자 이송 및 사고기록지이다. 밑줄 친 ㉠의 경우 기도유지 방법과 괄호 안 ㉡의 방법을 순서대로 쓰시오.

응급환자 이송 및 사고 기록지
학년/반	학생명	성별	보호자 연락처	담임교사
3/3	박○○	남	010-○○○○-○○○○	이○○

사고 개요	오후 3시 박○○ 학생이 쉬는 시간에 복도에서 친구들과 장난치다가 뒤로 넘어져 같은 반 학생이 보건실로 연락함. 사고 연락을 받고 현장에 가서 박○○ 학생 상태를 확인 후 응급조치함.
환자 상태	- 의식상태 : 명료 - 지남력 : 있음 - 활력증후(오후 3시 5분) : 혈압 100/70mmHg, 맥박수 102회/분, 호흡수 28회/분, 체온 36.5°C - 빠르고 얕은 호흡이 관찰됨. - 전반적인 모습 : 얼굴을 찡그리고 괴로워함. - 머리와 얼굴 : 외상 병변 없음. - 목과 허리 : 심한 통증 호소함. - 팔과 어깨 : 움직임과 감각 정상 - 다리 : 움직임과 감각 정상
응급 조치 내용	- 119에 신고함. - ㉠경추손상이 의심되어 경추보호대를 적용함. - (㉡)을/를 이용하여 척추고정판(long spine board)에 환자를 옮긴 후 구급차로 ○○병원 응급실로 이송함.

24-B6. 다음은 보건교사와 학생이 대화한 내용의 일부이다. 〈작성 방법〉에 따라 순서대로 서술하시오.

① 사고 당일
학　　생 : 선생님, 쉬는 시간에 친구들이랑 장난치다가 계단에서 넘어졌어요.
보건교사 : 넘어진 부위를 살펴보자. 발목이 많이 부었구나. 걸을 때 불편하지는 않니?
학　　생 : 친구들 앞에서는 괜찮은 척했는데, 사실 걸을 때 아파요.
보건교사 : 먼저 발목이 움직이지 않게 압박 붕대를 감아 줄게. 그리고 그 부위에 ㉠냉찜질을 할 거야. 붕대 감은 발목은 심장 위치보다 높게 올리고 있으렴. 부모님께 연락해서 빨리 병원에 가 보는 것이 좋겠어.
학　　생 : 감사합니다. 선생님.

② 사고 다음 날
학　　생 : 선생님, 어제 다친 발목이요. 정형외과에 가서 X-ray를 찍었는데 뼈에 금이 갔다고 해서 석고붕대를 했어요. 그런데 석고붕대한 발이 어제보다 더 불편해요.
보건교사 : 그래? 선생님이 ㉡석고붕대를 했을 때 나타날 수 있는 합병증이 있는지 확인해 볼게.
… (하략) …

〈작성 방법〉
○ 밑줄 친 ㉠을 적용함으로써 얻을 수 있는 효과 2가지를 서술할 것.
○ 밑줄 친 ㉡을 확인하기 위한 사정 방법 중 2가지를 서술할 것.

15-B1. 김○○ 학생은 장난치다가 넘어지면서 머리를 다쳐 의식을 잃었다. 보건교사는 학생의 상태 확인에서부터 병원 이송까지를 보건 일지에 기록하였다. 밑줄 친 ㉠의 각 점수가 의미하는 자극-반응을 구체적으로 설명하고, 보건교사가 병원 이송 직전까지 학생에게 확인한 ㉡, ㉢의 징후를 순서대로 서술하시오.

보건 일지
상담일	2014년 11월 28일	성별	남
이름	김○○	나이	18세

관찰 및 처치 내용
- 10 : 15am. 현장 도착 시에 학생은 의식을 잃고 쓰러져서 누워 있는 상태였음.
  귀와 코에서 맑은 액체가 흘러나오고 있었음.
- 10 : 16am. 학생의 호흡 상태를 사정하고 기도를 확보한 상태로 119에 신고함.
- 10 : 18am. 앰뷸런스 도착 직전까지 글래스고 혼수 척도(Glasgow coma scale)를 사용하여 의식 수준을 사정함.
- 10 : 30am. 앰뷸런스 도착 직전의 사정 결과 ㉠눈 반응 2점, 언어 반응 2점, 운동 반응 3점으로 혼수상태임. 두개골절을 의심할 수 있는 ㉡라쿤 징후(racoon sign, racoon eye) 및 ㉢배틀 징후(Battle's sign)는 없었음.
- 10 : 35am. 119요원에게 학생의 의식 수준의 변화 과정 및 그 밖의 상태를 인계해 주고 병원까지 동행함.

95-25. 골절 치유에서 외가골 형성-골수내 가골 형성-피질 절편 사이의 가골 형성 과정을 거치는 단계는?
① 혈종 형성 단계
② 가골 형성 단계
③ 골화 과정 단계
④ 골재 형성 단계

95-05. 단순 골절에서 나타나는 증상이 아닌 것은?
① 운동이상　　② 외출혈
③ 동통　　　　④ 부종

01-03. 중학교 1학년 학생이 체육시간에 심하게 부딪혀 운동장에 쓰러졌다. 기구가 전혀 준비되지 않은 상태에서 보건교사가 학생을 관찰하여 보니 출혈은 없고 의식은 뚜렷하였으나 하지의 골절이 의심되었다. 이때 보건교사가 시행하여야 할 사정내용과 응급처치를 설명하시오.

3-1. 골절 시 사정해야 할 4가지
3-2. 골절 시 응급처치 3가지

10-주관식 01. 다음 사례를 읽고 물음에 답하시오.

다음은 ＊＊초등학교에서 발생한 상황이다. 신장과 체중이 정상발달 상태에 있는 5학년 남학생 철수는 평소 건강하게 지내며 학교생활에 잘 적응하고 있다. 오늘 2교시를 마치고 쉬는 시간에 과학실을 가기 위해 계단을 한번에 2-3칸씩 내려가다가 미끄러져 넘어지면서 계단 아래 바닥에 떨어지게 되었다. 철수는 혼자 일어나려고 애썼으나 도저히 일어날 수 없었고 이를 발견한 친구들이 도와서 교실까지 오게 되었다. 교실에 도착한 철수의 상태를 담임교사가 알게 되어 즉시 보건교사에게 보내졌다. 철수는 제대로 걷지 못하고 한쪽 다리에 의지해 양쪽에서 보건교사와 친구들의 부축을 받으면서 보건실에 도착했다.
보건교사가 철수의 신체검진을 일부분 실시하였고 그 결과는 다음과 같다.

＊의식상태 : 명료하다.
＊지남력 : 시간, 장소, 사람에 대하여 분명하게 인식한다.
＊활력증후 : 맥박은 90회/분, 호흡은 22회/분, 혈압은 105/60mmHg이다.
＊두경부 : 두피에 병변이 없으며 두개골이 정상이다.
＊팔과 어깨 : 양팔을 올릴 수 있고 어깨는 대칭적이다.
＊복부 : 부드럽고 압통은 없다.
＊기타 : 외관상 골조직이 외부에 노출되어 있지 않다.

보건교사가 철수의 다리 부위가 골절되었음을 의심한다면 더 확인해야 할 신체사정 내용과 철수에게 시행해야 할 응급처치를 기술하고 초등학생의 발달특성과 관련하여 학교복도와 계단에서의 낙상예방을 위한 방안을 제시하시오.

16-A1. 다음은 보건교사가 남학생과 나눈 대화 내용이다. 남학생의 다리에 나타난 증후군의 명칭과 발생기전을 쓰시오.

> 남학생 : 선생님! 어제 학교에서 축구를 할 때 슬라이딩하는 친구에게 제 왼쪽 종아리를 걷어차였는데, 자다가 너무 아파서 진통제를 먹었어요. 아침에 일어났더니 다리가 이렇게 퉁퉁 붓고 계속 아파요.
> 보건교사 : 그래, 다리를 만지면 감각은 어떠니?
> 남학생 : 다리를 만지면 얼얼해요.
> 보건교사 : 다리 좀 볼까? 발가락을 움직여 보렴.
> 남학생 : 발가락이 움직여지지 않아요.
> 보건교사 : (다리가 창백하고 발등 동맥에서 맥박이 안 잡히네..) 빨리 병원에 가야겠다. 부모님께서 너의 상태를 알고 계시니?
> 남학생 : 정확히는 모르고 계세요.
> … (중략) …
> 의사 : 다리에 근막 절개술을 해야겠어요.
> 보건교사 : 그렇군요. 학부모님과 통화하겠습니다.

95-04. 견인장치에 대하여 올바르게 설명한 것은?
① 단순 골절에 많이 사용한다.
② 근육이 약한 곳에 사용한다.
③ 골절된 골편이 겹치지 않도록 하기 위함이다.
④ 성인 다리에 사용하는 추의 무게는 14~15파운드이다.

12-20. 뜀틀 수업 중 오른쪽 발목을 삔 김 군의 증상 (가)~(라)와 처치 방법 ㄱ~ㄹ로 옳은 것은?

사고요약
일시 : 2011년 10월 ○○일 오후 3시
장소 : 학교운동장
내용 : 뜀틀 수업 중 넘어져서 발목을 삠
특이 사항 : 개방성 상처는 없음

(가) 통증(pain)
(나) 골 마찰음(crepitus)
(다) 부종(edema)
(라) 변형(deformity)

ㄱ. 손상된 다리를 올린다.
ㄴ. 체중 부하를 줄이거나 막는다.
ㄷ. 안정을 취하고 손상된 부위를 고정하거나 부목을 댄다.
ㄹ. 손상 받은 직후 치료를 촉진하기 위해 온습포를 적용한다.

95-08. 안구 전방 출혈에 관한 응급간호로 옳지 않은 것은?
① 환자의 활동을 극소화시킨다.
② 양쪽의 눈에 안대를 착용케 한다.
③ 눈을 산동시키는 약물을 투여한다.
④ 침상의 상체를 30도 정도 올려 준다.

06-14. 한 학생이 슬리퍼를 신고 복도를 급히 달려가다가 발목을 삐어 보건실을 방문하였다. 이 상황에서 상태 악화를 방지하기 위해 처음 6~12시간 이내에 제공해야 할 간호중재의 원칙을 4가지만 쓰시오.

92-12. 날카로운 이물질에 눈이 찔렸을 때 간호법으로 옳은 것은?
① 눈을 벌려서 상처 부위를 확인한다.
② 지혈을 위한 압박은 피해야 한다.
③ 면봉에 식염수를 적셔 상처를 치료한다.
④ 안대 후 보건실에서 안정을 취하게 한다.

10-28. 다음 사례에서 보건교사가 실시한 응급처치로 옳은 것은?

> 고등학교 1학년 여학생이 실험실에서 실험을 하던 중에 양잿물이 쏟아지면서 학생의 눈에 양잿물이 들어갔다. 사고소식을 듣자마자 보건교사가 실험실로 달려갔더니 학생은 눈을 꼭 감고 안구통증으로 괴로워하며 울고 있었다.

① 산성 액체로 중화 시킨 뒤 생리식염수로 안세척을 실시하였다.
② 멸균된 생리식염수로 5분 정도 안세척을 실시하고 귀가시켰다.
③ 실험실에 비치된 앞치마와 글러브를 착용하고 수돗물로 안세척을 하면서 병원으로 후송하였다.
④ 통증자극을 줄이기 위해 국소적 마취제를 점안하고 양 눈에 드레싱을 적용한 뒤 병원으로 후송하였다.
⑤ 안검을 벌리고 환측 눈의 외측 안각에서 내측 안각 쪽 방향으로 생리식염수로 안세척을 실시하였다.

06-11. 한 남학생이 운동장에서 놀다가 친구들과 부딪혀 팔이 뒤로 꺾인 채 넘어진 후 팔의 통증과 부종을 호소하였다. 보건교사는 골절이 의심되어 병원으로 이송하기 전 부목을 대주었다. 부목을 대줌으로써 얻을 수 있는 효과를 3가지만 쓰시오.

08-04. 중학교 2학년 남학생이 야구를 하다가 안면에 공을 맞아 중절치 1개가 적출된 상태로 보건실을 방문하였다. 이 학생에게 제공해야 할 간호중재를 5가지만 쓰시오.

09-15. 김 씨는 교통사고로 상지와 하지에 골절을 입고 입원 치료 중이다. 왼쪽 상지에는 장상지 석고붕대를 왼쪽 하지에는 단하지 석고붕대를 하고 있다. 김 씨를 위한 재활간호로 옳은 것을 〈보기〉에서 고른 것은?

〈보기〉
㉠ 상, 하지 석고붕대의 제거 후 관절운동의 범위는 통증을 느끼는 범위를 넘지 않도록 한다.
㉡ 상지 석고붕대의 제거 후 액와용 목발의 사용 시 액와보다 손을 사용하여 체중을 지탱하도록 한다.
㉢ 석고붕대를 하고 있는 손상 부위의 근력증진을 위해 등장운동을 격려한다.
㉣ 상지 석고붕대 시 앞단추가 있는 상의를 입었을 때는 오른쪽을 먼저 입도록 한다.

95-18. 과학 실험 중 황산이 눈에 들어갔을 때 제일 먼저 해야 할 일은?
① 식염수나 물로 씻는다.
② 알칼리로 중화시킨다.
③ 병원으로 후송시킨다.
④ 눈을 비벼서 눈물이 나오게 한다.

09-31. 학령기 아동에게 발생하는 응급 상황에 따른 처치가 옳은 것을 〈보기〉에서 고른 것은?

〈보기〉
㉠ 팔에 뜨거운 물로 화상을 입었을 경우 팔을 찬물에 식힌다.
㉡ 질식으로 호흡곤란이 있으면 기침을 세게 하도록 유도한다.
㉢ 부식성 소독제를 마셨을 경우 구토를 유도한다.
㉣ 넘어져서 영구치가 빠지면 치아를 멸균된 거즈에 싸서 치과를 방문한다.

1 화상환자 사정 – 9의 법칙, 병원의뢰

정의	화상이란 열에 의한 조직 손상, 소아에서는 주로 뜨거운 물이나 음식에 의한 열탕화상이 대부분임				
화상의 범위	머리, 목 : 9% 상지 각각 : 9% 몸통 앞뒤 각각 : 18% 하지 각각 : 18% 회음부 : 1% 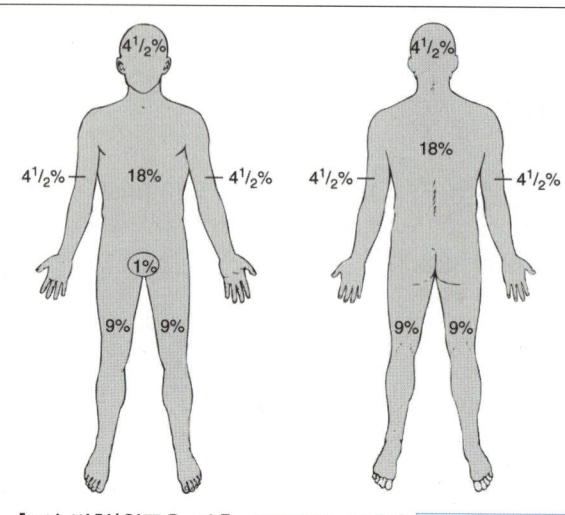 [9의 법칙(왼쪽은 앞측, 오른쪽은 배측)] 95,13 임용 / 12 국시				
화상으로 인한 생리적 변화 00,02,04,05,06,07,14 국시	생리적 변화	체액상실기(응급기)		이뇨기(급성기)	
		기전	결과	기전	결과
	세포외액 이동	• 화상부위 염증반응 : 혈관(혈장) → 간질강 : 교질삼투압 저하, 모세혈관 투과력 증가	부종→혈량↓ 혈액농축	• 간질강 → 혈관	혈액 희석 → 빈혈
	신장기능	• 혈압, 심박출량 감소 → 신장혈류량 감소	핍뇨증	• 혈량 증가 → 신장혈류 증가	요 형성, 이뇨
	Na^+ 변화	• 과도한 세포손상 : K^+는 세포 외로 유리, Na^+은 세포 내로 • 삼출물과 부종으로 Na^+ 소실 • 신기능 저하 : 신장을 통한 K^+ 배설↓	저나트륨혈증, 고칼륨혈증	• 이뇨에 의한 Na^+ 소실 (1주일 이내 정상회복) • K^+가 세포 내로 이동 • 이뇨에 의해 K^+ 소실 (화상 4~5일째 발생) • 부동, 초기 육아조직 형성	저나트륨혈증, 저칼륨혈증, 저칼슘혈증
	단백질	• 모세혈관 투과력 증가 → 조직으로 이동, 교질삼투압 저하	저단백혈증	• 지속되는 이화작용에 단백질 소실	저단백혈증
	질소균형	• 조직의 이화작용 • 환부를 통한 단백질 소실 • 질소섭취 < 배설량	음성질소균형	• 조직의 이화작용 • 단백질 소비, 부동	음성질소균형
	산-염기 균형	• 조직관류 저하 → 혐기성 대사증진 • 최종분해산물인 산의 증가 • 신기능 감소 : 산의 정체 • 혈중 HCO_3 소실	대사성 산증	• 이뇨에 의한 HCO_3 상실 • 과도한 대사 → 산의 축적	대사성 산증
	스트레스 반응	• 외상으로 인해 발생	신혈류량 감소	• 장기적 손상 & 스트레스	스트레스성 궤양

화상의 중증도	화상 손상에 대한 미국화상협회 분류 [10 국시]		손상 정도	
		경증	① 전기적 손상, 흡입 손상, 복합 손상(예 다발성 골절) 및 노인과 만성질환과 같은 위험요인을 가지고 있는 모든 사람은 제외 ② 성인에서 전체 체표면적의 15% 미만의 부분층 화상 ③ 눈, 귀, 얼굴, 손, 발과 회음부의 특정부분을 포함하지 않는 전체 체표면적의 2% 미만의 전층 화상	
		중등도	① 전기적 손상, 흡입 손상, 복합 손상(예 다발성 골절) 및 노인과 만성질환과 같은 위험요인을 가지고 있는 모든 사람은 제외 ② 성인에서 전체 체표면적의 15~25% 미만의 부분층 화상 ③ 눈, 귀, 얼굴, 손, 발과 회음부의 특정부분을 포함하지 않는 전체 체표면적의 10%미만의 전층 화상	
		중증 (즉시 의료기관 후송) [98 임용]	① 눈, 귀, 얼굴, 손, 발과 회음부의 모든 화상을 포함 ② 모든 전기적 손상, 흡입 손상, 다발성 외상 손상, 모든 고위험 환자들을 포함함 ③ 성인에서 전체 체표면적의 25% 이상의 부분층 화상 ④ 전체 체표면적의 10% 이상의 전층 화상	
	화상센터 추천기준		손상 정도	치료방침
		경증	• 체표면적의 10% 미만의 화상(성인) • 체표면적의 5% 미만의 화상(어린이, 노인) • 체표면적의 2% 미만의 전층 화상	외래치료
		중등도	• 체표면적의 10~20% 화상(성인) • 체표면적의 5~10% 화상(어린이, 노인) • 체표면적의 2~5%인 전층 화상 • 고압전기 손상 • 흡입성 손상이 의심 • 몸이나 팔다리 전체를 둘러싸는 화상 • 감염에 걸리기 쉬운 동반질환이 있을 때(당뇨 등)	입원치료
		중증	• 체표면적의 20% 이상의 화상(성인) • 체표면적의 10% 이상의 화상(어린이, 노인) • 체표면적의 5% 이상의 전층 화상 • 고압전기 손상 • 흡입성 손상이 있는 화상 • 얼굴, 눈, 귀, 성기, 관절부위 화상 • 골절과 같은 주요 손상이 동반될 경우	화상센터로 이송

2 화상환자 처치

❶ 화상의 심도(정도)사정과 처치 92,93,96 임용 / 00,04,06,10 국시

	1도(발적)	2도(수포성)	3도(괴사성)
원인	• 태양광선 • 낮은 강도의 빛	• 끓는 물, 불꽃	• 불꽃 • 뜨거운 용액에 장시간 노출 • 전류에 노출
피부손상 정도	• 표피층	• 표피와 진피의 일부	• 피부전층 침범 • 신경, 혈관, 근육, 뼈의 파괴
증상	• 통증 : 쿡쿡 쑤심 • 발적, 종창, 감각과민	• 통증, 감각과민, 냉감에 민감(촉각 및 공기의 흐름에 매우 민감함) • 수포	• 무통(감각 없음, 핀과 같은 날카로운 것에 대한 감각이 둔화됨) • 쇼크증상, 혈뇨, 혈액의 용혈
환부의 상태	• 핑크색, 붉은색 • 누르면 창백 • 부종 : 약간 or 없음	• 수포, 붉고 얼룩덜룩 • 표면에 수분이 스며나옴	• 하얀색, 갈색, 검은색, 붉은색(누르면 색깔 변화 ×) • 건조, 부종, 조직괴사 • 피부 파괴로 지방층 노출
진행과정	• 불편감이 48~72시간 지속됨 • 1주 이내 완전 치유 • 피부 껍질 벗겨짐	• 2~3주 이내에 회복 • 약간의 반흔 형성 & 변색 • 감염 시 3도 화상으로 전환	• 자연치유 불가능 • 가피, 반흔 형성, 외형/기능상실 • 피부이식 필요
처치	• 화상부위 냉각 • 필요시 진통제 투약 • 피부의 수분 유지 & 소양증, 손상 방지 : 알로에 젤, 윤활유 93 임용	• 냉각 93 임용 • 물집은 터트리면 안 됨 : 감염위험성, 큰 반흔 야기 92,93,96 임용 • 염증 우려 시 의사 처방에 따른 항생제 연고도포 후 윤활유 92 임용 • 10% 이상 시 감싸서 병원 후송	• 냉각 93 임용 • 마르고 붙지 않는 살균드레싱 or 깨끗한 천으로 상처 감싸기(탈지면이 직접 닿지 않게) 92,96 임용 ** 상처에 아무것도 도포하지 말 것 • 의식 있는 환자 : 찬 소금물 93 임용 • 쇼크예방 : 다리거상, 보온 → 병원 후송

❷ 화상의 공통적 간호 및 치료

간호목표	통증감소, 감염예방, 쇼크예방
(1) 이동	안전한 곳으로 이동

(2) 사정
11 임용 /
22,23 국시
	① ABC : 의식여부, 기도유지, 호흡유무, 순환상태 사정 → 기도개방
	   ⊙ CPR이 요구되는 상태라면 CPR 먼저 시행
	   ⓒ 그을린 코털, 쉰 목소리, 천명음, 검댕이 가래가 존재하는지 목과 얼굴 상태 관찰(즉시 병원 후송)
	② 화상원인
	③ 화상부위
	
	④ 응급처치
	⑤ 증상
	⑥ 화상발생 시 환자상태(의복 등)
	⑦ 화상범위

	얼굴, 목, 가슴	• 물리적인 폐색, 2차적인 부종, 가피형성 → 호흡기능 방해, 흡입 손상과 호흡점막 손상 가능성이 있음
	손·발, 관절, 눈	• 스스로 관리하기 어렵고 장기적 기능에 악영향을 미침 • 손과 발은 표면에 혈관과 신경이 있어서 손상위험이 큼
	코, 귀	• 연골로 되어 있고 혈액순환이 잘 안되어 감염가능성이 높음
	둔부, 생식기	• 감염위험이 높음
	팔, 다리	• 신체의 말단으로 말초 순환장애 유발가능성이 큼

(3) 화상부위 식혀주기	가장 중요한 것은 화상부위를 식혀주는 것임 09 임용

	목적
	94,11 임용
		① 잔열로 인해 열손상이 진행되어 화상면적이 확대되는 것을 막아줌 94 임용
		   단, 화상부위가 광범위한 경우에는 화상부위를 찬물에 담그면 과도한 열손실을 야기할 수 있어
		   권장하지 않음. 또한 화상상처에 얼음을 직접 대면 동상을 일으킬 수 있으므로 금기
		② 염증을 억제 : 국소적 부종경감, 통증을 줄여주기 위함

	범위별 중재	10% 미만의 화상	① 화상부위를 찬물이나 얼음물에 담가 식힘 ② 흐르는 수돗물, 얼음주머니, 젖은 물수건 이용(직접 닿으면 안 됨 : 화상부위에 직접 얼음이 닿으면 갑작스러운 혈관수축, 심한 체액이동의 원인이 되어 악화되므로 금지) ③ 가벼운 화상의 경우 10분, 중증은 30분 이상 식힐 것
		15~20%가 넘는 화상	① 저체온증의 위험이 있으므로 찬물로 식혀서는 안 됨 ② 건조드레싱으로 덮음, 체온소실 예방 위해 전신보온 제공
	옷 제거	① 옷을 입은 채로 화상당한 경우 옷을 억지로 벗기지 않아야 함 ② 옷을 입은 채로 냉각시킨 후 벗기기 힘든 의복은 가위로 잘라서 벗긴 후, 환부에 청결한 거즈덮기
	보석 제거	① 화상으로 인한 부종이 생기기 전에 보석, 시계, 조이는 옷 등을 풀어주어야 함 ② 금속을 통한 열의 전도, 부종형성으로 인한 조임 방지, 화상 주변 조직의 압박으로 말초 조직 혈류 방해 예방하기 위함

(4) 환부소독 및 처치	① 감염위험이 있고 회복 후 큰 반흔을 야기하므로 수포는 터뜨리거나 벗기지 말고 그대로 둠
	② 환부는 청결한 거즈로 덮으며, 병원후송 전 괴사조직 제거나 국소적 투약 금지
	③ 2차적 세균감염이 되지 않도록 소독을 철저히 할 것
	   ⊙ 2도 이상의 화상은 silver sulfadiazine살균제가 들어 있는 화상연고(실마진 크림, 일바돈 크림) 도포 92 임용
	   ⓒ 하루 한번 2~3mm 두께로 환부를 덮도록 충분히 바르고 붕대로 덮고, 다음날 거즈나 흐르는 물로 연고를 씻어내고 다시 도포

(5) 통증조절	통증이 있는 경우 소염 진통제나 타이레놀 투여
(6) 구강섭취	의식이 있다면 차가운 소금물을 먹임 (2도/3도 화상 시 피부의 진피층 손상 → 모세혈관 투과력 증가 → 부종, 혈액량 감소)

(7) 후속조치	① 상처치유 과정에서 햇빛에 노출 시 착색되기 때문에 외출 중 가능한 일광노출을 피하게 함 ② 파상풍 예방접종이나 최근 10년 이내 파상풍 추가접종을 받지 않았을 때에는 상처의 크기와 정도에 관계없이 예방접종을 받아야 함
(8) 우선행동	① 응급처치 : 현장조사, 자료수집, 응급처치 시행 ② 이송(계획) : 학부모 연락, 119 신고, 병원 후송 　- 화상면적이 넓으면 병원에서 치료받는 것이 좋으며, 화상면적이 신체표면의 30% 이상인 경우 쇼크를 일으켜 생명이 위험해짐 ③ 후속조치 : 증거 및 자료정리, 기록, 상부에 보고, 학교 안전공제회 신청

❸ 치료진행과정별 처치 : 응급기 → 급성기 → 재활기

(1) 응급기

정의		화상의 전신반응과 손상 및 화상상처를 관리하는 데 중점 일반적으로 24~48시간 정도 지속됨
병태 생리	① 피부 문제	㉠ 보호 장벽 상실 → 수분-전해질 불균형, 체온-조절 장애, 발한기능 장애, 감각장애, 비타민 D 합성장애 ㉡ 신체상 손상
	② 체액과 전해질의 이동	처음 12시간 내에 변화, 때에 따라 24~36시간 지속 ㉠ 일차 혈관수축 후 화상주위의 혈관이완 → 모세혈관 투과성 상승 → 수포, 부종, 체액 상실 → 혈액량, 신혈류량, 사구체여과율, 정맥귀환량, 심박출량 감소 → 저혈량성 쇼크, 핍뇨 [14 국시] ㉡ 간질강(interstitial space)으로 지속적인 혈장이동 ㉢ 혈장단백질, 혈장, 전해질이 간질강으로 이동 → 말초부종(Peripheral edema) ㉣ 단백질 이동으로 교질삼투압 감소 ㉤ 체액이동과 물리적 손상(피부방어벽)으로 체액손실(저혈량 쇼크) ㉥ 세포가 파괴되어 세포외액으로 칼륨유출로 고칼륨혈증(hyperkalemia) ㉦ 세포 외액에서 세포 내로 이동, Na^+-K^+ pump 부전으로 인한 저나트륨혈증 ㉧ 탈수와 혈액점도의 증가로 혈액농축(Hgb, Hct) : 체액상실은 손상 후 처음 12시간 내에 가장 흔히 일어나 24~36시간까지 지속가능함
		화상 ↓ 혈관 투과력↑ ↓ ↓ 부종　혈관내 용적↓ (적혈구, 백혈구는 빠져나가지 않음) ↓ ↓ 혈액량↓　헤마토크릿↑ ↓ 혈액점성↑ ↓ 말초저항↑ ↓ 화상쇼크
	③ 체액의 재이동	24~36시간이 지나면 염증성 반응 가라앉고, 모세혈관에서 혈장이 새어나가는 현상 중단 ㉠ 체액이 혈관 내로 되돌아오면, 체액과 전해질 균형이 회복 ㉡ 신장의 혈류가 증가하여 요형성과 이뇨 증가 ㉢ 말초부종 해소, 체중이 정상으로 회복 ㉣ 신장이 나트륨 방출로 인한 저나트륨혈증 가능 ㉤ 세포 내로 칼륨이 재이동하여 저칼륨혈증 가능 ㉥ 혈액 희석으로 인해 빈혈

병태생리	④ 면역계	㉠ 화상 → 감염에 대한 신체 1차 방어기전 손상 → 면역기능 억제 → 감염과 패혈증 가중 ㉡ 체액성 면역반응과 세포중개성 면역반응을 억제하여 면역기능 감소 ㉢ 화상치료로 인한 항생제, 혈액성분 수혈, 수술 및 처치에 대한 스트레스 등 면역기능 더욱 약화
증상	쇼크	통증과 저혈량증으로 인한 쇼크
	무감각	전층화상·심부 부분층 화상으로 인한 신경말단 손상으로 인한 무감각
	통증	표재성·중등도 부분층 화상으로 인한 통증
	수포	부분층 화상으로 인한 삼출물 형성
	마비성 장폐색	심한 외상과 칼륨이동의 결과로 인한 발생
	저산소증	무의식과 정신상태 변화의 가장 흔한 원인으로 연기흡인으로 인한 저산소증

치료 및 간호 02,11,13,15 국시

① 호흡증진 11,13 국시

기도유지	기관 내 삽관
환기증진	호흡관찰
가스교환 모니터	ABGA, 흉부X-ray, CVP, PCWP
산소요법	$PaO_2 < 60mmHg$, 기관내삽관, 기계환기 필요
약물요법	항생제, 심근수축제, 근육이완제, 안정제, 진통제, 항불안제
체위변경과 심호흡	기침, 심호흡 유지, incentive spirometry, 흉부물리요법
수술	기관절개술, 흉관삽입술, 가피절개술

② 심박출량 증진 : 체액보충, 조직관류 증진

수액공급 13 임용 / 02,13 국시	적절한 수액공급은 정상 심박출량, 평균동맥압, 충분한 순환량 등을 유지함 • 총체표면적(TBSA) 15~20%의 화상환자 : 화상성 쇼크를 예방하기 위해서 정맥 내 수분 공급 필요함 → 중증화상에서는 모세혈관 투과성의 변화로 물, 소듐, 혈장단백질(특히 알부민)이 간질공간과 주변조직으로 이동해서 화상성 쇼크(저혈량성 쇼크)가 발생할 수 있음 • 심한 화상의 소생법은 주요기관의 관류를 유지하기 위해 단시간 내 많은 수액보충 • 화상 후 이틀째 24시간 동안의 수액투여량과 내용은 환자의 수분과 전해질 균형 및 치료반응에 따라 처방 • 대부분의 수액처방은 병원 도착시간이 아닌 손상시간으로부터 계산, 치료에 대한 환자반응을 파악하여 수액요구량을 결정, 필요시 중심정맥 카테터를 삽입하여 다량의 수액투여

방법	형태	용액	입원 시 공급비율
변형된 브룩	0.5mL/kg/%TBSA화상	등장성 식염수에 proteinate, 5% 알부민	첫 8시간 동안 1/2
	1.5mL/kg/%TBSA화상	정질용액 (dextrose 제외)	이후 16시간 동안 1/2
파크랜드 공식	4mL/kg/%TBSA화상 (24시간 동안)	정질용액	첫 8시간 동안 1/2 이후 16시간 동안 1/2

혈장 교환 요법	• 수액요법에도 불구하고 화상 후 쇼크가 지속될 수 있음 • 화상쇼크에 대한 기존 치료방법이 실패한 중증 환자에게 가끔 사용 • 혈장을 제거하고 신선한 냉동혈장으로 대치하거나 혈액을 제거하고 전혈을 수혈, 혈장 교환은 수액요구량을 감소시키고 요배설량을 증가시킬 수 있음
모니터링	• 임상수치를 통해 수액요법이 적절한지 판단 • 뇌, 심장, 신장 등의 관류와 수화가 적절한지를 확인 • 요배설량(심박출량과 조직관류를 사정할 수 있는 민감한 비침습적 사정지표), 심폐기능 모니터링, 심전도 모니터

③ 그 외 약물요법, 수술, 통증관리 등

(2) 급성기

정의		응급 말기부터 화상 상처가 치유될 때까지의 시기로 10~20일이 소요됨
병태생리	체액/전해질	체액의 재이동으로 이뇨시작, 심한 부종 사라짐 → Na^+, K^+ 소실
	염증/상처치유	상처회복 시작으로 섬유아세포(교원질의 전구 형태) → 육아조직 형성
	면역계	백혈구들의 식균작용 → 회복진행, 괴사조직 탈락
	기타	장음 회복, 환자는 상황인식
증상		① 부분층 화상 : 빠르게 분리되는 가피형성, 가피제거 시 상피화가 일어나고 분홍색 상흔이 나타남 → 자연치유되는데 10~14일 정도 소요됨 ② 전층화상 : 괴사조직 발생 ③ 이뇨에 의한 나트륨과 칼륨 소실, 칼륨이 세포 내로 이동하여 저나트륨혈증과 저칼륨혈증 초래 ④ 지속적인 이화작용으로 인한 단백질 소실
치료와 간호	수액치료	
	피부통합성 증진 (상처간호)	① 상처 매일 사정, 필요하면 괴사조직 제거 ② 합병증 관찰 ③ 조기 절개와 이식(전층 화상) → 치유시간과 입원기간 단축(목적 : 수분과 단백질 상실 및 세균증식 감소, 육아조직 생성촉진/과잉생성 방지, 노출된 신경·근육·건 보호, 통증 감소, 경축예방, 반흔 감소, 빠른 치유 도모) 07 국시 <table><tr><td>이식환부</td><td>두꺼운 드레싱으로 밀봉, 부목</td></tr><tr><td>공여부위</td><td>소독거즈로 덮은 뒤 압박드레싱 적용, 부종 감소 위해 상승</td></tr><tr><td>조기이상</td><td>조기이상 격려로 이식부위 비후방지</td></tr></table>
	통증관리	① 진통제 투여 ② 비약물 요법 : 최면, 심상법, 점진적 근육이완법, 전환요법, 바이오피드백 등
	영양치료	① 장음 돌아오는 대로 구강섭취 ② 총 열량 산정 : 화상의 범위, 체중에 기초하여 결정 ③ 단백질 요구량 약 1.5~3.2mg/kg : 25% ④ 1일 칼로리 증가 : 3,500~5,000kcal(지방 20%) ⑤ 비타민 C(치유촉진) 증가 1~2g, 비타민 A/B/C 공급 ⑥ 철분(빈혈치료) ⑦ 염분 공급
	감염예방	① 철저한 손 씻기 ② 감염임상징후 사정, 상처부위 분비물 냄새·색깔·치유지연 사정 ③ 멸균법
	물리치료	① 세포 외액을 혈관 내로 귀환 ② 초기부터 ROM 실시로 운동기능 유지와 구축예방

(3) 재활기

정의	화상부위가 총체표면적의 20% 이하로 감소하고 환자가 어느 정도 자가간호를 수행할 수 있게 되는 시기로 빠르면 2주, 늦으면 2~3개월 후에 시작됨		
병태생리 및 임상증상	염증/상처치유 ① 피부색 짙어짐 : 멜라닌 세포 많이 파괴 → 1년 동안 치료 부위를 햇빛에 직접 노출되지 않도록 함 ② 반흔 → 경축 : 움직임이 많은 손, 다리, 가슴 등 부위 ③ 피부가 치유되면서 가려움증 야기 ④ 새로 형성된 피부 : 외부자극에 약함 – 쉽게 물집 형성, 추위, 열, 접촉에 과민하거나 둔감함 ⑤ 상처치유 : 조직구조 재생 → 완전한 회복 : 6개월~2년		
치료와 간호	피부간호	① 개방부위 상처 간호 ② 유연하고 습하게 할 것 → 보습제 : 가려움과 벗겨짐 감소	
	경축예방	구축과 흉터 예방/최소화 ① 운동, 물리요법, 수치료, ROM, 능동적 관절운동, 스트레칭 ② 압력의복 : 비후성 반흔 감소 ③ 치료적 체위 유지	
		어깨, 팔꿈치	팔꿈치 부목
		액와	앞으로 10~15° 굴곡 외회전/외전, 액와 부목
		손	손 부목, 손등 굴곡, 손바닥 과신전
		둔부	하지 뻗은 상태로 앙와위, 대전자롤, 무릎 부목, 장하지 부목
		하지	무릎 신전, 발목 배측굴곡
	환자와 가족의 상담과 간호교육	① 불안이나 관심사에 대해서 이야기하도록 기회를 제공하고 경청 ② 필요시 전문기관이나 전문가에게 의뢰	
	자가간호 격려 지지	일상생활 수행에 있어서 직접 하도록 격려	
	신체상 증진	① 필요시 의사, 심리학자, 성직자 등에게 의뢰 ② 미용성형수술이나 재건수술	

(4) 화상환자 퇴원 시 교육내용

병원방문	① 치유된 부위가 손상되어 개방된 경우 ② 수포 형성, 감염의 징후(발열, 발적, 통증, 부종, 환부나 환부 주위가 따뜻하거나 딱딱해짐) ③ 탄력붕대, 압력 의복이 맞지 않거나 바로 아래 부위에 수포 형성
목욕	① 매일 실시하여 환부 청결하게 유지 ② 순한 비누, 부드러운 스펀지 사용, 충분히 헹궈줌 ③ 목욕물의 온도는 적절하게 : 피부가 열·냉에 매우 민감, 손상방지 ④ 완전히 건조 ⑤ 지시된 드레싱 적용
환부관리	① 환부는 거즈에 중성 비눗물을 묻혀 닦아내줌 ② 손을 씻고 드레싱 교환 ③ 소독장갑 착용하고 소독제 사용하여 대야나 욕조를 세척
탄력붕대관리	① 너무 헐겁거나 너무 단단하게 감으면 안 됨 ② 6~12개월 정도 계속 감고 있어야 함
일상생활법	① 태양광선 노출× : 자외선 차단제, 모자/긴소매·긴 바지 ② 피부를 벗겨내지 않도록 : 부드러운 옷 착용, 특수상황에서 피부 손상 가능성 인식(세탁, 조리, 다림질) ③ 균형 잡힌 식사, 체중관리(탄력의복에 영향), 하루에 2L 이상의 수분 섭취 ④ 하루 4회 이상의 손상받은 사지와 관절의 운동 ⑤ 유산소 운동 - 인내심 증진 ⑥ 처방에 따라 투약 - 약의 부작용, 적응증, 용량 교육 ⑦ 압박성 의복은 매일 비누를 사용하여 청결하게 유지 ⑧ 예정된 시간에 병원 방문

(5) 화상환자 간호진단

비효율적인 호흡양상	상기도 부종, 폐부종, 기도폐색, 폐렴 등으로 인한 호흡기능장애와 관련
심박출량 감소	모세혈관 투과 증가와 관련
체액부족	전해질 불균형, 혈장상실, 부적절한 체액보충과 관련
조직관류의 변화	심박출량 감소, 혈관 외 체액이동, 저혈량, 가피의 수축, 부종 등과 관련
급·만성통증	신경말단의 손상이나 노출, 변연 절제술, 드레싱 교환, 침습적 시술 및 피부이식 등과 관련
불안	초기 화상, 죽음 위기, 상황 위기, 통증유발 시술, 낯선 환경, 중요한 사람과의 분리, 통제감 상실과 관련
체액과다	과도한 정맥주입과 관련
비효과적인 체온조절 위험성	대사과다, 보호 장벽의 상실 등과 관련
감각지각 변화	안구주위 부종이나 궤양, 병원환경, 소음, 감염, 드레싱 등
두려움	통증, 지식부족, 치료시술, 입원, 분리, 사회복귀와 관련
피부통합성 장애	조직손상과 관련
감염위험성	피부장벽 손실과 관련
영양부족	과다대사 상태와 관련
운동장애, 신체부분의 기능상실	피부손상, 피부경축 등과 관련
신체상의 손상, 사회적 격리	피부손상, 외형의 변화와 관련
부적절한 가족대응	
지식부족	

④ 화상의 원인별 처치

① 안전한 곳으로 이동, 사정(V/S, 의식 확인, CPR) → ② 기도유지, 2차 사정(원인, 정도, 범위, 발생기간, 경과한 시간, 나이, 부위, 동반된 의학적 손상, 응급처치 여부, 기존질환 사정) → ③ 원인제거 → ④ 상처부위 처치 → ⑤ 병원 후송 → ⑥ 합병증 예방 → ⑦ 추후관리

열에 의한 화상 09 임용 / 06 국시	원인	뜨거운 액체·고체, 수증기, 화재, 섬광, 자외선
	사정	1·2·3도 화상

	응급 처치	① 화재 현장에서 발견했을 때 불을 끄고 안전한 곳으로 이동, 의식상태와 V/S 점검
		② 기도유지, 생명이 위험한 상태에 처했는지 확인하고 먼저 해결한 뒤 화상처치
		③ 화상부위 냉각 : 화상부위가 전체 체표면적의 15~20% 이상 시 저체온증 우려가 있으므로 냉각 적용하지 말 것
		④ 상처부위 처치
		  ㉠ 의류 및 액세서리 제거
		  ㉡ 수포 터트리면×, 상처부위 소독, 거즈 드레싱 적용
		⑤ 통증조절, 의식이 있으면 소금물
		⑥ 병원 후송 : 화상부위에 아무것도 바르지 않고 젖은 멸균거즈를 대고 후송

화학물질에 의한 화상 09 국시	원인	가성소다, 표백제, 가구 세척제, 페인트 제거제
	사정	화끈거림, 발적/종창, 화상부위 탈색, 흡입 : 호흡기 장애, 마비

	응급 처치	① 기도유지, 기도/호흡/순환사정
		② 화학물질 제거
		  ㉠ 세척 전 묻어있는 건조 화학물질 제거
		  ㉡ 식염수와 물로 10분 이상 세척(단, 원인 화학약품 종류를 확인하여 적용)
		  ㉢ 원인 화학약품 종류 확인 🔔 페알 석회솔 황물
		
		| 알칼리성 약품 | 더 위험(더 깊게 스며듦) |
		| 페놀(불수용성 물질임) | 알코올로 충분히 세척(물은 희석되어 피부의 깊은 층까지 손상)한 후 물로 세척 |
		| 석회나 인 같은 분말 | 솔로 털어냄(석회가 물과 혼합되면 강력한 부식성 물질로 작용함) |
		| 농축된 황산 | 물로 세척 |
		| 분명하지 않거나 중화물질이 없다면 | 원인물질이 분명하지 않거나 중화물질이 없다면 중화시키려고 애쓰지 말 것 |
		
		③ 의류 및 액세서리 제거 : 작열감이 감소하면 화학물질이 있는 옷 제거
		④ 상처부위 처치 : 깨끗한 수건으로 얼룩 있는 피부 덮음 → 문지르지 말 것
		⑤ 지속적인 모니터링을 통해 병원 후송

흡입화상 06 국시	원인	강한 열이나 화염에 호흡기 노출, 유해 화학물질, 연기, 일산화탄소 흡입
	형태	연기와 흡입에 의한 화상 형태 | 일산화탄소 중독 | 저산소혈증, 피부 선홍색 | | 성문 위 흡입 | • 열에 의하여 발생 : 뜨거운 공기, 수증기, 연기 • 인후두 점막의 화상 : 발적, 물집, 부종 → 기도폐색으로 빠른 진행 • 탄 코털, 쉰 목소리, 연하곤란, 구강/비강점막 검게 변함 • 천명음/협착음 • 침흘림 | | 성문 아래 흡입 | • 화학물질에 의하여 발생 • 임상증상 12~24시간까지 나타나지 않음. 이후 급성 호흡곤란증후군 야기 |

흡입화상 06국시	사정	① 빠르고 얕은 호흡, 그을린 코털, 쉰 목소리, 천명, 검댕이 가래 ② 상기도 염증 ③ 목과 가슴 화상으로 통증, 연하곤란 ④ 산소포화도 감소 ⑤ 의식 변화
	응급처치	① 현장 & 1차/2차 조사 : 안전한 곳으로 이동, 기도유지, 얼굴과 목의 화상, 기타 외상 사정 ② 의복 제거 ③ V/S, 의식수준, 호흡상태를 모니터링하며 즉시 병원으로 후송
전기화상	원인	고압선이나 번개
	사정	① 가죽 같거나, 희거나, 그을려진 색의 피부, 타는 냄새, 촉각 손상, 전류가 들어가고 나온 상처 존재, 전류의 힘에 의해 골절, 탈구 발생, 부정맥, 심장마비 ② 전류가 낮은 경우(1,000V 이하)에 전류는 저항이 가장 낮은 혈관, 신경, 근육으로 흐름 ③ 전압이 높은 경우에는 가장 짧은 통로로 흐름 ④ 교류가 직류보다 더 위험함 : 테타니성 근강직을 야기함
	응급처치	① 전원차단 : 전기발생 물질로부터 환자 분리 ② 기도유지 & 화상을 입은 위치 사정, 외상 사정 : 전기가 들어온 부위와 나간 부위 화상, 신경경로의 방해로 나타나는 마비, 근육압통이나 근육경련, 호흡곤란, 호흡마비, 불규칙한 심박동이나 심정지, 쇼크 증상과 징후, 혈압 상승 또는 저하, 심한 근육수축 또는 골절과 탈구, 겉으로 나타나는 화상부위는 적어도 내부 조직 손상은 상당함 → 호흡기능과 심장기능 정확히 사정 ③ 화상부위 냉각, 의복제거, 건조 드레싱으로 화상부위 덮음 ④ 심장기능, 호흡기능 이상에 대비하며 병원으로 후송
방사선 화상	원인	다량의 방사선(핵 방사선, 산업방사선, 치료방사선)에 노출되었을 때 발생
	사정	① 홍반, 수포, 습/건성 낙설, 궤양 ② 급성 방사선 증후군 : 세포성 결핍, 식욕부진, 오심, 구토, 피로, 설사, 발열, 호흡곤란
	응급처치	① 방사선으로부터 환자 분리 ② 피부에 방사선 물질이 있다면 환자를 오염되지 않은 가장 가까운 장소로 이동 ③ 방사선에 노출된 경우 보호용 장갑과 막대를 사용하여 의류 제거 ④ 환자를 목욕이나 샤워시키고 병원 후송

화상환자 합병증 및 생존율

❶ 화상의 치료단계별 합병증

치료단계	합병증
응급기	① 면역억제 : 체액성, 세포성 면역 모두 억제됨 ② 패혈증 : 총 체표면적 40% 이상의 화상에서 발생 가능 ③ 폐렴과 급성호흡부전 증후군 : 특히 흡인화상의 경우에 발생 가능 ④ 쇼크로 인한 심부전과 신부전 ⑤ 컬링궤양(스트레스성 궤양) : 위액과다와 점액생산 감소로 초래됨 [93 임용] ⑥ 마비성 장폐색 ⑦ 정상적인 슬픔 반응 : 부정
급성기	① 상처 감염 ② 구획증후군 [16 임용] ③ 심리적 문제 : 슬픔, 죽음과 생존에 대한 공포
재활기	① 반흔조직과 경축 형성 ② 기능상실과 장애 ③ 정상 슬픔 반응이 기능과 대인관계 문제에서 현실적인 미래의 목표에 대한 관심으로 바뀜

❷ 화상의 계통별 합병증

심맥
관계
	① 부정맥
	② 저혈량 쇼크 : 심박출량 감소
	   ㉠ 수액부족으로 인한 현상이 분포성 쇼크 발생 가능
	   ㉡ 징후 : 정신상태 변화, 호흡 변화, 소변량의 감소, 혈압/중심정맥압/폐모세관압/심박동량 감소, 맥박
	       증가 등 발생
	③ 화상초기 : 빈맥, 혈압하강
	④ 말초모세혈관 조직 확산 감소 : 허혈상태
	⑤ 말초부종, 체중 증가

호흡
기계
	① 호흡기계 상해 : 상기도 손상, 후두개 이하 흡입손상, 호흡운동 손상
	② 상기도 손상 : 흡인된 연기나 자극물질이 부종과 기도폐쇄, 유독가스가 흡입되면 보호기전으로 성대 폐쇄
	   → 흡입된 공기는 상기도에 열을 전도하여 구강과 목의 염증반응으로 인해 부종이 발생하여 상기도 폐색
	     현상
	③ 후두개(glottis) 이하 손상
	   ㉠ 불완전한 연소물질이나 유해가스를 흡입할 때 발생
	   ㉡ 섬모활동 저하, 과도한 분비물, 심한 점막부종, 기관지경련, 폐포 내 계면활성제가 감소
	      → 무기폐(atelectasis) 초래, 객담에서 탄소미립자 배출, 호흡양상 변화(쉰 목소리, 쇳소리 나는 기침,
	        연하곤란과 침흘림, 천명음과 협착음 등)
	   ㉢ 입술, 얼굴, 귀, 목, 눈썹, 안검, 속눈썹의 화상은 흡입화상의 가능성
	④ 호흡운동 손상 : 흉부 깊은 화상으로 인해 형성된 가피가 흉곽운동 억제, 목 구조 압박초래, 가피절개술
	⑤ 폐부종(Pulmonary edema) : 폐손상, 응급기 폐부종(수액대체요법과 심근의 과부담으로 발생)

비뇨기계	핍뇨	응급기 24시간 동안 소변량 감소, 신장으로 가는 혈액순환이 감소해 사구체여과율이 감소
	혈뇨	적혈구 파괴, 헤모글로빈과 칼륨 방출
	마이오글로빈뇨	근육이 손상이 되면 마이오글로빈 방출
	신기능 손상	손상된 세포는 단백질 산물 방출 → 요산생성 → 신장 세뇨관 침전 → 여과흐름 방해 → 신기능 손상
	급성 신부전	수분공급 지연/부적절, 소변에서 헤모글로빈과 마이오글로빈 발견 시 → 급성 신부전 의심
소화기계	컬링궤양 (Curling's ulcer) 93 임용 / 12 국시	① 스트레스 궤양으로 중증화상의 50%에서 발생 ② 기전 : 교감신경의 항진으로 위장관 혈관이 수축하여 허혈발생, 부교감신경 항진으로 위산분비 증가와 펩신의 활성화 증가 ③ 사정 : 헤모글로빈 수치 감시(위장관 출혈 의미) ④ 예방 : 제산제 투여(pH↑유지), 산분비 억제제(cimetidine ; tagamet, ranitidine ; zantac) 투여
	마비성 장폐색 (Paralytic ileus)	① 위 확장증과 마비성 장폐색증은 화상 초기 자주 발생 ② 교감신경계 항진으로 초래 ③ 증상 : 오심, 구토, 복부팽만(고장성) ④ 치료 : 비위관 삽입(흡인), 장음 사정, 빠른 구강섭취 시도
근육계	구획증후군	
	기전	화상으로 형성된 두꺼운 가피가 주위의 혈관과 신경을 압박하여 부종과 신경장애 증상을 나타내는 것
	치료	• 사지의 주변 신경혈관 상태 깊게 사정 • 도플러 초음파로 말초맥박 매 시간 측정 • 사지상승 → 부종 감소 • 사지통증, 말초맥박 소실, 감각소실 등의 증상 즉시 보고 → 가피절개술 시행

❸ 화상의 생존율

[연령과 화상범위에 따른 화상환자의 생존표] 93 임용

연령	화상범위	생존율	사망률
5세 이하	50%	66%	34%
5~40세	50%	80%	20%
40~60세	50%	51%	49%
60세 이상	50%	9%	91%

** 유아는 성인에 비해 진피층이 얇아서 화상의 깊이가 더 깊고 감염의 위험도 더 크다.

4 상처

정의			① 신체조직의 내적, 외적 연속성이 물리적인 방법에 의하여 파괴된 상태로 때로는 이것을 손상이라고 함 ② 신체의 연부조직(표피, 지방층, 근육을 포함)의 손상을 상처라고 함
유형 96 임용	피부표면 파열 유무	개방성 상처	피부나 점막에 손상을 입은 상처
		폐쇄성 상처	피부 유합과는 무관한 상처
	손상 정도	표재성 상처	피부의 표피와 진피 일부에 국한된 상처로써 반흔이 형성되지 않음
		심부성 상처	표피, 진피, 피하조직, 근육층에 이르는 상처로써 반흔이 형성됨
		자상 - 원인	못, 바늘, 철사, 칼 등과 같은 날카로운 기구에 의해 생긴 좁고 깊은 상처
		자상 - 특성	① 피부 표피뿐 아니라 진피와 더 깊은 조직과 기관에도 손상을 입은 상처 ② 그 부위가 좁고 깊어 소독하기가 어렵기 때문에 상처 속으로 더러운 물질과 세균이 유입되기 쉬우므로 감염의 가능성이 큼 → 세균 감염으로 인한 심각한 상태가 되어 생명위협의 위험이 있기도 함
		천공	이물질이 내장기관을 뚫고 나가 생긴 상처
	상처모양	절상 - 원인	칼, 면도날 또는 유리조각과 같은 예리한 물체에 의하여 베어진 깨끗한 상처
		절상 - 특성	① 잘 감염되지 않음 ② 대부분 혈관이 절단되어서 출혈량이 많음 ③ 손, 발 등의 사지 손상 시에는 힘줄 등 심부조직 절단이 동반되는 경우도 있음
		열상 - 원인	기계나 둔한 물건에 타박 또는 압박되거나 혹은 부딪혔을 때 울퉁불퉁하게 찢어진 상처
		열상 - 특성	이는 깨끗이 씻어내는 것이 어려우므로 염증을 유발하는 세균(포도상구균, 연쇄상구균 등)에 의해 감염성이 크고 염증(연조직염 등)이 잘 발생됨
		찰과상 - 원인	마찰로 인해서 표피나 진피의 일부분이 긁히거나 벗겨지는 것, 손상된 피부가 깨끗하지 않고, 다양한 깊이로 손상을 얻고 표피의 손실을 가져오는 상처
		찰과상 - 특성	① 찰과상은 타박상과 더불어 흔한 형태의 손상이며, 운동 중에 넘어지거나 미끄러지면서 타박상과 더불어 생기는 경우가 가장 흔함 ② 출혈은 심하지 않으나 염증을 유발하여 세균에 감염되기 쉽기 때문에 단순 찰과상이 다음날이 되어도 통증이 가시지 않을 때에는 주위 조직이 손상되거나 혈종, 골절 등의 합병증을 의심해 봐야 함
		타박상 - 원인	신체의 일부분이 둔탁한 물건에 부딪히므로 생기는 폐쇄성 상처
		타박상 - 특성	① 특징적인 증상은 부종, 피부색의 변화, 동통 등임 ② 멍이 심한 경우에는 골절이나 내출혈 같은 심부 손상을 의심해 봐야 함
결체 조직에 의한 회복	1차 유합		수술부위나 종이에 벤 상처처럼 상처 주변이 깨끗할 때 가능 : 지혈/염증단계 → 육아조직기/증식기/섬유증식기 → 반흔 수축기/재건기
	2차 유합		① 실질세포의 재생만으로 본래구조를 완전히 복구될 수 없고 육아조직이 변연부에서 자라 회복을 마무리 짓는 것 → 육아조직으로 결손부위를 막아줌 ② 외상으로 인한 상처, 궤양, 감염이 있으면 다량의 삼출액이 생기고, 광범위하게 불규칙한 상처 가장자리를 남김
	3차 유합		① 지연된 상처 유합으로 일어남 → 흉터가 크게 남음 ② 1차적 상처가 감염될 때 상처가 열리면 육아조직화가 된 후 봉합됨 ③ 3차 유합은 1차/2차 유합보다 더 크고 단단하고 붉은 반흔 조직을 초래함

	상처치유 과정 15임용/18국시 & 치유과정 중에 나타날 수 있는 합병증 01임용 🔊 염증성			
지혈, 염증기 (0일~3일)	상처가 생기고 3일까지는 지혈 및 염증단계 : 상처부위의 혈관수축, 섬유소 침전, 혈전형성으로 출혈이 감소되며 조절됨			
	(1) 지혈기	세포와 혈관이 손상되면서 혈액이 상처가 난 혈관벽을 만나면 → 혈소판 작용을 유도하고, 혈액 내 피가 굳게 하는 응고인자들을 활성화시킴 → 그 결과 섬유소(피브린) 덩어리가 생겨 상처부위에 엉겨 붙어 굳으면 더 이상의 혈액과 체액의 손실을 막을 수 있는 지혈단계가 완성됨		
	(2) 염증기 19,21 국시	불필요한 조직과 미생물을 파괴하는 단백질 분해효소가 상처부위에서 분비됨		
		① 혈관성 반응	초기 혈관수축 후 손상된 혈관조직에서 히스타민 유리로 혈관 이완과정이 시작 → 혈류량이 늘어나고 혈관 투과성이 증가함 → 혈장 이동을 통해 혈장 단백질, 백혈구 등이 혈관 밖으로 스며 나와 손상부위에 삼출액 형성	
		② 세포성 반응	㉠ 삼출액 증가로 조직에 백혈구 등 여러 가지 염증세포가 증가됨 → 백혈구가 죽은 조직 및 세균을 탐식, 제거하고 혈관형성을 유도하여 상처치유에 도움을 줌 ㉡ 염증세포들은 이물질에 대한 면역반응 외에도 콜라겐 합성 및 생성에도 관여 → 섬유소 그물망(fibrin network)을 형성하여 상처치유의 발판 형성	
	합병증 🔊 감기쇼	감염, 기능상실, 출혈로 인한 쇼크		
		※ 파상풍 위험이 높은 상처 🔊 6분별감오조 ① 6시간 이상 된 상처 ② 별모양 상처(방사성 상처), 결출 상처 ③ 분쇄상처 ④ 뚜렷한 감염징후가 있는 상처 ⑤ 조직괴사 징후가 있는 상처 ⑥ 오염물질을 포함하고 있는 상처		
(섬유) 증식기 (4일~2주)	4일에서 2주까지는 증식성 단계, 상처가 육아조직을 채워지고 수축되어 상피화에 의해 상처표면을 재형성함			
	(1) 육아조직 형성	교원질 합성과정	상처부위에서 섬유소 그물망(fibrin network)을 따라 이동한 섬유아세포(fibroblast)가 증식하면서 → 새로운 조직을 만드는 콜라겐 복합체를 형성하여 → 새로이 만들어지는 조직을 튼튼하게 만들어 육아조직(granulation tissue)을 형성	
		새로운 혈관 생성과정	혈관손상의 저산소증 → 대식세포 증가 → 혈관생산인자 방출 → 내피세포 생성 → 새 모세혈관 종횡으로 나타남	
	(2) 상피화	① 증식성 단계에서는 육아조직이 과형성되어 상처가 주변 피부보다 솟아오르기도 함 ② 한 피부의 겉에 존재하는 상피세포는 분화 및 증식을 통해 상처부위에서 피딱지 사이의 틈을 따라 이동하여 상처부위를 덮어나감 ③ 상피세포의 재생은 3cm 정도가 가능한 수준이므로 상처의 크기가 너무 클 경우 피부이식 요구됨		
	(3) 수축	상처 주변 피부와 조직이 서로 잡아 당겨지면서 손상부위 수축 진행, 상처크기 감소		
	합병증 🔊 누적과 파열	누공, 적출(내부 장기 돌출), 육아조직 과다 형성, 상처파열, 열개		
성숙기 (= 재건기, 재형성기) (12일~)	2주 정도 지나고 성숙단계에 접어들면 염증 세포들이 사라지고 난 후 혈관생성의 진행이 정지되면서 섬유화도 정지되어지는 단계 : 콜라겐이 재조직화되고, 흉터가 재건되어 상처가 치유됨			
	반흔 형성	콜라겐의 합성이 최대로 증가하면서 반흔(흉터)이 형성되고 붉게 튀어 나오다가 보통 6개월 정도 지나면 차츰 콜라겐 섬유가 재배열되고, 감소하면서 혈관들이 압박되어 반흔은 점점 얇아지고, 색깔도 연해지면서 원래의 피부색이 나타나게 됨		
	합병증	켈로이드 형성		

상처치유 영향요인	내적 요인	혈관분포	산소, 영양공급
		환자상태	당뇨, 감염, 방사선 요법, 합병된 질환
		비만	지방조직은 상처봉합 방해
		약물	면역억제제, 항염증제
		흡연	헤모글로빈 기능약화, 혈소판 응집 증가
		스트레스	스트레스 주 호르몬인 코티졸은 염증반응을 억제함
		연령 증가	노인은 세포성장과 분화가 느리므로 상처회복이 느리고, 백혈구수가 감소되어 상처감염의 위험이 큼
		영양	단백질, 탄수화물, 지방, 비타민(A, B, C, D, K), 무기질(아연, 철분) 18 국시 ① 단백질 : 조직의 구성성분으로 조직의 재생을 도움 ② 비타민 C : 교원질 합성에 필수인자로 상처회복을 도움
	외적 요인		상처범위, 상처부위, 상처감염, 조직손상 정도
상처치유 과정에서 사정해야 할 요소 01 임용	치료 전 사정		① 환자의 상태사정(활력징후) ② 상처의 크기와 심각성을 사정 ③ 상처에 출혈 및 삼출물이 있는지 검사 ④ 이물질이 상처에 있는지 검사 ⑤ 합병된 상처를 사정 ⑥ 상처에 이물질이 있다면 최근에 파상풍주사를 맞았는지 확인
	치료 중 사정	전체 과정	외양 : 상처주위 피부색깔, 상처 가장자리, 열개의 크기와 부위
			배농 : 드레싱 위치, 색깔, 냄새, 젖은 강도
			부종 : 멸균장갑 끼고 상처 가장자리 만져 봄
			통증 : 계속적 심한 통증, 갑작스런 심한 통증은 내부출혈 또는 감염
		염증기	상처크기, 주변조직 상태, 지혈, 조직괴사 여부
		증식기	육아조직, 상피화
		성숙기	반흔 조직의 모양, 크기, 색깔 등
치유과정 합병증 01 임용	염증기		① 감염 ② 기능상실 ③ 출혈로 인한 쇼크
		내출혈	환부의 팽창이나 부종, 저혈량으로 인한 쇼크의 징후(혈압강하, 빈맥, 빈호흡, 불안정, 과도발한)들을 관찰
		외출혈	드레싱에 혈장성 삼출액이 고이는 것을 관찰
	증식기		① 열개
		개념	적출, 피부층과 조직의 분리, 수술 후 3~11일 사이에 발생
		증상	원인 모를 열, 빈맥, 비정상적인 상처, 통증
		간호	상처부위의 열개나 적출이 있는지 관찰, 복부 수술환자의 경우 기침, 침상에서 일어날 때 주의점 등을 교육
		고위험자	비만, 복부 수술 시 기침이나 구토, 침상에서 일어날 때, 상처배액 증가
			② 누공 : 두 기관 또는 신체외부와 기관 사이에 비정상적인 통로가 생기는 것 ③ 적출 : 내부장기가 상처 부위 밖으로 나온 것 ④ 상처파열 ⑤ 육아조직 과다형성 : 상피 재형성 방해
	성숙기		켈로이드 형성(종양성 반흔), 상처 경축

		드레싱	
목적	상처보호	① 기계적인 손상으로부터 상처보호 ② 미생물의 오염으로부터 상처보호	
	치유촉진	③ 상처치유를 위한 습기유지 ④ 상처부위의 체열방출을 차단함으로써 치유촉진 ⑤ 상처부위의 삼출물 흡수와 괴사조직 제거	
	손상예방	⑥ 압박붕대와 탄력붕대의 적용으로 출혈 및 부종 예방 ⑦ 상처부위를 고정함으로써 추가 손상 예방	
기본원칙	① 외과적 무균술 적용, 드레싱 부위의 배액과 특성 관찰 ② 순서 : 오염이 덜 된 부위에서 오염된 부위로, 수술부위에서 주변피부로, 배액부위에서 주변조직으로		

	구분		특징 및 적응증		장·단점
드레싱의 종류 11,12,13,16 국시	투명필름 드레싱 (Op-Site)	특징	① 한 면이 접착력을 가진 반침투성 드레싱 ② 수분은 빠져나가지 못하지만 산소를 통과하는 얇고 투명한 막	장점	① 삼출액이 작은 상처의 1차 드레싱 ② 드레싱 제거 시 주위조직 손상 없음 ③ 상피세포가 재생하도록 적절한 습도 유지 ④ 상처사정 용이
		적응증	삼출액이 적은 상처	단점	테이프를 상처와 수직으로 각 테이프 사이 2~3mm 간격으로 붙여야 함(∵상처 전체를 덮으면 봉합효과가 줄어듦)
	거즈 (gauze)	특징	① 가장 흔한 흡수성 드레싱 ② 새롭게 생긴 외과적 절개나 지혈을 위해 압박이 필요하거나 삼출물을 흡수시키고자 할 때 사용	장점	① 보통 정도의 배액흡수 ② 상처에 거의 자극 없음 ③ 거즈는 다양한 짜임이 있고 모양, 크기와 길이도 다양하여 상처에 맞게 사용가능
		적응증	깊은 상처, 침식과 터널이 있는 상처 팩킹	단점	상처를 사정할 수 없음
	포화 비접착성 제제 (Adaptic, Xeroform dressings)	특징	샐라인, 아연-샐라인, 항균물질 등이 포함된 솜이나 합성물질형태의 제제	장점	① 상처를 보호하고 진정시키고 덮는데 사용 ② 습윤 환경 제공
		적응증	삼출물이 없는 상처	단점	상처를 보호하는 2차 드레싱이 필요
	하이드로-콜로이드 (Duoderm, Comfeel) 15 임용	특징	① 접착력이 있는 겔 성분으로 흡수성 폐쇄드레싱 ② 상처부위에 7일간 부착해 두면 삼출물이 겔 형태로 변화되면서 육아조직과 상피조직이 재생됨	장점 치유보수	① 상처보호 : 상처를 덮는데 사용, 쿠션으로 상처보호, 오염원(세균, 이물질 등)으로부터 상처보호 ② 소량의 삼출물 흡수 ③ 치유촉진 　㉠ 겔은 치유를 돕기 위한 습한 환경을 유지하여 딱지가 생기지 않고, 치유가 빨라짐 　㉡ 습한 환경은 육아조직과 상피조직 재생을 촉진함 　㉢ 습한 환경이 괴사조직을 제거하여 치유촉진 ④ 자체 접착능력, 자체 생활방수
		적응증	감염되지 않은 3단계 욕창, 오염원이 포함되지 않은 상처	단점	오염된 상처나 감염된 상처인 경우에는 감염증상이 악화됨

구분		특징 및 적응증		장·단점	
드레싱의 종류 11,12,13,16 국시	청결흡수 아크릴, 필름 (Tegaderm)	특징	① 상처부위에 5~7일간 부착하는 투명한 흡수성 웨이퍼로 아크릴면은 삼출물을 흡수하고 투명막의 과도한 증발방지 ② 롤 형태로 된 것은 비멸균상태이므로 상처에 직접 적용하지 말 것	장점	① 상처사정이 용이하고 감염으로 상처보호 ② 치유를 위한 습한 환경유지, 가피형성 예방 ③ 공기통과 기능
		적응증	삼출물이 없는 상처	단점	삼출물이 있는 상처와 감염된 상처에는 부적합함
	하이드로겔 (Hydrogel)	특징	① 겔이나 시트로 이용 ② 물(96%)과 폴리에틸렌 옥사이드(4%)를 혼합하여 사용하는 드레싱으로 상처의 진정효과	장점	① 삼출물 흡수 ② 괴사조직이나 부유물 용해, 상처의 기저부에 수분제공(1~3일 동안 상처에 습기유지)하고 사강 채움 ③ 신경말단을 촉촉하게 하여 통증완화
		적응증	욕창, 찢어진 피부, 표재성 상처 등	단점	① 2차 드레싱 필요 ② 과다사용은 연화 유발
	폴리우레탄폼 (메디폼, Polymem)	특징	① 압축된 포말패드 ② 외부는 반투과성 필름이고 내부는 폴리우레탄폼으로 구성된 비접착성 드레싱	장점	① 상처표면에 수분제공 ② 상처에서 수분은 빠져나오지 못하지만 공기는 통과하여 상처 건조를 예방함 ③ 딱지형성을 방지하고 상처손상을 최소화 ④ 기포제가 완충효과와 편안함 제공
		적응증	① 삼출물 흡수기능이 현저하므로, 삼출물이 많은 상처에 적용 ② 삼출물이 많은 3단계 욕창이나 육아조직이 자라는 욕창	단점	2차 드레싱 필요
	알지네이트 (Debrisan, Algiderm)	특징	갈색해조류의 세포벽에 있는 다당류로 만든 비접착성 드레싱	장점	① 삼출물 흡수가 탁월 ② 겔 형성으로 상처표면의 습기유지 ③ 상처의 사강을 줄이기 위해 팩킹 재료로 사용 ④ 지혈성분 함유로 출혈 시 상처지혈 촉진
		적응증	① 욕창, 다리 궤양, 정맥울혈성 궤양 ② 삼출물이 심한 상처, 깊고 좁은 루와 누공 등	단점	① 2차 드레싱이 필요 ② 건조한 상처나 괴사조직이 덮인 상처는 부적합함
간호	간호진단 12 임용		간호계획		
	외상과 관련된 감염위험성 증가	① 감염예방: 손 씻기 방법 지도, 감염증상 관찰, 감염의 증상과 징후 교육, 감염예방법 교육, 파상풍 예방접종 권장 ② 영양관리: 적절한 영양섭취 권장, 필요시 단백질, 철분, 비타민 C 섭취 증가 ③ 활력징후 감시 ④ 상처간호: 상처부위 세척, 필요시 드레싱 제공, 상처가 긴장되지 않는 체위를 취하도록 교육, 상처 특성 기록, 상처치료방법을 대상자와 가족에게 교육			
	연조직 손상과 관련된 급성통증	① 통증관리: 통증의 정도와 형태 사정, 통증사정도구를 사용해서 기록, 비약물 통증법 교육 (바이오피드백, 이완법, 연상요법, 놀이요법, 마사지, 냉온요법 등), 동통완화를 촉진하기 위해 적절한 수면과 휴식을 취하도록 함 ② 불안 감소: 침착하고 신뢰감 주는 접근법 사용, 대상자와 함께 있어줌, 불안완화를 위한 이완법 교육 ③ 적절한 염좌의 처치 제공: 냉요법, 고정 및 압박, 안정 및 휴식, 거상, 진통제 투여			

개방성 창상 처치 92,98 임용 / 07,23 국시	응급처치		상처 외에 전신 상태에 따라 기도유지, 심폐기능 등 우선순위에 따라 처치
	진단		다른 조직의 손상여부 확인, 상처 진단 : 상처 깊이, 상태, 모양 등

	상처치료	청결	① 상처부위 의복은 가위로 잘라 전부 제거
			② 물 또는 식염수 세척 – 표피 조직과 이물질 제거(죽은 조직 제거, 상처부위에 털이 있으면 제거), 다시 식염수 부어 세척 → 감염위험성 저하 : 감염에 따른 치유지연 예방
			③ 과산화수소와 베타딘 용액은 사용하지 말 것
			   ㉠ 육아조직, 건강한 세포, 섬유아세포에 독성효과
			   ㉡ 감염조절에 효과 미비
			   ㉢ 공기 색전 유발 : 깊은 상처나 보이지 않는 체강에서 과산화수소는 공기색전을 유발할 수 있음

		상처 세척 효과	① 죽은 조직 및 이물질 제거 ② 상처 치유 촉진
		상처 세척 방법	① 상처의 깨끗한 부분에서 오염된 부분으로 흐르도록 함 ② 주사기를 이용하여 세척 시 상처에서 1~2인치 정도 떨어져서 세척 ③ 괴사조직이 없고 깨끗한 상처 : 피부손상을 최소화하는 것이 목적으로 낮은 압력으로 부드럽게 세척, 세포 독성이 없는 용액을 이용하는 것이 좋은데 생리식염수가 가장 좋음 ④ 괴사조직이 있거나 오염된 상처 : 상처 표면으로부터 괴사조직과 미생물을 제거하는 것이 목적임 ⑤ 면봉으로 소독 시 : 상하로 긴 상처는 위에서 아래로, 안에서 밖으로 닦으며, 원형의 상처는 안에서 밖으로 그리면서 세척 ⑥ 세척액은 상처치유에 유해하지 않아야 하며 온도는 체온 정도(37℃ 정도)가 이상적임(찬 용액은 상처온도를 낮추어 정상으로 회복하는 데 3~4시간 걸림) ⑦ 개방상처에서 소독제를 사용하는 것은 세균에 독성이 있을 뿐 아니라 백혈구와 섬유아세포에 독성이 있으므로 주의해야 함
		지혈	직접 압박법, 국소 거양법(상승), 지압법(동맥 근위부 압박), 지혈대법

		감염예방	이물질, 괴사된 조직 및 혈종제거, 항생제 투여 → 항생제 연고, 드레싱
			(단, 관통상은 이물질을 제거하지 말 것 : 움직이지 않게 고정하여 후송)
			◆ 박트로반 연고 : 피부감염을 일으키는 세균에 효과적인 국소항생제 크림
			  – 세균성 피부감염(농가진, 모낭염, 감염성 습진)
			  – 외상이나 화상에 의한 피부감염에 사용
			  – 용법 : 1일 2~3회 환부에 얇게 펴 바름
			◆ 항생제＋국소 스테로이드 연고 : 티나덱스, 복합 마데카솔, 새론크림
			  – 환부에 1일 1~3회 적당량 도포

		고정	상처부위 고정 및 안정 : 드레싱, 압박붕대법, 부목법, 휴식
	보존 및 지지적 치료		• 파상풍 예방접종 • 고통 경감, 물리요법 등
		합병증 예방	① 감염 예방 : 손 씻기 방법 지도, 감염증상 관찰 및 교육, 감염예방법 교육, 파상풍 예방접종 권장 ② 영양관리 : 적절한 영양섭취 권장, 필요시 단백질, 철분, 비타민 C 섭취 ③ 활력징후 감시, 상처간호 : 상처부위 세척, 필요시 드레싱, 상처에 긴장되지 않는 체위, 상처 특성 기록, 상처 치료과정을 대상자와 가족에게 교육
		통증관리	통증의 정도와 형태사정, 통증사정도구를 사용해서 기록, 비약물 통증교육법 교육, 동통완화를 촉진하기 위해 적절한 수면과 휴식하도록 함
		불안 감소	침착하고 신뢰감을 주는 접근법, 대상자와 함께, 이완법 교육

붕대법		
목적		① 드레싱 고정 ② 드레싱 위 직접 압박하여 지혈 ③ 부종억제 ④ 사지나 관절을 고정하거나 지지 ⑤ 상처의 배출물을 흡수하고 오염방지
주의점		① 다친 부위보다 조금 더 넓은 면적의 붕대, 매듭은 상처 위에 짓지 않는다. ② 다친 부위 아래쪽에서 위쪽으로, 심장에서 먼 쪽에서 시작, 나선형으로 돌리면서 감는다. ③ 부드럽고 주름이 없게 감고, 너무 느슨하게 하거나 꽉 조이게 감지 않는다. ④ 손가락, 발가락 끝까지 모두 붕대로 감지 않는다. 　㉠ 주기적으로 환부 순환상태를 검사하여 적절한 압박강도를 확인한다. 　㉡ 6P : 창백한 피부, 냉감, 통증, 마비, 얼얼한 느낌, 맥박 결손 시 바로 붕대 제거 ⑤ 움푹 들어간 곳은 솜, 양말, 수건으로 대준 후 붕대를 감아준다.
붕대법 14 국시	환행대	붕대 끝부분을 부상부위의 아래 또는 위에 매고 안쪽에서 바깥쪽으로 두 번 정도 먼저 더 감는다. 붕대 감기의 끝맺음을 할 때는 상처부위를 피하고 한 번 똑바로 감고 끝을 고정한다.
	나선대	팔, 다리, 손가락 등 비교적 굵기가 고른 부위에 1/2~1/3 이상 겹치는 방법으로 평행하게 감는다.
	나선 절전대	굵기가 다른 다리의 하부나 전박에는 붕대를 감을 때마다 뒤집어 감아 붕대가 흘러내리지 않도록 2/3~3/4 정도 서로 겹치게 감는다.
	사행대	가볍게 고정시키거나 부목을 고정할 때 사용하며 처음 감은 환행대에 붕대가 포개지지 않도록 하여 나선 모양으로 감아올리고 감아 내린다.
	팔자 붕대법	관절을 감을 때 효과적으로 부동을 유지하면서 편하게 함

손가락 절단 시 처치 (= 최절상 시 처치) 11 임용	(1) 지혈	① 손상부위를 심장보다 높이 올릴 것 ② 손상부의 근위부에 있는 동맥을 찾아 압박하거나 직접 압박법 적용 ③ 지혈대 사용 × : 조직, 혈관, 신경이 파괴되어 재접합 × ④ 잘려 나간 상처가 있는 조직에 출혈이 지속될 경우 거즈를 위에 덧대어 줄 것 (피에 젖을 때마다 거즈를 교환하면, 손상부위에 자극이 되어 출혈이 더 심해질 수 있음) ⑤ 지속해서 활력징후를 주기적으로 확인

	(2) 절단부 처치	① 절단 부위
		   ㉠ 가능하면 물로 세척하여 이물질 제거, 문지르면 ×
		   ㉡ 멸균거즈나 청결한 천을 대고 압박붕대로 고정 : 출혈 감소, 통증완화, 손상방지
		
		② 절단된 신체부위
		   ㉠ 씻을 필요 없음, 마른 거즈나 깨끗한 천으로 감싼 후 비닐봉지나 방수 용기에 담아 물이 들어가지 않도록 함
		   ㉡ 잘려 나간 조직은 얼음에 직접 닿지 않게 아이스박스에 넣음(드라이아이스 사용 ×)
		   ㉢ 아이스박스에 아동의 이름, 날짜, 시간이 적힌 라벨을 붙이고 아동과 함께 즉시 병원으로 가져감
		
		잘려 나간 부분을 소독한 마른 거즈에 싼다. → 비닐봉지나 방수용기에 담는다. → 얼음 위에 놓는다. 얼음 속에 묻지 않는다.

	(3) 잘려 나간 부분 처치	주의 사항: ① 잘려 나간 부분은 젖은 드레싱에 싸지 않음
		   → 젖은 물질에 상처부위가 젖어 부드러워져 접합이 어려움
		② 잘려 나간 부분을 얼음 속에 묻으면 × : 언 피부는 접합 ×
		③ 피부 or 건이나 인대 등으로 간신히 붙어있는 부분을 자르지 않음
		   → 제자리에 다시 맞춰 놓고 소독한 마른 드레싱이나 깨끗한 천으로 싸고 얼음에 직접 닿지 않게 아이스박스에 넣어서 이동

	(4) 심리적 지지	불안감 등을 표현하는 기회를 제공하고, 지지 제공

5 출혈

정의	혈액이 혈관 밖으로 벗어나 체조직 내, 신체외부 또는 체강으로 흘러나오는 것	
원인	혈관 자체의 직접손상	수술, 상처
	혈관벽 이상	감염, 악성 종양
	혈액 자체의 질환	혈우병, 혈소판 감소성 자반증
출혈을 의심할 수 있는 증상과 징후 13 임용	교감신경계 증상	발한(창백, 차고 축축한 피부), 오심, 구토, 빠르고 얕은 호흡, 빠르고 약한 맥박, 청색증, 창백 등
	순환혈액량 감소 관련 증상	갈증호소, 혈압저하, 소변량 감소, 체온하강(순환혈량 감소와 함께 대사량 감소에 의해 발생), 누운자세에서 경정맥 편평
	신경계 증상	불안, 안절부절못함, 말기로 진행되면 시력장애, 현기증, 동공확장, 이명, 무의식 등

응급처치 98 임용 / 08,11,14,20 국시	내출혈 시 13 임용	① 환자를 안정시키고 조용히 하고 충분히 안심시킨다. ② 자세 : 가능하면 하지를 올려주고 상체를 수평으로 한다(뇌출혈이나 뇌부종 환자는 금기). ③ 환자의 신체에 조이는 부위를 느슨하게 해준다. ④ 환자의 체온하강을 방지하기 위해 담요를 덮어 보온해 체온을 유지시킨다. → 병원 후송
	외출혈 시 98 임용	내출혈 처치에 더하여 다음의 처치를 해준다. ⑤ 세척 : 상처를 청결히 한다. ⑥ 지혈 : 지혈을 도모한다. ⑦ 모세혈관 출혈, 정맥성 출혈 시에는 국소 거상, 직접 압박법을 해준다.

⑦ 표:

국소 거상법	출혈부위를 심장보다 높게 올려 중력에 의한 출혈을 최소화시킴
직접 압박법	• 상처부위를 멸균된 거즈나 깨끗한 천 등으로 두툼하게 접어서 상처부위 전체를 덮도록 댄 다음 손가락, 손바닥 등으로 세게 직접 압력을 주어 압박하는 방법으로, 응괴형성을 촉진하여 지혈도모함 • 만약 피가 천 밖으로 스며 나오면 천을 떼지 말고, 그 위에 새로운 거즈나 천을 덧대고 처음보다 더 세게, 더 넓은 부위 압박 • 피가 멎으면 붕대나 긴 천으로 상처 부위를 누르고 있는 거즈나 천을 그 자리에 고정시킴

⑧ 동맥성 출혈은 지압법을 적용하고, 경우에 따라 지혈대를 사용한다. 13 임용

지압법 (= 지혈점 압박법)	출혈부위로 가는 가장 가까운 동맥혈관을 지압 11 임용 • 직접 압박법으로 피가 멎지 않을 경우에만 사용 • 상처부위에 손을 대지 않아 염증발생을 줄이는 장점이 있으나 어느 정도 기술을 필요로 함 • 동맥을 찾은 후 손가락 끝으로 동맥 밑에 있는 뼈에 닿도록 압박하여 피가 흐르지 않게 해야 함 • 피가 멎게 되면 즉시 이 방법을 중지하여 다른 조직이 상하는 것을 방지해야 함 • 출혈부위에 따른 지압할 동맥

출혈부위	지압할 동맥	출혈부위	지압할 동맥
두피(머리)	측두동맥	상완	상완동맥
머리, 경부	총경동맥	손	요골동맥
안면	안면동맥	다리	대퇴동맥
어깨, 팔	쇄골동맥		

응급처치	외출혈 시	지혈대 사용	동맥의 차단을 목적으로 상지나 하지를 동맥혈을 차단할 정도의 압력으로 묶는 방법(→ 지혈되고 나면 소독, 항생제 연고 도포, 드레싱 제공, 필요하다고 판단되면 병원 후송)	
98 임용 / 08,11,14,20 국시	98 임용		방법	• 지혈대로 출혈되고 있는 위쪽 상단부분을 두 번 감고 묶는다. 가운데에 지혈봉(막대기)을 낀다. • 지혈봉을 돌려 압을 준다. 수축기압보다 약간 높게 감아준다(단단히 감지 않으면 정맥혈류만 차단하고 동맥혈은 많이 흐르게 해서 더 많은 출혈이 일어날 수 있다). • 지혈대의 양쪽 끝을 지혈봉에 감아준 것이 풀리지 않도록 고정한다.
			주의할 점	• 지혈대는 직접 상처에 닿지 않도록 한다. • 지혈대는 면적이 넓은 것으로 사용(5cm 이상) : 끈이나 철사 같은 재료는 조직의 괴사를 촉진한다. • 최후의 수단으로 쓴다. • 지혈대를 일단 하면, 의사에게 가서 풀게 된다는 것에 유의한다. • 지혈된 부위를 노출시키도록 한다. • 지혈대를 묶은 옆에 시간을 명시한다. • 지혈대는 관절에 적용하지 않는다(∵ 관절에 지혈대를 적용하면 관절 주변의 혈액순환을 감소시키고, 관절 내부의 관절낭액의 순환을 저하시킬 수 있음). 13 임용

6 비출혈

원인 96 임용	국소	외상	코 파기, 이물질 삽입, 직접적인 둔상, 심한 재채기 등이 흔한 원인
		비조직의 만성적 염증	세균성 또는 바이러스성 염증, 전정 비염, 급성비염, 만성 부비동염 등
		신생물	섬유종, 악성종양
	전신	약물남용	코카인, 대마 등
		전신성 질환 - 순환기 질환	고혈압, 동맥경화증 등
		응고장애 질환	혈우병, 재생불량성 빈혈, 백혈병, 혈소판 저하증, 혈소판 장애 등
		약물	아스피린이나 비스테로이드성 항염제 과다 사용, 항암치료, 호르몬 변화(피임약, 임신 등), 비강 스테로이드 등
		기타 질환	매독, 결핵 등
	기타	메마른 공기에 의한 비점막 건조나 급작스런 기압변동	
		고기압	귀, 부비동, 치아, 폐 등에 압력외상으로 인한 기계적 장해와 산소중독 및 질소 마취작용으로 인한 화학적 장해를 일으킬 수 있음
		저기압	항공성 중이염 등의 압력손상, 저산소증과 고산병 등을 일으킬 수 있음
호발부위	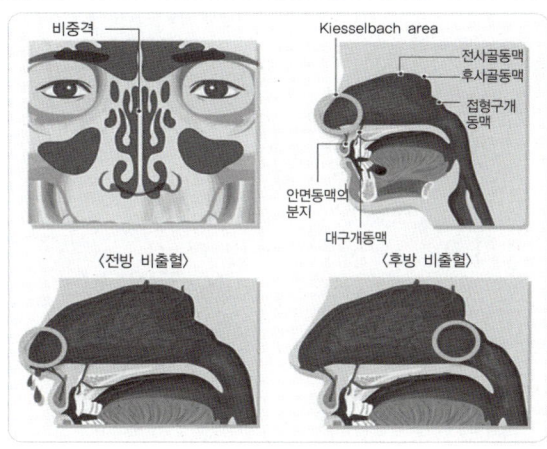 ① 어린이와 청소년은 전방부위에서, 노년기에는 코의 후방에서 출혈하는 경향이 있음 ② 일반적인 비출혈 호발부위 92 임용 : Kiesselbach area		
치료간호 07 임용 / 07,17 국시	지혈	체위	앉은 자세로 고개를 약간 앞으로 기울인 자세를 취하는 것이 인두에 혈액이 적게 흘러들어감
		출혈량이 많을 때	① 코와 양미간 등에 찬 찜질 ② 에피네프린 등을 적신 솜을 출혈부위에 5~10분 정도 압박 ③ 팩킹 : 비강에 심지 삽입, 비출혈 후 48~96시간 동안 유지하고, 심지 제거 후 48시간 동안은 코를 풀지 않도록 교육(출혈방지)
		출혈이 소량인 경우	① 코에 찬 찜질 ② 코뼈 바로 아래에서 콧구멍 압박 ③ 면구를 비전정에 삽입 + 손끝으로 코를 비중격 쪽으로 10분 정도 압박
	지도	인두나 구강 내 혈액은 삼키지 말고 뱉도록 지도함	
	병원 후송	30분 정도 경과해도 출혈상태가 여전하면 의료기관으로 보냄	
	추후 교육	① 당일 : 비출혈이 금방 멈추었더라도 심한 운동을 삼가도록 지도하고 코를 풀지 않도록 함 ② 매일 반복되는 경우 원인질환의 존재가 의심 ③ 코의 질환이나 혈액질환의 유무를 조사해서 원인질환을 치료	
예방	① 아동의 방이 건조해지지 않도록 함(특히, 겨울) ② 아동의 코를 후비거나, 문지르거나, 코에 이물질을 넣지 않도록 함 ③ 코를 풀 때는 부드럽게 풀고 재채기는 입으로 하도록 아동에게 가르칠 것 ④ 코피 재발 방지 : 3~4일간 엎드린 자세, 상체를 낮춘 자세, 강도 높은 운동, 뜨거운 음료, 뜨거운 물 목욕이나 샤워를 삼갈 것		

PLUS+

• 토혈·각혈의 비교

	토혈 12,14 국시	각혈
전구증상	구역, 복부 불쾌감	기침, 인후 자극통
증상시작	구토 시 출혈	기침 시 출혈
출혈의 성상	거품 없음	부분적으로 거품 동반
색깔	검붉은색	선홍색
출혈의 산도	산성	알칼리성
함유물	음식물	백혈구, 세균, 혈색소를 함유한 대식세포
과거력	알코올 중독, 궤양, 간질환	폐질환
빈혈	흔함	드묾
대변 잠혈반응	양성	음성

7 두개골절

정의			두부손상은 두피나 두개골 혹은 뇌조직에 대한 모든 외상을 말함
유형	두피열상		① 외부에서 쉽게 발견할 수 있는 두부외상 ② 두피에는 혈관이 많이 분포되어 있어 대부분 두피열상의 경우 출혈량이 많음 ③ 가장 흔한 합병증 - 혈액량 소실, 감염
	두개골절	선상골절	저속도의 손상으로 초래, 뼈의 연속선이 끊겼지만 부분들 간의 관계 변화는 없음
		함몰골절	강한 가격으로 초래, 두개골이 안쪽으로 들어감
		단순골절	저강도 혹은 중등도의 충격으로 초래, 조각이 나거나 열상을 동반하지 않은 선상 혹은 함몰골절
		분쇄골절	직접적이고 강한 힘에 의한 충격으로 발생, 뼈가 여러 군데 조각이 난 다중선상 골절
		복합골절	심한 두부손상, 두개 공간과 연결통로가 생긴 두피열상과 함몰골절
	경증 두부손상	뇌진탕	갑작스럽고 일시적인 기계적 두부손상으로 신경활동의 붕괴와 의식 변화를 동반하는 경증 뇌손상으로 의식을 완전히 잃을 수도 있고, 그렇지 않을 수도 있음
			특징적 증상: 잠깐 동안의 의식 변화, 역행성 기억상실증, 두통 뇌진탕 후 증후군이 나타나기도 함 - 지속적인 두통, 기면, 성격변화 및 행동 변화, 집중시간 단축, 단기기억 감소, 지적능력 변화 등이 나타날 수 있음
	중증 두부손상	뇌좌상	뇌조직의 국소부위 타박상, 일반적으로 폐쇄성 두부손상과 연관됨. 흔히 출혈과 경색, 괴사 및 부종발생
		뇌열상	뇌조직이 찢어지는 것으로 흔히 함몰골절, 개방성 골절 및 관통상과 연관
			중증 뇌손상 발생 시 출혈, 혈종형성, 발작, 뇌부종 등을 포함하여 많은 지연된 반응이 나타남
두개골절 종류에 따른 임상증상	선상골절		X-ray상 가는 선, 저속도 손상으로 두개골의 연속성 손상, 합병증이 없으면 특별히 치료를 요하지 않음
	함몰골절		① 강한 가격으로 두개골이 안쪽으로 들어감 ② 뇌열상과 감염 초래, 외과적 처치가 24시간 내에 요구됨
	기저 두개골절 15 임용		① 전두엽과 측두엽의 기저부위를 따라 골절이 이루어지는 것으로 뇌척수액이 귀, 코에서 흘러나오거나 뇌신경 손상 증상, 출혈 등의 증상이 나타남 ② 뇌간 부위가 인접하므로 심각한 두부손상
			특징적 징후 A. Raccoon's sign: 안구주위의 반상출혈 B. Battle's sign: 귀 뒤에서의 반상출혈(귀뒤 유양돌기 부위의 반상출혈) C. 뇌척수액의 Halo sign(= Ring sign): 비루나 이루를 거즈에 묻혀서 보면, 가운데 붉은 혈액이 모이고, 그 주위에 누르스름한 뇌척수액이 둘러싸는 현상

응급 관리	원인	둔기외상	자동차 충돌, 도보사고, 낙상, 보행, 폭행, 스포츠 손상
		관통상	총상, 화살
	사정 소견	표면증상	① 두피열상 ② 두개골의 골절이나 함몰 ③ 안면의 좌상 혹은 타박상, Battle 징후 ④ Raccoon sign(눈 주위 멍)
		호흡기계	① 중추신경성 과다환기 ② 체인-스톡 호흡 ③ 산소포화도 감소 ④ 폐수종
		신경계	① 동공부동 혹은 동공이완 ② 비대칭적 안면운동 ③ 욕설 ④ 혼돈 ⑤ 의식수준 저하 ⑥ 공격적 ⑦ 불수의적 운동 ⑧ 발작 ⑨ 변실금과 요실금 ⑩ 이완성 마비 ⑪ 반사 억제된 혹은 과도 반사 ⑫ 제뇌 자세 또는 제피질 자세 ⑬ GCS상 12점 이하 ⑭ 코나 귀로 뇌척수액이 흘러나옴
	중재	초기	① 기도확보 ② 경추고정 ③ 비재호흡 마스크로 산소 투여 ④ 생리식염수 또는 링거액을 주입하기 위해 두개의 큰 구경의 카테터를 이용하여 정맥로 확보 ⑤ 멸균 압박 드레싱으로 출혈조절 ⑥ 콧물, 귀에서 흐르는 물, 두피손상 사정 ⑦ 환자의 옷 제거
		지속적 모니터링	① 담요를 덮어주거나 따뜻한 정맥주입, 따뜻하게 습화된 산소, 조명 등으로 환자를 따뜻하게 유지 ② 활력징후, 의식수준, 산소포화도, 심장리듬, GCS 수준, 동공크기 및 반응사정 ③ 만약 구역반사가 손상되었거나 없다면 삽관 필요성 예측 ④ 두부손상과 함께 경부손상 유무 확인 ⑤ 체액과잉과 뇌압상승을 막기 위해 수액을 조심스럽게 주입하기
		체위	두부손상 시 척추손상이 없는 상태에서 <u>뇌압상승 예방을 위해서 머리를 30도 상승시킨 자세를 취해줄 것</u>(머리를 30도 상승은 <u>경정맥을 통한 정맥귀환과 가스교환을 돕고, 뇌부종을 감소시킴</u>) 21 임용 참고로, 뇌의 정맥계는 판막이 없기 때문에 흉곽과 복부 내압은 정맥귀환을 줄이고 두개내압을 상승시킴

8 뇌진탕

정의	① 외상 이후에 발생 가능한 일시적인 뇌의 기능 마비로 정의 ② 뇌의 기계적인 힘에 의해 작용하여 의식의 변화, 시각장애, 평형장애 같은 신경계 기능이 즉각적이며 일시적으로 나타나는 임상증후군으로 둔한 외상 이후에 발생 가능한 일시적 신경손상
원인	① 보통 총상이나 낙상, 자동차 사고 등에 의함 ② 일시적인 기능손상은 아세틸콜린 분비 이후의 신경성 자극소실이나 일시적 허탈에 의해 발생
증상 13 임용	분류 : 혼돈, 현훈, 건망증, 의식소실 등의 임상 증상에 기초해 4단계로 구분

등급	임상적 발현
I	• 의식소실이 없음 • 일시적 혼돈이 있음(수분간) • 정상상태로의 회복이 신속함 • 건망증이 없음
II	• 짧게 의식소실이 있음 • 약간의 혼돈 • 약간의 건망증, 대부분 전향성
III	• 6시간 이하의 의식소실 • 문제성 있는 혼돈 • 전향성 건망증(외상 이후 기억 없음)과 역행성 건망증(외상 이전 기억 없음)
IV	• 6시간 이상의 의식소실 • 혼돈 • 전향성 건망증과 역행성 건망증

뇌진탕 이후 발생한 건망증의 형태	전향성	손상받은 시점 이후의 기억 상실, 새로운 내용을 학습하는 데 문제가 종종 발생
	역행성	손상받기 전의 기억 상실
	복합형	상기 두 가지 형태의 복합

진단소견	동공반사 정상, 두개골 X-선 촬영과 MRI 검사 등에서 병리적 변화없이 모두 정상소견임

추후 관리	귀가 후에도 뇌진탕 후 증후군에 대한 지속적인 관찰을 해야 함 13 임용 ① 뇌진탕 후 2주~2개월 내에 나타남 ② 증상

두통 및 뇌신경증상	지속되는 두통, 어지러움, 이명, 청력 감퇴, 시력장애 등
정신과적 증상	과민, 불안, 우울, 성격과 행동변화, 피로, 수면장애, 인지장애, 기억장애, 집중력 저하, 주의력 저하, 기면 등

③ 일상생활 활동능력에 영향을 미칠 수 있음 → 가족에게 증상, 신경학적 상태의 변화를 정확히 기록하고 관찰하도록 설명
④ 발생 후 대개 3개월 내 증상이 소실됨. 일부에서 1년 이상 지속되기도 함

9 뇌좌상

1 뇌좌상

정의	(1) 뇌진탕보다 좀 더 심한 뇌조직의 손상으로 뇌조직 여러 군데의 점상 출혈과 멍든 곳 발견(=뇌좌상은 연막과 거미막의 손상으로 뇌조직이 상처를 입어 여러 곳에 출혈, 경색, 괴사와 부종이 일어날 상태, 뇌좌상은 머리뼈 골절이나 혈종과 같은 신경계 손상으로 인해 연질막이 파손되어 겉질과 백색질 부위에 점출혈과 출혈주변으로 부종, 조직괴사 등 혼재한 형태로 나타남) ① 대상자는 오랜 기간 동안 무의식 상태를 초래하며 현저한 뇌조직 손상 증상을 나타냄 ② 목 부분 골절과 같은 심한 손상과 같이 오는 경우도 많음 ③ 뇌좌상 후 이차적으로 뇌수종과 부종, 뇌압상승 및 탈출 증상군이 나타나기도 함 (2) 뇌좌상은 CT스캔에서 소금이나 후추를 뿌려놓은 모습 또는 얼룩반점으로 보이는 것이 특징임			
증상 [95 임용]	(1) 뇌의 병리적 변화가 동반되어 있음 (2) 손상받은 엽에 따라 의식상실이 있을 수도 있고, 없을 수도 있음 (3) 보통 전두엽 손상 시 의식 명료, 뇌간 손상 시에는 즉시 혼수에 빠지고 여러 신경학적 이상상태가 발견됨			
	① 대뇌 좌상	손상받은 대뇌 영역에 따라 증상과 징후가 다양하게 나타남		
		전두엽 좌상	• 의식명료, 반신 부전마비 • 브로카 실어증(운동실어증, 비유창성 실어증, 말하는 능력에 문제발생)	
		측두엽 좌상	• 의식명료, 흥분, 혼돈 • 베르니케 실어증(감각성 실어증, 유창성 실어증, 말은 할 수 있으나 다른 사람의 말뜻을 이해하지 못함)	
	② 뇌간 좌상 ** 뇌간(뇌줄기): 간뇌(시상, 시상하부, 뇌하수체), 중뇌, 교, 연수	혼수	• 심한 뇌간 파괴로 의식수준의 변화가 수시간~몇 주간 지속됨 • 망상 활성계의 손상 시 영구적 혼수상태 초래	
		자율신경계 이상	• 뇌간만을 손상시키지 않고, 국소화된 손상이나 시상하부의 직접적인 손상은 자율신경계에 영향을 미침 → 고열, 맥박과 호흡이 빨라짐, 발한 증가 : 호전과 악화 반복, 증상이 계속 되면 예후 나쁨	
		호흡	• 비정상임 • 매우 빠르거나 실조상태일 수 있음	
		동공	• 상부 뇌간손상(제3뇌신경)이 비정상 동공을 유발할 수 있음	
		안구운동	• 안구운동을 통제하는 경로가 중뇌와 연수를 횡단하기 때문에 정상 안구운동소실이 일어남	
합병증	발작, 뇌수종, 두개내압 상승 [95 임용]			

2 뇌좌상과 뇌진탕 비교

구분	뇌좌상	뇌진탕
의식 소실	몇 분~몇 시간, 며칠까지 계속되는 중증 뇌손상	충격이 작용함과 동시 발생, 단시간 내 의식회복
뇌실질 손상	있음, 연조직 손상	없음, 기능상의 장애
병리적 변화	뇌의 병리적 변화 있음, 신경학적 이상상태 발견	뇌의 병리적 변화 없음, 신경학적 결손 없음

10 척수손상

특징	① 생리적 만곡부로, <u>경추부(5~7번째)</u> > <u>흉추부(12번째)</u> > <u>요추부(4~5번째)</u> > 천추부 순으로 발생 `95 임용` ② 대부분 외부 손상에 의해 발생 ③ 위험요인 : 척추협착, 관절염, 골다공증 같은 만성질환에서 위험 증가				
병태생리	1차 손상	초기 혈관, 신경원, 신경로 손상으로 허혈성 손상 발생			
	2차 손상	① 초기 손상 수분 내 시작하는 점차적 손상, 척수의 회백질과 백질의 구조적 변화 ② 염증반응에 의한 부종, 혈관경련, 저산소혈증은 영구적 손상유발 ③ 회복에 대한 정확한 예후는 손상 72시간 후 가능			
척수손상 징후	① 동통이 있는 경우 ② 움직일 때 동통이 있는 경우 ③ 특정부위의 압통(첨소압통) ④ 쑤시거나 콕콕 찌르는 감각 ⑤ 무감각하고 근력약화나 마비				

척수손상 부위별 증상과 징후 `08,09,13,15 국시`

① 완전 척수손상 : 손상부위 이하에 운동 및 감각기능이 완전히 소실된 상태

수준	사용가능한 근육	가능한 운동	가능한 기능	감각	반사
C_1~C_3	얼굴과 목 근육	말하기, 씹기, 약간 들숨과 불기, 약간 목 회전	기본적 일상생활 거의 완전 의존 상태	목 이상	팔 모두 소실
C_4	쇄골근, 어깨, 횡격막	횡격막 호흡, 목을 대부분 조절, 어깨 거상	물을 마시고, 입이나 턱으로 전동휠체어 조절	가슴벽 이하 소실	이두근 반사 소실과 상완요골근 반사 소실
C_5	상완이두근, 상완근, 상완요골근, 삼각근	목을 정상적으로 조절, 어깨는 거의 정상적으로 조절, 팔굽관절의 굴곡과 회외	상의를 잘 입고 하의를 입는데 시간이 소요됨, 상의 벗는데 시간이 걸림, 보조기를 사용해서 스스로 먹기, 머리를 빗고 세수와 칫솔질	어깨까지 존재	이두근 반사 정상
C_6	광배근, 대흉근, 회내근	손목 구부리기, 손 뒤집기, 몸통 조절능력 약함	침대에서 스스로 돌아 누울 수 있음, 바퀴손잡이를 잡고 휠체어 밀기, 보조를 받으면 휠체어에서 침대나 화장실로 이동 가능, 적응기구 이용해서 방광과 장 조절 가능, 운전가능	팔외측과 엄지와 시지 존재	이두근 반사와 상완요골근 반사 정상
C_7	손가락신근, 수근굴근, 요골근, 삼두근	팔을 잘 조절함, 약간의 손 기능 조절가능, 가슴 움직임이 원활함	독립적으로 침대와 화장실 이동, 독립적으로 옷입기, 음식먹기, 휠체어 밀 수 있음, 독립적으로 목욕하고 자립보조기구 사용, 운전가능	팔외측과 엄지와 시지, 중지 존재	이두근 반사, 상완요골근 반사, 삼두근 반사 모두 정상
C_8~T_1	손가락굴근, 요측수근굴근	손가락 굴곡, 손가락 외전과 내전, 팔의 모든 동작	모든 자조활동의 독립적 수행, 개인위생에서 약간의 보조도구 요구, 독립적 휠체어 조작	팔내측(T_1) 이하 소실	팔의 모든 건반사 정상
T_4~T_6	일부 늑골근	상체 조절 동작	모든 기본적 일상생활의 독립적 수행, 기립대를 이용한 서기 동작, 보조기를 착용한 짧은 거리 보행 동작	유두(T_4) 이하 소실	팔의 모든 건반사 정상

T_9~T_{12}	늑간, 하복부, 부척추근	상체를 잘 조절함, 몸통을 상당히 조절함, 팔 지구력 운동 가능	휠체어 사용이 원활함, 손상수준 T_{12}면 어려움이 있지만 보행기와 장하지 부목을 이용해서 보행 가능	배꼽 이하(T_9) 이하 소실	팔의 모든 건반사 정상
L_2~L_4	장요근, 대퇴직근, 고관절 내전근 등	고관절 굴곡과 내전, 무릎관절 신전	독립적으로 모든 팔 사용 가능, 단하지 부목과 목발을 이용해서 보행 가능, 독립적으로 장과 방광조절 가능	대퇴부(L_1~L_3) 이하 소실	슬개건 반사 정상, 아킬레스건 반사 소실
L_4~L_5	등근육, 손가락신근, 안쪽 햄스트링, 후경골근, 대퇴골, 대퇴사두근, 전경골근	양호한 고관절 굴곡, 양호한 무릎관절 신전과 약한 무릎관절 굴곡, 양호한 체간 조절	보조기를 착용한 목발을 사용한 기능적 보행 (실외 보행 가능)	하퇴부(L_4) 이하 소실	모든 상지와 체간의 일부 반사 정상
S_1 이하	대둔근, 비복근	둔부를 똑바로 펼 수 있음, 무릎 구부림, 발목조절, 발가락 세우기	땅을 밀 수 있는 힘이 있으면 설 수 있음, 모든 방광과 장 활동이 독립적이고 성기능의 손상이 있음	발외측과 항문 주위 소실	슬개건 반사와 아킬레스건 반사 정상

척수손상 부위별 증상과 징후
08,09,13,15 국시

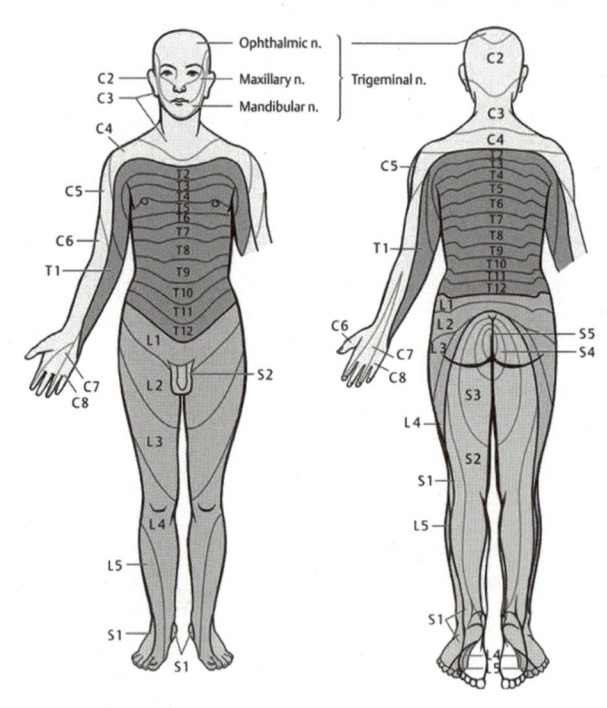

[신경로]

뒤섬유기둥 (후각)	고유수용감각(자신의 신체위치, 자세, 평형 및 움직임에 대한 정보를 파악하여 중추신경계로 전달하는 감각), 진동, 촉각
겉질척수로	운동기능(수의적 움직임)
앞뿔세포	운동기능
척수시상로	통증, 온도, 비분별적 촉각

② **불완전 척수손상**: 손상부위 이하 감각과 운동결손의 정도 다양, 여러 가지 척수증후군 중의 하나가 나타남. 손상부위 이하의 운동과 감각기능이 약간이라도 남아 있는 상태이므로 적절하게 치료하면 상당한 호전을 보임

척수손상 부위별 증상과 징후 (08, 09, 13, 15 국시)

분류	증상
전척수 증후군	**척추의 과굴곡 손상**: 척수전각세포 기능상실, 척수후각세포 기능유지로 예후가 나쁨 • 척수전각세포의 기능상실로 완전한 운동신경마비 및 통각, 온도감각의 소실을 특징으로 함 • 후각세포의 기능은 있어 심부감각, 가벼운 촉각, 고유수용체 감각은 보존됨
중심 척수 증후군	**경수 손상 시 발생**: 척수의 중심부(상지로 가는 피질척수로) 손상 • 가장 흔함 • 회백질과 백질 모두 손상됨 • 상지로 가는 피질척수로가 중심부에 위치하므로 상지기능 장애가 심함 • 운동장애는 상지가 하지보다 심하며 양쪽 모두 통각을 느끼지 못함
측방 척수 증후군	**칼로 옆구리 찔림과 같이 척수의 반 손상** • 일측 후궁, 척추경의 골절, 관통상, 회전 손상 등에 의해 발생됨 • 손상받은 일측의 근력약화, 반대측 통각 및 온도감각 소실이 특징임 • 비교적 예후가 좋음

척추골절 합병증	척수쇼크	정의 및 기전	① 척수손상 직후에 손상부위 이하에서 일시적인 반사상실과 관련됨 ② 척수손상환자의 50% 정도에서 척수기능인 운동, 지각 및 반사기능이 완전히 소실된 상태로 초기에는 하부 운동 신경의 완전 이완성 마비상태임 : 손상부위 이하의 감각소실, 반사상실, 이완성 마비, 방광과 장의 운동 상실, 발한, 혈관운동의 장애의 일시적인 신경학적 징후 초래
		증상 및 징후	① 일반적으로 7~10일간 계속되나 때로는 몇 시간에서 수주까지 매우 다양함 ② 약 3~12주 후부터는 강직성 마비로 변하며 반사도 항진되는 경우가 많음 ③ 회복되는 것을 알 수 있는 것은 항문반사, 구해면체 반사의 회복이며, 남자환자에서는 발기반사의 회복도 조기회복의 지표임 ④ 증상 및 병태생리 | 증상	관련 병태생리
---	---
말초혈관 긴장도 저하와 혈관이완을 동반한 말초혈관 저항 감소	말초와 심장혈관의 교감신경계 정보소실, 미주신경 긴장도 증가
서맥	심장촉진반사(교감신경)의 억제와 혈관 이완
저혈압	자율신경 혈관수축 반사와 혈관긴장도 소실
이완마비	T_{12} 수준 혹은 이하 부위 하부운동신경세포 손상
장과 방광의 기능장애	T_{12} 수준 혹은 이하 부위 하부운동신경세포 손상
체온조절 불가능 및 땀 감소	시상하부 체온조절 중추와 손상 수준 이하의 교감신경계 효과기 반응 사이의 전달 소실로 열 보존과 소멸(땀을 통한) 기능 상실
감각소실	뇌로 가는 자극 전달 차단	
		치료 및 간호중재	① 척수쇼크가 있어도 적극적인 재활을 시작할 수 있음 ② 혈관수축제와 수액투여로 혈압을 유지시킴 ③ 척수부종 감소를 위해서 dexamethasone 투여할 수 있음
	신경학적 쇼크	정의 및 기전	① 혈역학과 관련이 있으며, 손상으로 인한 혈관운동 장력의 상실 때문에 발생됨 ② 흉수상부 손상(T_{6-7})과 관련됨 ③ 연수에서 혈관수축 메시지가 전송되지 않으면 교감신경의 신경자극 전달이 차단되고, 교감신경계의 기능장애로 혈압자동조절이 상실됨
		증상 및 징후	① 혈압자동조절이 상실되어 말초혈관 확장, 정맥환류 감소, 심박출량 감소 　- 말초혈관 확장 : 사지는 따뜻하고 건조함, 외부상태에 쉽게 반응하는 체온/저혈압/서맥 발생, 서맥은 혈량 감소성 쇼크와 구별하는 데 도움이 됨 ② 초기에는 이완성 마비가 오고 마비된 부위에 발한이 없으므로 발열이 됨 ③ 손상 직후 며칠 내에 나타나며 10일에서 2주 사이에 안정되기도 하고, 보통 4~6주 지속되며 손상부위에 따라 다름
		치료 및 간호중재	① 전신보온 ② 하지에 쇼크바지, 탄력스타킹 등을 적용하여 심장귀환 혈량을 증가시킴

척추골절 합병증	자율신경반사 항진(= 자율 신경증후군)	정의 및 기전	① 척수쇼크가 해결된 후에 발생함 ② 교감신경에서 내장유출은 대부분 제6흉수와 제2요수 사이에서 나오므로 제6흉수 이상에 손상이 있을 경우, 자율신경반사항진이 발생하는 것으로 보고됨 ③ 방광과 장팽만과 같은 유해한 자극에 의한 교감신경 자극이 원인이 되어 발생함 ④ 자율신경계 반사이상이 발생하면 발작성 고혈압, 심한 두통, 발한, 비울혈, 안면홍조 등의 증상이 나타남 ← 척수손상 부위하부의 유해 자극에 의한 내장혈관 수축을 억제하는 기전이 차단되어 초래됨 ⑤ 손상부위 이하의 교감신경계에 손상이 없으면 혈압을 증가시키는 반사 세동맥 혈관수축으로 자극에 반응하지만 부교감신경계는 손상된 척수로 인해 직접적으로 이러한 반응에 대응하지 못함 → 경동맥동과 대동맥궁의 압수용기는 고혈압을 감지하여 부교감신경을 자극함. 결과적으로 심박동수는 감소되지만, 원심성 자극들이 손상된 척수를 통과하지 못하므로 내장과 말초혈관들은 확장되지 못함 ⑥ 조기에 인지하지 못하거나 치료하지 않을 경우 고혈압 관련 경련, 부정맥, 심근경색, 뇌출혈 등을 유발하여 사망에 이르게 할 수 있음
		증상 및 징후	고혈압(SBP 300mmHg 이상), 박동성 두통, 손상부위 위쪽의 홍조, 털세움, 발한, 코막힘, 동공확장과 어른거리는 시력, 서맥(30~40회/분), 불안, 오심 등
		치료 및 간호중재	① 자율신경 반사항진이 나타나면 방광팽만을 완화하기 위해 즉시 배뇨관을 삽입하고 배뇨관을 가지고 있는 환자는 배뇨관이 꼬이거나 막히지 않았는지 즉시 사정 ② 고혈압 중재 : 머리를 45도 정도 상승시키고, 항고혈압제를 정맥투여, 압박하는 옷이나 신발을 벗기고 혈압을 2~3분마다 사정하여 안정될 때까지 관찰
일반적인 척추골절 시 응급처치 09 임용	기도유지 & 사정		① ABC 점검, 필요시 CPR, 기도유지 ㉠ 척수손상 대상자에게 가장 우선순위가 되는 초기 사정은 호흡과 적절한 기도유지임. 경추손상 의심 시 턱 밀어올리기 22 임용 ㉡ 경추나 흉추상부손상이 있는 경우 <table><tr><td>체위</td><td>경추신경이 대상자의 머리와 몸은 일직선이 되게 하고, 경추칼라로 고정시켜 경추를 안정시킬 것</td></tr><tr><td>관찰</td><td>• 호흡부전 증상을 주의깊게 관찰 22 임용 • 두부손상이 있는 경우 두개내압 상승을 유의하여 관찰할 것</td></tr></table> ② 사정 내용 : 의식수준, 사지의 SMC(sensory, motor, circulation), 통증부위, 손상수준에 따른 증상 ㉠ 손상수준 확인 : 흉식호흡과 복식호흡 여부 관찰(모든 환기근육은 척수로부터 신경지배를 받음, 횡격막은 경수 3~5번, 보조근육은 경수 2~8번, 늑간근은 흉수 1~7번, 복근은 흉수 6~12번) 09 임용 / 23 국시 ㉡ 기능변화 확인 : 손상수준 이하의 수의적 움직임/감각수용/장과 방광 기능상실, 자율신경 반사이상 ㉢ 의식 저하 시 척수손상을 의심할 수 있는 소견 : 서맥이 동반된 혈압저하, 통증자극에 무반응, 운동장애, 배변/배뇨/지속적 발기

일반적인 척추골절 시 응급처치 09임용	신체선열 유지	단단한 바닥에 등이 구부러지지 않게 직선으로 똑바로 눕히고 움직이지 않게 함 → 절대 세우거나 걷게 해서는 안 됨, 목을 높이는 일×, 일어서도×	

	손상예방 & 운반	① 운반 시 흔들리거나 급히 서두는 일이 없도록 조심
		② 환자를 옮길 수 있는 사람의 수가 적절할 때 척수를 고정시키고 운반
		③ 환자 이동 시 2명 이상이 통나무 굴리는 식(long rolling method)으로 옮김 22임용
		  → 척추의 굴곡과 신전 및 염전 예방
		④ 신체선열 유지하며 고정
		  ㉠ 튼튼한 전신부목에 바로 눕혀, 필요한 부분을 고여 주고 삼각건으로 고정
		  ㉡ 모래주머니 고정 : 경추(머리, 목 양쪽), 흉요추(가슴, 허리, 둔부 양쪽), 요추만곡
		    (너비 10cm, 두께 3cm의 수건 대줌)
		  ㉢ 전신부목 : 넓이 35cm 이상, 길이는 10cm 정도 여유 있는 긴 목판 사용
		  ㉣ 목판이 없는 경우 담요나 천을 길게 접어서 사용
		  ㉤ 목이 앞으로 굽혀지지 않게 4명 정도 인원이 옮겨야 함	

	병원 후송	① 관찰 : 호흡기능, 운동기능, 감각기능을 포함한 신경학적 상태를 관찰하고 사정 ② 추가적 손상방지를 위한 자세 유지 및 굴곡 금지 ③ 기도유지 및 호흡유지 : 턱 밀어올리기법, 목의 과도신전 피함 ④ 즉시 병원 후송	
		[병원으로 후송 시 주의점]	
		① 관찰	호흡기능(흉식호흡과 복식호흡 여부 관찰), 운동기능, 감각기능을 포함한 신경학적 상태를 관찰하고 사정
		② 추가적인 손상방지	손상된 부위를 고정하고 척수가 일직선이 되도록 하여 딱딱한 침대에 반듯하게 눕히고 운반함. 이때 무리하지 않게 함
		③ 자세	머리와 목의 양쪽을 모래주머니나 베개로 안전하게 고정시켜 줌 굴곡을 절대 금할 것
		④ 기도유지 및 호흡유지	호흡부전 시 구강 대 구강 인공호흡 실시 턱 밀기법(Jaw-Thrust Maneuver) 사용 - 목의 과도신전을 피할 것
		⑤ 병원 후송	즉시 병원으로 후송
경추골절 시 응급처치	① 호흡곤란이 없다면 발견 당시 자세대로 부목을 적용한다. 09임용 ② 환자의 목을 신체의 선과 나란히 유지하고, 전신부목에 얼굴을 위로 보게 한 후 똑바로 눕힌다. ③ 환자의 머리 옆에 모래주머니 등을 대어 고정한다. 흉추요추 손상 의심 시에도 우선 경추 고정부터 적용한다. 09임용 ④ 전신부목으로 운반 중에도 머리는 한 사람이 고정을 한다. ⑤ 최대한 빨리 병원으로 후송한다.		
흉추, 요추 골절 시 응급처치	① 환자의 전신을 일직선이 되도록 한다. : 무리하게 하지 말 것 ② 전신부목에 실어 후송한다. ③ 허리의 구부러진 부분에 고임을 대어 지지한다(너비 10cm, 두께 3cm).		

• 호흡근육(환기근육)

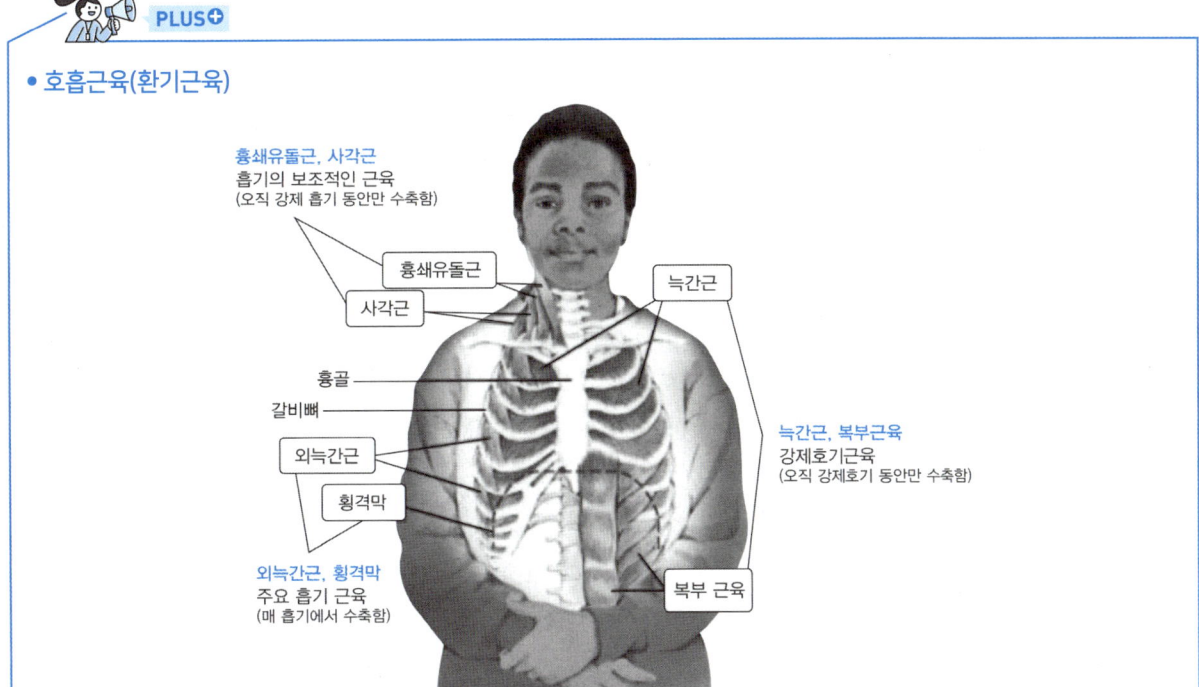

11 흉부손상

사정 내용 12,16 국시	① 골절부위의 압통, 동통 – 숨을 들이마실 때와 기침 시 더욱 고통이 심해진다. ② 상처부위에 기형이나 좌상 ③ 동통으로 인한 얕은 호흡(호흡곤란) 　– 가슴을 압박하면서 숨을 쉰다. 　– 호흡이 약해져 폐포의 수축으로 무기폐가 발생하기 쉽다. ④ 골절된 뼈의 끝이 폐를 찔렀을 때는 기침할 때 선홍색의 피가 나온다(혈흉, 혈기흉이 생긴 경우). 　＊빈도 높은 부위 : 4번째에서 8번째까지 늑골이 가장 잘 부러진다.
학교에서의 처치	① 기도 개방 유지와 환기 : 기도에 이물이 있다면 제거하고 상체를 상승시켜 호흡하기 편하게 해준다. ② 꽉 조이는 옷은 느슨하게 해주고 조용한 환경에서 안전을 도모한다. ③ 눈에 띄지 않는 상처를 살핀다(상태가 나빠지면 더욱 잘 관찰). ④ 활력징후, 의식상태를 관찰한다. ⑤ 호흡을 도와주고 통증을 감소시키기 위해 골절 부위 지지 – 손으로 골절부위를 단단히 고정해 주거나 또는 환자의 팔을 가슴에 고정시키고 붕대를 감아준다. 단, 너무 단단히 감아 호흡에 방해가 되지 않도록 한다. 　＊폐가 자창을 입었을 경우에는 골절에 대해서는 아무런 처치를 하지 말고, 겨드랑이 및 가슴에 대상자가 호흡을 쉽게 할 수 있을 정도로 베개를 고이고 누워 안정을 취하게 한다. ⑥ 흉곽을 지지하며 심호흡을 하도록 한다. ⑦ 통증을 호소하는 부위에 냉찜질을 제공한다. ⑧ 복부손상 동반, 수술이 예상되는 경우, 오심 호소, 의식장애 시 구강 섭취를 금한다. ⑨ 병원 응급실로 후송한다.

- **복강내 손상 시 응급처치**
① 필요하면 소생술 시작
② 기도개방과 호흡기계, 심혈관계 및 신경계의 안정성 유지
③ 출혈이 있으면 직접 압박하고, 정맥을 수액을 주입하여 순환혈액량 보충
④ 지속적으로 활력징후를 측정하고 쇼크의 증상과 징후 관찰
⑤ 자동차 사고 등으로 복부가 손상되었을 가능성이 있으면, 경추 X-선 사진을 찍을 때까지 목에 부목을 대고 옮겨야 함. 모든 상처의 범위와 위치를 확인하고 상처의 입구와 출구의 위치 표시
⑥ 출혈의 증상과 징후 사정, 복부손상, 특히 간과 비장의 외상은 출혈을 동반하므로 지속적으로 출혈증상이 있는지 관찰, 복부앞면과 옆구리, 등 부위의 멍, 찰과상, 타박상 등이 있는지 시진
⑦ 복부의 손상으로 장기가 외부로 노출되면 멸균생리식염수 드레싱으로 그 위를 덮어서 장 내용물이 건조해지지 않도록 해야 함
⑧ 복부에 압통, 반동성 압통, 강직, 경련, 팽만, 통증 등이 나타나는지 사정, 연관통이 있는지 주의깊게 관찰, 왼쪽 어깨가 아프면 비장파열, 오른쪽 어깨가 아프면 간 열상을 의심할 수 있음. 흉부 손상을 동반하였을 때는 갈비뼈 골절 증상이 있는지 관찰해야 함
⑨ 응급관리를 받는 동안 대상자가 복통을 호소하더라도 일반적으로 마약성 진통제를 투여하지 말 것. 중요한 임상적 증상을 은폐시킬 우려가 있기 때문임
⑩ 수술에 대비하기 위해 금식시키고 비위관으로 위 내용물을 흡인, 비위관 흡인으로 복강의 오염을 최소화하고 흡인으로 인한 폐합병증을 예방해야 함
⑪ 복강 내 출혈과 손상이 있는지 확인하기 위해 복부 초음파나 CT검사 실시
⑫ 필요시 파상풍 예방접종 실시, 감염을 예방하기 위해 처방에 따라 광범위 항생제 투여
⑬ 쇼크나 혈액손실, 내장돌출이나 혈뇨가 보이면 수술 준비

12 골절

정의	외부적인 힘에 의하여 골조직의 연속성이 파괴된 상태			
원인	① **직접적인 충격** : 힘의 작용 지점에서 뼈가 파괴 ② **응전력** : 뼈를 뒤틀리게 하여 힘을 작용 지점에서 떨어진 곳에서 골절되는 것 ③ **강력하고 급작스런 근육수축** 예 심한 발작성 기침으로 늑골골절 ④ **근육피로** : 뼈를 지지해주지 못해 뼈에 고르지 못한 힘이 가해지는 경우로 근육이 피로할 때 심한 운동을 하면 골절될 가능성이 있음 ⑤ **병리적 상태** : 뼈에 무기질 감소로 자연적 골절이 되는 경우 - 골다공증, 골종양, 영양부족			
종류 95 임용	상처상태 15 국시	① **단순/폐쇄골절** : 골절부위 피부 정상 ② **복합/개방골절** : 외부상처와 골절부위 연결, 골절된 뼈가 노출(감염위험)		
	골절형태	① **불완전/유연골절** : 뼈의 한쪽 골막만 파괴, 아동에게 발생 ② **완전골절** : 골절선이 완전히 뼈를 관통하여 골막, 뼈가 양면으로 분리 ③ **매복골절** : 골절된 뼈의 한 부분이 다른 부분에 박힌 상태 ④ **전위성골절** : 완전골절로 골절편의 위치가 골절선에서 분리된 상태 ⑤ **복잡골절** : 골절로 인해 다른 기관이 손상을 입은 상태 ⑥ **분쇄골절** : 압착 부상으로 뼈가 여러 조각으로 부서진 상태		
	특정부위	쇄골골절	증상	① 통증, 종창과 변형이 대부분 뚜렷하게 나타남 ② **텐트 효과** : 부러진 뼈가 피부를 뚫진 않고 팽창되어 돌출 ③ 다친 팔을 들지 못함, 어깨 비대칭 ④ **특징적 자세** : 정상측 손으로 다친 쪽 팔을 받치고 머리를 골절된 쪽으로 기울이는 자세
			사정	① 늑골과 경부 동반 손상 사정 : 가슴통증, 호흡곤란, 경부통증 등 ② 원위부의 신경혈관계 상태 사정 : 팔과 손가락의 순환, 운동, 감각기능 사정
			응급 처치	① 다친 쪽 팔꿈치를 접어 팔꿈치보다 손끝이 높게 위치하게 한 후 고정 ② 다른 한 장의 삼각건을 접어 상완부에서 반대편 겨드랑이를 감싸서 겨드랑이에 매듭지어 고정 ③ Arm sling과 탄력붕대를 이용하여 처치 가능함
			참고 사항	① 대부분 arm sling, 8자붕대 등으로 골절부위가 안정되도록 보존적 치료 (소아는 3~4주, 성인은 6~8주 고정)로 치유가능 ② 심각한 골절이나 신경 및 혈관손상이 동반된 경우에는 수술치료
		상완골 골절	증상	① 팔 통증 및 부종 ② 팔을 쉽게 들어 올리지 못함 ③ 상완골 근위부 골절 시 어깨 통증이 동반되며, 어깨 운동이 제한됨 ④ 상완골 중간부 골절 시 변형이 두드러짐 ⑤ **특징적 자세** : 환측 팔을 반대쪽 팔로 받치고 몸에 의지하는 자세
			사정	① 주관절(팔꿈치)과 쇄골 동반 손상 사정 ② 상완신경총과 액와동맥혈관 손상 가능성 사정 : 손목이 처지는 증상, 손목과 손가락 운동 및 감각이상 등
			부목 처치	① 주관절을 굽힐 수 있다면 편안하게 90도로 구부림 ② 부목을 상박 외측에 대어 고정 ③ Arm sling이나 삼각건으로 팔이 흔들리지 않게 고정

종류 [95 임용]	특정부위	상완골 골절	참고 사항	① 비전위골절(부러진 뼈가 제자리에 있는 골절) 또는 미세한 전위골절(부러진 뼈가 원래 위치를 벗어난 골절) 시 자연치유되기도 함 ② 제품화된 arm sling을 사용하여 보존적 치료로 치유 ③ 심한 골절 시 수술치료가 필요하며, 어깨관절 치환술이 필요한 경우도 있음 ④ 골절 치료의 후유증으로 어깨관절이 경직될 수 있으므로 어깨관절운동을 가능한 한 빨리 시도하도록 교육
		전박골절 (요골, 척골골절)	증상	① 요골, 척골 동시 골절 시 통증, 부종, 변형, 기능 소실이 뚜렷하게 나타남 ② 단독 골절 및 소아의 불완전 골절 시 증상이 경미하게 나타남
			사정	① 전박과 손의 신경혈관계 상태 사정 : 맥박, 운동, 감각기능 사정 ② 주관절 손상 동반 여부 확인
			부목 처치	① 손등에서 팔꿈치까지 부목으로 전박을 고정 ② 손바닥이 몸통 쪽으로 향하게 하여 arm sling이나 삼각건으로 팔을 안정되게 고정함. 이때 손끝을 팔꿈치보다 높게 위치하도록 함
			참고 사항	주관절 골절 동반 시 구획증후군에 대한 주의 필요
		손목부위 골절	증상	① 손목의 심한 통증 및 부종 ② 외관상 변형(포크모양의 손목변형 등) ③ 손목 경직과 손목 관절운동 제한 ④ 주상골 골절 : 손목의 엄지손가락 부위 압통 및 부종, 손을 쥐는 힘 약화
			사정	① 정중신경 손상 증상 사정 　㉠ 전위된 골절에 의해 정중신경이 압박되어 수근관 증후군과 같은 증상이 발생 　㉡ 엄지, 검지, 중지, 손바닥 부위에 저리고 타는 듯한 통증 　㉢ 엄지와 검지의 끝의 무감각 ② 손끝 저림이나 감각이상, 손가락 운동장애 사정 [19국시]
			부목 처치	① 전박골절 시와 동일하게 부목으로 고정 ② 부목으로 손목 위·아래를 충분히 포함하여 고정 ③ 손가락 끝은 노출되도록 함 ④ 손바닥이 몸통 쪽으로 향하게 함 ⑤ arm sling이나 삼각건으로 손을 심장보다 높게 위치하도록 고정
			참고 사항	① 소아·청소년은 손목 골절 시 성장판 손상이 동반되기도 함 ② 약 4~8주간 석고고정 등 보존적 치료, 심한 골절 시 수술 치료 ③ 주상골은 원위부에서 대부분의 혈액을 공급받는 혈액순환 구조를 띠고 있어, 골절 시 혈액공급 장애로 인해 불유합이나 골괴사증, 골관절염 등의 후유증이 발생하기 쉬움
		손가락 골절	증상	① 통증 및 부종, 수지변형 ② 손가락을 굽히거나 펴는 운동제한 ③ 압궤손상 시 　㉠ 손톱 밑 혈종 : 손가락 끝 손상 시 손톱 아래에 혈액이 축적됨 　㉡ 손톱이 푸르스름한 검은색을 띰
			사정	손톱 손상 동반 여부 확인

종류 95 임용	특정부위	손가락 골절	부목 처치	① 부목을 U자형으로 감싸는 방법 또는 한쪽 면만 대는 방법 중 선택 ② 알루미늄 부목을 재단하여 손가락에 대고 종이반창고로 고정 ③ 제품화된 다양한 부목을 사용할 수 있음 ④ 부목이 없으면 정상 손가락을 부목으로 삼아 고정 ⑤ 면 반창고는 제거 시 손상부위가 많이 흔들리므로 가급적 사용 제한
			참고 사항	① 손톱 손상이 동반된 경우 　㉠ 개방성 골절로 인식하여 연부조직 동반 치료 　㉡ 중증 손상 시 손톱 제거 ② 손톱 및 혈종이 큰 경우, 혈액 배액 치료 시행 ③ 대부분 부목 고정 등 보존적 치료로 치유가능하며, 심한 골절 시 수술적 치료 적용 ④ 감각과민증 : 중증 손가락 골절 시 골절부위의 민감성이 증가하고 골절 치유 후에도 지속될 수 있음
		골반골절	증상	① 골반, 엉덩이 및 서혜부 통증 호소(앉거나 누워도 통증) ② 압통(치골결합부위 손바닥으로 압박 시 통증 증가) 및 부종 ③ 경미한 골절 : 걸을 수 있으나 보행 시 통증 악화 ④ 심한 손상 시 : 서지 못하고, 하지를 움직이지 못함 ⑤ 특징적 자세 : 통증완화를 위해 고관절이나 슬관절을 굴곡시킨 자세
			사정	① 저혈량성 쇼크 징후 사정 : 식은땀, 창백함, 의식수준 저하, 저혈압, 빈맥 등 ② 동반 손상 사정 : 신장, 비뇨생식기 등 내부 장기 및 신경혈관계 손상 여부
			부목 처치	① 전신부목 적용 ② 환자를 가장 편한 자세(무릎을 구부릴 수 있음)로 수평으로 눕힘 ③ 양쪽 무릎과 발목 사이에 패드를 대어주고, 양쪽 다리를 함께 묶어줌 ④ 붕대나 삼각건으로 골반주위를 고정 ⑤ 복대를 대용품으로 사용할 수 있음
			참고 사항	① 경미한 골절은 안정(짧은 기간 시행)과 보호, 진통제 투약으로 치유 ② 심한 골절은 외부 고정 등 수술적 처치 시행 ③ 합병증 : 방광 및 비뇨기계 손상, 내장파열, 쇼크, 패혈증, 사망 등
		대퇴골절	증상	① 심한 통증으로 일어서거나 걸을 수 없음 ② 부종 및 변형, 마찰음 및 가성운동 ③ 급격한 종창 : 대량의 내출혈을 의미하는 징후 ④ 특징적 자세 　㉠ 바닥에 누워 발뒤꿈치를 들어올리지 못함 　㉡ 대퇴부 단축 및 굴곡, 외회전 변형으로 뒤틀려 보임
			사정	① 저혈량성 쇼크 징후 사정 : 식은땀, 창백함, 의식수준 저하, 저혈압, 빈맥 등 ② 골반 및 고관절부의 동반 골절 여부 사정 : 골반 및 고관절의 압통 ③ 슬관절 부위 사정 : 반월연골판 손상 동반 흔함(50% 이상) ④ 원위부의 신경혈관계 사정 : 맥박, 운동, 감각기능
			부목 처치	① 겨드랑이부터 발까지 충분히 긴 부목을 다리 바깥쪽에 대고, 짧은 부목을 다리 안쪽에 대어 고정함 ② 여러 개의 삼각건을 허리, 무릎, 발목 위 등에 일정한 간격으로 놓기 ③ 손상부위와 가까운 쪽부터 고정하고 나머지 묶기 ④ 부목이 없다면 다리 사이에 모포를 대고 양쪽 다리를 함께 묶어 고정

종류	특정부위			
	대퇴골절	참고사항	① 2차 손상을 예방하기 위해 절대로 일어나지 않도록 주의 ② 5세 이하 : 보존적 치료(석고고정 등)를 우선적으로 고려 ③ 11세 이상 : 체중이 많거나 골 성장이 종료된 경우 수술 치료를 우선 고려 ④ 골유합 후 금속 고정물을 제거한 후에 재골절 발생 빈도가 높으므로, 8~12주까지 주의	
	슬개골 골절	증상	① 무릎을 굽히거나 펼 때 통증 호소 및 부종 ② 대개 무릎에 체중부하 못함. 무릎관절 운동 제한 ③ 촉진 시 갈라진 뼈가 만져지기도 함 ④ 비전위 골절(금이 간 골절) : 촉진 시 압통과 관절운동 시 통증만 호소	
		사정	① 찰과상이나 열상 등을 동반한 경우 개방성 골절 여부 확인 ② 발과 하퇴의 신경혈관계 손상 사정 : 맥박, 운동, 감각기능	
		부목 처치	① 부상당한 다리를 편한 자세(발견된 자세)로 유지 ② 너비 10cm 이상, 발뒤꿈치에서 허리까지 정도 길이의 부목 준비 ③ 부목을 다리 밑에 넣고 무릎과 발뒤꿈치 뒤에 패드를 넣어 줌 ④ 무릎 바로 위와 아래를 붕대로 각각 부목과 함께 묶어줌 ⑤ 여분의 붕대로 다리와 부목을 더 단단하게 고정 ※ 손상받은 무릎은 부어오를 수 있으므로 붕대를 감지 않도록 주의	
		참고사항	① 급성, 비전위 골절은 2~3개월간 석고고정으로 치료 ② 전위된 골절은 급성이나 만성 모두 수술적 치료 필요 ③ 종창이 심해지기 전(손상 후 1일 이내) 혹은 종창이 가라앉은 후 수술 시행 ④ 합병증 : 슬관절 통증, 퇴행성 관절염, 대퇴사두근력 약화 및 슬관절 운동 제한 등	
	하퇴골절 (경골골절, 비골골절)	증상	① 걸을 수 없는 심한 통증 및 압통, 부종 ② 골절된 다리의 변형 및 운동 제한 ③ 경골은 피하에 위치하고 있어 골절 부위가 만져지기도 함 ④ 골절편 노출 및 출혈(경골의 앞부분은 피부가 얇아 개방성 골절이 흔함) ⑤ 비골 단독골절 : 다리 외측만 통증과 압통이 있고 정강이 부위 압통은 없음 ⑥ 한 뼈만 골절 시는 골절의 전형적인 증상이 잘 나타나지 않음	
		사정	① 연부조직에 상처가 있으면 개방성 골절 가능성 사정 ② 구획증후군 징후 사정 : 조절되지 않는 극심한 통증을 포함한 5P ③ 발목 바로 위쪽은 발목염좌와 구별하기 어려우므로 주의깊게 사정 ④ 비골 골절 시 타박상과 혼돈되기 쉬우므로 감별 사정	
		부목 처치	① 허벅지에서 발목까지 길이의 2개 부목 사용 ② 삼각건 4개를 대퇴부위 2개, 정강이 부위 2개로 나누어 묶어 고정 ③ 부목이 하나만 있으면 다리 밑에 부목을 넣어 고정 ④ 부목이 없다면 다리 사이에 푹신한 쿠션을 대고 반대쪽 다리에 묶어 고정	
		참고사항	하퇴부 구획증후군 : 경골 골절을 포함한 하퇴 외상 후 발생, 개방성 골절보다 폐쇄성 골절에서 더 흔함	

종류	특정부위	발목골절	증상	① 통증 및 압통 ② 체중부하 불가능, 보행 어려움 ③ 부종 및 반상출혈, 마찰음 ④ 발목의 변형
95 임용		18,22,24 임용(사례)	사정	① 신경혈관계 손상 사정 : 맥박, 발가락 운동 및 감각 ② 족관절 탈구의 가능성 사정
			부목 처치	① 발 전체를 담요나 베개로 감싸고 붕대로 묶기 ② 발등이 많이 부어오를 수 있으므로 붕대를 너무 압박해서 묶지 않기 ③ 발을 감쌀 수 있는 물건이 없으면 무릎 아래에서 발뒤꿈치까지 닿는 부목 2개를 발 양쪽에 대고 묶기 ④ 쿠션이나 베개로 다리 올려주기
			참고 사항	① 부종과 혈종이 형성되기 전에 조기 정복해야 추가 손상을 예방할 수 있음 ② 후유증으로 외상 후 관절염이 발생할 수 있음
아동 골절의 특징 02,12,15, 17,19 국시	성장판 손상			① 두껍고 탄력성이 있으며 자라는 부분인 성장판은 충격을 흡수하고 손상으로부터 관절표면을 보호하고 사지를 성장하게 하며 몸을 바르게 함 ② 성장판의 손상으로 사지가 덜 자라게 되며 종종 뼈의 진행성 각 변형을 일으킴
	생목골절 19,23 국시			① 성장하는 아동의 유연한 뼈는 성인보다 투과성이 높아 뼈의 한쪽이 부러져 다른 쪽으로 구부러지는 생목골절을 유발함 ② 투과성은 골의 유연성을 증가시키고 강한 충격의 많은 부분을 흡수하거나 흩어 놓을 수 있음 ③ 뼈가 휘어지는 한계를 넘어 각이 질 때 발생함 ※ 소성변형 • 뼈가 부러지기 전에 구부러질 때 발생함 • 아동의 뼈는 유연하여 부러지기 전에 45도 이상의 각도로 휘어질 수 있음 • 만약 휘어지면 완전히는 아니더라도 천천히 반듯해지며 약간의 기형이 유발됨 • 요곡은 척골과 비골에서 빈번히 나타나며 요골과 경골골절에서도 가끔 나타남
	팽륜골절			① 투과성이 높은 골에 대한 압박은 팽륜 혹은 융기골절을 낳음 ② 이는 골절부위가 볼록하게 융기하거나 튀어나옴으로써 초래됨 ③ 골간 단 가까이에 있는 투과성 있는 부위, 즉 골단에서 나타나며, 어린 아동에서 흔함
	활발한 골생성			아동의 골막은 성인에 비해 두껍고 강하며, 풍부한 혈액공급으로 성인에 비해 좀 더 활발한 골생성 잠재력을 지님
	빠른 치유			① 치유는 아동에서 더 빠르고 속도는 아동의 연령에 따라 다름 ② 어린 아동일수록 치유과정이 빠름 ③ 심각한 손상을 제외하고는 아동에서 골편이 불유합되는 경우는 흔하지 않음
	조기활동이나 활발한 ROM			① 성인과 달리 뻣뻣함은 드물어서 오랜 기간 부동상태에서 상해받지 않은 아동의 관절은 뻣뻣함을 유발하지 않을 수 있음 ② 상해받은 관절은 뻣뻣해질 수 있으므로 조기 활동이나 활발한 가동범위운동을 시행해야 함
	비특이적 증상			① 이유 없는 울음 ② 안절부절못함 ③ 부모를 부르는 등의 행위는 일반적으로 뭔가 조사해야 함을 의미함

치유과정
95 임용
	(1) 혈종 형성	① 골절 발생 24시간 이내 : 골절 후 즉시 혈종(손상부위에 발생된 출혈과 삼출물로 형성됨) 형성
		② 섬유소그물망 형성 & 새로운 모세혈관 형성
		   ㉠ 24시간 이내 울혈 발생, 혈종 내 혈액이 엉겨 붙어서 섬유소 그물망 형성 : 손상받은 뼈 보호, 모세혈관과 섬유아세포의 발달을 위한 발판 구실
		   ㉡ 새로운 모세혈관 형성, 섬유아세포와 함께 결합 → 24시간 후 골절된 뼈의 말단에서 혈액공급 증가	

	(2) 세포증식 (과립조직 형성)	① 골절 후 2~3일 이내 : 혈종 → 과립조직(육아조직)으로 대치됨 → 혈종 주변을 섬유아세포가 둘러싸며 → 섬유아세포가 골절 부위 둘레에 연조직 가골 형성 ② 대식세포가 괴사조직 제거함	

	(3) 가골 형성	① 손상 후 6~10일 이내, 과립조직이 변화되어 → 가골 형성
		② 가골 : 정상적 뼈의 직경보다 넓고 크고 느슨하게 짜여진 뼈와 연골 덩어리
		   ㉠ 일시적 부목의 역할
		   ㉡ 일시적 골절편을 결합시킬 수 있으나 체중부하를 견디거나 근염좌를 견디어 낼 만큼 충분히 강하지 않음
		   ㉢ 가골 형성이 확인되면 골격 견인 중단	

	(4) 골화	① 손상 후 3~10주 : 가골에서 → 진성가골로 대체, 유합단계라고도 불림 (* 진성가골 : 무기염류가 축적되어 형성) ② 골화과정 : 골막과 피질 사이 외가골 형성 → 골수 내 가골 → 피질절편 사이 가골 형성 ③ 진성가골로 변화될 때 석고붕대 제거, 움직임을 제한적으로 허용	
	(5) 골재 형성	① 가골은 점차 진성뼈가 되면서 강해짐, 조골세포와 파골세포에 의해 재형성됨 ② 과잉 증식했던 뼈들은 흡수되고 가골은 뼈와 같이 딱딱한 형태로 영구적인 뼈가 됨	
증상 및 징후 95,01,10, 12 임용 / 19 국시 🔑 변종명 직감운 통마쇼	(1) 변형	뼈의 모양이나 위치가 변하여 회전, 단축, 각지는 등의 증상이 있고 뼈 윤곽의 변화와 함몰이 나타남	시진
	(2) 부종	골절부위의 장액성 체액 증가와 출혈로 인한 부종	
	(3) 점상출혈(멍)	골절부위의 피하출혈로 인해 점상출혈 발생	
	(4) 근육경직	골절부의 근육에 불수의적인 수축	
	(5) 감각이상	신경손상 시 저린감, 감각이상	
	(6) 정상기능 상실, 비정상적 움직임, 운동이상	통증이나 근경직이 원인 <table><tr><td>운동제한</td><td>• 손상부위를 움직이면 통증을 느끼므로 움직이려 하지 않고 움직임이 어렵거나 제한됨 • 사지운동이 가능하다고 해서 골절이 없다는 것을 의미하지는 않음</td></tr><tr><td>가성운동</td><td>• 관절이 아닌 부위에서 관절처럼 움직임이 관찰됨</td></tr></table>	
	(7) 압통	촉진 시 호소, 손가락 끝으로 각 골격의 방향을 따라 누르면서 촉진	촉진
	(8) 통증	근 경직, 골편의 정복, 연조직이나 근육의 손상으로 움직이거나 압력이 가해지면 통증 증가	
	(9) 마찰음 (=염발음, 알력음)	골절편이 부딪힐 때 서로 맞닿는 소리	청진
	(10) 쇼크	심한 출혈을 동반한 골절이나 연조직 손상, 심한 통증	

진단 01 임용	① 골절부위의 연조직 손상과 관련된 손상/감염위험성 ② 연조직 손상과 관련된 급성통증 ③ 말초신경혈관의 손상과 관련된 말초신경혈관 기능장애			
	[신경혈관계 사정해야 할 사항]			
	(1) 환측 사지의 색깔	① 손상부위 색깔, 반대 측과 비교 ② 약간 창백, 발적 증상		
	(2) 환측 사지의 체온	① 검사자의 손등 ② 사지의 냉감 or 열감은 보고		
	(3) 환측 사지의 동작	① 손가락, 발가락 동작 사정 ② 동작 감소 시 이전(손상 전) 상태 확인		
	(4) 환측 사지의 감각	손가락, 발가락의 감각유무 or 바늘로 찌르는 듯한 느낌 경험 여부		
	(5) 모세혈관 색의 환원	2~3초 이내 정상, 4초 이상은 비정상 소견임		
	(6) 부종	① 손상부위의 부종 ② 외상, 수술, 혈전성 정맥염에 의해 폐쇄될 때 ③ 양측성 발현 ④ 심질환		
	(7) 통증	① 손상된 부위 통증 有 → 無 : 진통제 투여 여부 확인 ② 완화되지 않는 통증 : 구획증후군의 신호		
	(8) 족부맥박	결손 여부 확인		
합병증	혈관 순환	동맥혈관 손상		① 날카로운 골절편에 의한 손상 ② 맥박소실, 부종, 창백증, 통증, 정맥혈류의 장애, 마비, 무감각 ③ 빨리 석고붕대를 풀거나 부목 제거
		구획 증후군 14,15 국시	정의	출혈·부종·석고붕대·붕대로 구획이 눌려져 → 구획 내 압력 증가에 따라 근육의 혈액순환이 감소되어 발생하는 것(정상 구획압 : 0~8mmHg) *구획 : 밖으로 확장되어 나갈 수 없도록 두터운 근막으로 둘러싸여 구분된 조직으로, 구획 내에 근육, 뼈, 혈관, 신경 등이 포함되어 있음
			발생 기전 16 임용	구획 내 압력 증가 → 지속적인 국소 허혈 → 히스타민 분비로 혈관 확장 → 부종↑ → 조직관류 감소 → 더 많은 혐기성 대사가 일어나도록 함 → 혈관 확장과 혈관 투과성 증가, 조직압↑로 악화 → 허혈의 악순환
			증상	① 진통제로 감소되지 않는 극심한 통증, 부종, 지속되는 통증 ② 창백, 맥박소실, 손상되지 않은 사지에 비해 냉감 16 임용 ③ 감각의 변화, 얼얼함, 움직임 감소 16 임용 ④ 6P ❶ 통창냉감마맥 　㉠ 통증(Pain) : 손상부위의 통증이 신전할 때 더 심하지만 통증은 중추신경, 모든 말초신경 장애가 있으면 나타나지 않을 수 있음 　㉡ 창백(Pallor) : 환측 사지의 말단부에서 발생, 모세혈관 재충전 시간의 증가 　㉢ 맥박소실(Pulselessness) : 후기 증상 　㉣ 이감각증(Paresthesias) : 감각이상, 저림, 따끔거림 등 　㉤ 마비(Paralysis) : 후기 증상으로 손상받은 사지의 움직임 불가능 　㉥ 냉감(Pakilo thermia)

합병증				
	순환	구획 증후군 14,15 국시	중재	치료를 하지 않을 경우 신경이나 근육의 기능을 상실할 수 있다. ① 압박원인 제거 : 석고붕대나 압박붕대 제거, 근막절개술로 감압 　* 근막절개술 : 피부를 통해 근육구획의 근막을 절개하여 조직을 확장시키고 미세순환에 가해지는 압력을 완화시킴으로써 혈액순환을 회복시킴 ② 사지를 심장과 같은 높이에 둠(심장 위로 상승 ×) → 심장보다 높게 올리면 국소 동맥관류를 감소시켜 추후 혈액순환 장애를 유발할 수 있음 ③ 구획증후군이 의심될 경우 냉찜질을 금기 → 냉찜질이 혈관수축을 유도하여 순환장애를 일으킬 수 있기 때문임 ④ 적절한 수분공급은 대상자의 평균 동맥압을 유지하는 데 있어 중요함 ⑤ 통증을 관리해야만 교감신경계의 혈관수축 효과를 감소시킬 수 있음
			예방	① 손상된 사지를 심장수준 이상으로 상승 ② 간헐적 냉요법을 적용하며 SMC를 사정하고 환자의 호소 경청 ③ 수액공급으로 동맥압 유지 ④ 통증 시 교감신경흥분으로 혈관을 수축시키므로 통증을 감소시킬 것 ⑤ 등척성 운동 권장
		볼크만씨 증후군		팔굽 관절, 전박의 골절로 인해 발생하는 손, 전박의 불구상태
		무혈관성 골괴저		조직에 혈액이 공급되지 않아 뼈 조직 괴저(대퇴두부와 경부에 호발) → 통증, 기능적 제한(골관절염 진행) → 뼈 이식, 인공관절 14,17 국시
		지방 색전증 01 국시	발생 기전	① 지방조직이 골절부위의 골수에서 유리되어 혈관으로 유입된 결과 발생 ② 장골/골반 골절 시 발생가능, 48시간 이내 발생
			침범 부위	① 뇌색전증 : 저산소증 – 어지러움, 혼돈, 섬망, 혼수 ② 폐색전증 : 빈호흡, 호흡곤란, 빈맥, 흉통, 천명음, 다량의 흰색 객담, 객혈, 청색증, 기침 ③ 심부정맥 혈전증 ④ 신장색전 : 소변에서 유리 지방산 검출, 옆구리 통증, 방사통
			중재	골절부위 부동화로 자세를 고정시키는 동안 골절된 뼈의 적절한 지지
			예방	① ABGA, 호흡유지, 고농도 산소공급, 심장 강화제/진통제 투여 ② 부신피질 호르몬 투여 : 당류스테로이드 투여로 모세혈관 내피세포를 안정시키고 보체활성을 억제하여 색전진행을 예방함 ③ 모르핀 투여 : 불안완화, 통증경감 ④ 헤파린 투여 : 혈청 내 지방용해작용 위해 사용함. 그러나 출혈위험성이 큼
	신경	말초신경 손상 : 척골, 요골, 좌골, 슬와		
	기타	감염, 지연유합/부정유합/변형유합, shock, 심장마비, 파종성혈관내응고(DIC), 반사기능 손상		
	석고 붕대	석고붕대 증후군	발생 기전	① 꽉 조이는 체간 석고붕대 적용 후 몇 주~몇 개월 이후 발생 ② 십이지장 압박해 폐색(위장관 폐색 → 위장관 괴사, 동맥폐색 → 위장관 출혈)
			증상	복부팽만감, 오심, 구토, 모호한 복통
			중재	① 석고붕대를 열어주거나 제거 ② 비위관 삽입, 금식, 정맥을 통한 수액공급 ③ 항구토제 주의 : 석고붕대 증후군의 증상을 가릴 수 있음

응급처치
01,10,24
임용 /
10,14,19,
22 국시
	(1) CPR 여부 확인 : 부상자의 활력증상, 의식상태 등을 관찰하고 여기에 문제가 있으면 심폐소생술
	(2) 사정 : shock의 여부, 체위 이상, 손상의 정도 사정(5Ps), 손상기전, 손상부위
	   ① Pain(통증여부 및 압통지점)
	   ② Pulselessness(골절 원위부 맥박소실 여부)
	   ③ Pallor(창백)
	   ④ Paresthesia(골절 원위부 감각이상 여부)
	   ⑤ Paralysis(마비)
	(3) 환부를 움직이지 말고 가능한 신속히 고정 : 부목 적용
	(4) 개방성 골절
	   ① 노출된 뼈나 연조직을 그대로 두되 더 이상의 손상과 오염을 방지하기 위해 무균포를 덮거나 깨끗한 헝겊으로 가볍게 덮음
	   ② 상처와 골절이 같이 발생했을 때는 상처처치가 먼저(세척, 지혈, 무균포, 부목 적용)
	     : 출혈부위에 소독거즈나 깨끗한 천을 대고 직접압박, 튀어나온 뼈끝은 직접 압박하지 않음
	   ③ 절대로 골절부위를 정복하거나 움직이거나 잡아당기지 말고 골절편을 제거하려 하지 않음
	(5) 안정 도모 : 냉요법 20분 이내 적용, 이완요법
	(6) 손상부위를 가능한 거상 : 부종 경감, 지혈
	(7) 병원 후송
	   ① 진행 상태를 계속 관찰하며 신속하게 부상자를 병원으로 후송
	   ② 후송 시 움직이는 부위 외의 다른 부위는 움직이지 않도록 할 것		

치료	정복	뼈의 정상적인 정렬, 위치, 길이로 뼈를 복구	
		① 비수술적 정복	손으로 견인력 적용, 마취 필요
		② 수술적 정복	개방성 골절, 전위골절, 골절상에 이물질 있는 골절 등에 적용
	고정	부서진 골편이 제 위치에 고정되도록 하는 것	
		① 견인	• 골편을 정복시킬 수 있도록 신체에 당기는 힘 적용 • 반대쪽 견인력 유지(상대적 견인)
		② 외부적 고정	• 석고붕대나 부목, 금속기구 이용
		③ 내부적 고정	• 나사, 막대기, 철판, 못, 핀을 이용하여 정복한 골절을 고정 • 비수술적 치료가 실패했거나 불가능할 때 정복유지를 위해 사용 • 관절운동 범위 유지 • 견인만으로 치료하는 것보다 더 빨리 움직일 수 있음
	재활	손상된 부분이 정상적 힘, 기능 회복하는 것	

예방법	1차 예방	① 골다공증을 예방 : 모든 여성, 특히 폐경기 여성에게 칼슘을 섭취하도록 교육
		② 금연
		③ 낙상을 예방하기 위해서
		    ㉠ 안전한 환경(밝은 조명, 미끄럽지 않은 바닥)을 제공
		    ㉡ 가족 및 친지가 없는 경우 침상난간을 올리고 침대를 낮게 유지
		    ㉢ 아동의 경우 높은 곳에서 뛰어내리는 등의 행동을 하지 않도록 교육
		④ 직접적 충격을 예방하기 위해서 → 운전 시 안전벨트를 착용하고 운동 시에는 보호장구를 착용
		⑤ 대사성 질환 예방 : 유방암과 전립선암을 조기발견		

	2차 예방	골종양의 전이가 있는 환자 : 예방적 안정 교육 - 골절이 쉽게 일어남	
	3차 예방	골절 시 신속한 치료	

- 골절, 탈구, 염좌의 증상과 징후

구분	골절	탈구	염좌
통증	○	○	○
압통	○		○
변형	○	○	
기능상실	○	○	
종창	○		○
점상출혈	○		○
마찰음(= 염발음)	○		

부목	목적
	(효과)
	06 임용
		추가손상 방지	① 골절로 인한 2차 손상 위험 방지 🔊 연근신혈 방지
			    ㉠ 근육 등 연조직 손상 방지
			    ㉡ 신경손상 방지
			    ㉢ 혈관손상 방지
			② 골편고정 및 기형방지
			③ 폐쇄성 골절이 개방성 골절이 되지 않도록 예방

		염증증상 완화	④ 통증 경감 ⑤ 출혈과 부종 감소
		합병증 예방	⑥ 지방색전증 예방, shock 예방
	방법		① 적용 전 원위부 CMS 사정 ② 2명이 시행하여 한 명은 부동화, 다른 한 명은 부목 적용 ③ 감염예방 : 부목 대기 전 개방창상에 드레싱과 붕대, 개방상처의 반대편에 부목 적용 ④ 손가락, 발가락 보이게 부목을 대어 지속적 순환상태 파악 ⑤ 골절부위 상하관절 부동화, 고정, 탈구 시 발견된 상태 그대로 부동화 ⑥ 체간과 함께 손상받은 곳의 위·아래 관절을 함께 고정하여 움직이지 않도록 할 것 ⑦ 손가락은 몇 개를 같이 고정, 다리부분은 싸듯이 고정 ⑧ 부목에는 pad를 잘 대고 고정 : 조직의 국소적 압박 감소 ⑨ 편안하게 대어주고 순환상태와 부종을 재사정함
	주의사항	적용 시 주의점	① 발견된 그대로 부목으로 고정함 ② 가깝게 있는 관절을 포함하여 부목으로 고정함 ③ 묶은 매듭이 골절된 부위로 올라오지 않도록 함
		부목 관련 주의점	④ 골절된 부분보다 넓고 긴 것을 사용함 ⑤ 부목을 천으로 한번 감쌈 ⑥ 거상시키고 부목이 없으면 즉시 부목화할 수 있는 것이나 신체를 이용함
석고 붕대 09,12 임용 / 10,11,13,14, 21,22 국시	목적		① 골절 치유과정 동안 골편의 부동화 ② 수술 후 치유과정 동안 환부의 부동화 ③ 기형의 예방/교정 ④ 질병진행 시 휴식의 증진 ⑤ 조기 체중부하
	합병증 발생 여부 사정법 24 임용	감각(S)	이상감각이나 감각변화 정도 사정
		순환(C)	① 냉감여부 확인 ② 모세혈관충혈검사 ③ 맥박확인 ④ 색깔 및 부종 확인
		운동(M)	움직일 때 통증발생여부 확인, 사지의 국소적 허혈로 괴저가 있으면 운동 시 통증동반

석고 붕대 09,12 임용 / 10,11,13,14, 21,22 국시	간호	건조	① 베개 위에 올려놓고 말리면 굴곡되지 않음 ② 젖은 석고붕대는 손가락 끝으로 만지지 말고, 손바닥으로 만질 것 ③ 추위나 한기 : 붕대적용 부위 제외한 부위를 덮어 보온 제공 ④ 건조 유도 : 램프, 석고건조기 ⑤ 건조된 석고상태 : 희고 윤이 나며 타진 시 공명음
		부종예방	24~48hr 얼음주머니
		피부간호	① 가장자리 피부 : 매일 깨끗하게 씻고 건조하게 유지 ② 석고붕대 모서리 다듬기 : 피부자극 예방 ③ 소양증 : 옷걸이나 연필 등으로 석고 붕대 밑 긁으면 ×, 파우더/녹말가루 　사용 금지, 소양감이 나타나는 반대부위에 얼음 적용
		감염과 배액	배액, 이상한 냄새와 열감, 통증
		통증	환자 통증 호소에 주의, 중재로 해결되지 않으면 석고 창구 내어 관찰
		운동	① 관절가동범위운동 ② 손상근육에 등척성 운동(불용성 근 위축 방지 위해 실시) ③ 보조기구 사용
		순환손상 증상 관찰	① 사지맥박 소실 ② 손톱이나 발톱의 부적절한 혈액공급 ③ 피부의 청색증 ④ 통증과 마비 ⑤ 피부냉감 ⑥ 부종 ⑦ 감각이상
견인	정의		골편을 정복시킬 수 있도록 신체에 당기는 힘 적용과 반대쪽 견인력유지(상대적 견인)
	목적 95 임용 / 02 국시		① 손상예방 : 연조직 손상, 변형, 구축, 탈구 예방 & 불구의 교정 및 예방 ② 환부치유 촉진 : 골편의 고정(골편이 겹치지 않도록)/정복/정렬유지, 척추압박요인 제거 ③ 휴식 : 염증, 질환, 통증이 있는 관절 휴식 ④ 통증관리 & 근육경련 감소
	활용		① 다발성 외상을 동반한 골절(단순골절에는 적용하지 않음) ② 강한 근육조직에서 경련발생을 예방하고자 적용(약한 근육에는 적용하지 않음)
	분류 06,07,13 국시		피부견인 / 골격견인

		피부견인	골격견인
분류 06,07,13 국시	정의	피부에 힘을 가하여 뼈에 간접적인 힘 전달	뼈에 직접적으로 힘 전달
	방법	피부에 플라스틱물건, 부착성 테이프로 적용하고 추로 견인력 적용	철사, 핀, 집게 등으로 뼈에 직접 삽입하여 견인력 제공
	견인력	2~4kg * 1pound = 0.45kg	10~20kg
	적응증	• 골절치료 시작 전 부종예방, 골 절편 고정 위해 일시적, 단기적 • 관절 경축 우려 시 예방적으로 간헐적 사용	• 견인력을 계속 적용해야 하는 경우 • 근육경련 완화 위해 무거운 추를 사용해야 하는 경우
	단점	• 개방성 상처가 있는 경우 사용× • 피부염, 테이프 과민반응 시 사용×	핀 삽입 부위 감염 위험

견인	피부 견인	Buck 신전견인 [13 국시]	① 고관절부나 대퇴골의 골절 시 수술 전 고정 ② 침대에서 들려있는 이유 : 대항견인력 때문에(수평)
		Russell 견인	골반부나 대퇴부의 골절 치료와 무릎이나 골반부의 기형 고정(수평, 수직)
		골반 띠 견인	① 골반골절, 하부통증, 요부 근육경련, 좌골신경통 ② 장골능에 욕창 유발 가능성 有 - 대소변 문제, position change의 어려움
		Bryant 견인 [01,21 국시]	① 체중 10kg 이하의 2세 이하의 대퇴골절 치료 ② 하지 90° 각도 세워 견인 → 혈액순환장애, 피부괴사, 신경장애
		경부견인	① 경추부위의 경미한 골절, 탈골, 근염, 아탈구 - 두부에 Halter 띠 적용 ② 턱에 패드를 대어주어 압박·욕창방지/연식제공/3~4시간 살짝 풀어주기
		[Buck 신전견인]	[Russell 견인] [Bryant 견인]
	골격 견인	현수견인	대퇴골절 시 골편이 전위되거나 겹쳤을 때
		두개골 집게형 견인	경추골절 or 탈구치료에 이용
		Halo 견인	경부골절이나 척추측만 교정, 대퇴 골격 장치와 겸하여 실시
	간호 [03,11 국시]		① 원리 : 견인의 당김력 계속 유지 ② 추는 바닥에 닿아 있지 않도록 주의 ③ 삼각손잡이를 이용하여 움직일 수 있도록 함 ④ 3~4시간마다 관절가동범위 운동 ⑤ 신경혈관계 손상예방 및 조기발견 ⑥ 피부손상예방 : 패드적용, 마사지, 체위변경 ⑦ 골격견인 : 감염예방

염좌 및 기타 근골격계 손상

1 염좌

정의	인대의 손상으로 인대가 늘어지거나 완전, 불완전 파열상태, 중증의 경우 인대의 외과적인 열상이 심하면 수술 가능성도 있다.
원인	관절의 정상 가동범위(ROM)를 강제로 벗어나게 했을 때, 갑작스런 관절의 강한 타격
증상	관절운동 시 통증, 종창, 국소출혈, 근육경련과 불구를 야기, 손상 몇 시간 후에 더 통증부위가 넓어진다 (손상 직후에 부종, 통증, 변색, 경련, 운동 및 기능장애가 심하지 않으나 2~3시간 후에는 점점 심해짐).

손상 정도와 치료 92,12 임용	손상 정도	증상, 증후	치료
	1도	인대 위의 압통과 종창, 관절은 안정적임	PRICE, NSAIDs
	2도	부분적인 인대의 파괴, 종창, 압통, 관절 불안정	PRICE, 부동, NSAIDs
	3도	인대가 완전히 찢어지고 파열되어 인대부분의 관절안정성 상실됨	다른 치료 여부를 결정하기 위한 X-선 촬영

응급 처치 92,06 임용 / 11,13,14 국시		염좌 등 근골격계 손상 시 악화방지를 위해 처음 6~12시간 이내 제공해야 할 간호중재 원칙
	P	① 보호(Protection) 　㉠ 움직일 때의 동통이 사라진 후 적극적인 ROM 실시와 근력강화 운동을 시작 　㉡ 재발방지 위함, 점차적 활동 증가, 과도한 운동을 피할 것
	R	② 휴식(Rest) : 추가손상이나 재발을 방지하고, 편안함을 도모함
	I	③ 얼음찜질(Ice) : 24시간 이내일 때 적용하면 부종 최소화, 경련과 통증 경감, 항염증효과, 지혈에 효과적임
	C	④ 압박(Compression) : 탄력붕대로 감아주면 부종 감소, 통증 감소, 주변 연부조직 손상을 방지, 출혈의 위험성을 감소, 손상부위의 혈류차단 가능성을 줄임
	E	⑤ 거상(Elevation) : 사지를 심장보다 높게 하면 부종과 종창을 줄이는 데 도움이 됨
	기타	⑥ 비스테로이드성 항염제(NSAIDs)는 선택적으로 사용 ⑦ 소염진통제 투여 : 진통제는 크게 3가지의 종류로 나눈다. 모든 염증반응에 관여하는 cyclooxygenase를 억제하여 효과를 나타낸다. ⑧ 아주 심한 염좌인 경우 인대절편을 맞추거나 통증을 덜기 위하여 석고붕대를 해야 하므로 병원 후송 　- 보통 4~6주간 적용, 완치 후 치료적 운동 ⑨ 대상자와 보호자에게 얼음이나 냉포사용법, 온습포사용법의 목적과 방법, 탄력붕대 감는 법, 그리고 약물의 선택방법에 대해 교육 제공

PLUS⊕

- 근손상

근손상	설명
횡문근 융해증	손상된 골격근이 빠르게 분해되는 질환으로 근육통, 무기력, 검붉은색 소변, 신부전 등이 초래됨
지연성 근통증	과도한 운동 등으로 근섬유에 미세한 손상이 생기고 이로 인해 통증이 초래됨

② 기타 근골격계 손상 `11,13,14 국시`

	타박상 `92 임용`	좌상(strain)	염좌(sprain) `12 임용`	탈구와 아탈구
정의	• 둔탁한 힘에 의한 연조직 손상 • 국소적 출혈, 피하출혈, 심부조직의 파괴 동반	• 건이 과신전되거나 근육이 심하게 긴장될 때 발생 • 만성좌상은 과도사용, 즉 근육이나 건의 반복적 움직임이 오래 지속된 경우에 발생함	• 인대의 손상 • 인대가 늘어지거나 완전, 불완전 파열 • 심한 압통 동반	• 뼈가 관절의 정상위치에서 이탈되어 관절면의 접촉이 분리된 상태 • 관절이 불완전하게 탈구되거나 약간 빗나간 정도
원인		• 익숙하지 않은 운동을 격하게 할 때, 근육긴장이 지속될 때	• 관절의 정상가동범위를 강제로 벗어나게 한 경우 • 갑작스런 관절의 강한 타격	• 외부적인 압력이 가해졌을 때 or 선천적 원인에 의해 발생
증상	• 손상 2~3일 후 • 반상출혈, 압통, 부종 • 때로 혈종 발생	• 부종, 통증, 반상출혈	• 관절운동 시 통증, 종창, 국소출혈, 근육경련, 불구 • 손상 2~3시간 후 점점 통증 심해짐 • 통증부위도 넓어짐	• 둔한 통증, 부종, 운동장애, 신경손상 • 합병증: 국소적 괴저, 무혈성 괴저, 상해된 관절면의 손상

14 눈 손상

안구외상 사정 지표	(1) 병력수집 : 상해를 입게 된 동기, 이물질의 존재 여부, 화학적 눈 화상의 가능성 등을 포함 (2) 통증의 정도 (3) 교정시력 및 교정 안한 실제시력 (4) 눈을 검사하거나 치료하기 위한 마취의 필요성 (5) 이물질 여부를 사정하기 위한 상안검 검사 (6) 눈 이외의 다른 조직에 상해가 미쳤을지도 모른다는 가능성을 염두에 둘 것

화학약품에 의한
눈의 화상
95,10 임용 / 19 국시
	(1) 세척
	① 가장 먼저 사고 즉시 생리식염수나 흐르는 깨끗한 물로 내측에서 외측으로 pH 6~7이 될 때까지 [95 임용]
	   ㉠ 손상된 눈을 크게 뜨도록 하고 미지근한 물 또는 생리식염수를 적어도 5분 이상 세척, 중화하려고 하지 말고, 생리식염수나 물로 희석·제거를 위해 세척해야 함
	   ㉡ 안검을 벌리고 환측 눈의 내측 안각에서 외측 안각 쪽 방향으로 실시
	② 화학물질이 알칼리성 용액이라면 적어도 20분간은 세척
	③ 낮은 진동을 이용한 특별한 세척렌즈장치(water pik)를 이용하여 수 시간 동안 세척 가능
	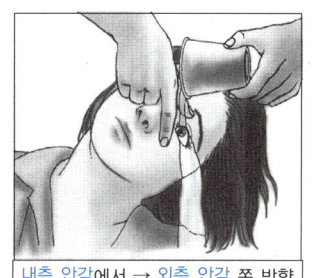
	내측 안각에서 → 외측 안각 쪽 방향
	(2) 약물 : 적절한 눈 세척을 위하여 가끔 작용이 빠른 국소마취제를 사용할 필요가 있음
	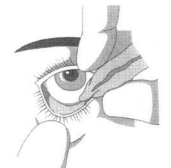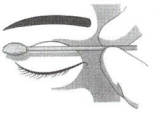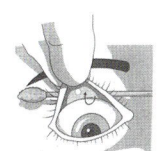
	아랫 눈꺼풀을 부드럽게 밑으로 끌어내려 검사한다. 물질이 보이면 적신 멸균거즈로 제거한다. 윗눈꺼풀을 끌어당겨 아랫 눈꺼풀에 덮어서 윗눈꺼풀 안쪽에 있는 이물질을 쓸어낸다. 이물질은 보통 윗눈꺼풀에 붙을 경우가 많다. 성냥개비 등을 가로로 놓고 눈꺼풀을 말아 올려 검사하여 이물질은 젖은 멸균거즈나 깨끗한 천으로 제거한다.
	[눈의 이물질 제거 방법]
	(3) 드레싱 : 한쪽 눈을 다쳤을 때 그 눈을 움직이지 않도록 양 눈을 모두 드레싱함
	  (∵ 안구로 들어온 시각자극은 시교차를 통해서 전달되므로 한쪽 눈을 가리더라도 다른 한쪽으로 들어오는 시각자극으로 안구의 움직임이 발생되기 때문에 한 눈만 손상되었더라도 양 눈을 모두 가려야 함)
	(4) 원인에 따른 중재
	
	| | |
	|---|---|
	| 알칼리성
	물질 | • 알칼리성 물질에 의한 눈의 화상일 경우에는 화학입자를 발견하기 위해 상안검을 뒤집어 보는 것이 매우 중요
	• 알칼리성 화상 등 눈의 화상은 세척 후 즉시 안과에 보내어 입원시킴
	  예 양잿물에 의한 화상 시 중재 → 실험실에 비치된 앞치마와 글러브를 착용하고 수돗물로 안 세척을 하면서 병원으로 후송하였다. [10 임용] |
	| 산성 물질 | 단백질을 응고시켜 조직의 국소적 괴사부위에 경계구분을 나타낼 수 있으므로 관찰 |

알칼리성 물질	• 알칼리성 물질에 의한 눈의 화상일 경우에는 화학입자를 발견하기 위해 상안검을 뒤집어 보는 것이 매우 중요 • 알칼리성 화상 등 눈의 화상은 세척 후 즉시 안과에 보내어 입원시킴 예 양잿물에 의한 화상 시 중재 → 실험실에 비치된 앞치마와 글러브를 착용하고 수돗물로 안 세척을 하면서 병원으로 후송하였다. [10 임용]
산성 물질	단백질을 응고시켜 조직의 국소적 괴사부위에 경계구분을 나타낼 수 있으므로 관찰

안구 결출	(1) 정의 : 눈에 둔상이나 관통상을 입을 때 안구가 안와로부터 분리되는 상태 (2) 우선 따뜻한 생리식염수에 적신 소독된 드레싱으로 눈 건조 방지 (3) 안대를 하고 환자의 눈을 안전하게 보호 (4) 손상받지 않은 눈도 안대로 가리고 머리를 움직이지 않게 함 (5) 금식하며 긴급 병원 후송

이물질로 인한 눈의 손상 (안구이물)
92 임용 / 04, 08 국시
	(1) 콘택트렌즈 사용 시 제거
	  ① 하드렌즈 : 흡인기 사용해서 제거
	  ② 소프트렌즈 : 각막 옆으로 밀어서 제거(흡인기 사용 ×)
	(2) 이물질 제거
	  ① 작은 이물 : 식염수에 젖은 면봉에 묻혀 내도록 하며 몇 번 시도해도 제거되지 않으면 중단
	    92 임용
	  ② 비비지 않기 : 각막 표면에 상처를 낼 수 있음
	(3) 각막의 손상확인 : 녹색의 형광물질 Fluorescein 시약으로 눈 염색(정상 : 푸른색/손상 : 녹색)
	  09 임용
	(4) 드레싱
	  ① 이물질이 눈에 박힌 경우 : 유리나 날카로운 물체에 찔린 경우 강제로 빼려고 하지 말고 양쪽 눈에 안대를 착용하여 즉시 병원으로 이송, 치료가 빠를수록 시력상실 가능성이 적음
	    ㉠ 안과의사가 도착할 때까지 환자 곁을 떠나지 않고 생리식염수를 적신 거즈로 이물 주위를 드레싱하고 종이컵 등을 이용해 이물질 고정 → 2차 상처방지, 안구에 압박 방지
	    ㉡ 침상안정 : 반좌위를 취해줌, 허리 굽히기/물건 들기/기침 등 안압 상승행위 못하게 함
	  ② 안구에 압박이 가해지지 않도록 하고 환자의 머리를 움직이지 못하게 함
	  ③ 눈이나 안검에서 출혈이 될 때는 직접압박을 가해 지혈하면 오히려 더 큰 상처를 초래할 수 있으므로 금기 : 안구 후방에서 유입되는 혈관에 압력이 전달되어 혈류공급이 저해되어 망막 손상 및 압박으로 초자체가 안구 손상 부위를 통해 외부로 돌출될 수 있음
	(5) 병원 긴급후송

안구전방 출혈 95 임용	안구전방은 각막과 홍채 사이로 눈의 충격이나 관통상에 의해 생기는 출혈임 (1) 상체를 약 30도 정도 세운 채로 침상안정 유지(활동 극소화) : 전방출혈을 하전방에 국한시킴 (2) 직접 압박 금기 : 안구 후방에서 유입되는 혈관에 압력이 전달 → 혈류공급이 저하 → 망막손상이 발생할 수 있음. 또한 압박으로 초자체가 외부로 유출될 수 있음 (3) 손상부위별 일반적 응급처치 <table><tr><td>결막하 출혈</td><td>• 외상, 각종 수술, 급성 결막염, 기침, 천식, 고혈압 등으로 소혈관이 파열되어 나타남 • 단순한 안구결막 출혈은 지혈제 투여로 며칠 만에 흡수됨</td></tr><tr><td>안검혈종</td><td>• 상안와연을 지나는 큰 혈관이 상하면 혈종이 생기며, 두개저 골절 시의 출혈이 유주되어 안검에 생길 수도 있으나, 이때는 이출혈, 비출혈이 따름 • 냉찜질과 지혈제의 투여가 필요함</td></tr><tr><td>안와혈종</td><td>• 안와 내 출혈로 안구가 돌출되며 출혈이 결합조직에 싸여 혈종이 형성되는 경우가 있으므로 안구돌출이 오랫동안 낫지 않는 경우에는 혈종제거 수술이 필요함</td></tr><tr><td>안검기종</td><td>• 강타로 인해 안와골절의 일부가 터져 부비강과 통하여 코를 풀면 눈꺼풀이 부어오르고 비출혈이 따름 • 안정과 압박붕대, 코 안에 탈지면을 삽입하여 두면 수일 내에 없어짐</td></tr></table> (4) 전방출혈이 심하면 방수 유출길(모양체돌기 분비 → 홍채와 수정체 사이 통과 → 슐렘관으로 배출)을 막아 안압이 올라갈 수 있으므로 축동제 점안 (5) 양 눈에 안대 착용 : 안구의 움직임 예방 → 밤에도 2주간 착용 (6) 각막이 출혈에 의하여 착색이 되거나 8일 이상 치료해도 반 이상의 감소를 보이지 않을 때 안압을 낮추려는 치료를 계속함에도 불구하고 계속 안압이 높게 유지될 때는 수술적용

- **안약 사용법**
① 자세 : 앙와위, 신체보다 머리가 낮도록 목을 과신전시키며 약물이 각막으로 퍼지는 데 도움이 됨
② 약물을 떨어뜨리는 데 사용하는 손은 엄지손가락과 집게손가락으로 점적약이나 연고를 잡고 대상자의 이마 위에 손바닥을 놓아 안정되게 손 활용 : 눈에 대한 상해를 예방하기 위한 안전규칙으로 약물이 얼굴이 아닌 눈으로 확실히 들어가게 하는 데 도움이 됨
③ 하안검을 당기고 무균적으로 약물을 결막낭으로 넣음
④ 연고는 내안각에서 바깥쪽을 향하여 결막에 바름
⑤ 점적약이나 튜브형 연고는 눈을 보호할 뿐만 아니라 확실한 무균상태를 유지하기 위해 눈썹이나 눈에 닿아서는 안됨
⑥ 약물이 점적되면, 30초 정도 부드럽게 눈을 감아 약물이 결막 내로 골고루 퍼지도록 함
⑦ 약물이 비루관으로 누출되는 것을 방지하기 위하여 눈 내측 가장자리를 지긋이 누르게 함

15 치아 손상

치통	① 진통제 투여 → 아스피린 등의 약제를 직접 물고 있는 것은 연조직 손상을 야기시킴 ② 입안을 청결히 한 상태로 치과에 후송
치아가 부러진 경우	① 부러진 부분을 버리지 말고 우유나 생리식염수에 담가서 학생과 함께 즉시 치과로 후송 → 부러진 조각을 이용하여 임시로 가치를 만들 수 있음 ② 상처에 이물이 있으면 구강세척
치아탈구 08,09 임용	① 빠진 치아 및 주변 다른 치아상태 확인 : 구강 손상을 입었을 경우 없어진 빠진 치아를 찾아보아야 함 → 잃어버린 치아가 발견되지 않은 상태에서 호흡곤란 호소 시 흡인 가능성 有 ② 치관부를 손가락을 잡고 식염수를 흐르게 하여 치근부의 이물을 가볍게 씻어 냄(수압을 약하게 하고 치근부를 문지러서 세척하지 말 것) ③ 구강세척 : 치아 내로 세균 침입하여 감염되면 치아 농양 발생 가능 ④ 파묻힌 치아 : 치과의사가 끌어내는 치료를 하면 1개월 이내 정상위치로 환원함 ⑤ 빠진 치아 : 식염수 or 젖은 거즈 or 우유에 담근 상태로 30분 이내 치과방문 또는 여의치 않은 상황에서 협조가 가능한 경우라면 혀 밑에 보관(물은 세포분해를 촉진하므로 사용 자제, 건조하게 보관하면 재이식 실패에 영향을 줌) ㉠ 개방된 관구의 탈수 : 치아주위 인대의 비가역적 손상이 60분 후 일어남 ㉡ 30분 이내라면 재이식 가능 　(단, 유치는 재이식하지 말 것 : 발육되기 시작한 영구치가 손상될 수 있음)
잇몸이 깊게 찢어진 경우	① 식염수로 상처부위를 깨끗이 세척 ② 압박하여 지혈, 지혈이 되지 않으면 거즈로 압박하여 치과에 후송
발치 후 출혈	① 일차적 발생 : 발치 후 1~2일 이내 발생, 혈액응고 덩어리를 제거함으로써 발생 ② 이차적 발생 : 치조 안의 감염이나 치아가 빠지면서 생김 ③ 국소적으로 출혈부위 거즈로 압박하여 지혈, 물고 있도록 함 ④ 얼음주머니 적용 ⑤ 출혈이 계속되면 치과 진찰

PLUS+

● 고막 열상

원인	① 급성감염이나 화농성 중이염, 외상 등 ② 고막의 천공을 방치하거나 적절한 처치를 받지 못하면 귀 감염, 전도성 난청 등의 합병증이 초래됨
증상	① 손상받은 귀가 잘 안 들리고 멍멍하고 청력이 일시적으로 저하됨 ② 반대 측 귀도 청력이 저하된 느낌이 들며, 때로 이명이 들리는 경우도 있음 ③ 고막 소견상 천공이 있으며, 천공 주위에 혈액이 있으나 염증이 없으면 분비물은 없음
일반적인 응급처치	2차 감염 예방 ① 귀 세척이나 점이액 등의 사용을 금할 것 ② 심하게 코를 푼다든가 귓속으로 물이 들어가는 일이 없도록 할 것

16 교상 시 응급간호

1 벌에 쏘였을 때

증상 및 징후	국소반응		침에 쏘인 부위에 통증, 발적, 부종 등
	독성반응		여러 차례 벌침에 쏘이면, 침독에 의해 전신독성 반응(오심, 구토, 설사, 어지러움, 실신 등)이 나타날 수 있음, 사람에 따라 아나필락시스(알레르기 과민반응) 등이 발생될 수 있음
응급처치 11 국시	환부관리	세척	벌에 쏘인 즉시 먼저 흐르는 물에 물린 부위를 소독제, 비누와 물로 세척
		독침 제거	제거하지 않을 경우 20분 정도까지 독소가 계속 주입됨 ① 물린 부위 소독약으로 깨끗이 닦아 냄 ② 제거 : 칼이나 카드의 가장자리, 바늘, 수술용 메스로 조심스럽게 긁어서 제거 ③ 집게, 핀셋, 손톱 사용× : 뽑으려 하면 독액낭을 터트려서 더 많은 독을 유리시킴 ④ 물린 부위 손가락으로 짜면× ⑤ 2차 감염증을 예방하기 위해 물린 부위를 긁으면 안 됨
		냉요법	① 20분간 적용 ② 혈관 수축작용으로 흡수속도・부종・통증・염증반응 줄임
		약물 적용	① 물린 부위 암모니아수나 항히스타민제, 칼라민 연고 적용 ② 통증이 심할 경우 소염진통제 복용
		지혈대 적용	① 체내 전파방지 ② 정맥이 압박될 정도로 쏘인 부위 가까이 상단과 하단에 적용하고 거상시킴
	관찰	30분간 아나필락시스 반응 관찰	① 국소반응이 심하거나 전신반응 시 즉시 응급실로 이송 ② 증상 : 물린 부위에 국한되지 않고 두드러기, 전신의 소양증, 호흡곤란, 어지럼증 ③ ABC 사정, 기도유지 ④ 에피네프린 주사, 흡수 위해 주사부위 마사지
	추후관리	보건교육	① 곤충에 물리지 않는 방법 ② 환부관리 　㉠ 국소증상이 며칠간 지속가능 : 하루에 4번 정도 따뜻한 물에 담금 　㉡ 발진 치료는 찬물로/긁으면 안 됨 　㉢ 항히스타민제제 : 졸음 유발 → 위험한 기계조작× ③ 위급상태 : 심한 부종 또는 천명음 같은 비정상 증상이 나타나면 병원 방문
예방법	① 쏘는 벌레가 많은 지역에 가지 않음 ② 맨발로 집 밖을 다니지 않음 ③ 향수 뿌리지 말 것 ④ 반드시 보호의복 착용함 ⑤ 차의 창문을 닫아둠 ⑥ 쓰레기장을 소독함 ⑦ 벌집 제거 시 전문가를 부름, 벌집을 건드렸을 경우 몸을 낮추고 20m 이상 빠르게 뛰기 ⑧ 벌이 주위를 윙윙거리면 움직이지 않음 ⑨ 과민반응이 있다면 에피네프린 주사법을 미리 익히고 과민반응 증명표를 휴대함 ⑩ 일반적으로 긴 옷과 긴 바지를 입고 어두운 옷보다 밝은색 옷 입기 　＊공격성 : 검은색 > 갈색 > 빨간색 > 초록색 > 노란색		

❷ 동물에 물렸을 때 [92 임용]

증상	물린 자국, 출혈, 통증, 부종이나 발적 발생

응급처치	① 대상자를 안정시키고 활동을 최소화하도록 함
	② 기도유지 후 호흡과 순환확인
	③ 손상과 관련된 사정
	   ⊙ 동물 종류, 소유주, 상처 형태, 동물의 건강상태나 면역상태 등 파악
	   ⓒ 상처의 크기와 심각성, 형태 파악
	④ 상처세척, 지혈, 깨끗한 드레싱, 교상은 봉합하지 않음
	⑤ 상처부위를 심장보다 낮게 위치시키고 상처부위 위쪽을 넓은 천으로 가볍게 묶어주기
	⑥ 부목으로 고정 후 병원 후송
	⑦ 광견병 예방접종, 파상풍 예방접종

❸ 해양생물에 물렸을 때

증상	물린 자국, 통증과 부어오름, 알레르기 반응
응급처치	① 바닷물로 10분 이상 세척 : 수돗물은 삼투압의 차이로 자포가 터져 독이 더 많이 침투 ② 해파리에 쏘인 상처를 심장보다 낮게 ③ 카드로 살살 긁어 자포를 떼어냄 : 세척 후에도 남아 있는 것 손으로 절대 만지면 안됨 ④ 함부로 식초나 알코올 사용 금지 : 해파리 종류에 따라 효과가 다름 ⑤ 병원 후송

❹ 뱀에 물렸을 때

증상	① 물린 상처 : 위쪽, 아래쪽에 2개의 이빨 자국 ② 국소증상 : 물린 즉시 강한 작열통, 종창, 심한 출혈, 1시간 이내 피부에 수포가 발생하고 피부색이 암적색으로 변색됨 ③ 전신증상 : 근육경련, 근섬유 연축, 쇠맛, N/V, 위장관 출혈 ④ 빈맥, 저혈압, 실신, 혼수상태, 호흡정지 독니자국 / 독사	
응급처치 🔒 안지처	이동 & 안정유지	안전한 장소로 옮기고 독이 순환되지 않도록 안정, 부동유지
	지혈대 적용	① 정맥혈이나 림프액의 심장환류를 최소화하기 위해서 상처부위 상부를 넓은 끈(벨트, 넥타이, 붕대) 등을 이용하여 묶음 cf) 벌 : 상단 & 하단 ② 동맥혈류는 유지되면서 정맥혈류는 정지될 정도의 압박, 원위부 순환상태 자주 관찰
	환부처치	① 부목으로 고정, 심장수준 이하로 낮춤(심장으로 독이 귀환하는 것을 최소화함) ② 보석, 의복제거 : 국소 종창이 악화되기 전 제거하여 조직손상 예방 ③ 상처세척 : 비누와 물로 부드럽게 교상부위를 닦아냄 ④ 흡습성이 크고 얇은 멸균 드레싱으로 상처를 덮음
	주의할 점	① 얼음 적용 금지(∵ 조직손상 악화) ② 입으로 독을 빨아내지 말 것 ③ 상처 절개 금지

임수진
보건임용
02

PART 05

성인간호학 총론

CHAPTER 01 건강사정

CHAPTER 02 수분과 전해질

CHAPTER 03 면역과 알레르기

CHAPTER 04 종양간호

CHAPTER 05 재활간호

CHAPTER 06 노인간호

PART 05 성인간호학 총론

한눈에 보기

성인간호학 총론

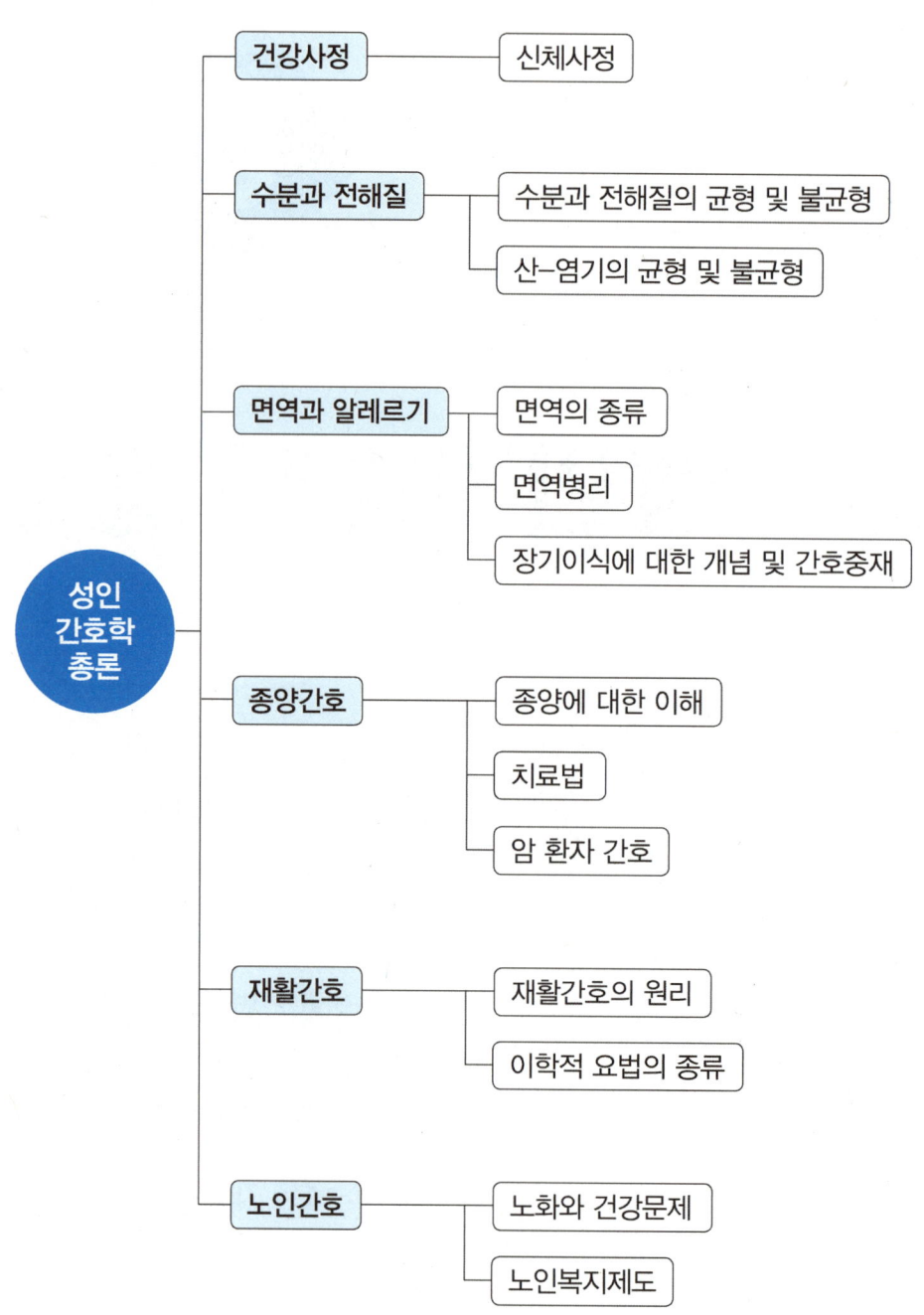

01 건강사정

영역		기출영역 분석	페이지
신체사정	면담	면담 시 상호작용을 특징짓는 요소 1996	322
		면담 시 면담자의 태도 : 우울이 심한 대상자, 분노가 있는 대상자, 폭력의 위험성을 가진 대상자, 사람을 조종하려는 대상자, 성적 유혹을 하는 대상자 2010	
	신체검진기구의 사용법 2010		324
	활력징후	체온	장티푸스 발열 형태(지속열) 1995	330
		맥박	간헐맥 : 정의 1992 , QRS군이 누락되었을 때 나타나는 맥박양상 2016	
		호흡	호흡형태(체인-스톡 호흡, 무기문식 호흡 : 지속 흡식성 호흡, 운동 실조성 호흡, 중추신경에 의한 호흡) 1995	
		혈압	혈압이 높게 측정되는 경우 2023	
	신체검진 기술	청색증 시 오감 이용한 신체검진 내용, 복통의 신체사정방법 5가지, 복부 신체검진 방법 1997, 2000, 2009	337

✓ 학습전략 Point

1st	활력징후	활력징후 측정방법과 측정결과의 해석을 학습한다.
2nd	신체검진기구의 사용법	각종 신체검진기구의 구체적인 사용법을 학습한다.

건강사정

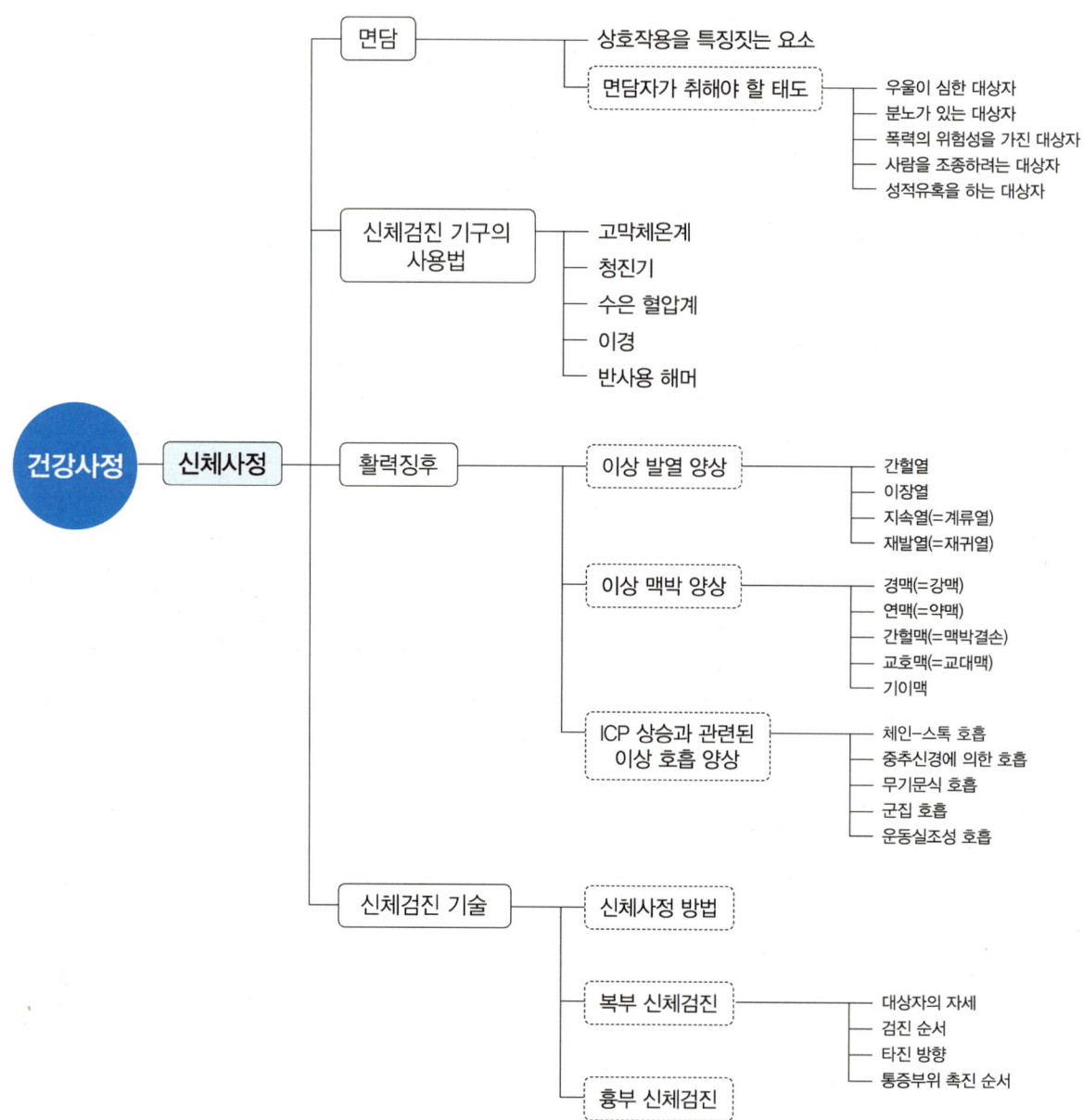

96-35. 〈보기〉에서 면담 시 상호작용을 특징짓는 요소를 모두 고르면?

─〈보기〉─
㉠ 반응
㉡ 사고과정
㉢ 질문
㉣ 비언어적 의사소통

10-01. 건강사정 시 면담자는 대상자의 특성에 따라 적절히 대처해야 한다. 대상자와 면담할 때 면담자가 취해야 할 태도로 옳지 않은 것은?
① 우울이 심한 대상자에게는 활기차고 용기를 북돋우는 의사소통을 한다.
② 분노가 있는 대상자에게는 자신의 감정을 환기할 수 있게 한다.
③ 폭력의 위험성을 가진 대상자에게는 침착하게 행동하고 차분한 목소리로 대화한다.
④ 사람을 조종하려는 대상자가 부탁하는 경우 속임수를 쓰는지 합당한 부탁인지 구별한다.
⑤ 성적 유혹을 하는 대상자에게는 언어적 경계를 명확히 한다.

10-02. 신체검진 기구의 사용법에 대한 설명으로 옳지 않은 것은?
① 고막 체온계는 탐침을 외이도에 부드럽게 넣고 수 초 후 측정된 체온을 읽는다.
② 청진기의 판형 부분은 높은음을 종형부분은 낮은음을 청진하는데 주로 사용한다.
③ 수은 혈압계로 상완혈압을 측정할 때 청진기로 상완동맥을 너무 강하게 압박하면 과도한 압력으로 청진음이 지속되어 실제보다 이완기압이 낮게 측정될 수 있다.
④ 이경은 외이도에 들어가는 것 중에서 가장 작은 검경을 선택하여 대상자를 편안히 앉게 한 후 대상자의 이개를 후방으로 당겨서 삽입한다.
⑤ 반사용 해머의 끝이 뾰족한 부분은 신체의 좁은 부위를 칠 때 사용하고 넓고 무딘 부분은 신체의 넓은 부위나 아픈 부위를 칠 때 사용한다.

23-B6. 다음은 보건교사가 동료교사와 나눈 대화 내용의 일부이다. 〈작성 방법〉에 따라 서술하시오.

동료교사: 선생님, 제가 5년 전에 고혈압 진단을 받고 치료 중인데 혈압 조절이 잘 안 되어 최근 혈압계를 사서 집에서 혈압을 재고 있어요. 그런데 병원에서 측정할 때와 차이가 있더라고요.
보건교사: 혈압측정 결과에 영향을 줄 수 있는 여러 가지 요인이 있을 수 있는데 혈압계 커프가 영향을 줄 수 있어요. ㉠ 혈압계 커프의 폭이 너무 좁거나 길이가 짧을 때, 또는 커프를 너무 헐겁게 감았을 때 생기는 오류로 인해 혈압 수치가 다르게 나타날 수 있어요.
동료교사: 그렇군요. 제대로 다시 측정해 봐야겠어요. 그나저나 고혈압 관리가 잘 안 되면 여러 가지 합병증이 생긴다고 들었어요.
보건교사: 잘 알고 계시네요. 그중에 특히 ㉡ 심장이 신체의 조직 활동에 필요한 혈액을 충분히 박출하지 못하는 상태가 발생할 위험이 큽니다. 이렇게 되면 심장은 보유능력을 총동원하여 자체의 힘을 보강하려는 보상기전이 발생해요. 이 기전은 ㉢ 신경계와 신장에서의 호르몬 반응을 통해 일어납니다.
… (하략) …

─〈작성 방법〉─
○ 밑줄 친 ㉠에 해당하는 혈압측정 결과를 서술할 것.
○ 밑줄 친 ㉡에 해당하는 질환명을 제시할 것.
○ 밑줄 친 ㉢에 해당하는 보상기전을 각각 서술할 것.

16-09. 다음은 고등학교 보건교사의 교육용 자료이다. 심장전도계와 심전도를 보고 〈작성 방법〉에 따라 서술하시오.

(가) 심장전도계

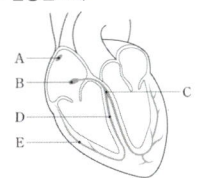

(나) K 환자의 심전도

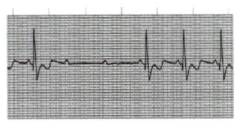

… (하략) …

─〈작성 방법〉─
• (가)에서 C의 명칭을 제시할 것.
• 정상 심전도와 비교했을 때 (나)에서 누락된 파형의 명칭을 쓰고, 그 의미를 제시할 것.
• K 환자의 요골동맥을 촉지할 때 확인할 수 있는 맥박의 양상을 제시할 것.

92-56. 간헐맥(Intermittent pulse)을 바르게 설명한 것은?
① 약한 박동 후에 강한 반동이 일어나는 현상
② 심장의 박동 중 몇 번의 박동이 없는 현상
③ 호흡 흡입 시 강도가 감소되거나 적어지는 맥박
④ 너무 약해서 거의 감지할 수 없는 맥박

95-17. 〈보기〉와 같은 호흡형태는?

─〈보기〉─
• 대사성 질환이나 뇌의 구조변화가 있을 때 볼 수 있다.

① 무기문식 호흡
② 운동실조성 호흡
③ 체인-스톡 호흡
④ 중추신경에 의한 과호흡

95-69. 장티푸스에서 볼 수 있는 발열 형태는?
① 간헐열
② 이장열
③ 지속열
④ 재발열

97-05. 중학교 체육시간에 청색증을 보이면서 주저앉은 학생을 체육교사가 보건실로 데리고 왔다. 오감을 이용한 방법으로 이 학생에게 실시해야 할 신체검진 내용을 기술하시오.

00-06. 복통을 호소하는 학생이 보건실을 방문하였다. 다음의 질문에 답하시오.
6-01. 복통의 신체사정(assessment) 방법 5가지를 제시하고 각 방법에 따른 구체적인 내용을 설명하시오.
6-02. 보건교사가 복통 완화를 위해 실시할 수 있는 간호중재에는 어떠한 것들이 있는지 6가지 이상 제시하시오.

09-02. 복부의 신체검진 방법으로 옳은 것을 〈보기〉에서 고른 것은?

─〈보기〉─
㉠ 통증 부위를 가장 나중에 촉진한다.
㉡ 대상자의 팔을 옆으로 붙이게 한다.
㉢ 시진, 청진, 촉진, 타진의 순서로 검진한다.
㉣ 대상자는 무릎을 편 자세로 앙와위를 취하게 한다.
㉤ 타진은 우상복부부터 시작하여 시계방향으로 진행한다.

1 면담

면담의 정의	건강력 청취를 위한 면담은 의도를 가진 대화
면담의 목적	(1) 서로 신뢰하고 지지적인 관계를 수립하는 것 (2) 정보를 수집하는 것 (3) 정보를 제공하는 것

대상자 이해 : 면담순서	(1) 소개단계	① 간호사가 대상자에게 자신을 소개한다. ② 간호사가 면담의 목적을 설명한다. ③ 간호사가 면담의 과정을 설명하여 대상자가 문진의 소요 시간과 내용을 예측할 수 있게 한다.
	(2) 대화단계	① 간호사는 대화가 잘 풀릴 수 있도록 진행한다. ② 환자 중심으로 대화한다. ③ 여러 가지 의사소통 기술을 사용해서 정보를 수집한다. ※ PQRST • P(provocative or palliative) – 증상을 악화 또는 완화시키는 것은? • Q(quality or quantity) – 질(증상을 어떻게 기술할 것인지, 어떻게 느껴지고, 보여지고, 들리는지)과 양(지금 얼마나 자주 나타나는지?) • R(region or radiation) – 증상이 있는 부위, 시간에 따른 위치의 변화는? 방사되는지? • S(severity scale) – 1~10의 심한 정도 척도에서의 증상 정도는? • T(timing) – 언제 증상이 시작되었는지? 얼마나 자주 발생했는지? 갑자기 또는 서서히 있었는지? ※ COLDSPA • Character(특성) – 증상과 징후의 특성을 설명 • Onset(발현) – 증상과 징후가 나타난 시작 시점 • Location(부위) – 증상 부위와 방사 부위 • Duration(기간) – 증상과 징후의 지속 기간 및 재발 • Severity(심각성) – 증상과 징후의 심한 정도 • Pattern(양상) – 증상과 징후의 완화요인과 악화요인 • Associated factor(연관 요인) – 증상과 징후에 대한 연관
	(3) 요약단계	① 면담내용을 요약한다. ② 면담내용을 명확히 한다. ③ 간호사가 이해한 내용이 정확한지 검증한다.

면담 시 상호작용을 특징짓는 요소 96 임용	(1) 질문 (2) 반응 (3) 비언어적 의사소통

치료적 관계 수립 : 면담기술 (= 의사소통 기술)	(1) 관계수립	
	(2) 경청	① 모든 다양한 기술의 기본, 경청은 대상자가 전달하려는 것에 집중하는 것 ② 대상자의 말과 미묘한 뉘앙스에 중점을 두는 방법
	(3) 적절한 질문	대상자의 이야기를 확장하고 명백하게 하는 방법 ① 개방형 질문에서 초점형 질문으로 이동하기 ② 수준 있는 반응을 유도하는 질문하기 ③ 한 번에 하나씩 일련의 질문하기 ④ 다지선택형 질문하기 ⑤ 대상자가 의미하는 것을 명확히 하기 ⑥ 촉진자("네… 듣고 있습니다." 등 말, 자세나 몸짓, 단어 등)를 이용하여 격려하기 ⑦ 재진술하기(대상자가 말한 마지막 단어를 단순히 반복하기)
	(4) 비언어적 의사소통	대상자의 시선 마주침, 얼굴표정, 자세, 흔드는 것 또는 끄덕임과 같은 머리의 위치와 움직임, 개인 간의 거리, 팔이나 다리의 위치 등에 주의를 집중하여야 함

치료적 관계 수립 : 면담기술 (= 의사소통 기술)	(5) 재진술	대상자의 말을 그대로 반복하는 것
	(6) 직면	대상자의 말이나 모습, 정보에 문제가 있을 때 직면시키는 것
	(7) 확인(=명확화)	말이 안 되고, 애매하고 불분명할 때 분명히 하려고 하는 기술
	(8) 안심시키기	① "걱정 마세요. 모두 잘 될 거예요." 등과 같은 표현은 역효과를 나타낼 수 있으므로 삼가고, 대상자의 감정을 확인하고 인정하는 것이 효과적 안심시키기 첫 단계임 ② 안심은 적절한 방식으로 정보를 전달할 때, 그리고 대상자로 하여금 문제가 충분히 이해되고 해결될 수 있다고 확신하게 만들 때 가능함
	(9) 동반자 관계 형성	대상자와 공동의 목표를 공유하고 신뢰를 형성하게 함
	(10) 해석	정보를 통해 얻은 결론을 대상자에게 설명할 때 사용
	(11) 요약	① 검진자가 주의 깊게 듣고 있다는 것을 대상자에게 확인해줄 수 있음 ② 검진자가 아는 것과 모르는 것을 확인할 수 있음
	(12) 전환	대상자들을 편안하게 해주기 위해서는 면담 중에 다른 화제로 변경하려고 할 때나 면담 후 신체검진을 실시하고자 할 때는 대상자에게 설명해야 함
	(13) 대상자 힘 북돋우기	① 대상자의 생각 물어보기, 단지 문제에 대해서만 아니라 사람에 대한 관심을 표시하고, 대상자가 이끄는 대로 따라가기 ② 감정적인 요소를 이끌어내고 확인 ③ 대상자에게 검진자의 임상적 추론을 명확히 하기 ④ 검진자의 지식한계를 알리기 등을 통해 검진자가 대상자들과 힘을 공유하는 데 도움을 받을 수 있음
특별한 상황에서의 면담 [10 임용]	불안한 대상자	① 모든 외부 자극을 감소시키고 서두르지 말 것 ② 단순하고 간결한 질문 ③ 구조적 형식에 단순하고 조직화된 정보를 제공 ④ 검진자가 누구이며 목적, 역할을 설명 ⑤ 대상자처럼 불안해하지 말 것
	화를 내거나 파괴적인 대상자(또는 폭력의 위험성을 가진 대상자)	① 침착하고 수용하는 태도를 보이며 맞서는 것을 피할 것 ② 자세를 이완시키고 위협적이지 않게 하며 손은 느슨하게 벌리도록 함 ③ 논쟁을 피하고, 개인의 공간 확보 ④ 조용히 위안을 주고 관리하는 방식으로 접근할 것 ⑤ 대상자의 감정을 환기할 수 있게 해줄 것 ⑥ 대상자가 조절이 안 되면 대상자의 접촉이나 논쟁을 하지 않을 것 ⑦ 필요할 때 다른 건강관리 전문가의 도움을 구함
	사람을 조종하는 대상자	① 속임수와 논리적인 부탁 또는 합당한 부탁인지 구별 ② 체계를 제시하고 제한을 함 ③ 조종을 하고 있는 것에 대한 확신이 안서면 다른 검진자에게 객관적인 의견을 구함
	죽음이나 성 등 민감한 사안 의논 시	① 죽음, 성(sex)에 대한 자신의 느낌과 생각을 자각하고, 논의의 필요성이 있는지에 대한 인지를 확인 ② 무비판적인 방식으로 단순하게 질문 ③ 대상자의 감정을 환기할 수 있는 시간 할애 ④ 대상자의 토의 욕구가 충족되지 않거나, 편안하게 느끼지 않으면 필요할 때 다른 전문가에게 의뢰
	유혹적인 대상자와의 상호작용 시	① 성적 관심이 강한 대상자의 행동 표출 시 확고하게 제한(→ 언어적 경계를 명확히 할 것)을 가하고 대상자의 미묘한 유혹적 행동에 대해 반응하지 않음 ② 타인과의 관계에 더 적절한 방식으로 적응하도록 대상자를 격려
	우울한 대상자	① 대상자를 이해하고 관심을 표명하며 중립적인 입장에서 반응을 함 ② 활기차고 용기를 북돋는 방식으로 의사소통을 시도하지 않음 (이러한 방식은 도움이 되지 않을 것임)

2 신체검진기구

1 신체검사기구의 종류

	기구	목적
모든 검진 시	장갑	검진자 보호
활력징후 측정 시	혈압계, 청진기, 체온계, 초침이 있는 시계	혈압, 체온, 맥박수 측정
인체 측정 시	피부주름 측정기 [21 국시]	피하조직의 피부주름 두께 측정, 상완의 둘레치를 측정하여 지방축적정도 확인
	신장기가 함께 있는 체중계	신장과 체중의 측정 위함
피부, 머리털, 손톱 검진	센티미터가 표시된 자	피부병변 크기 측정
	확대경	가시병변 크기 측정
	면봉	진균검사 위함
머리와 목 검진 시	작은 물컵	갑상선 검진하는 동안 대상자의 연하를 돕기 위함
눈 검진 시	만년필형 회중전등	동공수축 검사
	Snellen차트 [13,17 임용], 한천석 시력표	원시검사
	검안경 [09,20 임용]	눈의 망막검사와 안저반사 조사하기 위함
	카드책자 또는 신문	색각검사 위함
	Vision Screener	사시검사 위함
	Rosenbaum Pocket	근시검사 위함
귀 검진 시	이경 [10 임용]	고막과 이관을 검사하기 위함
	음차	공기 전도음과 골전도음을 검사하기 위함
구강, 인후, 코 그리고 부비동 검진 시	만년필형 회중전등	구강, 인후, 코를 검사하고 동공을 투사하기 위해 빛을 제공
	설압자	인후를 검사하기 위해 혀를 누르고 치아의 흔들림을 체크하며, 양볼 검사 및 혀의 강도를 체크하기 위함
	거즈	구강검사를 위해 혀를 잡아당기기 위함
	비경	코의 내부를 검사하기 위함
흉곽과 폐 검진 시	청진기	호흡음을 청취하기 위함(청진기의 판형 부분은 높은음을, 종형 부분은 낮은음을 청진하는 데 주로 사용함) [10 임용]
	센티미터가 표시된 자와 마크연필	횡격막 운동을 측정하기 위함
심장과 목의 혈관 검진 시	청진기	심음 청취를 하기 위함
	20cm자	경정맥압을 측정하기 위함
복부 검진 시	청진기	장음을 구별하기 위함
	센티미터가 표시된 줄자와 마크연필	장기의 크기를 측정하기 위해 타진 부위를 표시하기 위함
	베개 2개	무릎과 머리 밑에 놓아 복부의 이완을 돕기 위함
여성생식기 검진 시	질경과 윤활유	질구를 확장시켜 자궁경부를 시진하기 위함
	슬라이드 또는 검사물 용기, 설압자, 면봉	자궁경관 내 채취와 경부 파물채취 그리고 질부에서 샘플을 얻기 위함

	기구	목적
항문, 직장, 전립선 검진 시	윤활젤리	대상자의 안녕을 증진하기 위함
	검사물 용기	잠혈 검사를 하기 위함
말초혈관 검진 시	청진기와 혈압계	혈압측정과 혈관음 청취를 하기 위함
	굴절되는 줄자	사지부종의 크기를 측정하기 위함
	면봉과 종이집게	민첩함, 둔감함 그리고 예민한 촉감을 측정하기 위함
	음차	진동음을 검사하기 위함
	혈관도플러초음파 소식자	청진기로 쉽게 들을 수 없는 약한 맥박과 압력을 알아내기 위함
근골격계 검진 시	줄자	사지의 크기를 측정하기 위함
	각도계	굴곡과 신장의 정도를 측정하기 위함
신경계 검진 시	음차	진동음을 검사하기 위함
	탈지면 뭉치, 클립	민첩함과 둔감함, 그리고 예민한 촉감과 2점 식별을 검사하기 위함
	비누, 커피	후각검사를 하기 위함
	소금, 설탕, 레몬, 묽은 식초	미각검사를 하기 위함
	설압자	연구개 반응과 구토반응의 발생검사를 하기 위함
	반사 해머	심부건 반응을 확인하기 위함
	동전이나 열쇠	접촉에 의해 물체를 인식하는 능력을 확인하기 위함

❷ 신체검진기구의 사용법

		사용법/절차	정상/목적
체온계	(1) 구강 (수은)	① 사용 전 35.5도 이하로 떨어뜨림 ② 대상자의 혀 왼쪽이나 오른쪽 설소대 밑에 넣기 ③ 5분간 입술을 단단히 다물기, 전자 체온계는 2분 안에 판독	신체 세포 기능 수준을 유지하기 위해서 심부 체온은 36.5~37도 사이로 유지해야 함
	(2) 액와	① 대상자의 액와 아래에 체온계를 넣고 팔을 내린 후 흉부에 손을 올리고 10분간 유지 ② 직장 체온 대상자가 협조적이지 못하거나 혼돈이 있을 때, 입을 다물지 못할 때, 고막체온계를 이용할 수 없을 때 실시	구강체온보다 0.5도 낮음
	(3) 직장	멸균한 덮개로 덮고, 윤활한 후 직장으로 1cm 삽입, 3분 후 확인	구강체온보다 0.4~0.5도 더 높음
	(4) 고막 10 임용	① 고막은 시상하부로 공급되는 동맥의 지류(내경동맥)에서 혈액이 공급되기 때문에 심부 체온 측정에 적합 ② 귀적외선체온계는 귀를 약간 잡아당겨(3세 이후는 후상방, 3세 미만은 후하방의 방향으로 당길 것)이도를 편 후, 측정부와 고막이 일직선이 되도록 하여야 함 ③ 디지털창에 체온이 나타날 때까지 2~3초간 이관에 부드럽게 탐침을 외이도에 넣고 기다림 ④ 체온계가 고막이 아닌 귀 벽으로 향하면 체온이 잘못 측정될 수 있으므로 주의하여야 함	구강체온보다 0.8도 높음

[연령별 체온 측정 권장 부위]

연령	측정 권장 부위
출생~2세 미만	액와 직장 : 정확한 측정이 요구되는 1개월 이상의 영아
2~5세 미만	액와 고막 구강 : 아동이 혀 밑에 체온계를 잘 유지할 수 있는 경우 직장 : 정확한 측정이 요구되는 아동
5세 이상	구강 액와 고막

		사용법/절차	정상/목적
칼리퍼		① 삼두근이나, 견갑하, 복부의 상장골 부위에서 측정 ② 3회 반복하여 측정하고 평균치를 기록	피하조직의 피부주름 두께를 통해 지방의 축적 정도를 알아보기 위해 측정함 21 국시
펜라이트	눈 검사	대상자의 얼굴에서 약 30cm 떨어진 곳에서 펜라이트를 잡고 대상자는 앞을 똑바로 쳐다보도록 하며, 대상자의 콧마루를 향해 비춤	각막 빛 반사, 눈의 수평 정렬, 동공의 수축 등을 사정함
	부비동 광선투시법 09 임용	부비동의 압통을 호소하는 대상자에게 실시	부비동에 액체나 농이 있는 경우 붉은빛이 투시되지 않음

	사용법/절차	정상/목적
검안경	① 사용 시 방은 어둡게(동공의 확대를 도움) 하고, 검안경을 켠 후 렌즈 디스크를 0 디옵터에 맞춤 ② 대상자는 시선을 곧게 하고 조금 위쪽으로 하여 물체에 고정시키도록 한 후 측정하며, 대상자는 안경은 벗되, 렌즈는 그대로 착용하도록 함 ③ 대상자로부터 대략 30~40cm 떨어진 곳에서 15도 외측에서 시작함 ④ 안와나 황반 측정 시 검안경의 빛을 바라보도록 하면 정상적으로 적색반사가 나타남 22임용	프리즘을 통해 빛을 투과해 망막과 안저를 확인함
혈압계	① 대상자의 팔을 걷고 잘 사용하는 팔의 상완 동맥의 맥박을 촉진 ② 혈압계 커프의 고무 밸브가 동맥 박동이 있는 피부 위에 중간이 오도록 놓고 대상자에게 적당한 크기의 커프를 상완주변에 편안하고 원활하게 감기 ③ 전주와 부위보다 1cm 위에 커프를 놓으며 커프의 고무 밸브의 길이는 성인의 팔둘레의 80%를 둘러싸야 하며 13세 이하 어린이는 100% 팔둘레를 싸기, 너비는 상박둘레의 40% / 대퇴혈압 측정 시에는 대상자를 엎드린 상태에서 팔의 커프보다 더 넓은 커프를 대퇴부 아래쪽 1/3 부위 감기 커프 bladder의 길이 (상완둘레의 약 80~100%가 적당) 커프 bladder의 너비 (상완둘레의 약 40%가 적당) ④ 수은혈압계를 상완혈압으로 측정할 때 청진기로 상완을 너무 강하게 압박하면, 과도한 압력으로 청진음이 지속되어 실제보다 이완기 압이 낮게 측정될 수 있음 09임용 / 대퇴혈압 측정 시에는 청진기를 슬와동맥 위에 가볍게 밀착하여 청진 21국시 ⑤ 대상자의 손바닥을 위로 해서 심장 위치에 놓이도록 팔을 약간 구부리도록 함. 팔의 높이가 심장보다 높으면 혈압이 낮게 측정되고 팔의 높이가 심장보다 낮으면 혈압이 높게 측정됨 ⑥ 혈압 수치를 측정하는 수은 게이지는 눈 높이가 되도록 함 ⑦ 펌프질을 해서 커프를 팽창시키고 요골맥박이 느껴지지 않는 지점에서 30mmHg 더 올림 ⑧ 초당 2mmHg씩 커프 공기를 천천히 뺌	• 혈압은 동맥벽에 가해지는 압력으로 심장의 심실이 수축(수축기압)할 때와 심실이 이완(이완기압)할 때 동맥 내 혈액의 압력을 측정하는 것임 • 수축기압은 120mmHg 이하(노인은 140mmHg), 이완기압은 개인차가 있지만 80mmHg 이하(노인은 90mmHg)임 • 양쪽 팔은 10mmHg 정도 차이가 나는 것이 정상임 • 하지 혈압이 상지 혈압보다 높게 나타나는 것이 정상임 • 누운 자세에서 측정 시 20mmHg 미만 증가는 정상임 • 맥압은 1회 박출량을 반영하는 것으로 30~50mmHg 범위가 정상임 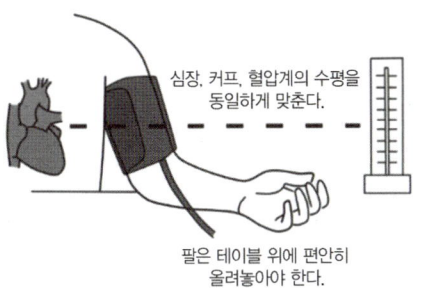

	사용법/절차	정상/목적
혈압계	⑨ 청진상 약하지만 명확하게 나는 1단계의 Korotkoff 음을 확인함. 수축기압으로 기록 후 완전하게 소리가 없어지는 5단계 Korotkoff음을 확인하고 이완기압으로 기록함 ⑩ 10mmHg씩 공기를 빼 나가고 가장 근접한 2mmHg 까지 기록함 ⑪ 미국 심장협회는 공기를 빼면서 들리는 청진기상의 맥박음과 관련하여 4단계(분출하는 양상의 더 부드러운 음), 5단계(완전히 사라짐) Korotkoff음 수치를 기록(예 120 / 70 / 64)하도록 권고하고 있다. 특히 13세 이하, 임신 여성, 고도의 심박출량, 말초혈관 확장이 있는 사람에게 적용	1. 혈액이 혈관 속을 원활하게 흐른다. 2. 커프의 압력을 올림에 따라 상완동맥의 흐름이 폐쇄된다. 3. 압력을 점차 낮추는 사이 어느 순간 혈압과 커프의 압력이 같아지고 이때 압박이 풀리며 turbulent flow가 생긴다. 이때 들리는 소리가 Korotkoff sound이며 이때 압력이 수축기 혈압이다. 4. 커프의 압력이 계속 내려가다가 어느 순간 turbulent flow가 사라지고 이에 따라 Korotkoff sound도 사라진다. 이때 압력이 이완기 압력이다.
우드 램프	① 우드램프는 흑광효과를 만듦 ② 검사실을 어둡게 하여 병변의 색을 더 잘 구분할 수 있게 함 ③ 진균감염이 있으면 우드램프를 비추었을 때 형광연두색이나 청록색으로 보임(정상 시 보랏빛으로 보임) ④ 형광염료를 눈에 점적한 경우, 우드램프는 각막의 상처나 벗겨진 찰과상을 보여줌	피부의 진균감염이나 각막찰과상 검사
이경	① 대상자는 등을 똑바로 세우고, 머리를 검사하는 반대편 어깨 쪽으로 기울인 상태로 편안하게 앉은 후 외이도가 일자가 되도록 이개를 후상방(3세 이하 어린이는 후하방)으로 잡아당김 ② 대상자의 외이도에 잘 맞을 수 있는 가장 큰 검경을 씀(고막의 운동성 검사를 위해서) 10 임용	고막 및 외이도를 검사하기 위해 사용

	사용법/절차	정상/목적
질경	① 질경으로 질구를 확대하여 자궁경부를 시진하기 위해 실시함 ② 대상자에게 심호흡을 하도록 하고 다리를 벌려 이완된 자세로 발과 무릎을 발걸이에 두도록 한 후 손가락을 2.5cm 정도 질로 삽입하고 질 후벽쪽을 아래로 밀면서 살며시 손가락을 벌리고 약 45도 각도로 질구 후면 쪽을 아래로 향하여 손가락 사이에 질경을 삽입함 ③ 질 내로 손가락 끝이 닿을 때까지 질경을 계속해서 삽입한 후 질경을 고정함 ④ 되도록이면 대상자의 질 분비물로 질경의 날을 매끄럽게 함 ⑤ 윤활제는 세균을 없애고 질 내 산도를 변화시키고, 수집되는 세포검체를 변화시키므로 사용해서는 안 됨	질구를 벌려 질벽과 자궁경부를 시진하기 위해 사용
관절 각도계	① 측정하고자 하는 관절의 각도에 맞게 각도계를 조정함 ② 그런 뒤 관절 운동의 제한 정도를 기술	관절의 굴곡과 신전 정도를 측정
반사용 해머	① 대상자가 이완되도록 격려할 것 ② 반사용 해머의 손잡이를 엄지와 검지 사이로 자유롭게 흔들리게 잡음 ③ 손목운동을 빠르게(느리거나 약하지 않게) 움직여 가볍게 인대를 침 ④ 한쪽 반응을 다른 쪽과 비교함 ⑤ 작은 부위를 칠 때는 해머의 뾰족한 부위를 사용하고, 넓은 부위나 아픈 부위를 칠 때는 보다 넓고 무딘 부위를 사용함 10 임용	심부건 반사 유도를 통해 신경계 질환 유무를 판별 [반사등급] 09,17 임용 | 등급	해석
---	---
0	반사가 없음, 병적상태
1+	감소, but 병적상태 아님
2+	정상
3+	항진, but 병적상태 아님
4+	반사 과잉, 병적상태임	
모노필라멘트	① 환자의 피부표면에 철사를 놓고 휘어봄 ② 환자에게 모노필라멘트가 느껴지면 말하도록 함 ③ 주로 발바닥, 엄지발가락, 발뒤꿈치, 발앞꿈치 같이 발의 여러 감각을 사정하는데 이용함 ④ 특히 당뇨환자의 발 감각검사에 중요한 역할을 함	다리의 감각을 검사

3 활력징후

<table>
<tr><td colspan="3">체온조절 중추</td><td colspan="3">시상하부에서 지정온도(set point)를 조절함 : 시상하부 전엽은 열소실 조절중추, 시상하부 후엽은 열생산 조절 중추로 작용함</td></tr>
<tr><td rowspan="31">체온</td><td colspan="2">체온조절 기전</td><td colspan="4">열은 신진대사와 운동을 통해 생산되고, 방사, 대류, 전도, 기화를 통해 손실됨</td></tr>
<tr><td colspan="6">℃ = (℉ − 32) × 5/9</td></tr>
<tr><td rowspan="6">체온에
영향을
미치는
요인</td><td rowspan="3">연령</td><td colspan="4">신생아   35.5~37.5℃</td></tr>
<tr><td colspan="4">영아   생리적 기전이 미성숙하여 체온조절 기능이 미성숙함</td></tr>
<tr><td colspan="4">노인   체온조절 능력 저하</td></tr>
<tr><td colspan="4">호르몬   배란기에 프로게스테론의 영향으로 0.3~0.6℃↑</td></tr>
<tr><td colspan="4">하루 중 변화   아침 체온이 제일 낮고 늦은 오후에 가장 높은데, 이 둘의 차이는 약 0.6~0.9℃임</td></tr>
<tr><td colspan="4">스트레스   교감신경을 자극하여 신진대사가 항진되어 체온상승</td></tr>
<tr><td colspan="2">운동</td><td colspan="4">심한 운동이나 격렬한 근육운동은 체온상승</td></tr>
<tr><td rowspan="4">측정부위와
정상범위</td><td>구분</td><td>고막체온</td><td>구강체온</td><td>직장체온</td><td>액와체온</td></tr>
<tr><td>성인 정상치</td><td>37.5℃ / 99.5℉</td><td>37.0℃ / 98.6℉</td><td>37.5℃ / 99.5℉</td><td>36.5℃ / 97.6℉</td></tr>
<tr><td>측정시간</td><td>1~2초</td><td>3분</td><td>2분</td><td>10분</td></tr>
<tr><td>금기</td><td>귀 질환자</td><td>비위관 삽입환자,
뜨겁거나 찬 음식을
먹거나 마신 사람,
흡연한 사람</td><td>신생아, 심근경색증,
직장질환,
직장수술 후</td><td>전신화상,
피부질환</td></tr>
<tr><td rowspan="17">발열</td><td colspan="2">정의</td><td colspan="3">• 질병이나 환경적 요인 등에 의해 정상체온인 36.5~37.5℃ 이상으로 체온이 상승되는 것
• 미열은 37.1~38.2℃, 열은 38.2℃, 고체온은 40.5℃ 이상임</td></tr>
<tr><td rowspan="2">발열원</td><td>외인성 발열원</td><td colspan="3">대부분의 미생물 또는 그 미생물에서 분비된 독소나 부산물 등</td></tr>
<tr><td>내인성 발열원</td><td colspan="3">다형핵 중성구, 거대 식세포 등에서 분비되는 여러 사이토카인(cytokine)</td></tr>
<tr><td colspan="2">기전</td><td colspan="3">• 발열원 → 시상하부 근처 혈관에서 아라키돈산의 대사산물인 프로스타글란딘 분비 → 시상하부의 지정온도를 높임 → 혈관운동중추에 의해 사지 혈관 수축으로 열소실 저하, 근육떨림성 열생산
• 말초손상조직에서 프로스타글란딘 생성 → 시상하부의 지정온도를 높임 → 혈관운동중추에 의해 사지 혈관 수축으로 열소실 저하, 근육떨림성 열생산</td></tr>
<tr><td rowspan="3">발열단계</td><td>오한기</td><td colspan="3">• 냉감, 혈관수축으로 차고 창백, 전율이 동반됨
• 맥박 촉진 및 세포대사 활발, 호흡이 빨라짐
• 수분 손실과 갈증 호소</td></tr>
<tr><td>발열기</td><td colspan="3">• 근육통 호소, 발열증상 지속</td></tr>
<tr><td>해열기</td><td colspan="3">• 덥다고 느끼며 혈관확장
• 심한 발한, 그로 인해 수분결핍 및 탈수증상 초래</td></tr>
<tr><td colspan="2">일반적 간호</td><td colspan="3">• 신체적, 정신적 안정
• 서늘하고 편안한 장소에서 가벼운 침구 제공
• 탈수로 인한 구강간호 제공
• 체온 상승에 대한 기록과 보고
• 전신적인 냉요법 적용 : 얼음주머니, 미온수나 알코올로 닦아내기, 냉습포 등</td></tr>
</table>

체온	이상 발열 양상 95 임용	① 간헐열	특징	하루 중 변동이 1℃ 이상이고, 최저체온이 37℃ 이하로 내려감
			관련 질환	패혈증, 속립결핵, 악성 림프종 등과 같은 질환에서 볼 수 있음
		② 이장열	특징	하루 중 변동이 1℃ 이상이고, 최저체온이 37℃ 이하로 내려가지 않음
			관련 질환	레지오넬라 폐렴과 같은 질환에서 볼 수 있음
		③ 지속열 (= 계류열)	특징	하루 중 변동이 1℃ 이내이고, 38℃ 이상이 며칠 혹은 몇 주간 지속됨
			관련 질환	장티푸스, 리케차, 바이러스뇌수막염 등과 같은 질환에서 볼 수 있음
		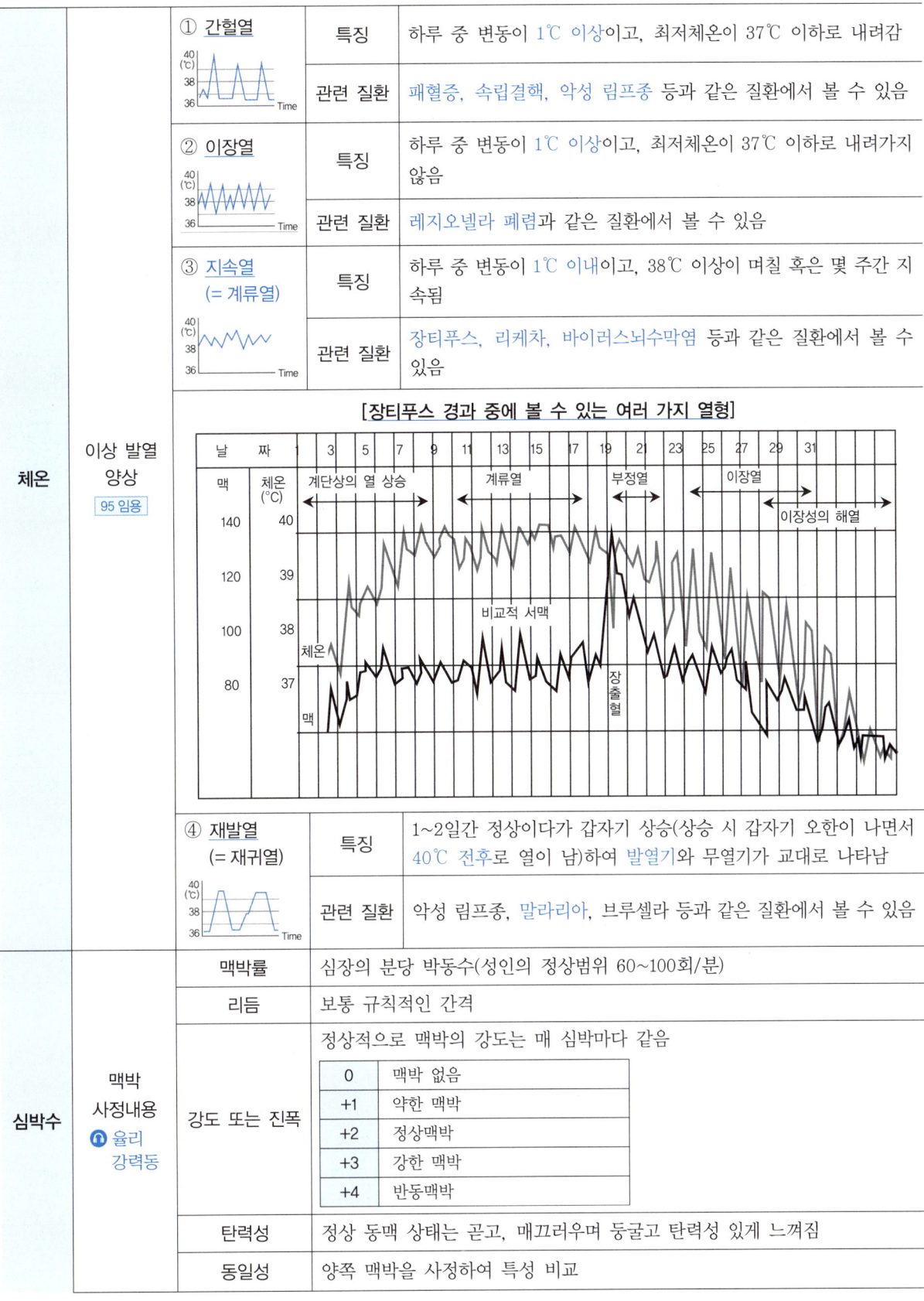 [장티푸스 경과 중에 볼 수 있는 여러 가지 열형]		
		④ 재발열 (= 재귀열)	특징	1~2일간 정상이다가 갑자기 상승(상승 시 갑자기 오한이 나면서 40℃ 전후로 열이 남)하여 발열기와 무열기가 교대로 나타남
			관련 질환	악성 림프종, 말라리아, 브루셀라 등과 같은 질환에서 볼 수 있음
심박수	맥박 사정내용 🎧 율리 강력동	맥박률		심장의 분당 박동수(성인의 정상범위 60~100회/분)
		리듬		보통 규칙적인 간격
		강도 또는 진폭		정상적으로 맥박의 강도는 매 심박마다 같음 | 0 | 맥박 없음 | | +1 | 약한 맥박 | | +2 | 정상맥박 | | +3 | 강한 맥박 | | +4 | 반동맥박 |
		탄력성		정상 동맥 상태는 곧고, 매끄러우며 둥글고 탄력성 있게 느껴짐
		동일성		양쪽 맥박을 사정하여 특성 비교

심박수	맥박 측정부위	측두동맥	양 측두골 부위로 소아 맥박 측정 시 측정
		경동맥 10 임용	목의 흉쇄유돌근 중앙지점으로 성인과 소아 심장정지나 쇼크 시 측정
		상완동맥 20 임용	전박 앞쪽의 이두근과 삼두근 사이로 영아의 심장정지나 쇼크 시 측정, 상지혈압 측정 시 확인
		요골동맥	말초맥박의 특성 사정 위해 가장 흔히 측정
		대퇴동맥	서혜부 인대 아래, 치골과 전상장골극 사이의 중앙부위로 소아의 심장정지 시 측정, 다리 혈액순환 사정 시 측정
		슬와동맥	무릎 뒤쪽 슬와 부위로 대퇴혈압 측정 시 확인
		후경골 동맥	발목의 안쪽에 안쪽 복사뼈 아래 부위로 발의 혈액순환 사정 시 측정
		족배동맥	엄지발가락과 두 번째 발가락의 연장선 사이 발등 부위로 발의 혈액순환 사정 시 측정
		심첨부	좌측쇄골중앙선과 5번째 늑간이 만나는 지점에서 청진기로 1분간 측정하는 것으로 요골맥박이 비정상적이거나 간헐적 부정맥이 있을 때 측정, digitalis 투여 시, 영아와 소아의 맥박 측정시
	맥박에 영향을 미치는 요인	연령	① 신생아부터 성인이 될 때까지 연령이 증가할수록 맥박이 느려짐 ② 노화가 진행되면서 심근이 약해지면 1분당 80회 이상 될 수 있음
		성별	남성이 여성보다 느림
		통증	① 급성통증에서는 교감신경을 자극하여 맥박수 증가 ② 조절되지 않은 심한 통증이나 만성통증은 부교감신경을 자극하여 맥박수 감소
		정서적 자극	공포, 분노, 불안 등은 교감신경을 자극하여 맥박수 증가
		출혈	혈액손실에 의한 혈압하강에 따른 보상기전으로 맥박수 증가
		저산소혈증	만성 호흡기 질환이나 빈혈 같은 저산소혈증에서 보상기전으로 맥박수 증가
		약물	① 에피네프린(교감신경효능제), 아트로핀(부교감신경차단제)은 빈맥 유발 ② 강심제는 서맥 유발
		질환	갑상선기능항진증은 빈맥 유발, 갑상선기능저하증은 서맥 유발
		체온	체온상승 시 맥박수 증가
		장기간 운동	운동선수는 서맥
	이상 맥박 양상	경맥(강맥)	① 맥박의 긴장도가 강한 것 ② 강하고 도약발생, 상승과 하강이 빠르고 수축기 최고점이 짧음
		연맥(약맥) 92 임용(보기)	① 맥박의 긴장도가 약한 것 ② 너무 약해서 거의 감지할 수 없는 맥박(약하고 작은 맥박) ③ 수축기 최고점이 지연됨
		간헐맥 92,16 임용	① 정맥과 부정맥이 교대로 계속 ② 심장박동 중 몇 번 박동이 없음
		맥박결손(= 결손맥)	① 심맥관 질환자 사정 시 2명의 간호사가 동시에 요골맥박과 심첨맥박을 측정 ② 심첨맥박과 요골맥박의 차이로서 측정치가 차이(분당 10회 이상)가 날 때

심박수	이상 맥박 양상	교호맥(= 교대맥)	① 강한 맥박과 약한 맥박 교차 ② 약한 박동 후에 강한 박동이 나타나는 현상 92 임용(보기) ③ 규칙적인 리듬, 맥박이 뛸 때마다 진폭(강도)이 변함 ④ 원인 : 좌심실 기능상실
		이단맥	① 규칙적인 리듬과 불규칙한 리듬이 섞여 있음 ② 서로 다른 진폭이 교대로 나타남(강한 맥박 한번 뒤에 빠르고 약한 맥박 한번) ③ 원인 : 대동맥판 역류, 대동맥판 협착증과 역류의 조합, 비대성 심근증(고속의 혈류로 인해 인해 대동맥의 기시부 압력이 떨어지고 이로 인해 말초로부터 혈류가 반사되어 발생)
		이봉맥(= 이중맥)	① 이완기에도 작은 박동이 느껴지는 것 ② 원인 : 수축기 심실기능 장애(이완기 초기에 혈액역류로 나타남, 첫 번째는 정상수축기, 두 번째는 역류하는 혈액으로 실제로 초기 이완기에 발생됨), 심박동량이 매우 적을 때 발생
		기이맥(= 모순맥박)	① 흡기 시에는 약맥, 호기 시에는 강맥 92 임용(보기) (흡기 시에 수축기 혈압 하강, 하강정도가 10~15mmHg 이상) - 기전 : 흡기 시 흉강 내 음압으로 우심방으로 정맥귀환 증가 → 이완기에 우심실의 부피 증가 → 심실중격이 좌심실로 편향 → 좌심실 전부하 감소 → 심박동량 감소, 혈압 저하 ② 원인 : 심낭염, 심장압전, 폐쇄성폐질환 등
	맥박에 영향을 주는 요인	빈맥 유발요인	① 통증 ② 강한 정서적 자극과 같은 공포, 분노, 불안 ③ 운동 ④ 장기간의 열 적용 ⑤ 혈액손실에 의한 혈압하강 ⑥ 체온상승 : 0.6℃ 상승 시마다 분당 7~10회 상승 ⑦ 만성 호흡기 질환이나 빈혈 같은 혈액 내의 저산소혈증 ⑧ 약물 : epinephrine 등
		서맥 유발요인	성별 / 남성이 여성보다 느림 체격과 체형 / 키가 크고 마른 사람이 키가 작고 뚱뚱한 사람보다 느림 연령 / 연령 증가 시 맥박 느려짐 약물 / cardiotonic glycosides
호흡수	호흡에 영향을 미치는 요인 20 국시 나성열 운약스	연령(나이)	① 성인기로 성장함에 따라 폐용량은 증가하고 호흡수는 점차 감소함 ② 노인은 폐용량과 호흡의 깊이가 감소하고 호흡수가 증가함
		성별	남성은 횡격막 호흡(복식호흡), 여성은 흉곽호흡(흉식호흡)을 주로 함
		고열	비정상적으로 빠른 호흡수 초래
		운동	호흡수와 호흡 깊이 증가
		약물	① 마약성 진통제(morphine 등) 투여 시 호흡수 감소 ② 코카인은 호흡수를 증가시킴
		스트레스	교감신경 자극으로 호흡수와 깊이 증가
		흡연	기도변화로 호흡수 증가

		정상 호흡	호흡의 깊이와 횟수가 정상범위인 호흡
호흡수	호흡 양상	느린 호흡	규칙적이나 비정상적으로 느린 호흡(1분에 12회 미만)
		빠른 호흡	규칙적이나 비정상적으로 빠른 호흡(1분에 20회 이상)
		과다호흡	호흡이 힘들고 깊이가 증가하고, 호흡률이 정상적으로 20회 이상으로 증가(운동 시에는 정상적으로 1분에 20회 이상임)
		무호흡	일시적 또는 영구적인 호흡의 정지
		체인-스톡 호흡 [95 임용]	호흡의 율과 깊이가 불규칙적이고, 무호흡과 과호흡이 교대로 나타남. 호흡이 점점 느리고 얕아지며, 최종호흡이 중단되기 전에 무호흡이 극에 달하는 것으로 대사성 질환이나 뇌의 구조변화가 있을 때 나타남
		쿠스마울 호흡	호흡이 비정상적으로 깊고, 규칙적이며, 호흡률이 증가함
		비오 호흡	무호흡이 불규칙적으로 나타난 후 2~3회 비정상적인 얕은 호흡이 나타남

※ 임종호흡
- 체인-스톡 호흡을 거쳐 비오 호흡을 하다가 무호흡으로 마무리하는 과정을 거침
- 이상한 목소리와 목이나 턱, 혀의 근육경련을 동반한 헐떡거림, 노력성 호흡으로 특징지어지는 호흡의 비정상적 패턴으로 당장 응급처치가 필요한 매우 심각한 의학적 징후로 대부분 무호흡으로 진행하며 사망의 전조임

호흡수	호흡 양상	※ 두개내압의 상승과 관련된 비정상 호흡양상 불규칙적이고 빠르면서도 지속적인 과호흡으로 중뇌와 교의 상부에 장애가 있을 때 나타난다.

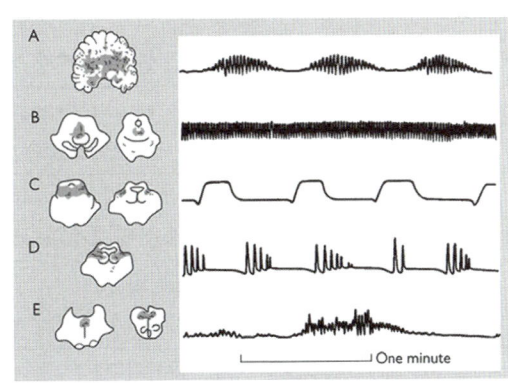

종류 95임용 ❶ 체 중 무기 군 운동	병변의 위치	특징
A. 체인-스톡 호흡 (Cheyne-Stokes respiration)	양측 대뇌반구질환 또는 대사성 뇌기능 장애	과호흡과 무호흡의 반복
B. 중추신경에 의한 과호흡 (Central-Neurogenic hyperventilation)	중뇌하부와 뇌교상부 사이	빠르고 깊은 호흡이 규칙적으로 지속
C. 무기문식 호흡 (Apneustic breathing)	뇌교의 중·하부	흡기가 연장되거나 호기 전 호흡이 중단되는 시기 반복
D. 군집 호흡 (Cluster breathing)	연수 또는 뇌교하부	불규칙적인 호흡의 중단 후에 집락성 호흡이 뒤따름
E. 운동실조성 호흡 (Ataxic breathing)	연수의 망상계	완전히 불규칙적인 느린 호흡

혈압	혈압 개념	수축기압	심실이 수축할 때 좌심실에서 대동맥으로 혈액을 내보내면서 동맥벽에 작용하는 힘
		이완기압	수축 후 심장이 확장되면서 혈액으로 채워질 때 동맥벽에 남아 있는 가장 낮은 압력
		맥압	수축기압과 이완기압 차이로 정상치는 40mmHg
	혈압의 결정요인 (= 혈압상승의 순환계 요인) 03임용 ❶ 출항양 탄점	심박출량	저하 시 혈압 저하, 증가 시 혈압 상승
		말초혈관 저항	증가 시 혈압 상승
		혈액량	나트륨과 수분 정체, 정맥 내 과수분 등으로 혈액량 증가 시 혈압 상승
		동맥탄력성	감소 시 혈압 상승
		혈액점도	점도 증가 시 혈압 상승
	혈압에 영향을 미치는 요인 02,03,19 국시	연령	연령증가에 따라 혈압 상승
		스트레스	교감신경자극으로 심박수 증가
		호르몬	폐경기 이후 여성의 혈압이 남성보다 높아지는 경향이 있음
		하루 중 변화	아침에 혈압이 낮고 낮 동안 상승하다가 늦은 오후에 가장 높으며, 밤에 다시 낮아짐
		흡연	교감신경을 자극하여 혈압을 상승시킴
		약물	이뇨제, 진정제 등 투약 시 혈압 하강
		급성통증	교감신경을 자극하여 혈압을 상승시킴
		출혈	혈액량 감소로 혈압감소
		운동	심박출량 증가로 혈압상승
		전신마취	뇌간의 혈관운동 중추억제로 혈관운동 긴장도 저하로 혈압하강
		뇌압상승	뇌간압박으로 혈관운동중추 자극으로 수축기압 상승

혈압	혈압이 높게 측정되는 경우	커프 관련	① 좁은 커프, 길이가 짧은 커프 [23임용/22국시] ② 너무 느슨히 감은 커프 [23임용/19국시] ③ 커프에 공기를 너무 천천히 주입 ④ 커프에 공기를 완전히 빼지 않고 공기 주입
		팔 관련	① 심장보다 낮은 대상자 팔 [22임용/22국시] ② 측정 시 팔을 지지하지 않은 경우 [19국시]
		측정법 관련	① 너무 빠른 반복 측정 시 수축기압 상승, 이완기압 저하 [22국시] ② 눈높이 아래에서 압력계 눈금을 읽는 경우
	혈압이 낮게 측정되는 경우	커프 관련	① 넓은 커프 [19,23국시] ② 커프에서 공기를 너무 빨리 뺌 [22국시]
		팔 관련	심장보다 높은 대상자 팔
		측정법 관련	① 다이어프램(청진기)을 상완동맥에 너무 힘껏 눌러 붙임(계속 들림), 실제보다 이완기혈압이 낮게 들림 [09임용] ② 눈높이 위에서 압력계 눈금을 읽는 경우
	체위성 저혈압 (= 기립성 저혈압) [10임용]	정의	앉거나 누웠다가 일어날 때 수축기혈압이 20mmHg 이상 저하되어 일시적으로 뇌 허혈을 초래하는 상태
		기전	기립 시에 대정맥에서 우심방으로 돌아오는 정맥 환류량의 감소 때문에 → 순간적으로 혈압저하가 일어남(혈압변화를 감지하는 압력 수용체 반사에 의한 심박출량의 항진, 말초혈관의 수축 등 혈압저하에 대한 자동조절이 일어나 혈압이 상승함) → 그러나 압력 수용체 반사가 저하되면 기립성 저혈압이 잘 발생함
		예방법	① 기립성 저혈압을 악화시키는 약제(이뇨제, 혈관확장제, 알파차단제 등의 항고혈압약, 인슐린, 안정제 및 항우울제)의 사용을 피해야 함 ② 단순한 혈압의 증가보다는 증상 개선에 1차 목표를 둠 → 충분한 수분섭취, 약간의 염류섭취, 취침 시 머리를 약간 높이며, 낮 동안에는 허리까지 올라오는 탄력 있는 양말을 착용하여 정맥에 피가 몰려 있는 것을 줄이고, 조이는 짧은 양말은 피하고, 금주, 적절한 운동 등

4 신체검진

1 신체검진의 개요

	내용
필요한 기구	① 검진에 필요한 기구를 사용 순서에 맞게 모두 준비 ② 깨끗하고 작동이 잘 되는지 확인할 것 ③ 사용하기 전에 따듯하게 준비할 것
적절한 체위	① 검진하는 동안 대상자가 편안하게 느끼고 검진하려는 부위에 접근을 용이하게 하기 위해 적절한 체위를 취하는 것이 필요함 ② 체위변경 횟수를 줄이기 위해 동일한 자세에서 할 수 있는 검진은 한번에 모두 실시할 것

체위	검진부위
좌위	• 침상머리 부분을 올린 정도에 따라 90도로 올린 좌위, 45도로 올린 반좌위 등이 있음 • 머리, 목, 등, 흉부 뒷면과 앞면, 유방, 액와, 심장, 활력징후 등을 사정하는 자세 • 폐확장을 최대로 하여 호흡곤란 환자에게 호흡을 지지하는 자세임
앙와위	• 똑바로 누운 자세 • 복부검사 시 자세 • 휴식 또는 수면 시 편안함을 주기 위함이거나, 척추 수술 또는 척추 수술 시 척추 선열을 유지하기 위함이거나, 남성의 인공 도뇨 시와 복부검사 시의 자세임
배횡와위	• 등을 대고 누운 자세에서 다리를 약간 벌리고 발바닥이 침상에 놓여지게 무릎을 구부리는 자세 • 복부검사, 질검사 시 자세 • 복부검사, 질검사, 여자 인공도뇨 시, 회음열 요법 시 적절한 자세를 유지하기 위한 자세
쇄석위	• 산부인과 진찰대를 사용하여 환자를 똑바로 눕히고 둔부를 진찰대 하단에 오게 하여 배횡와위를 해주고, 진찰대 양편에 있는 발걸이에 환자의 다리를 올려 고정시켜주는 자세 • 회음부, 질 등의 생식기와 방광검사, 자궁경부 및 질검사에 적합한 자세
심스위	• 측와위라고도 함 • 항문, 직장 검사 시 적절한 자세 • 무의식 환자의 구강 내 분비물 배액 촉진, 마비 환자의 천골 대전자 부위 압박 감소를 위한 자세
복위	• 복부를 침상바닥에 대고 얼굴을 한쪽 옆으로 돌리고 있는 자세 • 둔부와 무릎관절 등 근골격계 사정을 위한 자세 • 등 근육의 휴식과 분비물 배액을 촉진하기 위한 자세
슬흉위	• 무릎을 꿇은 자세로 무릎을 펴서 약간 벌리고 대퇴와 다리는 직각이 되게 하고 머리와 가슴은 바닥에 닿도록 하는 자세 • 직장이나 대장검사 시 적절한 자세를 유지하기 위한 자세 • 산후 자궁후굴을 예방하는 운동, 자궁 내 태아 위치 교정, 월경통 완화를 위한 자세임

대상자 준비	① 신체검진 시작 시에 검진의 목적과 각 단계에 대해 미리 설명 제공 ② 검진을 위해 옷을 벗어야 할 때는 노출을 최소화하도록 홑이불 준비 ③ 검진을 시작하기 전에 화장실에 다녀오도록 하여 환자를 편안하게 할 것 ④ 아동을 검진 시에는 머리와 목, 심장과 폐 등 편안하고 통증이 없는 곳부터 실시하고 귀, 입, 복부와 생식기는 나중에 실시할 것
환경	① 프라이버시가 보장되어야 하고 기구가 잘 갖추어진 방에서 수행하는 것이 좋음 ② 신체를 조명할 수 있는 전등이 있거나 햇빛이 잘 들어야 함 ③ 온도가 적절하고 소음이 없는 환경이 좋음

2 신체검진 기술

(1) 각 신체부위는 '시진-촉진-타진-청진' 순서대로 사정한다.
(2) 단, 복부검진은 '문진-시진-청진-타진-촉진' 순으로 사정한다.
 (∵ 촉진, 타진을 통해서 장음이 변화될 수 있으므로) 00,09 임용

	목적	방법	
시진	① 시각을 통해 어떤 특별한 신체적 특징을 살펴보는 것 ② 구체적으로 확인할 사항 ㉠ 크기, 모양, 표면의 윤곽과 위치 ㉡ 대칭성, 자세, 움직임 ㉢ 변형, 범위 ㉣ 색, 결, 긴장도, 탄력성 ㉤ 반흔 조직, 상처, 결절, 냄새 ③ 시진은 촉진, 타진, 청진에 선행하게 되는데 나머지 기법들은 검사하는 신체의 외관에 잠재적으로 변화를 줄 수 있기 때문임	① 적정수준의 조명을 선택하고 신체부위 노출 ② 정해진 순서에 따라 자연스런 자세에서 시행할 것 ③ 내부구조를 손등, 검안경, 내시경, 이경, 질경 등을 이용하여 시진	
촉진	① 검사자의 촉각을 이용 ② 감촉, 염발음(폐), 체온, 습도, 진동(촉각 진탕음 : 폐), 맥박, 팽윤, 경직, 모양, 기관의 위치와 크기, 운동성, 덩어리의 유무 및 통증의 유무 등을 알아보는 것	① 촉진 전에 손을 따뜻하게 할 것 ② 손끝으로 구조 및 크기, 경도, 모양, 내용물을 촉진 ③ 손바닥과 측면으로 진동, 진탕음 탐지 ④ 손등(배면)으로 온도 변화 감지	
		가벼운 촉진	• 아주 약간 또는 1cm 미만의 압력으로 누르기 • 맥박, 압통, 체온, 수분 등의 변화 촉진
		중등도 촉진	• 1~2cm의 깊이로 누르기 • 신체조직과 장기를 쉽게 촉진하기 위해 원운동 이용 • 크기, 경도, 조직의 운동성 확인
		심부 촉진	• 한 손을 그 부위에 가볍게 놓고 다른 손으로 검진하는 손에 압력을 가하여 약 2.5~5cm 깊이로 누르기 • 두꺼운 근육으로 덮여진 매우 깊은 곳에 있는 장기와 조직 확인
		양손 촉진	• 한 손으로는 압박을, 다른 한 손으로는 부위를 감지 • 크기, 모양, 경도, 조직의 운동성 촉진
		체액 촉진	• 종창의 액체(눌러서 체액의 이동양상과 속도 감지), 체강액(손바닥을 반대편에 대고 한쪽으로 가볍게 튕겨 파장을 형성시켜 감지) 촉진

	목적	방법	
타진 07,12 국시	① 대상자의 피부를 타진하여 그 밑에 있는 기관을 확인 ② 밀도, 크기, 위치, 모양, 통증, 비정상적인 덩어리 등 확인	간접 타진법	① 타진부위를 수평으로 유지 ② 한쪽 손 중지(타진판)를 과도 신전시킨 후 타진할 부위에 가볍게 밀착시키기 ③ 다른 손 중지(타진추)로 타진판 손의 말단 지절골(distal phalanx)의 관절과 손톱 사이를 90도 각도로 강하게 친 후 재빨리 치울 것. 이때 타진 후 손목은 힘을 빼야 함 : 타진판 손에 전달되는 반사음을 해석하고 좌우대칭과 정상/비정상 판별
		직접 타진법	① 손가락이나 손으로 몸을 직접 두드리기 ② 부비동을 타진하거나 주먹으로 척추각을 두드려 압통의 유무를 파악할 수 있음
		그 외에 반간접 타진(주먹타진)이 있음	

[타진음의 종류]

고창음(= 고장음) (tympany)	• 중간 정도의 지속 기간을 가지는 크고 아주 높고 북소리와 같은 톤 • 공기로 채워진 장기의 특징적인 소리 • 위나 장에 공기가 찼을 때 주로 들림
공명음(resonance) 09 임용	• 긴 시간 동안 지속되는 크고 낮은 속이 빈 톤의 소리 • 폐에서는 정상적인 소리
과다공명음 (hyperresonance)	• 공명음보다 더 오랜 시간 동안의 비정상적으로 크고 낮은 톤의 소리 • 폐에 공기가 갇혀 있을 때 들을 수 있음
둔탁음(= 탁음) (dullness)	• 짧은 지속기를 가지는 중간 정도의 강도와 음조 • 보통 간과 같이 단단한 조직 위에서 들을 수 있음
편평음(flatensss)	• 높은 톤의 매우 부드럽고 매우 짧은 지속기간을 갖는 소리 • 근육이나 뼈에서 들을 수 있음

	목적	방법
청진	① 대상자의 내부에서 나는 소리를 청진 ② 청진음의 특징은 강도, 높이, 소리, 진동의 길이, 음질 등 ③ 장운동, 심혈관계, 호흡음, 혈관음 등을 확인	① 조용한 환경조성 후 청진기를 따뜻하게 준비하고, 피부 위에 직접 대고 하기 ▶ 청진기 줄은 소리가 낮아지는 것을 방지하기 위해 30cm 이상 길게 해야 함 ② 귀꽂이를 귀에 맞춰 외부 잡음 차단 ③ 청진하고자 하는 부위와 청진음의 수준에 따라 10 임용 	높은음	호흡음 등은 판형(Diaphragm : 4cm)으로 듣고 체표면에 완전히 닿도록 함 | 	낮은음	심음의 Gallop rhythm, Thrill 등은 종형(Bell : 2.5cm)으로 듣고 피부에 가볍게 놓고 밀지 않게 함 | ④ 청진기의 줄을 건드리지 않고 일정 순서에 따라 청진음을 집중해서 듣기

02 수분과 전해질

영역	기출분석 영역			페이지
수분과 전해질의 균형 및 불균형	체액의 분포와 기능			346
	체액 전해질 조절	체액균형의 조절인자 2004, 2020		348
		나트륨-칼륨 펌프의 혈청 농도 유지방법 2025		350
	수분 불균형	증상	심한 설사로 인한 증상 : 소변량 감소, 맥박상승, 체위성 저혈압 2009	353
			오심/구토/설사로 인한 수분불균형 : 체액결핍 2010	
			탈수를 의심할 수 있는 증상 : 체중감소, 현저한 혀 유두, 눈이 꺼져 보임 2010	
		탈수 대상자 간호	탈수로 인하여 체액 불균형을 일으킨 대상자에게 요구되는 간호행위 3가지 2004	356
	나트륨 불균형	저나트륨혈증	오심/구토/설사를 한 대상자 2010	357
			혈액검사결과 판별 2020	
		고나트륨혈증	치료 및 간호 2013	
			세포 탈수의 기전 2025	
	칼륨 불균형	고칼륨혈증	대사성 산증과 관련성 / 증상과 징후 2011	360
		저칼륨혈증 2013		
	칼슘 불균형	저칼슘혈증의 양성반응을 사정하는 검사와 중재 2012		364
		저칼슘혈증의 양성반응과 칼슘조절 호르몬 명칭과 기능 2024		
산-염기의 균형 및 불균형	산-염기 조절기전 1996			368
	호흡성 산증	혈액 속의 과다한 이산화탄소 정체가 원인인 것 1993		370
	호흡성 알칼리증	불안한 정서상태와 빠르고 깊은 호흡에 의해 발생할 수 있는 산-염기 불균형의 명칭 2021		
	대사성 산증	증상과 징후 : stupor/쿠스마울 호흡/당뇨병성 케톤산증/pH 4.5 이하 소변 1996, 2006, 2020		371
		설사로 인한 대사성 산증의 이유와 보상기전 2025		
		케톤산혈증에서 나타나는 산-염기 불균형 2017		
		ABGA결과 해석, 증상, 치료 및 관리(중탄산나트륨 투여) 2011		
		ABGA결과 해석, 음이온 격차 2013		

✓ 학습전략 Point

1st	수분과 전해질 불균형의 증상과 징후, 중재법	오심과 구토, 잦은 설사로 인해 초래될 수 있는 수분과 전해질 불균형의 증상과 징후, 중재법을 학습한다.
2nd	대사성 산증	대사성 산증의 원인, 증상과 징후, 치료 및 관리를 학습한다.

한눈에 보기 — 수분과 전해질

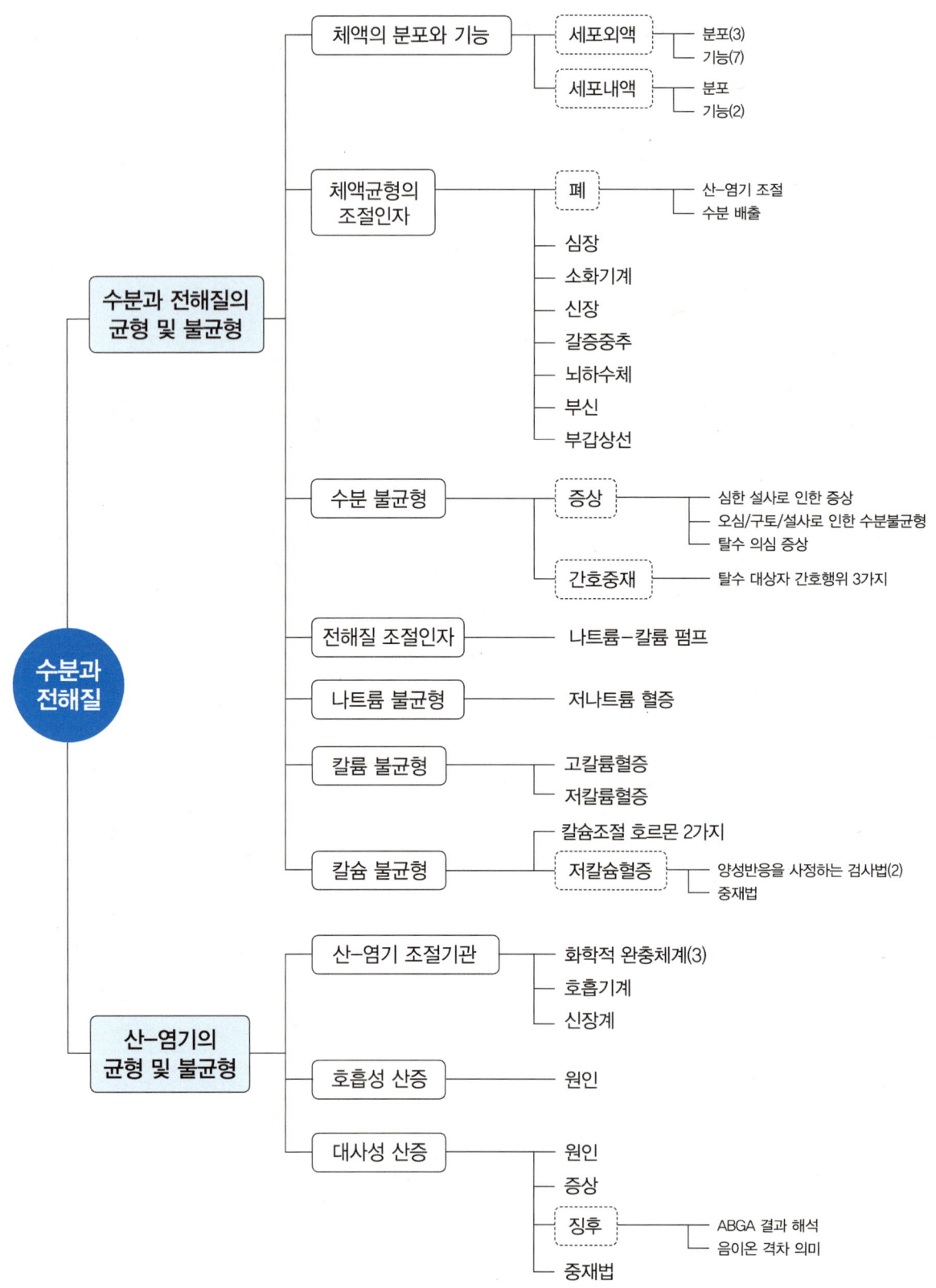

04-03. 인체가 수분을 상실하면 일차적 방어기전으로 갈증을 느껴 수분을 섭취하게 된다. 체액의 불균형이 일어나면 인체는 여러 가지 화학물질을 분비하여 체액균형을 유지하려고 한다. 이와 관련하여 다음 물음에 답하시오.

3-01. 인체가 체액량 조절을 위해 생성하는 주요 화학물질을 3가지만 쓰시오.

3-02. 탈수로 인하여 체액 불균형을 일으킨 대상자에게 '체액부족'이라는 간호진단을 내렸다. 이 대상자에게 요구되는 간호행위를 3가지만 쓰시오.

09-08. 심한 설사로 인해 수분 전해질 불균형 증상으로 옳은 것을 〈보기〉에서 고른 것은?

〈보기〉
㉠ 목 정맥의 팽창
㉡ 소변량 감소
㉢ 맥박 상승
㉣ 체위성 저혈압
㉤ 안구 부종

10-04. 탈수를 의심할 수 있는 증상으로 옳은 것을 〈보기〉에서 모두 고른 것은?

〈보기〉
28세 여교사가 물만 마셔도 울렁거려 어제는 거의 물도 마시지 못하였다고 한다. 이 여교사의 건강상태를 사정한 결과는 다음과 같다.
활력징후 측정결과 체온은 36.8°C 였고,
㉠ 혈압은 선 자세에서 115/75mmHg, 앙와위에서는 120/80mmHg이었으며, 맥박은 선 자세에서 78회/분, 앙와위에서는 73회/분이었다.
㉡ 키는 163cm 체중은 61kg으로서 어제보다 1.8kg 감소하였다고 한다.
㉢ 앉은 자세에서 경정맥이 팽만되어 있었다.
㉣ 혀의 유두가 현저하게 보인다.
㉤ 눈은 움푹 꺼져 보이면서, 다크서클이 깊었다.

10-30. 평소 건강했던 박 교사가 과식한 다음날 새벽에 오심, 구토, 설사를 하였다. 오전 10시경 보건소에서 혈액검사와 진료를 받은 뒤 보건실을 찾아왔다. 아래와 같은 간호 조사지를 토대로 보건교사가 설정할 수 있는 적절한 간호문제는?

〈간호 조사지〉
작성일 : 2009. 10. 30. 13시
• 성명 : 박**
• 연령 : 45세
• 성별 : 남성
• 주 호소 : 구토와 설사, 경증의 어지러움과 두통
• 발병 시기 : 새벽 2시경
• 혈청 전해질 : Na⁺ 132mEq/L, K⁺ 4.8mEq/L, Cl⁻ 98mEq/L
• 활력징후 : 혈압 115/70mmHg, 맥박 90회/분, 체온 36.9°C(액와 측정)
• 식이섭취 : 새벽에 구토 3회로 거의 음식섭취 안 함
• 혀 점막 : 약간 건조함
• 복부 : 약간의 복부팽만, 청진 시 활발한 장음이 들림
• 배변 : 새벽 2시 이후 물과 같은 설사 3회 봄, 혈변은 없음
• 배뇨 : 노란색 소변, 아침부터 오후 1시까지 2회 봄

① 체액결핍과 저나트륨혈증
② 체액과다와 저나트륨혈증
③ 체액결핍과 고나트륨혈증
④ 체액과다와 저칼륨혈증
⑤ 체액결핍과 고칼륨혈증

11-10. 응급실에 호흡곤란으로 실려 온 남자의 혈액검사에서 동맥혈 가스분석(ABGA)과 전해질(electrolyte) 중 K⁺소견이 다음과 같았다. 이 남자에게 제공해야 할 투약이나 처치로 옳지 않은 것은?

검사 종목		결과치
ABGA	pH	7.30
	PaO₂	72mmHg
	PaCO₂	50mmHg
	HCO₃⁻	25mEq/L
electrolyte	K⁺	6.1mEq/L

① 기침과 심호흡을 권장한다.
② 무감각, 저림 증상을 관찰한다.
③ 중탄산나트륨(NaHCO₃)을 투여한다.
④ 쿠스마울(Kussmaul) 호흡이 나타나므로 호흡 양상을 관찰한다.
⑤ 부정맥을 관찰하기 위한 심장 모니터링(EKG monitoring)을 한다.

13-03. 다음 검사 결과지에 대한 설명으로 옳은 것만을 〈보기〉에서 있는 대로 고른 것은?

검사결과지		
구분	검사 항목	검사 결과
전해질 검사	Na⁺	136mEq/L
	K⁺	2.8mEq/L
	Cl⁻	110mEq/L
동맥혈 가스 분석(ABGA)	pH	7.3
	PCO₂	35mmHg
	HCO₃⁻	15mEq/L
소변 검사	pH	7.8
	단백뇨	++
검진일 및 검진 기관	검진일	2012. 9. 15.
	검진 기관명	○○병원

〈보기〉
ㄱ. 대사성 산증을 나타낸다.
ㄴ. 과호흡으로 PCO₂가 높아졌다.
ㄷ. 산-염기 불균형은 HCO₃⁻의 감소가 원인이다.
ㄹ. 음이온 격차(Anion gap)는 정상범위를 벗어났다.
ㅁ. 고칼륨혈증을 나타낸다.

12-03. 저칼슘혈증의 양성 반응을 사정하는 검사 (가)~(라)와 중재 ㄱ~ㄹ로 옳은 것은?

(가)	(나)
팔에 혈압 커프를 감아 팽창시키면 수분 이내에 손목 경련을 호소함	무릎을 펴고 눕게 한 후 슬개상낭(suprapatellar bursa)에 그림과 같이 압력을 가하면 팽윤이 관찰됨

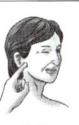

(다)	(라)
안면 신경부위(관자놀이 바로 밑)를 가볍게 쳤을 때 안면근 수축이 관찰됨	무릎을 약간 굽히고 발을 족배굴곡 하였을 때 통증을 호소함

ㄱ. 비타민 D를 투여한다.
ㄴ. 인(phosphorus)을 투여한다.
ㄷ. 칼시토닌(calcitonin)을 투여한다.
ㄹ. 글루콘산칼슘(calcium gluconate)을 투여한다.

24-B8. 다음은 보건교사와 학생이 대화한 내용이다. 〈작성 방법〉에 따라 서술하시오.

학 생 : 선생님, 친구가 ㉠제 귀 앞 부분을 가볍게 톡 쳤는데 얼굴에서 경련이 일어났어요. 예전에도 몇 번 그랬거든요. 아무래도 이상해서 선생님께 온 거예요. 무슨 문제가 있을까요?

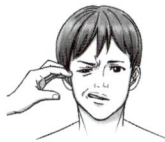

보건교사 : 혹시 숨이 차거나 손과 발에 감각이 없거나 저리지는 않니?
학 생 : 오늘은 아닌데 ……. 가끔 그럴 때도 있었어요.
보건교사 : 그럼 선생님이 생각하는 증상이 맞는지 검사를 더 해 보자.
학 생 : 네, 선생님.
보건교사 : 이것 보렴. ㉡팔에 혈압 커프를 감아 3분간 압박했더니 손목이 구부러지네.

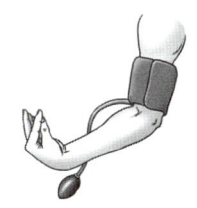

학 생 : 팔을 꽉 조이니까 손에 쥐가 나고 손목이 뒤틀리면서 너무 아파요.
보건교사 : 그래, 선생님이 판단하기로는 우리 몸에서 필요로 하는 전해질 중 ㉢칼슘이 매우 부족한 증상으로 보여, 부모님과 빨리 병원에 가서 정확하게 진단 받는 게 좋겠구나.

〈작성 방법〉
○밑줄 친 ㉠과 ㉡의 징후를 각각 순서대로 쓸 것.
○밑줄 친 ㉢을 조절하는 호르몬 2가지의 명칭과 각각의 기능을 서술할 것.

09-28. 만성 신부전 환자의 간호중재로 옳지 않은 것은?

① 근육 경련, 오심, 산통과 같은 고칼륨혈증 증상이 있는지를 관찰한다.
② 배설 기능 저하로 칼슘이 침착되고 인산이 부족해지므로 저칼슘, 고인산 식이를 섭취하도록 한다.
③ 적혈구 생성이 억제되어 빈혈을 초래하므로 헤마토크릿을 정기적으로 검사한다.
④ 혈액투석 동안 출혈성 경향이 있으므로 응고 시간을 자주 감시한다.
⑤ 혈액투석 동안 저혈량 쇼크를 사정하기 위해 활력징후를 자주 측정한다.

22-B9. 다음은 보건교사와 동료교사의 대화 내용이다. 〈작성 방법〉에 따라 서술하시오.

보건교사: 선생님, 어머니께서 급성신부전(acute renal failure)으로 입원하셨다고 들었는데 치료는 잘 받고 계신가요?
동료교사: 네. 그런데 어머니께서 다리에 쥐가 나고 입술이 얼얼하고 속이 메스껍다고 해요. 병원에서는 급성 신부전으로 인한 ㉠ 전해질 불균형 때문이라고 해요. 더 심해지면 부정맥이 발생할 수 있고 심정지까지 올 수 있다고 하니 걱정이 많아요.
보건교사: 그러시겠어요. 그 외에도 설사, 장 경련, 간헐적인 위장관 급성 통증 등의 증상이 나타날 수 있으니 잘 살펴보셔야 합니다.
동료교사: 궁금한 게 있어요. 어머니는 당뇨가 없으신데 수액에 인슐린을 혼합해서 맞고 계신다고 해요. 그 이유는 무엇 인가요?
보건교사: 그건 인슐린의 (㉡) 작용 때문입니다.
동료교사: 병원에서는 혈액투석의 가능성을 말씀하시던데, 왜 하는 건가요?
보건교사: 혈액투석을 하는 이유는 전해질 불균형을 교정하는 것과 (㉢)입니다. 치료 잘 받으시고 빨리 회복되시기를 바랍니다.

〈작성 방법〉
• 밑줄 친 ㉠에 해당하는 상태를 제시할 것.
• 괄호 안의 ㉡에 해당하는 내용을 서술할 것.
• 괄호 안의 ㉢에 들어갈 주요 목적 2가지를 서술할 것.

21-B5. 다음은 고등학교 보건교사가 작성한 응급환자 이송 및 사고 기록지이다. 〈작성 방법〉에 따라 순서대로 서술하시오.

응급환자 이송 및 사고기록		결재	계	교감	교장
학년/반	학생명	성별	보호자 전화번호		담임교사
1/2	김○○	남	010-0000-0000		최○○

사고 개요	오후 5시 05분경 김○○ 학생이 학교 운동장에서 축구를 하다가 축구골대에 심하게 부딪혀 넘어진 뒤 우측 상지 부위에 통증과 출혈을 호소함. 함께 축구를 하던 1학년 2반 박○○ 학생으로부터 사고 신고를 받음. 신고를 받고 운동장으로 가서 다친 학생의 상태를 확인한 후 응급조치하고 병원으로 이송함.

환자 상태	• 의식 상태는 명료함.
	• 활력징후(측정시간: 오후 5시 12분)
	  - 혈압: 110/80mmHg,
	    맥박수: 102회/분,
	    호흡수: 28회/분,
	    체온: 36.3℃
	• 우측 상지부위에 가로 1cm, 세로 5cm 정도의 열상과 주변 의복이 흠뻑 젖을 정도의 ㉠ 출혈이 관찰됨.
	• 우측 상지의 움직임에는 제한이 없음.
	• ㉡ 불안한 정서상태와 빠르고 깊은 호흡이 관찰됨.
	• 다른 신체부위의 통증은 없었고 외상도 관찰되지 않음.

응급 조치 내용	• 119에 신고함. • 출혈부위 지혈 후 상처세척을 실시하고 압박드레싱 함. • ㉢ 하지를 약 20° 정도 올려 줌. • 우측 상지에 부목을 적용함. • 구급차를 이용하여 ○○병원 응급실로 이송함.

〈작성 방법〉
○ 밑줄 친 ㉠으로 인해 저혈량성 쇼크가 발생할 경우, 쇼크 초기에 자율신경계의 보상 작용 결과로 나타날 수 있는 심장의 반응 2가지를 제시할 것.
○ 밑줄 친 ㉡에 의해 발생할 수 있는 산-염기 불균형의 명칭을 쓸 것.
○ 밑줄 친 ㉢의 목적을 정맥계를 중심으로 제시할 것.

96-34. 다음 중 pH를 조절하는 기관은?

① 방광　② 간
③ 신장　④ 심장

17-04. 다음은 제1형 당뇨병을 앓고 있는 중학생의 응급실 방문 기록의 일부이다. 〈작성 방법〉에 따라 순서대로 서술하시오.

진료 기록지			
성명	박○○	성별/연령	남/14세
응급실 도착 시간	2016년 ○○월 ○○일 ○○시 ○○분		
주호소	• 의식 상태: 기면(drowsy) • 응급실 방문 당일 아침 8시경 시야가 흐려지고 어지러워 쓰러짐. • 심한 감기로 3일 전부터 란투스(Lantus) 주사를 맞지 않음. • 내원 2일 전부터 심한 복통과 함께 잦은 설사, 오심, 구토가 계속됨. • 중학교 2학년 재학 중임.		
검사 결과	• 혈중 포도당 농도: 389mg/dL • 백혈구: 10,800/mm^3, 혈색소: 15.6g/dL, 헤마토크릿: 58.9% • ㉠ 동맥혈 가스 분석: pH 7.24, PaCO$_2$ 31mmHg, PaO$_2$ 98mmHg, HCO$_3^-$ 18mEq/L • 소변 검사: 요비중 1.05, ㉡ 케톤+++, 포도당+++		

신체 검진	• 혈압: 90/50mmHg,
	  맥박수: 120회/분,
	  호흡수: 24회/분,
	  체온: 37.2℃
	• ㉢ 쿠스마울(Kussmaul) 호흡이 나타남.
	• ㉣ 호흡 시 과일냄새가 남.
	• 피부의 긴장도 감소, 건조한 점막
	• 홍조를 띤 건조한 피부, 빠르고 약한 맥박		

작성자	면허번호	00000	
	의사명	○○○	

〈작성 방법〉
○ 산-염기 불균형의 4가지 중 밑줄 친 ㉠이 나타내는 산-염기 불균형을 제시할 것.
○ 밑줄 친 ㉡~㉣의 발생 기전을 각각 서술할 것.

93-36. 혈액 속의 과다한 CO$_2$ 정체가 원인인 것은?

① 대사성 산독증
② 호흡성 산독증
③ 호흡성 알칼리혈증
④ 대사성 알칼리혈증

20-A5
다음은 중학교 보건교사가 작성한 상담 일지이다. 〈작성 방법〉에 따라 순서대로 서술하시오.

상담 일지			
이름	강○○	성별/연령	여 / 15세
상담일시	○월 ○일 ○시	학년-반	3-2
주요문제	과도한 체중 감량		

상담개요	• 학생 현황
	– 현재 신장 160cm, 체중 48kg임.
	– 지난주 수업 중에 경련성 복통을 호소함.
	– 응급실에 학부모와 함께 방문하여 치료를 받은 후 귀가함.
	– 평소 날씬한 연예인들이 부러워 본인도 살을 빼서 멋지게 변신하고 싶었다고 함.
	– 살을 빼기 위해 약국에서 설사제를 구입해 3개월 동안 1주일에 2~3회 복용했다고 함.
	– 3개월 동안 매 끼니 바나나만 먹어서 체중이 10kg 빠짐.
	• 응급실 검사 결과(학생이 가져옴.)
	1. 혈액 검사
	  가. ⊙<u>전해질 검사</u>
	    – Na⁺ : 125mEq/L
	    – K⁺ : 3.8mEq/L
	    – Cl⁻ : 99mEq/L
	    – HCO₃⁻ : 24mEq/L
	  나. ⓒ<u>전혈구 검사</u>
	    – RBC : 3.36×10⁶/mm³
	    – WBC : 7,500/mm³
	    – Hemoglobin : 9.6g/dL
	    – Hematocrit : 30.2%
	    – Platelet : 280×10³/mm³
	2. 소변 검사
	  – ⓒ<u>Ketone bodies</u> : ++
	… (하략) …		

─〈작성 방법〉─
○ 밑줄 친 ⊙에서 나타난 전해질 불균형의 명칭을 제시할 것.
○ 밑줄 친 ⓒ에서 나타난 건강 문제를 제시할 것.
○ 밑줄 친 ⓒ이 소변 검사 결과에서 나타나는 기전을 2단계로 서술할 것.

20-A11
다음은 초등학교 보건교사가 학부모와 상담 후 작성한 상담 일지이다. 〈작성 방법〉에 따라 순서대로 서술하시오.

상담 일지			
이름	최○○	성별/연령	남 / 7세
상담일시	○월 ○일 ○시	학년-반	1-3
주요문제	미세변화형 신증후군		
상담개요	• 주요 병력 – 3세경에 신증후군으로 치료 받은 병력 있음. – 최근 4주간 체중이 서서히 증가함. – 1주일 전 병원을 방문함. • 병원 방문 당시 증상 – 체중 증가 – ⊙ <u>전신 부종</u> – 얼굴의 부종(특히 눈 주위) – 복부 팽창(복수) • 병원 검사 결과지 (학부모가 가져옴.) – ⓒ <u>혈액 검사</u> – ⓒ <u>소변 검사</u> • 최근 진단명 – 미세변화형 신증후군 (minimal change nephrotic syndrome) 정보제공자 : 최○○ 학부모 (연락처 010-△△△△-○○○○) … (하략) …		

─〈작성 방법〉─
○ 밑줄 친 ⊙이 발생되는 과정 중 저혈량증에 대한 신장의 보상 기전을 2단계로 서술할 것. (단, 안지오텐신 Ⅱ 증가 단계 이후부터 서술할 것)
○ 미세변화형 신증후군에서 밑줄 친 ⓒ, ⓒ으로 확인할 수 있는 필수적인 검사 소견을 순서대로 제시할 것.

25-B9
다음은 고등학교 보건 교사가 작성한 '탈수의 산-염기, 수분-전해질 불균형'에 관한 교수·학습 지도안의 일부이다. 〈작성 방법〉에 따라 순서대로 서술하시오.

교수·학습지도안			
단원	급·만성질환 건강 관리	보건교사	이○○
주제	탈수의 산-염기, 수분-전해질 불균형	대상	2학년 3반
차시	2/3	장소	보건교육실
학습목표	탈수 관련 산-염기,수분-전해질 불균형의 유형을 설명할 수 있다.		
단계	교수·학습 내용		시간
도입	• 전시 학습 확인하기 • 동기 유발 : 탈수에 대한 퀴즈 풀기		10분

전개	1. 탈수 관련 사례 제시
	– 17세 남학생 최○○은 최근 하루에 20회 설사를 함.
	– 경련성 복통이 있어 병원에 방문함.
	– 염증성 장 질환을 진단 받음
	2. 산-염기 불균형
	– ⊙ <u>설사로 인해 대사산증이 나타남.</u>
	3. 전해질 불균형
	  1) 나트륨 불균형
	    – 나트륨 이온은 ⓒ<u>나트륨-칼륨 펌프</u>를 이용하여 혈청 농도를 유지함.
	    – 고나트륨혈증 시 ⓒ<u>세포 탈수</u>가 나타남.
	… (하략) …
			35분

정리	• 학습 내용 정리하기 • 차시 예고하기		5분

─〈작성 방법〉─
○ 밑줄 친 ⊙의 이유와 이를 보상하기 위한 기전 1가지를 서술할 것.
○ 밑줄 친 ⓒ의 혈청 농도 유지 방법을 서술할 것.
○ 밑줄 친 ⓒ의 기전을 서술할 것.

06-02
당뇨병이 있는 청소년에게 혈당관리는 특히 중요하다. 인슐린이 부족하여 나타나는 합병증인 당뇨병성 케톤산증에서 3대(3多 : 다뇨, 다갈, 다식) 증상 외에 보건교사가 관찰할 수 있는 증상을 6가지만 쓰시오.

96-44
〈보기〉와 같은 증상과 증후로 보아 예측할 수 있는 환자의 상태는?

─〈보기〉─
• Stupor
• Kussmaul호흡
• 당뇨병성 Ketosis
• pH 4.5 이하인 소변

① 대사성 산독증
② 호흡성 산독증
③ 대사성 알칼로시스
④ 호흡성 알칼로시스

1 체액의 분포와 기능

1 체액의 분포와 기능

체액은 체중의 60~70%를 차지하고, 세포내(40%) 및 세포외(20%)에 존재하며 끊임없이 이동함
신생아는 체액이 체중의 75~85%를 차지하고, 이 중 2/3는 세포외액, 1/3은 세포내액임

세포외액	혈장액(Plasma water), 간질액(Interstitial Fluid, ISF), 체강액, 세포간액(Transcellular fluid, 위장분비액, 뇌척수액, 늑막강액 등)으로 구성		
	기능	① 세포에 영양분, 수분, 전해질 등을 공급하며 노폐물을 제거 ② 혈장은 폐에서 모세혈관으로 산소를 운반하고 이산화탄소를 폐포로 되돌림 ③ 간질액의 구성성분인 림프액도 세포로부터 노폐물을 운반하고, 최종적으로 혈관을 통해 혈액순환으로 되돌려 보냄 ④ 세포대사를 위한 용매(물)의 역할 ⑤ 전해질 농도를 유지시켜 세포기능을 원활하게 함 ⑥ 관절과 세포막의 윤활과 쿠션기능 ⑦ 체온조절	
	구간별 분포	혈장	① 체중의 약 5% ② 혈관 내에 존재, 혈장 콜로이드(혈장단백)를 포함하며 혈관 용량을 유지 ③ 혈장 내에는 단백질 함유량이 간질액보다 많음 ** **혈장단백질** : 간에서 생성되며, 교질삼투압을 형성하여 혈관 쪽으로 물을 끌어당기는 작용을 함
		간질액	① 체중의 약 15% ② 세포와 세포 사이 및 세포 주변을 둘러싸고 있는 체액(림프 포함) ③ 세포 대사작용을 위한 용매 역할, 세포 내에서 생성된 노폐물을 체외로 배출
		체강액, 세포간액	① 체중의 약 1% ② 세포외액 중 상피세포층에 의해 분리된 구간에 있는 체액 ③ 신체의 분비물을 포함(예 타액, 뇌척수액, 심낭액, 관절강액, 소화액, 세뇨관액, 방광내 수분, 안구내액, 담즙액, 복막강내액 등)
세포내액	① 체중의 40% 차지 ② 세포 내의 화학적 반응을 원활하게 하는 수성 매개물로 기능하며, 인체의 구조물을 구성함		

[세포내액과 세포외액]

종류	세포내액	세포외액
분포	세포 내에 존재	간질액, 혈장, 세포간액
차지 비중	총 체액의 2/3 차지, 체중의 40%	총 체액의 1/3 차지, 체중의 20%
기능	• 세포 내의 화학적 반응을 원활하게 하는 수성 매개물로 기능 • 인체의 구조물을 구성함	• 세포에 영양분, 수분, 전해질 등을 공급하며 노폐물을 제거 • 혈장은 폐에서 모세혈관으로 산소를 운반하고 이산화탄소를 폐포로 되돌림 • 간질액의 구성성분인 림프액도 세포로부터 노폐물을 운반하고, 최종적으로 혈관을 통해 혈액순환으로 되돌려 보냄 • 세포대사를 위한 용매(물)의 역할 • 전해질 농도를 유지시켜 세포기능을 원활하게 함 • 관절과 세포막의 윤활과 쿠션 기능 • 체온조절

전체 신체부분(Total Body Water, TBW), 체중 70kg		
세포내액	세포외액(extracellular fluid, ECF) 부피 = 14L, TBW의 1/3	
세포내액 부피 = 28L TBW의 2/3	간질액 부피 = 11L ECF의 80%	혈장액 부피 = 3L ECF의 20%

신생아 체중의 75~80%, 체중의 3/4이 체액, 성인체중 55~60%, 노인체중 45~50%가 체액, 체지방이 적으면 비율이 커짐. 사춘기 이후 남성은 여성보다 수분비율이 크다.

[체액의 구성]

2 전해질

모든 체액은 전류를 전도할 수 있는 화학적 성분인 전해질을 포함한다. 전해질은 양전기를 띠는 양이온과 음전기를 띠는 음이온으로 구분된다.

전해질의 측정단위	① 1L당 mEq로 표시 ② 100mL당 mg(무게)으로 표시 ※ 화학적 활동에서는 동일하나 무게는 다를 수 있음 (예 수소 1mEq/L = 수소 1mg)	
전해질 종류	세포 내	K^+(세포 내에 가장 많음, 정상치 : 3.5~5.0mEq/L), Mg_2^+, P^-, protein
	세포 외	Na^+(세포 외에 가장 많음, 정상치 : 135~145mEq/L), Ca_2^+(정상치 : 9~10.5mEq/L), Cl^-(정상치 : 101~109mEq/L), HCO_3^-(정상치 : 22~26mEq/L)
	세포간액(체강액)	전해질 농도는 다양함
전해질의 기능	① 신경, 근육의 흥분성을 증가시킴 ② 체액량과 삼투질 농도를 유지시킴 ③ 체액구간에 체액을 분배시킴 ④ 산-염기 균형 조절	

2 체액 전해질 조절

1 체액균형 조절기관

조절기관/중추	신체와 호르몬의 조절 기능/기전		
폐	① 세포외액의 산과 알칼리 균형을 유지하는 중요한 역할 ② 호흡을 통하여 신체의 수분을 배출		
신장	① 전해질을 선택적으로 재흡수 ② 하루 1.5L 소변 생성 : 혈장의 정상 삼투압, 전해질 균형, 정상 혈량 유지, 산-염기 균형유지 ③ 사구체 옆 세포 → 레닌-안지오텐신-알도스테론 체계로 나트륨 농도를 감지하거나 조절하여 삼투질 농도 조절에 중요한 역할 ④ 프로스타글란딘(레닌자극), 칼리크레인(키닌을 분비하는 세포에서 분비하는 호르몬으로 RAA 길항작용) 등도 삼투질 농도에 영향을 줌		

심장	① 레닌-안지오텐신-알도스테론 체계의 길항인자로
	   ㉠ 심방근육세포에서 심방성 나트륨이뇨펩타이드(ANP) 생산
	   ㉡ 심실에서 두뇌성 나트륨이뇨펩타이드(BNP) 생산
	② 알도스테론, 레닌, 항이뇨호르몬 분비를 억제하고, 안지오텐신Ⅱ작용을 억압하여 나트륨과 수분 배설 증진 → 혈량과 혈압을 감소		

소화기계	건강한 신체는 하루 약 2,500mL의 수분을 필요		
	수분섭취	구강으로 1,500mL를 섭취하고 나머지 1,000mL는 고체 음식과 대사과정에서의 음식물 산화로부터 얻어짐	
	수분배설	수분은 소변으로 1,500mL 배출되고, 피부와 폐를 통한 불감성 소실이 800mL, 대변이 200mL가 배출되어 하루에 약 2,500mL의 수분이 배설됨	
시상하부- 뇌하수체 후엽 : 항이뇨호르몬	시상하부에서 합성되어 뇌하수체에 저장하고 원위세뇨관과 집합관에서 수분의 재흡수를 자극함		
	방출 감소	혈액이 희석되어 삼투질 농도가 감소하면 항이뇨호르몬의 방출이 감소됨	
	방출 증가	혈장 삼투질 농도가 증가하면 항이뇨호르몬의 방출 증가	
부신피질 : 알도스테론	정의	부신피질에서 생산되는 염류피질호르몬	
	기능	원위세뇨관과 집합관에서 기능함 ㉠ 세포외액에서 나트륨 수치가 낮아질 때마다 부신피질에서 분비되는 호르몬 ㉡ 수분, 소듐보유 촉진하고 혈액 포타슘 수치를 과도하게 높이는 것 방지 ㉢ 알도스테론이 분비되면 신장에 작용, 나트륨과 수분재흡수로 혈액량을 증가시킴	
	RAA 기전 04,20 임용	자극	① 혈중 나트륨 감소 혹은 칼륨 증가가 직접 자극 ② 혈류 감소, 혈중 나트륨 감소 혹은 칼륨 증가로 RAA 체계 활성화 ③ 스트레스 시 시상하부에서 부신피질자극호르몬 유리호르몬 분비 → 뇌하수체 전엽에서 부신피질자극호르몬 분비
		※ 경동맥 압력 수용체의 동맥압이 감소되거나 신동맥의 압력이 감소되면 신장혈류 확산이 감소되어 레닌-안지오텐신-알도스테론 기전 자극 ㉠ 신장에서 레닌 분비 ㉡ 레닌에 의해 간에서 생성되는 혈장단백인 안지오텐시노겐이 안지오텐신Ⅰ으로 활성화 ㉢ 폐에 있는 전환효소의 작용으로 안지오텐신Ⅰ은 안지오텐신Ⅱ로 전환되어 → 말초 동맥에 작용하여 → 직접 동맥을 수축시켜서 혈압을 상승시킴 ㉣ 안지오텐신Ⅱ는 부신피질에서 알도스테론을 분비하게 함 → 정맥 환류량을 증가시킴 ㉤ 알도스테론은 신세뇨관에서 수분과 염분 재흡수를 촉진시킴 → 정맥 환류량을 증가시킴	
부갑상샘	혈중 칼슘치를 유지하고 칼슘과 인의 대사를 조절 ① 혈청 내 칼슘농도가 낮으면 부갑상샘호르몬의 분비가 자극됨 ② 혈청 내 인의 농도가 높을 때 칼슘농도가 낮아지므로 부갑상샘은 간접적으로 영향을 받음		

시상하부: 갈증중추 04 임용(지문)	① 인체가 수분을 상실하면 일차적 방어기전으로 갈증을 느껴 수분을 섭취하게 됨 ② 혈장삼투질 증가시 세포가 수분부족으로 수축되면서 시상하부의 갈증삼투수용체를 자극 → 대뇌 피질 자극 → 갈증 지각 → 수분재흡수, 수분섭취 증가가 요구됨 　- 수분섭취 감소, 과다한 수분 손실, 과다한 나트륨 섭취 및 과다한 고장액 주입, 세포의 탈수, 혈량 감소 및 세포외액의 삼투질 농도 증가(→ 신경자극)로 인해 발생할 수 있음

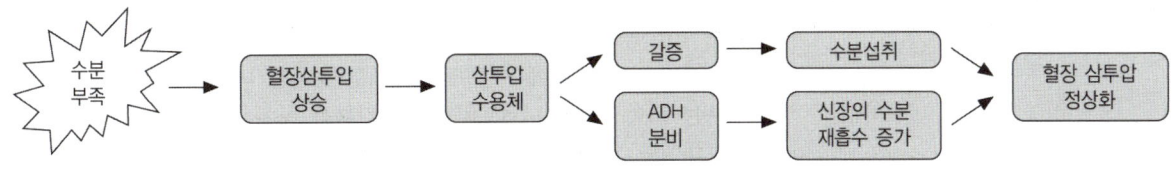

[수분결핍 시 조절기전]

❷ 세포막을 통한 물질이동

(1) 자발적 수송 : 확산, 삼투(반투과성막), 여과(압력차)

확산	용질의 농도차에 의한 용질의 이동(고농도 → 저농도) 예 폐포의 가스교환, 태반의 물질교환	
	단순확산	• 운반체 없음
	촉진확산	• 막의 운반단백질에 의해 농도경사에 의한 물질이동 촉진 • 포도당과 아미노산 이동, 에너지를 이용하지 않음 예 포도당은 세포막의 지질에 용해되지 못하고 막을 통과하기에는 분자가 너무 크므로, 세포막의 특수한 운반단백질과 결합하여 세포내로 이동하고, 운반단백질은 다시 원래 모양으로 되돌아감, 이 과정에서 ATP와 같은 에너지는 사용되지 않지만, 인슈린이라는 효소의 도움으로 포도당의 이동속도가 10배 가량 빨라짐
삼투	① 선택적 투과막을 통해 확산이 일어나는 것 ② 반투막에서 물질 농도가 낮은 곳 → 높은 곳으로 용매(물)가 이동 ③ 적혈구는 농도가 낮은 용액인 저장액에서 농도가 높은 쪽으로 이동하면서 용혈을 일으킴, 적혈구는 농도가 높은 용액인 고장액에서 탈수현상을 일으켜 쭈글쭈글해짐	
여과	① 여과압 = 혈관 내 혈액의 압력(정수압) - 교질삼투압	
	혈액의 정수압	① 모세혈관 내에 있는 혈구와 혈장의 압력 ② 정수압이 높은 곳에서 낮은 곳으로 이동함
	교질 삼투압	① 혈장단백으로 인해 형성되는 압력 ② 혈관 내 용량을 유지시켜 주거나 혈관에서 이동된 수분을 다시 끌어들이는 원동력 ③ 모세혈관 내의 정상 교질 삼투압은 22mmHg ④ 혈액의 교질삼투압이 저하되면 혈관 내의 수분이 간질강 내로 들어가 부종이 생김
	② Starling's Law of Capillaries : 혈관과 간질강 사이의 수분 중 세포외액 간의 이동 및 세포내외 간의 이동의 원리, 혈관과 간질강 사이의 수분이동의 조절은 정수압과 교질삼투압의 차이에 의해 이동, 혈장 단백질의 손실은 혈장 내 교질삼투압을 감소시킴 ③ 주요 혈장 단백질 　㉠ 혈장 알부민(교질삼투압의 조정에 주역할) : 혈청 알부민 저하 → 교질삼투압 저하 → 조직 부종 　㉡ 혈청 글로불린, 피브리노겐 ④ 간질환, 신장질환, 영양실조 등은 혈장 내 교질삼투압을 감소시킴 → 부종 발현 ⑤ 수분이동 시 입자가 작은 영양소와 산소 및 노폐물이 함께 이동됨 ⑥ 림프계는 간질강 내의 과다한 수분과 이탈된 단백질을 혈관으로 되돌리는 역할	

- 동맥압 32mmHg, 정맥압 12mmHg
- 교질삼투압 22mmHg
- 여과압 = 혈액의 정수압 - 교질삼투압

(2) 능동적 운반(비자발적 수송)

살아있는 세포에서만 일어나며 물질이 '농도경사에 역행'하여 이동할 때에는 ATP로부터 에너지가 필요함
에너지 사용 → 농도경사의 역행(저농도 → 고농도)

1차 능동수송	농도기울기에 역행하여 분자를 수송하는데 필요한 에너지를 ATP의 고에너지 인산화결합에서 직접 얻기 때문에 수송체의 이름을 ATPase 혹은 펌프(pump) 라고도 함	
	세포막의 Na^+-K^+ pump (= Na^+-K^+ ATPase) [25 임용]	① 세포 밖의 Na^+ 농도를 정상보다 높게 유지시키기 위해 Na^+을 세포로부터 배출시키고 세포 속에 K^+을 축적시키는 장치를 의미함 ② 세포는 사이질액에서 세포내액으로 칼륨을 능동적으로 수송하기 때문에 세포내액의 고농도 칼륨과 세포외액의 고농도 나트륨이 유지됨 ③ 과정 ㉠ 세포내액에서 3개의 Na^+이 펌프의 친화력이 높은 부위에 결합 ㉡ 수송체가 ATP에 의해 인산화되면서 구조가 변함 ㉢ 수송체 구조변화에 의해 3개의 Na^+는 세포외액으로 배출되고 동시에 2개의 K^+가 친화력이 높은 부위에 부착 ㉣ 수송체가 ATP에 의해 인산화되면서 구조가 변하면서 2개의 K^+가 세포내액으로 유입됨
	근형질세망 및 세포막의 Ca^{2+} pump	
	위벽세포의 proton pump(H^+ pump)	
2차 능동수송	① 간접적인 ATP 사용 : 2개 이상의 용질 운반이 연관되어 있고, 한 분자가 농도기울기에 의해 발생한 운동에너지(Na^+의 농도기울기)를 다른 분자가 역행하여 수송하는 것에 이용하는 것으로 대사에너지를 직접 소모하지 않고 Na^+ 농도기울기로부터 긴접적으로 얻는 것임 ② Na^+가 세포 안으로 이동할 때, 다른 1개 또는 2개의 분자를 같이 운반하거나 세포 밖으로 나가는 분자와 바꾸는 것 ◉ 소장에서 Na^+-포도당 운반, 소장의 상피세포막은 운반체에 의해 포도당을 농도기울기에 역행해서 수송함, 이때 Na^+과 포도당이 운반체에 동시에 결합함	
집단수송 (= 소포수송) - 능동수송	거대분자들의 수송방법으로 호르몬, 박테리아 등의 이동	
	세포내이입	세포바깥의 큰 물질을 세포막을 통해 섭취하는 현상으로 특수세포에서 관찰되며 식세포작용과 포음작용이 있음
		식세포작용 ① 포식소체라는 큰 막에서 나온 소포로 세균이나 다른 입자들을 싸서 먹는 과정 ② 포식소체는 세포막에서 떨어져 세포 내부로 이동하여 용해소체(리소좀)와 융합하여 소화효소들에 의해 세균을 분해함 ③ 식세포작용은 세포골격의 이동과 소포의 세포 내 이동을 위해 ATP에서 유래된 에너지를 필요로 함
		포음작용 ① 세포 표면에 작은 함몰을 만들고 액체를 내포한 소포를 만들어 세포 내로 흡인하는 과정(세포삼킴) ② 이 과정에서 외부입자가 세포막을 경유하는 능동운반이 이루어지고, 세포막이 함몰되어 소포의 크기도 비교적 작고 항상 일어난다는 점에서 식세포작용과 다름 ③ 단백질 호르몬, 성장인자, 항체, 철과 콜레스테롤을 운반하는 혈장단백질을 포함한 다양한 물질들을 세포로 수송시킴
	세포외유출	① 세포 내 소포들이 세포막으로 이동한 후 융합하여 세포외액으로 내용물을 방출함 ② 세포는 신경전달물질, 비만세포에서 히스타민, 백혈구와 혈소판의 효소, 호르몬(스테로이드호르몬 제외), 세포 내에서 합성된 단백질 그리고 용해소체 안에 남은 노폐물을 세포외유출로 제거함

(3) 삼투질 농도

정의	① 용액 1리터에 있는 용질의 양으로 용질의 양이 많을수록 삼투질 농도가 높아짐 ② 체액의 삼투질 농도가 높아지면 용매에 대한 용질의 비율을 낮추기 위해 반투막을 통해 수분을 끌어들임 ③ 영향요인 : 주로 나트륨, 단백질, 당 등
역할	신체구간의 체액농도를 조절하면서 신체 내 구간의 수분이동과 분포를 조절함
조절기전	① 삼투질 농도 조절센터 : 시상하부(ADH를 합성하여 뇌하수체 후엽으로 보냄) ② 신장의 사구체옆 세포 : RAA 호르몬 체계로 나트륨 농도를 감지하거나 조절하여 삼투질 농도 조절 ③ 그 외 나트륨에 영향을 미쳐서 삼투질 농도에 영향을 미치는 호르몬 | 프로스타글란딘 | 레닌자극 | |---|---| | 칼리크레인 | 키닌을 분비하는 세포(근위세뇨관)에서 분비되는 호르몬 ↳ RAA기전에 길항작용 : 강력한 혈관확장제, Na^+의 신장배설 촉진 | | 나트륨배설촉진 호르몬 | • 심방근육세포에서 심방성 나트륨이뇨펩타이드(ANP) 생산 • 심실에서 두뇌성 나트륨이뇨펩타이드(BNP) 생산 | ④ 신체 내에서 수분과 나트륨 농도를 가장 강력하고 빠르게 조절하는 기전은 압력 수용체 반응에 2차적으로 반응하는 혈관 변화
농도	① 정상 혈장 삼투농도 : 275~295mOsm/kg ② 혈장 삼투질 농도계산 = (2 × 혈청 나트륨 농도) + (BUN 농도/3) + (포도당 농도/18) 또는 대략 추정치 = 2 × 혈청 나트륨 농도 ③ 요비중 : 삼투질 농도를 간접적으로 반영해 줌 – 요비중이 높으면 탈수상태

(4) 부종형성기전

① 체액과부하	심부전증이나 혈전에 의한 정맥의 흐름이 막히면 정수압 증가 ┌ 간질강 내로 수분이동 → 부종 초래 └ 말초저항 증가 → 좌심실압 증가 → 좌심방압 증가 → 폐수종
② 혈청 알부민 감소	혈청 알부민 감소 → 모세혈관의 교질삼투압 감소 → 정맥쪽의 재흡수 감소 → 부종 초래
③ 림프관 폐쇄	종양 등으로 림프관 폐쇄 → 모세혈관에서 여과된 단백질 이동 감소 → 조직 내 교질삼투압 증가 → 부종 초래
④ 조직손상	조직 손상 → 모세혈관 투과성 증가 → 혈장 단백의 조직으로 이동 → 조직 내 교질삼투압 증가 → 부종 초래

① 체액 과부하
모세혈관의 동맥 쪽 끝의 정수압 증가
→ 말초혈관 저항의 증가 → 좌심실압 상승 → 좌심방압 상승 → 폐수종
→ 조직으로 수분 이동 → 부종

② 혈장 알부민 감소
혈장 단백질 생성의 감소 → 모세혈관 교질삼투압 감소 → 정맥 쪽에서 재흡수 감소 → 부종

③ 림프관 폐쇄
림프관 폐쇄로 간질액 흡수 감소 → 모세혈관에서 여과된 단백질 이송의 감소 → 조직 내 교질삼투압 상승으로 수분이동 → 부종

④ 조직 손상
모세혈관 투과성 증가 → 혈장 단백의 조직으로 이동 → 조직 내 교질삼투압의 증가 → 부종

[부종 유형들과 관련된 압력과 그 변화]

부종 유형	변화된 관련 압력	설명
정맥성 부종	증가된 혈액 정수압	심부전증이나 혈전에 의한 정맥의 흐름이 막히면 정맥압 증가 → 모세혈관이 확장되고 울혈 발생 → 정맥 내 정수압이 삼투압보다 높아짐 → 수분은 주변 조직 내에서 혈관으로 돌아오지 못함
저알부민혈증성 부종	감소한 교질삼투압	혈관 내 알부민이 감소하면 삼투압 감소 → 정맥 쪽 모세혈관에서 조직 내 수분을 흡수하지 못하게 되어 전신부종 초래
염증성 부종	증가한 간질액 삼투압	• 내피세포의 간극 사이를 통하여 수분과 알부민 그리고 혈장 성분이 모세혈관에서 주변 조직으로 투과되어 빠져나감 • 림프관의 흡수량보다 혈관에서 빠져나오는 것이 더 많음
림프관성 부종	차단된 림프배액	종양 등으로 림프관 폐쇄 → 혈관에서 나온 수분이 조직 내에서 혈관 내로 돌아오지 못하게 되고 부종을 일으킴

[국소적 부종의 병태생리]

병적 상태	간질 내 수분 저류(부종)에 영향을 주는 요인			
	혈관투과성	모세혈관의 정수압	간질 내의 삼투압	림프액
급성 염증성 부종	증가	증가	정상, 증가	증가
알레르기성 부종	증가	증가	정상, 증가	증가
정맥폐색에 의한 부종	정상	증가	정상	증가
림프관폐색에 의한 부종	정상	정상	정상, 증가	심한 감소

3 수분 불균형 증상 09,10 임용

1 수분 불균형 증상

구분		수분 부족		수분 과다
심맥관	맥박	① 맥박수 증가 09 임용 ② 말초맥박 감소	맥박	① 맥박강도 증가 ② 말초맥박 충만
	혈압	① 혈압 저하 ② 체위성 저혈압 09 임용	혈압	① 혈압 증가 ② 맥압 저하 ③ 중심정맥압 증가
	정맥	누운 자세에서 목과 손의 정맥이 편평함 09,10 임용	정맥	① 누운 자세에서 목과 손의 정맥 정체로 팽대 ② 정맥류의 팽대
호흡	호흡수	호흡수 증가	호흡수	호흡수 증가
	호흡깊이	깊은 호흡	호흡깊이	얕은 호흡
			청진	악설음 / 나음
			호흡곤란	움직이거나 앙와위일 때 호흡곤란 증가
신경 근육		① 중추신경계 활동 저하(기면에서 혼수까지) ② 불안함, 안절부절못함, 섬망이나 경련, 죽음 ③ 체온 상승		① 의식수준 변화 ② 두통 ③ 시력장애 ④ 근골격 허약, 지각이상
피부		① 입이 마르고, 혀가 갈라지고 백태가 낌. 혀 유두가 현저해짐 10 임용 ② 눈 : 안구함몰, 깊은 다크서클 09,10 임용 ③ 피부의 탄력성 저하 – 이마, 가슴부위 피부 ** 피부탄력성은 피부를 엄지와 검지로 집어 올렸다가 원래 상태로 되돌아오는지 확인, 1~2초 내로 정상위치로 되돌아가는 것이 정상소견임		① 의존부위에 요흔성 부종, 피부 창백과 냉감 ② 말초부종, 안와부종
위장관		① 연동운동 저하 ② 장음 감소 ③ 변비 ④ 갈증		① 연동운동 증가
신장		① 신장에서 요농축 : 소변량의 감소(무뇨, 핍뇨), 짙은 노란색 소변 09,10 임용 ** 핍뇨는 100~400mL 미만/일, 무뇨는 100mL 이하/일 (정상 하루소변량은 1,200~1,800mL) ② 요비중 증가(1.030↑)		① 항이뇨호르몬 감소로 소변 배설량 증가 ② 요비중 감소
기타		① 체중감소 10 임용 ** 특히 아동의 체액상태 확인을 위한 중요한 항목으로 전날 체중과 비교, 10% 이상 감소 시 중증 체액소실을 의미함 ② 헤모글로빈의 증가 ③ 고나트륨혈증, 혈청 삼투질 농도 증가 19 국시		① 체중증가 ② 혈액희석으로 혈색소 수치 감소 ③ 혈액희석으로 나트륨과 칼륨수치 감소

> **PLUS⊕**
>
> • 체위성 저혈압
>
> | 분류 | 설명 | |
> |---|---|---|
> | 체위변경 시 혈압변화의 정상 기전 〔10 임용〕 | 앙와위로 혈압을 측정할 때는 앉거나 서서 잴 때에 비하여
→ 수축기 혈압이 10~15mmHg, 이완기 혈압이 10mmHg 정도 높게 측정되며 맥박은 10~20%가 감소함
∵ 선 자세에서는 중력에 의해 심장으로의 귀환 혈량이 감소되어 박동량이 감소하기 때문임
① 정상적으로 기립자세를 하면 약 300~800mL의 혈액이 하체의 정맥에 모이므로 심장으로 들어오는 정맥혈이 감소하게 되어 심박출량이 20~50% 정도 감소
② 이를 만회하기 위하여 교감신경의 활동이 증가하여 심박수와 근육 수축력이 증가하고, 정맥수축에 의해서 심장으로 들어오는 피의 양도 많아져서 혈압의 감소를 막아줌 | |
> | 체위성 (기립성) 저혈압 〔10 임용〕 | 정의 | 앉거나 누웠다가 일어날 때 수축기혈압이 20mmHg 이상 저하되어 일시적으로 뇌 허혈을 초래하는 상태 |
> | | 기전 | 기립 시에 대정맥에서 우심방으로 돌아오는 정맥 환류량의 감소 때문에
→ 순간적으로 혈압저하가 일어남(혈압변화를 감지하는 압력 수용체 반사에 의한 심박출량의 항진, 말초혈관의 수축 등 혈압저하에 대한 자동조절이 일어나 혈압이 상승함)
→ 그러나 압력 수용체 반사가 저하되면 기립성 저혈압이 잘 발생함 |
> | | 예방법 | ① 기립성 저혈압을 악화시키는 약제(이뇨제, 혈관확장제, 알파차단제 등의 항고혈압약, 인슐린, 안정제 및 항우울제)의 사용을 피해야 함
② 단순한 혈압의 증가보다는 증상 개선에 1차 목표를 둠
→ 충분한 수분섭취, 약간의 염류섭취, 취침 시 머리를 약간 높이며, 낮 동안에는 허리까지 올라오는 탄력 있는 양말을 착용하여 정맥에 피가 몰려 있는 것을 줄이고, 조이는 짧은 양말은 피하고, 금주, 적절한 운동 등 |

❷ 세포외액량 결핍증상 및 병태생리적 근거 〔14,17 국시〕

증상 및 징후	병태생리적 근거
의식이 있는 경우 갈증이 있음	세포가 수분부족으로 수축되면서 시상하부의 '갈증' 삼투수용체를 자극하기 때문(등장 체액 손실 시에는 갈증이 나타나지 않음)
피부 탄력성의 저하	간질액의 감소는 피부조직을 서로 달라붙게 하기 때문
피부와 점막이 마름	점막 세포와 혀의 건조(혀 유두가 현저하게 보임)
안구의 함몰	안구의 수분 장력이 감소하기 때문
체온상승	수분결핍으로 증발할 수 없음
불안감, 안절부절못함, 혼수	뇌세포의 탈수 때문
빈맥(100회 이상)	순환성 허탈을 보상하기 위해 심장이 빨리 뛰기 때문
수축기압 15mmHg, 이완기압 10mmHg 이상 하강	등장성 수분 손실의 경우 혈장량이 부족하게 되어 수축기압이 떨어지기 때문
맥압 감소, 중심정맥압 감소	정맥 귀환의 감소
누운 자세에서 경정맥을 볼 수 없음	정맥 귀환의 감소
체중 감소	체중에서 수분이 차지하는 부분의 감소
핍뇨(30mL/hr 이하)	저혈량증에 대한 신장 반응(수분과 염분의 재흡수) 때문

검사 결과	혈장 삼투압 증가 (> 295mOsm/kg) 19 국시	용질보다는 수분량의 손실이 많기 때문	
	혈장 Na⁺이 증가하거나 정상 (> 145mEq/L)	Na⁺보다 수분량의 손실이 많거나 고장성 체액손실(수분손실이 전해질 손실보다 많을 때), 등장성 수분 손실(수분소실, 전해질 손실 함께 소실)로 혈장 Na⁺은 정상 범주에 있을 수 있음	
	BUN의 증가(> 25mg/dL)	혈액의 농축 때문에 약간 상승될 수 있음	
	뇨비중 증가(> 1.030)	신장의 기능 변화로 용매에 비해 용질 증가	
	고혈당(> 120mg/dL)	혈액의 농축으로 포도당 수준이 상승하고 포도당이 증가하면 이뇨와 수분상실을 야기하여 혈장 삼투질 농도 상승	
	Hct상승(> 55%)	고장성 체액 손실 시	혈액의 농축으로 헤마토크릿 상승
		등장성 용액 상실 시	헤마토크릿은 정상일 수 있음

③ 세포외액량 과다증상 및 병태생리적 근거

	증상 및 징후	병태생리적 근거
호흡기계	계속되는 자극적인 기침	고혈량으로 인해 폐포에 수분 축적
	호흡곤란	폐에 수분 울혈 발생
	폐의 악설음	정수압의 상승으로 폐포의 울혈 발생
	청색증	수분으로 채워진 모세혈관의 산소교환 손상
	흉막삼출	폐 세포에서 정수압 증가로 체액 이동
심혈관계	반좌위로 있을 때 경정맥 팽만	수분의 과다로 정맥 귀환 지연
	강한 맥박, 혈압 상승	말초혈관에 수분과다
	하지에 요흔성 부종	모세혈관의 정맥쪽 끝의 삼투압이 교질삼투압을 초과하여 수분 이동 불가
	천골부위 부종	누운 자세에서 천골부위가 신체 중 가장 낮은 부위로 중력에 의한 부종
	체중 증가	체액 정체
	중심정맥압과 폐모세혈관 쐐기압 증가	체액 정체
신경계	의식수준 변화(권태감, 혼돈, 두통, 무기력, 경련)	뇌부종

4 탈수 대상자 간호

사정	주관적 자료	① 목이 마릅니까? ② 물을 마실 수 없었나요? ③ 최근에 오심, 구토, 설사 또는 열이 난 적이 있나요? ④ 서 있을 때 어지럼증을 경험했나요?
	객관적 자료	① 대상자의 체중과 평상시 체중비교(1kg/일 이상의 체중감소는 탈수를 의미함) ② 체온, 맥박, 혈압, 호흡 측정 ③ 갈라진 입술, 마른 혀와 건조한 점막 ④ 피부 주름 ⑤ 소변 비중과 혈청 전해질 검사 결과
간호진단		(1) 과도한 수분상실과 관련된 체액불균형 위험 (2) 불충분한 수분섭취, 구토, 설사, 출혈 혹은 복수, 화상으로 인한 체액부족
계획 및 중재 04,10 임용 / 21 국시	원인제거	수분공급	구강 또는 비경구적으로 수분 공급, 오심이나 구토가 있다면 비경구적 수분 투여가 반드시 필요함
	대증요법	피부간호	체액균형 상태가 손상을 입으면 조직 파괴 위험에 처하므로 소변과 대변, 효소, 미생물로부터 피부를 보호하려면 피부 보호제 도포
		체위변경	피부통합성 유지 위해서 체위를 2시간마다 바꿔줄 것
		구강간호	알코올이 포함되어 있는 구강세척제 사용금지
		안전도모	체위성 저혈압이 나타나면 체위변경을 천천히 하여 신체가 적응할 수 있도록 하며, 환자의 안전을 도모할 것
	보존·지지	지속적 사정	혼돈과 같이 체액이 세포 내로 이동하여 나타나는 증상, 호흡곤란, 폐 청진 시 악설음이 들리거나 경정맥 확장과 같은 세포외액 과다 증상이 나타나는지 지속 관찰

5 나트륨 불균형

나트륨	① 세포외액의 삼투질 농도를 유지시키는 주요 양이온 ② 수분정체 정도와 산-염기 균형조절에 중요
	정상 혈장 농도는 135~145mEq/L 이하
나트륨 양에 영향을 미치는 요인	① 나트륨 섭취/배설 ② 알도스테론-레닌-안지오텐신 체계 ③ 항이뇨호르몬(ADH) ④ 심방성 나트륨이뇨펩타이드, 두뇌성 나트륨이뇨펩타이드
기능	① 골격근육 수축 ② 세포외액의 정상 삼투질 유지 ③ 심장 수축 ④ 신경충격 전달 ⑤ 정상 세포외액량 유지 ⑥ 신장의 소변농축 체제의 유지

1 저나트륨혈증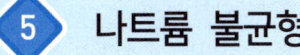

정의		혈장 나트륨 135mEq/L 이하
원인	저혈량성	Na⁺ 소실 > 수분소실 ① Na⁺ 섭취 감소: 금식, 저염식이 섭취 ② Na⁺배설 증가: 과도한 발한, 이뇨제, 상처배액, 신증후군, 알도스테론 분비 저하, 고지혈증 (혈장 내에 이동 불가능한 혈장내용질↑ → 체액과다 초래 → 혈장나트륨은 정상이나 총 용적이 증가하여 상대적으로 혈청 나트륨 저하)
	고혈량성	Na⁺ 증가 < 수분증가 → ③ 혈청 Na⁺ 희석 : 저장성 용액의 과도한 섭취, 정신성 다갈증, 신부전, 저장용액의 비위관 세척, ADH 부적절 분비증후군, 고혈당, 울혈성 심부전
	정상혈량	체내 수분증가(정상 혈량 범주 내 수분 증가와 수분 증가보다 적은 염분 증가)
	재분포	세포내액과 세포외액 간의 이동
병태 생리	세포흥분성 변화	세포외액(혈액, 간질강 내)의 나트륨치가 감소하면 세포외액과 세포내액 사이의 나트륨치의 차이도 감소됨. 흥분성막을 통과할 나트륨량이 적어지면 세포막의 탈분극이 느려짐
	수분의 세포 내 이동	① 수분이 세포외액에서 세포 내로 이동하여 세포가 부어오르고 기능장애가 발생됨 ② 혈관 내 구간에서 나트륨이 소실되면 수분이 혈액에서 간질강으로 확산되어 간질강 내의 나트륨이 희석됨. 이에 대한 보상기전으로 세포 내의 포타슘(양이온)이 간질강으로 빠져나오게 함 → 따라서 나트륨 불균형 대상자는 포타슘 불균형이 초래됨
		나트륨-칼륨 펌프	능동수송을 통해서 세포내액의 고농도 칼륨과 세포외액의 고농도 나트륨이 유지됨 25 임용
진단 검사		① 혈청 내 나트륨 135mEq/L 이하: 125mEq/L 이하 시 더 명백함 ② 소변 내 Na 40mEq/L 이하: Na 상실에 대한 보상작용 ③ 혈청 내 삼투압 275mOsm/kg 이하(정상치: 275~295mOsm/kg)

증상		증상과 징후	병태생리적 근거	
	신경계	① 뇌압상승, 근육경련, 활동저하 또는 과다, 발작, 혼수와 같은 신경학적인 증상 ② 근육 허약감(탈분극 지연으로 양측에서 나타나며, 팔과 다리에 더 심함), 근긴장 저하, 심부건 반사 저하	희석된 체액이 뇌세포로 이동하여 지각과 반사에 영향을 주며, 흥분막이 자극에 대해 반응을 줄임	신경 흥분 장애
	호흡기계	① 호흡횟수와 리듬의 변화	중추신경계 변화, 호흡기계의 과부하	
		② 고혈량성: 거친 폐음	수분과다, 좌심실 부전	
	위장관계	식욕부진, 오심, 구토, 설사, 장음 증가, 경련성 복통 등	나트륨은 위장관계에 풍부하지만 저나트륨혈증으로 인해 신경근육 흥분 장애가 나타남	
	근골격계	근육약화, 심부건 반사 저하, 근육강직, 경련, 근육통, 근긴장 저하	저나트륨혈증으로 인해 탈분극 지연	

		증상과 징후	병태생리적 근거	
증상	심혈관계	저혈량성	심박출량 감소, 빠르고 약한 맥박, 이완기 혈압의 감소, 체위성 저혈압, 중심정맥압 감소	나트륨과 수분상실은 순환되는 체액량을 감소시키고, 이로 인해 쇼크와 같은 증상이 나타나며 보상작용으로 인한 빈맥 발생	혈량 부족
		고혈량성	혈압상승, 강하고 빠른 맥박 cf) 심장근육수축에 직접적 영향을 미치지는 않음	과다한 수분 용량으로 희석된 저나트륨혈증은 순환 체액량 증가 초래	혈량 증가
	피부계		건조, 혀와 점막의 건조	간질액의 감소	혈량 부족
	신장계		소변량 감소, 요비중 증가		
	합병증		폐부종, 흉막삼출, 심장압전		
치료 간호	사정		① 체중, 섭취량과 배설량(I/O), 활력징후 ② 신경계 상태(사람 / 장소 / 시간에 대한 지남력) ③ 수분과 전해질, 산과 염기 균형 상태 ④ 어지럼증과 감각이상 등		
	나트륨 투여		① 구강, 비위관 튜브로 조심스럽게 투여(너무 빠르게 교정하면 뇌세포 탈수, 고나트륨혈증 초래) ② 구강섭취 불가한 대상자는 lactated ringer액 또는 등장성 식염수(0.9% NaCl)를 정맥공급 ③ 신경학적 징후가 나타난 대상자는 소량의 고장성 소듐용액 (예) 3~5% NaCl 용액을 세심하게 모니터하면서 천천히 적은 양을 투여)		
	삼투성 이뇨제 투여		정상혈량이나 고혈량증 대상자에서 저나트륨혈증이 나타날 때는 삼투성 이뇨제(mannitol) 투여로 수분을 제거하는 것이 나트륨을 투여하는 것보다 안전함 ** 삼투성 이뇨제(mannitol) : 근위세뇨관과 하행성 헨레고리(Henle's loop)에서 요의 삼투질 농도를 높여서 수분 재흡수를 방해하여 수분제거 작용을 함		
	안위간호		① 비위관이나 상처의 세척 시 생리식염수 이용, 수돗물 관장 금지 ② 구강간호 ③ 일시적으로 지남력 상실이 있을 수 있음을 설명하고 경련발생을 대비해서 침대 난간을 올려줌		

2 고나트륨혈증 [25 임용 / 16 국시]

정의		혈장 나트륨 145mEq/L 이상
원인	Na 배설 저하, Na 섭취 증가	고혈량 고나트륨혈증 : 나트륨 증가 > 수분증가 ① 나트륨 배설 저하 : 알도스테론 과잉증, 신부전, 쿠싱증후군 ② 나트륨 섭취 증가 : 과도 구강섭취, 고장액 IV
	수분소실 증가	저혈량 고나트륨혈증 : 나트륨 손실 < 수분손실 ① 삼투성 이뇨, 이뇨제 복용, 심한 고혈당 ② 심한 발한, 설사, 화상, 발열
	수분섭취 감소	정상 혈량 고나트륨혈증 : 나트륨 정상, 수분감소
병태 생리	세포흥분성 변화	혈청 나트륨치가 상승하면 세포막의 탈분극은 더욱 빨라져서 조직은 더 쉽게 흥분하고 자극에 과잉반응을 함
	세포 탈수 [25 임용]	세포외액에 나트륨이 농축되어 삼투압이 증가하면, 수분은 삼투압에 의해 세포 내에서 세포 외 구간으로 나와 세포 내의 수분이 고갈됨
진단 검사		① 혈청 내 나트륨 145mEq/L 이상 ② 혈청 내 삼투압 295mOsm/kg 이상

		증상과 징후	병태생리적 근거
증상	위장관계	식욕부진, 오심, 구토	위세포에 수분 정체 때문
	신경계	① 초기에는 대상자의 혀와 입이 건조하고 붉고 끈적거림, 점차 안절부절못하고 불안정하게 됨 ② 혈청 소듐 계속 증가하면 조증, 경련 발생 가능 ③ 고혈량이면서 고나트륨혈증일 때 대상자는 기면, 혼미, 혼수	뇌세포의 탈수로 신경계 증상이 나타남
		④ 근육의 약화 및 근육의 뒤틀림, 진전, 과반사 반응, 경련 ⑤ 나중에는 신경근의 흥분성으로 강직성 마비가 옴	신경근육 수축 및 흥분 장애
	심혈관계	① 빈맥, 저혈압 혹은 고혈압	저혈량성이면 혈압이 하강하고 고혈량성이면 혈압이 상승
		② 말초정맥 비우는 시간 > 4초(4초 이상)	체액과다, 고혈량성 고나트륨혈증
		③ 불규칙한 맥박	나트륨 이온이 칼슘 이온과 경쟁함으로써 심근의 억압이 생김
		④ 체중 증가, 부종	고혈량성 고나트륨혈증
		cf) • 혈청 나트륨이 증가하면 심근세포 안으로 칼슘이동이 느려져서 수축력이 저하됨 • 맥박과 혈압은 체액량이 얼마나 빠르게 발생되었느냐에 따라 정상, 상승, 저하가 될 수 있음	
	호흡기계	폐의 악설음, 호흡곤란, 흉막 유출	고혈량성 고나트륨혈증에서 정수압 증가
	피부계	① 건조, 홍조, 점막이 건조하고 끈적거림, 갈증	조직 간질액의 감소 때문
		② 체온 상승	수분이 증발해서 신체를 식힐 수 있는 조직액이 감소되기 때문
	신장계	핍뇨, 진한 농축소변	보상기전
치료 간호	원인 제거	근본 원인 교정	
	고나트륨 혈증 교정	① 체액 소실에 의한 고나트륨혈증 : 저장액(예 0.2% 또는 0.45% 식염수)을 주입하여 혈청 나트륨치를 점차적으로 낮추는 것. 혈청 나트륨치를 급격히 낮추면 삼투압이 뇌 조직액의 삼투압보다 낮아지므로 뇌부종 유발 ② 체액과 나트륨 손실에 의한 고나트륨혈증 : 등장성 용액 0.9%(NaCl)으로 체액 보충 ③ 신장에서 나트륨 배설장애로 인한 경우에는 이뇨제 투여 ④ 나트륨과 수분 제한	
	안위간호	① 부종 시 피부간호, 2시간마다 체위변경 ② 신체압박부위 상승	

6 칼륨 불균형

칼륨		세포내액의 주요 양이온
		정상 혈장 농도는 3.5~5.0mEq/L 이하
칼륨 양에 영향을 미치는 요인	신장	혈류량, 혈청 K⁺ 농도, 산-염기상태, 호르몬의 영향, Na⁺ 섭취량이 많으면 K⁺의 배설량이 많아짐
	세포상태	세포벽의 통합성, 세포 손상 시 포타슘을 보존하는 신장의 능력, 나트륨-포타슘 펌프에 따라 결정됨(세포 내의 포타슘은 보존 & 나트륨을 능동적으로 세포 외로 배출), 세포의 파괴, 세포 대사의 손상 시 세포 밖으로 포타슘 이동
	산-염기	산증과 알칼리증 : 산증일 때 수소의 세포내 이동과 동시에 세포내 칼륨이 세포밖으로 이동하여 고칼륨혈증 초래, 알칼리증일 때는 혈중 수소농도가 낮아짐에 따라 세포밖의 칼륨이 세포안으로 이동하여 혈중 이온화된 칼륨 감소(저칼륨혈증)
	호르몬 — 인슐린	포도당을 세포내로 이동시킬 때 칼륨의 이동을 함께 촉진하여 저칼륨혈증을 초래함
	호르몬 — 글루카곤	간에서 칼륨 유리되는 것을 자극, 근육세포로부터 칼륨 이동을 도와 혈중 칼륨 증가요인임
	호르몬 — 코티솔	나트륨을 체내 보유 및 포타슘 배설 촉진
	호르몬 — 알도스테론	원위세뇨관에서 칼륨 배설 촉진
	식이 — 고칼륨 식이	귀리, 메밀, 오트밀, 호밀, 곶감, 대추, 건포도, 바나나, 오렌지, 양배추 등
	식이 — 저칼륨 식이	밀가루, 백미, 배, 사과, 수박, 무, 콩나물, 고구마, 두부, 콜라 등
기능		① 단백질 합성의 조절 ② 포도당 사용과 저장의 조절 ③ 세포막에서 활동전위 유지 ④ 심근기능 촉진

① 저칼륨혈증 13 임용 / 16 국시

정의	혈장 칼륨 3.5mEq/L 이하	
원인	포타슘 소실 과다	부적절하거나 과도한 약물 사용(이뇨제, 부신피질호르몬), 알도스테론 분비증가, 설사나 구토, 상처배액(특히 위장관), 계속적인 비위관 흡인, 열로 인한 과다발한, 포타슘 재흡수 결함이 있는 신질환
	부적절한 포타슘 섭취	금식
	세포외액에서 세포내액으로의 포타슘 이동	알칼리증, 인슐린 과잉증, 고영양요법, 총 비경구영양(빠르게 문맥계로 흡수되어 인슐린 분비를 촉진하여 칼륨의 세포내 이동을 촉진함)
	혈청 포타슘 희석	수분 중독, 포타슘이 부족한 수액을 정맥 주입
병태생리	(1) 혈청 포타슘치가 저하되면 → 세포내액과 세포외액의 포타슘 농도 차이가 증가하고 휴지기 세포막 전압이 증가(과분극)하여 → 신경과 근육 등의 세포막의 흥분성 반응이 저하되어 근육약화, 근 긴장 저하 초래 (2) 산증일 때 수소이온이 세포 내 구간으로 들어오고, 포타슘은 세포 밖으로 이동하여 고칼륨혈증 유발, 산증을 치료하면 포타슘은 세포 내로 다시 이동하여 저칼륨혈증이 유발될 수 있음. 알칼리증일 경우에는 포타슘은 신장에 의해 배설되기 때문에 저칼륨혈증을 초래할 수 있음 (3) 나트륨이 신세뇨관의 재흡수를 통해 체내에 정체되면 포타슘은 배출됨	
증상	저칼륨혈증이 있으면 수소이온의 불균형과 함께 위장관계, 신경근육계, 심혈관계, 호흡기계 장애 등이 발생됨	
	위장관계	식욕부진, 오심, 구토, 변비, 복부팽만	평활근 수축이 느려지기 때문
	근골격계	근육허약 20국시 , 마비, 다리 경련, 늘어진 근육 상태	평활근과 골격근의 수축이 느려지기 때문
	심혈관계	부정맥, 저혈압, 느리고 약한 맥박	세포흥분성 자극 증가 / 반응 저하, 심근 재분극 지연, 부정맥은 디기탈리스 투여 시 현저해짐
		심전도 변화 ① T파 저하, T파 뒤에 U파가 현저함 ② PR간격 연장 ③ 약간 상승한 P파 ④ ST분절의 하강 ⑤ QT간격 연장 기타, 강심제에 대한 민감성 증가(강심제 중독 대상자가 저칼륨혈증 시 심방조기수축과 심실조기수축이 자주 발생)	저칼륨혈증 02,11 국시 약간 길어진 PR간격, 내려가고 길어진 ST분절, 약간 상승한 P파, 내려간 T파, 현저해진 U파
	호흡기계	호흡이 빠르고 얕아짐	근육수축 감소로 호흡근의 허약
	신경계	전신 허약감, 심부건 반사 감소 또는 소실, 심할 경우 감각소실, 행동의 변화와 기면상태가 나타나고, 진행됨에 따라 혼돈과 혼수상태 초래	신경자극 감소
	신장계	다뇨, 혈청 내 삼투질 농도 감소, 야뇨	신장 내 소변농축 능력 억제

치료 간호 03,06, 13,16 국시	칼륨보충	보충제	경구 투여	칼륨 보충제는 위장관계를 자극하므로 1/2컵 이상의 물과 함께 복용하도록 할 것
			정맥 투여	투여 시 생리식염수에 희석하여 제공하는데 그 이유는 고칼륨으로 인한 심장마비 가능성↓, 혈관 자극을 줄여서 정맥염 발생↓임
		식품		과일(바나나, 살구, 오렌지 등), 과일주스, 마른 과일(곶감, 건포도, 건무화과 등), 채소(시금치, 당근, 호박, 감자 등) 등 칼륨이 많이 함유된 음식을 섭취하도록 교육
	칼륨소실 예방			① 칼륨 소실 이뇨제를 투여 받는 대상자 교육내용 　㉠ 칼륨이 많이 함유된 식이 섭취하도록 교육제공 　㉡ 근육약화, 식욕부진, 오심, 구토와 같은 칼륨부족 증상이 나타나면 병원 방문하도록 설명 ② 비위관이나 상처의 세척 시 생리식염수 이용, 수돗물 관장 금지
	안위간호			① 손상의 위험성을 줄이기 위해 안전 대책과 경련 시 주의점을 철저히 지킴 ② 일시적으로 지남력 상실이 있을 수 있음을 설명하고, 경련발생을 대비해서 침대 난간을 올려줌 ③ 구강간호

2 고칼륨혈증 [11임용]

정의	혈장 칼륨 5.0mEq/L 이상	
원인	포타슘 섭취 과다	포타슘 함유음식 / 약물 과다섭취, 포타슘 함유액의 과다 정맥주입
	포타슘 배설 저하	부신기능 부전(에디슨병, 부신절제술), 신부전
	세포내액에서 세포외액으로 포타슘 이동	조직손상, 산증, 고요산혈증, 과잉 이화작용, 조절되지 않는 당뇨병
병태 생리	(1) 세포외액의 고칼륨혈증은 휴지기 세포막에서의 저칼륨혈증과는 정반대 효과가 나타남 - 혈청내(세포외액)의 포타슘 증가는 세포외액과 세포내액의 포타슘 수준의 차이를 감소시켜서 경한 자극이나 심지어 자극이 없어도 조직이 쉽게 흥분함 (2) 포타슘 과다는 신경과 근육을 흥분시키는 원인이 됨	
증상	심혈관계	① 초기에는 빈맥, 후기에는 서맥 ② 부정맥	푸르키녜(Purkinje) 섬유와 방실결절을 통한 심장 전도의 장애로 인해 기외성 박동을 야기하고 이완기가 연장됨 심박조율기와 기외성 자극 증가
		③ 저혈압, 심근 수축의 약화 ④ 심장 수축의 약화, 심장마비	심한 칼륨상승으로 나트륨 통로의 불활성화
		심전도 변화 ① T파 높이 증가 ② QRS 간격 연장 ③ P파 소실 ④ QT 간격 단축	고칼륨혈증 진폭이 감소된 R간격 / 좁아지고 높아진 T파 / 넓고 평평해진 P파 / 길어진 PR간격 / 내려간 ST절
	위장관계	오심, 간헐적인 위장관 산통, 장 운동 증가와 장음 항진, 설사 등	평활근 수축과 장 연동 운동 증가
	신경근육계	허약감과 손, 발, 얼굴이 저리거나 무감각이 있을 수 있음	혈청 내 칼륨의 상승은 근육의 탈분극을 차단시켜 근육 허약
		지각이상, 경련, 통증이 있음	골격근의 신경근 흥분성의 증가
	신장계	핍뇨, 후기에는 무뇨	기존의 신장기능 장애로 인함 소변에서 칼륨 배설의 제한

치료 간호 11 임용 / 16 국시		알도스테론 감소로 인한 칼륨 정체 시	① 고칼륨 식이 제한 ② 염분 대용제품은 소듐 대신 주로 포타슘이 포함되어 있으므로 사용하지 말 것
		투석	급성 신부전이 있는 대상자에게는 투석 적용
	약물 사용	인슐린(RI) + 포도당	금식하고, 인슐린(RI) 10~20unit와 함께 10% 포도당 100mL를 주입하여 포타슘을 혈청에서 세포 내로 이동시킴
		중탄산염(NaHCO₃)	산증을 교정하여 포타슘이 세포 내로 다시 이동하게 함
		furosemide	신장기능이 정상일 때 적용, 칼륨배설을 촉진함
		칼슘(calcium gluconate)	정맥으로 주입하면 포타슘이 심장에 미치는 효과에 길항작용을 해서 심근수축력을 지속시켜서 심근의 안정화를 이룸
		알부테롤(albuterol) (베타교감신경효능제)	정맥으로 0.5mg 투여 시 30분 이내에 혈청 칼륨농도가 감소되고, 그 효과가 6시간 지속됨
		Kayexalate (양이온 교환수지)	① 구강이나 직장으로 투여 22국시 ② 수지 내에 있는 다른 양이온과 장관 내의 포타슘을 교환시켜서 포타슘을 대변으로 배출시킴 ③ 장 기능이 좋아야 효과적임 ④ 변비를 초래할 수 있으므로 변비예방을 위해 소비톨(많은 양이 장에 들어가서 발효되면 변을 무르게 하고, 수분유지 능력이 있음)을 함께 투여기도 함
	심전도 관찰		부정맥, 심근기능 확인
	침상안정		혈청 포타슘치가 정상으로 돌아올 때까지 침상안정

7 칼슘 불균형

칼슘	(1) 인체 내 칼슘의 99%는 뼈와 치아에 있고, 나머지 1%는 조직과 혈액 속에 있음
	(2) 칼슘은 혈청 내에서 3가지 형태로 존재함
	   ① 이온화된 형태
	   ② 단백질(주로 알부민)과 결합형태
	   ③ 인, citrate 또는 카보네이트와 결합형태

	혈장 칼슘 정상수치는 9~10.5mg/dL 이하

칼슘의 양에
영향을
미치는 요인
	(1) 알부민과 혈청 내 칼슘은 같이 증가하거나 같이 감소함
	(2) 혈청 산도가 변하면, 총 칼슘 수치의 변화 없이 칼슘이온 수치가 변함
	   ① 혈청 산도(pH)가 감소(산중)하면 알부민과 결합하는 칼슘이 감소하고, 칼슘이온은 증가함
	   ② 혈청 산도(pH)가 증가(알칼리증)하면 알부민과 결합하는 칼슘이 증가하고 칼슘이온은 감소함
	(3) 혈청 내 칼슘의 유리는 일차적으로 부갑상샘에 의해 조절됨 : 부갑상샘 호르몬은 뼈에서 혈장으로 칼슘의 이동을 촉진하고, 칼슘의 장내 흡수를 자극하며, 신장의 칼슘 재흡수를 증진시킴 24 임용
	(4) 갑상샘에서 분비되는 칼시토닌은 칼슘을 혈청에서 뼈로 이동시켜, 혈청 칼슘을 감소시킴 13,24 임용
	(5) 칼슘치는 인에 의해서도 영향 받음
	(6) 장관에서 칼슘 흡수 시 비타민 D가 필요함
	(7) 저장된 혈액의 다량 수혈 시 혈액보존제로 첨가된 구연산염과 칼슘이 결합하기 때문에 다량 수혈 시 저칼슘혈증을 초래함 : 이를 예방하기 위해 다량 수혈 시 반드시 10mL의 칼슘글루코네이트를 투여해야 함

기능	(1) 신경전달물질의 촉매역할 (2) 세포의 투과성 유지 : 혈청 칼슘농도가 증가하면 세포투과성 감소 (3) 신경자극 전달 조절 & 신경근 / 골격근 / 심근의 수축, 뼈 강화 (4) 혈액응고기전에 관여(프로트롬빈 → 트롬빈) (5) 비타민 B_{12}의 흡수 / 이용 증가 (6) 효소활동과 활동 강화

 PLUS⊕

- 인체 내 칼슘대사에 작용하는 인자

	뼈	신장	소화기계	혈중칼슘
PTH	• 뼈의 재흡수↑ (뼈에서 칼슘이 빠져나옴) • 골세포 골연화↑	• 신장의 칼슘 재흡수↑ • 인 재흡수 역치수준↓ → 칼슘배출 방해	• 비타민 D_3 활성화 자극 → 칼슘 재흡수↑	↑
칼시토닌	• 뼈의 재흡수↓ (뼈에 칼슘이 머무름)	• 칼슘과 인의 재흡수↓	• 직접적인 작용 없음	↓
비타민 D	• 뼈에서 PTH와 상승작용 : 인의 칼슘펌프 자극	• 최소한의 신작용 : 칼슘 재흡수↑	• 소화기계에서 칼슘과 인의 흡수↑	↑

1 저칼슘혈증 [18 국시]

정의		혈장 칼슘 9.0(8.5)mg/dL 이하
원인	위장관에서의 칼슘 흡수 억제	칼슘부족, 유당불내증, 흡수불량증후군, 말기 신질환, 부적절 비타민 D 섭취
	칼슘 배설 증가	신부전(이뇨기 단계), 설사, 지방변, 상처배액(특히 위장관)
	이온화된 칼슘 감소상황	고단백혈증, 알칼리증, 칼슘 결합제, 급성 췌장염, 고인산혈증
	내분비장애	부갑상샘의 제거 또는 파괴
	수혈	오래 저장되었던 혈액의 대량 수혈(구연산은 혈액응고를 방지하기 위해 보존제로 혈액에 첨가, 간이 구연산을 대사할 수 있는 속도보다 혈액이 더 빠르게 주입 시 구연산이 칼슘과 결합하여 순환계에서 일시적으로 이온화된 칼슘이 제거됨)
병태생리		(1) 칼슘이온은 세포막의 구멍에 배열되어 있음, 혈액 내 칼슘치가 낮을 때 이 저해효과가 적어져서 소듐이 쉽게 세포로 이동하고 보다 쉽게 탈분극이 일어남 → 그 결과, 신경계의 흥분성이 증가하여 근경련, 얼얼한 느낌이 일어나고 심한 경우 경련과 강직이 발생함 (2) 골격근, 평활근, 심근 기능이 모두 과도한 자극에 의해 영향을 받음
증상 05,09 13,18, 20 국시	신경계 12,24 임용	강직 증상 : 입 주변의 뒤틀림, 손가락의 저림과 무감각 사지경련, 얼굴경련, 후두경련, 심하면 강직성 경련	운동신경과 감각신경의 과반응을 초래하는 신경근의 흥분도 증가 (강직이 가장 특징적인 증상임)
		① 트루소(Trousseau) 징후 양성	팔의 상박에 혈압기 커프를 감아서 압력을 가하거나 손목을 꽉 잡아서 수 분간 순환을 억제하면 손이 굴곡하는 것인데, 이러한 징후가 나타나면 심한 칼슘 결핍상태임
		② 크보스텍(Chvostek) 징후	안면신경부위(관자놀이 바로 밑)를 가볍게 쳤을 때 안면근육의 경련이 있으면 칼슘결핍이 있다고 보는 것
	호흡기계	호흡곤란, 후두연축, 천명음	강직을 초래하는 신경전도의 증가
	위장계	장의 연동운동 증가, 설사, 장음 증가, 복부 경련	장에서 칼슘흡수는 감소되고, 감소된 칼슘흡수로 평활근 수축의 증가
	심혈관계	① 심계항진, 부정맥 ② 약한 맥박, 저혈압 ③ 심전도 : ST분절 증가, QT간격 증가	세포 흥분성의 증가와 심근의 수축 감소로 심박출량의 감소 전도의 지연
	근골격계	병리적 골절	보상작용으로 뼈에서 칼슘이 유리되어 뼈가 약해짐
	혈액계	출혈 시간의 지연	혈액응고의 내인성 경로 억제

치료 간호	보충	부갑상샘이나 비타민 D의 감소가 원인인 경우에는 대체물질을 공급할 것 *비타민 D는 칼슘흡수에 필요한 단백질의 합성을 자극함으로써 장에서 칼슘과 인의 흡수를 촉진함	
	투약	칼슘 글루코네이트	혈장 내 이온화된 칼슘 수치를 정상적으로 교정 : 급성인 경우 칼슘 클로라이드(염화칼슘)정맥 주입도 가능하나 주사부위 피부괴사를 야기할 수 있어 대상자가 central IV line을 가지고 있지 않은 이상 말초정맥으로 투여 가능한 칼슘 글루코네이트(글루콘산칼슘)를 투여함 : 10~20mL를 10~15분 동안 투여함 12 임용 *칼슘 클로라이드는 칼슘 글루코네이트(글루콘산칼슘)보다 3배 많은 칼슘을 포함함
		aluminum hydroxide gel	혈청 인 수치가 상승하면 칼슘치가 감소하므로, 높은 혈청 인 수치를 낮추기 위해 aluminum hydroxide gel(Amphojel)을 투여함
	주의점	① 갑상샘 수술 후 부갑상샘의 손상이나 국소 부종으로 부갑상샘의 기능이 억압되어 저칼슘혈증이 올 수 있으므로 관찰함 ② 만성적인 저칼슘혈증 시 혈중 칼슘치를 올리기 위해 뼈에서 칼슘이 빠져나오므로, 골절이 쉽게 발생하므로 조심해야 하며 병리적 골절 징후를 관찰해야 함 ③ 심장질환자에게는 칼슘제제 투여 시 주의해야 함 : 칼슘이 강심제 효과가 있음 ④ 경련 시 응급처치를 위해서 응급장비(산소, 흡인기)를 침상 옆에 준비	
	예방	칼슘, 비타민 D 섭취 12 임용	칼슘섭취 부족, 과다한 칼슘소실, 비타민 D 결핍 등의 예방을 위해 섭취

❷ 고칼슘혈증

정의	혈장 칼슘 10.5mg/dL 이상		
원인	칼슘흡수 증가	과도한 칼슘의 구강섭취, 과도한 비타민 D의 구강섭취	
	칼슘배설 감소	신부전, thiazide계 이뇨제 사용	
	칼슘의 뼈 재흡수 증가	부갑상샘 기능항진, 악성종양(유방암, 폐암, 전립샘암, 간암, 다발성 골수종, 부신암), 부동, 당류피질호르몬제 사용	
	혈액농축	탈수, Lithium 사용, 신부전	
병태 생리	(1) 혈청 칼슘치가 높으면 세포막의 투과성을 방해하는 칼슘의 효과는 더욱 커져서 신경과 근육의 활동을 억제함 (2) 심근활동 억제, 위장관 운동성 감소, 골격근과 평활근이 피로해짐, 심부건 반사는 감소 or 없어짐 (3) 움직일 수 없는 대상자는 뼈에서 칼슘이 빠져나가 세포외액에 농축됨 (4) 다량의 칼슘이 세포외액에서 신장을 통해 배출 시 신장 주변에 침착하여 결석을 형성하기 쉬움 (5) 칼슘은 알칼리 용액에서 쉽게 침착, 요로감염 시 소변이 알칼리화되므로 신결석이 형성되기 쉬움		
증상	위장관계	변비, 식욕부진, 복부팽만, 장음감소, 오심, 구토 등	칼슘증가로 염산, 위액분비 효소, 췌장 효소의 유리 증가
			위장관계 평활근 이완과 통과시간 지연
	신경계	경증, 중등증	허약감, 피로감, 우울, 집중력 ↓	신경의 기능저하
		최중증	심한 무력감, 감각기능 감소, 혼돈, 혼수	
	심혈관계	부정맥, 심장전도 차단, 심장마비, 심박동수 증가, 혈압상승, 강한 말초 맥박	짧아진 재분극으로 전도가 증가하여 심한 심기능 저하
		디기탈리스 중독증	
		심전도상에서 세포의 투과성 감소로 PR 연장, 탈분극 후 심장세포 수축의 가속화로 ST분절과 QT분절 짧아짐, 수축의 가속화로 분절 내 T파는 넓어짐	

증상	신장계	다뇨, 신결석, 신장 기능 상실	삼투성 이뇨와 체액량 감소
			신장의 소변 농축능력 감소로 다뇨 초래
			고칼슘혈증은 신장혈관을 수축시켜 혈류량 감소로 사구체 여과율 감소
	근골격계	근긴장도와 신경근육 흥분성 감소, 느린 반사, 전신 근육의 허약과 피로감, 뼈의 통증, 골다공증 초래	전이성 암이 신경 말단에 압력을 가하여 뼈의 통증 초래
			뼈의 칼슘상실로 골다공증 초래
		병리적 골절 발생	뼈의 칼슘상실로 골절 초래
치료 간호	원인제거		Mithramycin(Mithracin)과 같은 강력한 항암제제는 혈청 칼슘을 효과적으로 저하시킴
	투약		① 소듐배출 증가하면 칼슘배출도 증가하므로 식염수를 정맥주입 ② 이뇨제(furosemide)를 사용하여 고칼슘혈증 치료(단, thiazide 이뇨제는 칼슘보유이뇨제이므로 투여 금기) ③ plicamycin(Mithracin) 항암제를 투여하면 뼈조직에 있는 파골세포에 부갑상선 호르몬이 작용하는 것을 억제하여 뼈에서 칼슘이 유리되는 것을 감소시킴 ④ 칼시토닌(calcimar) 투여로 부갑상선 호르몬이 파골세포에 작용하는 것을 억제하고, 소변으로 칼슘배설을 증가시켜서 혈청 칼슘 농도를 저하시킴 ⑤ 고칼슘혈증이 다발성 골수종이나 기타 암에 의해 발생된 경우에는 당류피질 호르몬이 종양의 크기를 감소시키고 종양이 뼈에 미치는 영향을 감소시키므로 도움이 됨 ⑥ 에티드론산 디나트륨(Didronel) 투여는 칼슘석회화 작용의 전구물질을 억제하고 뼈 형성을 줄여 혈청 칼슘을 줄임 ⑦ 질산갈륨(gallium nitrate)은 암에 이차적으로 증상이 있는 고칼슘혈증을 치료하는데 사용되는 약물로, 뼈에서 칼슘이 유리되는 것을 억제하고 파골세포의 작용을 줄임 ⑧ 치료 실패 시 인 제제를 구강 또는 정맥으로 투여(혈중 인이 증가하면 칼슘이 감소함)
	주의점	병리적 골절 주의	• 심한 고칼슘혈증을 가진 사람은 종종 뼈에서 칼슘이 소실되었거나 뼈의 악성화가 일어났기 때문에 병리적 골절이 되기 쉬우므로 이를 예방하기 위해 주의할 것 • 병리적 골절 징후 관찰 : 관절운동 범위와 뼈 부위의 표면에 비정상적 돌출이나 함몰 여부 관찰
		결석형성 예방	• 소변을 산성화시키고 산성과일주스, 자두주스, 비타민 C를 투여 • 요로감염을 피하기 위해 회음부 간호와 정체 도뇨관의 무균적 관리가 필요함 • 금기가 아니라면 하루 3,000~4,000mL의 물을 마셔서 신장 결석의 가능성을 줄이고 고칼슘혈증 시 나타나는 갈증을 해소할 것
	예방		① 부동환자라 할지라도 움직일 수 있는 신체부위를 최대한 움직이도록 도와줌으로써 고칼슘혈증을 어느 정도 예방 가능 ② 일어설 수 없는 대상자는 경사침대를 사용해서 뼈에 압력을 줄 수 있도록 직립자세를 취해줄 것

8 산-염기 조절기전

혈청 pH를 정상으로 유지하기 위한 3가지 상호의존적 생리적 체계는 다음과 같다.
(1) 폐에서 산을 배설
(2) 신장에서 산을 배설하거나 알칼리를 교정 96 임용
(3) 화학적 완충체계에 의해 과다한 산 또는 알칼리를 중화

혈액 완충체계	중탄산염 혈액완충 체계	① 가장 빠르게 작용하는 체계로 산-염기 균형의 일차적인 조절자임 ② 세포외액에서의 가장 중요한 완충체계 ③ 가장 중요한 완충체계는 완충산인 탄산(H_2CO_3)과 완충염기인 중탄산나트륨($NaHCO_3$) 체계로 1:20 유지 ④ 중탄산염 체계의 두 요소인 CO_2와 HCO_3는 호흡기계와 신장에 의해 쉽게 조절됨 **산증시**: HCl(강산)+NaH_2CO_3(강염기) → H_2CO_3(완충산)+NaCl(염화나트륨) → 중화시켜 pH 조절 **알칼리증시**: NaOH(강염기, 수산화나트륨)+H_2CO_3(완충산) → $NaHCO_3$(약염기)+H_2O(물) → 중화시켜 pH 조절
	인산염 완충체계	① 세포 내 완충체계로 적혈구와 다른 세포들에서 중요함 ② 작용은 중탄산 완충체계와 유사하나 인산나트륨($NaHPO_4$)와 인산수소나트륨(NaH_2PO_4)로 구성되어 있음 ③ 수소이온을 배출하는 신장의 세뇨관 세포에서 중요함 **산증시**: 강산(예 HCl)은 인 완충염(NaH_2PO_4)에 의해 중성염(염화나트륨, NaCl)으로 전환함 → 이 반응 결과 pH의 저하를 감소시킴 **알칼리증시**: 강염기(NaOH)는 약산 NaH_2PO_4와 교환되어 pH를 조금만 올림 $NaOH + NaH_2PO_4 = Na_2PO_4 + H_2O$
	단백질 완충체계	① 체액에서 화학적 완충력의 3/4은 세포 내에 있으며, 세포 내 단백질에서 생김 ② 단백질 완충체계는 혈장과 세포 내에 존재함 ③ 산이나 알칼리염으로 존재하면서, 필요시 수소이온을 방출하거나 결합하여 산성과 염기성을 완충함 **세포 단백질 완충제**: • 헤모글로빈은 수소이온과 직접적으로 완충작용을 하고, 이산화탄소 생성으로 형성된 산을 완충함 • 혈액 속에 유리수소의 양이 증가할 때 수소이온이 적혈구막을 통과하여 각 적혈구 내의 헤모글로빈 분자와 결합함 **세포 외 단백질 완충제**: • 알부민과 글로불린으로 이화작용의 결과 세포외액에 존재하는 탄산과 기타 산을 처리함
호흡기계		(1) 세포 내 대사과정에 의해 CO_2가 끊임없이 형성되며, CO_2는 폐로 가서 호흡에 의해 배출됨 (2) CO_2의 생산이 증가하면 세포외액의 이산화탄소 농도가 증가함 (3) CO_2의 배출은 호흡과 직접 연관이 있어서 호흡률이 증가하면 세포외액의 CO_2는 감소, 반대로 호흡률이 감소하면 세포외액의 CO_2량은 증가함 (4) 뇌의 호흡조절중추 : 체액의 CO_2와 수소이온의 증가에 반응함

신장계
96 임용
		(1) 신장은 산을 배출시키고 혈장과 세포외액에 중탄산염(bicarbonate)을 되돌림으로써 균형을 유지함
		(2) 신장의 pH 조절기전은 중탄산염(HCO_3^-)과 수소이온(H^+)의 보유와 배설에 의함
		  ① 신체 대사산물인 과도한 비휘발성 산은 신장계를 통해 배설
		  ② 정상적으로 중탄산염은 거의 모두 재흡수됨
		(3) 신세뇨관에서 분비한 수소이온(H^+)과 사구체에서 여과된 중탄산염(HCO_3^-)은 신세뇨관에서 합해져서 CO_2와 H_2O를 만듦, CO_2는 폐를 통해, H_2O는 소변을 통해 배설됨
		(4) 수소이온은 신세뇨관에서 Na^+, K^+와 교환됨
		  → 그러므로 H^+ 배출이나 보유는 Na^+와 K^+의 불균형을 초래할 수 있음

호흡수와 깊이 감소 → $PaCO_2$ 증가 H^+ 증가 → 호흡조절중추 수용체 자극 → $PaCO_2$ 감소 H^+ 감소 → 호흡수와 깊이 증가 → 호흡조절중추 수용체 억제

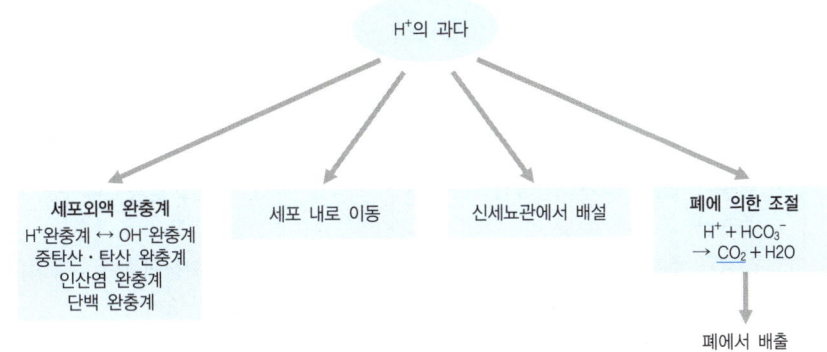

[pH의 조절기전]

[정상 ABGA] 04,05,06 국시

	pH	PO_2	PCO_2	HCO_3^-
정상범위	7.35~7.45	80~100mmHg	35~45mmHg	22~26mEq/L

동맥혈 가스분석 결과 판독법

단계	규명	판독결과	
1단계	pH 규명	정상	7.35~7.45
		산증	< 7.35
		알칼리증	> 7.45
2단계	$PaCO_2$ 사정	정상	35~45mmHg
		호흡성 산증	> 45mmHg
		호흡성 알칼리증	< 35mmHg
3단계	HCO_3^- 사정	정상	22~26mEq/L
		대사성 산증	< 22mEq/L
		대사성 알칼리증	> 26mEq/L
4단계	보상상태 여부 사정	보상 존재 시	$PaCO_2$와 HCO_3^-가 반대방향으로 모두 비정상이다. 즉, 하나는 산증이고 다른 하나는 알칼리증이다.
		보상 부재 시	$PaCO_2$와 HCO_3^- 중 하나가 비정상이고, 다른 하나는 정상이다.
5단계	일차적 장애 찾기	① pH가 비정상이면 pH와 관련된 산-염기 문제가 일차적 장애이다. ② pH가 정상 혹은 정상에 가까우면 일차적 장애가 산-염기 요소가 아닐 수도 있다.	
6단계	보상 정도 분류	부분적 보상	보상의 징후가 있으나 pH는 아직 정상이 아니다.
		완전 보상	보상의 징후가 있고 pH가 정상이다.
		대사성 산증	$PaCO_2$의 저하 정도가 pH의 마지막 두 자리 수와 거의 비슷하다.
		대사성 알칼리증	$PaCO_2$가 HCO_3^- 증가의 0.6배와 같다.
		호흡성 산증	급성 산증이면 $PaCO_2$가 10mmHg 증가할 때마다 HCO_3^-가 1mEq/L씩 증가하고 만성 산증이면 4mEq/L씩 증가한다.
		호흡성 알칼리증	급성 알칼리증이면 $PaCO_2$가 10mmHg 감소할 때마다 HCO_3^-가 2mEq/L씩 감소하고 만성 알칼리증이면 5mEq/L씩 감소한다.

9 호흡성 산증 / 알칼리증

		호흡성 산증 11 임용(지문), 17 임용 / 16,18 국시		호흡성 알칼리증 21 임용 / 11 국시
원인	호흡저하	① 호흡기 질환 : COPD, 성인호흡곤란 증후군 ② 신경근 질환 : 길리안-바레 증후군, 근무력증 ③ 호흡중추 기능저하 약물 : 바비튜레이트, 진정제, 마약, 마취제 ④ 중추신경계 병변 : 종양, 뇌졸중 ⑤ 치료로 인한 장애 : 부적절한 기계 호흡기 사용, CO_2 중독	호흡과다	① 저산소혈증 : 폐기종, 폐렴, 성인호흡곤란 증후군 ② 폐 확장의 부전 : 폐 섬유화, 복수, Scoliosis, 임신 3기 ③ 두꺼워진 폐포-모세혈관막 : 울혈성 심부전, 초기성인호흡곤란증후군, 폐렴 ④ 호흡중추의 화학적 자극 : 세균성 독물질(패혈증), 암모니아(간 부전), 아스피린 과량섭취 ⑤ 호흡중추의 외상성 자극 : 중추신경계 손상, 중추신경계 종양, 뇌 내압 상승, 과다한 운동, 극심한 스트레스(불안한 정서 상태와 빠르고 깊은 호흡 발생), 심한 통증
	과다한 CO_2 생성 (과다한 CO_2 정체) 93 임용	① 과다한 대사 : 패혈증, 화상 ② 과다한 당질 섭취 : 총비경구영양(TPN), 위장관 영양		
보상 기전		신장에서 중탄산염 생산 증가 ① 신장에서 중탄산염은 보유하고 염소 배출 ② 소변으로 수소이온 배출 증가		① 신장에서 중탄산 이온의 배출 증가 ② 소변으로 수소와 염소이온 배출 감소
증상 04 국시	초기	호흡곤란, 고탄산혈증은 말초혈관을 이완시켜 피부는 따뜻하고 건조함, 시력장애, 두통	초기	현기증, 손·발가락의 무감각과 저림
	후기	혼돈, 졸음, 혼수(이산화탄소가 급격하게 상승하면 BBB를 통과하면 뇌혈관을 이완시키고, 이 상태가 지속되면 ICP가 상승하여 유두부종 등의 증상 초래), K^+ 과잉(허약감, 손과 발의 저린감이나 무감각), 심실세동	후기	강직, 경련, 포타슘 부족
검사 결과	pH	7.35 미만	pH	7.45 초과
	$PaCO_2$	45mmHg 초과	$PaCO_2$	35mmHg 미만
	HCO_3	정상	HCO_3	정상
치료 간호 04,06 국시		(1) 환기증진 　① 기관지 확장제 　② 체위배액 　③ 진동요법 　④ 기계 환기 : 인공호흡기 (2) 의식수준에 맞는 안전대책 (3) 전해질의 불균형 교정 (4) 정맥 내로 $NaHCO_3$ 투여 11 임용		(1) 원인요인 치료 (2) CO_2 정체를 증가시킴 : 코와 입을 덮을 수 있는 봉투를 이용하여 호흡을 하게 함

10 대사성 산증 / 알칼리증

		대사성 산증 96,06,11,13,17,19,20,25 임용 / 08,19,20 국시		대사성 알칼리증 13 국시	
원인	과다한 비휘발성산	① 신부전 ② 당뇨성 케톤산증 ③ 젖산증 ④ 독물질(아스피린, 부동액)의 섭취		비휘발성산 손실	① 저칼륨혈증 ② 이뇨 ③ 스테로이드 제제 사용 ④ 위액상실(구토, 비위관 흡인)
	염기의 부족 (HCO_3^- 감소)	① 신세뇨관 산증 : 신장세뇨관이 제대로 기능하지 않아 혈중 산수치가 과도한 상태 ② 탄산탈수효소 억제제(acetazolamide) : 중탄산나트륨의 재흡수를 차단함 ③ 설사 : 중탄산이 많은 장액분비물의 소실로 발생 25 임용		과다한 HCO_3^- 섭취	우유 알칼리 증후군($NaHCO_3$로 산증의 과잉 치료, 전혈의 과다한 수혈)
				과다한 HCO_3^- 재흡수	고알도스테론 혈증(감초 중독증)
보상 기전	폐	호흡 수와 깊이 증가 : 보상으로 폐에서 이산화탄소 배출 증가		폐	호흡 수와 깊이 감소 : 폐에서 더 많은 이산화탄소 보유
	신장	신장에서 중탄산 이온 형성 증가		신장	신장에서 중탄산염 배출
증상	초기	두통, 정신기능 둔화, 쿠스마울 호흡		초기	혼돈, 현기증, 손·발가락 무감각과 저림
	후기	지남력 상실, 혼수, K^+ 과잉		후기	강직, 경련, 포타슘 부족
검사	pH	7.35 미만		pH	7.45 초과
	HCO_3	22mEq/L 미만		HCO_3	26mEq/L 초과
	$PaCO_2$	정상		$PaCO_2$	정상
치료 간호	(1) 원인요인 치료 (2) 마약성 진통제 사용 금지(∵호흡 억제) (3) Bicarbonate(중탄산 이온) 투여 (4) 수분-전해질 대체			(1) 원인요인 치료 (2) 이뇨제 : acetazolamide(탄산탈수소억제제, Diamox) (3) 수분-전해질 대체	

음이온 차이 13 임용

개념, 정상치	대사성 산증은 2가지 다른 기전에 의해 초래될 수 있는데, ① 하나는 비휘발성 산의 축적이고 ② 다른 하나는 염기의 상실이다. → 이러한 기전은 높은 음이온 격차의 상승 여부에 따라 임상적으로 구별될 수 있음 ※ 참고로, 중탄산은 염소와 교환되는 음이온으로 염소는 전기적 중립을 유지하기 위해 중탄산 결핍 시 체내 정체되고, 염소 결핍 시 중탄산염이 재흡수됨		
	개념	측정되지 않은 음이온으로 불리는 것으로 혈청에서 HCO_3^-와 Cl^-를 제외한 나머지 음이온을 나타냄	
	정상치	칼륨이 포함되지 않았을 때는 8~12mEq/L, 칼륨이 포함되면 12~16mEq/L	
공식	(1) 음이온 차이 = $(Na^+ + K^+) - (Cl^- + HCO_3^-)$ (2) 음이온 차이 = $Na^+ - (Cl^- + HCO_3^-)$		
해석	음이온 차이가 정상인 대사성 산증	의미	HCO_3^- 감소가 주된 기전으로, HCO_3^- 소실 만큼 Cl^-를 흡수하므로 음이온 차는 변하지 않음(신부전으로 인한 과다한 중탄산의 소실 또는 정상적으로 산이 배출되지 않아서 발생)
		유발 원인 소화관	설사, 누관(예 췌장루, 담도루, 장루)
		유발 원인 신장	고칼륨혈증, 신기능 부전(소변 중탄산염 손실 증가)
	음이온 차이가 큰 대사성 산증	의미	비정상적인 산 축적에 따라 HCO_3^-가 완충작용을 함으로 혈중 음이온차는 증가함
		유발 원인 외부원인	살리실산, 에탄올 등
		유발 원인 내부원인	케톤산증(당뇨병성 혹은 기아로 인한), 요독증, 젖산 산증

03 면역과 알레르기

영역			기출영역 분석		페이지
면역의 종류	비특이적 면역		비특이적 면역 특성 `2010`		377
			조직손상의 원인 `1999`		
			염증의 4대 증상 `1999`		
			염증의 전신적 영향 3가지 `1999`		
	특이적 면역 (=방어기전)	면역종류	수동면역과 능동면역 비교 `2010`		381
			태반 또는 모유에 의하여 어머니로부터 면역항체를 받은 상태 `1995`		
			자연능동면역의 정의와 예 `2010`		
			수두 이환 후 획득하는 면역의 유형 `2022`		
			인공능동면역의 특징과 예 `2010`, 예방접종을 통한 후천성 면역의 유형 `2018`		
			백신의 종류 `2010`		
		면역글로불린	알러지 및 가족성 과민성 증상의 요인이 되는 면역글로불린 `1995`		
			예방접종 후 생성되는 혈중 면역글로불린 `2013`		
		면역반응	1차 면역반응과 2차 면역반응 `2013`		
면역병리	과민반응	Ⅰ형 (즉시형)	즉시형 과민반응 매개항체 `2024`		388
			알레르기성 천식의 발생기전(병태생리) `2007, 2014`		
			알레르기 비염의 발생 관련 항체 `2018`		
			아나필락시스	즉시형 과민반응의 가장 심각한 형태 `2024`	
				페니실린 알레르기로 발생한 아나필락시스 발생기전, 증상, 응급약물 `2012`	
				말벌에 쏘이고 난 후 전신두드러기가 나고, 의식불명 상태의 대상자에게 일차적으로 투약해야 할 약물과 투약목적 `2011`	
		Ⅱ형	세포독성형		
		Ⅲ형	면역복합체형		
		Ⅳ형	접촉성 피부염의 진단검사 명칭과 판독시간 포함한 검사법 `2024`		
	면역결핍	후천성 면역결핍	후천성면역결핍증 예방법	신고의무자, 신고시기 `2023`	394
			원인, 감염경로, 증상, 합병증 `1993`		
			직접적인 전파 경로 `1996, 2023`		
			감염 가능한 경우 `2009`		
			HIV선별검사, AIDS진단기준($CD4^+$ T-cell) `2016`		
	자가면역질환		종류(다발성 경화증, 만성 사구체 신염, 류마티스 열) `1992`		399
			자가면역 정의 `2020`, 전신홍반성 낭창의 나비모양 발진의 발생기전 `2020`		
	이식 거부반응		만성신장이식 거부반응이 의심되는 징후 `2011`		400

✓ 학습전략 Point

1st	면역의 종류	비특이적 면역과 특이적 면역의 종류와 종류별 특성에 대해 학습한다.
2nd	과민반응	과민반응의 유형과 그로 인해 초래되는 건강문제를 학습한다.
3rd	후천성면역결핍	후천성면역결핍증의 원인, 전파경로, 진단기준, 증상과 징후를 학습한다.

한눈에 보기

면역과 알레르기

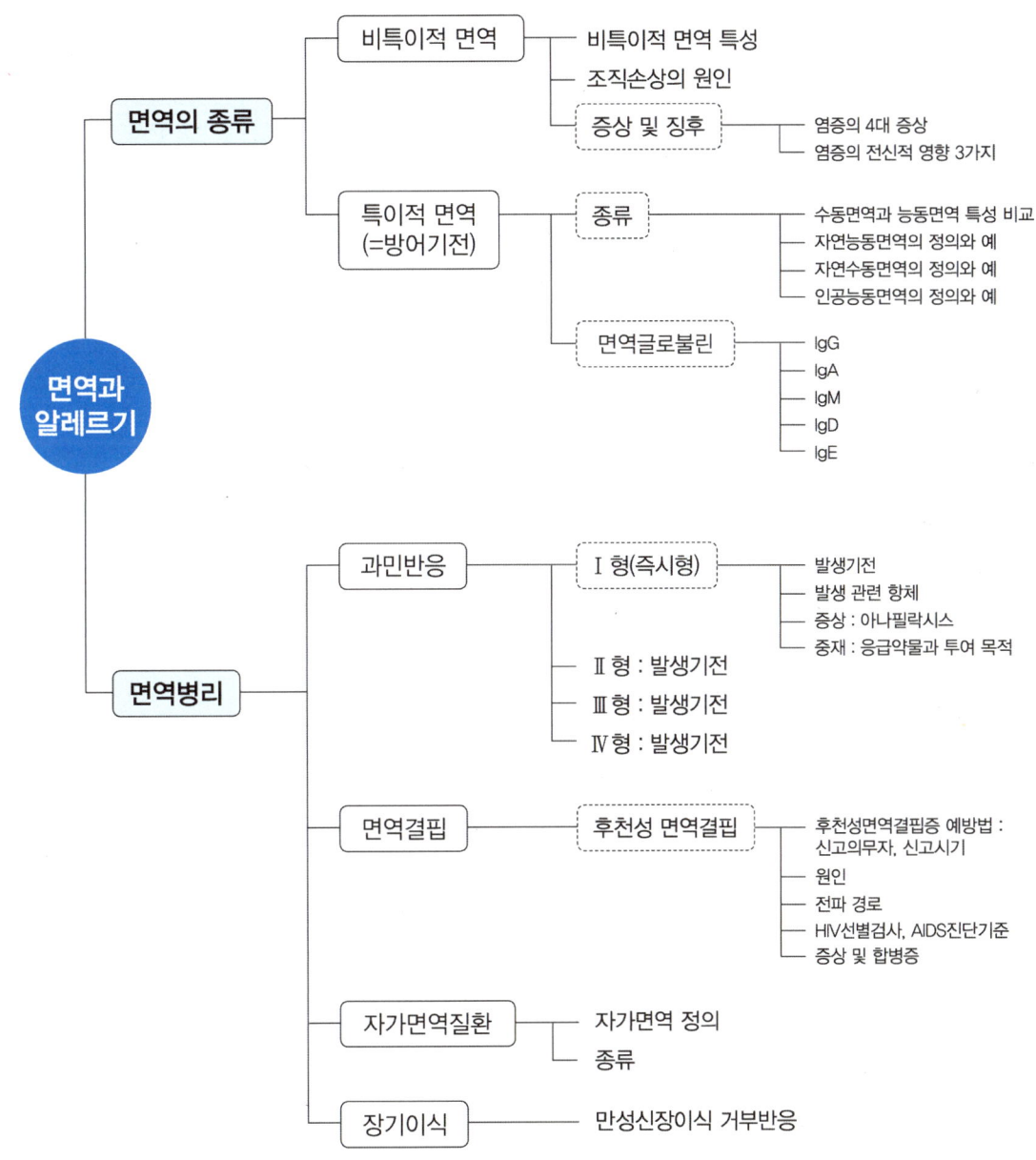

10-03. 인간의 면역력은 여러 가지 형태로 구분되어 있는데 이에 관한 설명으로 옳은 것을 〈보기〉에서 모두 고른 것은?

〈보기〉
㉠ 수동면역은 능동면역에 비하여 면역 효력이 늦게 나타나며 효력 지속시간이 짧은 것이 특징이다.
㉡ 자연능동면역은 현성감염 또는 불현성 감염 이후 형성되는 것으로 두창, 성홍열, 일본 뇌염, 세균성 이질, 인플루엔자 등이 해당된다.
㉢ 현성감염 후 영구면역이 형성되어 두 번 이환되는 일이 거의 없는 전염병에는 수두, 유행성 이하선염, 디프테리아, 수막구균성 수막염 등이 있다.
㉣ 인공능동 면역 중 사균 백신에 해당되는 질병은 황열, 탄저, 홍역, 백일해 등으로 면역 유지를 위해서는 추가면역이 필요하다.
㉤ 비특이성 면역은 숙주의 해부생리학적 특성에 따라 좌우되며 신체점막의 점액이나 섬모활동 및 백혈구의 식균작용 등이 이에 해당된다.

99-05. 다음 물음에 간단히 답하시오.
5-01. 조직손상의 원인을 크게 4가지로 구분하시오.
5-02. 염증의 4대 증상을 쓰시오.
5-03. 염증의 전신적 영향을 3가지로 쓰시오.

95-41. 태반 또는 모유에 의하여 어머니로부터 면역 항체를 받는 상태는?
① 자연능동면역
② 자연수동면역
③ 인공능동면역
④ 인공수동면역

95-32. 알러지 및 가족성 과민성 증상의 요인이 되는 면역글로불린은?
① IgA   ② IgD
③ IgE   ④ IgM

18-A2. 다음은 인플루엔자 예방 수칙에 대한 가정통신문이다. ㉠은 법정감염병 중 몇 군에 해당하는지 제시하고, ㉡에 의해 획득되는 후천성 면역의 유형을 쓰시오.

〈가정통신문〉

안녕하십니까? 겨울이 시작되면서 인플루엔자 환자가 급증하고 있습니다.
가정에서 다음과 같은 인플루엔자 예방 수칙을 참고하시어 자녀들의 건강관리에 유의하여 주시기 바랍니다.

○ ㉠인플루엔자의 개요
• 원인 : 인플루엔자 바이러스
• 증상 : 고열, 오한, 기침, 인후통, 콧물, 근육통, 관절통 등
• 감염 경로 : 기침, 재채기, 비말에 의한 직접 전파 등
○ 인플루엔자 예방 수칙
• 외출 후에는 반드시 손 씻기를 생활화합니다.
• 기침과 재채기를 할 때는 휴지나 손수건으로 가리는 등 기침 에티켓을 지킵니다.
• 발열과 호흡기 증상이 있을 경우 사람들이 많이 모이는 장소를 피하고 외출을 삼갑니다.
• 발열과 호흡기 증상이 있으면 마스크를 착용하고 가까운 의료기관에 내원하여 진료를 받습니다.
• ㉡예방접종을 통해 개인 면역력을 증강시킵니다.

년 월 일
○○고등학교장

13-14. 예방접종 후 생성되는 혈중 면역글로불린(Immunoglobulin, Ig)에 대한 설명으로 옳은 것은?
① 예방접종 후에는 IgM이 생성되고, 그 이후에 IgG가 생성된다.
② 투여한 백신(vaccine)은 보체(complement)를 일부 소모하면서 IgM을 생성한다.
③ 예방접종 후에는 1차 면역 반응(primary immune response)의 주 요소인 IgA가 생성된다.
④ 투여한 백신(vaccine)으로 인해 IgE가 가장 먼저 생성되어 보체(complement)를 활성화시킨다.
⑤ 백신(vaccine) 투여 후 생긴 IgD는 비만세포(mast cell)와 안전하게 결합하여 서서히 증가한다.

22-A10. 다음은 중학교 보건교사와 학부모의 전화 통화 내용 일부이다. 〈작성 방법〉에 따라 서술하시오.

학 부 모 : 선생님, 어제 보건실에 들렀다가 조퇴한 1학년 김○○ 어머니예요. ○○이가 병원에서 ㉠수두(chickenpox)로 진단을 받았어요.
보건교사 : 학생이 힘들겠군요. 현재 상태는 어떤가요?
학 부 모 : 네, 많이 가려워해서 병원에서 처방받은 약을 바르고 있습니다.
보건교사 : 네, 잘하고 계시네요.
학 부 모 : 그런데 다음에 또 걸리면 어떡하죠? 우리 애가 다른 사람들에게 감염시킬 위험은 없나요?
보건교사 : 수두는 한 번 걸리고 나면 (㉡) 됩니다. 그리고 학생은 딱지가 형성될 때까지는 타인들과 접촉을 피해야 합니다.
학 부 모 : 어머 그래요? ○○이와 ㉢함께 생활하고 있는 동생이 어릴 때 수두 예방 접종을 못 했고, 지금 항암치료 중인데…
… (하략) …

〈작성 방법〉
○ 밑줄 친 ㉠의 전파 방법을 2가지 서술할 것.
○ 괄호 안의 ㉡에 해당하는 면역의 유형을 제시할 것.
○ 밑줄 친 ㉢의 상황에서 동생의 수두 감염을 예방하기 위한 주사 약물을 1가지 제시할 것.

07-12. 알레르기성 천식 아동이 알레르기를 일으키는 인자에 노출되었을 때 체내에서 일어나는 과민반응의 기전(병태생리)을 5가지만 쓰시오.

14-A7. 다음은 천식의 병태 생리를 설명하는 그림이다. 괄호 안의 ㉠, ㉡에 해당하는 용어를 차례대로 쓰시오.

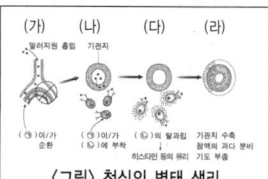

〈그림〉 천식의 병태 생리

(가) 알러지원이 기도로 흡입되면 (㉠)이/가 순환한다.
(나) 기관지에서 (㉠)이/가 (㉡)에 부착하여 알러지원이 수용체가 된다.
(다) (㉡)이/가 탈과립되면서 히스타민, 류코트리엔, 프로스타글란딘 등이 유리된다.
(라) 기관지 수축, 점액의 과다 분비, 기도 부종으로 기도가 좁아진다.

18-A7. 다음은 알레르기 비염에 관한 신문 기사이다. ㉠을 매개하는 항체와 괄호 안의 ㉡에 들어갈 약물을 순서대로 쓰시오.

○○일보 2017년 ○○월 ○○일
================

알레르기 비염 치료제 알고 써야…

알레르기 비염은 증상이 유사해 감기로 오인하는 사례가 많다. 알레르기 비염은 ㉠특이 항원에 대한 코 점막의 과민반응으로 우리나라에서는 주로 집먼지 진드기나 꽃가루 등에 의해 발생한다. 주요 증상으로 코나 목안의 가려움, 발작적인 재채기, 맑은 콧물, 코막힘, 후각 기능의 감소가 나타난다. 알레르기 비염은 원인 항원을 피하는 환경요법이 중요한데, 특히 꽃가루에 민감한 계절성 비염 환자는 꽃가루의 농도가 높은 날에는 가급적 외출을 자제하는 것이 좋다.

치료 약물 중 코에 분무하는 (㉡)은/는 장기간 사용 시 코막힘이 더 심해지는 반동 작용이 나타날 수 있어 주의가 필요하다고 전문가들은 권고한다.

알레르기 비염을 방치하면 천식, 부비동염, 중이염 등이 합병증 발생 위험이 높아 적극적인 예방과 관리가 필요하다.

[○○○ 의학전문기자]

11-22. 현장학습 중 30대 교사가 말벌에 쏘였다. 그는 같이 있던 동료 교사에게 머리가 아프고 숨이 차다고 말하면서 현기증을 일으키고 쓰러졌다. 동료 교사가 119에 연락하고 난 몇 분 후 병원으로 이송되었고 응급실에 도착할 당시 전신에 두드러기가 나 있고 의식불명 상태였다. 이때 교사에게 일차적으로 투약해야 할 약물과 투약의 목적으로 옳은 것은?

① 만니톨(mannitol)을 투여하며 심실세동을 치료하고 뇌압을 하강시키기 위함이다.
② 날록손(naloxone)을 투여하며 혈관을 이완시키고 이뇨 작용을 증가시키기 위함이다.
③ 아테노롤(atenolol)을 투여하며 기관지 경련을 완화시키고 혈압을 하강시키기 위함이다.
④ 에피네프린(epinephrine)을 투여하며 혈관을 수축시키고 기관지 평활근을 이완시키기 위함이다.
⑤ 스트렙토키나제(streptokinase)를 투여하며 기관지 평활근을 이완시키고 심박수를 증가시키기 위함이다.

12-19. 보건일지에 기록된 김 군(18세)의 사례이다. 10월 14일 상황에서 보건교사가 간호하기 위하여 알아야 할 사항 중 옳은 것만을 〈보기〉에서 있는 대로 고른 것은?

〈학교 보건 일지〉
△△고등학교

번호	날짜(요일)	학년/반	성명	증상 및 조치사항
1	10.6 (목)	3-3	김○○	증상: 발열, 두통, 안면통, 압통, 누런 콧물 / 조치사항: 부비동염으로 병원에서 처방받은 항생제를 잘 복용하도록 지도 · 코를 세게 풀지 않도록 교육
(중략)				
25	10.14 (금)	3-3	김○○	증상: 약이 떨어져 같은 병명으로 치료중인 동생의 약을 4일간 복용하였다고 함 · 목이 막히는 것 같고 숨을 쉬기 어렵다고 호소 · 흉부 압박감 호소, 팔과 가슴 상부에 두드러기 · 맥박 104회/분, 호흡 28회/분, 혈압 80/60mmHg / 조치사항: 119구급대에 연락 · 요양환자 관리 기록부에서 페니실린 알레르기가 있음을 확인 (이하 생략)

〈보기〉
ㄱ. 히스타민에 의해 두드러기가 발생한다.
ㄴ. 유발 물질(항원)에 처음으로 노출될 때 인체가 나타내는 정상적인 면역반응이다.
ㄷ. 기도가 폐쇄될 수 있으므로 천명음과 쉰 목소리를 사정한다.
ㄹ. 에피네프린(epinephrine) 투여는 항히스타민제가 투여된 후에 고려되어야 한다.

24-A9. 다음은 중학교 보건교사가 작성한 교육 자료의 일부이다. 〈작성 방법〉에 따라 서술하시오.

주제	면역장애 - 과민반응	대상	3학년 1반
		장소	보건교육실

교육목표	• 면역장애 중 과민반응의 정의와 유형을 설명할 수 있다. • 과민반응의 원인과 증상, 검사 방법을 설명할 수 있다.		

구분	교육 내용	시간
도입	• 동기 유발 : 피부 과민반응 사진을 보고 경험 나누기	5분
전개	1. 과민반응의 정의와 유형 알아보기 • 정의 : 항원에 대한 면역 반응이 지나쳐서 조직이 손상되는 것. • 항원에 대한 반응 속도에 따른 유형 - 즉시형 : (㉠) 항체에 의해 매개되며, ㉡과민반응의 가장 심각한 형태로 쇼크에 빠지는 등의 응급처치를 필요로 하는 반응, 알레르기비염, 천식 등이 해당됨. - 지연형 : 항체가 관여하지 않는 세포 매개성 면역 반응으로 결핵, ㉢접촉성 피부염, 이식 거부 반응 등이 해당됨. ···(중략)··· 4. 검사 방법 알아보기 • 피부검사 • 폐기능검사 • 임상진단검사 • 알레르기항원 제거 검사	35분
정리	• 학습 내용 정리하기	5분

〈작성 방법〉
○ 괄호 안의 ㉠에 해당하는 용어를 쓸 것.
○ 밑줄 친 ㉡에 해당하는 용어를 쓸 것.
○ 밑줄 친 ㉢을 진단하는 피부검사의 명칭을 쓰고, 판독 시간을 포함하여 검사 방법을 서술할 것.

93-39. 후천성면역결핍증후군(AIDS)에 대한 설명으로 옳지 않은 것은?
① HIV의 감염으로 발생한다.
② 신생아나 영아에서는 감염된 어머니로부터 감염된다.
③ 림프절 종대, 면역성 폐렴 및 설사, Kaposi 육종 등의 증상이 있다.
④ 중증 감염 및 패혈증은 아동보다 성인에서 흔히 볼 수 있다.

96-45. AIDS전염의 직접적인 경로는?
① 기침, 재채기
② 감염된 사람과의 성 접촉
③ 음식, 물, 대변, 공기, 곤충
④ 대화, 악수와 같은 일상적인 접촉

09-27. 후천성면역결핍증의 주 원인균인 인간면역결핍바이러스의 감염 가능성이 있는 경우에 해당하는 것을 〈보기〉에서 고른 것은?

〈보기〉
㉠ HIV 감염자와 성 접촉을 한 성인
㉡ HIV 감염 모체로부터 모유수유를 받고 있는 영아
㉢ HIV 감염자와 직장에서 같은 작업을 하고 있는 성인
㉣ HIV 감염자와 같은 화장실을 사용하는 아동
㉤ HIV 감염 모체로부터 질식 분만으로 출생한 영아

23-B3. 다음은 고등학교 보건교사가 작성한 교수·학습 지도안의 일부이다. 〈작성 방법〉에 따라 서술하시오.

교수·학습 지도안			
단원	성매개 감염병 예방	대상	2학년 1반
차시	1/3	장소	보건교육실
학습 목표	• 후천성면역결핍증의 정의를 설명할 수 있다. • 인체면역결핍바이러스(Human Immunodeficiency Virus, HIV) 감염인에 대한 신고 방법을 설명할 수 있다. • HIV의 감염 경로를 설명할 수 있다.		
단계	교수·학습 내용		시간
도입	• 동기 유발 : HIV 감염 사례 제시		5분

전개	1. 후천성면역결핍증의 정의
	: HIV 감염 후 후천성면역결핍증 특유의 임상증상(세포면역기능에 결함이 있고, 주폐포자충폐렴(住肺胞子蟲肺炎), 결핵 등의 기회감염 또는 기회질환)이 있는 경우
	2. HIV 감염인 발생 신고
	  1) 신고 기준 : HIV 확인검사기관으로부터 HIV 감염이 확인된 자
	  2) 신고 의무자 : (㉠)이/가 HIV 감염인을 진단하거나 감염인의 사체를 검안한 사실을 관할 보건소장에게 신고
	  3) 신고 시기 : (㉡) 이내에 신고
	  ※ 근거 : 후천성면역결핍증 예방법[법률 제17472호, 2020. 8. 11., 타법개정]
	3. ㉢ HIV 감염 경로
			35분

〈작성 방법〉
○ 괄호 안의 ㉠과 ㉡에 들어갈 내용을 순서대로 제시할 것.
○ 밑줄 친 ㉢에 해당하는 감염 경로 2가지를 서술할 것.

16-A2. 다음은 고등학교 보건교사가 작성한 교수·학습 지도안이다. 괄호 안의 ㉠과 ㉡에 해당하는 명칭을 순서대로 쓰시오.

교수·학습 지도안			
단원	면역과 건강한 생활	지도교사	보건교사
주제	면역과 질환	대상	2-4, 32명
차시	2/3	장소	교실
학습 목표	후천성면역결핍증후군(AIDS)의 개요, 선별검사, 경과와 증상 및 진단기준을 설명할 수 있다.		
단계	교수·학습 내용		시간
도입	• 전시학습 확인 : 면역의 개념과 면역계의 구성세포 및 조직 • 동기유발 : AIDS에 대한 다큐멘터리 시청 • 본시학습 목표 확인		10분
전개	• AIDS의 개요 - AIDS의 원인은 HIV임 - HIV전파는 성적 접촉, 혈액·체액 및 분만·수유에 의함 • HIV 선별검사 - (㉠)이라는 검사로 확인함 • HIV감염/AIDS의 경과와 증상 - 초기단계 : 50~70%의 감염자에서 열, 근육통, 감기 증상, 붉은 반점 등이 나타났다가 치료하지 않아도 사라짐 - 무증상(잠복기)단계 : 평균 10년 정도 거의 아무런 증상이 없음 - 증상발현단계 : 치료하지 않을 경우 각종 기회감염, 악성종양, 치매 등의 증상이 나타남 • AIDS의 진단기준 - 면역세포(㉡)의 수가 200개/μL 미만 - 기회감염 … (하략) …		35분
정리 및 평가	AIDS의 원인, 선별검사, 경과와 증상 및 진단기준에 대한 O, X 퀴즈		5분

92-21. 자가면역병(Autommuse disease)이 아닌 것은?
① 다발성 경화증(Multiple sclerosis)
② 만성 사구체 신염(Chronic glomerulo nephritis)
③ 류마티스 열(Rheumatic fever)
④ 히스토플라스모시스 병(Histoplasmosis)

11-13. 신장이식을 받은 박씨(남, 49세)는 정기검진을 받기 위해 병원을 방문하였다. (가)~(마)에서 만성 신장이식 거부 반응이라고 의심할 수 있는 징후로 옳은 것만을 모두 고른 것은?

〈보기〉
○ 활력징후
 (가) 혈압 : 150/95mmHg,
   맥박 : 82회/분,
   호흡 : 22회/분,
   체온 : 37°C(액와)
○ 최근 4개월 동안 (나) 체중이 2.3kg 감소함
○ 혈액검사 결과
 (다) 혈액 요소 질소(BUN) : 32mg/dL
 (라) 크레아티닌(creatinine) : 2.6mg/dL
 (마) K^+(potassium) : 4.2mEq/L
   Na^+(sodium) : 137mEq/L
○ 과거력
 • 9년 전부터 만성 신부전을 앓고 있었으며 4개월 전 신장이식 수술을 받았음
 • cyclosporine과 prednisone을 포함한 면역억제제를 복용하였고 합병증 없이 치료가 잘 되어 퇴원함
 • 퇴원 당시 활력징후는 혈압 125/80mmHg, 맥박 68회/분, 호흡 18회/분, 체온 36.6°C(액와)이었음

20-B4. 다음은 보건교사가 고등학생과 나눈 대화 내용이다. 〈작성 방법〉에 따라 순서대로 서술하시오.

학   생: 선생님! 궁금한 게 있어서 왔어요. 엄마가 아파서 병원에 가셨는데, '전신 홍반 루푸스'라는 진단을 받았어요. 그 병은 어떤 거예요?
보건교사: 전신 홍반 루푸스는 일종의 자가 면역 질환이에요. 자가 면역이란 (㉠)을/를 의미해요.
학   생: 네, 그런데 엄마 양쪽 뺨에 나비 모양의 붉은 발진이 생겼던데 왜 그런 거예요?
보건교사: 발진이 생기는 기전은 (㉡)입니다.
학   생: 지난 일요일 아침에 엄마와 산책을 갔는데, 날씨가 추워서 그런지 손끝이 차고 창백하게 변했어요. 이 병과 관련이 있나요?
보건교사: 네, 관련이 있을 수 있어요. 레노(Raynaud) 현상이라는 것이 있는데, 이러한 현상이 발생하는 이유는 (㉢) 때문입니다.
학   생: 선생님 설명을 듣고 나니 엄마 상태에 대해 많이 이해가 되었어요.
     … (하략) …

〈작성 방법〉
○ 괄호 안의 ㉠에 자가 면역의 정의를 제시할 것.
○ 괄호 안의 ㉡에 해당하는 발생 기전을 2단계로 서술할 것.
○ 괄호 안의 ㉢에 해당하는 내용을 서술할 것.

1 비특이적 면역

1 비특이적 면역 08 국시

정의	특정 종류의 병원체와 반응하기보다는 광범위한 병원 미생물에 대하여 방어작용을 나타내는 기전		
	숙주의 해부생리학적 특성에 따라 좌우되며 신체점막의 점액이나 섬모활동 및 백혈구의 식작용 등이 이에 해당됨 10 임용		
분류	1차 방어선	해부생리적 방어기전 10 임용	① 피부나 점막표면에서 균의 침입을 막는 기계적 방어 　예 기도점막에서 섬모운동에 의한 이물질 배출, 기도에서의 기침반사, 소화관에서 위산에 의한 살균, 물리적 배뇨작용에 의한 세정작용 등이 해당됨 ② 인체가 외부와 통하고 있는 부분에서 병원체의 침입을 막고 있음
		정상 세균총	① 피부, 소화관, 호흡기, 구강, 외음부와 같이 외부와 직접 또는 간접으로 접하는 장소에 일정한 세균이 정착하고 있음 ② 정상균주는 외부의 병원균이 체내 국소부위에 정착·증식하기 어려운 환경을 만듦 ** 장내 정상세균총은 Vit K를 합성하여 혈액응고에 이용함
		체액 저항인자	① 눈물, 타액, 콧물 등의 분비물 속에 존재하는 라이소자임의 그람양성균에 대한 항균작용 ② 땀에 함유된 젖산, 피지샘 분비물 내의 올레인산, 위산 등은 살균작용 ③ 담즙산염에는 용균작용 있음 ④ 특정 바이러스 감염 시 생성되는 인터페론은 바이러스의 증식을 억제할 수 있음
	2차 방어선	식세포	① 호중구, 대식세포 등의 식세포는 왕성한 식균작용을 함 ② 식세포에 탐식된 균은 활성효소에 의해 살균되며 용해소체 내의 효소에 의해 분해됨 : 염증반응도 비특이적 면역반응의 일종임 10 임용

2 염증

정의	(1) 인체가 손상을 받을 때 즉시적으로 강력하면서도 거칠게 나타나는 국소반응으로 염증성 물질을 중화시키고 희석하며 괴사물질을 제거하여 치유와 회복에 적합한 환경을 만듦 　cf) 감염 : 박테리아, 진균, 바이러스와 같은 미생물에 의한 세포나 조직의 침입 (2) 손상요인에 대한 초기반응으로 병소부위에 호중구와 대식세포가 집중되어 있음		
원인 (조직 손상의 원인) 99 임용	물리적 요인	열, 냉, 빛, 전기, 외상 등	
	화학적 요인	내적 요인	위산처럼 인체에 정상적으로 존재하는 물질
		외적 요인	강산, 염산, 항원물질, 미생물, 산화제, 알코올 등
	미생물 요인	세균, 바이러스, 진균, 리케차 등	
	면역반응	즉시형 과민반응, 자가면역	
	조직의 허혈	괴사	
	기타	괴사조직, 신진대사 노폐물이 조직을 자극하는 경우(예 통풍), 암세포나 항원-항체반응 물질 등	

병태생리	(1) 혈관 변화	① 세동맥의 일시적 수축	약한 경우에는 3~5초, 심한 경우에는 수분간 세동맥의 일시적 수축 → 세동맥·세정맥·모세혈관 확장 → 그 부위에 열과 발적이 일어남
		② 혈관투과성의 증가와 혈류 속도의 감소	미세혈관의 투과성 증가 → 혈액의 액체성분이 혈관 밖으로 빠져나감 → 혈액점도 증가, 단백질 성분의 혈장이 조직 내로 이동하므로 농축된 적혈구가 정체됨, 혈류속도 느려짐
		③ 백혈구 유주	혈액의 정체 → 호중구 혈관내피에 부착 → 혈관벽을 뚫고 병소로 나감
	(2) 혈관의 투과성 변화		염증조직에서는 혈장성분이 빠져나와 세포외액이 증가하고, 혈관외로의 유출은 혈관내피의 수압 차이, 삼투압 차이 및 혈관내피의 투과성의 증가에 의하여 일어남
		① 혈관내피 세포의 수축	㉠ 히스타민·세로토닌·브라디키닌의 작용으로 정맥 내피세포가 수축 → 내피세포의 간격이 커져서 혈관투과성 증가 ㉡ 세포수축은 15~30분 후에 소실됨
		② 혈관내피 세포의 괴사 및 탈락	㉠ 심한 손상 후에는 보통 내피세포의 괴사를 동반함 ㉡ 세정맥·모세혈관·세동맥 모두 침범됨 ㉢ 혈관내피세포의 탈락으로 혈관투과성이 증가함
		③ 혈관내피 세포의 직접 손상	㉠ 최초의 자극에 의한 내피의 직접적인 손상 : 화상 후, X-선 조사, 지연 과민반응, 태양에 피부가 쪼인 경우 등에서 발생 ㉡ 세정맥과 모세혈관의 내피를 통해서 일어남
	(3) 백혈구 침윤	① 중성구의 변연화	㉠ 변연화 : 혈류속도가 감소되면 염증 초기에 손상부위 혈관벽의 내피세포에 백혈구 특히 중성구가 모이고 달라붙음 ㉡ 혈소판이 모여서 혈전을 형성하면 백혈구가 혈관내피 사이 접촉의 기회가 많아짐
		② 유주	㉠ 염증 등에서 백혈구가 혈관벽에 붙어있다가 점차 소혈관벽을 통과하여 빠져나가는 것 ㉡ 중성구, 호산구, 호염기구, 단핵구 및 림프구가 같은 경로로 빠져나감 ㉢ 혈관벽에 붙은 백혈구는 긴 위족(세포가 이동할수록 늘어나고 갈라지고 움추러드는 세포몸체의 돌기)을 내피세포 연접부 사이로 뻗어 기저막을 뚫고 주위조직으로 이동함 ㉣ 염증 발생 시 첫 6~24시간 내에는 중성구가 주가 되고 24~48시간 내에는 단핵구로 대치됨
		③ 화학주성	㉠ 혈관벽을 빠져나온 백혈구가 염증병소로 이동하는 것 ㉡ 모든 과립성 백혈구는 화학주성이 있으며 림프구는 매우 약함 ㉢ 화학주성물질에 대하여 중성구는 속히 반응하나, 단핵구는 서서히 반응함 ㉣ 화학주성물질 : 세포활성물질, 중성구의 양이온단백체산물, 류코트리엔 등
		④ 포식작용	인식 : 백혈구가 탐색해야 할 이물질 인식 ↓ 포식소체 : 백혈구가 세포막에서 위족을 내어 이물질을 포위하여 세포 내로 끌어들이고 피막으로 싸서 섭취하는데 이것을 포식소체라고 함 ↓ 소화 : 포식된 세균은 용해소체와 결합하여 포식용해소체가 되고 자가분해 효소에 의해 파괴되고 소화됨
		⑤ 화학물질의 분비	㉠ 포식작용이 진행되는 동안 포식용해소체 내의 물질이 세포 밖으로 방출됨 ㉡ 이물질은 화학적 매개물질로 혈관과 투과성의 변화, 조직손상을 초래하는 물질들임 ㉢ 백혈구가 생성하는 물질 : 용해소체 성분, 활성대사물, 프로스타글란딘, 류코트리엔 등

병태 생리	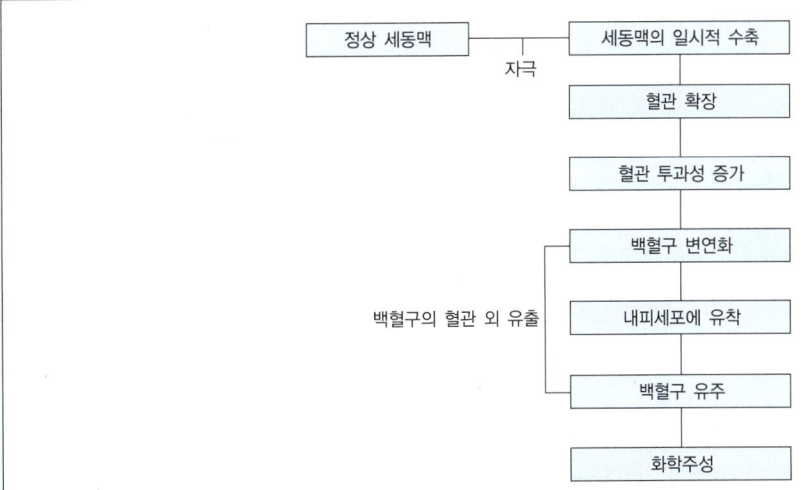 [급성 염증과정] 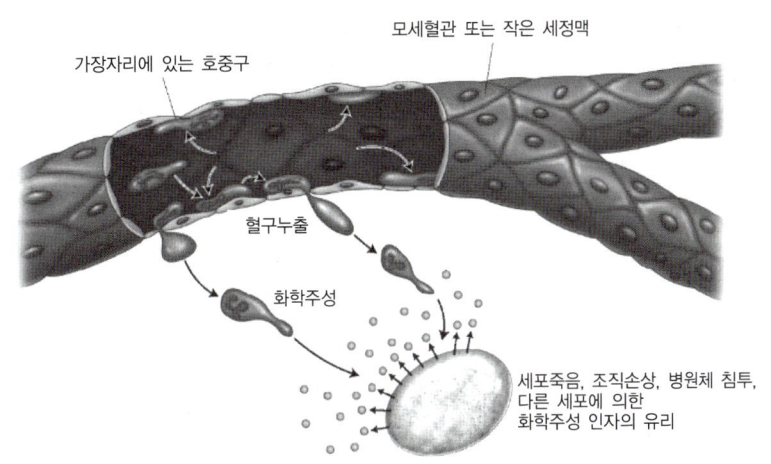 [백혈구 누출과 화학주성]	

	증상	원인
염증 증상	(1) 국소증상(= 염증의 4대증상) 99 임용 / 04 국시 🔵 발발부통	
	① 발적	손상받은 세포에서 히스타민, 키닌, 프로스타글란딘 같은 화학적 매개물질이 방출되어 모세순환의 확장으로 인한 충혈
	② 열감(= 발열)	염증부위의 신진대사 증가, 모세순환의 확장으로 인한 충혈
	③ 종창(= 부종)	㉠ 혈관의 투과성 변동으로 조직으로의 수분이동 ㉡ 백혈구의 삼출에 의한 혈종(삼출물 축적)형성
	④ 동통(= 통증)	㉠ 산도의 변화, 화학물질(히스타민, 프로스타글란딘)에 의한 신경자극, 삼출물에 의한 압력 ㉡ 말단 신경에 대한 삼출물의 압박
	⑤ 기능 상실	㉠ 혈관의 이완으로 염증부위가 충혈, 모세 순환의 확장에 의해 나타남 ㉡ 부종과 손상세포로부터 분비되는 화학물질의 자극에 의하여 염증부위 말초신경이 자극됨 ㉢ 통증이나 불편감으로 손상부위를 움직이지 못하고 손상부위의 근육경직으로 활동이 부자연스러움

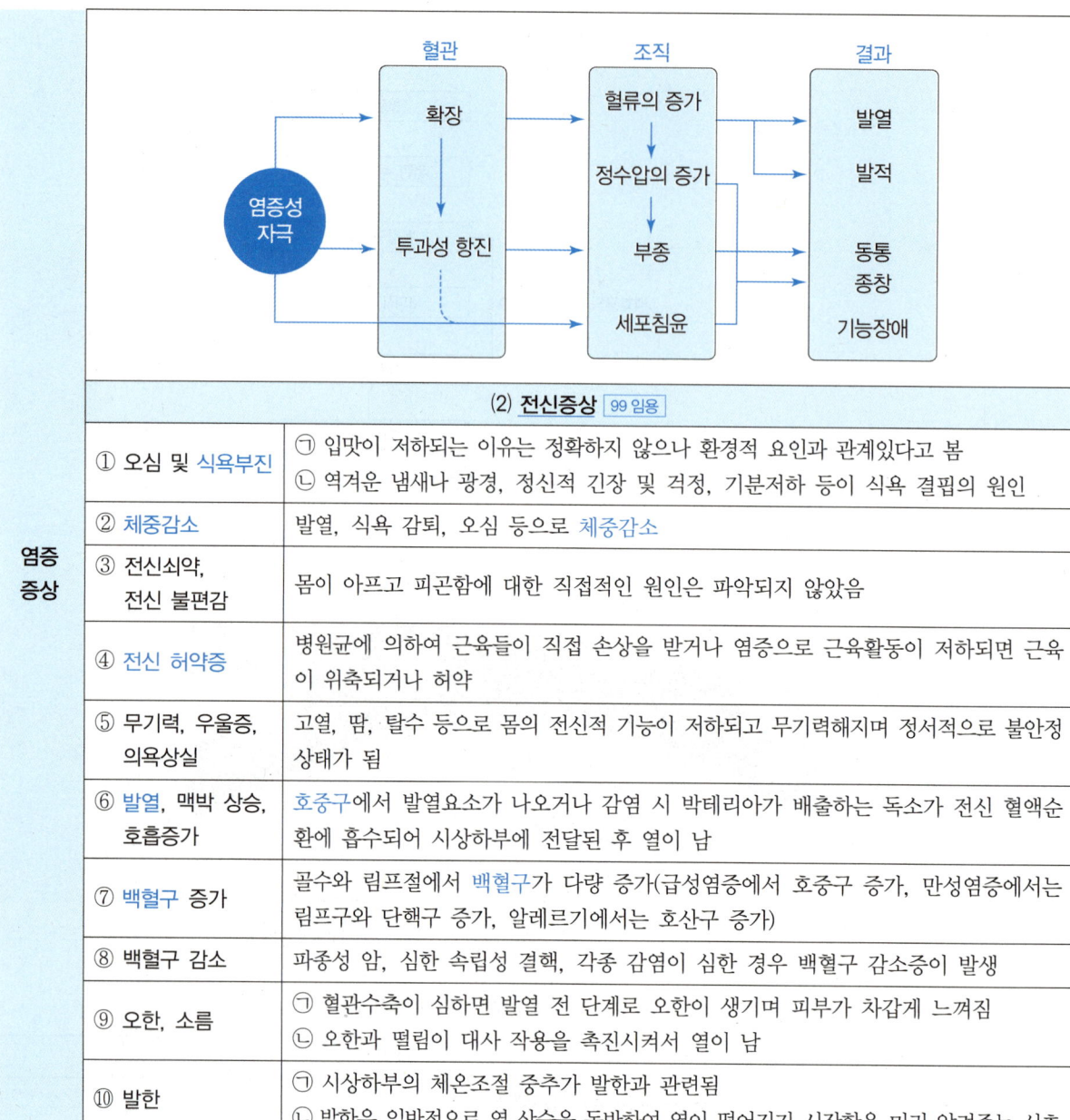

	(2) **전신증상** 99 임용	
염증 증상	① 오심 및 식욕부진	㉠ 입맛이 저하되는 이유는 정확하지 않으나 환경적 요인과 관계있다고 봄 ㉡ 역겨운 냄새나 광경, 정신적 긴장 및 걱정, 기분저하 등이 식욕 결핍의 원인
	② 체중감소	발열, 식욕 감퇴, 오심 등으로 체중감소
	③ 전신쇠약, 전신 불편감	몸이 아프고 피곤함에 대한 직접적인 원인은 파악되지 않았음
	④ 전신 허약증	병원균에 의하여 근육들이 직접 손상을 받거나 염증으로 근육활동이 저하되면 근육이 위축되거나 허약
	⑤ 무기력, 우울증, 의욕상실	고열, 땀, 탈수 등으로 몸의 전신적 기능이 저하되고 무기력해지며 정서적으로 불안정 상태가 됨
	⑥ 발열, 맥박 상승, 호흡증가	호중구에서 발열요소가 나오거나 감염 시 박테리아가 배출하는 독소가 전신 혈액순환에 흡수되어 시상하부에 전달된 후 열이 남
	⑦ 백혈구 증가	골수와 림프절에서 백혈구가 다량 증가(급성염증에서 호중구 증가, 만성염증에서는 림프구와 단핵구 증가, 알레르기에서는 호산구 증가)
	⑧ 백혈구 감소	파종성 암, 심한 속립성 결핵, 각종 감염이 심한 경우 백혈구 감소증이 발생
	⑨ 오한, 소름	㉠ 혈관수축이 심하면 발열 전 단계로 오한이 생기며 피부가 차갑게 느껴짐 ㉡ 오한과 떨림이 대사 작용을 촉진시켜서 열이 남
	⑩ 발한	㉠ 시상하부의 체온조절 중추가 발한과 관련됨 ㉡ 발한은 일반적으로 열 상승을 동반하여 열이 떨어지기 시작함을 미리 알려주는 신호

2 특이적 방어기전(= 면역)

면역	미생물 침입으로 인한 질병과 그 밖의 문제로부터 인체를 보호하는 주된 방어기전으로 건강유지와 질병예방에 중요함	
면역반응 특징 특기인 관협	특이성	이종항원이 체내에 침입했을 때 이에 대한 특이항체를 생성하거나 감작된 림프구를 형성하는 특정항원에 의해 반응 시작
	기억성	면역반응은 기억되어, 추후 같은 항원에 노출 시 신속하게 면역반응을 함
	자기인식성	인체의 백혈구는 자기항원이 있어서 자기와 비자기를 구별함
	자기관용성	일반적으로 자기에 대해서는 면역반응을 일으키지 않음
	협동성	항원에 감작된 T세포와 B세포는 서로 자극하여 분화를 돕고 단핵구, 대식세포, 세포독성 T세포, 자연살해세포 등과 상호작용을 함

면역의 종류

선천적 면역 (= 자연면역)	(1) 이전에 항원에 노출된 바 없이 존재하는 것으로 자연면역이라고도 함 (2) 개인·집단·종족에 따라 유전적으로 결정됨			
후천적 면역 (= 획득면역) [13,14 국시]	(1) 인체에서 이종 단백질에 대한 적응반응으로 형성되거나 이미 형성된 것을 받아들이는 것을 의미함 (2) 항체매개성 면역, 자연적 또는 인위적으로 발생하는 것으로 능동면역과 수동면역이 있음 　① 능동면역은 수동면역에 비해 면역 효력이 늦게 나타나나, 효력 지속시간은 길다. 　② 수동면역은 능동면역에 비해 면역 효력이 빠르게 나타나나, 효력 지속시간은 짧다. [10 임용]			
			자연적	인위적
		능동	• 임상적 감염을 통해 항원과 자연 접촉함(현성 감염 또는 불현성 감염 통해 전파됨) [10 임용]	• 예방접종 : 심한 질병을 피하기 위해 적은 양의 특이항원을 신체에 침투시켜서 항체를 형성하는 것 [10,18 임용 / 19 국시]
		수동	• 태아가 태반을 통해 모체에서 전달받음 • 영유아가 초유나 모유를 통해서 항체를 전달받아 획득 [95 임용]	• 감마글로불린의 주사(다른 사람이나 동물에 의해 이미 만들어진 항체 주입)
	(3) 질병의 면역성 : 자연능동면역이 형성되는 질병 [10,22 임용]			
		한 번 이환되면 두 번 다시 이환되지 않고 영구면역 형성이 잘 되는 전염병 두성수유홍		두창, 홍역, 수두, 유행성이하선염, 성홍열, 발진티푸스, 페스트, 황열 등
		불현성 감염에 의해 영구면역이 잘 되는 전염병		발진열, 결핵, 일본뇌염, 폴리오 등
		한 번 이환된 후 면역이 아주 약한 전염병 인디이수폐		세균성 이질, 폐렴, 디프테리아, 인플루엔자, 수막구균성 수막염 등
		질병에 이환된 적이 있더라도 전혀 면역이 안 되는 전염병		임질, 클라미디아 트라코마티스, 매독 등 성병과 말라리아 등
	(4) 백신의 종류			
		생균백신	특징	병원체의 독성을 약화시켜 병원성을 약화시키는 것으로 일회접종으로 얻어지는 인공능동면역
			예 바이러스	홍역, 유행성이하선염, 풍진, 경구용 폴리오(sabin), 수두, 황열, 비강용 인플루엔자, 일본뇌염(생백신), 대상포진, 로타바이러스, 두창 등
			예 세균	결핵(피내용, 경피용), 경구용 장티푸스, 탄저
		사균백신 [10 임용]	특징	바이러스와 세균을 죽여서 정제를 추출한 것으로 면역유지를 위하여 추가 면역이 필요
			예 바이러스	주사용 인플루엔자, 공수병, A형간염, B형간염, 유행성출혈열, 일본뇌염(사백신), 사람유두종바이러스, 주사용 폴리오(salk) 등
			예 세균	백일해, 장티푸스, 파라티푸스, 콜레라, 페페스트, b형헤모필루스인플루엔자(Hib), 폐렴구균, 발진티푸스, 수막구균
		순화독소	특징	세균이 생산한 체외 독소를 불활성화해서 사용
			예	파상풍, 디프테리아

3 면역계의 종류

① 림프계

중심 림프 장기	흉선	① 흉골 아래 종격동 전상부에 위치 ② 청소년기에 최고로 커졌다가 이후 서서히 위축됨 ③ 골수에서 생성된 림프구의 전구세포를 성숙 T림프구로 분화시키는 기능(흉선의 Thymosin 호르몬이 관여)
	골수	① 장골(long bone), 두개골, 흉골, 늑골, 척추골 내부의 연조직 ② 조혈모세포(= 조혈간세포, Hematopoietic Stem Cells)의 생성과 저장 ③ 조혈모세포로부터 면역세포가 형성되는 장소, B림프구의 형성이 일어나는 곳
말초 림프 장기	편도선	① 인두에 모여 있는 림프조직
	림프 조직	① 미생물의 침입이 비교적 쉬운 위장관, 호흡기 및 비뇨생식기관의 점막에 많음 ② 편도선, 파이어 집선(장관점막의 림프절 집합체) 등이 해당됨
	림프절	① 목과 액와 부위와 같이 특별한 부위에 다발로 뭉쳐 있음 ② 림프관을 통해 림프액 내 이물질이나 항원을 여과하는 기능(항원의 99%가 림프절에서 제거), 림프관을 통해 유입된 림프액이 정맥의 혈액순환으로 되돌아가기 전 여과기 역할 ③ 림프구와 대식세포를 저장하고 지원함 : 감지된 항원에 대해 항체를 만들거나 식작용을 함 ④ 림프관의 주요 접합부위로 항원 특이적인 B세포의 증식과 항체의 친화력 성숙이 일어나는 곳
	비장	① 혈액에서 이물질을 여과하는 1차적인 장기 ② 가장 큰 림프조직으로 LUQ에 위치 ③ B림프구와 T림프구를 포함하는 백수질 부위와 적혈구를 포함하는 적수질 조직으로 구성 ④ 수명이 다한 적혈구는 적수질에 있는 대식세포에 의해 파괴

② 면역세포

단핵식세포	생성	단핵구가 혈관 밖으로 나와 조직으로 이동하여 대식세포가 됨
	종류	폐포 대식세포, 쿠퍼세포, 파골세포 등이 있음
	기능	① 항원을 포착하고 처리하여 항원의 존재를 림프구에 전함 ② 림프구와 상호작용으로 항원 인식과정에 참여, 이물질의 존재를 세포 표면에 조직적합성 항원(HLA)을 인지하여 T림프구와 B림프구에 알려주어 체액성 및 세포성 매개 면역반응을 자극 ③ 손상된 조직의 회복 ④ 면역계 조절을 돕는 cytokines을 분비하는 기능 ⑤ 자기와 비자기를 구분, 침입한 세포를 포획하는데 효과적임 ⑥ 이종단백질을 분해하는 효소와 에너지를 재생산

림프구	B림프구 08 국시	생성	골수의 줄기세포에서 생성 → 비장, 림프절의 유전센터, 편도, 장의 파이어판(peyer's patches) 등의 림프조직으로 이동되어 성숙
		기능	항원에 노출되면 형질세포와 기억세포로 분화됨 ① 형질세포 : 다량의 항체(면역글로불린) 생성 ② 기억세포 : 항원을 기억하여 항원 특이성으로 특정한 항원만 인식하여 항체가 형성됨
		종류	면역글로불린은 항체로 IgG, IgM, IgA, IgD, IgE의 5가지 종류로 구분

[면역글로불린의 종류] 95,07,14,18,24 임용 / 01,22 국시

종류	상대적 혈청 농도	위치	특성 13 임용	보체 활성	태반 통과 유무	비만세포와의 친화력

IgG	75%	혈장, 간질액	① 태반통과 : 태반을 통과하는 유일한 글로불린
			② 생성
			   ㉠ 면역반응 후기에 생성 → 이차 체액성 면역반응의 주 항체
			   ㉡ 백신접종 3~4주 후에 최고수준 도달
			   ㉢ IgM 생성 이후에 생성됨
			③ 기능 : 세균성, 바이러스 감염 시 항원을 옵소닌화, 항원에 대한 항체 형성, 보체 활성화
			④ 자가면역질환 관련성 : 자가면역질환에서 면역복합체를 형성함
				+	+	−

IgA	15%	체액 (눈물, 타액, 담즙, 초유)	① 기능 : 점막(호흡기, 피부, 위장관 등) 표면에 미생물이 달라붙지 못하게 방어 ② 획득경로 : 모유 수유하는 영아는 모체로부터 공급받아 장내 병원성균에 저항	−	−	−

IgM	10%	혈장	① 생성
			   ㉠ 생성태생기와 신생아 초기에 생성(출생 시 IgM 증가는 선천성 감염 표시)
			   ㉡ 일차면역반응의 주 항체(면역반응 시 가장 먼저 출현)
			   ㉢ 백신 접종 초기에 먼저 형성, 초기방어 담당한 후 소실
			② 기능
			   ㉠ ABO 혈액항원에 대한 항체 형성
			   ㉡ 세균성, 바이러스 감염 시 항원에 대한 항체 형성, 보체 활성화시킴(보체는 항원-항체 반응 시 조력함)
			③ 자가면역질환 관련성 : 자가면역질환에서 면역복합체를 형성함
				+	−	−

IgD	< 1%	혈장	① 분포 : 림프구 표면에 존재 ② 기능 : B림프구 분화보조	−	−	−

IgE
95,24 임용 / 20 국시
	0.002%	혈장, 간질액, 내분비액	① 알레르기 반응 유발
			② 기능
			   ㉠ 비만세포와 호염기에 부착됨
			   ㉡ 기생충 감염에 대한 방어기능
				−	−	+

림프구	T림프구 03 국시		① 혈액에 있는 림프구의 70~80%를 차지, 생존기간은 다양하여 몇 개월에서부터 평생 생존 ② 자기와 비자기 구분, 항원에 대한 특이성으로 특정한 항원에만 반응 ③ T림프구는 골수에서 미성숙한 상태로 생성되어 흉선에서 분화되고 성숙 ③ T림프구는 기능적으로 4종류로 분류 : 세포독성·보조·억제·기억 T림프구 ④ 정상인에서 CD4와 CD8의 비율은 2 : 1, 보조 T림프구에 비해 억제 T림프구가 감소하면 과민반응 유발, 증가하면 면역기능 억제가 유발됨 ⑤ T림프구는 세포매개성 면역을 주도함(바이러스 및 진균감염 관련 중요한 면역반응)
		보조(helper) T림프구(CD4$^+$)	• 보조 T림프구의 세포막은 CD4$^+$라는 단백질을 가지고 있어 CD4$^+$T림프구라고 함 • 사이토카인을 방출하여 killer T-cell 활성화, 대식세포 활성화 도움 • B림프구에 작용하여 B림프구가 분열하고 분화하여 항체를 만들도록 도움 • 여러 종류의 림포카인을 분비 • 비자기를 인식한 후 비자기를 배제하게 도움 • HIV는 보조 T세포를 공격하여 나타나는 면역반응 장애
		세포독성 (cytotoxic) T림프구 (killer T-cell, CD8$^+$)	• 세포 표면에 CD8$^+$ 단백질이 있기 때문에 억제 T림프구의 하부군임 • 침입한 이물질의 세포막 상의 항원을 공격하고 세포용해물질을 분비하여 세포를 직접 파괴 → 항체가 결합한 세포와 조직을 공격하여 파괴시킴 • 항원특이성을 가지고 있고, 항원에 노출되면 감작림프구로 변형됨. 일부 감작림프구는 항원을 공격하지 않고 기억 T세포로 남음 • 바이러스나 원충에 의해 감염된 자기세포를 파괴시킴(가장 효과적임)
		억제(suppressor) T림프구(CD8$^+$)	• 여러 종류의 림포카인을 분비 • 특정 항원에 B림프구가 항체를 생성하지 못하게 함으로써 체액성 면역 억제 • 많은 자가면역 질환에서 억제 T세포는 보조 T세포 수만큼 감소되어 과대 공격적인 면역반응을 일으킴 • 정상적 건강한 자기세포에 저항하는 자가 항체를 생성하지 못하도록 예방
		기억 T림프구	• 다음에 똑같은 항원이 들어오게 되면 즉시 반응력 있는 작동세포로 전환되어 신체를 방어함
	자연살해 (NK) 세포와 세포독성 08 국시		① 세포의 표면에 표식이 없어서 T림프구와 B림프구와는 구별됨 ② 세포를 용해하는 화학물질을 분비하여 표적세포의 세포막을 파괴(항원에 대한 감작작용은 없음) – 백혈구와의 상호작용에 의해 활성화 ③ 악성세포 변화에 대한 특별한 면역감시기능
호중구			① 백혈구의 55~70% 차지 ② 성숙호중구는 분절 과립구이고, 미성숙 호중구는 띠세포라 함 ③ 평균 수명은 약 8일임
	기능		① 호중구 내의 과립이 여러 효소를 포함하고 있어 포식작용(탐식작용) ② 미생물에 대해 즉각적인 비특이적 방어를 맡고 있어 세균감염방어의 최전선을 활동 ③ 급성 염증, 국소 염증의 주된 방어기능 : 식균세포(호중구는 급성 염증부위에서 가장 뚜렷한 세포 유형임. 반면 만성 염증부위에서 주된 세포유형은 림프구와 대식세포임) ④ 청소제 역할 : 염증과정에서 사멸된 죽은 조직을 처리함 ⑤ 발열요소
	증가하는 경우		염증상태, 암, 과로, 급성출혈, 심근경색, 중독, 수술 후 등

- 백혈구

과립구	호중구 95 임용	55~70%	수명	평균수명은 약 8일
			기능	① 탐식작용(= 식균작용) ② 가장 먼저 이물질 침범부위에 도착 : 세균감염에 대처하는 방어기구의 제1선 07 국시
	호산구	1~4%	영향요인	부신피질의 영향을 받음
			기능	① 호중구보다 다소 덜 효과적인 탐식세포(→ 약한 식균작용, 기생충으로 인한 해로운 단백성분 해독작용), 호흡기와 위장관계에 많이 존재 ② 항원-항체 반응의 매체인 히스타민과 브라디키닌의 작용과 관련된 것으로 알려져 있음(알레르기 반응에서 증가) 99 국시 ③ 기생충 감염으로부터 보호함
	호염기구	0.5~1%	분비	탐식작용은 하지 않고 내부에 단백질과 화학물질(헤파린, 히스타민, 브라디키닌, 세로토닌, 류코트리엔)을 함유하고 있어 급성 과민반응 시 혈액으로 분비됨
			기능	① 염증에서 치유를 도움 ② 헤파린 분비로 항응고작용 ③ 감마글로불린과 결합하여 이 결합체가 항원과 결합하여 면역복합체 형성 ④ 지방질 섭취 후 혈액 속에 축적될 수 있는 과중한 지방분자들을 제거함
무과립구	단핵구	2~3%	생성	백혈구 중 가장 크며 골수에서 분비되어 1~2일 동안 순환하다가 조직에 정착한 후 대식세포(폐포 대식세포, 간의 Kupffer 세포 등)로 성숙됨
			세망내피계	단핵구가 많이 모여 있는 곳으로 림프절, 간, 폐포, 비장, 골수
			증가요인	① 만성 감염 시 호중구와 같이 손상부위로 이주해감 ② 속도가 느리고 양은 적으나 기능은 오래 지속됨 ③ 결핵이나 말라리아 감염증에서 증가됨
			기능	① 호중구보다 훨씬 큰 분자(죽은 세균 세포와 파편, 죽은 적혈구)를 소화시키는 역할 ② 식작용(이종단백질 분해효소), 항원처리과정 ③ 사이토카인 분비 : 비특이적 면역 조력(백혈구 기능 자극), T림프구 활성화, 자연살해세포의 능력 증가, 종양세포 파괴 및 괴사 → 장기적 세포중개성 면역과 항체중개성 면역에 관여함 ④ 즉각적인 염증반응 : 이물질 존재를 세포표면의 HLA(조직적합항원)으로 인지하여 자기와 비자기 구분
	림프구	20~40%	생성	① 골수에서 형성되나 림프절에서 주로 발견되며, 과립백혈구보다 크기가 작음 ② 특이적 면역반응의 주된 세포. T림프구, B림프구, 자연살해세포(natural killer cell)의 3종류가 있고, 항원과 접촉하면 활성화되어 형질세포(plasma cell), 기억세포(memory cell), 세포독성세포(cytotoxin cell)로 분화
			증가요인	만성감염이나 중독에서 상당수 증식함(25~33%)
			기능	① 자연살해세포 : 비장, 림프절, 골수 및 혈액에서 발견되고 면역감시, 감염에 저항, 조기 암세포의 파괴 기능을 함 ② 림프구 　㉠ 면역반응에 항체를 포함하고 있어 체액면역과 세포면역에 관여함 　㉡ 암세포 전파의 조절, 장기이식에 대한 거부반응, 과민반응 등과 관련됨

3 면역물질(면역반응의 매개체)

항체	특성	① 모든 항체는 면역글로불린 또는 감마글로불린이라 함 ② 면역글로불린은 면역을 제공하는 구형 단백질 항체 ③ 항체는 형질세포가 만들어내는 단백질로 항원과 결합하는 부위를 갖고 있음 ④ 항체가 항원을 제거하기 위해서는 보체와 같은 선천성 면역성분과 포식세포, 호산구와 같은 세포들과 상호작용이 필요함
	기능	① 미생물 또는 미생물 독소의 중화 ② 보체계 활성화 ③ 옵소닌 작용 : 포식작용을 위한 입자의 코팅작용 ④ 바이러스 비활성화
보체계 13 임용	특성	① 혈중에서 불활성 상태로 존재하며 항체의 기능을 돕는 역할을 하므로 보체라고 명명함 ② 혈장 단백으로 간에서 형성되며 항원이 유입되면 바로 활성화됨
	기능	① 항원에 의해 활성화(백신투여로 보체활성화)되면 항체와 결합한 세포를 파괴시킴(세포 용해, 세포 살균, 면역 흡착, 모세관 삼투압 변화) ② 화학주성(chemotaxis, 대식세포와 호중구를 집중시킴) 및 옵소닌화(opsonization, 항원을 둘러싸서 탐식작용을 용이하게 함) 작용
사이토카인 (Cytokine)	기능	① 백혈구, 비만세포에서 분비되어 세포들 간의 메신저 역할을 담당함 ② 여러 백혈구에서 분비되는 작은 단백질 활성물질 ③ 조혈작용, 자가면역질환, 패혈증에서 유해반응 야기 ④ 세포들의 증식이나 복잡한 상호작용이 일어날 수 있도록 분화, 분비 혹은 활동을 알려주어 조정
	종류	림프카인	T림프구가 분비하는 매개물질
		인터루킨	백혈구 상호간 기능을 조절하는 활성인자 → 보조 T림프구는 인터루킨을 방출, B림프구가 항체 생산
		인터페론 알파	① 바이러스 복제 방해, 자연살해세포와 대식세포 활성화, 종양세포 항증식 효과 ② 만성 B형 간염환자 치료에 유용함 13 임용
		종양괴사인자	대식세포, 과립구 활성화, 면역반응과 염증반응 증대, 종양세포 살해
		과립구 집락촉진인자	호중구의 분화와 증대자극, 성숙다형핵 중성구의 기능증대
		적혈구 조혈인자	적혈구 생산자극

4 면역반응

면역반응은 시차에 따라 1차 면역반응과 2차 면역반응으로 분류함

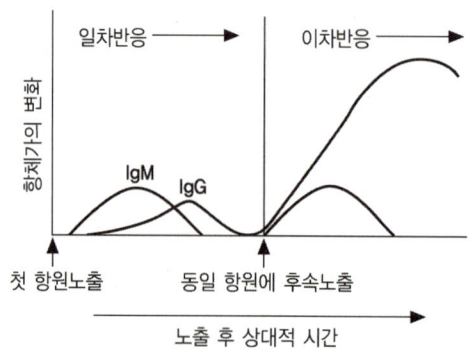

1차 면역반응	① 1차 면역반응은 인체가 처음 항원과 접했을 때 나타나는 반응임 ② 항원에 노출되면 1차 반응 시 두 가지 종류의 면역글로불린인 IgM과 IgG가 지배하는 반응을 유도함 　㉠ IgM은 1차 반응에서 우세하고, 　㉡ 후기에 일부 IgG가 나타남(과거 감염된 후 또는 예방접종 후 면역이 형성되어 있음을 나타냄) ③ 예방접종 후에는 IgM이 생성되고, 그 이후에 IgG가 생성됨 13 임용
2차 면역반응	① 2차 면역반응은 1차 면역반응 후 항체의 역가가 떨어지고 동일한 항원이 다시 인체에 침입하였을 때 나타나는 면역반응임 ② 숙주의 면역체계가 처음 감작된 후, 동일 항원이 다시 침범하게 되면, 2차 면역반응을 유도하여 일부 IgM과 다량의 IgG가 생성됨

PLUS+

● 체액성 면역과 세포매개성 면역

특징	체액성(항체매개성) 면역	세포매개성 면역 13 국시
세포	B림프구	T림프구, 대식세포
생산물	항체	감작 T세포, 림포카인
기억세포	있음	있음
보호작용	• 박테리아 • 바이러스(세포 외) • 호흡기, 위장계 병원체 • 종양세포	• 진균 • 바이러스(세포 내) • 만성감염
예	아나필락틱 쇼크, 아토피성 질환, 수혈반응, 세균감염	결핵, 진균감염, 접촉성 피부염, 이식거부반응 암세포 파괴

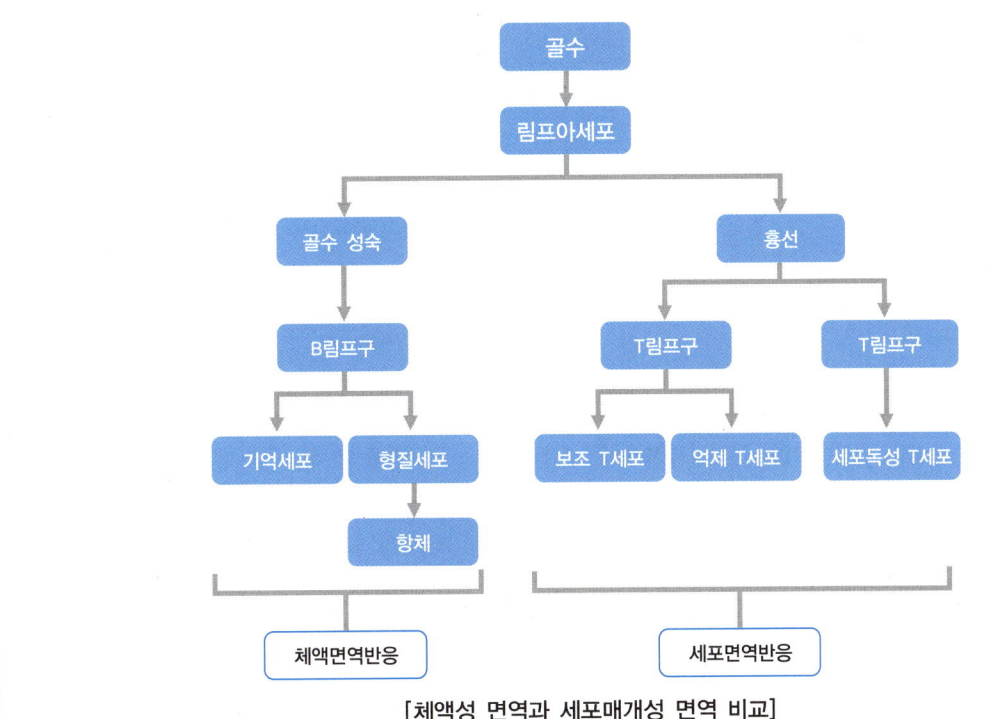

[체액성 면역과 세포매개성 면역 비교]

4 과민반응

1 과민반응의 정의

면역반응이 외부 항원에 대하여 과잉반응을 하거나, 자기내구성을 유지하지 못해 조직손상 초래 (항원에 대한 면역반응이 지나쳐서 조직이 손상되는 것) 24 임용(지문)

2 과민반응의 유형

	I형(Anaphylaxis) 07,12,14,18,24 임용 / 01,19 국시	II형(Cytotoxic)	III형 (Immune complex)	IV형(Delayed) 24 임용 / 16 국시
명칭	즉시형, 아토피형, 아나필락시스형	세포독성형, 세포용해성	면역복합체형, 아루투스형	지연형, 세포면역형
항체 및 세포	IgE 24 임용, 비만세포	IgG, IgM, 보체, 대식세포, 호중구 등	IgG, IgM 면역복합체, 대식세포, 호중구, 비만세포 등	항체 관여 없음 24 임용(지문) T-세포(T-림프구)
화학전달물질	히스타민, 류코트리엔, 프로스타글란딘, 14 임용(지문) 사이토카인	활성화 보체성분, 리소좀효소, 사이토카인	활성화 보체성분, 리소좀효소(세포소기관으로 단백질 분해효소로 세포로 들어온 세균이나 이물질을 분해함), 사이토카인	사이토카인
보체의 필요성	−	+ (종종)	+	−
항원	외인성 (알레르기원)	세포막 표면	외인성, 내인성	외인성, 내인성(세포막)
병리과정	비만세포의 과립감소 ↓ 히스타민, 류코트리엔 분비	보체고정 ↓ 세포용해	Arthus 반응 ↓ 염증	림포카인 분비
피내반응 ① 최초반응 ② 육안 소견 ③ 현미경 소견	① 30분 ② 발적, 팽진 ③ 비만세포 탈과립, 호산구 침윤, 부종, 평활근 수축	① − ② − ③ 세포용해, 용혈	① 3~8시간 ② 발적, 부종 ③ 혈관벽 호중구 침윤, 급성염증 괴사, 피브린 침착	① 24~48시간 ② 발적, 홍반경결 ③ 림프구 침윤, 대식구, 육아종 염증, 중심성 괴사 동반
예 02,07,19,21 국시	아나필락시스 24 임용, 아토피, 기관지 천식, 알레르기성 비염, 담마진, 음식 알레르기, 항생제 피부반응 검사	면역성 용혈성 빈혈, 태아적아구증, 무과립구증, ABO 불일치, 하시모토 갑상선염	괴사성 혈관염, 급성사구체 신염, 류마티스성 관절염, 혈청병(이종혈청 주사한 경우 부종, 열, 두드러기 등 발생)	접촉피부염, 첩포검사, 투베르쿨린 반응, 동종 이식거부 반응

❸ 과민반응 진단검사

진단검사			방법
1형 과민반응 검사	피부단자 검사	검사법	Skin prick test는 팔이나 등 부위에 항원액을 떨어뜨리고, 바늘로 살짝 찌른 다음 15~20분 뒤에 확인하는 것
		해석	검사 시행 후 15~20분에 피부에 나타나는 팽진과 발적 크기로 판정함. 팽진의 장경과 단경을 측정하고 이를 더하고 2를 나눈 값을 기준으로 해석함
	피내반응 검사	적용시기	피부단자검사가 음성일 때 적용
		검사법	멸균소독한 1mL 주사기로 지름 약 3mm가량의 팽진이 형성되도록 약물을 피내주사(0.02~0.05mL)
		해석	즉시형 반응일 때는 15~20분 경과 후 5mm 이상 시 양성 판정, 지연판독은 검사 24시간과 72시간 후에 팽진의 크기를 확인하여 5mm 이상 시 양성으로 판정함
	항생제 피부반응 검사	검사법	아래팔 내측에 1mL 주사기로 약 3mm가량 팽진이 형성되도록 피내주사하고, 팽진 표기 후 15~20분 경과 후 확인하는 것
		해석	3mm 이상 크기의 팽진 또는 처음 표기보다 크기가 증가한 팽진이 발적과 동반되면 양성
	혈청학적 검사	MAST	• Multiple Allergen Simultaneous Test는 화학발광법을 이용하여 혈청 총 IgE와 여러 알레르기원 특이 IgE 항체를 동시에 측정하는 방법으로 한 번에 약 60여 종류의 다양한 알레르기원 특이 UgE를 측정할 수 있음 • 음식 알레르기가 의심될 때는 음식 MAST 검사를 실시하고, 알레르기성 비염이나 천식이 의심될 때는 흡입 MAST 검사를 실시함
		RAST	• Radio Allergy Sorbent Test는 특정 알레르기원에 대한 특이 IgE를 검출하는 방법으로 면역방사계수측정법임 • 방사선동위원소를 표식자로 사용한다는 단점과 고가장비의 문제 등으로 잘 활용하지 않음
	IgE 및 호산구 검사	IgE	혈청 내 존재하는 IgE 측정법으로 아토피피부염, 알레르기성 천식 등에서 증가가 확인됨
		호산구	혈액 또는 분비물 내의 호산구 수를 측정하는 검사로 알레르기성 질환에서 4%보다 증가
4형 과민반응 검사	첩포검사 24 임용	검사법	접촉성 피부염의 원인으로 의심되는 알레르기원을 피부에 붙이고 48시간 후 1차 판독, 72~96시간 경과 후 2차 판독 실시
		해석	가려움증, 발적 등 피부염 증상을 확인하는 것

❹ 알레르기 반응의 발생기전

감작단계	① 신체가 알레르기원에 노출되면 T림프구의 도움으로 B림프구에서 특이 IgE 항체를 생산함 ② IgE 항체는 비만세포 표면에 있는 수용체에 부착됨 ③ 비만세포 표면에 특이 항체가 부착되어 있는 상태가 감작단계임
작동단계	① 초기 감작단계를 거치고 다시 동일한 알레르기원에 노출되면 감작은 더 진행하여 작동단계로 진입함 ② 특정 알레르기원에 반응하는 IgE 항체가 더 많이 형성되어 비만세포 표면의 수용체에 결합함 ③ 이 자극으로 비만세포는 히스타민이나 류코트리엔과 같은 화학적 매개체를 분비하기 시작함 ④ 이들은 모세혈관을 확장시키고, 분비샘에서 분비물 생산을 촉진하며, 평활근 수축작용을 일으킴 → 두드러기 증상, 기도 폐쇄의 위험을 높임, 가려움증 유발, 피부소양감, 재채기, 기침 등을 일으킴

❺ 알레르기 반응 화학적 매개물질의 기능

알레르기 반응 화학적 매개물질	기능
히스타민(Histamine) 12,15 국시	비만세포와 호염기구에서 분비 ① 기관지 평활근 수축 : 천명음, 기관지 경련, 호흡곤란 ② 세정맥 확장 및 혈관 투과성 증가 : 홍반, 부종, 두드러기, 쇼크 ③ 기도와 위의 점막세포의 점액 분비 증가 : 울혈, 위 역류 ④ 신경말단 자극 : 가려움증, 피부 통증
류코트리엔(Leukotrienes)	아라키돈산 대사산물 ① 혈관 투과성 증가 ② 세기관지의 평활근 수축 증진
브라디키닌(Bradykinin)	키니노겐(kininogen)에서 분비 ① 기관지와 혈관의 평활근을 느리게 수축시킴 ② 점액생산 증가 : 울혈 초래 ③ 모세혈관의 투과성 증가 : 부종을 일으킴 ④ 통증섬유 자극
프로스타글란딘(Prostaglandin)	아라키돈산 대사산물 ① 혈관확장 작용 ② 기관지 수축시킴 : 천명음, 호흡곤란, 기침 유발
세로토닌(Serotonin)	혈소판이 응집되는 동안 방출되며, 기관지 평활근 수축을 초래함
호산구화학주성인자(ECFA)	알레르기 반응부위의 Eosinophil 이동을 증가시켜 기도염증 초래
혈소판 활성 인자 (Platelet Activating Factor, PAF)	① 혈소판의 응집 ② 기관지 수축 ③ 혈관 확장 유도

❻ 탈감작 요법

정의		확인된 알레르기원을 희석하여 용액을 조제 후 피하로 주입, 점차 양을 늘려 항원에 둔해지게 하는 방법으로 IgG를 증가시키는 작용을 함 19 국시
목적		제1유형 과민반응(IgE 중개형) 치료에 사용
주사법	항원 관련	① 확인된 알레르기원을 희석하여 용액으로 조제 후 피하로 주마다 주입, 점차 양을 늘려 항원에 둔해지게 하는 방법 ② 항원용액병은 냉장고에 바로 세워서 보관
	주사 관련	③ 확인된 알레르기원을 희석하여 용액으로 조제 후 피하로 주마다 주입, 점차 양을 늘려 항원에 둔해지게 하는 방법 ④ 상박에 주사하며 항원용량 정확히 측정하기 위해 1cc 주사기 사용
	합병증 관련	⑤ 쇼크에 대비한 응급처치 준비 ⑥ 주사 후 20분간 환자 관찰(소양감, 둔해지는 감각, 인후부종, 쇼크 등)
치료기간		최대농도(보통 1:100)가 될 때까지 약 5년 정도 소요

7 아나필락시스(= 아나필락틱 쇼크)

정의	\multicolumn{2}{l}{제1형 과민반응의 가장 치명적인 상태(과민반응의 가장 심각한 형태로 쇼크에 빠지는 등의 응급처치를 필요로 하는 반응)로 매개물질의 작용이 국소적 혹은 전신적인지 또는 특정 장기침범 여부에 따라 달라짐 [24 임용] (1) 알레르기원에 노출된 지 수초 내지 수분 내에 많은 장기에 영향을 줌 (2) 코나 눈의 점막에 항원이 노출되면 콧물·재채기·충혈·눈물 증상을 일으키며 혈관과 기관지 평활근에 작용하여 광범위한 혈관확장, 심박출량 감소, 심각한 기관지 협착을 급격하게 일으키는 전신증상}

원인	약물/외부 단백질	① 항생제 : 페니실린, 세팔로스포린, 테트라사이클린, 설포나마이드, 스트렙토마이신 등 ② 부신피질 자극 호르몬제, 근육 이완제, 하이드로코르티손, 백신, 국소 마취제
	치료방법	① 전혈 ② 방사성 조영제 ③ 과민성 치료 시 사용되는 알레르기 추출물
	음식물	조개, 달걀, 콩, 호두, 곡류, 딸기류, 방부제
	다른 숙주	꽃가루, 운동, 열, 냉 등
	곤충의 독	꿀벌, 말벌, 호박벌, 불개미, 뱀독
	동물성 혈청	파상풍 항독소, 광견병 항독소, 디프테리아 항독소, 뱀독 항독소

병태 생리 [12 임용]	(1) 알레르기원에 처음 노출 → 항원에 대한 특이성으로 IgE를 생성하고 호염기구와 비만세포 표면에 IgE 결합 (2) 재감작 시 → 알레르기원은 비만세포와 호염기성 세포와 결합되어 있는 IgE와 결합하고 세포의 탈과립으로 화학 매개물질의 방출을 촉진 (3) 비만세포가 자극되면 → 혈관 작용성 아민(⑩ 히스타민을 포함)을 방출 (4) 히스타민의 영향으로 → 모세혈관 투과성, 두드러기, 비강과 결막의 점액 분비, 가려움증 등을 증가시킴 (5) 알레르기원이 계속 존재하면 비만세포는 히스타민과 다른 혈관 작용성 아민을 계속해서 방출하여, 반응이 계속됨 → 1차 반응 동안에 다른 혈관 작용성(혈관을 수축시키거나 이완시키는) 아민을 분비함으로써 2차 반응이 일어남 (6) 혈관 작용성 아민은 → 반응부위에 보다 많은 백혈구를 끌어들이고, 생화학적인 류코트리엔, 프로스타글란딘도 작용하여 전반적인 염증반응을 자극함

판단 기준	아래 3가지 항목 중 한 가지 항목에 해당하는 경우 (1) 갑자기 수분에서 수시간 이내에 피부 및 점막 증상(두드러기, 전신가려움증, 발진, 입술/혀/목젖/피부의 부종)과 아래 열거된 증상 중 한 가지 이상 동반 　① 호흡곤란 　② 저산소증 　③ 저혈압 　④ 심혈관 허탈 　⑤ 장기부전 증상 : 저혈압, 실신, 실금 (2) 알레르기 유발 물질에 노출된 후 수분에서 수시간 이내에 아래 열거된 증상이나 징후 2가지 이상 발현 　① 피부나 점막 침범 　② 호흡부전 　③ 저혈압 또는 관련 증상 　④ 소화기 통증 또는 구토 (3) 알고 있는 알레르기 유발물질에 노출된 후 저혈압 발생 시

임상 증상 12 임용	초기	두통, 현기증, 허약, 불안, 안절부절못함을 호소	신경계 두통, 현기증, 이상감각, 불길한 느낌 피부 자반증, 혈관부종, 홍반, 두드러기 호흡기계 쉰 목소리, 기침, 기도가 좁은 느낌, 천명음, 협착음, 호흡곤란, 과호흡, 호흡정지 순환기계 저혈압, 부정맥, 빈맥, 심정지 위장관계 경련, 복통, 오심, 구토, 설사
	진행	가려움증, 두드러기, 눈과 입술 또는 혀의 혈관부종과 홍반, 때때로 커다란 붉은 반점 동반	
	히스타민과 다른 화학물질 영향	① 기관지평활근 수축: 기관지 협착, 호흡곤란, 천명음, 쉰 목소리 ② 세정맥 확장 및 혈관 투과성 증가: 점막부종, 충혈 ③ 기도점막세포의 점액분비 증가: 과다한 점액생산, 콧물	
	청진음	악설음, 천명음, 협착음, 호흡음 감소	
	호흡	후두 부종, 질식, 기관지 협착 등을 일으켜 저산소혈증과 고탄산혈증 초래, 결국 호흡부전 합병증 유발	
	혈압, 맥박	보통 저혈압과 빠르고 약한 맥박: 혈관 확장과 모세혈관 투과성이 증가하여 수액이 혈관 밖으로 빠져나가서 발생됨	
	호흡기계 기능부전	① 아나필락시스에 의한 사망의 70%가 호흡기계 기능부전, 쇼크나 심부정맥으로 인함 ② 호흡기계 기능부전 초래 기전: 히스타민은 방광, 자궁, 장과 세기관지의 평활근의 수축 야기 → 호흡부전, 기관지 경련, 후두경련 초래 → 혈관수축 속성을 가진 신경전달물질인 세로토닌 유리 → 폐의 모세혈관의 투과성 증가 → 혈장이 폐포 안으로 누출되고, 가스교환이 손상됨 → 폐부종이 발생할 수 있음	
치료 간호	알레르기 관리	알레르기원 관련 (환경요법)	① 새로운 약물, 음식, 조영제에 알레르기 반응이 있는지 관찰하고 확인 ② 적절한 알레르기 검사 실시 후 확인된 알레르기원과 유발물질을 피하게 함 ③ 환경적인 알레르기원(예 먼지, 곰팡이, 꽃가루)의 조절방법과 아나필락시스에 대한 적절한 대처방법을 대상자와 가족에게 교육
		투약 관련	① 알레르기성 반응을 감소시키기 위해 투약 ② 대상자와 가족에게 에피네프린 주사법(펜형 주사)을 교육
		탈감작 요법	필요에 따라 탈감작 요법 적용
		기록	모든 알레르기 반응을 프로토콜에 따라 의무기록지에 기록
		팔찌착용	대상자는 알레르기 대상자임을 알리는 팔찌를 착용
	응급 처치	체위	① 기도 유지 ② 다리를 높임, 다만 의식이 있는 대상자에서 상기도 부종이 의심되면 좌위나 좌위에서 앞으로 몸을 굽힌 자세를 취해줌
		지혈대 적용	가능한 즉시 알레르기원 주입부위(주사, 정맥주사부위, 벌레 물린 자리) 상부에 지혈대 적용
		CPR 실시	쇼크, 기도폐쇄, 심부정맥 등 관찰하고 만일 심정지가 되었을 때는 CPR 실시
		산소 투여	마스크를 이용한 고용량 산소를 8~10L/분 투여
		심리적 지지	대상자와 가족을 안심시킬 것
		사정	① 기도가 폐쇄될 수 있으므로 천명음과 쉰 목소리 사정 ② 5분 간격으로 활력징후를 측정하여 상태 확인

		투약
		11 임용
			① 에피네프린 투여
			  ㉠ 응급 시 가장 먼저 투여 12 임용
			  ㉡ 에피네프린은 혈관을 수축하여 심근수축을 증가시키고 세기관지를 확장시킴. 필요시 같은 양을 매 15~20분마다 반복 투여 가능
			  ㉢ 근육 내 주사가 정맥투여보다 안전함
			    (정맥투입 시 중증의 고혈압, 심실성 부정맥 등이 발생할 수 있음)
			  ㉣ 근육주사 부위는 대퇴 중간 바깥부위로 0.3~0.5mg 투여

응급 처치	투약 11임용	⑩ 반응이 없거나 불충분한 경우 5~15분마다 반복 투여 ⑪ 근육 내 주사로 완화되지 않으면 정맥주입 고려, 정맥주입 시 50~100mcg을 천천히 정맥주입 ⓐ 에피네프린 자가주사기 사용 시에는 대퇴 중간 바깥부위에 수직방향으로 딸깍 소리가 날 때까지 세게 누른 후 10초간 유지, 이후 주사기 떼고 주사부위를 10초간 문지르게 함 ⓞ 작용은 기관지 평활근 확장, 심박동수와 심근수축력 증가, 말초혈관 수축으로 점막부종 완화효과로 두드러기 완화 및 점액생성 감소 ② 생리식염수, lactated 링거액 또는 혈장증량제를 정맥투여 ③ 근육 내 에피네프린에 듣지 않는 기관지 경련 시 네블라이저를 통해 알부테롤 흡입 ④ 항히스타민제 투여 : 기도폐쇄나 저혈압 쇼크 증상의 완화에는 도움이 안 되고, 두드러기와 가려움증 완화에만 효과적임, 그러나 에피네프린 먼저 투여한 후에 투여할 것 12임용 ⑤ 글루코코르티코이드 : 심각한 증상이 있거나, 원래 천식이 있거나 심각한 기관지 경련 지속 시 사용할 수 있음	
	재발 여부 관찰	24시간 내 재발 여부 관찰	
	기관 삽관 준비	기관지경련발작에 대비해 기도 내 삽관 준비	

	약물		약리기전	부작용
치료 간호 약물 요법	교감신경효능제			
	Epinephrine		자율신경계 α, β 아드레날린 수용기를 빠르게 자극(α: 혈관수축, β: 기관지 평활근 이완)	• 창백, 빈맥, 심계항진 • 신경이상, 근육경련, 발한, 불안, 불면증, 고혈압, 두통, 고혈당증
	베타 효능제	Isoproterenol	β-아드레날린 수용기 자극, 기관지 근육 이완과 혈관확장	epinephrine 동일
		Ephedrine sulfate (Vatronol)	Isoproterenol과 유사하지만 작용기간이 긺	epinephrine 동일
	항히스타민제 Diphenhydramine HCL(디펜하이드라민염산염, Benadryl)		작동세포에 있는 H₁ 수용기 히스타민과 결합하여 세기관지, 위장관계, 혈관의 히스타민 효과 차단 (두드러기, 혈관부종 완화에 효과적임)	• 졸음, 혼란, 불면증, 현기증, 두통, 감광성 • 복시, 오심/구토, 구강건조
	스테로이드제 Prednisone Belcomethasone		항염증성, 즉 비만세포 탈과립 억제 (즉각적인 효과는 없으나 예방효과 있음)	• 수분과 염분 정체, 고혈압, 쿠싱증후 상태, 위장 불편감, 부신억제, 정신증, 골다공증, 감염 민감성↑
	Methylxanthines Aminophylline		기관지 평활근 이완 (기관지 수축 및 연축 시 투여)	• 불안, 어지러움, 심계항진, 빈맥, 상복부 불편감, 오심과 구토, 두통, 경련
	혈관수축제 Norepinephrine Dopamine		심한 대상부전 상태 시 혈압과 심박출량 증가	• 두통, 심계항진, 소변량 감소, 고혈압, 대사성산증 • 부정맥, 빈맥, 고혈압, 오심과 구토, 호흡곤란, 질소혈증, 두통
	β-교감신경 효능제 Metaproterenol Albuterol(Ventolin)		폐 평활근에 있는 β₂-수용기 위치를 급속히 자극하여 기관지 확장	• 심계항진, 저칼륨혈증, 빈맥, 부정맥 • 배뇨 시 통증, 안면홍조

5 후천성면역결핍증후군 93,96,09,16,23 임용 / 02,06,07,10,11 국시

정의	인체면역결핍바이러스(HIV)의 감염에 의한 중증의 면역결핍증 93 임용
	후천성면역결핍증 예방법 제2조(정의) 이 법에서 사용하는 용어의 뜻은 다음과 같다. 1. "감염인"이란 인체면역결핍바이러스에 감염된 사람을 말한다. 2. "후천성면역결핍증환자"란 감염인 중 대통령령으로 정하는 후천성면역결핍증 특유의 임상증상이 나타난 사람을 말한다. 23 임용(지문) 영 제2조(임상증상) 「후천성면역결핍증 예방법」(이하 "법"이라 한다) 제2조 제2호에서 "대통령령으로 정하는 후천성면역결핍증 특유의 임상증상"이란 세포면역기능에 결함이 있고, 주폐포자충폐렴(住肺胞子蟲肺炎), 결핵 등의 기회감염 또는 기회질환이 있는 경우를 말한다. 23 임용(지문)

| 역학 | (1) 1985년 처음으로 감염자가 발생한 이래, 2021년 기준 감염인 수는 15,196명임
(2) 2021년 기준, 남성이 14,223명(93.6%), 여성이 973명(6.4%)임
(3) HIV 이환된 아동의 사망률은 80%에 이르며 장기간 병원에 입원하는 등 성인에 비해 예후가 나쁨 (중증감염 및 패혈증은 아동에서 흔함 93 임용) |

HIV 감염인 발생 신고	신고기준	감염인을 진단하거나 감염인의 사체를 검안한 때
	신고의무자	의사 또는 의료기관이 HIV 감염인을 진단하거나 감염인의 사체를 검안한 사실을 보건소장에게 신고 23 임용 / 21 국시
	신고시기	24시간 이내에 신고 23 임용
	해외에서 입국하는 외국인 중 대통령령으로 정하는 장기체류자는 입국 1개월 전 발급받은 후천성면역결핍증 음성확인서를 질병관리청장에게 보여주어야 함. 이를 보여주지 못하는 경우에는 입국 후 72시간 이내에 검진을 받아야 함 23 국시	

원인	HIV(Human Immunodeficiency Virus) 93,11 임용(지문)
	특징	긴 잠복기, 면역세포를 서서히 파괴하여 면역능력을 저하시킴, 조혈계와 신경계에 친화력을 가짐

전파경로 96,09,16, 23 임용	(1) HIV는 약한 바이러스 : 혈액, 정액, 질 분비물, 유즙 등 감염된 체액이 접촉하는 특별한 조건에서 전파 (2) HIV 전파 성립은 충분한 양의 바이러스 수로 민감한 숙주를 침범해야 하는 다른 미생물의 전파방법과 동일
	성적접촉(정액, 질 분비물, 혈액접촉)	성기에 궤양이나 미란 등 상처가 있을 때 감염된 상대방의 정액이나 질분비물을 통해 전파됨
	혈액 및 혈액제제	수혈, 약물 남용자 등
	모체로부터의 수직 전파	태반, 모유수유, 감염모체로부터 질식분만 등을 통해 전파됨
	주사기구 공유	

병태 생리	감염	HIV가 인체에 침입하면 일차적으로 세포막에 $CD4^+$라는 단백질을 가진 보조 T-림프구, 거대 대식세포, 수지상 세포(피부, 위나 장점막 조직, 혈액 등 조직에 소량 존재하는 것으로 내재면역반응과 적응면역반응을 모두 유발할 수 있는 세포) 등 다양한 면역세포를 감염시킴
	바이러스 합성	$CD4^+$ 수용체 표면에 존재하는 T-림프구가 감염되면 역전사 효소는 인체세포의 정상 DNA 대신에 바이러스의 RNA가 첨가된 DNA를 생산하게 하고, 이 DNA는 결국 바이러스를 계속 생산
	반복복제	HIV는 감염된 T-림프구에 의해 활발하게 복제가 일어나는데 하루에 2천만개까지 바이러스가 합성되기도 함. 반복 복제가 계속되면 면역계가 파괴됨
	면역계 파괴	HIV 감염의 요지는 $CD4^+$ T세포의 파괴로 인해 면역반응을 조절할 수 없게 된다는 것임

병태 생리	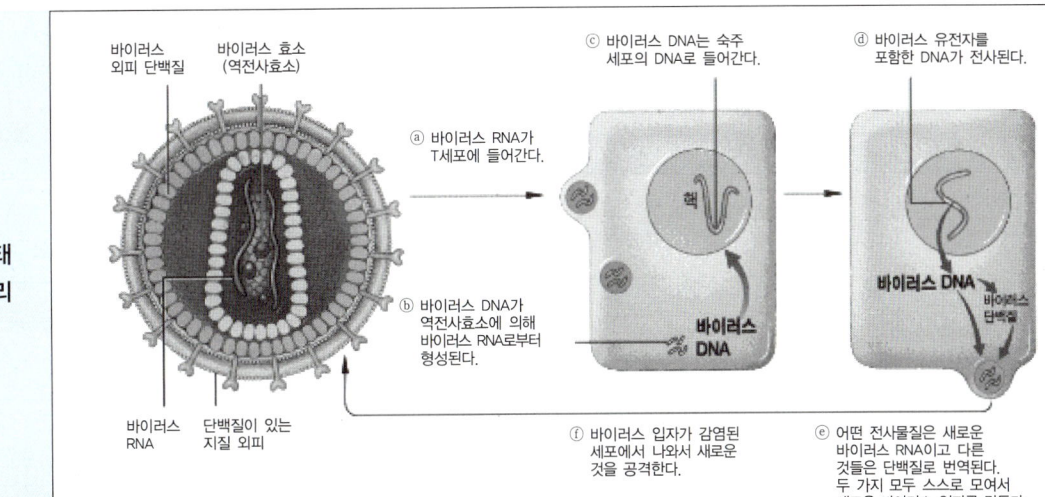		

진단 검사	항체검사 : HIV감염 후 6~12주 후 항체 형성		
	선별검사 16 임용	효소면역혈청 검사 (ELISA)	① HIV 감염 여부를 시험하는 효과적인 선별검사법 ② 쉽고 경제적이나 위양성(false positive) 가능성 있음
	확진검사	Western blot test	① 선별검사에서 양성을 보인 경우 확진을 위해 사용 ② ELISA보다 특이적인 검사
	검사결과 해석	HIV 양성	① HIV에 감염, 반드시 에이즈임 확정하지 못함 ② 차후에 질환으로 진행할지 예측할 수 없음, 항체 계속 존재 ③ 다른 사람에게 전파 가능, 에이즈 면역자가 아님, 장기기증 안 됨
		HIV 음성	① 항체가 존재하지 않음 ② HIV에 노출되지 않았음을 의미하는 것이 아님, 지속적 예방 중요

AIDS 진단기준 16 임용	다음 조건 중 적어도 한 개 이상인 HIV환자는 AIDS로 진단된다(질병관리청의 기준). (1) $CD4^+$ T세포수 200개/μL 미만으로 감소(정상 $CD4^+$ T세포수 1,000개/μL 이상, 500개/μL 이하로 감소되면 면역저하증상 발생, 200개/μL 미만으로 떨어지면 기회감염이나 암 발생) (2) 다음의 기회감염으로 진행되는 경우		

	진균	기관지, 기관, 폐 또는 식도의 칸디다증, Pneumocystis jirovecii pneumonia(PCP)폐렴, 산재성 혹은 폐외 콕시디오이데스 진균증, 산재성 혹은 폐외 히스토플라즈마증, 폐외 크립토코쿠스증
	바이러스	간, 비장 또는 림프절 외의 거대세포바이러스 질환(거대세포바이러스 망막염, 만성궤양) 또는 기관지염을 동반하는 단순포진, 폐렴, 식도염, 진행성 다병소성 백질뇌증(PML)
	원충	뇌의 톡소플라즈마증, 만성 장포자충증, 만성 장와포자충증
	세균	결핵균(폐결핵 및 기타 결핵), M. avium complex(MAC)나 M.kansasii를 포함하는 산재성 또는 폐외 결핵, 재발되는 살모넬라 패혈증

(3) 기회성 암으로 진행되는 경우 : 침윤성 자궁경부암, 카포시 육종, Burkitt 림프종, 면역아세포성 림프종, 뇌의 원발성 림프종 등

	정의	작은 혈관 내피세포의 종양으로 에이즈에 이환된 대상자의 35~40%에서 발생함
카포시 육종	호발부위	구개, 얼굴(특히 코끝, 귓바퀴), 위장관, 폐와 림프기관을 포함한 내장기관, 발가락 등
	병변	① 혈관의 반, 구진 또는 보라색 병변으로 나타남 ② 초기에는 무통이지만 질병이 진행됨에 따라 통증이 나타남 ③ 종양은 내부적으로 장기의 기능을 방해하거나 출혈을 일으킴

(4) 소모성 증후군 발생. 소모성은 이상적 신체질량의 10% 이상의 손실을 의미함
(5) AIDS 치매 복합체(ADC)로 진행

(1) HIV 질병단계는 임상병력, 신체검진, 면역기능 임상검사, 감염과 종양에 기초하여 결정함
(2) AIDS에 대한 CDC 표준사례 정의는 HIV 감염과 $CD4^+$ T세포수와 관련된 임상증상을 기초하여 성인과 청소년의 HIV와 AIDS로 분류

진단범주	임상범주		
$CD4^+$ T세포 범주	A 무증상, 급성(원발성(PGL))	B 증상적, A와 C조건에 해당하지 않을 경우	C AIDS를 나타내는 조건
(1) ≥ 500/μL	A1	B1	C1
(2) 200~499/μL	A2	B2	C2
(3) < 200/μL	A3	B3	C3

AIDS를 나타내는 조건을 가진 환자(임상범주 C)와 A3이나 B3 범주인 환자는 AIDS라고 진단함

HIV 감염 후 병리과정

임상범주	증상
A	HIV 감염이 확인되고 임상범주 B와 C의 조건을 충족하지 않은 청소년과 성인에게 나타나는 다음의 증상을 포함함 ① 무증상성 HIV의 감염 ② 지속적이고 일상화된 림프병증(Persistent Generalized Lymphadenophathy, PGL) ③ 질병이나 HIV 급성 감염력을 동반하는 급성(원발) HIV 감염
B	임상범주 B의 조건의 예가 포함되지만 한정되지는 않는다. ① 간균성 혈관종증 ② 구인두강(아구창)이나 외음부의 칸디다증(지속되고 재발하고 치료에 잘 반응하지 않음) ③ 자궁경부 이형성증(중등도 혹은 심각한), 자궁경부암 ④ 발열(38.5℃)이나 1달 이상 지속되는 설사와 같은 기질적인 증상 ⑤ 구강, 털이 많은 백반증 ⑥ 두 차례 이상 또는 한 개 이상 피부종을 동반하는 대상포진 ⑦ 특발성 혈소판 감소성 자반 ⑧ 선회병(listeriosis, 감염병으로 뇌막염과 뇌염을 특징으로 함) ⑨ 말초신경병증 ⑩ 난소난관 농양이 복합된 골반염증질환
C	다음의 증상을 나타나는 성인과 청소년 ① 기관지, 기관, 폐와 식도의 칸디다증 ② 침윤성 자궁경부암 ③ 파종성 혹은 폐외의 콕시디오이디즈 진균증 ④ 폐외부의 효모균종 ⑤ 만성위장관의 외포자충증 ⑥ 거대세포바이러스성 질병(간, 비장, 림프절 이외) ⑦ 거대세포바이러스성 망막염(시력손상 동반) ⑧ HIV와 관련된 뇌병증 ⑨ 단순포진 : 1달 이상 지속, 기관지염, 폐렴, 식도염 ⑩ 만성적으로 장애 발생하는(1달 이상) 포자충증 ⑪ 카포시육종 93 임용 ⑫ 뇌의 원발성 버킷 또는 면역아세포림프종 ⑬ 폐 혹은 외부의 결핵 ⑭ 다른 종의 혹은 불명확한 종류의 결핵균에 의한 파종성 혹은 폐 외부 감염 ⑮ 주폐포자충 폐렴 ⑯ 재발하는 폐렴 ⑰ 진행성 다발성 백질뇌증 ⑱ 재발성 살모넬라 패혈증 ⑲ 뇌의 톡소플라즈마증 ⑳ HIV로 인한 종말 증후군

HIV 감염 후 병리과정	일차감염 (= 초기감염, 급성감염기) (급성/최근 HIV 감염, 급성 HIV 증후군) 16 임용	(1) HIV에 감염되었을 때부터 HIV 항체가 만들어질 때까지의 기간을 일차감염이라고 함 (2) HIV 양성인 사람이 감염되었고 상당히 전염성이 있으나 바이러스 수가 너무 많아 HIV 항체 혈액검사에서 음성을 보이는 항체 미형성기(window period)가 있음 (3) 2~3주 후에 HIV 감염자의 혈청에서 HIV 외피의 당단백질을 인식하는 항체를 검출할 수 있으나, 이들 항체의 대부분은 바이러스를 완전히 통제할 수 있는 능력은 없음 (4) 일차감염은 높은 수준의 바이러스 복제, 신체 내 HIV의 파종, $CD4^+$ T세포의 파괴로 특징지어짐 (5) 일차감염단계는 CDC 카테고리 A의 일부로 초기 감염단계를 포함함. 이 단계 동안 바이러스는 림프조직에서 넓게 파종되고 남은 저장 $CD4^+$ T세포 내에서 잠복저장소가 만들어짐. 대략 40~90%의 급성적으로 HIV에 감염된 환자는 급성 레트로바이러스 증후군의 증상을 경험함(고열, 림프절병, 인두염, 피부발진 등)
	HIV 무증상 (= 무증상적 단계, 잠복기) (CDC 범주 A: $CD4^+$ 림프구 $500/mm^3$ 이상) 16 임용	(1) 바이러스 고정점에 도달했을 때, HIV 양성환자들은 만성적인 단계에 진입하고 이는 바이러스를 제거하기 위한 지대한 노력에도 면역계가 이를 대부분 제거하지 못하는 상태, 이 고정점은 환자에 따라 다양하며 질병과정 진행률로 설명함 (2) 주요 HIV 감염 합병증이 나타나기 전까지 평균 8~10년이 소요됨(평균 10년 정도 증상없이 대체로 건강한 상태), 이러한 지속적이고 만성적인 시기 동안 환자에게 약간의 증상이 나타나지만 환자는 건강하다고 느낌, 좋은 건강상태가 지속되는 이유는 $CD4^+$ T세포 수준이 다른 병원체에 대항할 정도로는 유지되기 때문임
	HIV 증상기 (= 증상발현단계, 만성감염기) (CDC 범주 B: $CD4^+$ 림프구 200~$499/mm^3$) 16 임용	(1) 시간이 지나고 $CD4^+$ T세포의 수는 점점 감소함 (2) 치료하지 않을 경우 각종 기회감염, 악성종양, 치매 등의 증상이 나타남 (3) 범주 B는 범주 C의 조건을 포함하지 않는 감염 증상이 나타나는 환자를 포함함. 이러한 상태는 다음의 조건 중 한 개를 충족시켜야 함 ① 세포 면역 결손 혹은 HIV 감염 때문에 증상이 나타남 ② HIV 감염에 의해서 발생한 합병증에 대하여 관리나 치료가 필요한 경우, 만약 환자가 범주 B로 관리된 적이 있지만, 범주 C까지 발전되지 않았고 현재 증상이 없는 대상자는 HIV 질병 단계에서 범주 B로 간주됨
	AIDS (CDC 범주 C: $CD4^+$ 림프구 $200/mm^3$ 미만)	(1) 혈액 내 $CD4^+$ T세포 수준이 200개$/mm^3$ 미만으로 떨어졌을 때, 환자는 AIDS로 진단이 됨. 100개$/mm^3$ 이하 수준일 때, 면역계는 상당히 손상을 받음 (2) 일단 환자가 범주 C에 해당되면, $CD4^+$ T세포가 치료로 재생되더라도 환자는 범주 C상태로 유지됨. 이러한 상태는 AIDS로 진단받은 것을 의미함 (3) 진행된 HIV 감염의 합병증은 빈혈이며, 빈혈은 HIV, 기회감염, 약물에 의해서도 일어날 수 있음

[HIV감염증에 의한 병태 및 T세포수와 바이러스양의 변화]

치료	(1) 아직까지 에이즈를 완치시키는 치료제나 백신은 없음 (2) 칵테일 요법 : 바이러스 증식억제, ARVs라는 역전사 효소에 작용하는 약물을 두 가지 이상 섞어 투여하는 방법, 사용되는 약물의 네 가지 주요 분류는 다음과 같음			
		분류	약물	독성
		뉴클레오시드 역전사 억제제(NRTI) : HIV RNA가 DNA로 바뀌는 과정에 연결고리가 삽입되어 DNA합성 억제	Zidovudine(ZDV)	간지방증, 유산산증, 근병증, 심장근육병증(빈혈, macrocytosis, neutropaenia), 조혈장애
			Didanosine(ddI) Stavudine(d4T)	간지방증, 유산산증, 췌장염, 근병증, 주변신경병, 조혈장애, 여성화
			Lamivudine(3TC)	조혈장애
		비뉴클레오시드 역전사 억제제(NNRTI) : HIV RNA가 DNA로 바뀌는 역전사 효소 활성 억제	Nevaripine, Efavirenz	피부 발진, 스티븐스-존슨 증후군, 간염
		프로테아제 억제제(PI) : HIV증식과정에서 바이러스 단백질이 적당한 크기로 절단되게 하는 단백질 분해 효소의 작용억제	Saquinavir Ritonavir Indinavir, Nefinavir	지방이영양증, 저혈당, 고지혈증, 간염
		Ribonucleotide reductase 억제제(RNR) : 역전사효소작용 억제	Hydroxyurea	골수억제, 구강 궤양, 간염
간호	감염의 예방 02,06,07,11 국시	① 호중구수가 500개/mm³ 이하인 환자는 저세균식이 필요 ② 엄격한 무균술의 준수 ③ 피부 통합성, 호흡기, 소화기 상태의 세심한 평가와 신체사정 ④ 건조한 피부는 로션으로 마사지 ⑤ 주삿바늘 사용 후 캡을 다시 씌우지 않음 ⑥ 성관계 시 콘돔 사용하도록 교육 ⑦ 주삿바늘, 면도기, 칫솔 따로 사용 ⑧ 단순한 피부접촉, 가벼운 키스, 포옹은 감염위험 없음 ⑨ 올바른 손 씻기와 알코올 섭취 제한에 대한 교육		
	영양상태 증진	① 식욕부진, 오심, 구내염, 연하곤란 등의 영양결핍 원인의 사정 및 섭취 개선을 위한 적절한 전략의 개발 ② 고열량, 고단백 식이, 저지방 식이를 하루 6회 제공 ③ 식전의 구강간호, 다른 사람과 식사하는 것, 즐거운 환경 만들기 등 음식 섭취를 도울 수 있는 방법을 격려 ④ 장관염 있는 경우에는 장의 휴식을 위해 구강섭취 제한 ⑤ 거칠지 않고 삼키기 쉬운 음식을 실온 정도로 제공		
	투약교육	① 정확한 간격으로 복용 ② 건너뛰거나 알약 개수를 마음대로 늘리거나 줄이지 않도록 함 ③ 적절한 식사와 수분을 섭취하도록 함 ④ 부작용이 발생하면 의사나 간호사에게 보고하도록 함		
	의사소통 증진	① 감정을 표현할 수 있게 도움 ② 여러 분야의 자원을 이용함		
	피로감소	① 1일 6~8시간의 충분한 야간 수면을 취하도록 함 ② 대상자의 활동 에너지를 보유할 수 있는 환경 조성 ③ 활동과 휴식을 교대로 할 수 있도록 일정표 계획 ④ 통증 조절함		
	압력완화	매트리스와 고임베개 사용하여 편안한 자세 취해 줌		
	물리치료	초음파, 열/냉 마사지		
	고통경감	진통제, 이완요법, 심상요법, 음악요법, 지지그룹 이용 격려, 사회적 상호작용 유지		

6 자가면역질환

정의	자가면역 [20 임용]	면역계가 자기 자신을 이물질로 인식해 면역반응을 일으키는 것
	자가면역질환	자기와 비자기를 구별하지 못한 면역계가 자기에 대한 면역반응을 일으켜 조직손상을 초래하는 질환

a. 정상적인 면역반응

항원 → 대식세포 → 체액성 면역 → 헬퍼 T세포 → B세포 → 항체, 림포카인
        → 세포성 면역 → 헬퍼 T세포 → 킬러 T세포 → 림포카인

b. 이상한 면역반응

외래항원/자가항원 → 대식세포 → 알레르기질환 → 헬퍼 T세포 → 호산구, B세포 → IgE항체, 외래항원, 비만세포, 중개자
                    → 자가면역질환 → 자가반응성 헬퍼 T세포 → B세포 → 자가항체, 자가항원

병태생리	세포표면에서 자가항체의 작용	세포나 조직의 파괴는 직접적인 항체 매개 세포 독성, 세포 표면 수용체의 장애, 보체의 활성화에 의해 발생됨
	면역 복합체의 순환과 침착	용해성 항원-항체 복합체들은 매우 작아서 모세혈관과 관절의 활액막, 세포의 기저막으로 침입하여 축적됨 [20 임용]
	감작된 T림프구의 활성화	감작된 T림프구가 림포카인을 방출하여 조직을 파괴시킴
유형 [92 임용]	단일 장기 자가면역질환	하시모토씨 갑상선염, 자가면역성 용혈성 빈혈, 자가면역성 위축성 위염, 자가면역성 뇌척수염, 자가면역성 고환염, 인슐린 의존형 당뇨병, 중증근무력증, 갑상선 기능항진증, 사구체신염, 다발성 경화증(뇌, 척수, 시신경 등 침범) 등
	다발성 경화증	① 대뇌 및 뇌간의 신경세포의 수초가 벗겨지면서 중추신경계를 침범하는 염증성 질환 ② 중추신경계의 수초탈락으로 인한 진행성 신경학적 손상
	만성사구체신염	용혈성 연쇄상구균 감염 후에 일어나는 질병으로, 신장에 침범하여 장애를 일으킴
	류마티스열	용혈성 연쇄상구균 감염 후에 일어나는 질병으로 이 균이 주로 심장혈관, 관절, 피부, 신장 등에 침범하여 여러 가지 장애를 일으킴 초기에는 fibrinoid 변성이 있고, 이어서 Aschoff body를 가진 육아종 형성으로 이행되며 심내막에서는 류마티스성 심내막염으로 판막에 fibrin 침착, fibrinoid 괴사가 나타나고 시간이 지나면서 결합조직 증식으로 바뀌어가고 판막에 변화가 많아서 판막 협착증이나 판막 부전증을 일으키기도 함
	전신성 자가면역질환	전신성 홍반성 낭창, 류마티스열, 쇼그렌 증후군, 다발성근염-피부근염, 피부경화증 등

7 이식 거부반응

정의	장기이식 시 공여자와 수혜자가 유전적으로 동일하지 않다면 수혜자의 면역계는 이식된 조직이나 기관을 항원으로 인식하고 면역학적 거부반응을 유발	
	조직적합성 항원 07,18,23 국시	수혜자와 공여자의 HLA(Human Leukocyte Antigen)을 비교 cf) HLA는 장기이식 시 자기, 비자기를 인식하는 능력이 있고 면역세포 간 제어 기능 담당. 적혈구를 제외한 모든 혈액 세포 표면에 존재

원인	(1) 장기이식 시 공여자와 수혜자가 유전적으로 동일하지 않다면 수혜자의 면역계는 이식된 조직이나 기관을 항원으로 인식 → 면역학적 거부반응 유발 (2) 급성 거부반응은 T림프구(세포매개성)의 활동에 의한 것이고, 만성 거부반응은 B림프구(체액성)에 의한 것

구분	과급성	급성	만성 11 임용
발생 시기	이식 직후~48시간 이내	일반적으로 3개월 이내, 이식 후 2년 내 발생하기도 함. 면역억제 치료 중단 시 발생	수개월 또는 수년 후
기전	• 공여자의 항원에 감작된 림프구에 의해 세포독성 항체 생성 − 이식편 조직 내의 항원에 이미 면역반응을 일으켜 항체를 이미 보유하고 있는 경우에 일어남. 이전에 수혈을 받았거나 임신병력을 갖고 있음	• 주로 세포 중개성 반응 (체액면역, 세포면역기전 모두 관련) • 수혜자가 공여자의 항원에 감작될 때 반응이 시작 − 감작된 림프구와 대식세포가 이식부위에 나타남 − 세포파괴가 급성으로 일어남	• 만성적으로 일어나는 이식 장기의 퇴화로 항체와 보체가 관여 • 혈관벽에 항체, 보체, 섬유소, 혈소판 등 축적 − 혈관이 좁아짐 − 내피손상을 보상하기 위해 조직의 증식, 괴사, 콜라겐 축적 등의 과정을 거쳐 순환을 막게 됨 → 결국 이식장기의 기능부전과 퇴화가 진행됨
병리 소견	• 육안적으로 장기에 청색증, 얼룩덜룩함, 축처짐현상 관찰 • 현미경적으로 Arthus 반응에 의한 괴사성 혈관염 관찰: 혈관내피 세포 손상, 피브린, 혈소판, 미세 혈전, 호중구 침윤, 미세동맥의 피브리노이드 괴사와 실질조직의 허혈성 괴사 관찰 • 혈관벽에 Ig과 보체가 침착되어 있음이 전자현미경과 형광현미경상에서 증명됨	• 미세동맥 내벽의 비후 • 면역글로불린, 보체 침착과 섬유모세포, 평활근세포, 포말대식구 등의 침윤과 미세동맥의 내피세포의 동심원성 증식에 의한 내강의 좁아짐과 폐쇄 등 → 실질 장기에 허혈성 손상 • 신장이식에서의 병리적 특성은 면역복합체에 의한 급성 혈관염이 일어나며 순환장애에 의한 허혈성 괴사와 침윤된 세포 독성 T림프구 작용으로 인하여 신실질 조직의 소실이 일어나 점진적인 신 기능의 부전증과 이식거부반응 발생	• 동맥 내벽의 섬유화, 실질세포의 허혈성 손상 및 위축, 간질 내 단핵구의 침윤, 형질세포, 호산구 침윤 그리고 국소 급성 혈관염 등이 관찰

유형 06 국시

구분		과급성	급성	만성 11임용

유형 06 국시	증상	• 거부반응 : 전신피로, 고열
		• 이식장기 : 국소 빈혈, 부종으로 장기의 장력을 잃고 물렁물렁해짐
		• 신장이식 : 신장은 백혈구로 가득 차게 되고, 결국 사구체 모세혈관과 동맥에서 혈전을 생성
		• 심장이식 : 심장은 단단해지고, 얼룩덜룩한 자줏빛이 됨
			• 임상증상
			  - 고열, 백혈구 증가증
			  - 요량감소나 무뇨
			  - 장기이식 부위 통증
			  - 경도의 고혈압
			• 혈액검사 : BUN, creatine 상승
			  예 정상치
			    - BUN : 8~20mg/dL
			    - Cr : 0.5~1.2mg/dL
				• 혈관 두터워지고 좁아짐 이식장기의 기능부전, 퇴화
				• 신장이식 후 : 만성거부반응 시 증상은 BUN(정상치 : 8~20mg/dL), creatine(정상치 : 0.5~1.2mg/dL) 상승과 고혈압, 체중증가, 전해질 불균형 등
				• 간이식 : 점점 간정맥이 두꺼워지고 담즙 통로가 좁아지며 점진적으로 간기능 부전이 문제가 됨
				• 췌장이식 : 혈관이 두꺼워지고 섬유화가 일어나며 인슐린 분비가 감소하여 고혈당이 나타남

	치료	• 즉시 이식장기 제거가 유일한 방법	• 즉시 면역억제제 투여
			  - corticosteroid(장기사용 시 상처치유 손상, 감정장애, 골다공증, 쿠싱양 효과가 나타날 수 있음) : 인지질용해제의 작용을 억제하여 아라키돈산이 생성되지 않게 하여 염증반응이 발생되지 않도록 함, 또한 사이토카인의 활성을 차단하여 면역억제작용을 함
			  - azathioprine(대사길항제로 RNA와 DNA 생성 방해)
			  - cyclosporin(주로 세포의 면역력, 특히 도움 T세포에 영향을 미침. 간독성과 다모증을 포함하며 신독성, 신경독성이 나타날 수 있음) 20 국시
			• 가장 먼저 methylprednisolone succinate(solumedrol)를 정맥주입
			• 급성 거부반응이 반복되면 영구적인 조직손상을 초래할 수 있음. 속히 진단하면 치료가 가능함
				• 이식 거부반응 약물(면역억제제, 스테로이드) 사용 : 면역억제제는 무기한으로 평생 계속 투여함. 이를 갑자기 중단하면 강력한 거부반응이 나타날 수 있음
				• 진행과정 지연 가능
				• 일반적으로 치료는 성공적이지 못함

- 사이클로스포린(cyclosporin)

기전	보조 T림프구에 선택적으로 작용하여 거부반응 예방에 중요한 역할을 함. 그러나 골수기능을 억제하지 않음
부작용	간독성, 다모증, 신독성, 신경독성 증상으로 손발 떨림, 잇몸 비후와 출혈, 감염위험성 증가 등
주의사항	① 투약 시 치료적 농도를 유지하고 독성 농도를 감지하기 위해 혈중 약물농도를 모니터해야 함. 혈액 내 약물 농도가 너무 낮으면 장기이식 거부반응이 나타날 수 있고, 농도가 너무 높으면 신장손상, 고혈압, 떨림, 고지혈증 등의 독성증상이 나타날 수 있음 ② 치료시작과 함께 매일 또는 1주일에 2~3회씩 혈중 약물 농도검사를 시행하고, 약물의 용량이 결정되고 문제가 없다면 1~2개월에 한 번씩 정기검사 실시

04 종양간호

영역	기출영역 분석			페이지
종양에 대한 이해	악성종양의 특징 : 피막, 전이, 유사분열, 성장양식, 성장속도 `1996`			407
	암의 예방 : 전립선암 종양 표식자, 국가암 검진사업 `2014, 2019, 2023`			415
종양치료법	항암 화학요법	사이클로포스파마이드 약리기전, 효과, 부작용, 부작용 예방 및 관리법 `2013`		418
		간호	화학요법을 받고 있는 환자 간호중재	머리감기, 식이, 피임여부, 예방접종, 구내염 등 `2009`
			위암으로 위 절제술 후 화학요법 후 건강문제	구내염, 피부 모발 상태, 임상검사 결과해석 (백혈구, 혈소판, 알부민, 소변분석 검사 내 백혈구) `2010`
	방사선 요법	피부간호 : 표시부위 관리, 관찰내용, 청결관리 `2012`		425
	수술요법			427

✓ 학습전략 Point

1st	암환자 치료	항암화학요법, 방사선 요법의 구체적 치료방법과 기전, 간호방법을 학습한다.
2nd	암 예방법	구체적인 1차·2차·3차 예방법을 학습한다. 또한 관련 법(암 예방법 등)의 세부내용도 학습한다.

종양간호

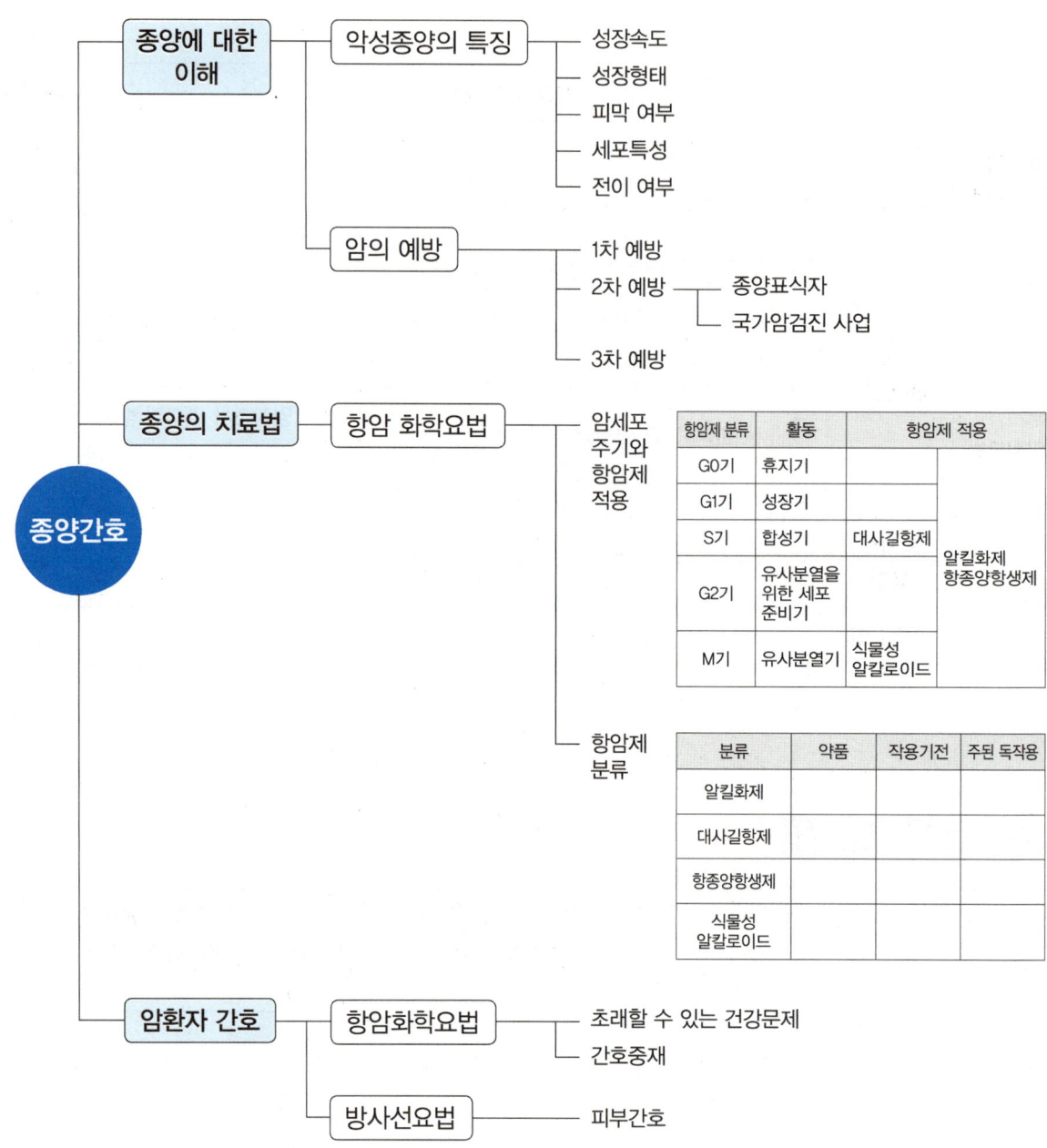

96-32. 〈보기〉에서 악성종양의 특징을 모두 고르면?

〈보기〉
- ㉠ 피막이 있다.
- ㉡ 일반적으로 전이된다.
- ㉢ 유사분열이 왕성하다.
- ㉣ 성장양식이 확장성이다.
- ㉤ 성장양식이 침윤성이다.
- ㉥ 성장속도가 비정상적으로 빠르거나 느리다.

15-05. 다음은 보건교사와 김 교사(남, 57세)의 대화 내용이다. 밑줄 친 ㉠에 해당하는 검사명과 ㉡에 해당하는 종양 표지자의 명칭을 순서대로 쓰시오.

김 교사: 제가 요즘 화장실에 자주 가는데, 소변이 예전처럼 잘 나오지 않고, 소변볼 때 통증이 있어서 힘들어요. 혹시 전립선암이 아닌가 걱정이 되어 검사를 해 보고 싶은데 병원에서 간단하게 할 수 있는 검사가 있나요?

보건교사: 병원에 가시면 의사가 ㉠촉진을 통해 전립선의 크기나 단단함의 정도를 직접 확인할 것입니다. 이는 전립선이 해부학적으로 직장벽과 가깝기 때문에 가능한 검사입니다. 또한 ㉡혈액검사를 통해 전립선과 관련된 의미 있는 종양 표지자를 확인할 수 있습니다. 그러나 문제가 있는 경우에 초음파 및 CT 등의 추가 검사를 받을 수도 있으니 담당 의사와 잘 상의하시기 바랍니다.

09-26. 암 진단 후 화학요법을 받고 있는 환자를 위한 간호중재로 옳은 것을 〈보기〉에서 고른 것은?

〈보기〉
- ㉠ 머리를 자주 감아서 감염을 예방한다.
- ㉡ 고단백 식이로 적혈구 생성을 촉진한다.
- ㉢ 화학요법 중에는 월경이 없을 수 있으나 피임은 계속하라고 교육한다.
- ㉣ 절대호중구수가 1,000/mm³ 미만인 환자는 최근에 수두 예방접종을 받은 아동과의 접촉을 피한다.
- ㉤ 구강 통증이 심할 경우 아스피린을 투여하여 통증을 완화한다.

19-A6. 다음은 ○○중학교 건강 게시판 내용의 일부이다. 괄호 안의 ㉠, ㉡을 순서대로 쓰시오.

건강 게시판

우리가 알아야 할 국민 암 예방 수칙

1. 담배를 피우지 말고, 남이 피우는 담배 연기도 피하기
2. 채소와 과일을 충분하게 먹고, 다채로운 식단으로 균형 잡힌 식사하기
3. 음식을 짜지 않게 먹고 탄 음식을 먹지 않기

… (중략) …

9. 발암성 물질에 노출되지 않도록 작업장에서 안전 보건 수칙 지키기
10. 암 조기 검진 지침에 따라 검진을 빠짐없이 받기

〈암의 종류별 검진 주기와 연령 기준 및 검사 항목〉

암의 종류	검진 대상	검진 주기	검사 항목
위암	40세 이상의 남·여	2년	1. 위내시경 2. 조직검사 3. 위장조영검사
간암	40세 이상의 남·여 중 간암 발생 고위험군	6개월	1. 간초음파 검사 2. 혈청알파태아 단백 검사
(㉠)암	50세 이상의 남·여	1년	1. (㉡) 2. (㉠)내시경 검사 3. 조직검사 4. (㉠)이중조영 검사
유방암	40세 이상의 여성	2년	1. 유방촬영
자궁경부암	20세 이상의 여성	2년	1. 자궁경부 세포 검사

* 암의 종류별 검진 주기와 연령 기준: 암관리법 시행령 제8조[대통령령 제28206호, 2017. 7. 24., 타법개정]
* 검사 항목: 암검진 실시 기준[보건복지부고시 제2018-1호, 2018. 1. 2., 일부개정]

23-A3. 다음은 보건교사와 동료교사의 대화 내용의 일부이다. 밑줄 친 ㉠의 검사항목 명칭과 괄호 안의 ㉡에 들어갈 발생부위를 순서대로 쓰시오.

동료교사: 선생님, 제 건강검진 결과가 나왔는데 궁금한 것이 있어서 왔어요.
보건교사: 결과가 어떻게 나왔나요?
동료교사: 다른 검사는 모두 정상이라는데 자궁경부암 검사에서 이상이 있다고 나왔어요. 암이라는 건가요?
보건교사: ㉠암 검진 기준에 있는 자궁경부암 검사항목을 말씀하시는 거죠? 그 검사에서 이상이 있다는 것이 곧 자궁경부암이라는 뜻은 아니에요.
동료교사: 그래도 걱정이 되네요. 자궁경부암은 주로 어디에서 발생하나요?
보건교사: 자궁경부는 내자궁경부와 외자궁경부로 이루어져 있는데 이 둘을 덮고 있는 세포들이 만나는 지점인 (㉡)에서 자궁경부암이 잘 발생해요.

… (하략) …

※ 근거: 암검진 실시기준[보건복지부고시 제2021-355호, 2021. 12. 30., 일부개정]

23-B11. 다음은 보건교사가 작성한 보건교육 자료의 일부이다. 〈작성 방법〉에 따라 서술하시오.

주제	유방암 예방 및 관리	대상	교사 ○○명
		장소	교직원 연수실

교육 목표	○유방암의 위험요인과 발생부위를 설명할 수 있다. ○유방암의 예방 및 관리 방법을 설명할 수 있다.

단계	교육 내용	시간
도입	○동기 유발: 유방암에 대한 퀴즈	5분
전개	1. 유방암 위험요인 및 발생 부위 　1) 위험요인 　　- 가족력, 자궁암이나 난소암 등의 병력 　　- 이른 초경 또는 늦은 폐경 　　- 출산 경험이 없거나 30세 이후 첫 출산 　　… (중략) … 　2) ㉠ 발생부위 2. 유방암 예방 　1) 건강검진 　　- 40세 이상 여성은 2년마다 (㉡)을/를 실시함. 　　… (중략) … 3. 유방암 치료 및 관리 　1) 약물요법 　　- 항암화학요법 　　- 호르몬요법: ㉢ 타목시펜(tamoxifen), 아로마타제 등	30분

〈작성 방법〉
- 밑줄 친 ㉠에서 가장 많이 발생하는 부위의 기호를 그림의 A~E 중에서 제시하고, 그 이유를 서술할 것.
- 암검진 실시기준[보건복지부고시 제2021-355호, 2021. 12. 30., 일부개정]에 근거하여 괄호 안의 ㉡에 들어갈 검사항목 명칭을 제시할 것.
- 밑줄 친 ㉢의 약리기전을 서술할 것.

13-25. 다음은 유방암 수술을 받고 퇴원한 K 교사(여, 45세)가 보건교사와 상담한 내용이다. (가)~(마) 중 옳은 것만을 있는 대로 고른 것은?

K 교사 : 1주일 전 병원에서 항암제를 처방받았어요.
보건교사 : 어떤 항암제인데요?
K 교사 : 처방전에 사이클로포스파마이드(Cyclophosphamide : Cytoxan)라고 쓰여 있었어요.
보건교사 : (가) 사이클로포스파마이드는 대사길항제 항암제입니다.
K 교사 : 그게 뭔데요?
보건교사 : (나) 사이클로포스파마이드는 세포 주기의 모든 단계에서 암세포를 죽이는 약물로, (다) DNA와 RNA의 단백질 합성을 방해하는 항암제예요. (라) 심각한 부작용으로 출혈성 방광염이 나타날 수 있습니다.
K 교사 : 부작용이 생기지 않도록 하려면 어떻게 해야 하나요?
보건교사 : 우선, (마) 그 약을 드시는 중에는 평소보다 물을 많이 드세요.

12-02. 방사선 치료를 받고 있는 암환자와 간호사의 대화내용 (가)~(라) 중 옳은 것만을 있는 대로 고른 것은?

환　자 : 방사선 치료를 받고 있는 부위의 표시는 지워도 되나요?
간호사 : (가) 그 표시는 치료부위를 나타낸 것이기 때문에 지우면 안됩니다. 그리고 표시부위를 매일 관찰해야 합니다.
환　자 : 무엇을 관찰해야 하나요?
간호사 : (나) 피부가 빨갛게 되거나 벗겨지고 피부색이 변하는 등의 피부 부작용이 나타나는지를 관찰하고 관리해야 합니다.
환　자 : 그럼 방사선을 쪼이는 피부 부위는 어떻게 관리해야 하나요?
간호사 : 그 부위는 항상 건조하고 청결하게 유지해야 합니다. 씻을 때 (다) 약한 비누로 부드럽게 씻고 충분히 헹군 후 살살 두드리면서 말리세요. 그리고 (라) 피부를 건강하게 하고 뼈도 튼튼하게 하기 위해 매일 햇볕을 쪼이세요.

10-29. 보건교사가 김 교사를 면담한 뒤 작성한 간호 조사지와 병원검사 결과지이다. 밑줄 친 자료 (가)~(바)를 근거로 설정한 실제적 문제로 옳은 것을 〈보기〉에서 모두 고른 것은?

〈간호 조사지〉
작성일 : 2009. 10. 16.
○ 성명 : 김**
○ 연령 : 55세
○ 성별 : 남성
○ 현재 병력 : 위암 진단 후 위절제술 받음. 1차 보조적 화학 요법 후 10일째 되었음.
○ 투약 상태 : 현재 투약 중인 약물은 없음.
○ 활력 징후 : 혈압 120/85mmHg, 맥박 79회/분, 체온 36.8°C(액와 측정), 호흡 17회/분
○ 체질량 지수(BMI) : 22kg/m²
○ (가) 주 호소 : 구강이 헐고, 통증이 심함, 목젖이 붓고, 쉰 목소리가 남.
○ (나) 피부·모발 상태 : 탈모가 심하여 가발 구입처를 궁금하게 여김.
○ 식이 섭취 상태 : 소화가 용이하고, 자극이 적은 음식을 소량씩 자주 먹고 있음. 탄수화물이 많이 포함된 음식을 피하고 있으며, 식사 직후 눕지 않음.
○ 배설 상태 : 설사나 변비 없음. 배뇨 장애 없음.

〈병원 검사 결과지〉
성명 : 김**   날짜 : 2009. 10. 15.
〈총 혈구수(CBC) 검사〉
○ 헤모글로빈 14.5g/dL
○ 적혈구 4,400,000개/mm³
○ (다) 백혈구 1,350개/mm³, 호중구 40.5%
호염구 3.1%, 호산구 0.2%
림프구 50.1%, 단핵구 6.1%
○ (라) 혈소판 200,000개/mm³

〈일반 화학 검사〉	〈소변 분석검사 (UA)〉
○ 총단백질 7.5g/dL	○ 요비중 1.021
○ (마) 알부민 4.3g/dL	○ (바) 백혈구 1개
	○ 적혈구 없음.

── 〈보기〉 ──
㉠ (가) - 구강점막 손상
㉡ (나) - 신체상 장애
㉢ (다) - 골수기능 저하
㉣ (라) - 출혈
㉤ (마) - 영양 결핍
㉥ (바) - 요로 감염

1 악성종양의 특징

1 정상세포의 특성

세포 분열	정상조직을 만들 때, 손상조직을 대체할 때에 세포분열을 함
세포자연사	정상세포의 수명은 정해져 있음
구체적인 형태	각 세포는 모양과 크기가 다름
낮은 핵-세포질 비율	세포 내에서 핵이 차지하는 공간이 적음
분화기능	최소한 한 가지의 특정기능을 가지고 있어 인체균형 유지
세포 간 밀착	세포 표면에 분비된 단백질이 세포를 단단히 밀착시켜 견고하게 묶어줌
이동불가	견고하게 묶여서 다른 조직으로 들어가지 않음
질서와 조화 속에서 성장	신체상태가 세포분열에 적합할 때 정상 세포분열
접촉억제	한 세포가 다른 세포 표면에 직접 접촉하게 되면 세포분열이 일어나지 않음
정배수체	인체의 염색체 수는 23쌍, 각 성숙세포는 특정 모양과 기능을 가짐

2 세포변성의 종류 🔊 비과화행

종류	정의	예
비대	• 세포가 원래의 기능을 유지하면서 크기가 증가하는 것 예 대동맥 혈류장애나 고혈압 등에서 심장박출 시 심근의 수축력이 증가되어야 조직의 산소요구량을 채울 수 있으므로, 또 세포의 크기가 증가함에 따라 환경변화에 적응하고 점차 심장의 크기가 증가함. 즉 심장비대가 일어남	근육세포 크기 증가, 대동맥 혈류장애나 고혈압 등에서 심장박출 시 심근수축력이 증가되어야 조직의 산소요구량을 채울 수 있으므로 세포 크기가 증가됨
과형성	• 세포의 분열이 일어나 세포수가 증가하는 것	임신기간 동안 유방 상피세포 증가
화생	• 한 가지 유형의 성숙한 세포가 다른 유형의 새로운 성숙한 구조 또는 형태로 전환되는 것 • 가역적인 변화이며 주로 상피에서 관찰됨 예 자궁내경부 원주상피가 만성 염증에 의해 편평상피로 변하는 편평상피화생이 일어남. 근육조직에 심한 외상 후 치유되면서 근조직은 재생이 안 되는 조직이므로 섬유모세포의 증식으로 대치되는데 이 과정에서 섬유모세포의 일부가 골이나 연골조직이 화생되기도 하는데 이를 화골성 근염이라고 함	호흡기의 원주상피세포가 편평상피세포로 전환
퇴행성	• 종양세포의 분화가 결핍된 것, 높은 수준의 분화에서 낮은 수준으로 역전환 또는 역분화하는 것	특정 종양세포를 악성이라고 판정할 수 있는 여러 형태학적 소견 중의 하나
종양 형성	• 비정상적 세포 변화와 함께 새로운 세포가 성장하는 것	악성종양
이형성	• 분화와 성숙 모두에 이상이 나타나는 것으로 크기, 모양, 핵과 세포배열의 규칙성이 소실되는 것 • 상피세포가 커지고, 세포의 크기와 모양이 불규칙할 뿐만 아니라 핵의 염색상도 변하여 핵은 농염되고 세포배열의 규칙성이 소실되는 현상 예 자외선으로 인하여 표피의 편평상피가 비정상적으로 증식하는 피부의 전암성 병변인 광선과각화증과 편평상피화생이 일어난 기관지나 자궁경부 상피에서 흔히 관찰됨	자궁경부암 직전의 변화

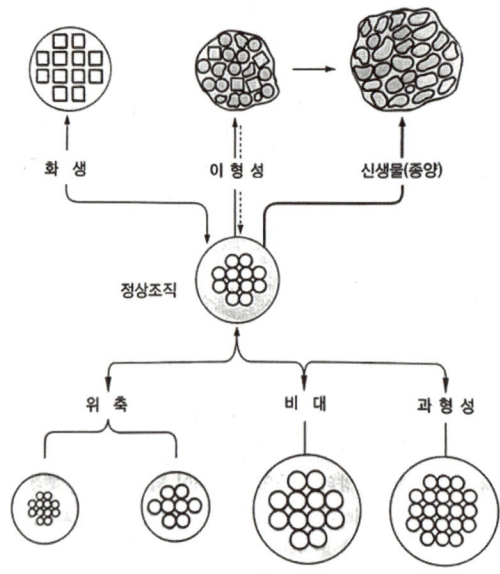

3 암의 유발요인

암 유전자 활성화	(1) 원암 유전자가 암 유전자로 활성화되는 것 (2) 정상세포가 어떤 암 개시자에 노출되었을 때 돌연변이가 일어나서 원암 유전자를 만듦 (3) 정상유전자인 원암 유전자는 방사선 조사, 화학물질, 바이러스 등에 의해 활성화되면 악성상태로 전환됨		
환경적 암 유발요인	화학물질	① 무기·유기 공업화합물, 약제, 기타 화학물질이 발암물질로 작용함 ② 인간에게 암을 일으키는 것으로 알려진 발암성 화학물질 중 몇 가지는 다음과 같음	
		직업 / 암 발생부위 / 의심 또는 원인되는 물질	
		비소살충제를 사용하는 작업 / 폐, 피부 / 비소(arsenic)	
		단열재, 석면함유제품 제조 / 폐, 흉막, 복막 / 석면(asbestos)	
		기름(석유)생산 관련 근로자 / 피부, 음낭 / 방향족탄화수소(hydrocarbon)	
		크롬금속 도금 / 폐 / 크롬	
		조선, 자동차 산업 근로자 / 폐, 흉막, 복막 / 석면	
		비닐기(vinyl기)를 포함한 생산물 염료 제조, 사용 / 간, 방광 / 염화비닐(vinyl chloride)	
		가스(gas) 관련 근로자 / 폐, 방광, 음낭 / 2-나프틸아민(naphthylamine)	
		고무 제조, 타이어 제조 / 백혈병 / 벤젠(benzene)	
		가죽신발 제조, 수선 / 코, 백혈병 / 가죽, 분진, 벤젠	
		직물, 방적공 / 피부 / 광물성기름(첨가제, 불순물)	
	물리적 요인	방사선	과도하게 노출될 경우, 방사능 물질에 노출되면 백혈병, 다발성 골수종, 폐암, 뼈의 암, 유방암, 갑상샘암 등의 발병률이 높아짐
		만성자극이나 염증	세포를 손상시켜 비정상적인 세포분화를 일으키게 함
	바이러스	B형간염 바이러스	간암으로 진행되는 경우가 많음
		사람유두종 바이러스	자궁암의 발생과 관련이 있음
	음식	짠 음식·절인 음식·불에 태운 음식	위암발생의 위험인자
		동물성지방이나 포화지방산이 많은 음식	대장암의 발생요인
	성생활	어린 나이부터 성생활을 했거나 성 상대자가 여러 명이었거나 고위험 대상자이면 자궁경부암 발생위험이 높음	
	사회심리적 요인	사랑하는 사람이 죽거나 생활의 변화, 성격이 암의 발생과 관련 있다고 함	
암의 종류별 유발요인	위암	화학적 발암물질	유기물(특히 질산염 함유물)
		헬리코박터 파이로리균	정기검진으로 예방
	폐암	① 흡연자는 비흡연자에 비해 폐암 발생률이 15~80배 높음 ② 석면, 방사선, 라돈, 기타 중금속 물질, 공해 등에 노출	
	간암	① B형간염 바이러스 감염률이 높은 지역 거주 → 예방접종으로 예방 ② C형간염 바이러스 보유자가 50배 위험 ③ 알코올성 및 대사성 만성 간질환	
	대장암	① 5%는 유전에 의해 발병 ② 고칼로리, 동물성 지방식이	
	유방암	① 5~10%는 유전에 의해 발병 ② 이른 초경, 늦은 폐경 ③ 30대 이후 초산	
	자궁경부암	① 여러 명의 남성과 성관계하는 여성 ② 여러 명의 여성과 성관계를 가진 배우자를 둔 여성 ③ 사람유두종 바이러스 감염 ④ 흡연여성	
	전립샘암	① 60세 이상 ② 고지방식이	

- 발암유발물질

1. 분류(국제암연구소, IARC)

Group 1		발암성 물질 확실
Group 2	2A	발암물질 가능성 높음
	2B	발암물질 가능성 있음
		발암물질 미분류
Group 3		비발암성 물질

2. 독소원인(국제암연구소, IARC)

독소의 원인	분류		발암유발물질
음식독소	1		햄이나 소시지 같은 가공육, 알코올 음료, 젓갈류, 그을음, 아플라톡신, 헬리코박터 파이로리균, 소금에 절인 생선, 간디스토마 등
	2A		소나 돼지고기 등 붉은 고기의 과다섭취, 튀긴 음식 등
	2B		야채절임, 김치 등
	3		카페인, 커피, 사카린
과로독소	2A		교대근무(수면장애), 야근
환경독소	1	환경호르몬 독소	에스트로겐 호르몬, 에스트로겐 치료제, 중성자 방사능, 용접, 벤조피렌, 석탄 등
		중금속 독소	미세먼지, 흡연, 간접흡연, 석면, 라돈, 벤젠, 톱밥, 플로늄, 가죽먼지 등
		광선	햇볕(자외선, UV), 엑스방사선, 감마방사선 등
		의약품 과다복용 - 항암제	사이클로포스파마이드, 타목시펜, 부설판 등
		의약품 과다복용 - 진통제	페나세틴
		의약품 과다복용 - 기타	경구피임약, 사이클로스포린 등
		바이러스	B형간염 바이러스, C형간염 바이러스, 엡스타인 바이러스, HIV, 사람유두종 바이러스

④ 발암 현상

정의			악성세포로의 변환과정으로 발단기 – 증진기 – 진행기 과정을 통하여 이루어짐
단계	발단기		① 발암물질인 화학적·생물학적·물리적 인자가 세포 내 핵으로 들어와 DNA의 분자구조를 바꾸어 정상세포를 암세포로 변하게 함 ② 순수 발암물질은 세포유전자의 돌연변이를 일으키는데, 이를 개시자라고 부름
	증진기		① 정상세포가 발암물질로 인해 암세포의 특성을 갖게 되고, 성장이 빨라지면 종양을 형성함 ② 발단이 된 세포의 성장을 촉진시키는 물질을 촉진자라고 하는데, 여기에는 호르몬, 약물, 화학물질 등이 있음
	진행기		① 종양세포는 계속 분열하면서 원래의 발단이 된 암세포와는 또 다른 일련의 새로운 악성세포를 만들게 됨 ② 정상세포에서 변형되어 만들어진 종양을 원발성 종양이라고 함. 그 종양은 확산되어 다른 부위로 전이될 수 있음

[암 전이의 4가지 경로] 04 국시

경로		설명
직접 확산		① 암에서 나오는 효소에 의해 인접해 있는 주위 조직으로 침습함 ② 초기에는 근육이나 결체조직이 장벽역할을 하여 암세포의 침입을 저지하나 시간이 지나면서 암세포가 주위 조직으로 퍼짐
원거리 전이	혈행성 전이	① 혈관에 큰 구멍을 내는 효소로 인해 암세포가 혈관 내로 들어와 전신으로 순환함 ② 악성종양은 증식하면서 그 크기가 어느 한계에 이르면 혈류로 떨어져 나감
	림프성 전이	① 혈행성 전이와 같은 과정으로 일어남 ② 암세포로 형성된 미세한 색전이 림프계를 통하여 다른 부위로 이동하여 증식함 ③ 혈행성 전이보다 늦지만 주위 림프절의 비대로 전이된 것을 먼저 알 수 있기 때문에 아주 중요함
착상 혹은 이식성 전이 (= 파종)		① 종양세포들이 장막을 뚫고 체강 내의 장액을 통해 장막 표면 여러 부위에 씨앗을 뿌려놓은 것처럼 여러 속립성 소결절을 형성하는 것 ② 복강 내 장기, 즉 위장관이나 간 및 난소에서 발생한 암종에서 자주 관찰됨 ③ 드물게 의료기구나 장갑을 낀 손에 의해서 종양세포들이 옮겨지는 이식성 전이가 있음

5 암의 분류와 단계

종양의 분류	양성종양	상피표면에서 생기는 유두종(papilloma)과 점막에서 생기는 용종(polyp)으로 분류함 다른 양성종양은 발생 부위를 나타내는 접두어와 결합된 'oma'로 표현함		
	악성종양	일반적으로 발생조직에 따라 기형종, 암종(carcinoma), 육종(sarcoma), 근육종양, 신경세포종양 및 혈액조직종양(leukemia)으로 분류함		
		기형종	악성종양이 배아조직의 3가지 모든 유형(내배엽, 중배엽, 외배엽)을 함유할 때	
		암종	① 상피조직 표면에 발생하는 것을 편평상피암, 실질조직이나 선조직에서 발생하는 암종은 선암(Adenocarcinoma)이라고 함 ② 이는 림프조직을 통해 먼저 전이되고, 후에 혈액이나 혈관을 통해 전이됨	
		육종	① 뼈, 혈관, 연골, 근육, 지방조직, 신경조직 등과 같은 결체조직에서 발생하는 악성종양 ② 먼저 혈액을 통해 전이되고, 림프계를 통한 전이는 드묾	
		혈액암	① 백혈병, 다발성 골수종 등이 포함됨 ② 혈액과 조혈기관에 산만하게 증식하여 혈액 내에 전반적으로 흩어짐	

[암종과 육종의 비교]

차이점	암종	육종
정의	상피세포에서 구성된 암의 형태로 피부, 자궁 또는 유방과 같은 장기를 덮거나 연결하는 조직에서 주로 발생	연골, 골격, 근육이나 지방과 같이 지지조직이나 연결조직에 발생하는 암
기원	상피조직	결합조직
생물학적 특징	악성	악성
빈도	흔함	상대적으로 드묾
호발 전이 경로	림프행성	혈행성
호발 나이	50세 이상에서 호발	50세 미만에서 호발

암의 진행단계(병기)의 등급과 단계 05,12,14 국시

TNM staging 분류 체계 (원발 종양의 범위, 림프절 전이의 정도, 원격전이 유무에 따라 숫자로 표시함)

국제암연합(International Union Against Cancer, IUAC)와 미국 암연합(Ammerican Joint Commitee on Cancer, AJCC)은 TNM 분류체계를 활용함. 활용목적은 치료결정을 돕고, 예후정보를 제공하는 데 사용할 수 있는 위치-특이 암에 대한 범주를 만드는 것임

TNM 병기		정의
T병기 (종양의 크기, 침범 부위)	T_X	종양이 발견되지 않음
	T_0	원발성 종양의 증거 없음
	TIS	상피내암
	T_1, T_2, T_3, T_4	종양의 크기와 침범 부위 정도가 증가
N병기 (국소 림프결절 침범 정도)	N_X	국소림프결절 침범이 발견되지 않음
	N_0	국소림프결절이 정상임
	N_1, N_2, N_3, N_4	국소림프결절 침범이 있고 정도가 증가
M병기 (원거리 전이 정도)	M_X	원거리 전이를 사정할 수 없음
	M_0	원거리 전이가 없음
	M_1	원거리 전이가 있음

암의 단계

암의 병기를 정하는 것이 암 확진의 첫 단계임

Stage I (T_1, N_0, M_0)	① 종양이 원발장기에 국한된 상태 ② 수술로 절제 가능함 ③ 림프절 혹은 혈관성 전이가 없어 생존율이 가장 높음
Stage II (T_2, N_0-N_1, M_0)	① 주위 조직이나 근접 림프절에 국소 전이된 상태 ② 수술이 가능하고 절제가 가능하나 완전 절제는 불확실함 ③ 피막 혹은 림프샘에 미세 침범의 증거가 있으며 생존율은 약 50±5%임
Stage III (T_3, N_2, M_1)	① 뼈와 더 깊은 조직에 침범하여 고정되어 있는 광범위한 1차성 종양으로 림프절에 침범한 증거가 있음 ② 수술은 가능하나 절제할 수 없음 ③ 육안적으로 병변이 남아 있어 생존율은 20±5%임
Stage IV (T_4, N_3, M_1)	① 국소부위나 장기는 물론 원격전이의 증거가 있음 ② 거의 수술이 불가능함 ③ 생존율은 5% 정도로 희박함

⑥ 비정상 세포 특성

	양성종양 세포	악성종양 세포
세포성장	지속적이거나 부적절한 세포성장	지속적이며 빠른 세포분열
형태	정상세포의 구체적인 형태를 보유하고 있어 원래조직과 비슷함	미분화 형태, 세포막은 종양특수 항원이라는 특수 단백을 함유함
낮은 핵-세포질 비율	정상세포와 같음	암세포는 핵이 크고, 세포 자체는 작기 때문에 핵의 비율이 큼
분화기능	정상조직과 같으며, 분화기능도 같음	정상세포가 가지고 있던 모양과 분화기능 상실
세포 간 밀착	섬유결합소를 분비하여 양성종양 세포끼리 단단히 밀착, 양성종양 주위는 섬유성 결체조직으로 둘러싸여 있음	세포의 응집력 저하, 암 세포막은 세포시멘트인 섬유 결합소(fibronectin)를 적게 생성하여 느슨함
이동 여부	양성조직은 다른 조직을 침범하지 않음	침습·전이 가능
질서와 조화 속 성장 여부	정상세포 성장형태로 과형성을 하며, 성장이 계속되지만 성장률은 정상	접촉억제가 일어나지 않음, 지속적으로 세포분열을 함
정배수체	23쌍의 염색체로 정배수체	염색체가 23쌍 이하거나 이상이 됨, 염색체 이상이 흔히 발생

⑦ 양성종양과 악성종양의 특성 비교 03,07,11,13 국시

특성	양성종양	악성종양 96 임용
성장 속도	• 천천히 성장함 • 일반적으로 수술로 제거하지 않는 한 생존하는 동안 계속 성장함 • 관해기를 가짐	• 일반적으로 빠르게 성장함 • 생존하는 동안 무자비하게 성장하는 경향이 있음 • 거의 드물게 신생물이 자연적으로 퇴화함
성장 형태	• 피막에 싸여 있어서 커지고 팽창하면서 성장함. 병소 자체가 확장성으로 성장함 • 항상 국소적으로 남아 있음. 절대 주위 조직으로 침윤하지 않음	• 주위 조직에 침윤하면서 성장함 • 피막에 싸여있지 않아서 성장이 침윤성임. 확장성으로 신체 여러 곳에서 발생함 • 국소적으로 남아 있지만 주로 다른 조직으로 침윤함

특성	양성종양	악성종양 96 임용
피막	• 거의 섬유성 피막에 싸여 있음 • 피막이 신생물의 팽창을 막지 못하지만 침윤에 의한 성장은 막음 • 피막에 싸인 종양은 수술로 제거할 수 있으므로 피막은 장점이 있음	• 피막 안에 있지 않음 • 피막이 없으면 신생물성 세포가 주위 조직으로 침범이 가능함 • 종양을 수술로 제거하기 어려움
세포특성	• 일반적으로 분화가 잘되어 있음 • 유사분열 형태가 없거나 빈약함 • 성숙세포 • 성형세포는 없음 • 세포기능이 원발 부위 정상세포에 비해 좋지 않음 • 선 조직에 발생한 신생물은 세포에서 호르몬을 분비함	• 일반적으로 분화가 잘 안되어 있음 • 정상 및 비정상 유사분열 형태가 많이 존재함 • 성형 경향이 있음(예 미숙하고 배아기 형태) • 세포가 생리학적 기능을 수행하기에는 너무 비정상임 • 간혹 선 조직에 발생한 악성종양은 호르몬을 분비함
재발	• 수술로 제거하면 재발은 극히 드묾	• 수술로 종양세포가 주위 조직으로 퍼지므로 수술 후 재발이 일반적임
전이	• 절대 발생하지 않음	• 전이가 매우 일반적임
신생물의 영향	• 발생한 부위의 조직을 압박하거나 중요한 장기를 폐쇄시키지 않는다면 숙주에게 해를 끼치지 않음 • 악액질(체중감소, 쇠약, 빈혈, 허약감, 소모성)이 발생하지 않음	• 항상 숙주에 유해함 • 수술로 제거하거나 방사선이나 화학요법으로 파괴시키지 않으면 사망할 수 있음 • 외관 손상, 중단된 장기기능, 영양불균형 초래 • 궤양, 패혈증, 천공, 출혈, 조직 괴사를 초래할 수 있음 • 항상 악액질이 발생하며, 대상자는 쉽게 폐렴, 빈혈 그 밖의 상태가 됨
예후	• 매우 좋음 • 종양은 주로 수술로 제거함	• 세포의 종류와 진단의 신속함에 달려 있음 • 세포의 분화가 좋지 않거나 전이된 것으로 판단되면 예후는 좋지 않음 • 세포가 정상세포와 닮았고, 전이의 증거가 없다면 예후는 좋음

2 암의 예방

예방수준		내용	
1차 예방	정의 19 임용(지문)	암 발생을 예방하고 현재의 건강을 유지·증진시키는 일차 예방을 위해 개인의 생활양식을 변화시키고 발암물질에 노출되지 않도록 하는 것	
	암 예방을 위한 권장 사항 (대한암협회, 1992) 19 임용(지문)	① 편식하지 말고 영양분을 골고루 균형 있게 섭취할 것 ② 황록색 채소위주로 과일 및 섬유질을 많이 섭취할 것 ③ 우유와 된장의 섭취 권장함 ④ 비타민 A, 비타민 C, 비타민 E의 적당량 섭취할 것 ⑤ 표준체중 유지, 과식하지 말고 지방질 적게 섭취할 것 ⑥ 너무 짜고 매운 음식과 너무 뜨거운 음식은 삼갈 것 ⑦ 불에 직접 태우거나 훈제한 생선과 고기는 삼갈 것 ⑧ 곰팡이가 생기거나 부패한 음식은 피할 것 ⑨ 술은 과음하지 않으며 자주 마시지 말 것 ⑩ 담배를 금할 것(담배를 피우지 말고, 남이 피우는 담배연기를 피하기) ⑪ 태양광선 특히 자외선에 과다하게 노출되지 않도록 할 것 ⑫ 적당한 운동을 하되 과로는 피할 것 ⑬ 스트레스는 피하고 기쁜 마음으로 생활할 것 ⑭ 목욕이나 샤워를 자주하여 몸을 청결하게 할 것	
2차 예방 14 국시	정의 19 임용(지문)	암 발생 고위험집단을 대상으로 암 조기발견의 중요성을 인식시키고 암 검진에 적극적으로 참여, 암 관련 자각증상이 있을 때 초기에 병원에 방문하여 조기발견 및 치료를 하는 것	
	진단검사	종양표식자 검사	종양표식자 / 관련 암
			CEA / 유방암(CEA, CA 15-3), 폐암, 소화기관(췌장암, 대장암, 위암)
			CA 19-9 / 췌장암, 대장암, 위암
			PSA / 전립선암(전립선 특이항원) 15 임용
			CA 125 / 난소암
			AFP / 간암, 고환암
			β-HCG / 고환암, 융모상피암
			Calcitonin / 갑상선 수질암
		세포검사	① 종양과 접촉하는 체액이나 분비물 속에서 종양세포 유무를 검사하는 방법으로 임상증상이 나타나기 전에 종양 발견이 가능한 검사 ② 기관지, 복강, 흉막강, 관절강, 자궁경부 등의 체액을 이용하여 세포검사를 시행함
		생검	① 조직의 일부를 떼어내서 현미경으로 암세포를 직접 확인하는 검사 ② 절제생검, 절개생검, 흡입 생검 등의 방법이 있음
		기타	초음파, 방사성 동위원소 검사, PET, CT, MRI 등

2차 예방 14 국시	암의 9가지 위험신호 (대한암협회)		① 위 : 상복부 불쾌감, 식욕부진 또는 소화불량이 계속될 때 ② 간 : 우상복부 둔통, 체중 감소 및 식욕 부진이 있을 때 ③ 폐 : 계속되는 마른 기침이나 가래에 피가 섞여 나올 때 ④ 자궁 : 이상 분비물 또는 비정상적인 출혈이 있을 때 ⑤ 유방 : 통증이 없는 혹 덩어리 또는 젖꼭지에 출혈이 있을 때 ⑥ 대장, 직장 : 대변에 점액이나 피가 섞여 나오고 배변 습관의 변화가 있을 때 ⑦ 혀, 피부 : 잘 낫지 않는 궤양이 생기거나, 검은 점이 더 까맣게 되고 커지며 출혈될 때 ⑧ 비뇨기 : 혈뇨나 배뇨 불편이 있을 때 ⑨ 후두 : 쉰 목소리가 계속될 때
	암을 의심할 만한 7가지 위험신호 (CAUTION) 04 국시		① Change in bowel or bladder habits : 대변 또는 소변 습관의 변화 ② A sore that doesn't heal : 낫지 않는 상처 ③ Unusual bleeding or discharge : 비정상적인 출혈 또는 분비물 ④ Thicking or lump in breast or elsewhere : 유방 또는 다른 부위에서 두꺼워짐 또는 덩어리 ⑤ Indigestion or difficulty swallowing : 소화불량 또는 연하곤란 ⑥ Obvious change in a wart or mole : 사마귀 또는 점의 뚜렷한 변화 ⑦ Nagging cough or horseness : 기침이 계속되거나 목소리가 쉼
	암의 증상	국소 증상	압박	① 부위에 따라 암의 초기에 나타나거나 진행된 후에 나타날 수 있음 ② 복강내암은 크기가 아주 커져서 복부장기에 영향을 미치기 전까지는 특징적인 증상이 없을 수도 있음 ③ 이와 대조적으로 뼈에 생기는 암은 단단한 뼈가 늘어날 공간이 없기 때문에 조기에 통증을 일으킴
			인접조직의 괴사	암은 계속 성장하여 암세포뿐만 아니라 인접 정상조직의 괴사를 초래함
			폐색	암 덩어리에 의한 기계적 폐색
		전신 증상	빈혈	암조직 자체 때문에 생기거나 암 치료 중에 발생할 수도 있으며, 반복되는 출혈, 영양실조, 감염에 의해서도 유발될 수 있음
			감염	면역체계의 불균형으로 발생
			악액질	부적절한 영양섭취와 암세포의 대사요구 증가로 인한 체중감소와 식욕부진에 의해 발생
			통증	암으로 인한 침윤, 압박, 조직의 미란으로 생기는 증상
			사회심리적 변화	불안, 우울, 신체상의 변화 등 사회심리적 반응과 생활습관의 변화를 겪을 수 있음
	국가 암 검진사업 19,23 임용 / 16 국시		암검진사업(암관리법 제11조) ① 보건복지부장관은 암의 치료율을 높이고 암으로 인한 사망률을 줄이기 위하여 암 및 암의 원인질환을 조기에 발견하는 검진사업(이하 "암검진사업"이라 한다)을 시행하여야 한다. ② 암검진사업의 범위, 대상자, 암의 종류·검진주기, 연령 기준 등에 관하여 필요한 사항은 대통령령으로 정한다. 이 경우 보건복지부장관은 암의 발생률, 생존율, 사망률 등 암 통계 및 치료에 관한 자료를 고려하여 암검진사업의 대상자, 암의 종류·검진주기 등을 정하여야 한다. ③ 암의 검진 방법 및 절차 등에 관하여 필요한 사항은 보건복지부령으로 정한다. ④ 보건복지부장관은 암검진을 받는 사람 중 「의료급여법」에 따른 의료급여수급자 및 대통령령으로 정하는 건강보험가입자에 대하여는 예산 또는 「국민건강증진법」에 따른 국민건강증진기금(이하 "국민건강증진기금"이라 한다)에서 그 비용의 전부 또는 일부를 지원할 수 있다.

2차 예방
14 국시
	국가 암
	검진사업
	19,23 임용 /
	16 국시
		암검진사업 대상 암의 종류·검진주기 등(암관리법 시행령 제8조)
		① 암검진사업의 대상이 되는 암의 종류는 다음 각 호와 같다.
		   1. 위암 2. 간암 3. 대장암
		   4. 유방암 5. 자궁경부암 6. 폐암
		② 암의 종류별 검진주기와 연령 기준 등은 [별표 1]과 같다.
		■ 암관리법 시행령 [별표 1]
		[암의 종류별 검진주기와 연령 기준 등(제8조 제2항 관련)]
		🎧 자폐유위 2, 1대, 간6
		
		| 암의 종류
			검진주기	연령 기준 등

위암	2년	40세 이상의 남·여
간암	6개월	40세 이상의 남·여 중 간암 발생 고위험군
대장암	1년	50세 이상의 남·여
유방암	2년	40세 이상의 여성
자궁경부암	2년	20세 이상의 여성
폐암	2년	54세 이상 74세 이하의 남·여 중 폐암 발생 고위험군 | 비고 1. "간암 발생 고위험군"이란 간경변증, B형간염 항원 양성, C형간염 항체 양성, B형 또는 C형 간염 바이러스에 의한 만성 간질환 환자를 말한다. 2. "폐암 발생 고위험군"이란 30갑년[하루 평균 담배소비량(갑) × 흡연기간(년)] 이상의 흡연력(吸煙歷)을 가진 현재 흡연자와 폐암 검진의 필요성이 높아 보건복지부장관이 정하여 고시하는 사람을 말한다. 폐암 발생 고위험군으로 확인되어 국가폐암검진을 받았던 자는 검진 후 금연을 하더라도 금연 15년 이내, 만 74세까지 폐암검진 대상에 포함됨 ※ 암검진 실시기준 [보건복지부고시 제2023-9호, 2023. 1. 13., 일부개정 및 시행] [암 검진 검사항목] | 구분	검사항목
---	---
위암	1. 위내시경 2. 조직검사 3. 위장조영검사
간암	1. 간초음파 검사 2. 혈청알파태아단백검사(Alphafetoprotein)
대장암	1. 분변잠혈검사 2. 대장내시경검사 3. 조직검사
유방암	1. 유방촬영
자궁경부암	1. 자궁경부세포검사
폐암	1. 저선량 흉부CT 검사 2. 사후 결과 상담	
3차 예방	정의	지속적인 치료와 적절한 자가관리방법 습득, 치료불가능한 말기암 대상자의 경우 통증관리 등을 하는 것
	재가암환자 관리사업 (암관리법 제12조)	보건복지부장관은 가정에서 치료 또는 요양 중인 암환자(이하 "재가암환자"라 한다)에 대하여 다음 각 호의 재가암환자 관리사업을 시행하여야 한다. 1. 재가암환자에 대한 통증관리, 완화의료, 간호 및 상담서비스 등을 위한 가정방문사업 2. 재가암환자와 그 가족을 위한 교육프로그램의 개발 및 보급 3. 그 밖에 보건복지부령으로 정하는 사업 재가암환자 관리사업의 내용(암관리법 시행규칙 제5조) 법 제12조 제3호에서 "보건복지부령으로 정하는 사업"이란 다음 각 호의 사업을 말한다. 1. 암생존자에 대한 자가(自家) 관리 교육 및 2차 암검진 등 안내 2. 영양관리, 운동 지도 등 건강 증진 3. 불안·우울 상담 및 정서적 지지(支持)

3 종양치료법 : 항암화학요법

1 암세포주기와 항암제 적용

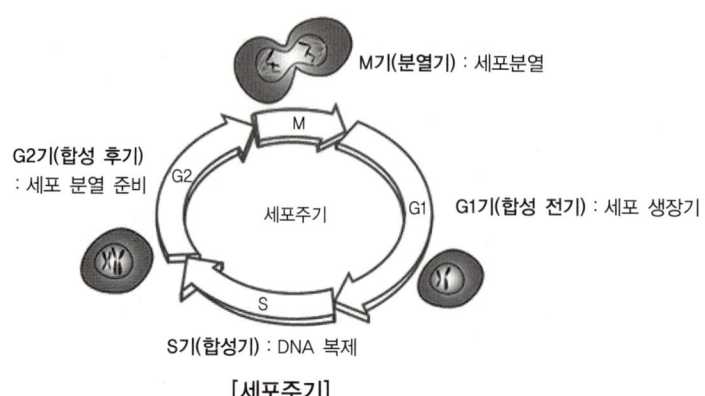

[세포주기]

세포주기 의미		정상 및 종양세포가 분열할 때 세포주기를 거쳐서 유사분열하는 것
세포주기 단계	G0 단계(휴지기)	정상적으로 재생 가능한 조직이 증식하지 않고 있는 기간을 말함
	Gap 1단계 (G1 합성 전기)	DNA 합성에 필요한 효소가 만들어지며 S단계를 준비하기 위해 단백질(RNA)이 합성
	S단계(합성기)	DNA복제, 단백질 합성 시기, 7~20시간 지속되며 세포와 환경에 따라 다름
	Gap 2단계 (G2 유사분열 전기)	S단계의 완료와 M단계의 시간 사이의 시간으로 M단계를 준비하는 시기
	M단계(분열기)	유사분열 시기, 2개의 딸세포로 세포분열이 일어남
항암제 기전		DNA와 RNA의 합성과정과 유사분열을 방해하거나 DNA 분자 자체에 해로운 영향을 미쳐서 암세포를 사멸시킴
항암제 종류	세포주기 특이약제 (CCS, cell-cycle -specific drug)	세포주기 중 어느 특정 주기에 있는 세포에만 작용하는 약제로, 예를 들면 M이나 S상에 작용함
	세포주기 비특이약제 (CCNS, cell-cycle -nonspecific drug)	증식기에 있는 세포에는 주기에 관계없이 작용하는 약제임

암세포 주기와 항암제 적용 04 국시	암세포 분열주기	활동	항암제 적용	
	G0	휴지기		
	G1	성장기 : RNA, 단백질 합성		알킬화제, 항종양항생제
	S	합성기 : DNA 합성	대사길항제	
	G2	유사분열을 위한 세포 준비기		
	M	유사분열기	식물성 알칼로이드	

2 항암제의 분류

분류		자주 사용되는 약품	작용기전	간호와 주된 독작용
CCNS 세포주기 비특이성 약물	알킬화제 (Alkylating agent)	• Chlorambucil(Leukeran) • Cyclophosphamide 13 임용 (Cytoxan) • Nitrogen mustard (Mustargen) • Triethylene-thiophosphoramide(thio-TEPA)	DNA 구조 복제 예방과 유사분열 예방, 세포주기의 모든 단계에 있는 세포를 죽일 수 있음	• 약이 이상하면 약병을 흔들어 혼탁도를 확인하고 혼합할 것 • 독작용 : 골수 억제, 오심, 구토, 원형 탈모증, 화학적 자극으로 출혈성 방광염
	항종양 항생제 (Antitumor antibiotics)	• Doxorubicin hydrochloride (Adriamycin) • Mythramycin(Mithracin) • Daunorubicin(Duanomycin) • Bleomycin sulfate (Blenoxane)	DNA 합성 방해하여 유사분열을 예방 세포주기의 모든 단계에 작용	• 일혈 예방 : 많은 약제들은 격렬한 피부반응을 일으킴 • 독작용 : 골수저하, 오심, 구토, 구내염, 원형탈모증, 심부전, 폐부전, 열과 오한
	호르몬제제 (Hormones)	• Diethylstilbestrol(DES) • Estrogen • Megestrol acetate(Megace) • prednisone • Dexamethasone(Decadron)	기저세포 내의 단백질 호르몬 수용체를 방해함. RNA의 단백질합성 억제, 세포주기의 모든 단계에 작용함	• 독작용 : 오심, 수분 정체, 감정 변화, 체중 증가
	항호르몬제제 (Antihormones)	• Tamoxifen citrate : 선택적으로 에스트로겐 수용체에 결합하는 제제로 유방에서는 에스트로겐 길항작용을 하고 여성생식기와 혈액이나 뼈 등에서는 에스트로겐처럼 작용함	세포주기의 모든 단계에 적용함. 필수아미노산 차단	• 독작용 : 홍조, 오심, 구토, 식욕부진
CCS 세포주기 특이성 약물	식물성 알칼로이드 (= 미세관 억제제) (Natural producers)	• Vincristine sulfate (Velban)	M기 방해 : 미세관방추(microtubular spindle)의 결합에 의한 유사분열을 붕괴	• 일혈 예방 : extravasation, 정맥을 통해 주입된 항암화학요법제가 혈관주위나 피하조직으로 침윤 또는 유출되어 국소적 조직괴사 • 독작용 : 골수저하, 오심, 구토, 구내염, 저혈압, 신경독성
	대사길항제 (Antimetabolites)	• Methotrexate • 5-Fluorouracil(5-Fu) • Cytarabine(Ara-C)	S기 방해 : DNA와 RNA 합성에 필요한 핵산과 단백질 S기의 합성을 방해	• 독작용 : 식욕 부진, 오심, 구토, 골수저하, 원형탈모증, 구내염, 피부발진, 건조, 손톱 변화
	기타 약물	• Procarbazine	RNA, DNA, 단백질 합성 방해	• 독작용 : 골수저하, 권태, 오심, 구토
병합 화학요법 (combination chemotherapy)		① 종양이 진행되었거나 클 때는 항암제를 단독으로 사용하는 것보다 복합적으로 병용하는 것이 효과적임 ② 병합요법 시에는 항암제의 면역억제효과를 최소화하기 위하여 최저점 시기가 같은 약을 함께 사용하지 않도록 해야 함 ** 항암제 사용 후에 골수 기능과 백혈구 수가 가장 낮은 시기를 최저점이라고 부름 항암제마다 최저점이 나타나는 시기가 다름(cytosine arabinoside는 5~7일이고, methotrexate는 10~14일이며, mitomycin은 4주 후임)		

❸ 항암화학요법의 효과 판정기준

암세포의 분열속도가 빠를수록, 암세포 수가 적을수록, 종양세포가 어릴수록, 전체 암세포의 증식비율이 높을수록 치료효과가 좋음

완전관해	임상적으로 측정가능하고 병변 및 종양에 의한 2차적 병변이 모두 소실되고 새로운 병변의 출현이 없는 상태가 4주 이상 지속된 경우
부분관해	측정가능한 병변의 축소가 50% 이상이면서 동시에 평가가능한 병변 및 종양에 의한 2차적 병변의 악화가 없고, 새로운 병변의 출현이 없는 상태가 4주 이상된 경우
불변	① 측정가능한 병변에서 50% 미만으로 축소되었거나 25% 이내의 증대가 판정된 경우로 종양에 의한 2차적 병변이 없으면서 새로운 병변이 나타나지 않은 상태가 4주 이상 지속된 경우 ② 관해나 진행 어느 기준에도 해당되지 않는 경우
진행	측정가능한 병변의 직경의 곱이 25% 이상 증가하거나 혹은 다른 병변의 악화와 새로운 병변이 출현하는 경우

❹ 특정 항암화학요법제 투여에 따른 부작용 간호

Cyclophosphamide 또는 Ifosfamide에 의한 출혈성 방광염 13 임용	방광세척	예방적으로 약물 투여시간 및 주사 후 24시간 동안 생리식염수로 방광 세척
	중화물질	단독 사용 시 심한 출혈성 방광염을 초래할 수 있으므로 중화물질인 mesna를 항암화학요법제 투여가 끝나는 다음날까지 함께 사용하면 예방가능함
	규칙적 배뇨	매 2시간마다 소변을 보도록 함
	수분섭취	신장과 심장기능에 문제가 없을 때에는 4L의 수액을 정맥으로 투여하거나 충분한 수분섭취 권장, 이뇨제 사용
Vincristine에 의한 신경독성	치료중단	지속해서 투여 시 하지와 관절까지 감각이상이 나타나고, 하지의 건반사와 사두근의 근력이 저하됨. 이때 신경증상 소실 시까지 치료를 중단하는 것이 좋음
	금기	경미한 자율신경병증의 가장 흔한 증상으로 변비를 초래하나 심각해지면 급성 장폐색과 방광 신경병증이 있음. 심각한 신경병증에서는 Vincristine을 사용할 수 없음
Methotrexate의 골수 및 점막 독성	leucovorin 조기 투여	leucovorin을 조기 투여함으로써 예방가능함 (Methotrexate의 혈청농도에 따라 leucovorin의 양을 조절)
	감량	신장을 손상시키므로 신기능 저하가 있으면 용량을 줄인다.
	투약 시 주의점	Aspirin, NSAIDs, penicillin, sulfa agent, probenecid 등은 Methotrexate의 배설을 억제하므로 함께 사용하지 않음
Doxorubicin에 의한 심근 독성	dexrazoxane 사용	300mg/m^2 이상의 Doxorubicin 치료를 받은 전이성 유방암 환자에게는 심근 독성을 예방하기 위해 dexrazoxane을 사용함
Cisplatin에 의한 신독성과 신경독성	수분공급 등	충분히 수분을 공급하고, 이뇨를 위해 mannitol을 사용
	모니터링	혈청 마그네슘이 저하될 수 있으므로 모니터링
		신경독성으로 청력상실, 기타 말초 신경병증이 나타날 수 있음

5 종양 응급상황의 증상, 치료 및 간호

	응급상황	증상	치료 및 간호
대사장애로 인한 문제	고칼슘혈증	• 기면 • 정신상태의 변화 • 오심, 구토 • 신경성 식욕부진 • 변비	• 수분공급 • 칼슘의 배설을 위한 이뇨제 사용 • Bisphosphonates(파골억제) 투여 • 운동증가
	항이뇨호르몬 부적절분비증후군 (SIADH)	• 저나트륨혈증 • 혈장삼투압 감소 • 수분보유 • 소변삼투압 증가 • 정상 혈압	• 기본원인치료 • 수분제한 • 이뇨제(loop계)
	종양용해증후군 : 종양세포의 급속한 용해로 종양 내 함유물이 급격히 혈관 내로 유출되어 발생	• 오심, 구토 • 부종 • 핍뇨, 무뇨 • 옆구리 통증 • 혈뇨 • 고요산혈증, 고칼륨혈증, 저칼슘혈증, 고인산혈증 • 부정맥 • 기면 • 근육의 경련과 쇠약	• 예방이 중요 • 치료 전에 수분공급 • 약물치료(이뇨제, 중탄산염 등) • 장기부전 예방을 위한 지지적 치료
폐쇄로 인한 문제	두개강 내압 증가 : 뇌의 용량/뇌척수액/뇌혈류 증가	• 두통, 오심, 구토 • 의식수준 변화 • 시야장애	• 투약(삼투성 이뇨제, 코르티코스테로이드, 항경련제) • 뇌척수액을 배출시키는 수술 • 방사선 치료와 항암화학요법으로 종양 크기 감소
	척추압박 : 척추골 전이로 인한 경막 외 공간 침범	• 척추압박의 증상과 징후는 압박받는 척추 주변에만 특이적임 • 근력 약화 • 무감각, 저림 • 배뇨, 배변장애	• 약물치료(코르티코스테로이드) • 종양의 크기를 줄이기 위한 방사선 치료 • 뼈가 불안정할 때 수술
	상대정맥증후군 : 상대정맥의 혈류폐쇄로 발생한 흉강 내 구조의 압축, 혈관 울혈 및 정맥 고혈압	• 호흡곤란, 기침 • 경정맥 확장, 측부순환 • 안면부종 • 흉통, 두통, 시야장애	• 약물치료(섬유소용해제) • 종양의 크기를 줄이기 위한 방사선 치료 • 항암화학요법 • 수술(스텐트나 우회술)
	심장압전 : 심낭삼출액 증가에 의한 심근의 압박	• 호흡곤란 • 흉통 • 심계항진(두근거림) • 기침	• 약물치료(이뇨제, 코르티코스테로이드, NSAIDS) • 심낭천자를 통한 삼출물 제거
치료로 인한 문제	파종혈관 내 응고증	• 출혈과 응고	• 자극요인 제거 • 지지적 방법(수혈)
	패혈증	• 열 • 오한 • 혈압 변화 • 호흡수 증가 • 의식저하	• 쇼크치료 • 감염관리 수행 • 집중치료실에서 혈역학적 감시 • 항생제 치료

> PLUS⊕

• 항암화학요법의 종류
1. **보조**요법 : 외과적 절제 후 잔류악성질환의 임상적, 방사선학적 또는 병리학적 증거가 없는 환자에게 적용
2. **선행**요법 : 수술하기 전 항암화학요법을 시행
3. **완화**요법 : 암의 진행으로 나타난 증상을 완화하기 위한 목적으로 암의 성장속도를 늦추고 전이된 종양 제거
4. **동시**요법 : 항암화학요법과 방사선요법 또는 생물요법, 면역요법 등 다른 치료법과 동시에 적용

❻ 화학요법 부작용에 대한 간호진단과 간호중재 09,10 임용 / 06,11,23 국시

계통	부작용	간호중재
위장계 02,23 국시	오심·구토와 관련된 영양 결핍 10 임용(보기)	① 오심, 구토의 정도(빈도, 양상)와 영양 상태에 미치는 영향을 사정한다. 수분, 전해질을 측정한다. ② 섭생법에 대해 설명한다. : 치료에 앞서 영양 식이를 권장하며 오심이 있을 때 마른 크래커를 먹이도록 한다. 음식은 뜨겁거나 찬 것보다는 미지근한 온도의 것이 좋으며 기호에 따라 소량씩 자주 먹도록 한다. ③ 기분전환을 위해 방문객이 도움이 되기도 한다. ④ 금기 사항이 아니라면 경구 항암요법제는 취침 전에 투여하도록 한다. 처방에 따라 진토제(프로클로르페라진 등)를 투여하며 이는 치료 24시간 전에 투여한다. 23 국시 ※ 알부민 정상치 3.5~5.6g/dL
	식욕부진과 관련된 영양 결핍	① 기호에 맞도록 식습관을 결정한다. ② 개인의 영양상태를 유지·증진시킨다(각 개인의 기호에 맞는 음식으로 소량씩 자주 먹도록 한다. 필요하면 보충식이에 관하여 영양사와 상의한다).
	이미각증과 관련된 영양 결핍	① 식욕과 영양수준에 영향을 줄 수 있는 미각의 변화를 사정한다. ② 약냄새를 느낀다면 화학요법제를 주입할 동안 마른 과자나 딱딱한 사탕을 먹도록 한다. 경우에 따라서 고기 종류를 못 먹는 사람들은 닭고기, 생선, 달걀, 치즈 등을 육류 대신에 권장한다.
	설사와 관련된 신체 수분과 전해질의 결핍	① 탈수와 전해질 불균형 증상과 징후를 관찰한다(전해질 검사 결과에 주의를 기울인다). ② 체중과 섭취량과 배설량을 매일 기록한다(설사의 횟수를 줄이기 위해 저잔여 식이를 제공하며 처방에 따라 지사제를 투여한다).
	설사와 관련된 불편감	① 항문 주위의 피부 자극 상태를 사정한다. ② 항문 주위의 피부를 청결하게 유지하고 안위 도모를 위하여 좌욕을 권장한다. 필요하다면 처방에 따라 윤활연고와 마취연고를 바르도록 한다.
	설사와 관련된 배변 이상	① 배설 형태를 사정한다. 식이를 평가하고 전해질 검사 결과에 주의를 기울인다. ② 저잔류 식이가 도움이 된다는 것을 알리고 섭취하도록 한다. 배변 횟수와 경도를 기록한다. 처방에 따라 지사제를 투여한다.
	변비와 관련된 배변 이상	① 배설의 유형을 사정하고 식이를 평가하며 철분제제의 사용 여부를 알아본다. ② 금기 사항이 아니라면 섬유질과 수분 섭취를 증가시키고 배설물의 색, 경도, 시간을 기록한다. 금기사항이 아니라면 관장이나 처방에 따라 윤활제나 대변 완화제를 투여한다.
간장계	불편감, 간 비대와 관련된 통증	① 황달, 기면상태, 허약, 간주위의 통증이나 압통 같은 증상이 있는지 관찰한다. 간 기능 검사를 한다. ② 보조적인 치료를 제공한다.
	소양증과 관련된 불편감	① 소양증을 사정한다. ② 미온수 목욕, 완화로션 사용을 권장한다.

계통	부작용	간호중재
피부계	불편감, 피부염과 관련된 통증	① 주사 부위에 피부색의 변화를 관찰한다. 소양증, 두드러기, 전신적인 증상을 관찰한다. ② 필요하면 보습작용이 있는 로션으로 피부간호를 해준다. 피부에 따뜻한 팩을 제공하며 차거나 뜨거운 것은 피한다.
	불편감, 구내염(구강점막 손상)과 관련된 통증 : 빠른 속도로 세포가 파괴됨에 따라 염증반응과 궤양이 형성 10 임용 / 20 국시	① 최소한 1일 2회 구강 내를 관찰하고, 진통제의 필요성을 사정한다. ② 매 2~3시간마다 구강간호를 한다. 따뜻한 소금물이나 생리식염수로 함수한다. 이는 구강건조를 완화시켜 불편감을 줄인다. ③ 부드러운 칫솔이나 스펀지를 사용하고 너무 뜨겁거나 찬 음식, 향신료나 탄산음료는 피하고 술과 담배는 금한다. ④ 다양한 식이를 제공하고 영양식을 하도록 하며 입술에는 연고를 발라준다. ⑤ 국소적 진통제를 투약한다(viscous lidocaine, oxethazine).
	안위의 변화, 항문 주위의 외음부 궤양과 관련된 통증	① 질, 항문의 입구를 사정한다. ② 합성 섬유보다는 면으로 된 옷을 입도록 권장하며 바셀린이나 윤활연고, 보습 작용이 있는 크림을 사용하고 처방된 국소 마취제를 사용한다.
	탈모증과 관련된 자아개념 손상 10 임용	① 탈모증에 대한 환자의 이해 정도를 사정한다. ② 치료 전 탈모증에 대한 정보를 제공하며 머리는 곧 다시 자란다는 확신을 준다. 가발, 머플러, 모자, 모조눈썹을 이용할 수 있도록 해준다. 머리는 자주 감지 않도록 하고 긴 머리는 자른다.
조혈계	빈혈(골수기능 저하)과 관련된 자가간호 부족 16 국시	① 치료를 받는 동안 적어도 1주일에 한번은 적혈구 검사를 한다. 창백, 현기증, 빠른 맥박, 이명, 협심증 등을 관찰한다. 소변, 대변, 구토물에서 출혈이 있는지 관찰한다. ② 고단백식이를 섭취하면 적혈구 생성을 증가시킬 수 있다. 10 임용 좋은 영양습관을 갖도록 한다. 금기증이 아니면 미네랄이 함유된 종합비타민은 도움이 될 수 있다. 자주 휴식시간을 갖도록 한다.
	피부변화 : 빈혈과 관련된 조직의 변화	① 혈압을 측정한다. ② 피부손상을 예방하거나 치료한다.
	호중구 감소(골수기능 저하)와 관련된 잠재적 감염 10 임용 / 21,23 국시 cf) • 호중구 감소증 : 말초혈액 속 절대 호중구수 1,500/mm³ 이하 • 무과립구증 : 말초혈액 속 절대 호중구수 500/mm³ 이하	① 활력증상, 흉부 X-선 촬영, 혈액검사를 한다. ② 감염자와 접촉을 피하고 개인 위생을 철저히 지킨다. ③ 해열제 등은 증상을 감출 수 있으므로 사용 시 주의한다. ④ 처방에 따라 혈액, 객담, 소변 배양을 한다. ⑤ 절대 호중구수가 1,000/mm³ 미만인 대상자는 감염가능성이 있으므로 최근 수두 예방접종을 받은 아동과의 접촉을 피해야 한다(생백신 : 수두, 홍역, 결핵, 폴리오, 탄저, 두창 등). 09 임용
	혈소판 감소증 (골수기능 저하)과 관련된 사고 위험 17 국시	① 피부, 입안, 대변, 소변, 구토물, 객담 등 분비물을 확인하여 출혈의 증상을 관찰한다. 점상 출혈이 있는지 특히 하지를 관찰한다. ② 안전한 환경을 지킨다. 외상, 근육주사, 정맥천자를 피한다. 면도 시에는 전기면도기만 사용한다. 부드러운 칫솔을 사용하고 뜨거운 목욕이나 태양으로부터 피한다. 아스피린, 알코올, 기침약과 같은 혈소판의 기능을 손상시키는 약은 피한다. 지혈시킬 때보다는 더 긴 시간 동안 상처에 직접적인 압력을 가한다. 09 임용 ※ 혈소판 수 정상치 : 15만~40만개/mm³

계통	부작용	간호중재
신경계	감각장애, 지각 이상과 관련된 운동장애	① 치료 이전에 신경 상태를 사정한다. 사지가 얼얼하거나 무딘 증상이 있다면 이 증상이 나타난 시기나 심한 정도를 알아본다. 운동 능력의 상실이나 다리 경련, 심부건 반사의 감소 등이 있는지 관찰한다. ② 보통은 약물치료 4~6주 후에 신경계 증상이 사라진다는 것을 알려 주어 안심시킨다.
	뇌기능 저하와 관련된 신체적 운동장애	① 기본적인 신경계 사정을 한다. 걸음걸이 반사와 평형을 관찰한다. ② Walker 지팡이 등과 같은 보행용 보조 장치를 제공한다. 안전사고 예방에 대해 가르친다.
비뇨계	방광염과 관련된 배뇨 이상	① 혈뇨, 배뇨곤란, 긴급뇨 등이 있는지 확인한다. ② 배뇨 시 작열감, 혈뇨에 대한 증상에 대해 가르친다. 처방에 따라 소변의 잠혈 검사를 한다. 예방적 방법으로 치료 전이나 치료 중의 수분섭취는 하루 2L까지 증가시킨다.
	신기능 손상과 관련된 감지장애	① BUN/Cr 검사를 한다. 산성인지 알칼리성인지 알기 위해 소변의 pH를 검사한다. 진통제나 진정제 사용의 필요가 있는지 조사한다. ② 섭취 배설량을 기록한다. 금기가 아니면 수분 섭취량을 증가시킨다.
	소변 색깔 변화와 관련된 불안	① 약을 주사한 후에 24시간 동안 소변 색깔이 간혹 변할 수 있다는 것을 알려준다. ※ 요침사 검사 정상치 : 적혈구는 1시야에 2개 이내, 백혈구는 1시야에 4개까지 10 임용
생식계	무월경과 관련된 성기능 장애와 자아개념 손상	① 성적 기능장애를 사정한다. ② 월경은 보통 화학요법 치료를 중단한 후에는 정상으로 된다는 것을 이야기하여 안심시킨다. 월경이 없을 수 있으나 피임을 계속하라. 09 임용 피임법에 대해 이야기하고 필요하면 성적 기능장애 클리닉의 도움을 청한다.
	정자형성 감소와 성기능 장애와 자아개념 손상	① 성적 기능장애를 사정한다. ② 불임이 생길 수 있으므로 치료 전에 정자은행에 대해 의논한다. 발기부전과 관련이 없다는 것을 이야기해서 안심시킨다. 필요하면 성적 장애 클리닉의 도움을 청한다.
심폐계	심박출량 감소 : 항암제의 심장 독성과 관련된 심박출량 감소	① 약 투여 전에 심전도, 심장과 폐 청진, 체중 측정과 같은 기본적 자료를 수집한다. ② 빈맥, 심전도의 변화, 좌심부전 등이 나타나는지 관찰한다. 폐독성으로 인한 호흡부전과 부적절한 기도유지를 관찰한다. ③ 운동 시 호흡곤란, 짧은 호흡, 청색증, 악설음, 천식음과 같은 증상의 발현을 관찰한다. 폐기능 검사와 폐음을 청진한다. ④ 체위배액, 복식호흡 방법과 같은 호흡조정을 가르친다.
감각계	광감수성과 관련된 시각감지장애	① 광감수성이 일어나는지 관찰한다. ② 밝은 햇빛에서는 선글라스를 착용하도록 한다.
	귀 독소로 인한 청각감지장애	① 치료 전에 청력 검사를 하고 처방에 따라 반복해서 한다. ② 이명이 있는지 조사하는데 이명은 귀에 대한 독성의 첫 번째로 나타나는 증상일 수 있다. ③ 첫 증상이 나타났을 때 투약이 중단된다면 청력상실을 다시 회복될 수 있다.

4 종양치료법 : 방사선요법

방사선 치료방법	이온화된 방사선을 암세포의 치사용량으로 외부적 또는 내부적으로 투여하는 방법		
	외부적 투여	체외 공급원으로부터 공급되는 방사선 조사 치료	
	내부적 투여	체강 내 삽입법	방광, 직장, 자궁경부나 질에 고선량을 조사할 수 있고, 국소제어율이 높음
		조직 내 삽입법	방사성 물질을 바늘이나 카테터를 통해 조직 내에 직접 조사하는 치료법으로 유방, 피부, 육종암 등에서 사용함
		관내 삽입법	식도, 담도, 직장 등 관내에 있는 종양에 카테터를 이용하여 치료하는 방법
방사선 치료 독작용	중증도	① 방사선의 강도, 노출 정도, 세포의 감수성, 개인에 따라 다름 ② 용량, 방사선 조사의 유형, 종양이 피부에서 얼마나 가까운가, X-선 촬영 기계의 유형에 따라 중증도가 결정됨	
	감수성	피부와 골수는 특히 감수성이 강하여 손상받기 쉬움	
	전신 부작용	① 오심, 구토, 식욕상실 ② 발열, 권태감 ③ 피부반응 ④ 골수기능 저하 ⑤ 구내염이나 구강 건조증, 미각변화와 같은 구강 합병증 ⑥ 기타 : 조사부위의 암 발생, 기형아 출생, 혈액암 등	
방사선 치료 시 피부반응	즉각적인 피부반응	1단계	홍반
		2단계	건성박리
		3단계	습성박리

	지연된 피부반응 (드물게 발생됨)	① 좀 더 심한 반응은 방사선 치료 후 몇 달이나 몇 년 후에 발생함
		② 나타날 수 있는 반응
		  ㉠ 표피층의 위축이나 주름 형성
		  ㉡ 모세혈관 확장증 : 혈관 손상으로 인한 모세혈관의 확장
		  ㉢ 탈색
		  ㉣ 피하층의 섬유화
		  ㉤ 피부암
		  ㉥ 괴사와 궤양성 병변	

	예후	① 피부 부작용은 회복될 수 있으며 천천히 치유가 됨 ② 수년 동안 피부는 손상되기 쉬운 상태로 있게 됨	
	간호진단	방사선 조사와 관련된 피부통합성 장애	

	유지	피부를 건조하게 유지
방사선 치료 부위의 피부간호 12 임용 / 01,03,14 국시	표시 지우지 말 것	치료사가 피부에 표시해 둔 것을 지우지 말 것 이 표시는 치료되어야 할 부분을 정확하게 표시해 둔 것임(→ 매일 관찰하기)
	자극 주지 말 것	① 지시가 있을 때까지 씻지 말 것. 씻어도 된다면 물로만 씻거나 약한 비누로 부드럽게 씻고 충분히 헹군 후 살살 두드리면서 말리기, 따뜻하거나 찬물을 사용하고 뜨거운 물은 피할 것 ② 치료사에 의해 처방되지 않는 한 치료부위에 파우더, 로션, 크림, 알코올, 방취제 등을 사용하지 말 것 ③ 피부에 자극을 주거나 마찰을 일으키는 의복을 피하고 부드러운 면직물이 가장 좋음 ④ 드레싱 치료 부위 위에 테이프를 붙이지 말 것 ⑤ 전기면도기를 사용하고, 면도 후 스킨, 로션은 바르지 말 것. 피부가 붉거나 아프다면 그 부분을 면도하는 일은 피할 것 ⑥ 직접적인 태양광선, 실내 수영장(소독제인 클로라이드가 포함되어 있음), 더운 물주머니, 전기 패드 등을 피할 것
	보고	① 피부반응이 있으면 즉시 보고할 것 ② 피부가 빨갛게 되거나 벗겨지고 피부색이 변하는 등의 피부 부작용이 나타나는지 지속적으로 관찰할 것

5 종양치료법 : 수술요법

암수술 3대 원칙	근치성	암의 완전한 절제로 이를 위해서 원발 암부분과 종양주위 조직, 림프결절을 모두 제거함
	안전성	수술의 안전성으로 수술 합병증과 사망률이 너무 높은 수술법을 적용하지 않는 것
	기능보존성	수술 후의 삶의 질과 관련된 개념으로, 암 자체를 치료하기 위해 수술 후 환자에게 심각한 장애가 발생하지 않도록 하는 것
치료목적	1차 치료	종양전체 제거, 국부의 림프절 포함한 암조직이 퍼진 주위 조직을 제거하는 것
	진단	악성종양의 조직과 세포를 분류하고 형태를 검사하기 위해 생검 실시
	예방	암으로 진행될 가능성이 있는 병변을 제거하는 수술
	완화	암 치료가 가능하지 않을 때 가능한 최대한의 안위제공, 삶의 질을 높이기 위한 수술로 고식적 수술이라고도 함
	성형	치료를 위한 수술이나 근치수술 후에 기능회복이나 성형효과를 위해 수술

05 재활간호

영역		기출영역 분석		페이지
재활간호의 원리	옷 입고 벗기	상지 석고붕대 시 앞 단추가 있는 상의를 입을 때 2009		431
	목발 보행	점검내용, 체중 싣기, 계단보행 2009, 2012, 2022		432
		3점보행 명칭 2022		
		팔꿈치 상태, 시선, 목발마비(예방/증상) 2010		
		액와용 목발의 손잡이 조절과 그 효과, 기본 목발 자세, 의자에 앉을 때 2018		
		손상 시 목발마비가 발생할 수 있는 신경 명칭 2022		
이학적 요법의 종류	물리적 요법	냉요법과 온요법 1992		436
		냉요법의 효과, 적용 예 1998, 2024		
		마사지 : 진동마사지기 적용 이유 2013		
		전기치료		
	치료적 운동	등장성 운동	상·하지 석고붕대 제거 후 관절운동 범위 2009	439
		등척성 운동	하지 석고붕대를 한 대상자의 근육량 감소를 위해 실시하는 운동 2009, 2012	

✓ 학습전략 Point

1st	목발보행	목발의 선택, 점검내용, 목발보행 방법과 주의사항 등을 학습한다.
2nd	치료적 운동	등장성 운동, 등척성 운동의 목적과 활용법을 학습한다.

한눈에 보기: 재활간호

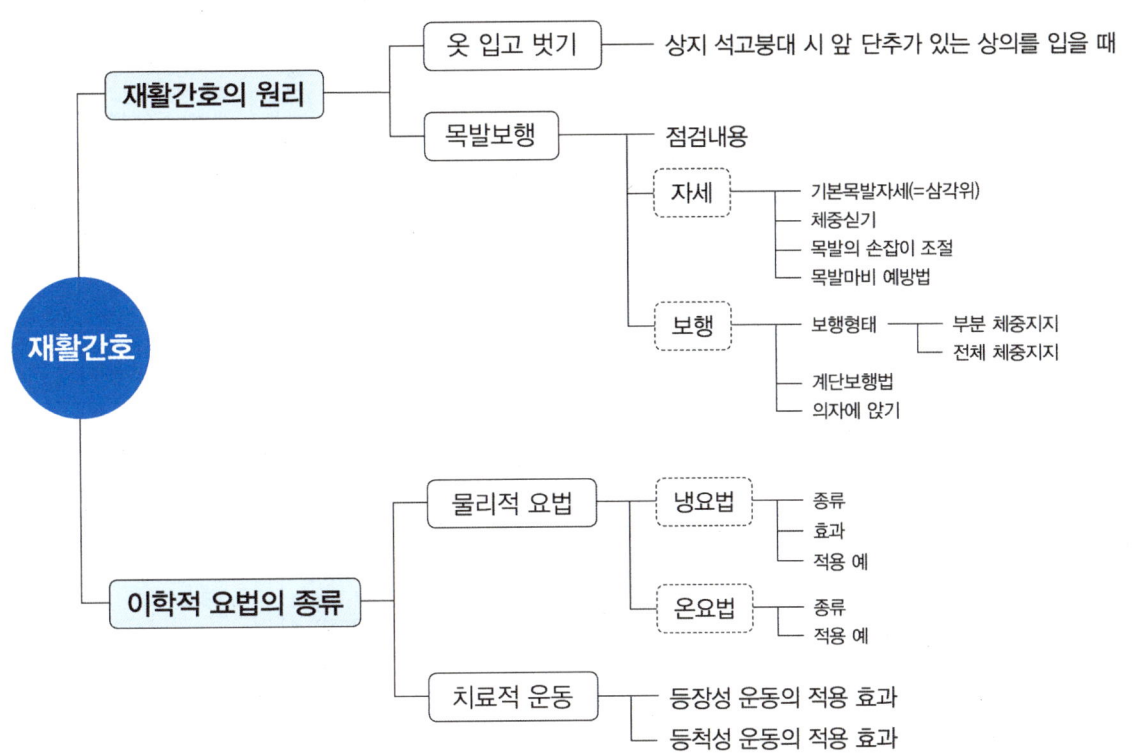

09-15. 김 씨는 교통사고로 상지와 하지에 골절을 입고 입원 치료중이다. 왼쪽 상지에는 장상지 석고붕대를 왼쪽하지에는 단하지 석고붕대를 하고 있다. 김 씨를 위한 재활간호로 옳은 것을 〈보기〉에서 고른 것은?

〈보기〉
㉠ 상·하지 석고붕대의 제거 후 관절 운동의 범위는 통증을 느끼는 범위를 넘지 않도록 한다.
㉡ 상지 석고붕대의 제거 후 액와용 목발의 사용 시 액와보다 손을 사용하여 체중을 지탱하도록 한다.
㉢ 석고붕대를 하고 있는 손상 부위의 근력증진을 위해 등장운동을 격려한다.
㉣ 상지 석고붕대 시 앞 단추가 있는 상의를 입었을 때는 오른쪽을 먼저 입도록 한다.

10-24. 다음 사례의 오 씨를 위한 간호교육으로 옳은 것은?

35세의 오 씨는 교통사고로 경골의 폐쇄성 사선 골절상을 입었다. 정형외과 수술 후 석고붕대를 한 뒤 액와 목발을 짚고 부인의 도움 아래 실내 이동이 가능하게 되었다. 간호사는 오 씨를 사정한 결과 '부적절한 목발 보행과 관련된 낙상 위험성'이란 간호문제를 설정하였다.

① 목발보행 시 팔꿈치를 구부리지 않고 곧게 편 상태로 걷는다.
② 겨드랑이와 목발의 액와 받침대 사이에 여유 공간이 없도록 밀착시킨다.
③ 복도에서 목발보행 시 고개를 숙이고 시선은 발끝을 바라보고 걷는다.
④ 팔에 통증, 무감각, 저림 증상 등이 있을 때는 간호사나 의사에게 보고한다.
⑤ 계단을 올라갈 때에는 아픈 쪽 다리를 먼저 윗 계단에 올려놓은 다음 목발과 건강한 쪽 다리를 올려놓는다.

92-11. 증상이나 질병의 간호법이 옳게 짝지어진 것은?
① 염좌 : 부은 것이 가라앉을 때까지 냉습포
② 타박 : 처음에는 온습포, 다음에는 냉습포
③ 골절 : 온습포
④ 류마티스 관절염 : 냉습포

98-05. 냉(cold)은 각종 치료목적으로 사용된다. 냉의 국소적 효과와 그 효과의 적용 예를 3가지 제시하시오.

12-04. 다음과 같은 기동성 장애가 있는 대상자를 위한 교육 내용 중 옳은 것을 〈보기〉에서 고른 것은?

김 씨(남, 45세)는 우측 하지 골절로 인해, 수술 후 우측 장하지 석고붕대(long leg cast)를 하고 목발 보행을 시작했다.

〈보기〉
ㄱ. 미끄럼을 방지하기 위해 목발 끝의 고무 밑창이 닳거나 벗겨졌는지 점검해야 한다.
ㄴ. 장기간 부동으로 인한 근육량 감소를 방지하기 위해 석고붕대를 한 우측 하지에 등척성(isometric) 운동을 하도록 한다.
ㄷ. 팔의 신경 손상을 방지하기 위해 체중이 액와에 실리게 손잡이의 위치를 조정하도록 한다.
ㄹ. 체중 부하를 안전하게 하기 위해 계단을 내려올 때는 건강한 다리를 먼저 내린 다음 아픈 다리와 목발을 동시에 내린다.

24-B6. 다음은 보건교사와 학생이 대화한 내용의 일부이다. 〈작성 방법〉에 따라 순서대로 서술하시오.

① 사고 당일
학 생: 선생님, 쉬는 시간에 친구들이랑 장난치다가 계단에서 넘어졌어요.
보건교사: 넘어진 부위를 살펴보자. 발목이 많이 부었구나. 걸을 때 불편하지는 않니?
학 생: 친구들 앞에서는 괜찮은 척했는데, 사실 걸을 때 아파요.
보건교사: 먼저 발목이 움직이지 않게 압박 붕대를 감아 줄게. 그리고 그 부위에 ㉠ 냉찜질을 할 거야. 붕대 감은 발목은 심장 위치보다 높게 올리고 있으렴. 부모님께 연락해서 빨리 병원에 가 보는 것이 좋겠어.
학 생: 감사합니다. 선생님.

② 사고 다음 날
학 생: 선생님, 어제 다친 발목이요. 정형외과에 가서 X-ray를 찍었는데 뼈에 금이 갔다고 해서 석고붕대를 했어요. 그런데 석고붕대한 발이 어제보다 더 불편해요.
보건교사: 그래? 선생님이 ㉡ 석고붕대를 했을 때 나타날 수 있는 합병증이 있는지 확인해 볼게.
… (하략) …

〈작성 방법〉
○ 밑줄 친 ㉠을 적용함으로써 얻을 수 있는 효과 2가지를 서술할 것.
○ 밑줄 친 ㉡을 확인하기 위한 사정 방법 중 2가지를 서술할 것.

18-B5. 다음은 보건교사와 목발 보행을 하고 있는 학생과의 대화이다. 〈작성 방법〉에 따라 순서대로 서술하시오.

보건교사: 다리를 다쳤나보군요! 목발로 걸으려니 힘들죠?
학 생: 네, 축구하다 오른쪽 발목이 부러져 석고붕대를 했어요. 목발로 서 있는 것도 힘들어요. 처음 목발을 사용해 보니 어깨도 아프고 겨드랑이도 아프고요. 어떻게 해야 할지 모르겠어요.
보건교사: 내가 도와줄게요. 액와용 목발이네요. 액와 목발은 키(신장)를 이용해 목발 길이를 측정하고, 팔꿈치의 각도를 측정해 (㉠)을/를 조절할 수 있어요. 목발의 길이가 길면 겨드랑이를 압박하게 되고, (㉠)이/가 올바르지 않으면 체중이 겨드랑이에 실리게 되어 신경이 눌려 팔에 마비가 올 수 있어요. 그런데 기본 목발 자세에 대해서는 알고 있나요?
학 생: 네, 병원에서 배웠어요. ㉡ 목발 위치가 양 발끝에서 앞쪽으로 15cm, 다시 옆쪽으로 15cm 떨어진 곳에 두는 삼각위(tripod position)로 하는 거죠?
보건교사: 네, 맞아요. 기본 목발 자세에서 머리와 목, 척추를 바로 세우고 엉덩이와 무릎을 펴면 신체 선열이 잘 유지되는 거에요.
학 생: 선생님, 의자에 앉고 설 때는 어떻게 해야 할지 모르겠어요.
보건교사: 의자에 앉고 설 땐 체중 이동의 원리를 이용해야 해요. 의자에 앉을 땐 먼저 의자 앞면에 다리의 뒤가 닿도록 선 후 다치지 않은 다리 쪽인 왼쪽 손에 목발 2개를 포개어 손잡이를 잡으세요. 다음으로 체중은 (㉢)에 실리도록 합니다.
… (하략) …

〈작성 방법〉
• 괄호 안의 ㉠에 들어갈 내용을 서술할 것.
• 기본 목발 자세에서 ㉡이 중요한 이유를 서술할 것.
• 괄호 안의 ㉢에 해당하는 내용을 서술할 것.

22-A12. 다음은 보건교사와 학생의 대화 내용 일부이다. 〈작성 방법〉에 따라 서술하시오.

학 생: 선생님, 제가 며칠 전 넘어져 왼쪽 발목이 골절되어 석고붕대를 했어요. 목발을 처음 사용해 봤는데 적응하기가 쉽지 않아요.
보건교사: 액와용 목발을 사용하고 있군요. 목발의 길이가 너무 길거나 목발을 잘못 사용하면 (㉠) 손상으로 목발 마비(crutch paralysis)가 발생할 수 있어요.
학 생: 병원에서 목발 사용법을 배웠는데 잘 모르겠어요.
보건교사: 그러면 올바른 목발 보행 방법을 가르쳐 줄게요. 먼저 삼각위를 취한 다음, ㉡ 건강한 오른쪽 다리에 전체 체중을 지탱하고, 양쪽 목발과 아픈 왼쪽 다리를 이동한 후 건강한 다리를 이동합니다. 이렇게 반복하면 됩니다. 할 수 있겠지요?
학 생: 네, 선생님. 감사합니다. 그런데, 계단을 이용할 때는 어떻게 해야 하나요?
보건교사: 계단 아래에서 먼저 삼각위를 취한 다음, ㉢ 계단 올라갈 때와 계단 내려갈 때 목발 보행을 연습해 봅시다.

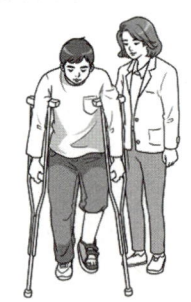

… (하략) …

〈작성 방법〉
• 괄호 안의 ㉠에 해당하는 신경의 명칭을 제시할 것.
• 밑줄 친 ㉡에 해당하는 목발 보행의 명칭을 제시할 것.
• 밑줄 친 ㉢의 목발 보행 순서를 다리 상태를 포함하여 순서대로 서술할 것.

옷 입고 벗기

상의 입고 벗기	① 앞 단추 있는 옷 입기(환측부터 먼저) 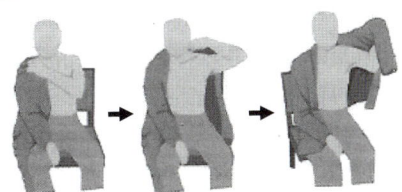 ② 앞 단추 있는 옷 벗기(건측부터 먼저) 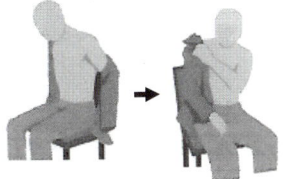 ③ 앞 단추 없는 옷 입기(환측부터 먼저) 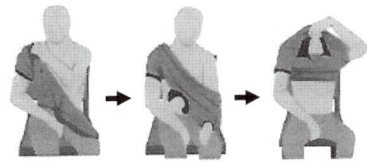 ④ 앞 단추 없는 옷 벗기(건측부터 먼저) 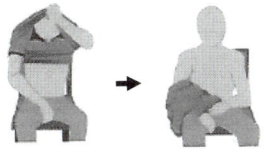
하의 입고 벗기	① 앉은 자세에서 바지 입기(환측부터 먼저) 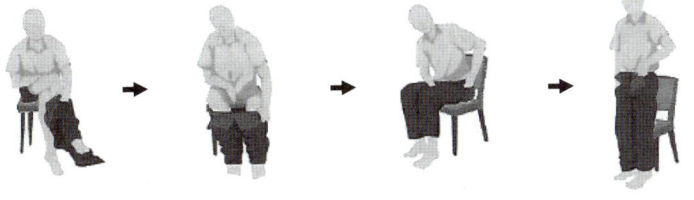 ② 누운 자세에서 바지 입기(환측부터 먼저) 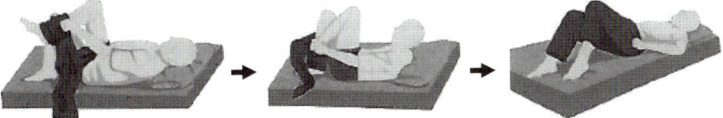 ③ 앉아서 바지 벗기(건측부터 먼저) 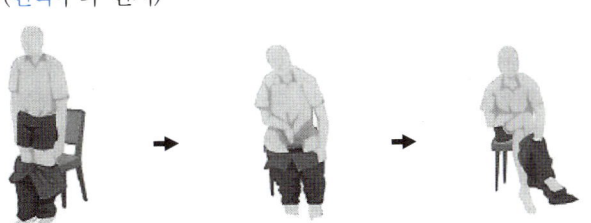

2. 목발 보행

목발 준비	목발 길이 [18 임용]	액와목발 제작을 위해서 대상자의 키, 팔꿈치 굴곡 각도(30도), 그리고 목발 패드와 액와 막대 간의 길이를 측정		
			눕거나 선 자세에서 계측	전액와 밑 3~4손가락 너비만큼 떨어진 곳에서부터 대상자의 발 앞에서 옆으로 15cm 떨어진 지점까지 함
			대상자의 키	환자의 키에서 40cm를 뺌(= 키의 약 80%)
		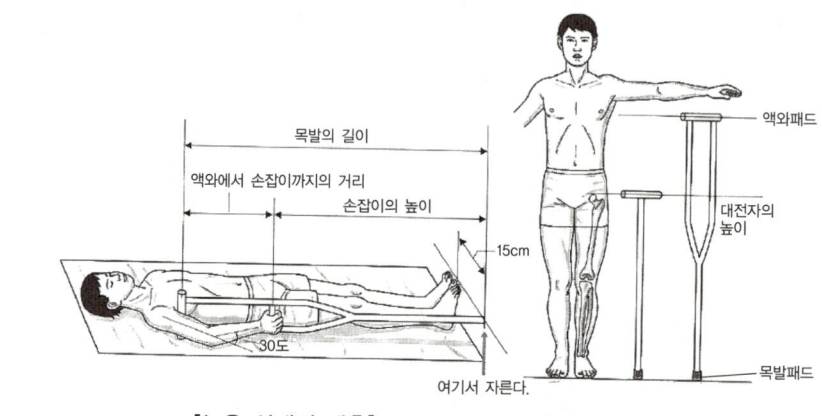 [누운 상태의 계측]　　　[선 상태의 계측]		
		목발의 길이가 길면	상완 신경총을 압박하여 목발마비가 나타날 수 있음 [18,22 임용]	
		목발의 길이가 짧으면	등이 굽는 자세가 될 수 있음	
목발 사용 전 운동	(1) 목발을 사용하기 전에 침대에 있는 대상자는 어깨와 상박 근육을 강화시키는 운동을 해야 함 [23 국시] (2) 목발로 걸을 때는 주로 삼두근, 승모근, 광배근을 사용하게 되는데, 이 근육들을 강화시키기 위해 침대에서 할 수 있는 운동은 다음과 같음 [23 국시]			
	앉은 상태에서 팔굽혀펴기	① 양팔을 옆으로 하고 손바닥을 침대 표면에 편평히 놓고 둔부 들기 ② 이 운동은 삼두근을 발달시키는데 좋음		
	발칸틀 운동	① 발칸틀의 윗부분을 잡고 침대에서 몸을 일으키는 것으로 팔과 어깨의 근육을 발달시킴 ② 서거나 걷기 위해서는 다리 힘을 단련시켜야 하고, 균형과 자세유지를 위해서는 복부와 등 근육의 긴장을 유지할 필요가 있음		
목발 안전	목발선택	대상자 키에 맞추어 적합한 길이의 목발을 사용해야 함		
	체중부하	액와목발을 사용하는 대상자는 액와에 체중이 가해지는 압박의 위험을 인식해야 함		
	시선	복도에서 목발 보행 시 똑바로 서서, 정면을 바라보면서 걷도록 함 [10 임용]		
	목발관리	① 목발에만 의존하는 대상자는 목발의 끝이 닳았는지 고무패드를 수시로 살필 것 [12 임용] ② 목발손상을 수시로 살펴야 함. 목발이 갈라지면 대상자의 체중을 지탱하는 능력이 감소됨 ③ 미끄러짐을 예방하기 위하여 목발의 끝은 항상 건조하게 할 것		
	보폭	목발 보행이 익숙하지 않을 때는 보폭을 좁게 하도록 할 것		
	위험요인 제거	바닥이 젖어 있거나 미끄러지기 쉬운 깔개나 장애물들이 있어서는 안 됨		

목발 보행 방법	시작 자세	기본 목발 자세 (= 삼각위) 18 임용	① 목발의 첨단을 엄지발가락에서 전외방 약 15cm 위치에 잡는 것 ② 기본 목발 자세(= 삼각위) 자세에서 머리와 목, 척추를 바로 세우고 엉덩이와 무릎을 펴면 신체선열이 잘 유지됨 ③ 기본 목발 자세의 효과 : 대상자의 기초 지지를 넓혀주어, 대상자의 균형을 좋게 함(낙상방지 등)
		바른 자세	① 체중은 손과 손목에 싣기 09,12,18 임용 ② 팔의 관절(팔꿈치)은 약 30도 굴곡하기 10 임용 ③ 어깨는 내리기
		목발마비 예방 10,12,22 임용	① 겨드랑이와 목발의 액와 받침대 사이에 여유 공간으로 2~3횡지의 여유가 필요함 ② 팔의 신경(상완신경총) 손상을 방지하기 위해서 체중이 액와에 실리지 않도록 하기 ③ 팔에 통증, 무감각, 저림 증상 등이 있을 때 간호사나 의사에게 알리도록 함
		목발위치	① 목발 손잡이는 팔꿈치가 약 30도 굴곡되는 위치로 할 것 18 임용 ② 액와받침 : 액와를 받치는 부위는 흉벽에 고정 ③ 고무캡 : 목발 끝에 고무제 미끄럼 방지 캡을 붙여 미끄러지거나 넘어지는 사고를 방지 12 임용
	목발 보행 형태	부분 체중지지 보행	3점 보행 (three point gait) 22 임용	① 한쪽 하지는 약해서 체중부하를 할 수 없고 다른 쪽 하지는 튼튼해서 전체 체중유지가 가능할 때 사용 ② 양쪽 목발로 허약한 쪽 다리를 지탱하면서 동시에 나가고 그 다음 강한 쪽 다리를 내딛음 ③ 순서 : (좌측 목발 → 우측 목발 → 환측 발) → 건측 발의 순서, 괄호는 동시에 내딛기
			뛰기 보행(swing to gait = 소진보행)	양측 목발이 앞에 오고 몸을 들어서 앞으로 나가게 하는데 이때 몸이 목발의 선을 넘지 못하고 양발을 떼어 놓는 보행임
			건너뛰기 보행 (swing through gait = 대진보행)	빠른 목발 보행으로 장애물을 뛰어 넘기 위해 양발을 동시에 들어 올려 뛰는 보행임
		전체 체중지지 보행	4점 보행 (four point gait)	① 양측 하지에 체중부하가 가능한 환자에게 적당함 ② 매 보행 시마다 3점의 기저를 이루므로 매우 안정되나 느림 ③ 순서 : 우측 목발 → 좌측 발 → 좌측 목발 → 우측 발의 순서
			2점 보행 (two point gait)	① 4점보행보다 좀 더 빠른 방법임 ② 양쪽 하지가 어느 정도 체중을 지탱할 수 있으며 균형 유지가 가능할 때 적당함 ③ 좌측 목발과 우측 발이 동시에 나가고 그 다음에는 우측 목발과 좌측 발이 동시에 나가서 딛게 되는 보행으로 항상 2점이 땅에 닿게 됨

목발 보행 방법	**목발 보행 형태**	전체 체중지지 보행	삼각 보행 (tripod crutch gait)	① 하지마비 환자에게 적용되는 보행으로 몸의 중심점을 전방으로 옮겨 목발을 이용해 보행하는 방법임 ② 좌측 목발이 먼저 나가고, 그 다음 우측 목발이 나간 후 몸을 앞으로 끌어당기는 방법으로 훈련시키며, 나중에는 양측 목발, 몸을 앞으로 끌어당기는 순서로 보행함 ③ 보행 시는 안정 기저를 넓게 하여 몸을 충분히 전방으로 기울이게 하여 중력의 중심이 골반의 전방에 오게 함 → 만약 중력의 중심이 골반의 후방에 위치하면 넘어지기 쉬움

색깔 있는 부분이 무게를 지탱함. 화살표가 발이나 목발의 진행을 의미함(가만히 서 있는 자세부터 시작하므로 밑에서부터 위로 진행하면서 보기)

4점 보행	2점 보행	3점 보행	뛰기 보행	건너뛰기 보행
• 두 발에 부분무게 지탱 • 최대한의 지탱 제공 • 무게 전이가 계속 요구됨	• 두 발에 부분무게 지탱 • 지탱이 덜 제공됨 • 4점 보행보다 빠름	• 비무게 지탱 • 좋은 균형과 팔의 힘 필요 • 보다 빠른 걸음 • 보행기와도 사용 가능	• 양발에 무게 지탱 • 안정감 • 팔의 힘 필요 • 보행기와도 사용 가능	• 무게 지탱 • 팔의 힘 필요 • 조정과 균형 필요 • 가장 앞선 보행
4. 오른발을 앞으로 내딛는다.	4. 오른발과 왼쪽 목발을 앞으로 내딛는다.	4. 오른발을 앞으로 내딛는다.	4. 양발을 들어 앞으로 보내어 발을 양쪽 목발 옆에 착지시킨다.	4. 양발을 들어 앞으로 보내어 양쪽 목발보다 앞에 착지시킨다.
3. 왼쪽 목발을 앞으로 내딛는다.	3. 왼발과 오른쪽 목발을 앞으로 내딛는다.	3. 왼발과 양쪽 목발을 앞으로 내딛는다.	3. 양쪽 목발을 앞으로 내딛는다.	3. 양쪽 목발을 앞으로 내딛는다.
2. 왼발을 앞으로 내딛는다.	2. 오른발과 왼쪽 목발을 앞으로 내딛는다.	2. 오른발을 앞으로 내딛는다.	2. 양발을 들어 앞으로 보내어 발을 양쪽 목발 옆에 착지시킨다.	2. 양발을 들어 앞으로 보내어 양쪽 목발보다 앞에 착지시킨다.
1. 오른쪽 목발을 앞으로 내딛는다.	1. 왼발과 오른쪽 목발을 앞으로 내딛는다.	1. 왼발과 양쪽 목발을 앞으로 내딛는다.	1. 양쪽 목발을 앞으로 내딛는다.	1. 양쪽 목발을 앞으로 내딛는다.
시작자세	시작자세	시작자세	시작자세	시작자세

계단에서의 목발보행	오르기 10,22 임용 / 19 국시	① 양쪽 목발을 한 손으로 잡고, 다른 한 손은 계단 난간을 잡기	② 건강한 다리 오르기를 한 후 체중을 건강한 다리로 옮기기	③ 목발과 아픈 다리 오르기

목발보행방법	목발보행형태			
	계단에서의 목발보행	오르기 10,22 임용 / 19 국시		난간을 이용하지 않을 때는 ① 맨 처음 체중을 목발에 지탱한 후, 건강한 다리 오르기 ② 체중을 건강한 다리로 옮긴 후, 두 목발과 아픈 다리 오르기
		내려오기 10,12,22 임용		① 양쪽 목발을 한 손에 잡고, 다른 한 손은 계단 난간 잡기 / ② 먼저 목발을 한 계단 내려놓고, 아픈 다리 내리기 / ③ 건강한 다리 내리기
				난간을 이용하지 않을 때는 ① 체중을 건강한 다리에 지탱한 후, 목발을 한 계단 아래로 내리기 ② 체중을 목발로 옮겨 지탱하면서 아픈 다리를 먼저 내리기 ③ 뒤이어 건강한 다리 내리기
	의자	의자에 앉기 18 임용		① 의자를 향해 뒤로 돌아서서, 다리 뒤쪽에 의자가 닿도록 의자 가까이 서기 ② 한쪽 손으로 목발 2개를 포개어 다치지 않은 다리 쪽의 손에 목발을 포개어 잡고 체중은 건강한 다리에 실리도록 하기 ③ 다른 나머지 손으로 의자의 팔걸이나 바닥을 잡고 서서히 몸을 낮추어 의자에 앉기
		의자에서 서기		① 앉아있는 상태에서 아픈 다리를 앞으로 펴기 ② 다치지 않은 다리 쪽의 손에 포개어 목발 손잡이 잡기 ③ 다른 한 손은 의자의 팔걸이 잡기 ④ 몸무게를 의자와 목발에 의지한 상태에서 몸을 의자의 앞으로 끌어당긴 뒤에 힘을 주어 건강한 다리로 지탱하며 서기 ⑤ 목발을 양쪽 겨드랑이 밑에 놓고, 삼각위(두발은 모으고, 두발의 발가락 끝에서 각각 앞쪽으로 15cm, 그 점에서 옆으로 15cm이 되는 지점에 두 목발을 각각 둠)로 서기

PLUS⊕

● 보행기와 지팡이 사용

	사용법
보행기	① 한 다리가 약할 때는 보행기와 아픈 다리를 함께 이동 후 건측 다리 이동 ② 양다리가 약할 때는 보행기, 한 다리, 나머지 다리 순으로 이동
지팡이	① 지팡이 잡기 : 건강한 다리 쪽 손에 지팡이 잡기 ② 평지 이동 : 지팡이 → 아픈 다리 → 건측 다리 순으로 이동 ③ 계단 이동 : 오를 때는 지팡이 → 건측 다리 → 환측 다리 순으로 이동 　　　　　　내려올 때는 지팡이 → 환측 다리 → 건측 다리 순으로 이동

3. 물리적 요법

온요법 (= 열요법)	기전	혈액순환	손상부위의 혈액순환 촉진(∵ 손상 후 24~48시간에 적용) → 염증산물 제거(히스타민, 브라디키닌, 프로스타글란딘) → 통증 감소
		대섬유 자극	피부의 대섬유를 자극하여 척수의 통증관문을 닫게 함 → 근육이완, 긴장과 불안 완화 → 통증감소
	생리적 효과 (= 치료 효과) 92 임용	혈액순환	체온이 상승되어 혈관이 이완되고 혈액순환이 증가됨
		상처치유	땀샘의 자극으로 피부가 축축해지고, 혈액 내 식균작용 증가, 염증완화 → 타박상, 염좌 등에서 부종 완화 시까지 냉요법 적용 후 치유 촉진을 위해 온요법 적용
		부종	감소
		지지	편안함과 심리적 안정 도모
		관절·근육	관절강직 감소, 근경련 완화, 결체조직의 신장도 증가
	적응증		염증, 부종, 염좌, 관절염, 요통, 생리통, 회음부 및 질 통증 92 임용
	주의점	자주 관찰	열을 적용하는 부위의 발적, 조직손상, 불편감 등을 자주 관찰
		화상위험 有	박하 함유된 제품 사용금기, 천이나 타월로 감싸기
	금기증		의식장애, 감각장애, 순환장애, 악성종양, 출혈장애, 피부장애, 동맥부전, 개방상처 및 급성염증, 노인과 유아, 신부전, 외상 후 24시간 이내, 방사선 조사부위
	형태와 적용법	건열과 습열	아래 표 참조
		파라핀욕	만성관절염 환자(류마티스 관절염 환자 등)나 건 이식 수술환자에게 효과 적임 : 적용 직후 치료적 운동을 실시할 것
		적용시간	열에 노출하는 시간은 사용하는 방법에 따라 다르나 약 15~20분
냉요법	기전	신경전달속도 늦춤	신경전달속도를 느리게 하여 대뇌에 도달하는 통증 자극량을 줄임
		지각우세	냉각이 지각적으로 우세하여 통증을 낮춤
		피부의 대섬유를 자극	척수의 통증관문을 닫게 해서 통증을 줄임
	생리적 효과 92,98,24 임용	말초혈관 수축, 혈액점도 증가	출혈감소(손상부위의 혈액응고 촉진), 혈액순환 저하, 혈압상승
		모세혈관 투과력 감소	부종감소

구분	건열	습열
장점	• 피부침윤을 초래하지 않음 • 화상위험이 적음 • 열을 더 오래 보유(습열은 습기 증발로 열이 빨리 식을 수 있음)	• 피부건조 감소 • 조직층 깊이 열의 침투 용이 • 불감성 수분손실 및 발한 예방 • 치료부위에 적용 용이(적용부위 부착이 용이함) • 열소실이 적음
단점	• 발한으로 인한 체액손실 증가 • 열이 조직 깊숙이 침투 못함 • 피부건조	• 피부화상 위험 높음(수증기가 가열 전도체로 작용) • 지속적인 적용은 피부의 침윤을 초래함
종류	핫팩, 히트 램프, 전기 가열패드 등	뜨거운 찜질, 온욕, 침수, 미온수 스폰지 목욕, 좌욕 등

냉요법	생리적 효과 92,98,24 임용	조직신진대사 감소	염증반응 감소
		근육긴장	지혈효과
		국소마취	통증 경감, 특히 근육경련으로 인한 통증이 있을 때 근육에 전달되는 신경 말단부의 활동을 저하시킴으로써 근육경련 감소
		결체조직의 유연성을 감소시키고, 활액의 점성도를 증가시킴	근골격계 통증을 유발하는 병변이나 류마티스 관절염 및 활액낭염, 근 연축 및 경련, 외상(염좌, 타박, 골절 등) 직후, 화상 및 수술부위에 사용
	금기증		한랭에 과민반응이 있는 사람, 혈관부전, 열에 대한 감각이 소실된 경우, 노인과 유아, 열린 상처, 말초순환장애, 레이노병, 부종환자
	방법	간접적인 방법	냉포, 냉찜질, 얼음주머니, 얼음칼라, 냉각담요 등
		직접적인 방법	찬물 목욕, 찬물 스폰지욕, 알코올 스폰지, 얼음 적용, 얼음물 침수, 에어로졸 분무 등
	적용 시간		처음에는 혈관이 수축되나 계속 적용하면 혈관이 확장되므로 시간은 적어도 10분 동안 실시하되 30분 이상은 초과하지 않도록 함. 다시 실시하려면 30~60분 정도 휴식 후 실시
마사지 06,14 국시	효과	이완 효과	교감신경의 활동감소 및 부교감신경계의 활동상승 → 혈압·맥박·호흡수 감소, 근 전도 감소, 불안감소 → 근육이 수동적으로 신장됨 → 근긴장 감소
		자극 효과 - 반사 효과	피부말초신경 자극 → 대뇌, 부교감신경 자극 → 근이완 → 모세혈관 확장 → 혈액순환증진 → 부종과 노폐물 제거
		자극 효과 - 기계적 효과	정맥 또는 림프액의 귀환 증가 → 모세혈관의 울혈방지, 근육 내 혈액공급 증진 → 운동 후 생긴 젖산이나 신진대사물이 빨리 제거됨 → 근육피로 회복
	종류	경찰법	① 가볍게 표재성으로 근육의 긴장을 풀어주고 진정효과를 가져오는 마사지 방법 ② 주로 시작과 마지막에 사용함 ③ 양 손바닥으로 피부를 가볍게 누르면서 율동적으로 원위부에서 근위부로 향하여 구심성으로 크게 쓰다듬는 동작임
		유날법	① 경찰법보다 더 심부 마사지임 ② 양손가락, 손바닥을 사용하여 직경을 약간 크게 하여 시계도는 방향과 반대 방향으로 강하게 문지름 ③ 격렬한 운동 후에 소모된 대사물을 제거하며 경련을 경감시키고, 근육의 유연성을 유지하며 순환 증진, 건 이완, 유착부위를 신장시키는 효과가 있음
		마찰법	① 엄지 또는 손가락 끝으로 원모양으로 깊고 둥글게 문질러 표면 조직을 자극하는 방법 ② 심부조직의 유착과 반흔을 없애며 근육의 강직을 풀어줌 ③ 혈괴나 삼출액 이동 시 효과적임
		경타법	① 양손을 번갈아 빠르게 치는 방법 ② 근육이완을 증진시키며 양손을 컵모양으로 약간 구부려 둥글게 하여 빠르게 교대로 두드리는 것 ③ clapping 또는 cupping은 호흡기 문제가 있는 대상자의 치료에 좋음
		진동법 19 국시	① 피부 위에 손을 얹고 강하고 빠르게 심부조직을 계속 흔들어 주는 동작 ② 팔을 곧게 펴고 두 손을 펴서 포개어 적용 ③ 진정효과와 이완효과가 있음

전기 치료	전기에너지를 이용하여 열 효과, 화학적 효과, 자극효과를 나타냄 치료에 이용되는 기본적인 전류는 직류와 교류, 주파수에 따라 저주파, 중주파, 고주파로 나눔			
	전기 자극 치료	설명	① 정상근이나 마비된 근육과 말초신경 손상부위를 자극하기 위하여 사용 ② 근섬유의 수축성 향상이나 신경의 재생, 근력의 강화나 관절가동범위를 증대시킬 수 없음	
		치료효과	정상근인 경우	경련감소, 관절운동 범위 유지, 유착방지, 부종감소
			변환된 근육의 경우	근위축 감소, 근섬유의 탄력성 증가이다.
		적응증	말초신경마비, 근육질환, 요추 추간판탈출증, 소아마비 후유증 등	
		금기증	정신질환, 심장질환, 악성종양, 결핵, 열성질환 등	
	기능적 전기 자극 치료	설명	① 신경조절의 통제가 박탈된 평활근과 횡문근을 자극하는 것, 기능적으로 전기자극을 통해 유용하게 움직일 수 있도록 근육을 수축시키는 것 ② 마비된 근육을 지배하는 신경 운동점의 자극부위에 중추명령과 유사한 전기자극을 가하여 근육을 수축시키는 방법	
		치료효과	① 근육강직의 경감, 근위축의 방지, 약화된 근육의 강화, 지체의 움직임이나 기능의 재활 등 ② 근육의 크기는 커지지만 손상된 신경이 회복되지는 않음	
		적응증	편마비, 하반신 부전마비, 뇌성마비, 다발성 경화증 등	
	경피 신경 자극 치료	설명	① 근육의 수축은 일으키지 않고 부드러운 느낌을 주는 동통완화 ② 피부손상이 없고 부드러우며 비교적 심부조직까지 침투가 가능함	
		치료효과	진통으로 적응증은 외상, 수술 후의 동통, 작열통, 관절통, 요통, 경부통, 환상통, 말초신경손상, 절단부 통증 등임	
		금기증	감각저하, 인두 및 후두근육의 경련, 인공심장박동기 부착자, 임신부, 종양 등	

4 치료적 운동

운동의 효과	(1) 운동을 시작하는 즉시 심박수, 심박출량, 혈압이 증가하고, 혈관확장 반응이 초래된다. 이는 대사량의 요구가 증가하기 전이므로 아마 대뇌피질의 작용에 의한 것으로 생각된다. (2) 운동의 초기에 심박수는 더욱 빨라지고 수축기 혈압은 더욱 높아지며 국소적인 근 수축으로 정맥환류가 증가된다. 운동하는 근육의 혈관은 더욱 확장되어 혈류가 증가된다. 정맥환류 증가와 심박수 증가로 심박출량은 더욱 증가한다. (3) 운동이 일정한 정도로 지속되면 심박수, 혈압, 심박출량이 모두 일정하게 유지된다. (4) 운동을 멈추면 심박수는 감소하는 데 초기에 급속히 감소한 후 천천히 평상시의 속도로 돌아간다. 갑자기 운동을 멈추면 혈압이 갑자기 감소할 수도 있다. (5) 동일한 수준의 운동을 하더라도 상지의 운동이 하지의 운동보다 심박수와 혈압을 증가시키는 효과가 더 크고 등장성 운동을 할 때보다 등척성 운동을 할 때 혈압상승의 효과가 더 높다. (6) 호흡수가 증가하는데 초기에는 신경지배에 의한 것이고, 그 후에는 화학 수용체에 의해 나타난다. (7) 인슐린은 감소하고 글루카곤은 증가하며 격렬한 운동일 때에는 카테콜라민도 증가한다.

치료적 운동의 종류			
	등장성 운동 (= 등압성 운동) 09 임용	정의	근장력이 처음부터 끝까지 그대로 유지되는 동적인 운동으로 근섬유의 길이가 변하면서 수축이 일어나는 운동
		주의점	석고붕대 제거 후 등장성 운동은 통증을 느끼는 범위를 넘지 말아야 함 09 임용
		효과	① 관절의 가동력 향상 ② 근육의 크기, 긴장도, 힘 증가 ③ 순환증가 ④ 골아세포의 활동 증가
	등척성 운동 (= 근육 강화 운동)	정의	근 수축 시 근섬유의 길이는 그대로 있고, 근육의 긴장력만 변화하는 정적인 운동, 관절의 움직임은 볼 수 없고, 근육만이 수축
		방법	근육을 수초간 조였다가 푸는 것을 반복
		효과	① 근육의 강화에 효과적임 ② 근력증진 09 임용 ③ 근위축 예방(장기간 부동으로 인한 근육량 감소 방지) 12 임용 ④ 근경축과 정맥울혈 예방
	등속성 운동	정의	운동속도가 미리 정해져 있는 운동기계에서 실시하는 저항운동의 일종
		효과	움직임의 속도가 일정한 상태로 유지되므로 강한 힘을 가하면 그만큼 근육에 걸리는 부하가 커지게 되고 약한 힘을 가하면 부하가 줄어들게 됨

CHAPTER 06 노인간호

영역			기출영역 분석	페이지
노화와 건강문제	노인에 대한 이해		노인의 제 특성	444
			노화이론	446
		노화로 인한 변화	타액 분비 감소, 방광용량 감소, 흉곽 전후경 증가, 땀샘의 위축, 체온조절능력 감소 2009	447
			폐경 후 골다공증 증가 원인과 예방대책 1998, 2013, 골다공증 의심 증상 2008, 61세 여성의 골다공증 발생위험 요인 2010	
			폐경기 여성의 질 점막의 특성 3가지 2006	
			체온조절능력 감소 : 원인, 저체온증 중재방법 2013	
			청력 감퇴 2011	
	노인의 건강관리	노인 관련 약물 역학	노인 관련 약물 역학(효소활동 감소, 혈청단백 감소, 사구체 여과율 감소, 무지방 체중감소와 체지방 증가) 2012	452
		수면관리	수면의 단계	454
			노인의 수면양상 변화 2011	
			노인의 수면을 도울 수 있는 간호중재 5가지 2004	
노인복지 제도	노인인구의 현황과 특성	노인인구 추이	노령화 사회/노령 사회 정의 2018	456
		관련 지수	노령화 지수 공식 1995, 노년부양비와 노령화 지수 산출 2018	
	노인보건 복지정책 및 제도	노인장기 요양보험	본인부담금, 요양인정 유효기간, 인정 및 판정등급 절차, 등급 판정기간, 재가급여의 종류 2012	457
			장기요양인정등급(인지지원등급), 급여의 종류(특별현금급여), 급여 제공의 일반원칙 2022	

✓ 학습전략 Point

1st	노화로 인한 신체적 변화	위장관계, 호흡기계, 심혈관계, 근골격계, 비뇨생식기계, 피부계, 감각계 등 계통별 노화로 인한 변화를 학습한다.
2nd	노인장기요양보험	관련 법규와 관련하여 세부 내용을 학습한다.

한눈에 보기

노인간호

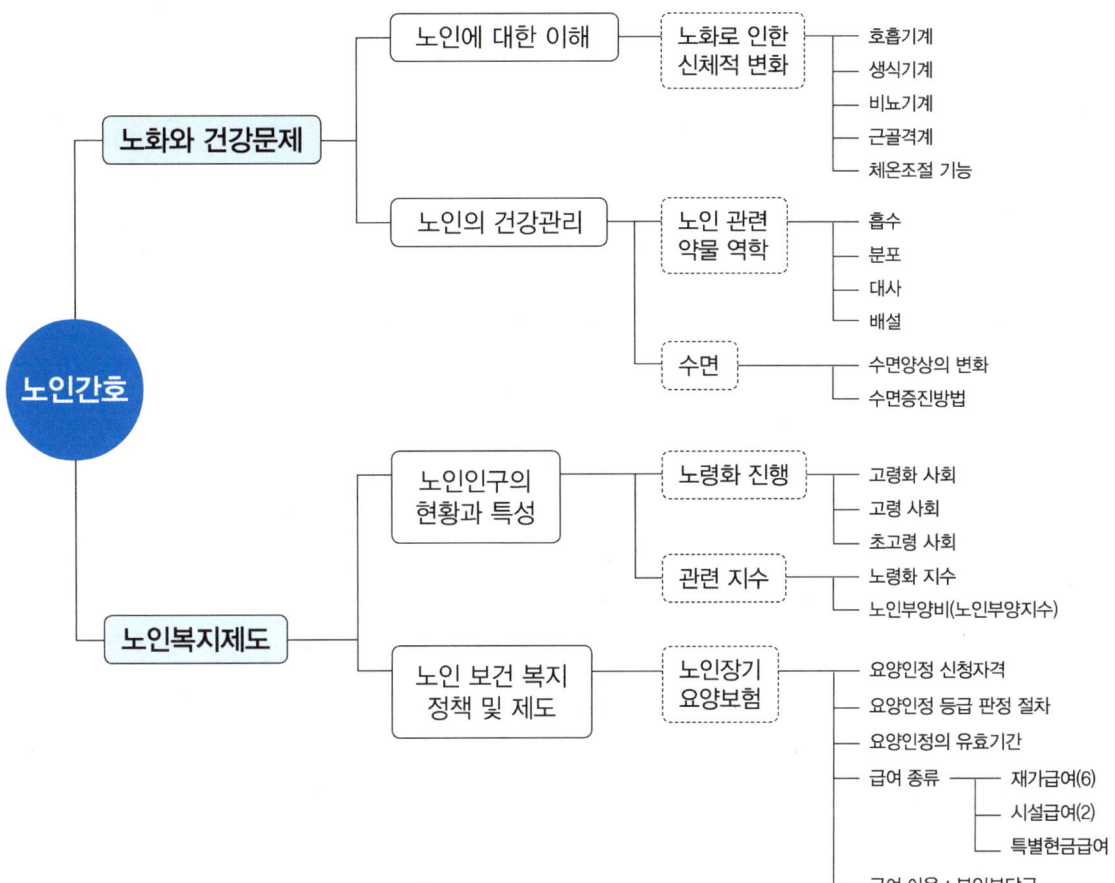

06-12. 폐경기 이후 여성에게 호르몬의 변화로 인한 질염이나 외음 소양증이 자주 나타난다. 이와 같은 결과를 초래할 수 있는 폐경기 여성 질 점막의 특성을 3가지만 기술하시오.

08-19. 갱년기 여성은 폐경 이후 에스트로겐의 분비 감소로 인한 골관절계의 변화로 골다공증을 경험할 수 있다. 골다공증을 의심할 수 있는 특징적인 증상을 4가지만 쓰시오.

17-11. 다음은 동료교사(여/40세)와 보건교사의 대화 내용이다. 〈작성 방법〉에 따라 순서대로 서술하시오.

동료교사 : 책을 볼 때 작은 글씨가 잘 안보여 안과에 갔어요. 양쪽 눈 모두 20/20이라는 시력검사 결과가 나왔는데 시력이 어떻다는 거죠?
보건교사 : 20/20이라는 결과는 정상 시력이라는 의미예요.
동료교사 : 시력을 분수로 표시하던데 분수에서 분자와 분모는 각각 무엇을 나타내는 건가요?
보건교사 : (㉠)
동료교사 : 일반적인 시력검사와 다르게 측정하던데요?
보건교사 : 시력검사에는 근거리 시력검사와 원거리 시력검사가 있어요. 근거리 시력검사는 포켓용 근거리 시력표를 눈에서 35cm 떨어진 거리에서 읽도록 합니다. 원거리 시력검사는 차트에서 3m 떨어진 곳에 서서 정면을 보고 측정하고, 작은 시표부터 차차 큰 시표로 읽도록 합니다.
동료교사 : 시력표의 맨 위에 있는 글자를 읽지 못하면 어떻게 하나요?
보건교사 : 검사 대상자가 1m씩 앞으로 나갑니다. 1m 앞에서도 맨 위의 시표를 읽지 못하면 50cm 앞에서 손가락 세기, 30cm 앞에서 손 움직임을 검사하는 수동 운동(hand movement)으로 측정합니다.
동료교사 : 녹내장 가족력이 있다고 말했더니 ㉡ 검사자와 마주보고 한쪽 눈을 가린 다음, 검사자가 팔을 뻗어 손가락(또는 연필)을 주변의 여러 방향에서 중심을 향해 움직이며 제가 볼 수 있는 각도를 측정하는 검사도 했어요. 양쪽 눈 모두 검사 결과가 귀쪽 70°, 코쪽 50°, 위쪽 40°, 아래쪽 60°라고 하던데 어떻다는 건가요?
보건교사 : 양쪽 눈 모두 시야 범위가 감소했네요. 추가 검사가 필요할 것 같아요.

〈작성 방법〉
- 괄호 안의 ㉠에 들어갈 내용을 서술할 것.
- 밑줄 친 ㉡이 설명하고 있는 검사명을 제시할 것.
- 보건교사가 말한 부분 중 잘못된 내용이 있는 문장 1개를 찾아 그 내용을 바르게 서술할 것.

12-18. 노화로 인한 생리적 변화 및 그와 관련된 약물 작용에 대하여 옳은 것만을 〈보기〉에서 있는 대로 고른 것은?

〈보기〉
ㄱ. 효소활동의 증가는 간에서의 약물 해독 능력을 저하시키고 약물 반감기를 감소시킨다.
ㄴ. 혈청 단백 감소는 단백질 결합 약물을 결합하지 않은 상태로 지속시켜 약물의 혈중 농도가 증가한다.
ㄷ. 신장으로의 혈류와 사구체 여과율 감소는 약물의 배설 능력을 변화시켜 수용성 약물의 혈중 농도를 증가시킨다.
ㄹ. 무지방 체중(lean body mass)의 증가와 제지방 감소는 수용성 약물의 독성과 지용성 약물의 작용 지속 시간을 증가시킨다.

09-05. 노인의 신체 생리적 노화과정에 대한 설명으로 옳은 것을 〈보기〉에서 고른 것은?

〈보기〉
㉠ 타액분비의 증가
㉡ 방광용량의 증가
㉢ 흉곽 전후경의 증가
㉣ 땀샘의 위축
㉤ 체온 조절 능력의 감소

10-34. 다음 61세 여성의 신체 소견 중 골다공증 발생위험 요인으로 옳은 것을 모두 고른 것은?

㉠ 폐경 후 10년 경과
㉡ 체질량지수 : 16kg/m²
㉢ 50세부터 당뇨병을 앓고 있음
㉣ 혈중 콜레스테롤 : 180mg/dL

04-09. 노인은 흔히 잠들기가 어렵고 잠이 들었다가도 자주 깨며 숙면을 취할 수 없는 경우가 많다. 노인의 수면을 도울 수 있는 간호중재 5가지만 쓰시오.

98지방-02. 폐경기 이후 여교사들에게 골다공증이 증가하고 있다. 골다공증의 원인과 예방대책을 기술하시오.

11-08. 보건소 간호사가 김 할머니 댁을 방문하여 상담한 내용이다. (가)~(마)의 내용에 대하여 간호사가 취한 행동으로 옳지 않은 것은?

70세 김 할머니는 (가) 심부전증으로 매일 digoxin(Lanoxin)을 복용하고 있었으며 (나) 청력 감퇴로 인해 대화에 어려움이 있었고 (다) "밤에 잠들기가 힘들어 소주를 마시고 잘 때가 있어."라고 말하였다. 그리고 제2형 당뇨병이 있어서 일주일 전에 당뇨 교육을 받았으며 (라) "기운이 빠지고 손발이 떨리며, 식은 땀이 날 때가 자주 있는데 당이 떨어져서 그래?"라고 질문하였다. 또한 노인 복지회관에서 운영하고 있는 (마) 생애회상 프로그램에 참여하고 있었다.

① (가) 약의 독성인 오심, 구토 및 두통이 나타날 수 있으므로 이 증상이 나타날 때는 병원을 방문하도록 하였다.
② (나) 대화는 고음으로 또박또박 천천히 하였다.
③ (다) 알코올은 REM(rapid eye movement) 수면을 방해하므로 마시지 않도록 교육하였다.
④ (라) 저혈당 증상일 수 있으므로 혈당을 측정하고 측정치에 따라 크래커나 사탕을 먹도록 교육하였다.
⑤ (마) 과거 기억을 활용하여 인지 능력을 향상시키는 효과가 있으므로 프로그램에 계속 참여하도록 격려하였다.

13-36. 다음은 보건교사와 H양(여, 16세)의 상담내용이다. (가)~(라) 중 옳은 것만을 있는 대로 고른 것은?

학생 : 선생님, 어젯밤에 저희 할머니가 체온이 34.2°C 였어요.
보건교사 : (가) 근육량이 감소되어 열 생산이 어려워서 그렇단다. 그리고 (나) 노화로 인한 피하지방 감소로 보온기전이 나빠져서란다.
학생 : 그러면 할머니가 저체온일 때 제가 어떻게 해야 할까요?
보건교사 : 할머니의 체온을 올려주는 것이 제일 중요하단다. 먼저 (다) 담요로 할머니의 몸을 충분하게 감싸드려야 한다. 그래도 할머니의 체온이 올라가지 않고 계속 떨어져서 중등도의 저체온증이 되면 심장이 불안정한 상태라서 부정맥이 발생할 수 있으므로 할머니를 빨리 병원으로 이송해야 한다. (라) 이때는 따뜻한 전기팩을 팔과 다리에 골고루 대주어야 한단다.

95-47. 〈보기〉 ㉠에 해당되는 것은?

〈보기〉
노년화 지수 = 노년인구 / (㉠) × 100

① 0~14세 인구
② 0~19세 인구
③ 15~49세 인구
④ 15~64세 인구

18-A9. 다음은 A 고등학교 봉사 동아리 학생들을 위한 교육 자료이다. 〈작성 방법〉에 따라 서술하시오.

[노인 체험 활동 교육 자료]

○ 노인 인구의 증가
  • 통계청(2016)에 의하면 우리나라는 전체 인구에서 65세 이상 노인이 차지하는 비율이 2000년에는 7.2%로 (㉠) 사회에 진입하였고, 2020년에는 15.6%로 (㉡) 사회로 진입할 예정이라고 함.

○ 노년부양비와 노령화 지수(A 지역사례)
  〈표〉 A 지역의 인구 구성 추계
  (단위 : 명)

구분	2010년	2030년	2050년
0~14세	2,000	1,600	1,200
15~64세	8,000	7,200	6,000
65세 이상	1,600	2,400	3,600

○ 노인의 특성
  • 신체적 특성
  • 심리적 특성
  • 사회·경제적 특성
      … (하략) …

─〈작성 방법〉─
○ 유엔(UN)의 분류 기준에 따라 괄호 안의 ㉠과 ㉡에 해당하는 내용을 순서대로 서술할 것.
○ A 지역의 2010년과 2050년의 노년부양비와 노령화 지수를 산출하여 각각 비교 설명할 것. (소수점 둘째 자리에서 반올림 없이 소수점 첫째 자리까지 제시할 것)

12-38. 민 군(13세)의 할머니가 제공받을 수 있는 '장기요양보험'에 대한 설명으로 옳은 것만을 〈보기〉에서 있는 대로 고른 것은?

상담일지		
성명 : 민○○	성별 : 남	1학년 2반 10번
상담주제 : 할머니 간호, 노인장기요양보험 소개		
상담내용		
• 부모님은 모두 사망 • 68세 할머니와 단 둘이 살고 있는 조손 가족 • 기초생활보장 수급권자 • 할머니는 중풍으로 6개월 전부터는 혼자서 일상생활을 수행하기가 어려움 • 학교에 있는 동안 혼자 계신 할머니가 걱정되어 수업에 집중할 수 없다고 함		
조치사항	노인장기요양보험을 설명해 줌	

─〈보기〉─
ㄱ. 재가급여를 받으려면 본인 부담금을 일부 내야 한다.
ㄴ. 장기요양인정의 유효기간은 최소 6개월 이상이다.
ㄷ. 장기요양 인정 및 등급판정은 방문 조사한 후에 이루어진다.
ㄹ. 장기요양등급 판정기간은 신청서를 제출한 날부터 30일 이내이다.
ㅁ. 재가급여에는 방문요양, 방문목욕, 방문간호, 주·야간 보호, 단기보호 등이 있다.

22-B3. 다음은 중학교 보건교사와 행정실 직원의 대화내용이다. 〈작성 방법〉에 따라 서술하시오.

행정실 직원 : 선생님, 노인장기요양보험에 대해 문의드리고 싶어요.
보건교사 : 네, 말씀하세요.
행정실 직원 : 저희 할머니가 장기요양 4등급으로 판정을 받고 재가급여만 이용하고 있는데 등급이나 급여의 종류 등을 변경할 수 있다고 하더라고요. 장기요양등급은 어떻게 구분되나요?
보건교사 : 등급판정기준에 따라 1등급에서 5등급, (㉠) 등급으로 구분해요.
행정실 직원 : 그렇군요. 장기요양 급여의 종류에는 재가급여 외에 뭐가 있나요?
보건교사 : 시설급여와 (㉡)이/가 있어요.
행정실 직원 : 그럼 저희 할머니도 시설급여를 이용할 수 있는 건가요?
보건교사 : 그건 아니에요. 다만, 4등급이어도 장기요양등급 판정위원회로부터 시설급여가 필요한 것으로 인정받으면 이용 가능해요. 세 가지 경우가 있는데 치매 등에 따른 문제행동으로 재가급여를 이용할 수 없는 경우, (㉢), (㉣)이/가 있어요.

─〈작성 방법〉─
○ 괄호 안의 ㉠과 ㉡에 해당하는 용어를 순서대로 제시할 것.
○ 장기요양급여 제공기준 및 급여비용 산정방법 등에 관한 고시(보건복지부고시 제2021-119호, 2021.4. 15., 일부개정)에 근거하여 괄호 안의 ㉢과 ㉣에 해당하는 내용을 각각 서술할 것.

1 노인에 대한 이해 : 노화로 인한 신체적 변화

① 노인의 제 특성

인구학적 특성	노인인구의 증가	한국사회는 2000년에는 고령화사회(노인인구가 총인구의 7% 이상)가 되었으며, 2018년에는 고령사회(노인인구가 총인구의 14% 이상)로, 2026년에는 초고령사회(노인인구가 총인구의 20% 이상)가 될 것으로 예측됨
	평균수명의 연장	평균수명은 나라마다 다르지만, 2020년에는 남성이 79.3세, 여성은 85.7세로 평균 82.5세이고, 2030년에는 남성 81.4세, 여성 87세, 평균 84.2세가 될 것으로 추정하고 있음
	인구구조의 변화	우리나라 인구동태의 유형을 보면 고출생-고사망의 피라미드형에서 출생률과 사망률의 저하로 모든 연령층이 고르게 분포되어 있는 종형으로 변해왔고, 2030년에는 출생률은 적고 중년층과 노년층이 많아지는 항아리 형태가 될 것으로 예측하고 있음
	남녀 성비 및 결혼상태 — 성비	세계적으로 여성이 남성보다 평균수명이 길기 때문에 노년기 인구 중에서도 여성이 높은 비율을 차지하고 있음, 연령이 증가할수록 성비 차이가 현저해짐
	남녀 성비 및 결혼상태 — 결혼상태	남성과 여성 모두 유배우자 비율이 연령증가에 따라 감소하지만, 남성에 비해 여성의 유배우자율이 낮음, 미래에서 유사한 추세일 것
	지역별 노인인구 분포	도시에 비해 농촌지역의 고령화속도가 훨씬 빨리 진행되고 있음, 농촌지역의 노인인구 비율이 상승함에도 불구하고 의료기관과 전문의료인력은 도시지역에 편중되어 있어 노인이 양질의 건강관리를 받는데 어려움이 있음
건강과 의학적 특성	만성질환 유병률과 사망원인	• 만성질환의 유병률은 노인이 다른 연령층에 비해 높음, 또한 노인여성(93.7%)이 노인남성(91.8%)에 비해 만성질환의 유병률이 높았음 • 연령이 높을수록 만성질환 유병률이 증가하는 경향을 보이나, 85세 이상에서는 오히려 75~84세 연령군보다 낮은 유병률을 보였음 • 노인인구층에서 사망원인 중 암이 1순위이며, 뇌혈관질환, 심장질환, 자살, 당뇨병이 주요 원인임
	기능장애 정도	• 노인인구 대부분이 관절염, 요통, 좌골통, 고혈압 등의 만성질환을 하나 이상 앓고 있어서 일상생활을 독자적으로 수행하는데 많은 어려움을 경험하고 있음 • 기본적 일상생활활동(ADL)이나 도구적 일상생활활동(IADL)에서 한 가지 이상 도움이 필요한 노인의 비율이 계속 증가하고 있음
사회·경제적 특성	소득원	• 노인의 근로소득은 점차 증가하고 자녀에게 도움을 받는 비율은 점차 감소하는 추세임 • 서구사회에 비해 우리나라 노인은 자녀에게 생활비를 의존하는 경향이 높은 편임, 이는 연금제도와 같은 사회보장제도의 미비 및 가부장적인 대가족제도의 전통을 이유로 들 수 있음
	경제활동	우리나라 노인의 경제활동 참가율은 다른 국가와 비교할 때 낮은 편은 아니나, 대부분의 노인이 사회·경제적 지위가 낮은 직종에서 일하고 있음
	빈곤문제	• 노년기에는 퇴직 등으로 인한 소득의 격감 또는 상실로 인하여 기본적 생계유지를 위한 생활비는 다소 감소한 상태로 유지되나 질병치료에 소요되는 의료비 증가로 소비가 소득보다 높은 상태가 됨 • 노년기에는 이전에 축적해놓은 재산이나 저축을 처분하여 가계지출에 사용하거나 가족이나 사회에의 의존도가 높음
	주거상태	노인을 배려한 설비를 갖추고 있는 주택의 비율이 낮아 환경에 대한 적응이 약화된 노인의 삶을 효과적으로 지원해 줄 수 있는 주거개발이 필요함

심리적 특성 **(성격성 특성)**	조심성과 경직성 증가	• 노인은 행동이 느리고 무슨 일을 판단해서 행동에 옮기는 데 매우 조심스러우며, 새로운 변화를 싫어하는 경직성이 증가함 • 노년에 경직성이 너무 강해지면 사회적 변화에 둔감해지고 독선적이 될 우려가 있음
	내향성과 수동성 증가	• 노인은 대체로 나이가 들면서 사회적 활동이 감소하고, 활동 방향도 외부에서 내부로 전환되는 경향이 증가함 • 노년기에는 청장년기에 비해 적극적으로 개입할 일이 줄어들어 문제해결에 있어 수동적이 되거나 새로운 일에 도전하는 경향이 감소함
	의존성과 애착 증가	• 의존성은 다양한 영역에서 전반적으로 증가하는데, 일상생활의 수행능력 저하에 따른 신체적 의존성, 중추신경계 퇴화로 인한 정서적 의존성, 은퇴와 관련된 경제적 의존성, 의미있는 타인의 상실로 발생하는 사회적 의존성이 있음 • 자신이 애용해오던 '물건에 대한 애착심'이 강해지는데, 세월의 변화 속에서 삶의 발자취가 되는 물건을 주위에 둠으로써 과거 인생을 회상하고 정서적 안정감과 마음의 편온을 추구할 수 있음
	과거지향성 증가	• 노인이 되면 현재와 미래에 대한 생각보다는 과거를 회상하려는 경향이 증가됨 • 과거에 대한 회상은 노인에게 과거에 일어났던 사건의 의미를 재구성하고 재해석하면서 현재의 삶을 긍정적으로 재음미하게 해줌
	양성화 경향	• 나이가 들면서 남성은 자신의 내부에 있던 여성성 출현하면서 친애적·양육적이 되고, 여성은 내부의 남성성이 출현하여 독립적이고 자기주장적으로 바뀌면서 전통적 성역할에 대한 지각이 변화함 • 노년기에 남성성과 여성성이 균형을 이루어 양성화되는 것은 인격적인 성숙의 한 과정으로 설명됨

❷ 노화이론

이론	설명
유전자 이론 (Gene theory)	• 노년기가 되면 유기체 내에 존재하고 있던 해로운 유전자가 활성화되기 시작하여 점차 유기체의 생존을 불가능하게 만듦
체세포 돌연변이 이론 (Somatic mutation theory)	• 세포가 방사선이나 화학물질에 노출될 경우에 세포의 DNA가 변이를 일으켜 염색체 이상의 빈도가 증가함 • 돌연변이에 의해 염색체 이상이 생기고, 시간이 경과함에 따라 복제세포가 노인에게 유해한 영향을 미침으로써 세포 기능과 기관의 효율성을 떨어뜨림
프로그램 이론 (Programed theory)	• 유기체별로 노화과정이 사전에 프로그램되어 있어 유기체별 노화의 변화양상을 예측할 수 있음 • 생체시계 : 유기체가 생명을 유지하고 살아가는데 필요한 에너지 및 기타 물질의 양이 수정 시부터 이미 프로그램되어 있고, 프로그램된 에너지와 물질의 양을 어떻게 효율적으로 사용하느냐에 따라 개인의 수명에 영향을 줌 • 텔로미어(telomere) : 세포 속에 있는 염색체의 양쪽 끝단에 있는 부분으로, 세포가 분열되는 동안 세포가 사라지지 않도록 보호·완충하는 역할을 하는데, 세포분열을 지속하는 동안 텔로미어가 줄어들어 노화와 밀접한 관련이 있음
산화기 이론	• 고도로 불안전한 산화기라는 노폐물이 세포 내에 축적되어 세포를 파괴시켜 노화현상을 초래함 <table><tr><td>산화기</td><td>정상 대사과정에서도 생산되며, 방사선이나 오염물질 및 다른 자유기에 노출되었을 때도 생산됨</td></tr><tr><td>비타민(A, B_3, C, E)과 효소(coenzyme-Q)</td><td>산화기(= 자유기) 생성을 억제시키는 작용을 함</td></tr></table>
교차연결이론 (= 결체조직이론)	• 정상적으로 분리되어야 할 분자구조들이 화학적 반응으로 분자 사이에 강한 연결고리가 형성되고 이로 인하여 노화가 진행된다는 이론 • 피부, 건, 뼈, 근육, 혈관, 심장들의 결체조직의 변화로 노화가 진행될수록 결체조직은 수화도가 감소하고 단단한 조직으로 변화되고 섬유화됨
마모이론	• 인간의 몸은 기계와 같아서 인체의 어느 부위를 과도하게 사용하여 닳게 만들면 인체의 기능이 저하된다는 이론 • 세포의 마모현상 : 내·외적 스트레스에 의해 가중, 대사과정의 해로운 부산물의 증가로 발생함
신경내분비 조절 이론	• 수정에서 사망에 이르기까지 신경호르몬의 신호에 의해 조절되는 일상에 걸친 프로그램의 한 부분으로 노화를 설명함 • 노화에 기여하는 유전적 생체시계는 신경계와 내분비계의 상호조절기전의 결과임
면역이론	• 면역의 기능변화, 노화의 의해 면역계가 퇴화하면 자신의 면역세포를 이물질로 인식하여 면역세포를 스스로 공격하여 생체세포의 감시기능 손상으로 노화가 발생함 • 면역계의 퇴화를 조절하는 방법 : 식이조절, 체온조절, 회춘요법(흉선 이식, 흉선추출물 투여 등)

③ 노화로 인한 변화 06,07,11,13,14 국시

분류		변화	관리 전략
심혈관	심박출량 감소	① 심장근육세포에 지질과 지방 갈색소(세포 내에 축적되는 지방질과 섬유질로 노폐물 덩어리)가 축적되어 심근세포의 기능이 저하되고 심박출량이 감소됨(초기에는 심장 보상기전으로 심근세포가 비후되고 심근의 두께도 두꺼워져서 심박출량이 유지되나, 나중에는 보상기전의 한계에 이르게 되어 심박출량이 저하) ② 뇌를 비롯한 신체장기와 관상동맥에 혈액공급이 부족하여 울혈성 심부전증, 협심증, 심근경색증, 뇌졸중 등이 발생할 수 있음(65세 이상 노인의 약 50%에서 심전도 이상, 졸음, 기억력 저하, 불안, 혼돈, 허약, 피로, 지남력 상실 등을 호소함) ③ 연령 증가와 함께 대동맥과 말초혈관 경화로 심실수축기에 저항이 있어 좌심실의 후부하가 크고 심방수축력 저하로 심실 충만용량이 감소하여 심실이완기간이 지연됨. 이는 심부전증의 원인이 될 수 있고 결과적으로 산소 부족증을 초래함	(1) 생활관리 　① 규칙적인 운동, 걷기 　② 금연 　③ 스트레스 감소활동 참여 (2) 식이 : 저지방 / 저염 식이 (3) 지속적 건강관리 　① 규칙적인 혈압측정 　② 체중조절 등
	동맥 경화증	지질 단백질이 증가함에 따라 혈관 기저막이 두꺼워지고 혈관에 섬유소가 증식되어 동맥에 탄력성이 감소함	
	고혈압	① 성인과 달리 수축기혈압 150mmHg 이상 또는 이완기 혈압이 90mmHg 이상일 때 고혈압으로 정의하고 약물치료를 시작함 ② 동맥의 경직성이 심해질수록 수축기 혈압은 증가, 이완기 혈압도 증가된 말초저항에 대항하여 혈류를 유지하기 위해 높아짐 ③ 노인 고혈압의 특징은 수축기 혈압이 높다는 것, 나이가 많아지면서 수축기압은 상승하고, 65세 이상에서는 이완기압이 저하됨으로써 맥압이 증가하는 경향	
호흡기	흉곽 전후경↑	① 흉곽 전후경 증가 09 임용 ② 척추의 골다공성 허탈로 인한 척추 후만증 ③ 늑골과 늑연골의 석회화에 따른 늑골의 운동성 감소	(1) 생활관리 　① 규칙적 운동 　② 금연 　③ 분비물을 액화시키기 위한 적절한 수분 섭취 (2) 매년 인플루엔자 예방접종, 65세 이상의 경우 폐렴 백신 접종 (3) 상기도 감염에의 노출을 피함
	폐환기량↓	① 호흡기계 근육의 효율성 감소(호흡근의 양과 강도의 감소로 흉쇄 유돌근, 승모근 등 호흡 보조근 사용 증가) ② 폐의 강직성 증가 및 폐포 표면적의 감소로 폐의 잔기량 증가, 실제 폐환기량의 감소	
	가스교환 능력↓	가스교환과 확산능력 감소	
	호흡기 질환이환 가능성↑	① 기침의 효율성과 섬모활동 감소 ② 사강(dead space) 증가(기능하는 폐포 수 및 폐포 면적 감소, 계면활성제 감소)	

분류		변화	관리 전략
피부	콜라겐↓	진피에 콜라겐 감소 → 신축성 감소, 표피가 얇아져서 수분증발이 용이 → 주름살이 생기고 피부를 통한 체온조절 능력이 감소함 09 임용	(1) 햇볕에 적절히 노출할 것 ① 비타민 D 생성을 위해 하루 10~15분 노출 ② 노출 시 긴소매 옷과 자외선 차단제 적용 (2) 체온조절을 위해 적절한 옷을 입고, 안전한 실내온도 유지 (3) 피부보호를 위해 통목욕보다는 샤워가 바람직함
	모세혈관수↓	모세혈관의 수 감소하고 퇴축 → 창백한 피부, 얇아진 피부 → 심부혈관이 표피로 노출 → 얼굴색이 자주색으로 변하기 쉬움	
	멜라닌 생성↓	모근부 멜라닌의 생성 저하로 회백색 피부	
	노인성 반점	노인성 반점은 해롭지는 않으나 자아개념에 손상을 가져올 수 있음	
	피지선과 한선↓	피지선과 한선 활동저하(피지선과 땀샘의 위축) → 건조한 피부 → 가려움증과 자극에 민감 09 임용 / 21 국시	
	말초순환↓	말초순환 부족 → 발톱이 두꺼워지고 부서지기 쉬움 → 발을 물에 담가 부드러워진 후 발톱을 깎는 것이 좋음	
생식	폐경	난소의 에스트로겐과 프로게스테론의 생산 중지 | 부위	변화 내용
---	---
질 06 임용	• 질 위축, 질 점막의 쇠퇴로 점막상피의 두께가 얇아지고 질추벽이 사라짐 • 질벽이 얇아져서 글리코겐 분비가 적어지고 되더라인간균의 수가 급격히 감소하여 질의 pH가 상승되어 질염 호발 • 질의 탄력성과 긴장도 저하, 질 분비물 감소로 인한 질의 건조, 가려움증, 질 pH 상승
자궁, 난소	• 자궁과 난소의 퇴화
회음부	• 회음부 근육의 약화로 인한 스트레스성 실금과 긴박뇨 발생
유방	• 유방의 선 조직은 감소하나, 선 조직이 지방으로 대치되므로 유방은 오히려 더 커짐		(1) 여성 ① 질의 에스트로겐 대체요법이 필요할 수 있음 ② 산부인과 및 비뇨기과 추후관리 필요 ③ 성교 시 윤활제 사용
	성교통	성교 시 출혈과 고통 수반	
	음경과 고환 크기↓	남성 노인의 경우 안드로겐 분비감소로 음경과 고환의 크기가 줄어듦	
	성적 흥분↓	성호르몬을 이용하는 능력감소로 성적 흥분 시 나타나는 혈관계의 급격한 반응이 둔화되고 속도가 느려짐	
비뇨기		(1) 신장의 기능변화 ① 여과율 감소 ② 소변 재흡수·농축시키는 세뇨관 기능의 저하 및 산-염기 균형능력 저하 (2) 요관, 방광, 요도 등의 근육긴장도와 방광용적 감소와 잔뇨 발생 09 임용 (3) 소변정체로 감염의 위험증가, 빈뇨, 긴박뇨, 실금 등 발생 (4) 남성 : 양성 전립선 비대증과 전립선염으로 배뇨곤란이나 불편감 호소 증가	(1) 저녁의 수분 섭취와 방광에 자극적인 음료수를 줄임(예 카페인이 든 음료, 알코올), 배뇨 간격을 길게 하지 말고, 배뇨 시에는 방광을 완전히 비움 (2) 케겔 운동, 방광 훈련 등으로 요실금 개선 (3) 여성 : 바이오피드백을 통한 골반저 운동을 학습함

분류			변화	관리 전략
위장관	구강		타액 분비 감소로 구강건조증과 구내염 발생이 흔함 09임용	(1) 구강관리 ① 치약 및 얼음조각 이용 ② 양치질 및 치실 사용 ③ 잇몸마사지 실시 ④ 정기적인 치과검진을 받음 (2) 소량의 잦은 식이 (3) 식후 윗몸일으키기와 과도한 활동 제한 (4) 제산제 제한 (5) 고섬유질·저지방식이·하제제한 (6) 규칙적인 배변, 적절한 수분섭취
	식도		식도연동운동이 비효율적이고 위식도 괄약근이 잘 이완되지 않기 때문에 식도에서 음식이 천천히 내려가고 식도하부 비대 우려	
	위	위장관 운동의 지연과 치아소실 등으로 불편 발생	① 에스트로겐 감소로 인해 치조골의 흡수와 함께 잇몸조직의 퇴축으로 치간이 넓어지고, 그 사이에 음식물이 부패하여 치주염 및 충치발생이 쉬움 ② 치주염이 발생하면 구내악취가 심하고 치아가 흔들려 발치가 불가피해짐	
		위점막 위축과 빈혈	① 위점막 위축으로 인해 염산분비가 저하되어 단백질 소화능력이 감퇴 ② 적혈구 생성요소인 철분, 엽산, 비타민B_{12}의 흡수력 저하로 빈혈 호발 ③ 노인기에 약물복용이 많아져 위궤양 증상이 흔함	
	간	간의 약물 대사 저하	① 간의 저장능력이 저하, 간으로 가는 혈류량의 감소로 간의 약물대사 능력이 저하되어 약 효과가 약 30% 정도 감소됨 ② 간의 약물대사 능력 저하와 관련하여 약물 반감기는 연장되어 독성작용은 증가함	
	담낭, 담관		담석과 총담관석 발생빈도가 나이가 증가할수록 함께 증가	
	소장, 대장		소장과 대장의 영양분 흡수능력 저하 ① 대장혈류량 감소, 대장점막의 위축, 소장 융모의 길이가 줄어들어 점막 표면의 전체 면적이 현저히 감소하고 영양분, 비타민 D나 칼슘 흡수율 저하 ② 자율신경계의 자극감소로 장의 연동운동이 약화되어 음식물 통과시간이 지연되므로 포만감을 오래 느끼고 변비호발 ③ 항문 괄약근의 탄력성이 감소하여 변실금을 유발할 수도 있음	
근골격	골다공증 발생	발생 기전	노인기에는 소장에서 칼슘흡수 능력이 감소하고 신장에서 칼슘배설을 억제하지 못함	(1) 규칙적인 운동 (2) 고칼슘식이 (3) 인 섭취 제한 (4) 처방된 칼슘과 비타민 D 보충제 복용
		위험 요인 98,13 임용	① 폐경 이후의 여성에게 흔함 : 활동부족과 부적절한 칼슘섭취, 에스트로겐 감소와 관련이 있음 ② 고위험군 : 폐경, 저체중, 당뇨병(인슐린 부족으로 단백질 이화촉진으로 발생가능), 신부전, 간기능 부전, 쿠싱증후군, 갑상선기능항진증, 코르티코스테로이드 장기복용, 비타민 D 결핍 등 08임용	
		증상 13임용	① 불안정한 걸음걸이 ② 흉곽의 하부나 요부 통증 ③ 척추후굴 ④ 키가 작아짐 ⑤ 병리적 골절 ⑥ 골질량 손실로 치아소실	

분류		변화	관리 전략
근골격	관절변화	① 40세 이후 관절낭의 경화와 염증의 시작으로 노인기에 관절통 호소 ② 연골퇴화와 퇴행성 골관절염이 발생하기 쉬워 기동성 제한을 일으킴	
	근육감소	① 근육과 유연성 감소, 지구력 감소 : 근육의 조직재생이 느려지고, 근육섬유가 감소 ② 팔다리의 근육이 얇아짐 ③ 요통발생	
신경	신경조직 변화	① 신경세포에 지방 갈색소(리소좀 소화결과 잔류한 지방성분으로 갈색과립색소, 간/신장/심장근 등에서 관찰됨)가 축적 ② 뇌혈류의 감소와 뇌의 산소공급 저하로 인해 신경조직의 변화 발생	(1) 천천히 교육 (2) 감각 자극 강화 (3) 갑작스런 혼란과 관련된 원인을 조사 (4) 휴식 자세에서 천천히 일어나도록 함
	신경전도 느려짐	신경전도가 느려져서 자극에 반응, 반사작용이 느려짐, 실신, 잦은 낙상	
감각	시각 — 수정체 변화	① 수정체 유연성 상실(수정체를 조절하는 모양체근 능력저하로 발생) : 근거리에 초점 맞추기 어려운 노안 발생 [17 임용(사례)] ② 노랗고 흐려진 수정체 : 빛을 분산시키므로 노인들은 빛에 예민하여 독서할 때 더 많은 양의 빛이 필요	(1) 안경 착용, 야외에서의 선글라스 이용 (2) 어두운 곳에서 밝은 곳으로의 갑작스런 변화 회피 (3) 부분 조명과 취침등(nightlight)을 이용한 적절한 실내 조명 (4) 글자가 크게 인쇄된 책 이용, 독서 시 돋보기 사용 (5) 야간 운전 제한, 색깔 배열 시 대비되는 색 사용 (6) 빛나는 표면의 눈부심과 직사광선을 피함
	시각 — 색 구별 능력 변화	푸른색과 초록색보다는 붉은색과 노란색을 더 잘 구별함	
	시각 — 홍채 변화	홍채근육이 굳어지기 때문에 동공이 서서히 불완전하게 확대(빛의 강도 변화에 적응하기 힘듦)	
	청각 — 노인성 난청	① 중년기부터 고주파음(ㅋㅅㅊㅂㅌㅍ 등의 음)을 잘 들을 수 없음(청력감퇴로 인해 대화 어려움) [11 임용] ② 의사소통이 잘 안되면 고립감 느끼며, 사회적 위축 초래	(1) 청력검사 권고 (2) 주위의 소음 감소 (3) 얼굴을 마주 봄 (4) 분명하게 발음 (5) 저음으로 말함 (6) 비언어적 신호 사용
	촉각	① 감각 수용기가 둔해지기는 하지만, 없어지지 않음 ② 여전히 접촉하기를 바람	
	미각, 후각	① 노인은 단맛과 짠맛에 둔해지는 반면 신맛과 쓴맛에 대한 민감도는 증가 ② 후각 수용기가 둔해져서 민감도 저하	(1) 레몬, 양념, 허브 사용 (2) 금연격려
체액 조절	체내 수분량 감소	제지방량 감소, 체지방 증가로 체내 수분량 감소 (제지방 조직에 수분을 포함하므로 체중의 약 50~55%가 수분)	(1) 금기가 없는 한 충분한 수분섭취를 할 수 있도록 해야 함 (2) 더운 날이나 열이 날 때 충분한 수분섭취 권장
	갈증 중추	갈증 중추의 노화	
	신장기능 저하	레닌 분비 감소 및 수분재흡수 기능 저하	

분류		변화	관리 전략
체온 조절 09,13 임용	체온유지 능력 변화	체온유지 능력은 노화, 대사량, 순환계와 신경계의 변화로 인해 생애 전체에 걸쳐 변화	(1) 더운 날씨에 직접 태양에 노출되지 않게 하고 추운 날씨에는 저체온이 되지 않도록 보온해야 함 (2) 실내온도를 적정하게 유지, 가습기를 사용 → 따뜻한 느낌 증가 (담요, 장갑, 양말 등을 착용) (3) 주의할 점은 체온유지 능력이 저하되어 있는 노인에게 국소적 열적용은 금기
	노인에서 변화	① 노인들의 낮은 대사량과 높은 유병률 때문에 심부체온이 변화될 위험이 높음 ② 근육량 감소로 열 생산 감소, 피하지방 감소로 보온기전 나빠져서 추울 때 저체온증이 되기 쉬움 ③ 한선과 피부 모세혈관의 기능저하(혈관의 탄력성 감소로 열생산을 위한 신진대사가 활발하지 못함) : 고온일 때 피부에서 열을 쉽게 발산시키지 못해 열사병이 되기 쉬움	
	위험	중등도의 저체온이 되면 심장이 불안정한 상태가 되어 부정맥을 초래할 수 있음. 특히 심실세동이 흔함	

2 노인 관련 약물 역학

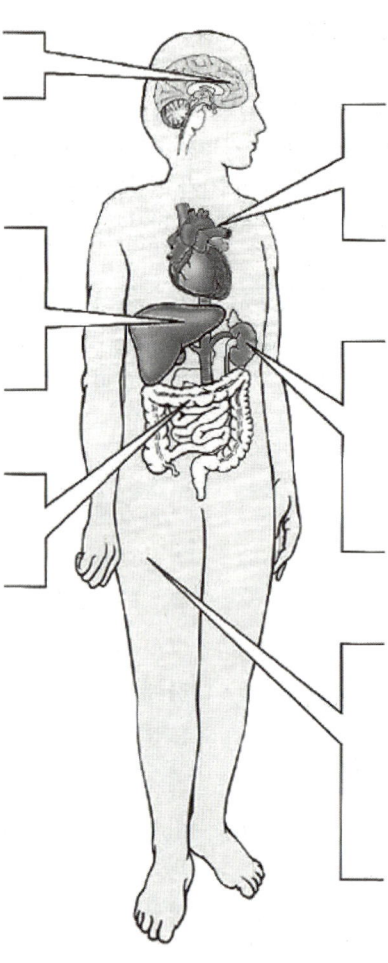

약물-수용체의 상호작용
- 뇌의 수용체가 더욱 민감해지고, 정신활동 약물의 효능을 매우 강하게 한다.

대사
- 간 실질이 줄어든다.
- 간의 혈류 및 효소활동이 감소한다.
- 대사가 젊은 성인의 1/2에서 2/3까지 줄어든다.
- 효소는 약물을 처리하는 능력을 상실하여, 약물의 반감기가 연장된다.

흡수
- 위장을 비우는 비율 및 위장운동이 늦어진다.
- 세포의 흡수력과 능동적인 이동기전이 쇠퇴한다.

순환
- 혈관신경조절이 안정적이지 못하다.
  예를 들면, 항고혈압제가 도를 넘어서 혈압을 너무 낮게 떨어뜨릴 수 있다.
  예를 들면, 디곡신이 심박수를 너무 느리게 할 수 있다.

배설
- 신장에서 신장혈류, 사구체 여과율, 신세뇨관 분비액 및 재흡수, 그리고 기능적 네프론의 수를 감소시킨다. 12 임용
- 혈류 및 노폐물 제거가 느리다.
- 노령화에 따른 변화가 신장 배출약물의 반감기를 연장한다.
- 경구용 혈당강하제는 다른 약물보다 체내에 오랫동안 남는다.

분포
- 제지방조직이 감소한다. 12 임용
- 지방축적이 증가한다(체지방 증가).
- 디곡신 같은 수용성 약물의 농축이 증가하면서, 온몸의 수분이 감소한다. 이러한 현상은 심장 장애를 가져올 수 있다.
- 단백질 결합 약물을 활용할 수 있는 곳을 감소시키면서, 혈장단백질이 줄어들고 단백질로부터 자유로운 약물의 혈액 수준을 향상시킨다. 12 임용

[노령화에 따른 약물대사의 효과]

① 노인 관련 약물 역학 12 임용

흡수	위 내 pH 증가, 위 혈류와 장 운동성 감소	약물 흡수가 지연될 수 있음 (위장을 비우는 비율 및 위장운동이 늦어짐)
	세포의 흡수력과 능동적인 이동기전	쇠퇴
	노인의 특정 질환	구강약물의 효과가 변할 수 있음
분포	체액감소, 지방조직 증가	체지방의 증가와 제지방량(lean body mass, 지방을 제외한 양)의 감소는 약물의 분포를 변화시켜 → 지용성 약물의 분포는 늘어나고(노인에서 체지방량 증가), 수용성 약물의 분포는 줄어들어(노인 총 체내 수분량 감소) → 제거가 늦어지고 그 만큼 작용시간 연장
	체중감소	감소된 신체 부피는 약물의 최고 농도를 더 높임
	영양부족	영양 부족은 약물과 결합할 수 있는 혈장단백(주로 알부민)의 결핍을 야기하여 바람직하지 못한 약물반응(약물의 혈중농도 증가) 초래 : 혈청 단백 감소는 단백질 결합 약물을 결합하지 않은 상태로 지속시켜 약물의 혈중농도 증가
	탈수	탈수증상이 흔하게 발생할 수 있는데, 이는 약물의 혈장농도를 높여 약물효과가 더 강해질 수 있음 : 디곡신과 같은 수용성 약물의 농축이 증가하면, 심장장애를 초래할 수 있음
대사	간 기능 감소	① 간 크기 감소, 간 혈류의 감소, 효소활동의 감소(약물대사를 위한 간의 주요기전은 시토크롬 P450을 통하는 것으로 간의 효소 활동 감소로 약물해독능력 저하) ② 약물의 혈장농도 증가와 약물의 반감기 증가 → 대사가 젊은 성인의 1/2~2/3까지 감소됨
	심부전, 순환부전, 탈수 등	간 혈류가 감소하여 간의 약물 대사능력을 감소시킬 수 있음
	간질환이나 악성 신생물과 같은 질환	간의 약물 대사능력을 감소시킬 수 있음
배설	신기능의 감소	① 신장 혈류 감소, 사구체 여과율 저하, 신세뇨관 분비액 및 재흡수 감소, 기능적 네프론의 수 감소 ② 약물배설이 느려져 약물 중독위험 증가 → 수용성 약물의 혈중농도가 높아짐, 약물의 반감기가 연장됨
	다양한 만성질환으로 인해 많은 약물 복용	① 노인은 흔히 다양한 만성질환에 이환되어 있어 한꺼번에 많은 약물을 복용, 그 결과 배설률 감소와 혈장 약물농도가 증가 ② 경구용 혈당강하제는 다른 약물보다 체내에 오랫동안 남음

※ 노인에게 약물부작용이 증가하는 이유
 ① 신장 혈류량과 여과율의 감소 때문에 혈중 크레아틴과 요산이 증가하고 약물 배설이 저조하여 약물중독의 위험이 젊은 사람에 비해 높음
 ② 간 크기, 혈류, 효소 생산의 저하는 약물의 반감기가 길어져 독성이 증가됨
 ③ 총 체액량의 감소는 수용성 약물의 독성 위험성을 증가시킴
 ④ 체지방 비율의 증가는 지용성 약물의 저장 능력을 증가시켜 약물의 축적을 증가시킴
 ⑤ 약물을 저장하는 근육의 감소 때문임

② 노인 투약간호

노인에게 흔한 약물 부작용	혼돈, 사고 장애, 낙상, 실금, 부동 등
부작용 가능 약물	항정신성 약물, 강심제, 이뇨제, 항고혈압제, 베타차단제, 칼슘통로차단제, 아스피린, NSAIDs, 항생제, 경구용 혈당강하제, 진통제, 완화제, 제산제 등
간호	① 노인이 기억하기 쉬운 투약시간 설정 ② 투약확인 기록지 제공 ③ 과량 복용주의(1회분씩 포장하여 제공할 것)

3 노인의 수면관리

1 수면의 단계

NREM				REM
• 생리적 기능 감소, 맥박 감소 • 뇌의 조직세포와 상피세포 재생 • 골격근 이완으로 신체 에너지 보존				• 뇌파활동 활발(＝뇌대사 증가) • 각성상태로 쉽게 깨울 수 있다. • 자율신경계 활동 항진 (혈압, 심박동, 심박출량, 호흡수, 체온, 산소 소비량 증가) • 꿈을 꿈 • 음경 발기 • 근긴장도 최저
NREM 1단계	NREM 2단계	NREM 3단계	NREM 4단계	
• 각성기와 수면기의 전환단계 • 1.5분~7분 • 안검이 무겁고 이완 • 소음으로 깰 수 있다. • Theta 뇌파가 많이 나며 근전도 수준은 각성기보다 감소	• 가벼운 수면 • 이완상태 • 깨기 쉬움 • 전체 수면의 50~60%	• 깊은 수면 • 깨기 어려움 • 혈압과 맥박의 감소 • 동공수축, 근육의 완전 이완 • 서파수면	• 가장 깊은 수면 • 깨기 어려움 • 서파수면(Delta파) • 몽유병, 야뇨증 발현 • 신체회복에 도움, 성장호르몬 분비 증가	

2 연령에 따른 수면-각성 주기의 특성

신생아와 영아기	• 수면의 50%는 REM 수면 • 신생아는 하루 평균 16시간, 영아는 10~12시간 수면
유아기	• 악몽, 낮잠 한번(4시간) 자고, 밤에는 8시간 수면
학령 전기	• 주위에서 일어나는 일에 대한 흥미로 수면 거부, 5세 이상은 낮잠을 자지 않음 • 평균 12시간 수면, REM 수면 양상은 성인과 유사
학령기	• 악몽이 흔함, 초기 학령기의 수면시간은 밤 동안 10~12시간, 후기 학령기는 8~10시간
사춘기	• 매우 활동적이며 휴식과 수면이 필요
중년기	• 4단계 수면의 양 감소, 평균 8시간 수면 요구
노인기 04,11 임용	• 평균 5~7시간 수면이 적절함 • 4단계 수면이 없어지거나 급격히 감소함. 반면 1단계와 2단계 수면이 늘어남 • REM(20~25%)은 정상 첫 REM 시간이 길어짐 • 잠드는데 시간이 오래 걸리는 경향이 있고, 더 쉽게 잠에서 자주 깨며 깊게 수면하는 시간이 길지 않음 - 연령 증가에 따라 REM 수면 감소 • 정상 수면 : 각성주기 변화를 경험하고 종종 야간 수면의 질 저하로 낮잠을 필요로 할 수 있음 • 소음, 통증, 야뇨증과 같은 환경적 요인으로 인해서 잠에서 더 쉽게 깨어남, 수면 무호흡 증가

③ 수면증진 방법 [04 임용]

사정	수면특성	수면양상, 수면장애 특성, 수면 취하기 전 습관, 수면제 사용 유무, 수면환경 및 수면일지 확인 등
	건강사정	기저질환유무 등 확인
	진단검사	수면장애검사, 뇌파검사, 근전도 등
환경관리	적절한 수면 환경	① 시원하고 어둡고 조용한 침실환경이 좋음 ② 라디오나 텔레비전 등의 소음 제거
	안전대책 강구	야간 점등, 침대높이 낮추기, 침상 난간, 호출 벨 등을 준비
	자극 조절	① 수면과 관련 없는 모든 자극들을 침대로부터 제거 ② 침대는 부부관계와 수면 이외의 다른 목적으로 쓰지 말 것 ③ 침대에서 책을 보는 것을 포함한 다른 일을 하지 않도록 함
식이	권장	늦은 밤 고트립토판 간식(한 잔의 우유, 과자, 바나나 등)은 일부분 환자에게 입면을 쉽게 함
	금지	① 카페인은 야간 수면을 방해하므로 커피나 홍차는 오전으로 제한함 ② 알코올은 쉽게 잠들 수 있기는 하지만 REM 수면을 방해하여 수면을 분절시키므로 제한함 [11 임용] ③ 흡연은 불면을 악화시킬 수 있으므로 제한함
권장사항	이완	이완요법 실시
	수면제	꼭 필요한 경우 수면제를 단기간 처방하여 투여
	수면시간	규칙적인 수면으로 각성 일정을 수립하는 것이 중요함 → 아침에 규칙적인 시간에 일어나도록 함
	운동	① 일주일에 최소 3~4일간 20~30분간 규칙적으로 운동 ② 유산소 운동은 서파수면을 증가시킴 ③ 운동에 동반되는 자율신경계 각성이 입면을 지연시킬 수 있으므로 취침 3시간 이내에는 운동을 하지 말 것
금지사항	잠자리에서 걱정하는 시간 회피	① 잠자리에 누운 지 30분 후에도 잠들 수 없다고 생각되면 일어나서 다른 일하기 ② 자려고 애쓰면 수면환경에 조건화된 각성을 악화시킴

4 노인인구의 현황과 특성

노인인구 추이	우리나라 노인 인구 비율		65세 이상 노인인구 비율은 1960년에는 3%에 불과했던 것이 1990년에 5%, 2000년에 7%, 2022년에 전체 인구의 17.5%임
	UN의 노인비율에 따른 고령화 정도 분류 [18 임용]	연소인구사회	전체 인구 중 65세 이상 노인인구 비율이 0% 이상~4% 미만
		성숙인구사회	전체 인구 중 65세 이상 노인인구 비율이 4% 이상~7% 미만
		고령화 사회	전체 인구 중 65세 이상 노인인구 비율이 7% 이상 14% 미만인 사회
		고령 사회	전체 인구 중 65세 이상 노인인구 비율이 14% 이상 20% 미만인 사회
		초고령 사회	전체 인구 중 65세 이상 노인인구 비율이 20% 이상인 사회
관련 지수	노령화 지수 [95, 18 임용 / 19 국시]		유소년(14세 이하) 인구 100명에 대한 고령(65세 이상) 인구의 비로 인구의 고령화 진행 정도를 나타내는 지표 $$\text{노령화 지수} = \frac{65\text{세 이상 노년인구 수}}{0\text{~}14\text{세 인구}} \times 100$$
	노년부양비 [18 임용]		총 인구 중에서 생산가능 연령층(15~64세) 인구에 대한 노년인구(65세 이상)의 백분비로 노년인구에 대한 생산가능 인구의 경제적 부담을 나타내는 지표 $$\text{노인부양비(노인부양 지수)} = \frac{65\text{세 이상의 노년인구 수}}{15\text{~}64\text{세 인구 수}} \times 100$$

5 노인보건복지 정책 및 제도 : 노인장기요양보험 [12 임용]

도입배경	고령화의 진전, 핵가족화, 여성의 경제활동 참여가 증가하면서 종래 가족의 부담으로 인식되던 장기요양 문제가 이제 더 이상 개인이나 가계의 부담으로 머물지 않고 이에 대한 사회적·국가적 책무 강조
목적	고령이나 노인성 질병 등의 사유로 일상생활을 혼자서 수행하기 어려운 노인등에게 신체활동 또는 가사활동 지원 등의 장기요양급여를 제공하여 노후의 건강증진 및 생활안정을 도모하고 그 가족의 부담을 덜어줌으로써 국민의 삶의 질을 향상하도록 함을 목적으로 시행하는 사회보험제도

01 장기요양인정신청 및 방문조사 → **02** 장기요양인정 및 장기요양 등급판정 → **03** 장기요양인정서 및 표준장기요양이용계획서 송부 → **04** 장기요양급여이용계약 및 장기요양 급여제공

국민건강보험공단 / 등급판정위원회 / 국민건강보험공단 / 장기요양기관

장기요양 인정 및 이용절차	신청	장기요양 인정 신청자격	자격	장기요양보험가입자 또는 그 피부양자, 의료급여수급권자
			대상	65세 이상의 노인 또는 65세 미만으로 노인성 질병을 가진 자나 6개월 이상 일상생활 수행이 어려운 자 (노인성 질병 : 치매, 뇌혈관성 질환 등 대통령령으로 정하는 질병)

		종류	신청사유	신청 시기
	신청의 종류	인정 신청	장기요양인정 신청을 처음 하는 경우	신청자격을 가진 자가 장기요양급여를 받고자 하는 경우
		갱신 신청	장기요양인정 유효기간 종료가 예정된 경우	유효기간 종료 90일 전부터 30일 전
		등급변경 신청	장기요양급여를 받고 있는 동안 신체적·정신적 상태의 변화가 있는 경우	변경사유 발생 시
		급여종류·내용변경 신청	급여종류·내용 변경을 희망하는 경우	급여종류·내용 변경사유 발생 시
		이의 신청	통보받은 장기요양인정 등급에 이의가 있을 경우	처분이 있은 날로부터 90일 이내

	장기요양 인정 신청의 조사 (노인장기요양보험법 제14조, 시행규칙 제5조)	국민건강보험공단은 장기요양인정 신청서를 접수한 때 소속 직원으로 하여금 다음 사항을 조사하게 하여야 한다. 다만, 지리적 사정 등으로 직접 조사하기 어려운 경우 또는 조사에 필요하다고 인정하는 경우 특별자치시·특별자치도·시·군·구(자치구를 말함)에 대하여 조사를 의뢰하거나 공동으로 조사할 것을 요청할 수 있음		
		조사자	공단직원(소정의 교육을 이수한 간호사, 사회복지사 등)		
		조사방법	신청인 거주지 방문 조사		
		조사내용	기본적 일상생활활동(ADL), 수단적 일상생활활동(IADL), 인지기능, 행동변화, 간호처치, 재활영역 각 항목에 대한 신청인의 기능 상태와 질병 및 증상, 환경상태, 서비스 욕구 등 12개 영역 90개 항목을 종합적으로 조사하고 이 중 52개 항목의 요양인정점수를 산정에 이용함		

		등급판정	"심신의 기능 상태에 따라 일상생활에서 도움(장기요양)이 얼마나 필요한가?"를 지표화한 장기요양인정 점수를 기준으로 하는데, 방문조사 후에 장기요양인정이 이루어짐
장기요양 인정 및 이용절차	요양 인정 등급	장기요양 등급 22 임용	장기요양인정 점수를 기준으로 다음과 같은 5개 등급으로 등급판정을 함 | 장기요양 등급	심신의 기능상태
---	---
1등급	심신의 기능상태 장애로 일상생활에서 전적으로 다른 사람의 도움이 필요한 자로서 장기요양인정 점수가 95점 이상인 자
2등급	심신의 기능상태 장애로 일상생활에서 상당 부분 다른 사람의 도움이 필요한 자로서 장기요양인정 점수가 75점 이상 95점 미만인 자
3등급	심신의 기능상태 장애로 일상생활에서 부분적으로 다른 사람의 도움이 필요한 자로서 장기요양인정 점수가 60점 이상 75점 미만인 자
4등급	심신의 기능상태 장애로 일상생활에서 일정 부분 다른 사람의 도움이 필요한 자로서 장기요양인정 점수가 51점 이상 60점 미만인 자
5등급	치매환자로서(노인장기요양보험법 시행령 제2조에 따른 노인성 질병으로 한정) 장기요양인정 점수가 45점 이상 51점 미만인 자
인지지원등급	치매환자로서(노인장기요양보험법 시행령 제2조에 따른 노인성 질병으로 한정) 장기요양인정 점수가 45점 미만인 자	 인정신청 → 방문조사('장기요양인정 조사표'에 의한 1. 52개 항목조사 2. 25개 특기사항조사 / 의사소견서 제출) → 장기요양인정 점수산정 → 등급판정위원회 심의판정 → 1~5등급 / 등급 외
		등급판정 기간	장기요양인정 및 등급판정은 방문조사 후에 이루어지며, 장기요양등급 판정기간은 신청서를 제출한 날로부터 30일 이내임 12 임용

		장기요양
		인정의
		유효기간
			장기요양인정의 유효기간(노인장기요양보험법 제19조)
			① 제15조에 따른 장기요양인정의 유효기간은 최소 1년 이상으로서 대통령령으로 정한다.
			② 제1항의 유효기간의 산정방법과 그 밖에 필요한 사항은 보건복지부령으로 정한다.
			
			장기요양인정 유효기간(노인장기요양보험법 시행령 제8조)
			① 법 제19조 제1항에 따른 장기요양인정 유효기간은 2년으로 한다. 다만, 법 제20조에 따른 장기요양인정의 갱신결과 직전 등급과 같은 등급으로 판정된 경우에는 그 갱신된 장기요양인정의 유효기간은 다음 각 호의 구분에 따른다.
			  1. 장기요양 1등급의 경우 : 4년
			  2. 장기요양 2등급부터 4등급까지의 경우 : 3년
			  3. 장기요양 5등급 및 인지지원등급의 경우 : 2년
			② 법 제52조에 따른 장기요양등급판정위원회(이하 "등급판정위원회")는 제1항에도 불구하고 장기요양 신청인의 심신상태 등을 고려하여 장기요양인정 유효기간을 6개월의 범위에서 늘리거나 줄일 수 있다.

급여 종류 22 임용	재가급여	방문요양	장기요양요원이 수급자의 가정 등을 방문하여 신체활동 및 가사활동 등을 지원하는 장기요양급여 19 국시
		방문목욕	장기요양요원이 목욕설비를 갖춘 장비를 이용하여 수급자의 가정 등을 방문하여 목욕을 제공하는 장기요양급여
		방문간호	장기요양요원인 간호사 등이 의사, 한의사 또는 치과의사의 지시서에 따라 수급자의 가정 등을 방문하여 간호, 진료의 보조, 요양에 관한 상담 또는 구강위생 등을 제공하는 장기요양급여
		주·야간 보호	수급자를 하루 중 일정한 시간 동안 장기요양기관에 보호하여 신체활동 지원 및 심신기능의 유지·향상을 위한 교육·훈련 등을 제공하는 장기요양급여
		단기보호	수급자를 보건복지부령으로 정하는 범위 안에서 일정 기간 동안 장기요양기관에 보호하여 신체활동 지원 및 심신기능의 유지·향상을 위한 교육·훈련 등을 제공하는 장기요양급여 시행규칙 제11조(단기보호 급여기간) ① 법 제23조 제1항 제1호 마목에 따른 단기보호 급여를 받을 수 있는 기간은 월 9일 이내로 한다. 다만, 가족의 여행, 병원치료 등의 사유로 수급자를 돌볼 가족이 없는 경우 등 보건복지부장관이 정하여 고시하는 사유에 해당하는 경우에는 1회 9일 이내의 범위에서 연간 4회까지 연장할 수 있다. ② 제1항에도 불구하고 2017년 12월 31일 이전에 지정을 받은 장기요양기관 또는 설치 신고를 한 재가장기요양기관에서 단기보호 급여를 받는 경우에는 단기보호 급여를 받을 수 있는 기간을 월 15일 이내로 한다. 다만, 제1항 단서의 사유에 해당하는 경우에는 1회 15일 이내의 범위에서 연간 2회까지 그 기간을 연장할 수 있다.
		기타 재가급여	수급자의 일상생활·신체활동 지원 및 인지기능의 유지·향상에 필요한 용구를 제공하거나 가정을 방문하여 재활에 관한 지원 등을 제공하는 장기요양급여로서 대통령령으로 정하는 것
	시설급여		장기요양기관(노인요양시설, 노인요양공동생활가정)에 장기간 입소한 수급자에게 신체활동 지원 및 심신기능의 유지·향상을 위한 교육·훈련 등을 제공하는 장기요양급여
		노인요양 시설	치매·중풍 등 노인성 질환 등으로 심신에 상당한 장애가 발생하여 도움을 필요로 하는 노인을 입소시켜 급식·요양과 그 밖에 일상생활에 필요한 편의를 제공함을 목적으로 하는 시설(노인복지법 제34조 관련)
		노인요양공 동생활가정	치매·중풍 등 노인성 질환 등으로 심신에 상당한 장애가 발생하여 도움을 필요로 하는 노인에게 가정과 같은 주거여건과 급식·요양, 그 밖에 일상생활에 필요한 편의를 제공함으로 목적으로 하는 시설(노인복지법 제34조 관련)

	특별현금 급여 22 임용	가족 요양비	제24조에 따라 지급하는 가족장기요양급여
			
			노인장기요양보험법
			제24조(가족요양비)
			① 공단은 다음 각 호의 어느 하나에 해당하는 수급자가 가족 등으로부터 제23조 제1항 제1호 가목에 따른 방문요양에 상당한 장기요양급여를 받은 때 대통령령으로 정하는 기준에 따라 해당 수급자에게 가족요양비를 지급할 수 있다.
			  1. 도서·벽지 등 장기요양기관이 현저히 부족한 지역으로서 보건복지부장관이 정하여 고시하는 지역에 거주하는 자
			  2. 천재지변이나 그 밖에 이와 유사한 사유로 인하여 장기요양기관이 제공하는 장기요양급여를 이용하기가 어렵다고 보건복지부장관이 인정하는 자
			  3. 신체·정신 또는 성격 등 대통령령으로 정하는 사유로 인하여 가족 등으로부터 장기요양을 받아야 하는 자

급여 종류 22임용	특별현금 급여 22임용	특례 요양비	제25조에 따라 지급하는 특례장기요양급여
			노인장기요양보험법 제25조(특례요양비) ① 공단은 수급자가 장기요양기관이 아닌 노인요양시설 등의 기관 또는 시설에서 재가급여 또는 시설급여에 상당한 장기요양급여를 받은 경우 대통령령으로 정하는 기준에 따라 해당 장기요양급여비용의 일부를 해당 수급자에게 특례요양비로 지급할 수 있다.
		요양병원 간병비	제26조에 따라 지급하는 요양병원장기요양급여
			노인장기요양보험법 제26조(요양병원간병비) ① 공단은 수급자가 「의료법」 제3조 제2항 제3호 라목에 따른 요양병원에 입원한 때 대통령령으로 정하는 기준에 따라 장기요양에 사용되는 비용의 일부를 요양병원간병비로 지급할 수 있다.

등급별 이용 가능한 급여종류	1등급	2등급	3등급	4등급	5등급	인지지원등급
	재가급여 또는 시설급여		재가급여			주·야간 보호급여
	특별현금급여(가족요양비)					
	기타 재가급여(복지용구)					

급여제공

시행규칙 제12조(장기요양급여 제공기준의 일반원칙)
① 장기요양기관은 수급자 개인의 장기요양급여의 종류 및 내용에 대한 선택권을 존중하고 자립생활을 할 수 있도록 지원하여야 하며, 수급자의 심신상태에 따라 적정한 급여를 제공하여야 한다.
② 제1항에 따른 적정한 급여제공을 위한 세부기준은 보건복지부장관이 정하여 고시한다.

장기요양급여 제공기준 및 급여비용 산정방법 등에 관한 고시 [시행일 : 2025.1.1.]
제2조(급여제공의 일반 원칙)
① 장기요양급여는 수급자가 가족과 함께 생활하면서 가정에서 장기요양을 받는 재가급여를 우선으로 제공한다.
② 수급자 중 장기요양등급이 1등급 또는 2등급인 자는 재가급여 또는 시설급여를 이용할 수 있고, 3등급부터 5등급까지인 자는 재가급여만을 이용할 수 있다. 다만, 3등급부터 5등급에 해당하는 자 중 다음 각 호의 어느 하나에 해당하여 등급판정위원회로부터 시설급여가 필요한 것으로 인정받은 자는 시설급여를 이용할 수 있다. 22임용
 1. 주수발자인 가족구성원으로부터 수발이 곤란한 경우
 2. 주거환경이 열악하여 시설입소가 불가피한 경우
 3. 치매 등에 따른 문제행동으로 재가급여를 이용할 수 없는 경우
③ 수급자 중 인지지원등급 수급자는 주·야간보호급여(주·야간보호 내 치매전담실 포함), 제36조의2 제1항에 따른 단기보호급여 및 종일 방문요양급여와 기타재가급여만을 이용할 수 있다.

제36조의2(장기요양 가족휴가제 급여제공기준)
① 가정에서 1·2등급 수급자 또는 치매가 있는 수급자를 돌보는 가족의 휴식을 위하여 1·2등급 수급자 또는 치매가 있는 수급자는 연간 10일 이내에서 월 한도액과 관계없이 단기보호급여를 이용하거나 방문요양급여를 1 회당 12시간 동안 이용(이하 "종일 방문요양급여"라 한다)할 수 있으며(이하 "장기요양 가족휴가제"라 한다), 종일 방문요양급여를 2회 이용한 경우 1일로 산정한다.

- 노인장기요양급여 종류별 장기요양요원의 범위(노인장기요양보험 시행령 제11조 관련)

장기요양급여	장기요양요원
방문요양	요양보호사, 사회복지사
방문목욕	요양보호사
방문간호	간호사로서 2년 이상의 간호업무 경력이 있는 자, 간호조무사로서 3년 이상의 간호보조업무 경력이 있고 보건복지부장관이 지정한 교육기관에서 소정의 교육을 이수한 자, 치과위생사
주·야간보호, 단기보호, 시설급여	요양보호사, 사회복지사, 간호사, 간호조무사, 물리치료사, 작업치료사

| 이용 | 본인부담금 지불 | 노인장기요양보험법
제40조(본인부담금)
① 제23조에 따른 장기요양급여(특별현금급여는 제외한다. 이하 이 조에서 같다)를 받는 자는 대통령령으로 정하는 바에 따라 비용의 일부를 본인이 부담한다. 이 경우 장기요양급여를 받는 수급자의 장기요양등급, 이용하는 장기요양급여의 종류 및 수준 등에 따라 본인부담의 수준을 달리 정할 수 있다.
② 제1항에도 불구하고 수급자 중 「의료급여법」제3조 제1항 제1호에 따른 수급자는 본인부담금을 부담하지 아니한다. 12 임용(지문)
③ 다음 각 호의 장기요양급여에 대한 비용은 수급자 본인이 전부 부담한다.
   1. 이 법의 규정에 따른 급여의 범위 및 대상에 포함되지 아니하는 장기요양급여
   2. 수급자가 제17조 제1항 제2호에 따른 장기요양인정서에 기재된 장기요양급여의 종류 및 내용과 다르게 선택하여 장기요양급여를 받은 경우 그 차액
   3. 제28조에 따른 장기요양급여의 월 한도액을 초과하는 장기요양급여
④ 다음 각 호의 어느 하나에 해당하는 자에 대해서는 본인부담금의 100분의 60의 범위에서 보건복지부장관이 정하는 바에 따라 차등하여 감경할 수 있다.
   1. 「의료급여법」제3조 제1항 제2호부터 제9호까지의 규정에 따른 수급권자
      2. 「재해구호법」에 따른 이재민으로서 보건복지부장관이 의료급여가 필요하다고 인정한 사람
      3. 「의사상자 등 예우 및 지원에 관한 법률」에 따라 의료급여를 받는 사람
      4. 「입양특례법」에 따라 국내에 입양된 18세 미만의 아동
      5. 「독립유공자예우에 관한 법률」, 「국가유공자 등 예우 및 지원에 관한 법률」 및 「보훈보상대상자 지원에 관한 법률」의 적용을 받고 있는 사람과 그 가족으로서 국가보훈부장관이 의료급여가 필요하다고 추천한 사람 중에서 보건복지부장관이 의료급여가 필요하다고 인정한 사람
      6. 「무형문화재 보전 및 진흥에 관한 법률」에 따라 지정된 국가무형문화재의 보유자(명예보유자를 포함한다)와 그 가족으로서 문화재청장이 의료급여가 필요하다고 추천한 사람 중에서 보건복지부장관이 의료급여가 필요하다고 인정한 사람
      7. 「북한이탈주민의 보호 및 정착지원에 관한 법률」의 적용을 받고 있는 사람과 그 가족으로서 보건복지부장관이 의료급여가 필요하다고 인정한 사람
      8. 「5·18민주화운동 관련자 보상 등에 관한 법률」제8조에 따라 보상금등을 받은 사람과 그 가족으로서 보건복지부장관이 의료급여가 필요하다고 인정한 사람
      9. 「노숙인 등의 복지 및 자립지원에 관한 법률」에 따른 노숙인 등으로서 보건복지부장관이 의료급여가 필요하다고 인정한 사람
   2. 소득·재산 등이 보건복지부장관이 정하여 고시하는 일정 금액 이하인 자. 다만, 도서·벽지·농어촌 등의 지역에 거주하는 자에 대하여 따로 금액을 정할 수 있다.
   3. 천재지변 등 보건복지부령으로 정하는 사유로 인하여 생계가 곤란한 자
⑤ 제1항부터 제4항까지의 규정에 따른 본인부담금의 산정방법, 감경절차 및 감경방법 등에 관하여 필요한 사항은 보건복지부령으로 정한다.

시행령 제15조의8(본인부담금)
법 제40조 제1항에 따라 장기요양급여를 받는 자가 부담해야 하는 비용은 다음 각 호와 같다.
   1. 재가급여 : 해당 장기요양급여비용의 100분의 15 12 임용(보기)
   2. 시설급여 : 해당 장기요양급여비용의 100분의 20 |

- 노인장기요양보험제도의 장기요양인정조사표

노인장기요양보험법 시행규칙 [별지 제5호서식]

장기요양인정조사표

1. 일반사항
2. 장기요양인정·욕구사항
    가. 신체기능(기본적 일상생활 기능) 영역
    나. 사회생활기능(수단적 일상생활 기능) 영역
    다. 인지기능 영역
    라. 행동변화 영역
    마. 간호처치 영역
    바. 재활 영역
    사. 복지용구
    아. 지원형태
    자. 환경 평가
    차. 시력·청력 상태
    카. 질병 및 증상

- 기본적 일상생활활동(ADL)과 도구적 일상생활활동(IADL)

	ADL	IADL
정의	노인의 자가간호능력을 측정하는 도구	노인의 사회생활에 필요한 능력을 측정하는 도구
치매환자 평가적용	치매의 단계 평가 시 활용함	치매의 진단에 활용함
특징	• 식사, 대소변가리기, 화장실 사용, 세수, 목욕, 옷 입기, 이동, 보행, 계단 오르기 등을 포함함 • 신체적인 자기관리능력을 평가함 • 초기 치매단계를 평가하는 데 어려움, 중기 이후 임상적 경과와 변화 평가에 유용함 • 약물치료 효율을 평가하고, 현재 기능수준에 맞게 적절한 서비스를 제공함	• 재정적 업무, 물건구입, 취미나 여가활동, 결정 및 판단, 교통수단 이용, 운전, 전화사용, 읽기/쓰기, 의사소통 등 • 사회생활에 필요한 기술과 행위로 구성되어 있음 • 대상자의 사회-직업적 기능 수행을 평가함 • 치매 초기부터 민감하게 감퇴되므로, 치매 초기단계 평가에 유용함

참고문헌

강경아 외(2019). 아동청소년 간호학 Ⅰ/Ⅱ. 군자출판사
강지순 외(2019). 재활과 건강. 수문사
공은숙 외(2022). 일상생활 중심의 노인간호학. 학지사메디컬
군자출판사 학술국(2011). 성인간호학 1. 현문사
권소희 외(2023). 핵심건강사정. 수문사
권인수 외(2020). 성장발달. 수문사
김근순 외 공역(2011). 건강사정. 군자출판사
김미예 외(2020). 신생아 건강간호. 수문사
김숙영 외(2023). 성인간호학 Ⅰ/Ⅱ. 수문사
김영혜 외(2021). 아동간호학 총론/각론(제11판). 현문사
김은숙 외(2018). 응급 및 재해간호. 수문사
김종임 외(2022). 노인간호학. 수문사
김진영 외(2020). 손에 잡히는 보건업무 관리. 서울특별시교육청
김태임 외(2022). 인간성장발달 : 전 생애접근. 수문사
김효신 외(2020). 아동건강간호학 Ⅰ/Ⅱ. 수문사
김희순 외(2023). 시뮬레이션을 적용한 아동청소년간호학 Ⅰ/Ⅱ. 수문사
노상균(2021). 기본응급처치학. 현문사
노인전문간호사 교육과정협의회(2022). 노인전문간호 총론과 건강증진. 현문사
대한종양간호학회(2022). 종양간호학. 현문사
박경희(2019). 그림으로 보는 상처관리. 군자출판사
박형숙 외(2021). 기본간호학 Ⅰ/Ⅱ. 현문사
보건교사회(2020). 응급처치 마스터. 대한의학
서울대학교 보건진료서(2019). 서울대학교 학내 응급환자 대응매뉴얼. 서울대학교출판문화원
송경애 외(2021). 최신 기본간호학 Ⅰ/Ⅱ. 수문사
송연신 외(2022). 쉽게 따라 배우는 건강사정과 간호. 수문사
신희선 외(2017). 한국형 DenverⅡ 검사지침서. 현문사
안민정 외(2022). BATES' 핵심 건강사정. 현문사
엄미란 외(2022). 알기쉬운 건강사정. 학지사메디컬
유양숙 외(2022). 성인간호학 상/하. 현문사
윤은자 외(2022). 노인간호학. 수문사
윤은자 외(2021). 성인간호학 Ⅰ/Ⅱ. 수문사
은영, 전미양 외(2021). 생애주기별 건강사정. 수문사
은영 외 역(2020). 노인간호학. 현문사
이강이 외(2022). 건강사정. 현문사
이수연 외(2019). 최신 아동건강간호학 총론/각론. 수문사
이옥철 외(2020). 응급 및 재난간호. 현문사
이은자 외(2019). 응급간호. 수문사
임경춘 외(2021). 성인간호학 Ⅰ/Ⅱ. 수문사
장군자 외(2023). 아동건강간호. 수문사
전미양 외(2022). 기본간호학 1/2. 수문사
정연, 정선영 외 공역(2021). 인간성장과 발달. 현문사
최은경 외(2018). 소아청소년 신체검진. 수문사
최은희 외(2023). 건강사정. 현문사
황선영 외(2023). 성인간호학 1/2. 현문사

저 자
임수진

경희대학교 간호학 박사
경희대학교 보건학 석사
경희대학교 간호학 학사

현   G스쿨 보건교수
      경희대학교 교육대학원 출강

전   경희대학교 간호학과 겸임교수
      삼육대학교 간호학과 겸임교수
      윌비스 임용고시학원 보건교수
      희소고시학원 보건교수

저서 임수진 보건임용 이론서(1~4권)
       임수진 보건임용 기본이론 복습노트(1~4권)
       임수진 보건임용 기출분석 완전학습(1, 2권)
       임수진 보건임용 임수진 마이맵
       임수진 보건임용 쏙쏙 암기노트(e-book)
       임수진 보건임용 DSM-5-TR
       임수진 전공보건 1~4(이론서 + 기출응용편)
       임수진 전공보건 암기카드
       임수진 전공보건 단권화 노트 기출분석편(1, 2권)
       임수진 전공보건 단권화 노트 기출응용편(1, 2권)

임수진 보건임용 [2]

인 쇄	2025년 1월 15일
발 행	2025년 1월 24일
편저자	임수진
발행자	윤록준
발행처	BTB
등 록	제2017-000090호
주 소	서울 동작구 보라매로 19길 8
전 화	070-7766-1070
팩 스	0502-797-1070
가 격	33,000원
ISBN	979-11-92327-97-6 13510

ⓒ 임수진, 2025
- 낙장이나 파본은 교환해 드립니다.
- 이 책의 무단전재 또는 복제행위는 저작권법 제136조에 의거하여 처벌을 받게 됩니다.